FRANCE

ALGÉRIE ET COLONIES

DU MÊME AUTEUR

La Terre à vol d'oiseau, 3ᵉ édition, illustrée de 194 gravures sur bois. 2 volumes in-16 brochés . . . . **10 francs**.

La Terre à vol d'oiseau. 1 volume grand in.-8 jésus, contenant 500 gravures et 5 cartes. Broché. . . . . **20 francs**.
Relié . . . . **25 francs**.

13832. — Imprimerie A. Lahure, rue de Fleurus, 9, à Paris

FRANCE

ALGÉRIE ET COLONIES

PAR

ONÉSIME RECLUS

OUVRAGE ILLUSTRÉ DE 120 GRAVURES SUR BOIS

PARIS
LIBRAIRIE HACHETTE ET Cie
79, BOULEVARD SAINT-GERMAIN, 79

1886

Droits de propriété et de traduction réservés

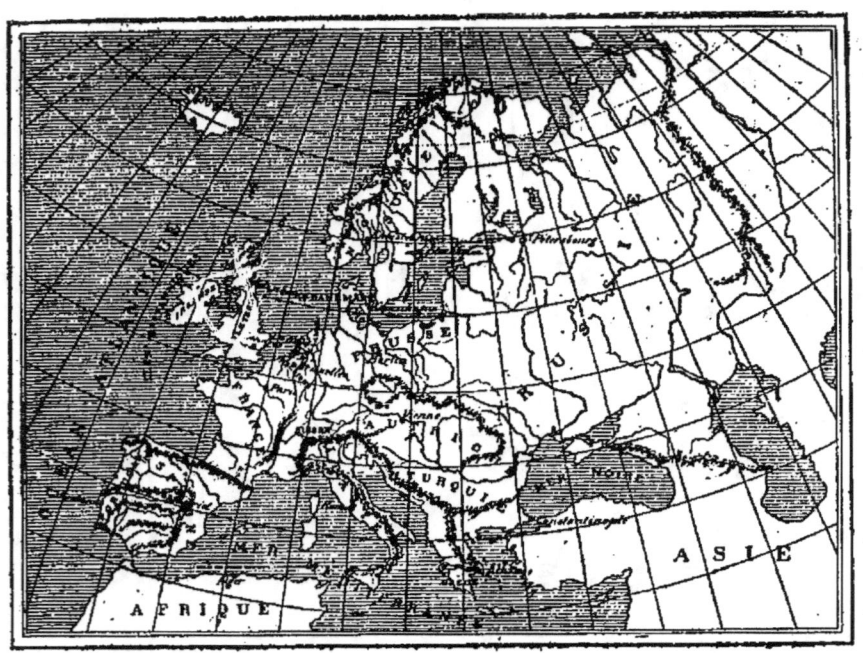

FRANCE

CHAPITRE PREMIER

ÉTENDUE, NOM, FRONTIÈRES

1° La Chanson de Roland. « Douce France » et « Terre Major ». — Il est un lyrique infécond que, dans notre honteuse ignorance, nous avons longtemps vénéré comme le plus vieux de nos poètes : Malherbe, dont quelques vers ont éveillé le génie de La Fontaine.

Or, 550 ans avant ce père d'une strophe immortelle, quatre siècles avant le grand poète de la *ballade des Dames du temps jadis*, Douce France et Terre Major étaient déjà célébrées dans les 4000 décasyllabes de la **Chanson de Roland**, poème français qui sort d'une âme épique et tragique.

La langue de ces temps antiques n'était pas ce qu'un vain peuple pense, un jargon rauque, sourd, inflexible, barbare, sortant comme un hoquet du dur gosier des gens du Nord ; et dans sa rude beauté la Chanson de Roland dépasse de mille coudées Boileau et son *Lutrin*, Voltaire et sa *Henriade*, Saint-Lambert et ses *Saisons*, Delille et ses *Jardins*, et deux cents années de rapsodies en douze et quelquefois vingt-quatre chants, « Iliades » sans souffle, sans vertu, sans élan, sans chaleur, dont on ne méprisera jamais assez le fabuleux néant.

A qui la devons-nous cette Chanson de Roland ? Quel fut le rugueux Homère des Français du pays d'oïl qui, pareil à l'Homère ionien, mais dans une langue moins souple, moins dorée, moins sonore, chanta comme lui la mort d'un héros et comme lui la puissance d'un roi des rois, « Charlemagne à la barbe fleurie ? » On l'ignore. Sans doute il était Normand, peut-être il s'appela Turolde ou Thérolde ou Touroude.

C'est dans la seconde moitié du onzième siècle que cet inconnu célébra le désastre des hommes de sa race au bord d'un torrent des Pyrénées d'Espagne, tandis que le « toujours florissant » aveugle avait chanté des triomphateurs. En ce temps ancien nous n'avions pas encore conscience de nous-mêmes : on se sentait Chrétien contre le Musulman, et l'on allait bâtir des cathédrales merveilleuses ; mais on ne se savait pas Français contre l'Allemand, l'Anglais ou l'Espagnol. Et déjà pourtant le trouvère faisait vibrer la foule aux noms de Douce France et de Terre Major.

Le même cri d'amour, d'enthousiasme et d'orgueil traverse nos autres poèmes de chevalerie, nos autres « romans » d'aventure, qu'ils parlent « de France, de Bretagne ou de Rome la Grand ». Pour ces interminables conteurs, trop souvent monorimes et monotones, la patrie est toujours Douce France, le plus gai pays, et Terre Major, le plus grand royaume.

De nos jours, huit cents ans après la Chanson de Roland, la France n'a plus droit qu'au premier de ces noms. C'est bien toujours la terre charmante, agréable, heureuse, admirée, l'honneur de la zone tempérée qui nulle part ailleurs ne dispense plus équitablement le soleil e la pluie ; c'est le verger des meilleurs fruits, le cellier des meilleurs vins, blancs ou rouges, le grenier d'abondance, et, pour tout dire, la patrie du peuple le plus heureux et le plus gai du monde : la France est le plus humain des séjours, « pour ce que rire est le propre de l'homme. »

Mais elle ne mérite plus le nom de Terre Major : ceux qui l'appelèrent ainsi ne connaissaient du monde que ce que les Romains en avaient connu, le tour de la Méditerranée et l'Europe jusqu'à la Pologne et aux plaines disputées par le Slave au Tatare. Dans ce cul-de-sac de l'ancien continent, la France avait remplacé Rome, non pas en puissance, mais en autorité morale ; d'elle sortaient les grands poètes, les artistes, les architectes ; sa langue « délectable » rayonnait loin de ses frontières. L'Espagne luttait alors pour son existence même contre les ennemis africains de sa foi ; l'Italie saignait en tronçons ennemis ; l'Angleterre était française par sa cour, ses nobles, ses lois, ses tribunaux, ses livres, et, sous le vain nom de Saint Empire, l'Allemagne était un campement de barbares.

Aujourd'hui, la Moscovie dédaignée, la Russie, qui n'avait pas même de nom, tient le quart du vieux continent ; l'Angleterre déborde sur le tiers du Globe, l'Allemagne a sept millions d'habitants de plus que nous, et l'Espagne, faible en Europe, forte en Amérique, a colonisé de grands vice-royaumes, émiettés maintenant en républiques turbulentes. De Terre Majeure, nous sommes devenus Terre Mineure. Toutefois, pour l'instant, notre langue règne encore universellement autant qu'elle le fit jamais, et notre part du monde s'agrandit de ce que peu à peu nous rognons à l'Afrique du Nord.

2° Petitesse de la France. Le Belvédère. — Trop fiers de cette langue universelle, nous ne savons que le français, nous lisons peu ce qu'écrit l'étranger, nous ne voyageons guère.

Voilà pourquoi des millions de Français s'illusionnent sur la France.

C'est la moitié du Globe pour le paysan qui ne soupçonne ici-bas que « Paris, la France et l'Angleterre », ou, suivant les frontières, la Belgique, l'Allemagne, la Suisse, l'Italie, l'Espagne. Le soldat qui a grimpé les cols de l'Atlas ou, d'un mamelon du Sahara, béni, puis maudit les lacs inventés par le mirage ; le matelot revenu du Sénégal qui brûle, de la Cochinchine qui tue, de la Nouvelle Calédonie qui restaure ; les familles qui ont envoyé des émigrants au delà des mers ; enfin les Français qui lisent et ceux qui voyagent ont une idée plus juste de la grandeur ou plutôt de la petitesse de la France ; ils savent qu'il y a de par le monde des républiques, des royaumes, des empires plus vastes, des monts plus hauts, des fleuves plus larges, des forêts plus touffues, des nations plus fortes et bien plus fécondes. C'est l'intelligence, la vivacité, l'esprit, la bonne humeur des Français qui ont fait le renom de la France, et non pas ce qu'il y a de plaines et de coteaux entre les sapins des Vosges et les bruyères du Béarn, entre les palmiers d'Hyères et les chênes de l'Armorique.

Du **Belvédère**, un homme qui marcherait devant lui sur une route idéale, sans détours, sans montées, sans descentes, par l'heureux chemin des oiseaux, ne pourrait faire que cent cinquante lieues sur la terre française, et dans une seule direction, vers la pointe de la Bretagne ; en tout autre sens, en tirant sur Bayonne, Port-Vendres, Menton, les Vosges ou Dunkerque, il dépasserait cent lieues, mais n'atteindrait pas cent cinquante ; et il n'y a même pas 400 kilomètres en ligne droite entre le Belvédère et la Manche, l'Atlantique ou la Méditerranée, qui sont les trois mers de notre rivage.

Le Belvédère porte une tour bâtie à la gloire de l'armée qui prit Sébastopol. C'est un coteau du département du Cher, à 4 kilomètres au nord-est de Saint-Amand-Mont-Rond ; il monte à 314 mètres, au-dessus du vallon de la Marmande, affluent de droite du Cher. Avant la venue de la Savoie, avant le départ de l'Alsace-Lorraine, on le regardait comme le centre de la France ; il peut encore passer pour tel. De sa cime on devine dans le ciel, plus qu'on ne les voit clairement, des lignes bleuâtres qui pourraient être des nuages et qui sont des montagnes : au nord-est le Morvan, au nord les collines de Sancerre, au sud les Dôme, les Dore et les sommets de la Marche. Il semble qu'on règne sur un horizon sans limite ; cependant l'on ne contemple confusément qu'un tout petit morceau de la France, et la France n'est guère que la deux cent cinquante-cinquième partie du Globe, les mers non comprises.

3° Ce que nous avons perdu en 1871. « So weit die deutsche Zunge klingt. » — Avant les désastres de 1870 et 1871, la France était non pas le deux-cent-cinquante-cinquième, mais le deux-cent-cinquantième de la Terre sans les Mers. Nous avions alors, la Corse comprise, plus de 54 millions d'hectares : avec 38 192 000 habitants, d'après le recensement de 1866 déjà dépassé de quelques centaines de milliers d'âmes. Aujourd'hui, notre sol n'est plus que de 52 857 200 hectares, avec moins de 37 millions d'hommes. Le traité qui a consacré notre déroute nous a ravi le trente-septième de notre territoire et le vingt-quatrième de nos hommes. Nous avons perdu :

Un département tout entier, le Bas-Rhin, vaste de 455 000 hectares ;

Le Haut-Rhin, sauf le petit pays qu'on appelle provisoirement le Territoire de Belfort; soit environ 350 000 hectares de moins;

Près des quatre cinquièmes de la Moselle, où l'on nous a pris environ 425 000 hectares ; nous en gardons 112 000, à l'occident, sur les frontières de la Meuse ;

Près du tiers de la Meurthe, où l'ennemi nous a pris un peu moins de 200 000 hectares, dans le nord-est; il nous en a laissé 400 000 ou un peu plus;

Enfin 21 500 hectares des Vosges, où les Allemands se sont contentés des vallons dont la Bruche emporte les eaux vers Strasbourg.

C'est 1 451 000 hectares et près de 1 600 000 hommes que l'Allemagne nous dérobe.

En nous laissant le Territoire de Belfort, en nous arrachant le reste de l'Alsace et quelques vallons lorrains, les Allemands sont restés fidèles à la devise : *So weit die deutsche Zunge klingt*[1]. « Aussi loin que sonne la langue allemande, avec ses hymnes à Dieu dans le ciel, partout où l'on marche avec fureur sur le clinquant des Velches [2], là est l'Allemagne, » dit un des chants fameux de ce peuple qui se dit pur, mais comme nous il est fait de sangs disparates, qui se dit saint, mais il est sujet comme nous à toutes les faiblesses de l'humanité moderne. Apprise dans les écoles, chantée dans les universités, bramée dans les tabagies (avec autant de droit que chez nous la *Marseillaise*), cette devise a fini par pénétrer les Ultra-Rhénans jusqu'à la moelle. On comprend à demi qu'ils aient cru être sévères mais justes, quand, malgré les Alsaciens-Lorrains, ils ont annexé l'orient des Vosges à la « terre merveilleusement belle sous sa verte couronne de chênes » : car l'Alsace est bel et bien de langue allemande, sauf les villages de quelques hautes vallées ; et plusieurs cantons de ce qu'ils nous ont enlevé de la Lorraine jargonnent aussi les gutturales d'un dialecte teutonique.

---

[1] Aussi loin que sonne la langue allemande.
[2] Des Français.

Mais sur les 1 600 000 hommes extirpés de notre nation, 300 000 Lorrains environ, sur les bords de la Moselle, sur la Nied occidentale et sur la Seille, autour de Metz et de Château-Salins, n'ont jamais parlé que le français, eux et leurs ancêtres depuis plus de trente générations.

Certes, nul de nous n'abandonne un seul des Français que nous avons momentanément perdus. Nous attendons silencieusement un nouveau tour de la roue de la Fortune. Pourtant, jusqu'au jour de la revanche, il nous faut laisser à l'Allemagne ces centaines de milliers de familles dont les fils, devenus soldats prussiens, croiseront la baïonnette contre nous dans les prochaines batailles : peut-être avec l'espoir d'être vaincus par les compagnons d'armes de leurs pères.

4° La France comparée au monde, à l'Europe, aux grands et aux petits États. — Nous ne laissons donc à la France que 37 millions d'hommes sur 52 857 200 hectares. Or la terre a 13 milliards 484 millions d'hectares, c'est-à-dire 255 fois notre pays. Si l'on peut comparer des surfaces à des hauteurs, la France est à l'ensemble des terres ce qu'une tour de 34 à 35 mètres est au Gaurisankar, pic indien que ses 8840 mètres élèvent au-dessus de toutes les montagnes. Elle est à l'Europe, vaste de 990 millions d'hectares, ce qu'une colline de 465 mètres est à ce même Gaurisankar. Elle a le huitième des habitants de l'Europe, le trente-huitième des citoyens du monde.

L'empire russe vaut 41 fois la France; l'empire anglais 39 à 40; le chinois 19 à 20; les États-Unis 17 à 18; le Brésil près de 16; l'Australie 14 à 15; la Russie d'Europe 10 au moins. La Scandinavie nous dépasse de 23 millions d'hectares; l'Autriche-Hongrie de 9 à 10 millions, sans la Bosnie et l'Herzegovine, sa récente annexion; l'Allemagne de 1 200 000, soit de la valeur de deux départements à peine; mais il y a beaucoup plus d'enfants dans ses familles.

La France l'emporte de près de 3 millions d'hectares sur l'Espagne; de plus de 24 millions sur les Iles Britanniques; de plus de 23 millions sur l'Italie. Elle vaut 6 fois le Portugal sans Madère et les Açores, 10 à 11 fois la Grèce, 12 à 13 fois la Suisse, 13 à 14 fois le Danemark sans l'Islande, 16 fois la Hollande, 18 fois la Belgique.

Mais depuis l'an 1830, la patrie des Français ne se borne pas à la France d'Europe, elle est doublée de la France d'Afrique : plus que doublée en espace, puisque l'Algérie a déjà 67 millions d'hectares, avec l'espoir de déborder au levant sur Tunis, au couchant sur Maroc, au midi sur le Sahara, peut-être sur le Soudan, où nous aurons des préfectures telles que Tombouctou, Hamdallah, Sansanding et Ségou-Sikoro : noms qui nous semblent presque fantastiques, comme l'étaient pour nos ancêtres ceux de Constantine, de Tlemcen ou de Titteri. Mais quand l'Algérie sera devenue l'Empire de l'Afrique du Nord, elle aura cessé de nous obéir; ce jour-là, nous graviterons autour d'elle, et non plus elle autour de nous.

En s'en tenant à la réalité du moment, on doit considérer la France et l'Algérie comme un vaste royaume de Naples divisé par un détroit deux cents fois plus large que le Phare de Messine. Réunies, ces deux patries du Français ont 120 millions d'hectares, le 112e ou le 113e de la Terre, avec 40 millions d'hommes, le 35e de la race mortelle. Mais il est juste de retirer à l'Algérie sa part de Sahara, bien que le Grand Désert vaille mieux que son renom et que lui aussi ait son avenir. Tell, Steppes, Hodna, Sersou, Ksours, Oasis, font 30 millions d'hectares : soit, avec la France, 83 millions d'hectares, ou plus du 163e des terres.

5° D'où vient le nom de France. Ceux qui nous ont légué notre nom sont parmi nos moindres ancêtres. — Nous sommes nés d'un entremêlement de familles dont plusieurs sans doute nous resteront éternellement inconnues : familles desquelles la plus importante, celle qui forma la trame intime, l'âme, l'esprit, la conscience de la nation, fut peut-être une obscure tribu dans les bois, au bord des marais, sur le sol que foulèrent ensuite des peuples oubliés, puis des Celtes, des Kymris, des Ibères, des Romains, des Germains, des Scandinaves, des Arabes. Parmi ces races il en est deux qui, visiblement, ont versé peu de sang dans la veine française. De ces moindres ancêtres nous tenons pourtant notre langue et notre nom : aux Romains nous devons un clair idiome sorti de la pourriture des mots latins; à des Germains, aux Francs, le nom de France et celui de Français.

Il s'est passé chez nous ce que l'histoire a vu bien des fois. Le terme d'Asie ne désigna d'abord que la Lydie, c'est-à-dire les vallées de trois petits fleuves, l'Hermus, le Caïstre, le Méandre, et le littoral où grandit plus tard la superbe Éphèse dont la Smyrne de nos jours est bien loin d'égaler l'artistique splendeur. De proche en proche, ce nom s'étendit à la plus grande des cinq parties du monde. De même, l'Afrique s'appelle ainsi d'un rivage méditerranéen qui appartient maintenant à la régence de Tunis; de même encore, dans le Nouveau Continent, le misérable village que les Espagnols nommèrent Vénézuéla (la petite Venise) parce que ses cabanes reposaient sur des pieux plantés dans la mer, a légué son nom à un pays de cent millions d'hectares.

Ainsi de la France. Des Germains pillards campaient au voisinage de la mer du Nord, sur l'Ijssel[1] ou Yssel, alors appelé Sala : d'où le surnom de Saliens porté par ces Germains, qui se rattachaient à la confédération des **Francs**. Quittant ces rives plates, tourbeuses, marécageuses qui sont maintenant la Gueldre et l'Over-Ijssel, terres hollandaises, ces batailleurs marchèrent vers le sud-ouest. De guerre en guerre, parfois vainqueurs, souvent vaincus, bien que Rome fût vieille, fatiguée et même

[1] On prononce Aïssel.

lâche, les Francs Saliens gagnèrent le pays où vivent aujourd'hui les Wallons et les Flamands, la Belgique; puis, de la Belgique, ils arrivèrent sur notre sol et régnèrent à Cambrai, riveraine de l'Escaut. Toujours en razzias, ils passèrent ensuite de l'Escaut à l'Aisne et s'établirent à Soissons; enfin en l'an 493, un de leurs chefs les plus sanglants, Clovis, entrait à Lutèce ou Paris, ville gallo-romaine où les Francs apprirent le latin. Lutèce grandit; elle devint la reine du petit pays de France ou d'Ile-de-France, ainsi appelé depuis que les Francs y régnaient sur la Seine, la Marne et l'Oise. Peu à peu ce nom de France, marchant en même temps que la puissance des rois parisiens, annexa de grands territoires où le sang des Francs n'avait pas eu de part à la naissance de notre peuple; il finit par désigner des régions où les guerriers saliens étaient inconnus; ou s'ils y avaient paru, c'était en sauvages, en conquérants d'un jour, la torche à la main. Et le nom de France, consacré par le temps, par l'histoire, par la prose et les vers, couvre maintenant tout le pays compris entre la Belgique, l'Allemagne, la Suisse, les Alpes, la Méditerranée, les Pyrénées, l'Atlantique, la Manche et la mer du Nord. Sous une autre forme, *Franken* ou, comme nous disons, **Franconie**, il vit aussi chez les Bavarois, dans le pays calcaire, prolongement de notre Jura, qu'habitent les descendants d'autres tribus franques : du Rhœn, mont de basalte, au Main, rivière prodigieuse en détours; du Main à Nuremberg et de Nuremberg au Danube.

La Gaule s'arrêtait au Rhin, la France ne va qu'aux Vosges et aux Ardennes. La terre gallo-romaine a perdu les millions d'hectares qui sont devenus Belgique, lambeau de Hollande, Luxembourg, Prusse rhénane, Palatinat de Bavière et Alsace-Lorraine. Nous ne buvons plus depuis tantôt dix années, et peut-être ne boirons-nous jamais les eaux vertes du « Nil de l'Occident. »

Et pourtant, qui dira jamais la profondeur du fleuve de sang qu'a fait couler cette malheureuse frontière, fleuve

Guerriers Francs.

où se mêlaient deux rivières ennemies? Pourquoi tant de sang, tant de sang rouge, comme dit le poète allemand quand il demande avec amertume ce que gagna l'Allemagne à la Bataille des Peuples, à la triple journée de Leipzig? Pour une œuvre de néant, pour unir à la France des hommes qui ne sont Français ni par la langue, ni par l'humeur, ni par l'origine. Arrêtés du côté des terres par un mur vivant, nous n'avions pas, comme la Russie, des sols immenses à prendre sur le vide, au delà du fleuve, au delà des monts. Nous aurions dû, comme l'Angleterre, l'Espagne ou le Portugal, passer le flot de l'Ouest, et couvrir le Nouveau-Monde. Aujourd'hui, si l'Amérique a ses maîtres, l'Afrique, au delà des eaux céruléennes, ouvre à la France un champ sans limite.

6° Frontières de la France : limites naturelles ; tracés arbitraires, parfois insensés. — Il y a des frontières physiques et des frontières morales, qui parfois coïncident, qui s'écartent souvent. Il y a des frontières artificielles, lignes droites ou tordues, tirées en dépit de la nature et des convenances ou des sentiments des hommes.

Des frontières physiques la meilleure est la mer, qui peut s'élargir à des milliers de lieues, avec des profondeurs de plusieurs kilomètres. La montagne sépare autant que la mer quand elle dépasse les neiges éternelles, quand les cols qui l'entaillent sont élevés, gelés, difficiles ; telle chaîne sourcilleuse divise plus les nations qu'un bras de mer sans largeur. Les déserts, les grands marais, les forêts, sont aussi de puissants agents de divorce ; mais l'homme assied des chemins et creuse des puits dans le désert, il dessèche les marécages, il extirpe les bois, et ces obstacles n'ont rien de l'éphémère éternité des océans et des montagnes. Quant aux lacs, aux rivières, aux fleuves, ces frontières-là sont faciles à mépriser.

Des frontières morales la plus infranchissable était autrefois tracée par la différence des religions ; elle l'est aujourd'hui par la différence des langues.

La France a toutes ces sortes de frontières.

A l'ouest, l'Atlantique déferle sur nos côtes ; elle nous sépare de l'Amérique du Nord. Qui la traverse en droite ligne débarque au Canada s'il vient de Brest ; et s'il vient de Bayonne, aborde au nord des États-Unis.

Au nord-ouest et au nord, la Manche et le Pas de Calais nous séparent du pays qui nous a fait le plus de mal, de l'Angleterre, qui faillit être française, qui l'est même beaucoup par le sang, à moitié par la langue. La Manche unit l'Atlantique à la mer du Nord qui ronge les collines de l'Angleterre, assiège les plaines de la Belgique, de la Hollande, de l'Allemagne, du Jutland et heurte les monts de l'Écosse et de la Norvège, où ses vagues s'amortissent dans les replis des fiords. La France a sur cette mer, de Calais à la frontière belge, quelques rivages plats, dignes des Pays-Bas, auxquels ils ressembleront toujours par la nature et l'aspect, mais dont ils perdent de plus en plus le jargon flamand.

A l'est-nord-est de Dunkerque, ville qui aurait donné le jour à nos plus hardis marins s'il n'y avait pas quelque part en Bretagne une héroïque cité du nom de Saint-Malo, le littoral de la mer du Nord cesse de nous appartenir, et de maritime et naturelle, la frontière, courant entre France et Belgique, devient terrestre et conventionnelle. Ni montagnes, ni rivières, ni déserts, ni forêts ne séparent les deux pays. Une plaine, une colline, un marais, un ruisseau, des bois, des haies, des champs, des villages, des hameaux commencés chez nous finissent chez les Belges ; et des deux côtés de la ligne arbitraire on parle également les mêmes langues : d'abord le flamand, la plupart des familles du pays de Dunkerque et d'Hazebrouck usant de ce dialecte bas-allemand (et de plus en plus du français), comme le font également leurs voisins d'outre-frontière ; puis, où s'arrête le flamand, c'est le français qui règne, pur ou avec ses dialectes wallons, aussi bien en Belgique, dans le Hainaut, la province de Namur et le Luxembourg, que dans nos départements du Nord, de l'Aisne, des Ardennes et de Meurthe-et-Moselle.

Après les Belges, nous côtoyons le Luxembourg, où vivent des gens de langue allemande obéissant au roi de La Haye ; après les Luxembourgeois nous avons pour voisins les Prussiens, et ici le voisin c'est l'ennemi. Pendant longtemps, cette frontière nouvelle n'a rien de normal : ni morale, ni physique, elle ne suit guère la limite des langues, puisque le vainqueur a cru bon de planter les bornes de séparation dans un terroir d'idiome français ; elle traverse l'Orne de Woëvre, la Moselle, franchit ou longe la Seille, coupe le canal de la Marne au Rhin dans la haute vallée du Sanon, puis gagne la crête des Vosges vers les sources de la Vezouse ; alors elle devient frontière parfaite, à la fois toit des eaux et partage des langues ; et cela jusqu'aux lieux où, de l'arête vosgienne, la ligne descend dans la plaine de la Haute-Alsace ; là le Territoire de Belfort confronte à l'Alsace-Lorraine par un bornage artificiel qui ne respecte ni coteaux, ni rivières, ni langages. C'est ainsi qu'on arrive à toucher la Suisse.

La France et l'Helvétie s'ajustent par des lignes brisées, conventionnelles, coupant ou suivant sans raison les chaînes du Jura : sur ces chaînes, sur leurs plateaux froids, dans leurs gorges où l'eau de roche est bruyante et bleue, en France comme en Suisse on n'entend qu'une joyeuse langue, la nôtre. Du Jura, la frontière descend au Rhône, encore torrent, qu'elle traverse entre Genève et le défilé du Fort de l'Écluse, puis, entourant sinueusement le petit territoire de l'ancienne Rome des calvinistes, elle arrive au Léman, que nous partageons avec la Suisse.

Tout près de la grève où le Rhône jaunâtre entre au pas de course dans l'indigo du lac, notre limite gagne le Mont-Blanc par les crêtes qui séparent deux pays de parler français : à l'orient la vallée du Rhône supérieur, à l'occident la Savoie, qui nous appartient depuis l'an 1860, par attraction, par choix, par abandon spontané, tandis que l'Alsace-Lorraine ne s'est point fiancée à l'Allemagne : elle a été ravie, et il semble qu'elle a toujours pour le ravisseur un nauséeux dégoût.

Le Mont-Blanc, géant de la Savoie, géant de la France, géant de l'Europe, car le Caucase est asiatique, a chez nous sa pointe suprême, haute de 4810 mètres; mais trois nations, la France, l'Italie, la Suisse, ont part à la sérénité de ses neiges; toutefois ses montagnards, quelle que soit leur vallée, au sud comme au nord, à l'est comme à l'ouest, n'ont d'autre idiome que le nôtre.

Du Mont-Blanc au massif où surgit le Var, la frontière, entre la France et l'ancien Piémont devenu royaume d'Italie, est irréprochable comme obstacle, puisqu'elle se compose de pics hautains séparant deux natures, deux climats, deux bassins, celui du Rhône et celui du Pô. Mais ce n'est pas partout une barrière morale, car diverses vallées italiennes par leur versant ont conservé jusqu'à ce jour l'usage du parler français : tel est le val de la Cenise, où passe le chemin de fer de Paris à Turin, à sa sortie du tunnel qui est encore le plus long des Alpes et du monde. Au delà des sources de la Tinée, affluent du Var, les limites se brouillent; elles ne suivent plus fidèlement la grande chaîne internationale : tracées à l'avantage de l'Italie, elles ne daignent pas profiter d'une chaîne de 3000 mètres de hauteur, et laissent au Piémont les têtes de plusieurs torrents. Nous ne possédons ni les sources de la Vésubie, affluent du Var, ni celles de la Roya, tributaire de la Méditerranée; et de ce dernier fleuve nous ne tenons pas non plus l'embouchure, qui appartient à l'Italie.

C'est entre la française Menton et l'italienne Vintimille que la frontière atteint la Méditerranée, vis-à-vis de Bône, ville franco-africaine; c'est près de Port-Vendres, vis-à-vis d'Alger, que la plus bleue des mers nous abandonne pour aller caresser le rivage espagnol : là même, a cap Cerbère, s'élancent du flot les premiers rocs des Pyrénées.

Du cap Cerbère au Choulcodomendia, qui règne sur la fraîche vallée de la Bidassoa, sur l'heureuse plage d'Hendaye, les Pyrénées nous divisent de l'Espagne, mais parfois nous en divisent mal. Au lieu de garder toujours la crête, la frontière chevauche deçà delà, tantôt en France, tantôt en Espagne, selon que des bergers de l'une ou de l'autre nation ont de temps immémorial la jouissance des pâturages sur les deux versants de la montagne. Nombre de rivières françaises ont leur source en Espagne, nombre de torrents espagnols commencent en France.

Ainsi, il est un fleuve essentiellement gascon, ou plutôt français, puisque la Gascogne s'est fondue dans la France : il appelle à lui les eaux du versant nord des Pyrénées centrales, il baigne notre sixième ville, Toulouse, notre quatrième ville, Bordeaux, et reçoit le flot de marée par le plus grand de nos estuaires : on le nomme Garonne, et dans son estuaire, Gironde. Il semblerait que ce fleuve dût naître où il grandit et meurt, c'est-à-dire en France; pourtant ses vallées natales, dont l'ensemble forme le **Val d'Aran**, sont une terre espagnole de 55 000 hectares, isolée du reste de l'Espagne par les Pyrénées les plus hautes.

Par contre, il est une rivière essentiellement catalane, ou plutôt espagnole, puisque la Catalogne s'absorbe dans l'Espagne : c'est la Sègre. Quand elle rencontre l'Èbre, fleuve à la fois castillan, aragonais et catalan, elle lui apporte plus d'eau qu'il n'en a lui-même. On croirait que cette rivière, la plus forte des Pyrénées méridionales, a sa source en Espagne; or elle naît chez nous, dans la **Cerdagne Française**, terre très élevée, très froide, ayant 50 000 hectares, ancien lac écoulé comme le val d'Aran. La Cerdagne française, il est vrai, communique avec la France par un pas commode, le col de la Perche, plateau de gazon à 1622 mètres d'altitude; et par contre, au Pont du Roi, la Garonne sort du Val d'Aran par un étroit passage.

La Cerdagne est dans les Pyrénées orientales, et le val

d'Aran dans les Pyrénées centrales. Dans les Pyrénées occidentales, nous gagnons au midi de la chaîne 5200 hectares aux sources de l'Irati, sous-affluent de l'Ebre par l'Aragon; mais nous en perdons plus de 21 000 sur le versant nord, principalement aux sources de la Nivelle, petit fleuve côtier, et des divers torrents qui composent la Nive, tributaire de l'Adour. Et ce ne sont point là les seules irrégularités de cette frontière.

S'il est quelque part en Europe une roche qui cache l'une à l'autre deux nations, c'est bien la roche Pyrénéenne, si haute, si raide, avec des cols si durs. Pourtant, semblable au Mont-Blanc et aux monts d'entre Arc et Doire, elle sépare plutôt deux natures de pays que deux natures d'hommes. Au moyen âge les mêmes langages se parlaient sur ses deux versants, chez des peuples probablement issus du même mélange d'ancêtres : tout à l'ouest résonnait le basque, et du pays des Escualdunacs à la Méditerranée la langue d'oc, idiome rhythmé qui n'était ni le français, ni l'espagnol, mais qui ressemblait à tous les deux. Aujourd'hui, l'on se comprend encore du nord au sud, aux deux extrémités de la chaîne, de Basque de France à Basque d'Espagne, de fils de la Catalogne à fils du Roussillon; mais ailleurs on ne s'entend plus, l'Ariégeois saisit à peine quelques phrases du langage des Catalans ultramontains, l'Aragonais ne sait ce que lui disent le Bigordan et le Béarnais, ses voisins. La langue d'oc s'est effeuillée en dialectes, elle a perdu l'Aragon, qui ne parle plus qu'espagnol, et rapidement le castillan s'empare de tout le versant méridional, comme le français de tout le versant du nord : le jour approche où les Pyrénées s'élèveront entre deux langages comme elles séparent déjà deux soleils et deux destinées.

Toutes ces frontières étant infiniment onduleuses, on n'en peut donner la véritable longueur. En négligeant les courbes et les angles de moins de 5 kilomètres, notre limite avec la Belgique a 460 kilomètres; celle du Luxembourg hollandais 14; celle de l'Allemagne 320; celle de la Suisse 396 ; celle de l'Italie 410 ; celle de l'Espagne 570 : en tout, 2170 kilomètres de frontières terrestres ; 5092 avec les frontières marines.

CHAPITRE II

MONTS, PLATEAUX, PLAINES, RÉGIONS NATURELLES

La montagne, les montagnards. — L'âme de la nature c'est la mer, fontaine des pluies, réservoir des eaux, outre des vents sonores. La montagne attire ces pluies, renouvelle ces eaux, divise et distribue ces vents.

L'Océan, chaudière de vie, brasse et mêle courants, souffles et climats ; il porte au Nord la tiédeur du Tropique, au Tropique la fraîcheur du Nord. La montagne ne mêle pas les climats, elle les sépare suivant ses versants, elle les étage suivant ses hauteurs. Immobile et morte, sauf les roches qui tombent, les torrents qui roulent, les avalanches qui croûlent, les glaciers qu'on ne voit pas marcher et qui marchent pourtant, elle est, dans sa petitesse et sa tranquillité, cent fois plus diverse que l'immense et mobile Océan qui s'agite par toutes ses vagues, se ride à tous les zéphyrs et se plaint sur tous les rivages. Sierras baignées d'eau glauque, plateaux, vallons ténébreux, forêts d'algues, monstres marins, les poissons, leurs légions, leurs campements, leurs batailles, toute cette vie pullulante de la mer féconde que l'harmonieux aveugle nommait la mer infertile, ce que le plongeur entrevoit, ce que devine la sonde, tout cela nous est caché dans les profondeurs du « sel divin », sous le masque vert ou bleu des flots.

La mer ne passe pas uniquement son temps à dévorer des îles, des presqu'îles, des caps, elle remplit des golfes et dépose au fond des eaux la matière des continents futurs : les protubérances qu'elle ronge lui suffisent pour combler les baies, mais pour la création des sols de l'avenir, il lui faut le secours des boues fluviales ; ces boues, c'est de la montagne surtout qu'elle les reçoit. Et le mont ne fournit pas seulement des alluvions terrestres aux plaines et aux mers, il en descend aussi des alluvions humaines pour la croissance et la durée des peuples.

Dans l'air sain des sommets, dans les gorges ruisselantes, sur les hautes prairies, au-dessus des soleils énervants, loin des excès de Tarente et des mollesses de Sybaris, loin du luxe, de la soif d'honneurs, des vœux tendus, des rêves trompés, des vies dispersées et manquées, s'endurcissent et s'augmentent des générations qui vont prendre en bas les places vides faites par la corruption, l'épuisement, le calcul, le suicide et la mort prématurée.

Ce ne sont pas des familles de deux ou trois enfants blêmes qui sortent des chaumières longtemps bloquées par l'hiver, mais de petites cohortes de six, huit, dix garçons et filles au sang rouge, aux os massifs, aux muscles durs, aux nerfs tranquilles. Quand il arrive à l'achèvement complet de son être, l'homme des pics, des plateaux, des bombements supérieurs a, suivant les altitudes, passé vingt fois par la terrible épreuve de quatre, six, sept et même huit mois d'un ciel fait de jours et de nuits également implacables. Souvent c'est la neige qui tombe en don de joyeux avènement sur la cabane où naît un montagnard ; souvent aussi c'est la neige qui charge le toit sous lequel un montagnard expire ; et quelquefois la terre, serrée par le froid, ne peut recevoir ce cadavre : alors, scellé dans son cercueil, le mort attend que la saison plus tiède ouvre le sol natal à la pioche du fossoyeur.

Ces familles vigoureuses sont pauvres, tant sur le plateau persécuté des vents que dans les gorges, au pied des roches immenses qui dérobent aux hameaux la moitié de la lumière que leur doit le soleil. De leurs enfants, beaucoup descendent dans la plaine qui ne remonteront jamais au village paternel, mais il en reste assez dans les montagnes pour y arroser les prairies et pour y défendre les passages. Ce fut un monticole, un Arverne, Vercingétorix, qui disputa le dernier la Gaule à César; cinq cents ans après, ce fut encore le peuple arverne, devenu gallo-romain, qui résista le dernier aux Barbares. Et puisque la France doit finir, ceux qui garderont le plus longtemps l'héritage de sa langue seront des hommes de l'Auvergne, des Cévennes, du Rouergue, du Limousin, des Pyrénées ou des Alpes, nés dans des vallées perdues où l'on ne parle encore que le patois.

Sous nos yeux Paris est envahi par les Auvergnats, les Limousins, les Marchois, les Cévenols, les Savoyards, les Dauphinois, les Pyrénéens, maçons, terrassiers, porteurs d'eau, ramoneurs, commissionnaires, gens de tous les métiers. Appelés ou venus d'eux-mêmes, grands ou petits, fluets ou trapus, noirauds, blancs ou rouges, tous ces hommes d'en-haut, ceux du moins que l'art ou la science ou les livres n'attirent pas à Lutèce, adorent avec ferveur le plus bas idéal, l'argent. C'est pour lui qu'ils viennent souffrir la veille et le jeûne, affronter l'hôpital et quelquefois s'étendre sur les dalles de la Morgue.

Ce n'est pas seulement à Paris que descend cette foule inquiète, éternel renouvellement de la grande cité. Il n'y a ville de France, fût-elle des plus minces, qui n'ait son Auvergnat marchant lourdement et robustement à la fortune.

I. PLATEAU OU MASSIF CENTRAL : MONTS FRANÇAIS

Plateau central. — Cette Auvergne dont les rustres d'aujourd'hui seront les messieurs de demain fait partie du Plateau ou Massif Central.

Le Plateau Central couvre à lui seul huit millions d'hectares, plus du septième de la France. Au sud, dans le pays de Saint-Affrique, il est voisin de la Méditerranée; à l'est, dans les monts de l'Ardèche, il est proche du Rhône; au nord, vers les sources de l'Indre, il touche à la plaine de Châteauroux, que la Sologne, autre plaine, rattache à la Loire ; à l'ouest, les landes, les granits, les châtaigniers du Nontronnais, traversés par l'Isle, l'Auvezère et la Dronne, lui appartiennent encore. Il lui revient tout ou partie de 22 départements : Cantal, Puy-de-Dôme, Allier, Loire, Haute-Loire, Ardèche, Gard, Hérault, Lozère, Aveyron, Aude, Tarn, Haute-Garonne, Tarn-et-Garonne, Lot, Corrèze, Creuse, Indre, Vienne, Haute-Vienne, Charente et Dordogne. De ses granits, de ses gneiss, de ses schistes, de ses calcaires, des basaltes, des laves, des trachytes, des phonolithes refroidis qu'y vomirent des volcans, découlent six de nos grandes rivières, la Loire, l'Allier, la Vienne, la Dordogne, le Lot et le Tarn; la Loire, la Gironde et le Rhône s'y abreuvent tous trois, et de ses hautes vallées descendent les hommes qui sont la principale réserve de la nation française, l'Auvergnat propre à tout, le Limousin et le Marchois qui gâchent le mortier, l'Aveyronais et le Cévenol endurcis à la fois contre le soleil et contre la neige.

Le Plateau Central, principale forteresse de la France, est à la fois la plus haute et la plus ample protubérance de ce qu'on nomme spécialement les Monts Français, Alpes et Pyrénées à part.

Les Monts Français proprement dits prennent à la France

14 à 15 millions d'hectares; toutes nos montagnes réunies en prennent 24 à 25 millions. Pour le pays de plaines et de collines il reste donc 27 à 28 millions d'hectares.

1° **Monts Dore, Cézallier.** — Le Plateau Central est le piédestal de beaucoup de montagnes. La plus élevée c'est le **Puy de Sancy**, père de la Dordogne, pyramide aiguë de 1886 mètres. La neige tombe dru pendant des mois et des mois sur ce monarque des Monts Dore, sur ce souverain de tous les dômes, pics ou puys du Centre, mais elle ne l'ensevelit point sous des névés éternels, et, glissant de sa tête sur ses épaules, va s'entasser dans les précipices, à l'origine de ruisseaux que boivent la Dordogne et son sous-affluent la Trentaine. De sa cime on contemple un immense tour d'horizon, des pics, des plateaux où des lacs miroitent, des pelouses mélancoliques avec de misérables burons, cabanes sans fenêtres et sans foyer auprès desquelles un chalet suisse est un véritable palais; on voit le cirque où court la jeune Dordogne, et partout des gorges déchirées. Par l'effet de la distance, le chaos disloqué, déhanché, sur lequel on plane, devient, à mesure que le regard atteint l'horizon, une espèce de plaine vaporeuse et bleue où se lèvent des monts éthérés, les Dôme, le Velay, le Forez, le Cantal, et quelques délinéaments des Alpes qui sont comme une vision flottante. C'est un monde grandiose, mais triste et vide. Il est nu. Chênes, frênes, hêtres, pins, sapins, le Massif central n'a plus que les lambeaux des bois qui le parèrent; les trois ennemis des forêts, le bûcheron, le pasteur, le paysan, y ont couché plus d'arbres que n'en relèveront jamais les forestiers.

Parmi les lacs des Monts Dore, vieux cratères ou réservoirs arrêtés par quelque barrage de lave, le plus beau ne se voit pas du Sancy : c'est le **Pavin**, près de Besse, à 1197 mètres d'altitude. Profond de 94 mètres, il dort au pied du cône de Montchal, volcan refroidi dont il reflète les

Un buron du Mont-Dore.

sapins, les hêtres et les basaltes rougeâtres. L'homme qui vit seul avec la nature la craint autant qu'il l'aime et les pasteurs des monts, comme ceux des bruyères, sont des hommes superstitieux. Ils ont foi dans les présages, dans l' « araignée du soir, espoir; araignée du matin, chagrin; » ils croient au Chasseur noir, aux ogres, au Petit-Poucet, aux sorciers, aux loups-brous, aux loups-garous, aux malheurs du Vent de bise, à la Belle au bois dormant, aux fées bonnes, aux fées méchantes, aux enchantements, à la baguette magique, aux formes adorables, à la fois blanches et bleues, qui nagent dans la profondeur sous le fluide indigo des lacs. Ainsi, les Auvergnats des Dore contaient sur le Pavin des histoires terribles : ils disaient aux gens de la plaine (et les gens de la plaine les croyaient) qu'un caillou jeté dans son eau bleue la soulevait en féroce tempête, fût-ce par le plus beau des soleils, par le plus calme des jours. Et les savants qui avaient tiré le mot Loire de *Lignum gerens*, et de *Girus undæ* le mot Gironde, faisaient venir le nom de Pavin du latin *Pavens* (qui fait peur); mais depuis qu'il n'est plus hanté par les flammes de l'abîme, Pavin, vieille chaudière ébréchée d'un côté, n'a d'effrayant que la profondeur de son gouffre et la menace de son écroulement; il pourrait s'effondrer sur la ville de Besse et la disperser en débris sur le chemin de la rivière Allier. Ce beau lac de 1650 mètres de long, de 1525 de large, grand de 42 hectares, versera, lorsqu'on voudra le vider par un siphon, 3 à 4 mètres cubes d'eau par seconde à la Couse-Pavin, qui les conduira dans l'Allier. Or, l'Allier comme la Loire, a besoin de secours pendant six bons mois de l'année.

Le Puy de Sancy a pour voisins le Puy Ferrand, haut de 1846 mètres, et le Puy Gros, haut de 1804. Ce sont là les trois géants des Dore, et avec trois sommets du Cantal, les seuls pics des Monts Français qui s'élancent à plus de 1800 mètres au-dessus des mers.

Les gneiss, les granits, les roches anciennes qui mon-

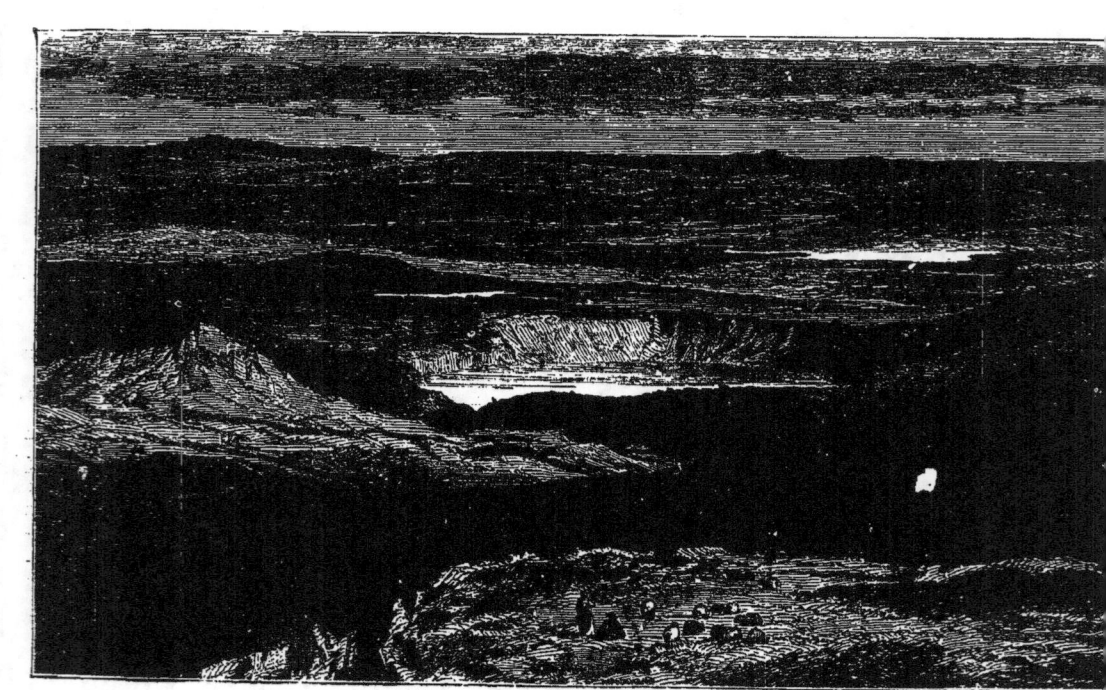

La région des lacs au sud du Mont-Dore.

trent çà et là leur dure carapace n'empêchent pas les Monts Dore d'être essentiellement volcaniques. Tout le proclame éloquemment : ce que les gazons, les fourrés, les pins, les sapins laissent voir de roche brune ou rougeâtre, et ce qu'il s'est écroulé de blocs de la cime ou du flanc des monts; les basaltes, les trachytes, les laves d'où tombent tant de cascades ou plutôt de cascatelles, faute d'assez de flots dans les torrents que n'allaitent pas des neiges éternelles ; les lacs blottis dans de vieux cratères ; les chenaux de rivière sciés par l'eau patiente, à force de siècles, dans la masse des laves ; les « orgues » ou colonnades, surtout la Roche Tuilière ou le Repos de l'Aigle et la Roche Sanadoire, admirables rangées de prismes : ces deux phonolithes se regardent à travers un étroit vallon et un tributaire de la Sioule passe humblement entre ces piliers prodigieux, élevés de plus de 200 mètres au-dessus du torrent. Par cette rivière de Sioule et par les charmantes Couses, l'Allier partage avec la Dordogne les sources vives, les neiges hivernales, les orages des Monts Dore, et aussi ses sources minérales ou thermales, celles des **Bains-du-Mont-Dore**, celles de la Bourboule, celles de Saint-Nectaire et plus de deux cents autres : ces précieuses fontaines de santé sont encore un témoignage de la volcanicité des Dore. Le principal cratère a disparu; il flambait dans un cœur de montagnes glacées dont le temps a fait un grand vide, un double cirque où passent la Dordogne naissante et la Couse de Chaudefour. Le Sancy, le Ferrand, l'Aiguiller, le Cacadogne, ont été façonnés dans la masse de ses parois.

Au sud-est du Pavin et des lacs de son voisinage, le **Cézallier** fait pont entre les Dore et le Cantal. Son sommet majeur, le Luguet (1555 mètres), domine le beau cirque d'Artout. Granit vêtu de vieux basaltes, le froid Cézallier n'a rien du profil aigu des sierras; aux plateaux il ajoute les plateaux, aux mamelons les mamelons, aux croupes bossues les croupes bossues ; triste, maussade, et par les mauvais temps lugubre, il est nu, et le vent, qui n'a pas de branches à tordre, y ride quelques petits lacs et rase en sifflant des gazons et des bruyères.

2° Monts Dôme. — Au septentrion des Monts Dore, les Monts Dôme sont volcaniques aussi, mais avec des cônes bien mieux conservés. On compte 60 de ces cratères, élevés en général de 100 à 200 mètres au-dessus des granits, des gneiss, des micaschistes d'un plateau de pâturages nus qui a de 800 à 1000 mètres d'altitude. Les chéires[1] ou courants de lave sortis des gueules flamboyantes, puis lentement refroidis sur place, cachent le sol antique sous une gaine de roches poreuses.

Ces roches légères, boursouflées, spongieuses, ces phonolithes ou pierres sonores, boivent avidement l'eau qui leur descend soit des puys, soit du ciel ; aussi n'entretiennent-elles que des pâturages secs, indignes de leur altitude. Parfois il n'y a même pas de gazon sur leurs coulées raboteuses, point d'arbres non plus, rien que la roche brûlée, carrière où l'on taille les pierres sombres dont sont faites les « villes noires » d'Auvergne, notamment Clermont, la plus grande. La pierre de Volvic, tirée d'une chéire, a bâti mainte cité. L'eau qu'ont bue les porosités des coulées n'est pas toute perdue pour le peuple des Auvergnats ; elle coule sous le plancher des laves, et quand un sous-sol étanche l'a conservée, elle revoit le jour, soit au pied de la chéire, soit par une cassure du fourreau de pierre calcinée.

Tel fleuve rouge évadé d'un volcan atteignit, en suivant le ravin qui favorisait sa pente, une vallée, un vallon auquel il barra le chemin d'aval ; alors la rivière de cette vallée, le ruisseau de ce vallon, refluèrent en lac allongé ; mais l'eau, qui a des lèvres de cristal, mord et dévore en caressant : dès que la pâte brûlante fut devenue digue froide, le flot se mit à limer l'obstacle ; or, dans les montagnes où les torrents coulent toujours, cet ouvrier-là

---

[1] C'est le même mot que la *sciarra* des Siciliens Etnicoles.

ne dort jamais; il abaissa tellement l'écluse, que les lacs diminuèrent, puis disparurent, et la cascade qui, du haut des laves, jetait leurs eaux dans le vallon d'en-bas, a pu devenir l'un des lieux profonds et paisibles du torrent qui les avait formés. Il ne reste guère aujourd'hui dans le pays que deux de ces lacs occasionnels : un dans les Monts Dôme, c'est le lac d'Aydat; l'autre dans les Monts Dore, c'est le lac Chambon.

Le lac d'Aydat s'amassa derrière une lave expectorée par les puys de la Vache, de Vichâtel et de Lassola. Situé à 826 mètres au-dessus des mers, il n'a que 4 kilomètres de tour, et des profondeurs de 13 à 50 mètres. Visiblement une partie de ses eaux sort par un torrent du bassin de l'Allier; invisiblement un ruisseau de la nuit, un petit Styx courant sous la lave, conduit le reste de ce tout petit Léman à de belles sources qui sont les affluents du déversoir à ciel ouvert. Le lac de Chambon, sinon plus grand, du moins plus gracieux que celui d'Aydat, naquit du Tartaret, parmi la fumée, la cendre, les sifflements et les flamboiements, un jour que ce cratère, dans une de ses crises, vomit une digue de lave sur la gorge où babillait librement la Couse. Son altitude est de 880 mètres : sa rivière, qui lui vient du cirque volcanique de Chaudefour, le quitte par un passage ouvert entre le Tartaret, veuf aujourd'hui de sa forêt de hêtres, et la colline de basalte d'où n'ont pas encore croulé tous les murs du grand château de Murols. Quant au Gour de Tazanat, au nord-ouest de Riom, ce lac rond, de 40 hectares ou un peu plus, remplit un ancien cratère, le plus septentrional de la chaîne des Puys.

Parmi ces montagnes qui lancèrent tant de laves, tant de boue, de soufre, de salpêtre, de nitre, de scories, d'eau bouillante, la plus haute, la plus majestueuse, c'est le **Puy de Dôme**. Il n'a que 1465 mètres, mais il commande de 550 mètres le plateau dont il surgit, de 1100 mètres Clermont et la Limagne; vu de la plaine, il est imposant, de certains lieux grandiose. Son cône boisé se compose de

Chaîne des Dôme, vue de la base du Puy Chopine.

l'espèce de trachyte qui lui doit le nom de domite. Cet « assembleur de nuages » porte maintenant un observatoire, et, à côté de ce temple de la science, les ruines d'un sanctuaire gallo-romain dédié à Mercure Domien ou Mercure Auvergnat, l'un de ces dieux indigènes que Rome s'empressait d'adopter pour confisquer avec eux le peuple qui les adorait. Comme les Romains, croyant l'Empire éternel, bâtissaient pour l'éternité, le temple du Mont Dôme, si haut dans le ciel, était vaste, solide, superbe, orné de marbres somptueux fournis par l'Europe, l'Afrique et l'Asie; et la statue en bronze de Mercure Arverne était un des plus grands colosses du monde grec et latin.

Le Puy de Pariou, voisin du Puy de Dôme, a un cratère de 94 mètres de profondeur, de 310 de diamètre, qui est de la plus harmonieuse régularité. Le Puy de Côme, le plus majestueux de tous après le Puy de Dôme, est un cône boisé de hêtres qui s'élance à plus de 300 mètres au-dessus du plateau des Puys ; son double cratère, profond de 89 mètres, rejeta jadis la chéire la plus grande en même temps que la plus crevassée et la plus bouleversée de l'Auvergne : chéire que la Sioule a dû ronger au-dessous de Pontgibaud, sans quoi cette vive rivière s'amortirait encore en un lac semblable à ceux d'Aydat et de Chambon. Le Puy de la Chaise ou de Louchadière, qui concourut à la chéire de Pontgibaud, renferme un cratère de 148 mètres de creux. Le Puy de la Nugère est l'auteur de la chéire de Volvic. Le Puy de Montchié a quatre cratères. Le Puy de Gravenoire encombra de ses laves la gorge de Royat, si fraîche, aimable et riante, depuis qu'un torrent né des plus belles sources que laisse échapper la lave d'Auvergne, la Tiretaine, jadis Scatéon, l'a creusée et façonnée de nouveau. Ce « mont rouge » des Latins, ce « sable noir » des Auvergnats méritera bientôt un autre nom, quand auront grandi les pins dont on le pare ; après avoir été fous, nous devenons sages, au moins dans le pays des Dôme, et nous y reboisons des versants misérables.

Gergovie

Quant à la montagne de Gergovie, sa célébrité ne vient ni de son altitude, qui est faible (744 mètres), ni de ses cratères, car elle n'en a pas, et, si elle porte des basaltes, elle les a reçus, mais ne les a point vomis; elle n'est point belle et n'a rien de grandiose. Sa gloire est tout historique : sur son plateau s'élevait la ville gauloise que les légions de César, enthousiasmées par cent victoires, ne purent enlever aux barbares de Vercingétorix. Un village de cette montagne a récemment troqué le nom fâcheux de Merdogne contre celui de Gergovie.

Les Dôme appartiennent au seul bassin de l'Allier; toutes leurs eaux se versent dans cette grande rivière, soit directement, soit par la Sioule, torrent sinueux et rocheux.

3° Monts du Limousin et de la Marche. — Du pied des Dore et des Dôme, en allant vers l'ouest, de croupe en croupe, de gazons en herbages, d'horizon large en horizon nu, l'on arrive aux monts du Limousin, qui n'ont point de pics, mais des mamelons, point de vrais lacs enchâssés dans la roche, mais des étangs réfléchissant les prés, les bois, les brandes, les genêts, les fougères, les chênes, et les châtaigniers dont le paysan vit autant que du seigle de ses sillons.

Roches dures, gneiss et granit, terre argileuse et peu fendillée, ces plateaux bombés retiennent à la surface toutes les gouttes de pluie, tous les cristaux de neige, et l'eau y est partout, sous toutes ses formes, étangs, mares, torrents, murmures dans les rigoles, scintillements dans l'herbe de la prairie; aussi les monts du Limousin n'ont-ils point le climat de leur latitude. Ils n'ont point non plus celui de leur altitude; parfois le printemps y est sans clémence, l'automne pareillement; l'hiver long, très rude, à demi scandinave, y règne sur des pelouses blanches entre de noires lisières de forêt, et les rivières sont glacées ou coulent, sombres, entre des rives de neige. Cependant aucune cime n'y atteint seulement mille mètres.

Étangs, sources, neiges fondues y font les plus jolis ruisseaux du monde, et ces ruisseaux se rassemblent en rivières très sinueuses où passent des flots frais et clairs, un peu rouges cependant : Vienne, Combade, Maulde, Taurion, Briance, Chavanon, Vézère, Corrèze, Auvézère, Isle et Dronne, Bandiat et Tardoire, tournent gracieusement dans des prés savoureux, tondus par des bêtes robustes et bien en chair.

Quoique ces monts tiennent du plateau, qu'ils soient largement ondulés, mous et ronds, qu'ils n'aient rien de chaotique, d'audacieux, de titanesque, qu'on les aime pour leur fraîcheur, leur verdure, leur grâce, leurs bruits de clochettes et non pour leur grandeur, les vallées y sont profondes, surtout vers l'aval, et les cascades n'y manquent point aux rivières : la Maulde a son Gour des Jarraux, la Vézère ses sauts de la Virolle et du Saumon, la Dronne son humble cascade du Chalard.

Le sommet culminant des monts du Limousin, le **Mont Besson** (984 mètres), dans la Corrèze, regarde les herbes du **plateau de Millevache**, plaine gauche, irrégulière, bosselée, d'où descendent la Vienne, affluent de la Loire, et la Vézère, affluent de la Dordogne ; il dépasse de 30 mètres un mamelon de ce même plateau, le mont Odouze ou Audouze, auquel nos cartes et nos livres donnaient autrefois 1364 mètres : c'est comme si l'on attribuait 7000 mètres de hauteur au Mont-Blanc. Au sud-ouest et non loin du plateau de Millevache, sur la haute Vézère et la haute Corrèze, la chaîne des **Monédières** monte à 920 mètres.

Dans la Haute-Vienne, le mont Gargan, près de Saint-Gilles-les-Forêts, a 731 mètres. Sur les limites du Limousin et du Périgord, les **monts de Chalus**, hauteurs bocagères autour desquelles gazouillent les premières fontaines de l'Isle, de la Dronne, du Bandiat et de la Tardoire, s'assemblent autour d'un sommet de 546 mètres. Dans les **monts d'Ambazac**, entre Bellac, Limoges, Bourganeuf et Guéret, le Puy de Sauvagnac (701 mètres) domine des étangs et des vallons boisés. — Les **montagnes de Blond**, au sud de Bellac, ne s'élèvent qu'à 505 mètres; mais quand on les voit d'assez loin pour qu'elles soient bleues, elles font grande figure, parce qu'elles contemplent de haut les terres qui les rattachent au plateau du Poitou, aux collines de l'Angoumois et aux monts du Limousin.

Dans la Creuse, parmi les **monts de la Marche**, le massif où naît la Gartempe, les puys chauves de Guéret, les montagnes nues de Toulx-Sainte-Croix, au sud de Boussac, ont des cimes de 650 à 700 mètres; enfin, tout à fait au nord, dans le Cher, les monts de Saint-Marien, où jaillit l'Indre, ont 508 mètres d'altitude.

Les monts du Limousin et de la Marche partagent leurs eaux entre la Loire, la Charente et la Gironde.

4° **Cantal**. — Au midi des Dore se lève le Cantal, dans le département qui porte ce nom. Le **Plomb du Cantal** (1858 mètres) est le mont principal de ce massif de volcans éteints. Il se lève près du **Lioran**, qu'entr'ouvrent deux tunnels, par plus de 1100 et par moins de 1200 mètres d'altitude, l'un pour le chemin de fer d'Arvant à Figeac, l'autre pour la route de Brioude à Aurillac. Là même, dans les roches poreuses, dans les pierres brûlées, dans la cendre que ces souterrains percent, s'évasait, on le soupçonne du moins, la grande chaudière centrale, celle qui répandit le plus de matières sur un socle de 150 kilomètres de pourtour aujourd'hui recouvert par les expectorations du Cantal, depuis la Truyère jusqu'à la Dordogne, et même au delà : car les célèbres **orgues de Bort**, sur la rive droite de ce dernier cours d'eau, sont bel et bien des basaltes vomis par la gueule du Lioran ou tout autre cratère du massif.

Des forêts, des sapins, des eaux brillantes, filles des neiges de six mois de l'année, des cascades, des colonnades basaltiques ou des orgues, pour se servir du mot consacré, des roches monumentales et des prairies veloutées, c'est ce qu'on admire, ce qu'on aime dans ces vallons étalés en éventail autour du noyau central de ces monts, et s'abaissant rapidement vers l'Allier, vers la Dordogne, ou vers la Truyère, qui est une branche du Lot. Mais le Cantal a perdu trop de bois. Le coureur qui mêle éternellement ses courses et qui monte aussi vite qu'il descend, l'embrouilleur et le débrouilleur des nues, le dispensateur des pluies, l'agitateur des eaux, l'âme et la voix des forêts, le vent, puisqu'il faut l'appeler par son nom, y fait moins vibrer qu'autrefois l'orchestre des rameaux verts ; il y souffle sur des calvities, des nudités, des brandes et de vastes pâtures où croissent les premiers bœufs de l'Auvergne. C'est là le sort commun des montagnes du Centre : Dore et Dôme, monts de la Marche et du Limousin sont également sortis par presque tous leurs pics et leurs dômes de la sainte obscurité des forêts. Et cependant, disait un proverbe, dans la montagne, un arbre vaut un homme. Aussi, que de pays merveilleux quand on les voit à l'horizon, bleus, célestes, éthérés, magiques, sont-ils, vus de près, laids, grisâtres, éboulés, ravinés, ébréchés, altérés, caducs. C'est comme une trahison. « La nature nous trompe, dit un poète aragonais[1] ; ce ciel, cet azur que nous voyons d'en-bas, n'est point azur, ni ciel. »

Le Plomb ne domine que de quelques mètres le Cantalou ou Petit Cantal (1806 mètres) et le pic du Rocher, haut de 1806 mètres également. Parmi les autres puys cantaliens plusieurs dépassent 1700 mètres, beaucoup 1500. Le Puy Mary (1787 mètres) fut un de nos volcans les plus convulsifs ; on lui attribue le vêtement basaltique du plateau de la pastorale Salers. Le Puy Chavaroche (1744 mètres), qu'on appelle aussi l'Homme de Pierre, et son voisin le Roc des Ombres (1647 mètres) dominent d'adorables vallons, calmes dans leur profondeur, diaprés de gazons, de fleurs, de ruisseaux d'argent : nos

---

[1] Leonardo Argensola.

montagnes du Centre n'ont rien de plus gracieusement intime que les rives du Chavaspre et du Chavaroche, eaux pures dont l'union forme l'Aspre ou rivière de Fontanges.

Les principales rivières cantaliennes sont la Maronne et la Cère, affluents de la Dordogne, et le charmant tributaire de l'Allier qui s'appelle Alagnon, et qui passe, encore tout petit torrent, au pied du colossal rocher de Bonnevie, dont les prismes, dominant Murat, n'ont pas moins de 50 mètres de hauteur.

La **Planèze** est une plaine, comme son nom l'indique : non pas une Beauce parfaitement horizontale, sans mamelons, sans pentes visibles, sans creusements de vallée, sans sillons de rivières, mais un plateau bosselé, de 1000 mètres au moins d'altitude moyenne, ayant des lignes de faîte, des buttes, des coteaux isolés, des lits de torrents inclinés vers la froide Truyère. L'un de ces torrents lave le pied du haut mur de basalte couronné par Saint-Flour, qui n'est plus la capitale de la chaudronnerie ; sa célébrité n'en reste pas moins très grande parmi nous, tant ses émigrants ont porté son nom, sinon sa gloire, dans les bourgs les plus reculés de la France ; bien des paysans n'ignorent pas Saint-Flour, qui n'ont jamais entendu parler de Moscou, de Constantinople, de New-York ou du Caire. Les basaltes sur lesquels elle repose, les pierres volcaniques dont elle est bâtie, et qui l'ont fait appeler « Ville noire », lui vinrent, il y a nombre de siècles, des monts cantaliens : probablement du Plomb lui-même, car il y a toute apparence que cette montagne rejeta les pâtes volcaniques devenues en se refroidissant l'armure basaltique de la Planèze.

Point belle et point agréable, la Planèze est un dur séjour ; la fin de l'automne, l'hiver, les premières semaines du printemps y entassent neige sur neige, et tout l'an les vents s'y dispersent, froids et fougueux, soufflant également du Cantal, de la Margeride et des monts d'Aubrac, autrement dit de toutes les cimes de l'horizon. Mais elle est fertile et donne tant de seigle qu'on l'a surnommée

Le Puy Mary.

le grenier de la Haute-Auvergne. Qui la traverse de l'ouest à l'est en coupant ses principaux vallons, passe des laves du Cantal aux granits de la Margeride ; qui la traverse du nord au sud en suivant ses ruisseaux, arrive à la profonde vallée de la Truyère, qui la sépare des roches ignées vomies par les monts d'Aubrac. Elle forme de la sorte un remblai volcanique entre deux massifs qui flambèrent et une chaîne qu'aucune éruption n'éclaira.

5° Margeride. — La Lozère, la Haute-Loire, le Cantal, portent cette chaîne granitique au profil tranquille, qui a plus de croupes que de dômes, et plus de dômes que de pics. Vue de loin, la Margeride ou Margerite est une longue ligne noire dans le ciel de la France centrale, une espèce de sombre muraille sans créneaux, sans tours et sans clochers.

Comme un écueil que la mer entoure et ne submerge point, ces petites Alpes du Gévaudan sont demeurées purement granitiques au milieu de l'océan de laves qui descendit des monts du Velay à l'est, du Cantal et des monts d'Aubrac à l'ouest. Contre leurs assises, le Cantal lança d'occident le flot devenu la Planèze, et d'orient les monts du Velay vomirent les basaltes qu'a sculptés, que sculpte toujours le transparent Allier ; mais ces deux courants ne remontèrent pas les versants margeridiens.

La cognée, les troupeaux, l'incendie, ont fait ici moins de ravages que dans la plupart de nos montagnes. De son arête aux plateaux ou aux vallons de sa base, la Margeride est noire de forêts, chênes, hêtres, sapins tourmentés par de longs hivers ; et dans ces bois profonds, reculés, moins troublés et violés que d'autres par l'homme, le loup parfois rôde encore en bandes quand la neige couvre le sol. Il y a cent et quelques années, une louve affamée y déclara la guerre à l'espèce humaine ; elle dévora, comme dans l'Inde un tigre. Il fallut faire marcher toute une armée contre elle ; et la bête du Gévaudan est encore célèbre sur les plateaux qu'éventre la Truyère au sud-est de

Saint-Flour, là où cette rivière, la plus grande en Margeride, passe de la Lozère au Cantal et commence à se courber pour aller à la rencontre de l'Olt ou Lot, son seigneur et maître.

Le **Mont de Randon**, sommet culminant, a peu d'apparence : comme les autres cimes de la Margeride, il a moins l'air d'une montagne que d'une très haute colline, le socle sur lequel il repose faisant les trois quarts de sa taille. Avec ses 1554 mètres, il ne l'emporte que de 11 mètres sur le Truc de Fortunio, son voisin, et nombre de mamelons du plateau margeridien lui sont inférieurs de 100 à 150 mètres seulement. Il s'élève au nord de Mende, entre Saint-Amans-de-Lozère et Châteauneuf-Randon, ville dominant la triste vallée qui vit la mort de du Guesclin.

6° **Monts d'Aubrac**. — Pour aller de la Margeride aux monts d'Aubrac, il faut marcher sur de mornes plateaux terminés au sud par les granits du **Palais-du-Roi**, qu'on dirait ainsi nommé par ironie, car il ne porte que des étables et des cabanes fouettées pendant six mois de l'année par des vents mouillés de neige. Puis on franchit la sauvage Truyère ou la Colagne, affluent du Lot. Les monts d'Aubrac s'appellent ainsi d'un grand hôpital dont il ne reste que des ruines : bâtie vers l'an 1120, au pied d'un des mamelons suprêmes du massif, la maison hospitalière d'Aubrac attira longtemps par milliers les malades, les lépreux, les pèlerins, les pauvres, et son nom devint celui de toute la montagne.

Le prince de ces monts volcaniques portés par des granits et des gneiss, le **Pic de Mailhebiau** (1471 mètres), se dresse dans la Lozère, tout près de l'Aveyron, en vue de la forêt de hêtres d'Aubrac, au-dessus de la source du Bès, affluent de la Truyère. Quatre lacs sont blottis au nord dans des vallons tourbeux dont les premiers plissements partent de ce nœud du massif; disons plutôt quatre laquets ou laguets, pour hasarder un diminutif mille fois nécessaire : ils sont, en effet, très petits; le lac de Bord emplit un vieux cratère; le lac de Saint-Andéol a 2400 mètres de tour ou un peu moins; le lac des Saliens verse le torrent de la cascade de la Roque; le lac de Souvérols se nomme, et c'est tout.

Au sud, au sud-ouest, les torrents d'Aubrac, faits du ruissellement des pelouses, quittent précipitamment le silence et la paix des lieux supérieurs; par de profondes déchirures, entre des orgues, des roches, des talus oppresseurs, ils tombent en quelques heures à la rive droite du Lot. A l'est, au nord, sur le versant de la Truyère, la pente est moindre, les sources ayant devant elles une route plus longue avant d'atteindre la ville d'Entraygues, qui est le rendez-vous de la Truyère et du Lot. De ce côté-là s'étend la Sibérie d'Aubrac : Sibérie en hiver seulement, car son herbe savoureuse fait en été les délices de 30 000 vaches et de 40 000 moutons venus du Bas-Languedoc pour demander aux prairies des montagnes le funeste épanouissement de chair qui les vouera plus vite au couteau des égorgeurs.

Sur ce versant septentrional, un nuage de vapeur plane au-dessus du vallon d'un petit torrent qui court à la Truyère; il signale **Chaudes-Aigues**, en français les Eaux-Chaudes, lieu bien nommé : des sources thermales — de 57° à 81° — y jaillissent; amenées par des canaux dans les maisons, elles y distribuent en hiver une température de 18, de 20, et même de 26 degrés; si bien qu'il règne en ce bas-fond de l'Aubrac un air doux et mou bien supérieur au climat normal d'une ville sise en pleine montagne sous des cieux neigeux à 650 mètres d'altitude, dans un vallon tourné vers le nord.

Ces eaux ne sont pas seulement thermales, elles sont aussi minérales; elles consolent, souvent même elles guérissent des rhumatisants, des gastralgiques et autres tristes dolents; leur renom grandit, et sans doute elles attireront des visiteurs aux monts d'Aubrac, terre inconnue, presque déserte, où il n'y a que peu de hameaux et des burons à fromages dispersés sur la croupe gazonnée où çà et là se lèvent des mégalithes.

7º Causses du Rouergue et du Quercy. — Quand des cimes des monts d'Aubrac on regarde au loin vers le sud-ouest, on voit se poursuivre jusqu'à l'horizon les plateaux du Rouergue, causses ou ségalas de 500 à 700 mètres d'altitude.

Les **Ségalas**, qui sont schisteux, gneissiques ou granitiques, donnent du seigle, comme le mot l'indique.

Les **Causses**, qui dans le Gévaudan s'appellent Cans, se désignent ainsi du latin *calx*, la chaux ; ils sont calcaires et donnent du blé quand leur climat le permet. Sous divers noms, ils occupent, au sud et à l'ouest, une grande portion du plateau des Monts Français.

Froids, tempérés ou chauds suivant le plus ou le moins de surrection au-dessus du niveau des mers, les causses varient beaucoup de climat ; ils diffèrent peu de sécheresse et d'aridité. Voici pourquoi :

L'orage aux larges gouttes, la pluie fine, les ruisseaux de neige fondue, les sources joyeuses, ces inestimables présents du ciel, ne sont point pour le causse, qui est fissuré, criblé, cassé, qui ne retient point les eaux ; tout ce que lui confient les fontaines, tout ce que lui verse la nue entre dans la rocaille. Et c'est bien loin, bien bas, que l'onde engloutie se décide à reparaître ; elle sort d'une grotte, au fond des gorges, au pied de ces roches droites, symétriques, monumentales, qui portent le terre-plein du causse. Mais ce que le plateau n'a bu qu'en mille gorgées, la bouche de la caverne le rend souvent par un seul flot, les gouttes qui tombent du filtre s'unissant dans l'ombre en ruisseaux, puis en rivières. Aussi les sources du pied du causse sont-elles doublement des fontaines de Vaucluse : par l'abondance des eaux, par la hauteur et la sublimité des rocs de leur « bout du monde ».

Trop de soleil si le causse est bas, trop de neige s'il est

élevé, toujours et partout le vent qui tord des bois chétifs, pour lac une mare et pour rivière un casse-cou, de rocheuses prairies tondues par des moutons et des brebis à laine fine, des champs caillouteux d'orge, d'avoine, de pommes de terre, rarement de blé, et dans les terres de peu d'altitude une vigne sur la pierre à fusil, le Caussenard seul peut aimer le causse ; mais tout citoyen du monde admire les vallées qui le creusent. En descendant, par des sentiers de chèvre, du plateau dans les gorges, on quitte brusquement la rocaille altérée pour les prairies murmurantes, les horizons grands et vagues pour de petits coins du ciel et de la terre. En haut, sur la table de pierre, c'était le vent, le froid, la nudité, la pauvreté, la laideur, la tristesse, le vide, car ces plateaux ont très peu d'habitants; en bas, sur les tapis de gazon, c'est le zéphyr dans les vergers, la tiédeur, l'abondance et la gaîté. Le contraste inouï que certains causses font avec leurs cagnons [1] est une des plus rares beautés de la belle France.

Les plateaux du Rouergue comprennent des ségalas et des causses qu'on peut appeler causses de Rodez, d'après la ville dont la haute cathédrale s'aperçoit de tous les mamelons de la haute plaine.

Les **Causses de Rodez** ne se distinguent point des autres. On y voit des vallons secs, des côtes arides, des plaines maigres, des taillis malvenus, et de tous côtés les trous, les cassures, les gouffres ou, comme on dit ici, les *tindouls* au fond desquels s'ouvrent des grottes parcourues par les eaux dans la route obscure qui les mène des suçoirs du causse aux fontaines de la vallée : tel est, parmi les plus connus, le tindoul de la Veyssière, profond de 47 mètres, près de la route d'Aurillac à Rodez. L'Enfer de Bozouls, dont une petite ville borde le précipice, n'est pas ou n'est plus un tindoul ; il ne s'y engouffre

---

[1] Ce mot espagnol, *cañon*, signifie gorge profonde entre des rocs à pic.

Rodez.

aucun ruisseau; une rivière, le Dourdou du Nord, le traverse avant d'entrer dans la gorge rougeâtre de Villecomtal, puis dans le défilé schisteux et noir de Conques. Et comme toujours on trouve dans les vallées ce qui manque tant au causse et au ségalas : les claires vaucluses, les eaux sinueuses, les cascades, les prés, les bocages. Un des plus merveilleux cirques de la France est comme englouti dans le causse de Rodez ; c'est le vallon de **Salles-la-Source**, où bondit le Craynaux, qui serait un ruisseau transparent si l'homme le laissait à ses libres allures ; mais dès sa source le manufacturier l'usurpe : à peine a-t-il jailli, bouillonnant et clair, de la fente d'un rocher, qu'on l'enlève à son destin naturel de ruisseler dans les prairies et de plonger dans de petits abîmes. On le mène à des usines accrochées au versant du mont, du premier ressaut dont il aimerait à diaprer les gazons jusqu'au fond de la vallée, dans l'espèce de gouffre d'où l'on voit comme dans le ciel les poteaux du chemin de fer de Capdenac à Rodez plantés sur l'extrême rebord du causse.

Et de ces poteaux que la locomotive partie des bords du Lot n'atteint qu'en s'époumonant, à force de courbes et de montées, on admire l'immense entonnoir du Craynaux, Salles, ses trois villages, la raideur de ses roches et les cascades que l'industriel n'a pas encore enfouies dans l'obscurité des usines. Au bas de cet échafaudage de moulins et de manufactures, le Craynaux a perdu sa transparence, mais du moins n'est-il pas fétide, noir, marbré d'ordures, comme tant de ruisseaux lucidissimes dont l'homme a fait les convoyeurs de ses immondices. Et parmi les cataractes qui lui restent il en est de charmantes, une surtout qui saute du fronton d'une caverne tandis que des perles brillantes filtrent dans un tissu de mousse et tombent goutte à goutte à l'entrée de la grotte.

Au sud le causse de Rodez se continue par les plateaux de roches compactes où le Viaur a creusé ses tortueux précipices. Ces plateaux s'appuient au **Lévezou**, stérile massif de gneiss qui se lève entre la vallée du Tarn et le bassin de l'Aveyron ; c'est lui qui pousse jusqu'à la rive gauche de cette dernière rivière les croupes habillées par la vaste forêt des Palanges ; sa cime la plus haute, le Pal (1116 mètres), donne naissance au Viaur.

Les causses et ségalas du Rouergue se prolongent à l'ouest sur le territoire du Lot, où ils prennent le nom de **causses du Quercy**.

Sur mille Français qui voyagent, s'il en est un seul qui daigne jeter en passant un regard sur la France, beaucoup d'entre nous connaissent maintenant ces causses, que le chemin de fer de Paris à Toulouse traverse par Rocamadour, Gramat et Assier. Après Brive, la cité joyeuse, après Turenne, le nid d'aigle, on arrive au **Puy d'Issolu**, qui porta, croit-on, l'*Uxellodunum* des Cadurques. Là on traverse la Dordogne et l'on gravit à flanc de roc la rampe de Montvalent, avec la vue, plus belle à chaque détour, du **cirque de Floirac**, qui vaut à lui seul toute la molle Touraine. Ému par un tableau magique, on admire ce petit paradis entouré de roches vives, ses eaux pures, sa douce lumière, ses champs heureux, ses noyers, ses vergers, ses villages, quand par une seule courbe, en quelques tours de roue, on entre dans le pays de la lumière crue, de la sécheresse et des pierres.

Ce causse est un bloc de rochers, mais non pas un monolithe ; il est au contraire criblé de *cloups*, comme on dit en Quercy, les uns petits, d'autres très grands, abîmes ou grottes où disparaissent les ruisseaux de source et les eaux d'orage ; tels le puits de Padirac, profond de cinquante-quatre mètres ; le gouffre de Roque de Cor où plonge le ruisseau de Miers ; les trous qui boivent la Thémines et la Théminette ; le gouffre de Bède où l'on descend par une crevasse, que même on laboure avec des ânes, à l'ombre des noyers ; le Saut-de-la-Pucelle où s'enfonce le ruisseau de Rignac ; le Réveillon, superbe caverne voisine de la station de Rocamadour, et qui dévore elle aussi, du moins en hiver, un petit torrent ;

l'effondrement de Ligne de Biau et tant d'autres, origine des fontaines de l'Ouysse, si fraîches à côté des ardentes roches de **Rocamadour.**

Le squelette du causse de Quercy montre partout ses os, ses nodosités, ses vertèbres; quand il les cache, c'est sous des traînées de cailloux, sous des terres blanches ou rouges, champs de rocaille divisés en enclos par des murs de pierre sèche : dans ce singulier humus on sème pourtant des grains, du blé noir, on plante la pomme de terre ; les arbres y vivent, ils deviendraient forêt si on les laissait faire ; et la vigne y croît, non sans quelque vigueur, par la lumière et par la rosée d'un ciel serein. Ce fut jadis un plateau normal, mais les météores l'ont tellement usé, il s'est tellement effondré sur ses cavernes qu'il a perdu toute régularité; ses pentes se contrarient à l'infini et souvent un tout petit enclos s'y compose de plusieurs microscopiques vallons qui ne communiquent ensemble que sous terre, ou plutôt sous roche, par la lâcheté du sol. Sur des pierres plus dures, ces fondrières prodigieusement altérées seraient un chapelet d'étangs.

Le causse du Quercy n'a que 300 à 450 mètres d'altitude; mais au nord-est, près de la ligne qui sépare le Lot du Cantal, les gneiss de la **Bastide du Haut-Mont** s'élèvent à 781 mètres.

Si des causses du Rouergue on finit par atteindre ceux du Quercy en marchant vers l'ouest, on arrive en marchant vers l'est à ceux du Gévaudan. Le premier qui se présente, derrière la source de l'Aveyron, est le **Causse de Sauveterre,** effrayant d'aridité. Haut de 900 à 1000 mètres, il va des défilés du Lot au cagnon du Tarn, sous les vents et les frimas; les neiges de l'hiver y ont souvent gelé des voyageurs, et il n'y a pas ici de chiens du Saint-Bernard. Le cours supérieur des deux rivières sur lesquelles il plonge mène à la Lozère, qui fait partie des Cévennes.

8° Cévennes : Du col de Naurouze à la Lozère. — Les Cévennes ne s'appellent véritablement ainsi que dans le Gard, l'Hérault, la Lozère ; partout ailleurs, du col de Naurouze au mont Pilat, elles changent incessamment de nom.

Elles ont ceci d'admirable qu'elles séparent deux climats, deux végétations, deux natures. Au nord et à l'ouest, c'est la pluie, la neige, tous les crachats de l'hiver, le léger brouillard argenté par la lune ou l'épaisse brume que ne perce pas le soleil, et des ruisseaux jasent dans les moindres vallons sur d'adorables pelouses ; au midi c'est le grand soleil, la chaleur, l'éclat, la sécheresse, l'aridité, la poussière, la vigne, l'olivier, les fontaines rares mais grandes et claires, les chocs de couleur, les horizons crus, plus beaux pourtant qu'au septentrion. Quel contraste, à quelques lieues de distance, entre la verdure de Mazamet et les marbres diversicolores de Caunes, entre l'Agout à la Salvetat-d'Angles et le Jaur au-dessous de Saint-Pons, entre la vallée de la Dourbie à Nant et l'Hérault à Ganges ou à Saint-Guilhem-du-Désert, entre le Tarn à Pont-de-Montvert et les gorges ensoleillées des Gardons, entre l'Allier vers la Bastide et les ravins d'où descend la Cèze, entre la Loire naissante ou le Lignon du Sud et les terribles torrents de l'Ardèche qui roulent convulsivement des feuilles tombées de l'arbre de Minerve ! d'un côté c'est la Sibérie française, de l'autre c'est une Afrique où le sirocco ne brûle pas de moissons, mais le mistral y souffle, qui vaut à lui seul un petit hiver.

Entre Carcassonne et la « Rome de la Garonne », qui est Toulouse, le **col de Naurouze**, à 189 mètres seulement d'altitude, entaille une colline couronnée par un monument à la mémoire de Riquet, le créateur du canal des Deux-Mers. Il donne passage à une grand'route, au chemin de fer de Bordeaux à Cette et au canal du Midi : au sud le pays se relève vers les Pyrénées, au nord commencent les Cévennes.

Les Cévennes, au nord-est du col de Naurouze, s'appellent d'abord **monts de Saint-Félix**, de la petite ville de Saint-Félix-de-Caraman, située sur une de leurs premières collines ; elles n'ont que 500 mètres d'altitude jusqu'à Revel et à Sorèze : c'est dans les environs de ces deux cités que Riquet prit aux naissantes Cévennes l'eau qu'il lui fallait pour les éclusées du canal des Deux-Mers. Empruntant à la fois des torrents au bassin du Tarn et au bassin de l'Aude, séparés ici par la montagne cévénole, il versa leurs flots dans une rigole qui les mène au point de partage des Pierres de Naurouze. Et pour que ces torrents fissent en tout temps leur devoir, il barra des vallons par des digues cyclopéennes : ces vaux devinrent ainsi des lacs. Le réservoir du Lampy Neuf contient 1 672 000 mètres cubes, en 23 hectares et demi ; le **bassin de Saint-Ferréol**, vaste de 67 hectares, renferme, en son plein, 6 374 000 mètres cubes soutenus par un mur de 32 mètres de hauteur, de 70 d'épaisseur, et de presque 800 de longueur.

Au sud-ouest, au sud, au sud-est de Mazamet, ville industrielle, les Cévennes, ici granitiques et schisteuses, s'appellent **Montagne Noire**, des forêts qui en brunissaient le versant septentrional, qui l'assombrissent encore. Le versant méridional, éclairé par un soleil qui fait mûrir l'olivier, fut peut-être boisé, mais il ne l'est guère aujourd'hui, et c'est pour cela que les habitants du val d'Aude le nomment la **Montagne Blanche**. Un mont, souvent, a deux, trois et jusqu'à quatre noms suivant la vallée dont on le contemple ; ici vert, là rouge ou jaune ou gris ou noir ; ici droit, précipitiel, nu, sec, terrible, là paisible, ombreux, arrondi, ruisselant, bocager ; et ces divers aspects peuvent aller du magnifique au banal ou au laid : car, sauf quelques pics sublimes, beaux de partout, de loin, de près, des quatre vents du ciel, il n'est pas de cime, si haute soit-elle, qui n'ait une épaule bossue et çà et là des verrues vulgaires. L'homme n'a qu'un visage, la montagne a plusieurs faces, et, pour ainsi dire, plusieurs personnes, selon l'exposition, l'insolation, les roches, l'aridité des flancs ou leur habit de verdure. Quant aux grandes chaînes, leurs versants diffèrent surtout lorsque, allant de l'est à l'ouest, elles séparent le nord du sud, ou lorsque, allant du sud au nord, elles se lèvent entre un pays de vents de mer et une région de vents continentaux. Le **pic de Nore** (1210 mètres), dans la forêt de Nore, sur les frontières du Tarn et de l'Aude, est le maître sommet de la Montagne Noire.

Les Cévennes, tournant au nord-est, prennent ensuite différents noms : Saumail, Monts de l'Espinouze, Caroux, Monts de la Croix de Mounis, Marcou, Garrigues. Ici, au-dessus du Jaur et de l'Orb, le versant méridional est de grand caractère. Tout en raideur, il semble fort haut. Les siècles l'ont mis à vif ; il est plein de brèches, d'anfractuosités, de cirques lumineux, tandis que le versant du nord s'amortit en plateaux : de ce côté-là, sur les torrents qui forment l'Agout, les **Monts de l'Espinouze** se continuent par les mamelonnements du **massif de Lacaune**, où se dresse le Montalet (1266 mètres). Les Monts de la Croix de Mounis et le Marcou ont les flancs pleins de houille[1]. Les **Garrigues**, dont le kermès, chêne rabougri, couvre mal la nudité, sont le rebord et le support du fameux Larzac.

Le **Larzac**, haut de 750 à 900 mètres, n'est pas plus gai que les Causses du Rouergue, du Quercy, du Gévaudan, dont il partage la marâtre nature, sauf dans les fonds où quelque humus s'est à la longue amassé. Il est pauvre d'eau, pauvre de sucs, pauvre d'herbes, pauvre d'arbres, froid ou chaud suivant l'heure ou le jour. Il ne garde pas non plus ses ruisseaux : ne laissant d'eux qu'un aride escalier, ils s'enfoncent dans la profondeur pour remonter en glorieuses fontaines, comme celle de la Vis, vraie mère de l'Hérault, celle de la Sorgues, vraie mère du Dourdou méridional, celle du Durzon, vraie mère

---

[1] Bassin de Graissessac

de la belle et claire Dourbie. Le Larzac s'achève sur la Vis, la Dourbie, le Tarn, la Sorgues, l'Ergue, par des falaises grandioses; il va de Lodève à Millau sur deux territoires : l'Hérault et l'Aveyron. Ses gazons secs entretiennent des moutons à laine frisée, race qu'on appelle brebis du Larzac, bien qu'elle paisse également sur les autres déserts calcaires de ce coin du monde. Son vrai nom serait brebis du causse. Ces bêtes-là, qui sont par centaines de mille, boivent peu ou point et ne s'en trouvent pas mal, ayant fini par s'adapter à l'Arabie Pétrée qu'elles broutent; elles donnent leur lait aux fameuses fromageries de Roquefort.

Là où s'unissent le Gard, l'Aveyron, la Lozère, aux sources de l'Hérault, de l'Arre, de la Dourbie, de la Jonte, du Tarnon, — ce sont là cinq torrents translucides, — les **monts du Vigan**, granits, schistes, gneiss cultivés en terrasses, sont gais, ruisselants, diaprés de verdure, parés de hêtres, de châtaigniers, riches en mûriers. Ils ont pour tête l'**Hort-Dieu** (1567 mètres), dôme suprême de l'Aigoual. Le mot Hort-Dieu, de patois languedocien, veut dire Jardin de Dieu, Jardin céleste.

L'**Aigoual** a de sombres forêts, il contemple des plateaux sévères. Il y a deux cents ans, des ours le hantaient; il n'a plus aujourd'hui que des loups. Sur l'une de ses hautes plaines, un petit torrent heurte un chaînon calcaire, près de Saint-Sauveur-des-Pourcils; au lieu de contourner le bloc, il le perce et pénètre sous des voûtes obscures, où, comme le dit son nom patois de Brame-Biau, il mugit ainsi qu'un taureau sur les rochers tombés des parois et des arceaux de la caverne. Près de là, le Trevezet entre aussi sous la pierre et l'on ne sait pas où il revoit le jour.

Un autre plateau bien plus grand que celui de Saint-Sauveur-des-Pourcils est également dominé de loin par l'Hort-Dieu : c'est le fameux **Causse Méjean**, haut de 900 à près de 1300 mètres. Plus élevé, plus froid et plus aride encore que le causse de Sauveterre, dont le sépare l'effrayant abîme au fond duquel fuit le Tarn, il s'étend sur près de 40 000 hectares, mais il n'a que 2000 habitants dans trois misérables villages, la Parade, Hures, Saint-Pierre-des-Tripieds. Ce n'est pas seulement sur le Tarn qu'il tombe à pic, de quatre à cinq ou six cents mètres de haut, par de prodigieux escarpements qui d'en-bas sont comme l'escalade du ciel ; il plonge avec une égale brusquerie sur les précipices de la Jonte et du Tarnon. Aussi, de quelque lieu qu'on arrive au pied de ce Labrador voisin des oliviers du Gard, il faut gravir des roches immenses avant d'entrer dans le désert du causse et d'y souffrir du froid ou du vent, au milieu de la stérilité des champs, de la pauvreté des arbres et de la tristesse des horizons. Sahara sans chaleur, sans sirocco, sans trombes de sable, sans palmiers et sans chameaux, le Causse Méjean n'a ni prairies aux herbes serrées, ni croupes forestières, ni vallées moelleuses, ni lacs, ni méandres de rivière. On n'y trouve que des arbres souffrants, des broussailles, des herbes sèches donnant à la chair des moutons une odeur aromatique ; des « tombeaux des géants », mégalithes aussi nombreux sur les plateaux calcaires de ce pays qu'ils sont rares sur les plateaux granitiques ; des *avens*, gouffres de l'oolithe où descendent les ruisseaux d'orage ; des *lavognes*, tour à tour trous boueux ou mares verdâtres devant lesquelles le Caussenard qui n'a pas encore quitté son causse ne devinera jamais la limpidité des sources et la claire beauté des eaux courantes. Les ruisseaux que ce désert, sol sans cohésion, n'a pas la force de retenir, vont rejaillir, sources superbes, dans les vallées inférieures, sur le Tarn, le Tarnon et la Jonte : la fontaine de Florac est la plus belle de toutes, ou du moins la plus célèbre.

De même que sans la gigantesque faille du Tarn le Causse Méjean ne ferait au nord qu'un seul et même plateau avec le causse de Sauveterre, de même il se continue au midi de la faille de la Jonte par le causse de Meyrueis et de Trèves appelé **Causse Noir** ; de même encore, en sautant par-dessus le long gouffre où luit la Dourbie, on tombe sur le causse du Larzac. De la Lozère au Quercy tous les causses forment dans leur ensemble un grand plateau penché vers l'ouest, dans la direction que suivent le Tarn et le Lot.

9° Lozère, Monts du Goulet. — De l'Aigoual à la Lozère, les Cévennes sont le filtre d'où le Tarn et les Gardons coulent. Là vivent les fils de Camisards, ces Cévenols qui bravèrent le roi Louis XIV après la révocation de l'édit de Nantes. Pendant qu'ils tuaient et qu'on les tuait dans tant de vallons idylliques, beaucoup de leurs frères, échappant aux délateurs, aux convertisseurs, aux dragons, à la maréchaussée, à tous les dangers d'une route ennemie, gagnèrent la frontière des nations protestantes. Par dizaines, voire par centaines de milliers, ils secouèrent la poussière de leurs pieds sur le sol qui les avait nourris. En Allemagne, en Prusse, en Hollande, en Angleterre, on les reçut à bras ouverts parce qu'ils étaient Huguenots et parce qu'on savait qu'ils haïraient passionnément la France. Des centaines d'entre eux franchirent la grande mer : les uns vers l'Afrique Australe, où ils prirent part à la création du peuple des Boers, pasteurs de langue hollandaise ; les autres vers l'Amérique du Sud, où ils furent les vrais fondateurs de la colonie de Surinam.

La Lozère est une masse de granits, de schistes, de micaschistes, de sables provenus de la délitescence des quartz, une chaîne pelée, une croupe en ruine, d'où divergent le Lot, le Tarn et des affluents du Rhône. Le déboisement l'a tellement ravagée avec les plateaux dont elle regarde le morne horizon, que le département qui tient d'elle son nom est moins peuplé que l'ancien Gévaudan. — Ainsi appelait-on ce territoire avant 1789, ainsi l'appellera-t-on longtemps en dehors du style administratif, fiscal et préfectoral. — Il y a cent cinquante ou deux cents ans, ce pays avait plus de villages, des villages plus grands, et des hameaux y sont devenus ruine ou maison seule, ou simple souvenir, et même oubli. Dans la Lozère et dans presque toutes les Cévennes, trois choses ont diminué ou disparu, l'humus, les prés, les sources. Jadis telle fontaine cévenole bramait, pour parler avec le patois de ces lieux, c'est-à-dire qu'elle chantait ou du moins murmurait sous un dais de feuillage ; maintenant elle est tarie, ou bien elle monte hors de l'ombre des arbres, tristement, sans ronds, sans tourbillons, sans éclat, sans chant, sans murmure, d'une prairie chauve, d'un talus désossé, d'un cailloutis, d'un roc terne sans chevelure et sans panache.

La cime de la Lozère, le **mont de Finiels** (1702 mètres), s'élève au nord de la ville de Pont-de-Montvert, traversée par le Tarn naissant. Vraie muraille de divorce des eaux, ce mont alimente le Tarn, il envoie un torrent au Lot, il donne naissance à l'Altier, rivière du bassin du Rhône. De son sommet, on voit les causses du Gévaudan, la Margeride, les monts d'Aubrac, les monts de l'Ardèche, les monts du Velay, la plaine du Rhône, les Alpes dauphinoises, le Bas-Languedoc, la Méditerranée, et même, dit-on, les Pyrénées franco-catalanes. Le pic de Malpertus (1683 mètres) dont un versant porte la source du Tarn, est à peine inférieur au mont de Finiels.

De la Lozère on descend au col de Tribes (1175 mètres), ouvert entre le Lot, qui n'est ici qu'un ruisseau dans les pierres, et l'Altier qui, de torrent en torrent, arrive au Rhône ; de ce col on monte la **Chaîne du Goulet**, granits de 1499 mètres de haut qui renferment les fontaines du Lot ; puis, du Goulet, on descend sur le **causse de Montbel** : celui-ci, granit aride, s'attache à l'ouest au Palais du Roi, à l'est à la **Forêt de Mercoire**[1] (1501 mètres), source de l'Allier.

A cinq ou six lieues en ligne droite au nord-est de la forêt de Mercoire, aux sources de la vagabonde Ardèche,

---

[1] Corruption de *Mercure*.

les Cévennes, qui déjà ne s'appellent plus ainsi, s'écartent en deux chaînes pour serrer la vallée de la Loire. La chaîne de gauche, ou monts du Velay, sépare la Loire de l'Allier ; la chaîne de droite, ou monts de l'Ardèche, sépare la Loire du Rhône.

10° Monts du Velay. — Les monts du Velay ressemblent aux monts Dôme par leurs volcans éteints, puys, ampoules, rougeâtres boursoufflures sur un plateau de 800 à 1000 mètres d'altitude fait de gneiss, de granits, de micaschistes enveloppés aujourd'hui de laves. De 50, de 100, de 200 mètres de haut, les anciens cratères y dominent ces laves, champs féconds malgré leur climat dur et maussade, et n'ayant pour toute beauté que le spectacle de l'horizon : à l'orient le Mézenc et la sierra qui le continue, à l'occident le dos noir de la Margeride, et bien au loin, dans le nord-ouest, la frêle et fugitive et souvent douteuse image du Puy-de-Sancy. Ses ruisseaux, modestes dans leurs humbles vallons, coulent paisiblement sur la table des laves, des trachytes, des basaltes, puis, devenus tout à coup extravagants, sautent colériquement dans les précipices, en route pour la Loire ou l'Allier. Telle est la cascade de la Baume, haute de 27 mètres, et d'autres moins connues, qu'on irait voir si leur torrent était autre chose que le suintement d'une prairie ou la gouttière de deux à trois collines. Les monts du Velay donnent peu d'eau.

Jadis, sur le plateau des Vellaves, plus de cent cinquante cheminées lançaient des fumées rouges, des cendres chaudes, des flammes sanglantes, des roches fondues ; ou plutôt on y reconnaît encore 150 à 200 cratères, qui, presque tous, sont fort détériorés ; on les soupçonne, on les devine ; on ne les voit pas, comme ces chaudières des Dôme, si merveilleusement conservées, et l'on n'admire point dans leurs coupes des lacs comme celui du Pavin dans les Dore. Il y a bien sur le dos du Velay deux lacs, celui de Limagne et celui du Bouchet ;

mais ils ne remplissent point, croit-on, de vieux cratères; ils se seraient logés, disent les savants, dans le vide fait brusquement à travers les roches par une explosion de gaz souterrain. Le **lac du Bouchet** est cerné de collines qu'on reboise; à près de 1200 mètres au-dessus du niveau des mers, il sommeille dans une vasque ronde ayant 3 kilomètres de tour; profond de 30 mètres au plus, on n'y voit entrer aucune source, on n'en voit sortir aucun ruissseau. Il se trouve à peu près à mi-route entre le Puy-en-Velay et Pradelles, ville qu'on regarde ici comme la cité la plus haute de toute la France : elle n'est pourtant qu'à 1135 mètres; mais chez un peuple ignorant comme les Français de ce pays, on ne se soucie guère que du prochain voisinage; beaucoup d'hommes du Centre ne connaissent même pas de nom les Alpes, comment auraient-ils entendu parler de Briançon (1321 mètres), de Montlouis (1513 mètres) et de vingt bourgs de Savoie, de Dauphiné, de Cerdagne bien plus rapprochés des nues que Pradelles?

Au nord du Puy, au-dessus d'Allègre, un mont isolé, le **cône de Bar** (1167 mètres), visible de très loin, renfermait un lac, mais ce lac n'est plus, qui pouvait avoir 1500 mètres de tour et 40 de profondeur; en dedans et en dehors les parois de sa coupe se sont revêtues de hêtres superbes qui font un bois sonore, car les vents de l'horizon soufflent nuit et jour, été comme hiver, sur la haute forêt du cratère du Bar.

Le **Bois de l'Hôpital**, à quatre kilomètres au nord-ouest du lac de Bouchet, est le sommet majeur des monts du Velay; comme il a pour assise un plateau de 1000 à 1200 mètres d'altitude, ce n'est en apparence qu'une haute colline, en dépit de ses 1423 mètres. Il en est ainsi de tous ces vieux volcans; les monts Vellaves n'ont de majesté que pour qui les fixe d'en-bas, du gouffre où passe l'Allier, du précipice où passe la Loire, et même de ces deux bas-fonds on n'aperçoit guère que des talus raides cachant la vraie montagne. Mais les gorges de cette chaîne étroite ont dix fois plus de beauté qu'il n'en faut pour faire oublier la banalité, la laideur, la nudité, la tristesse des bombements du plateau. Le **Puy-en-Velay** surtout est admirable : cette ville a près d'elle un volcan célèbre, la Denise, des colonnades basaltiques nommées Orgues d'Espaly et Croix de la Paille et deux géants la dominent au bord d'un affluent de la Loire. L'un porte sur le flanc une cathédrale romane et de vieilles rues tortes et grimpantes ; c'est le **rocher Corneille**, si haut, si puissant, que, d'en-bas, on sourit de la petitesse du bronze qui le couronne : Notre-Dame-de-France, avec son enfant Jésus dans les bras, a pourtant 24 mètres de haut, socle compris ; elle pèse 100 000 kilogrammes, et pour matière elle eut 213 canons pris aux Russes à Sébastopol, quand nous remportions encore des victoires. L'autre roc, **Saint-Michel** ou Rocher d'Aiguille, dyke rouge de 85 mètres, jaillit brusquement des prairies de la Borne ; une église de neuf cents ans forme le pyramidion de cet obélisque, de ce dé, qui, sans un coteau à vignes et villas, regarderait l'immense bloc de **Polignac**, grande ruine sur un roc rougeâtre. A dix lieues à la ronde, presque tous les mamelons du Velay contemplent cette sombre assise d'un château qu'on redoutait au loin, et dont il reste encore un donjon, des tours, des pans de murs, un puits si profond qu'on le nomme l'Abîme, et un titre de duc dans la noblesse française ; de ces débris, le panorama est grand, mais triste ; on voit des bosses qui furent des volcans, des champs bruns ou rougeâtres qui furent des épanchements de lave, des bois, des sapins épars, et l'on ne voit pas les vallons profonds, si beaux par le contraste de leur verdure avec la sombreur des pierres volcaniques.

11° Monts du Forez. — Par les échappées qui s'ouvrent entre les hêtres du cratère de Bar, on aperçoit des montagnes, au nord, assez vaguement, et seulement

Le rocher d'Aiguille ou dyke de Saint-Michel.

dans les beaux jours. Ce sont les Monts du Forez, qui n'ont point reçu de manteau basaltique sur leurs anciennes rochés ; mais dans la vaste plaine de la Loire, qu'ils regardent à l'Orient, flambèrent une trentaine de petits volcans, tels que celui qui porte Montbrison. Ils séparent le bassin de la Loire du bassin de l'Allier, comme le font les monts du Velay. Moins nus que ceux-ci, et même très boisés dans maint parage, ils reconnaissent pour sommet suprême le front chauve de **Pierre-sur-Haute** ou Pierre-sur-Autre (1640 mètres), qui plane circulairement sur un vaste horizon : de sa cime on voit la plaine du Forez, qui fut un lac de la Loire, la plaine de la Limagne, qui fut un lac de l'Allier, le Puy de Dôme, le Cantal, le Jura, les Alpes, le Mont-Blanc.

Ce que les burons sont à l'Auvergne, les *loges* le sont au Forez ; devant ces cabanes de bergers, devant les *jasseries* ou réunions de loges, passent les eaux pures des *gouttes* ou ravins, sorties de la pelouse à l'ombre des sapins et des bouleaux. De ces *gouttes* naissent des torrents qui gagnent à l'ouest la verte Dore, affluent de l'Allier, à l'est la Loire par de petites rivières, dont l'une, le Lignon, dut, il y a deux cent cinquante ans, une immense renommée à l'*Astrée*, longue pastorale qui fut en son temps le plus célèbre des livres de France. Cette gloire du Lignon dure encore, mais c'est un renom vague, comme celui d'un fleuve de la mythologie ou d'un château des quatre fils Aymon.

Au nord de ce Lignon, là où les durs granits font place aux porphyres rouges, bien plus durs encore, les monts Foréziens prennent le nom de **Bois-Noirs**, qu'ils doivent à des sapins, à des hêtres, à des chênes pressés en sombres forêts. Là se lève, borne entre trois départements [1], le **puy de Montoncel** (1292 mètres), dôme d'où s'épanche la Bèbre.

A leur tour, au nord du Montoncel, les Bois-Noirs per-

---

[1] Allier, Loire, Puy-de-Dôme.

dent leur nom pour celui de **Monts de la Madeleine**, avec le Bois de l'Assise (1165 mètres) pour cime dominante, à l'ouest de Roanne, au-dessus des gorges de la rivière de Bèbre.

Ainsi de Pierre-sur-Haute au Puy de Montoncel, du Montoncel au Bois de l'Assise, le dos forézien s'abaisse, et quand la chaîne arrive dans le pays de la Palisse, les porphyres que troue le long tunnel de Saint-Martin-d'Estréaux [1] n'ont plus que 500 mètres environ d'altitude.

12° Monts de l'Ardèche : du Mézenc au Pilat. — Comme les Cévennes entre le col de Naurouze et l'échine de la Lozère, les Monts de l'Ardèche sont une des mailles de la grande chaîne européenne entre les fleuves océaniques et les fleuves méditerranéens : ils séparent les eaux qui cherchent la rive droite de la Loire de celles qui cherchent la rive droite du Rhône.

Sous les noms de Tanargue, de Forêt de Bauzon ou Montagnes de la Chavade, de Plateau de la Champ-Raphaël, ils se répandent d'abord, avec vingt-cinq à trente *sucs* ou cônes volcaniques, aux sources de la Loire, de l'Ardèche et de ses affluents.

Ces sucs paraissent être les débris des immenses coulées sorties des volcans du Mézenc : volcans éteints dès la plus noire antiquité, effondrés, comblés, et dont on distingue peu ou point les cratères. L'un d'eux, le **Gerbier-de-Jonc**, dont le vrai nom serait Gerbier-de-Jouc, a 1562 mètres d'altitude ; cette pyramide nue, cette quille semblable à la Dent de Jaman, célèbre montagne vaudoise, a l'honneur de donner naissance à la première source de la Loire.

Le Gerbier-de-Jonc n'est pas très éloigné du **Mézenc** aux trois dents, le prince des sommets français sur la ligne de faîte européenne. Le Mézenc, entre les départements de la Haute-Loire et de l'Ardèche, est un mont pho-

---

[1] Chemin de fer de Paris à Lyon par Roanne.

nolithique, sans beaucoup de bois, presque tout en prairies, haut de 1754 mètres. Il règne sur un chaos de croupes, d'aiguilles, de plateaux, d'abîmes, dans le petit univers boursouflé, scié, fendu, qui va de la Loire, faible encore et très éloignée de l'Atlantique, au Rhône tout-puissant et voisin de la Méditerranée. Jadis il contemplait des scènes plus terribles, quand les fleuves de roche fondue, partis sinon de son flanc, du moins des montagnes voisines, descendaient lentement à chaque crise des volcans sur les granits et les gneiss, ou sur les laves que de plus anciennes éructations des cratères avaient déjà maintes fois répandues sur le sol antérieur.

C'est d'un village de la Haute-Loire situé à 1344 mètres qu'on fait habituellement l'ascension du Mézenc. Ce village, les Estables, nos livres et nos cartes devraient l'appeler à la française les Étables, sans qu'il en souffre auprès des délicats : à une telle hauteur, sous un pareil climat, dans de si longues neiges, l'écurie, par sa douce chaleur, est le palais des montagnards. Les Étables ont quelque célébrité dans la science, non qu'un savant y ait vu le jour, mais les barbares du lieu tuèrent au siècle dernier l'aide de Cassini qui venait mesurer le Mézenc. Comme l'Afrique centrale, la France a dévoré des explorateurs.

Les monts du Mézenc ne furent pas la seule source des roches d'abord liquides, puis figées, recouvrant maintenant les divers chaînons ardéchois qu'on rassemble parfois sous le nom de **Tanargue**, d'après la montagne qui se dresse au nord-ouest de Largentière, au nord de Valgorge, entre deux affluents de l'Ardèche : la Baume au sud, l'Alignon ou Lignon au nord. D'autres cratères indépendants de ce grand centre d'éruptions ont aussi bavé des matières ; il en est sorti de larges, d'épaisses coulées, qui ont bordé, barré, rempli d'antiques vallées serrées dans les granits et autres roches dures, le long de l'Ardèche, de ses tributaires et de ses sous-affluents. Ces coulées, ces basaltes qui souvent sont bleus, ces prismes de vingt mètres et plus de hauteur, le temps les a désagrégés, le flot les a rongés, et les gorges que le volcan prétendait combler à jamais sont aujourd'hui plus profondes que lorsqu'il y versait ses lourds fleuves fumants. Telle est l'œuvre du temps, « ce grand sculpteur! » Et maintenant les vallées de l'Ardèche sont au loin célèbres par leurs colonnades de basaltes, orgues, chaussées et pavés des géants, les unes droites, intactes, architecturales, les autres ébréchées, disloquées, renversées, usées par les siècles, le froid, la chaleur, les orages, les torrents, les cascades.

De tous les cratères du sévère, noirâtre et rougeâtre **Vivarais**, si fier dans sa nudité, si beau dans sa rudesse, le plus vaste serait celui de **la Vestide**, si l'on n'avait pas lieu de croire que ce cirque a pour origine un immense effondrement du sol; il s'ouvre aux sources de la Fontaulière, eau véhémente comme tous les torrents qui s'en vont à la verte Ardèche, et comme l'Ardèche elle-même; dans son creux de 300 mètres, avec 4000 mètres de pourtour au fond, un lac brilla, qu'on a vidé, qu'on remplira : cet évasement stérile redeviendra coupe d'eau vive où des champs altérés boiront. Le **Ray-Pic** a rejeté des laves qui vont jusqu'au pont de la Baume, sur l'Ardèche, le long du Burzet et de la Fontaulière. La **Coupe d'Ayzac** (892 mètres) eut un lac qu'elle a perdu; des châtaigniers énormes ombragent ce cône qui cracha les basaltes où se démène la Volane, rivière tout en cascades blanches entre des roches noires. La **Gravenne de Montpezat** s'élève entre les gorges de l'Ardèche et de la Fontaulière, qu'elle inonda jadis de ses vomissements. Le **Volcan de Thueyts** a conduit ses matières dans la vallée de l'Ardèche, et ce torrent, à force d'éroder les laves à leur contact avec le granit, a taillé dans leur masse une colonnade basaltique de 50 mètres de hauteur, longue de 2500 mètres; il coule par une rive au bas de ces orgues, et par l'autre rive au pied d'un escarpement granitique : c'est un magnifique passage. La **Gravenne de**

Soulhiol, cône rougeâtre entre l'Ardèche et le Lignon, a versé ses entrailles sur cette rivière et sur ce torrent, de même que la **Coupe de Jaujac**; celle-ci, rouge au milieu de monts gris, est un cône harmonieux que les météores n'ont point dégradé, elle a gardé la pureté de sa forme; une forêt de châtaigniers escalade ses pentes, elle envahit son cratère; à ses pieds le Lignon coule à 50 mètres de profondeur entre un pavé des géants et un mur de granit.

Un affluent de gauche de l'Ardèche, la Volane, qui est la rivière de Vals et d'Antraigues, a limé ses gorges dans les laves de la Coupe d'Ayzac; en remontant ce torrent jusqu'à l'origine de son eau tapageuse, on arrive au plateau de la Champ-Raphaël. Là se détache, courant au sud-est, une chaîne qui de mont de granit se fait mont de calcaire, puis va tomber sur la rive droite du Rhône, à Rochemaure, après avoir séparé la vallée d'Aubenas du bassin de Privas.

C'est le **Coiron**, qui cache aussi ses roches primordiales sous une draperie de laves. Mais ce vêtement, qui a parfois jusqu'à 125 mètres d'épaisseur, ce manteau fait de porosités autant que de matière, le temps, les eaux endiablées des cascades, les crues tourbillonnantes, les météores l'usent; là où il a cessé d'habiller les calcaires, ceux-ci tombent rapidement en ruines; là où il les couvre encore, sa lave tombe à grands pans lorsque l'eau sournoise a suffisamment abaissé le socle calcaire par le délaiement et le transport des argiles et des marnes. Le Coiron, qui eut de larges épaules, devient de plus en plus une arête étroite, avec des sillons de torrents poussant des eaux rares à l'Ouvèze, au Rhône, à l'Ardèche: sillons très profonds que tout orage creuse, si bien qu'un jour, à force de ronger chacun de son côté le vieux Coiron, les ravins des versants opposés tailleront, puis agrandiront des cols, et, de siècle en siècle, feront plusieurs montagnes de ce qui fut un seul plateau.

La plus haute cime du Coiron, le **Roc de Gourdon**, a

1061 mètres; son site le plus fameux, c'est la **Balme de Montbrul**, colonnade basaltique de 150 mètres de hauteur avec dix-huit à vingt étages de grottes inégales, creusées jadis par nos ancêtres les habitants des cavernes.

C'est au sud-est du Mézenc que s'étalent les chaînons du Tanargue et le dos du Coiron; c'est au nord, entre la Loire et son affluent le Lignon du sud, que se développe le Mégal.

Le **Mégal**, qui, vu de loin, des mamelons vellaves, a quelque chose de la dentelure des Pyrénées, est un massif gneissique couvert par la pâte refroidie des cratères. Ses cônes phonolithiques assis sur les hauts plateaux d'Yssingeaux sont peut-être faits de la dégradation d'une coulée prodigieuse qui, partant du Mézenc, aurait dépassé les lieux profonds où coule aujourd'hui la Loire et se serait enfin buttée, en même temps que les laves du Velay, contre l'obstacle des monts de la Chaise-Dieu, grand bloc granitique. Soit qu'un gigantesque fleuve de pierre fondue ait lentement voyagé de ce volcan à ces granits, soit que les cratères de l'ouest ou cratères vellaves aient eu part, comme ceux de l'est, Mézenc ou Mégal, à la formation des levées de basalte en avant du Puy, toujours est-il que la Loire perce deux fois la pierre volcanique par de superbes défilés : d'abord de Peyredeyre à la Voûte; puis à Chamalières, entre le Miaune et le Gerbizon; ici, à Chamalières, les gorges du fleuve, qui n'est, du moins en été, qu'un clair torrent, ont été sciées à 500 mètres de profondeur dans la lave et les roches plus dures que cette lave cachait à la lumière.

Autant que les orgues, les dykes et les roches sombres ou rougeâtres du Velay, les épanchements du Mégal, tels que le temps les a faits, contribuent à la beauté singulière de la Loire supérieure dans le bassin du Puy-en-Velay. Le principal pic de cette chaîne est le Mégal ou Testoaire (1438 mètres); son unique lac est le **lac de Saint-Front** ou d'Arcône, à l'ouest de Fay-le-Froid, au nord des Estables, à 1252 mètres d'altitude; dans sa rondeur presque parfaite, il a 50 hectares, avec 8 ou 10 mètres seulement de profondeur : la Gagne en sort, affluent de la Loire en amont du Puy.

Toujours à ce même Mézenc se nouent au nord les **Boutières**, qui vont vers le nord-est, sur la frontière commune à la Haute-Loire et à l'Ardèche. Granits et gneiss, elles s'enflent en chaînons tordus, abrupts entre des gorges dont les torrents font l'Érieux, le Doux, l'Ay, la Cance; leur principale cime, le **Grand Felletin**, au sud-ouest d'Annonay, offre un repos à l'aigle à 1390 mètres au-dessus des mers.

Les Boutières se terminent par le **Mont Pilat**, dont le plus haut sommet est le Crêt de la Perdrix (1434 mètres). Deux fois plus près du Rhône que de la Loire, le Pilat touche au fleuve lyonnais par le pied de quelques avant-monts. En bas forêt, pâturage en haut, sources cristallines et bonds de torrents, ce belvédère de granit, de gneiss, de quartz, de micaschiste, regarde à la fois le Cantal et le Mont-Blanc. Les Cévennes y finissent en même temps que les Boutières. Malgré l'humilité de sa taille, il n'a point de rival au nord sur le toit des eaux qui continue l'arête cévenole d'entre les deux mers; et jusqu'aux Vosges il n'a pas d'égal. Plus haut dans le ciel que tous ses voisins, c'est un vrai « pilier des tempêtes »; il appelle et concentre les flocons de l'air; quand la brume cache son front, c'est qu'il va pleuvoir : « Pilat prend son chapeau, prends ton manteau, » dit le peuple des vallées où il est le roi de l'horizon. Ainsi, dans l'autre France, « Quand le Tessala met son bonnet de nuit, Sidi-bel-Abbès est dans la joie. »

Ses bois, sa calme pelouse, envoient leur eau claire à des villes turbulentes qui les corrompent de leur ordure et de leurs industries, à d'énormes assemblées d'usines qui crachent des fumées noires : au nord-ouest, c'est la cité de la houille, du fer et des rubans, **Saint-Étienne**, et les grands bourgs d'industrie qui la continuent jusqu'à la

Loire le long du Furens; au nord, c'est le **val du Gier**, qui n'est qu'une longue rue sous différents noms, une fumeuse avenue de houillères, de cheminées, de fourneaux, de forges, d'ateliers, tout le long du Gier, jusqu'au Rhône; au sud-est c'est **Annonay**, la mère du papier, l'ouvrière en cuirs.

Comme ses fontaines, si nombreuses qu'elles soient, ne donnent à la fin des grandes chaleurs que 39 000 mètres cubes par jour, elles ne peuvent suffire à toutes les roues, à toutes les cuves, à toutes les fosses de ces ateliers immenses. On a donc barré ses gorges : derrière des digues puissantes, les réservoirs de Rochetaillée (ou du Gouffre d'Enfer) et du Pas de Riot, sur le Furens, retiennent ensemble plus de 3 millions de mètres cubes à l'usage de Saint-Étienne; le réservoir du Ternay rassemble 3 500 000 mètres cubes pour le service d'Annonay; le Gier a 2 millions de mètres cubes en réserve dans le bassin du Janon; le réservoir du Couzon suspend sur le vallon d'un affluent de droite du Gier 1 500 000 mètres cubes pour les éclusées du canal de Givors.

13° Du Pilat aux Vosges. — Du mont Pilat aux Vosges, la grande ligne de faîte n'a que trois cimes atteignant ou dépassant 1000 mètres.

Dans les **Monts du Lyonnais**, d'ossature granitique, peu de sommets atteignent 900 mètres; leur tête la plus haute n'en a que 937, près de Saint-André-la-Côte. Au nord de Lyon, les collines du **Mont d'Or** ne se dressent qu'à 625 mètres, mais elles contemplent une superbe vallée, celle de la Saône, et au delà de cette rivière le plateau de la Dombes où luisent des centaines d'étangs, et plus loin que la Dombes, une ligne droite est tracée dans le ciel par le fronton du Jura. A Lyon même, les collines de Vaise, de Fourvière, de Saint-Irénée, de Sainte-Foy, chargées et couronnées de palais et d'églises, sont des contreforts des monts du Lyonnais.

Au sud-ouest de Tarare, ville de fabriques sur un

torrent du versant de la Saône, le mont Boussièvre (1004 mètres) se lève sur la frontière entre le Rhône et la Loire : c'est le plus haut renflement du **Massif de Tarare**, monts arrondis, mous, nus.

Ainsi nommés de ce qu'ils couvrent la contrée dont la capitale était Beaujeu, les **monts du Beaujolais** sont faits de porphyre, de vieux grès, de calcaires. Ils entrent dans la région de l'air supérieure à 1000 mètres par le Saint-Rigaud (1012 mètres), d'où coule une des branches de la Grosne; du Monné (1000 mètres), proche voisin du Saint-Rigaud, descendent les fontaines de l'Azergues, affluent de la Saône.

Dans les **monts du Charolais** (774 mètres, à la Chapelle-Saint-Cyr), agrestes, arrondis, boisés, de vifs ruisseaux mouillent des prairies que paissent des bœufs de renom. Ces monts, noyau de granit qu'entourent des calcaires, sont séparés du Morvan par la dépression riche en houille qu'emploie le canal du Centre, au sud-est du Creuzot. Ce passage commode entre les bassins du Rhône et de la Loire n'a guère plus de 300 mètres au-dessus des mers.

Au **Morvan** quatre départements ont part : Saône-et-Loire, la Côte-d'Or, l'Yonne, et surtout la Nièvre. Dômes de granit et de porphyre, forêts de hêtres, de chênes et de châtaigniers, grandes prairies, ouches, autrement dit bassins où de grands étangs reçoivent des ruisseaux et renvoient des rivières, le Morvan s'honore de la saveur de ses herbes et de la pétulance de ses eaux. De lui l'on peut dire, comme du Limousin, qu'il ne périra jamais par sécheresse. Ses rivières, ses ruisseaux, qui çà et là se déchirent en cascades, font un double travail : ils arrosent les prés, ils portent les ramures que le bûcheron enlève tous les ans aux forêts morvandelles, et qui vont en bateaux ou par radeaux à Paris sur la Cure, l'Yonne et la Seine : bûches, cotrets, fagots et charbon, la grande ville se chauffe aux dépens du Morvan. Dans l'ellipse de plus de 80 kilomètres de longueur que ces monts embrassent, il ne se dresse pas un seul dôme de 1000 mètres : le **Haut-Folin**, entre Autun et Château-Chinon, n'a que 902 mètres ; le Prénelay, aux sources de l'Yonne, en a 850 ; le Beuvray, 810. Ce dernier, sur son plateau terminal, porte des ruines confuses, des bosses de terre, des levées, des apparences de rues et de maisons où l'on a trouvé l'antique *Bibracte*, cette illustre cité gauloise que les archéologues cherchaient à Autun. L'Yonne, la Cure, l'Arroux, sont les principales rivières morvandelles : grandes en hiver, grandes aux neiges fondantes, grandes après les orages, elles diminuent beaucoup pendant les sécheresses. Ainsi se comportent, par tout pays, les courants descendus des terres fortes, des structures compactes.

Les monts du Charolais se continuent par la **Côte d'Or**, chaîne de taille médiocre, mais non sans quelques beautés, car elle a des forêts, des gorges coupées dans le calcaire, des sources lucides, et avant tout des vins généreux, honneur de la Bourgogne. La Seine en descend, la Saône y grandit. Le chaînon qui s'appelle plus spécialement Côte d'Or s'élève au sud-ouest de Dijon ; il commande la rive droite de l'Ouche. Le Bois-Janson, à l'ouest de Nuits, en est le soulèvement le plus haut : il n'a pourtant que 636 mètres.

A la Côte d'Or succède le **plateau de Langres**, également calcaire (car il est fait de lias et d'oolithe), également déchiré, plein de bois et de fontaines qui donnent naissance à l'Aube, à la Marne, à la Meuse. Son altitude est faible ; cependant beaucoup de gens du Nord et du Nord-Est croient de bonne foi que la froide et maussade ville forte dont il a le nom, Langres, à 473 mètres seulement au-dessus des océans, est le séjour le plus haut perché de la France. De rares coteaux y atteignent 500 mètres : tels sont le Haut-du-Sec (516 mètres), à l'est d'Auberive, au sud-ouest de Langres ; et le mont Saule (512 mètres), à la source de l'Aube.

Les **monts Faucilles**, craies, calcaires et trias, continuent le plateau de Langres vers l'est; ils ont de vastes bois, de pures fontaines ; ils donnent à la Saône ses premiers filets d'eau. Un de leurs monts, si c'est là des monts, a 472 mètres ; il domine de 76 mètres, si c'est là dominer, la source de la molle rivière bourguignonne. Près de Xertigny, des cimes atteignent presque 600 mètres.

Au bout des Faucilles, on trouve les Vosges.

II. LES VOSGES

Les Vosges : leurs forêts, leurs lacs. Trouée de Belfort. — Avant 1870, les Vosges nous appartenaient par leurs deux versants, et de l'est à l'ouest on était frères : bien que jargonnant des patois du deutsch, les Alsaciens, les Lorrains de la Sarre, de la Nied, de la basse Moselle se sentaient et se disaient Français; même les hommes de l'ouest, les vrais Français, étaient moins épris de la France que les hommes de l'est, les ex-Allemands.

Alors la plus haute cime de ces montagnes, le **Ballon de Soultz** ou de Guebwiller (1426 mètres), qui n'est plus nôtre, ne regardait que des vallons français, et c'est à l'extrême horizon qu'il voyait, par delà le Rhin, les dômes bleuâtres de la Forêt-Noire, chaîne teutonique extrêmement semblable aux Vosges.

Elles avaient chez nous 150 kilomètres de long, les trois cinquièmes des 250 000 mètres qu'il y a de leur commencement à leur fin, de Belfort au Rhin vers Mayence; elles étaient plus ou moins plaquées sur six départements : Haut-Rhin, Bas-Rhin, Moselle, Meurthe, Vosges, Haute-Saône : tandis qu'aujourd'hui trois départements seulement, Meurthe-et-Moselle, Vosges, Haute-Saône et le

Territoire de Belfort, ont part à leurs dômes et à leurs forêts.

Ces massifs de granit, de schiste, de grès rouge, de grès rose appelé grès des Vosges, étaient les plus boisés de nos monts, et dans ce qui nous en reste, ils le sont encore. Sur leurs *ballons* ou sommets en dôme, sur leurs *hautes chaumes* ou plateaux, la forêt cesse parfois pour livrer l'espace aux gazons, à la lande, à la roche pure, aux granits, à divers grès. Mais tout ce qui n'est pas hameau, village, usine, scierie, prairie, culture, route, rivière et ruisseau, porte une livrée sylvestre, plus ou moins verte selon la prédominance, la minorité, l'absence des sapins, des pins, des épicéas, des mélèzes. Le hêtre, le chêne, le châtaignier n'y manquent point, mais ils n'y font pas de forêts aussi vastes que celles des arbres aciculaires, qui souvent gravissent uniformément tous les penchants, les mamelons, les dômes, et descendent dans tous les ravins jusqu'à la borne de l'horizon. Le calme des vallons où chuchottent plutôt qu'ils ne grondent les clairs ruisseaux des scieries, n'a d'égal dans les hautes Vosges que le silence de la forêt quand le vent n'en fait pas vibrer les aiguilles ; sur les hautes chaumes, la paix est plus profonde encore.

Si nous avons perdu le dôme culminant des Vosges et de vastes forêts, au moins nous reste-t-il leur versant pluvieux, celui qui jadis s'inclinait en glaciers deux fois plus grands qu'aujourd'hui les mers de glace des Alpes, celui qui maintenant épanche les plus belles rivières vosgiennes. Nous possédons aussi les plus jolis lacs de ces montagnes, lacs d'ailleurs tout petits : le **lac de Gérardmer**, à 651 mètres d'altitude, a 3000 mètres de long sur 1500 de large, et 75 mètres de plus grande profondeur ; un ruisseau, la Jamagne, verse ses eaux dans une rivière, la Vologne ; il est gracieux, harmonieux, et les Vosgiens n'ont pas tort de dire : « Sans Gérardmer et un peu Nancy, que serait la Lorraine ? » Le lac de Longemer, à 746 mètres d'altitude, est sur cette Vologne qui reçoit la Jamagne et que reçoit la Moselle : long de 2 kilomètres, mais n'ayant que 350 à 500 mètres de largeur, il ressemble à un fleuve de 50 mètres de profondeur qui coulerait entre des versants boisés; on lui donne environ 75 hectares. Plus encaissé, plus sérieux, plus sombre de sapins que le lac de Gérardmer, il est moins sévère, moins noir que le lac de Retournemer : celui-ci, avec ses 6 hectares, n'est qu'un étang profond, que traverse la Vologne, que domine le Haut-d'Iioneck; il faut les sourires des plus beaux jours pour égayer son entonnoir : pendant la saison mauvaise, sous le vent, sous les pluies et la neige, c'est un plancher de glace, ou c'est une eau lugubre où flottent les aiguilles du sapin et les feuilles du hêtre.

Le **Haut-d'Honeck** est maintenant le monarque de nos Vosges : ayant 1366 mètres, il ne le cède au Ballon de Soultz que de 60 mètres, pas même la hauteur des tours de Notre-Dame, ce qui en fait le second sommet de toute la chaîne. La Vologne en sort. Son nom véritable, purement allemand, Hoheneck, signifie la Haute-Pointe. Plus au sud, le Ballon d'Alsace a 1257 mètres : on pourrait aussi bien l'appeler Ballon de Lorraine ou Ballon de Franche-Comté, car le département des Vosges et celui de la Haute-Saône s'y appuient comme l'ancien département du Haut-Rhin. Le Ballon de Servance, vers les sources de l'Ognon, s'élève encore à 1189 mètres, le Ballon de Lure ou Planche-des-Belles-Filles à 1150; mais à partir de ce dernier sommet la chaîne s'abaisse rapidement; elle va s'aplatir sur des terres basses de la **Trouée de Belfort**, dépression qui n'a que 320 mètres d'altitude.

La trouée de Belfort, point très vulnérable, est un passage naturel pour les armées, les voies de fer, de terre et d'eau entre les versants du Rhône et du Rhin. Le canal du Rhône au Rhin en profite pour passer du bassin du Doubs, rivière suisse et comtoise, dans le bassin de l'Ill, rivière alsacienne, longtemps parallèle au Rhin qui finit par la boire; le chemin de fer de Paris à Bâle emprunte égale-

Lacs de Retournemer et de Longemer.

ment ce large sillon, qui sépare les Vosges du Jura. Belfort, place très forte qui donne son nom à la trouée, est chargée de garder ce bas-fond, porte de l'Allemagne sur la France, de la France sur l'Allemagne.

III. LE JURA

Jura : Dombes et Bresse. — Presque toutes les Vosges ont été nôtres, mais nous n'avons jamais possédé qu'une partie du Jura : cette montagne emplit la Suisse occidentale, franchit le Rhin à la cascade de Schaffhouse, et, passant en Allemagne, y traverse le Danube ; puis ses plateaux, se prolongeant au loin sur « l'empire des bonnes mœurs et de la crainte de Dieu », vont former la Rude-Alpe (Rauhe Alp), montagne de Souabe, à laquelle succède le Jura de Franconie, montagne de Bavière. Dans le « pays de la frivolité », c'est-à-dire chez nous, il recouvre en tout ou en partie le Doubs, le Jura, l'Ain, avec un lambeau de Saône-et-Loire, et sa longueur y est d'un peu plus de 250 kilomètres, du nord-est au sud-ouest. Il est principalement formé des calcaires qui ont pris de lui le nom de jurassiques ; mais on y trouve aussi des roches plus anciennes, lias et trias, et des roches plus modernes, notamment le néocomien, craie qui doit justement son nom à Neuchâtel, en latin *Neocomum*, ville assise au pied du Jura suisse.

Le Jura, moins boisé que les Vosges, a beaucoup plus de masse. Au lieu de cimes arrondies, on trouve ici de longues arêtes parallèles, sur des plateaux qui tantôt sont nus, tantôt voilés de forêts où les sapins et les épicéas dominent

Dans les profondes cassures du plateau, des ruisseaux

très froids et très clairs glissent dans des abîmes étroits, presque obscurs, tant ils s'éloignent du ciel entre de gigantesques rochers droits. Ces couloirs dans la pierre, on les appelle en Franche-Comté des cluses. Telles sont les cluses du Doubs, de l'Ain, de la Bienne, de l'Albarine et de la Valserine. Une infinité de petites fuites ou de larges gouffres percent les hautes plaines, qui sont mornes, tourbeuses, marécageuses, d'un climat rude. Les eaux d'occasion, des ruisseaux et même de petites rivières filtrent invisiblement dans ces trous comme dans un crible, ou se perdent en cascade, puis elles retournent à la lumière par des fontaines superbes, dont trois, celles de la Loue, du Lison et de l'Orbe, sont des merveilles de la nature. Cette dernière, fraîche Vaucluse, n'est pas à nous; elle jaillit à deux pas de la frontière de Suisse.

C'est au fond d'un cirque barré par des parois immenses que ces trois fontaines et mille et mille autres saluent la lumière du jour. Aussi, quand on remonte un des courants du Jura, faut-il toujours s'attendre à butter, à l'origine même de ces eaux joyeuses, contre quelque colossal escarpement de pierre vive. Heureusement pour les routes et pour les chemins de fer, que çà et là des cirques appelés combes entaillent le mur des rocs et montent vers le dos des hautes plaines; heureusement aussi que de profondes brèches sabrent les chaînons parallèles et mènent les hommes, les chariots, les convois d'une cluse à l'autre sans trop harasser les attelages, sans trop essouffler les locomotives. Telles, entre autres, les deux brisures de Silan et des Hôpitaux : l'une, entre le lac de Nantua et celui de Silan, laisse passer, à 623 mètres d'altitude, le chemin de fer direct de Paris à Genève; l'autre, entre la cluse de l'Albarine et le vallon du Furand, conduit la voie de Paris à Turin par un col qui n'a que 370 mètres au-dessus des océans.

Le premier des pics du Jura, le **Crêt de la Neige**, entre le Rhône et la Valserine, se lève près des défilés où le Rhône, en aval du lac de Genève, perce les montagnes pour descendre, de coude en coude, aux plaines du Lyonnais et du Dauphiné. Il n'est point éloigné de la petite ville française de Gex, il regarde la grande ville suisse ou plutôt cosmopolite de Genève, le lac Léman, le Mont-Blanc, frontière d'Italie, et l'entassement des monts helvétiques. Belvédère pour admirer les Alpes, il humilie ses 1724 mètres devant leurs 4810 mètres, ses crêtes devant leurs pointes, leurs cornes et leurs pyramides, ses neiges d'une saison devant leurs glaciers éternels. Nulle part on ne voit mieux la majesté des « Montagnes Blanches ». Mais si, du haut d'un pic aventureux des Alpes, on peut mépriser les lignes droites du Jura, dans les cluses, thébaïde profonde, on peut oublier les Alpes. Où vivre plus loin du monde? Et quel pays a des eaux plus belles, des roches plus nobles et plus symétriques?

Le plus grand parmi ses frères, le Crêt de la Neige ne les regarde pas de bien haut, car près de lui le Reculet de Thoiry monte à 1720 mètres, et sur le même chaînon se dressent encore le Colombier-de-Gex (1691 mètres), le Montoissey (1671 mètres), le Montrond (1650 mètres), et le **Grand-Crédo** (1624 mètres), qui a pour vrai nom le Crêt-d'Eau. Celui-ci n'est pas le premier venu : à ses pieds, le Rhône, qu'il serre contre le Vuache, mord la pierre du lit profond qui le dégage peu à peu de l'étreinte des deux montagnes; à son flanc escarpé s'accroche le fort de l'Écluse; dans ses entrailles un tunnel de 3900 mètres livre passage au chemin de fer de Genève à Lyon; de sa cime, on voit le Léman, le lac du Bourget, le lac d'Annecy.

Ces monts majeurs sont tous les six dans l'Ain, près de la frontière suisse; dans le Doubs, le Noirmont (1550 mètres), dans le Jura, le Mont-d'Or (1463 mètres), avoisinent également l'Helvétie, ils la touchent même. Quand de cette arête supérieure, la plus orientale en France, on marche vers l'occident, et qu'on franchit l'un après l'autre les chaînons, c'est comme si l'on descendait les degrés d'un prodigieux escalier dont la dernière marche tomberait sur la Bresse et la Dombes, terres plates.

Les rivières du Jura français sont l'Ain, le Doubs, la Loue.

Les lacs n'y manquent point, mais s'il en est de beaux, il n'y en a pas de grands, tandis que le Jura suisse, qui domine le Léman (57 700 hectares), plonge sur les lacs de Neuchâtel (24 000 hectares) et de Bienne (4200 hectares). Le **Saint-Point**, la plus vaste de ses nappes d'eau, n'a que le dixième de l'aire du lac de Bienne; c'est une longue expansion du Doubs, un lac de vallée; par opposition aux lacs de cluse et aux lacs de combe. Le **lac de Nantua**, profond de plus de 45 mètres, a 144 hectares : des montagnes le resserrent, parois vives ou talus escarpés avec des sapins, des buis, des hêtres, et, comme les autres lacs de cluse, il serait sévère s'il n'avait à l'un de ses bouts une ville, à l'autre une plaine. Le **lac de Châlian** (220 hectares?) est le plus grand des lacs de combe, lesquels sont moins profonds, moins sombres que les lacs de cluse (et il en est de même des lacs de vallée).

Des arêtes intérieures du Jura, cernées par d'autres arêtes, la vue est courte et triste, excepté du front des rochers qui regardent le précipice des cluses, l'effondrement des cirques et l'argent des rivières. Fût-il circulaire, le panorama n'y embrasse qu'étangs, sapins et prairies, avec quelques champs; et par la hauteur de leur socle, les monts les plus hauts ne sont ici que des collines. Mais des deux arêtes extérieures, le spectacle est immense : des créneaux du talus d'Orient, le plus haut de tous, on voit le Léman, le Jorat, la Suisse de l'Aar, les grandes Alpes, les névés éclatants, le Mont-Blanc, notre Gaurisankar. Des créneaux du talus d'Occident, plus bas que tous les autres, une plaine fuit jusqu'à des montagnes bleues où sombre le soleil. Cette plaine, entre Saône et Jura, s'appelle de deux noms : au sud la Dombes, au nord la Bresse.

La **Dombes** est à 260-300 mètres d'altitude; elle a 113 000 hectares, dans le département de l'Ain, entre le rebord de trois talus, l'un qui plonge sur la rivière d'Ain, l'autre sur le val du Rhône, le troisième sur la rive gauche de la Saône. Autrefois, quand les forêts l'habillaient, elle fut saine évidemment, et depuis 1853 elle le redevient; mais pendant de longs siècles 19 000 à 20 000 hectares d'étangs en firent un humide hôpital caché dans les brouillards; il y a vingt-cinq ans à peine, on ne vivait en moyenne qu'un quart de siècle dans cette patrie des fébricitants, et ce quart de siècle n'était que malaise, accès, scrofules et douleurs. Dans 21 villages, il y avait 117 morts pour 100 naissances. L'homme de la Dombes, « lourd, long, lent, lâche, » méritait plus que son voisin du nord les quatre *l* infligées au Bressan.

Ces étangs, ombragés parfois par les arbres des buttes qu'on appelle des « poipes », et presque tous faits de main d'homme, dataient des siècles les plus religieux du moyen âge, de l'époque des couvents nombreux et des jeûnes rigides qui faisaient le poisson presque aussi nécessaire que le blé; ils étaient aussi l'œuvre de la guerre: elle dépeuplait ce sol d'argile au point qu'il n'avait plus assez d'hommes pour diriger ses traînants ruisseaux, et ceux-ci, peu à peu, s'assemblaient en étangs. Alors on aida la nature dans cette œuvre de mort; les gens de la Dombes barrèrent tout ce qui pouvait être barré; ce fut leur manière de féconder ces terres froides et compactes : deux ans ou plus sous l'eau; puis, l'étang vidé pour en prendre le poisson, un an de culture sur le sol exondé. En moyenne, sur 19 215 hectares d'étangs, 12 000 étaient couverts d'eau, 8000 découverts.

Depuis 1853, on y a tracé 364 kilomètres de routes et un chemin de fer, on y a mêlé du calcaire au sol, on y a curé des ruisseaux, nettoyé des cuvettes malsaines qui, devenues champs, bois ou prairies, n'enfièvrent plus l'air de la contrée: 10 000 à 11 000 hectares d'eau croupie ont disparu. Le sang du pêcheur d'étangs charriait la faiblesse, la mort avant l'âge, celui du laboureur roulera l'ardeur et la force. La vie moyenne a passé de vingt-cinq à trente-cinq ans dans les villages les plus décimés par la fièvre paludéenne, la densité de population s'est augmentée d'un quart.

La **Bresse**, au nord de la Dombes et plus grande qu'elle, se déroule entre le Jura, la Saône et le Doubs tout a fait inférieur; elle couvre le nord-ouest de l'Ain et une portion de Saône-et-Loire. La basse Veyle, la Reyssouze, la Seille dormante sont les rivières de cette plaine zébrée de bois, qui fut peut-être un lac de la Saône, quand cette rivière n'avait pas encore forcé le passage en amont de Lyon, à travers les roches qui rattachaient le Mont-d'Or à la Dombes méridionale. Elle eut, elle a des marais, mais bien moins que la Dombes, et la fièvre n'y fit jamais autant de victimes. Néanmoins, tel de ses étangs devrait être séché, telle de ses spongieuses prairies dégagée par des canaux, telle de ses indolentes rivières rendue plus vive par des sections d'isthme, des comblements de bras morts et des suppressions de barrages d'usines. Si platement qu'elle s'étale, la Bresse descend assez du Jura vers la Saône pour qu'on puisse n'y souffrir aucune stagnance des eaux.

Au nord du cours fantasque du Rhône, entre Genève et l'embouchure de l'Ain, toutes les chaînes parallèles s'appellent Jura. Au sud du fleuve, elles cessent de porter ce nom, on les comprend dans les Alpes; mais leur nature et souvent leur direction les rattachent au Jura, dont sans doute elles firent partie. Tout montre que le fleuve n'a pas toujours coulé dans son lit contemporain; il fut un temps où il n'avait pas encore limé les monts qui l'enchaînent aujourd'hui, de l'évasement de Genève aux plaines de Lyon. A l'époque où le défilé de Pierre-Châtel était un bloc de roche vive, le Rhône, qui passe maintenant dans cet étroit couloir, se frayait vers la Méditerranée des sentiers qu'il abandonna : il s'achemina peut-être par le lac d'Annecy et Albertville; puis à une autre période par le lac du Bourget, Chambéry et le lac d'Aiguebelette ou le val que suit aujourd'hui l'Isère. Ces mutations de vallée semblent impossibles à l'homme qui voit, toute sa vie durant, la rivière natale couler fidèlement au pied du même coteau, ou tomber du même moulin sur les mêmes pierres entre les mêmes arbres et les mêmes prairies; mais le temps peut tout : avec les siècles un torrent use une montagne aussi facilement qu'il comble un lac.

S'il est vrai que le Rhône coulait où coule de nos jours l'Isère, dans ces temps reculés la Grande-Chartreuse et divers massifs calcaires de la Savoie tenaient au Jura; et sous nos yeux, au delà même de l'Isère, c'est encore le Jura, qui, sous le nom d'Alpes, pousse, vers le midi, des montagnes dont les roches ont la texture des chaînons jurassiens.

IV. LES ALPES

1° Les Alpes en Europe. — Il y a dans le monde, en Asie, en Amérique, en Afrique, des monts plus élevés que les Alpes, mais il n'en est pas de plus beaux.

Le « Palais des neiges », l'Himalaya, dresse contre le ciel un pic double du Mont-Blanc, le Gaurisankar, haut de 8840 mètres; les Andes ont des pics de 7000 mètres, et dans ce que nous connaissons de l'Afrique une montagne se dresse à 1300 mètres au-dessus du monarque des Alpes. Mais l'Himalaya est sinistre, les Andes sèches et stériles, et les Monts Africains, plus vivement éclairés, n'offrent pas au soleil tropical d'aussi vastes champs d'éclatantes froidures.

Leur nom vient-il d'un radical *alb*, signifiant blanc? Il serait mérité, tant il y a d'étincelants névés et de glaciers poudrés de neige sur les épaules de leurs géants. L'hiver éternel y luit sur des centaines de milliers d'hectares, quand dans nos Monts Français, en pleine Auvergne, au vent du nord, à l'ombre des rocs et des sapins, c'est à peine si dans quelque fondrière où le soleil ne descend jamais il reste encore assez de frimas pour dresser un homme de neige.

Ces glaciers, ces névés font des torrents louches qui s'écroulent de roc en roc jusqu'au lac dont ils sortent purs ; ainsi naissent, ainsi grandissent les plus nobles rivières de l'Europe, le Rhône, l'Aar, le Rhin, l'Inn, le Tessin ; et trois mers, l'Atlantique, la Méditerranée, le Pont-Euxin, boivent aux lacs de la Blanche Montagne.

Si trois mers se disputent l'éternel hiver des Alpes, cinq langues sonnent dans leurs vallées, le français, l'allemand, l'italien, le roumanche, le slave ; et cinq pays, la France, la Suisse, l'Allemagne, l'Autriche, l'Italie, ont leur part de ce prodigieux château d'eau dont les rocs, les pics, les gorges, les cirques, les chaos, les glaciers, les névés, les lacs, les forêts ont ensemble environ 25 millions d'hectares, qu'il faudrait dix vies d'hommes pour connaître et pour admirer.

La part de la France est grande et belle.

2° Le Mont-Blanc. — Il y a vingt ans, la tête de nos Alpes, et en même temps de toute la France, était la Barre-des-Écrins, dans le Pelvoux de Vallouise, en Dauphiné. L'accession de la Savoie nous a valu des pics supérieurs à 4000 mètres, et parmi eux le Mont-Blanc, qui dépasse le Pelvoux de 707 mètres.

Le Mont-Blanc, en Savoie, sur les frontières de la Suisse et de l'Italie, est le prince des Alpes, le pic majeur de la France et même de l'Europe : pour monter plus haut, il faut aller jusqu'au Caucase. Il a été gravi pour la première fois en 1786 par un pâtre du val de Chamonix, après avoir passé longtemps pour inaccessible. Aujourd'hui, des gens de tout peuple en font l'ascension, hommes, femmes, en été, même en hiver, avec quelque danger et beaucoup de peine à cause du mal de montagne, le *soroche* des Andes, qui fait siffler les tempes, bourdonner les oreilles, qui casse bras et jambes, sèche la gorge et donne la passion de dormir. Arrivé sur une arête de 200 mètres de long, avec un mètre seulement de largeur à l'endroit le plus haut, on est au sommet de l'Europe, dans un climat d'une moyenne annuelle de — 17 degrés, à 3760 mètres au-dessus de Chamonix, bourgade à la base du mont; à 4435 mètres au-dessus du lac de Genève; à 4810 mètres au-dessus de la mer; on domine l'Océan de soixante fois la hauteur de Montmartre au-dessus du fil de la Seine. De ce premier belvédère de l'Europe, qui fut plus haut encore, mais lui aussi les siècles l'usent, on voit confusément une petite partie du globe, des Apennins aux Vosges, des névés du Tirol aux créneaux des Cévennes.

Ce colosse de granit épanche d'admirables glaciers dominés par des ruines de montagnes inouïes, par des aiguilles terribles qu'on ne gravira jamais qu'au péril de la vie. Celui d'Argentière, vraie source de l'Arve, a 2600 hectares; et derrière la caverne d'où l'Arvéron fuit avec colère pèsent près de 6090 hectars de frimas, trois glaciers qui se réunissent en un fleuve compact appelé **Mer de Glace**.

Les glaciers pendus sur le seul val de Chamonix allaiteraient pendant cinquante jours le Rhône, ce grand et beau fleuve, tel qu'il passe devant Beaucaire; et à leur supposer une épaisseur moyenne de 50 mètres[1], les 28 250 hectares de glace de toute la montagne suffiraient pendant douze à quinze ans au courant de la Seine à son étiage extrême sous les ponts de Paris.

De ces 28 250 hectares, près de 17 000 confient à la France les eaux éternelles qui coulent dans les chambres de cristal du glacier : c'est à l'Arve, affluent du Rhône, qu'ils les envoient, à l'Arvéron, au Bon Nant, tributaires de l'Arve, et à l'Isère, qui court vers le même fleuve que

---

[1] Certains glaciers ont de 450 à 500 mètres d'épaisseur.

Glaciers et névés des Alpes.

le torrent de Chamonix. 7000 hectares se versent en Italie, dans la Doire Baltée, affluent du Pô ; et plus de 4000 s'inclinent vers la Dranse valaisane et le Trient, torrents suisses du bassin du Rhône.

L'un de ces blocs immenses d'eau compacte, le glacier des Bossons, descend jusqu'à 1099 mètres, tout à fait dans la vallée de Chamonix, dont le chef-lieu est à 1050 mètres d'altitude. Ces glaciers ont longtemps avancé ; l'on eût dit qu'ils marchaient à la conquête des plaines de France et d'Italie ; depuis vingt ans, ils reculent ; plus tard ils reprendront le chemin d'aval, puis celui d'amont. En même temps que l'extrémité d'en-bas des glaciers, monte ou descend aussi la frontière inférieure des neiges persévérantes, qui est pour l'instant à 2800 mètres environ sur le versant méridional, à 2700 mètres sur le versant du nord.

Tel est ce géant des monts d'Europe, si beau dans sa blancheur immaculée, quand, venant de Genève, on l'aperçoit tout à coup du fond de la vallée de Sallanches.

3° Du Mont-Blanc aux Alpes Maritimes.—Il y a des Alpes françaises qui rivalisent avec le Mont-Blanc.

Les monts de la **Vanoise** et de l'**Iseran** portent ensemble plus de glace éternelle que le Goliath des Alpes. L'Aiguille de la Vanoise, également nommée Aiguille de la Grande Casse et Pointe des Grands Couloirs (3861 mètres), est la reine de ce peuple de pics enfouis dans les mélèzes, les pins, les sapins et les neiges.

Les glaciers de l'Iseran, sur la frontière italienne, créent trois rivières : le terrible Arc ; la puissante Isère, dont le nom est, de toute évidence, parent du mot Iseran ; et en Piémont, l'Orco, tributaire du Pô sous Turin ; les glaciers de la Vanoise augmentent beaucoup l'Isère, qui est le torrent de la Tarentaise, et quelque peu l'Arc, son affluent, qui est le torrent de la Maurienne.

La **Tarentaise** a plus de goîtreux que les autres pays de la Savoie. Ces derniers des humains, comme par une

La mer de glace de Chamonix.

ironie du sort, vivent dans les vallons les plus beaux sur terre ; mais ces vallons-là sont froids, dans un air peu courant, peu vivant ; et, par l'ombre excessive des hautes montagnes, le soleil, père des hommes, n'y regarde pas assez ses enfants. En 1866, ils formaient en France une lamentable armée de près de 59 000 hommes et femmes, à divers degrés d'innocence ou de méchanceté bestiales ; et de ces 59 000 crétins, les deux départements de la Savoie en renfermaient 11 372, c'est-à-dire près du cinquième. Mais, la science ou la nature en soit louée ! ces malheureux presque absents du monde et d'eux-mêmes diminuent tous les jours : non pas seulement en Tarentaise, mais aussi en Maurienne, et sur l'Arve, et dans toutes nos Alpes, et partout en France.

La **Maurienne**, telle que l'a faite la ruine de ses bois, est une très âpre contrée, tantôt blanche par ses calcaires, tantôt noire par ses schistes, ou jaune par les gerçures de ses éboulis que l'ocre de fer colore en orange. Le haut de cette vallée nourrit des montagnards vigoureux, mais sous un ciel si froid qu'à part quelques cirques gardés des vents mauvais par de sourcilleux escarpements, l'année n'y suffit pas à l'évolution du grain. Le seigle, l'orge, l'avoine, y demandent plus de quinze mois pour croître jusqu'à maturité d'épi dans de pauvres champs suspendus en terrasse au-dessus des précipices. La basse Maurienne, en aval de Saint-Jean, a des sillons meilleurs, de la vigne et du blé, sous un climat moins barbare, mais la vallée de l'Arc y est palustre et fiévreuse dans les bassins qu'elle forme lorsqu'elle écarte ses deux parois de montagnes minérales.

Du côté du soleil tombent sur la Maurienne les ombres d'une énorme chaîne en demi-cercle dont la convexité regarde l'Italie ; c'est la **Chaîne de la Maurienne**, où les pics dépassent 3000 mètres et vont jusqu'à 3500. Le plus hautain d'entre eux, Rochemelon, tout entier sur le sol italien, a 3548 mètres : 1262 de moins que le Mont-Blanc, et cependant il passait autrefois avec le Viso pour le géant des Alpes, tant il a de souveraine grandeur, vu de la plaine du Piémont.

Sur cette chaîne passe la route internationale du Mont Cenis, l'un des quatre grands cols allant de la vallée suisse ou française du Rhône à la plaine piémontaise : le col du **Mont-Cenis** est à 2098 mètres d'altitude, entre Lanslebourg et Suse, entre l'Arc et la Doire Ripaire ; le col du **Simplon** s'ouvre à 2020 mètres, entre Brigue et Domo d'Ossola, entre le Haut-Valais qui parle allemand, et le val de la Toce où l'on parle italien et qui descend au lac Majeur ; le col du **Saint-Bernard** (2473 mètres), fameux par son hospice et ses chiens sauveurs, conduit du Bas-Valais, de Martigny, au val d'Aoste ; le col du **Mont-Genèvre**, le plus facile des quatre, à 1860 mètres seulement, est entre Briançon et Cézanne, entre la Durance et la Doire Ripaire. L'importance de ces passages diminuera ; le vingtième siècle verra des routes dompter tous les cols, et, comme le fait déjà le tunnel des Alpes, des souterrains percer tout mont qui barre un grand chemin des peuples.

Le **tunnel des Alpes**, foré d'outre en outre dans les entrailles d'un mont de la Maurienne, est jusqu'à ce jour le plus hardi de l'univers, mais le souterrain du Saint-Gothard en effacera bientôt la gloire. Il a 12 220 mètres de longueur, 1190 mètres d'altitude à l'entrée française, 1324 à l'entrée italienne, et mène les convois du fond de Modane en France au fond de Bardonnèche en Piémont. On l'appelle tunnel du Mont-Cenis, mais il en est à plus de 20 kilomètres, et deux fois plus près du Thabor (3182 mètres).

La chaîne de la Maurienne, qui s'appuie à l'est aux frimas de l'Iseran, s'épaule à l'ouest aux glaciers des **Grandes-Rousses**, couchés au pied du pic de l'Étendard (3473 mètres) et de la Scie, qui, à 2 kilomètres au sud de l'Étendard, a justement la même hauteur. Les eaux de ces vastes mers de glace vont pour une petite part à l'Arc, pour une grande part à la Romanche, large torrent dont le Drac conduit le tribut à l'Isère.

Les Grandes-Rousses dressent leurs rocs de gneiss au nord de la Romanche ; au sud, des rocs plus hauts, des champs hivernaux plus grands, des cirques plus sinistres, des aiguilles plus dangereuses forment un monde éclatant, terrible, sublime. Et tout d'abord, au sud de la Grave, une des montagnes les plus grandioses de l'Europe, la **Meije** ou **Aiguille du Midi**, lève à 3987 mètres un front presque inaccessible ; elle a été escaladée pour la première fois en 1877, après beaucoup de vaines tentatives. Ce Mont-Cervin des Alpes françaises fait partie du **Pelvoux** ; il s'élance dans le granitique pays d'**Oisans**, qui, s'il avait plus de forêts, vaudrait l'Oberland lui-même : sur 50 000 hectares, l'Oisans en a 16 000 ou 17 000 voués à la neige, à la glace éternelles, chaos de granits, de roches, de clapiers, d'éboulis, de moraines, de séracs, de crevasses, d'abîmes, de cascades, de ponts de neige, et de pans de glace aussi prodigieux que le sont, dans l'universellement fameux Oberland, les champs cristallisés où naissent l'Aar, les deux Lutchine et la Kander. On peut y faire bien près de 60 kilomètres sans quitter le parquet des glaces ou le tapis des neiges, depuis les cimes de la Grave jusqu'à l'Aiguille d'Olan, au-dessus des torrents qui forment le Vénéon.

L'Aiguille du Midi, sur la frontière de l'Isère et des Hautes-Alpes, n'est pas la pointe suprême de ces monts, non plus que le **Pelvoux de Vallouise**, qui pourtant a donné son nom au massif, à cause de la noblesse de sa double pyramide. Le premier rang dans tout le Pelvoux, dans tout l'Oisans, revient au géant détrôné de la France, à la **Barre des Écrins** (4103 mètres).

Des antres de glace de ces montagnes sortent trois rivières qui ne craignent point l'été, car la chaleur du soleil fond l'hiver du Pelvoux : la Romanche court au Drac, le Vénéon à la Romanche ; la Gyronde, faite du Gyr et de l'Onde, est le torrent du beau bassin de la **Vallouise**, où les crétins foisonnent ; elle tombe dans la Durance, en aval de Briançon, qui est la plus haute de nos villes (1321 mètres); et Briançon n'est pas loin de notre village le plus élevé, **Saint-Véran**, au-dessus

Saint-Véran.

du vallon de l'Aigue-Blanche, tributaire du Guil : Saint-Véran, à moitié vide en hiver, et n'ayant alors pour habitants que des pâtres blottis dans des étables chargées de neige, est posté à 2009 mètres au-dessus des mers, au flanc de la montagne de Beauregard, haute elle-même de 3005 mètres. Comme disent en leur patois les bergers de ces lieux, c'est la plus haute montagne où se mange du pain.

De Saint-Véran au Viso la distance est courte. Le **Viso**, merveilleux par l'élégance de sa pyramide, est si grandiose, contemplé de la Haute-Italie, il se détache si bien des montagnes ses sœurs, il domine si royalement cette région des terres, qu'il a longtemps passé pour le premier de tous les pics des Alpes : il n'a cependant que 3836 mètres, presque mille de moins que le Mont-Blanc ; on le voit du Dôme de Milan, c'est-à-dire de 186 kilomètres. Sa base nous appartient quelque peu, mais sa pointe est italienne. C'est la dernière Alpe très élevée sur le chemin du sud ; les pics dépassant de beaucoup 3000 mètres deviennent rares, et à partir des sources du Var les Alpes s'abaissent rapidement vers la Méditerranée, mais elles sont toujours belles, et déjà les haleines du Midi font oublier le souffle du Nord, les lacs gelés et les sapins rigides.

Les Alpes françaises vaudraient la Suisse et le Tirol si leurs meilleures forêts n'avaient pas mordu la poussière. Chez le Savoyard, chez le Dauphinois, chez le Provençal, l'usinier, le marchand de bois, l'avide colon, le bûcheron, le pâtre, ont ruiné le mont, tari la source, fait de l'éternelle cascade une cascatelle à laquelle manque presque toujours son torrent et changé les paradis de verdure en ossuaires de rochers. Dans le Dauphiné septentrional de vastes bois verdissent encore, mais la déforestation ronge le Dauphiné méridional, le Comtat Venaissin, la Provence. Si l'homme ne met un frein à sa téméraire imbécillité, s'il enlève aux versants leurs dernières racines, ces pays deviendront un chaos de pierres avec des buissons, des touffes d'herbe rare et des lits de sable et de cailloux, fleuves secs et même torrides aux heures du grand soleil d'été, tandis qu'il suffit d'une trombe pour y jeter en quelques minutes un retentissant Niagara. Des contrées qui furent vertes, boisées, gazonnées, ruisselantes, arrivent sous nos yeux à la dernière limite du décharnement et du décarcassement, dans les Basses-Alpes, dans le Var, dans l'Embrunois, dans le val du Queyras où nombre de monts s'appellent aujourd'hui du nom commun de *ruines*, et un peu partout dans ce magnifique Sud-Est qui ne demanderait pour rajeunir que d'être moins véhémentement meurtri par ses fils.

Tout concourt à ce désastre immense : la montagne par ses roches friables, le sol par sa pente qui met les torrents à l'allure de 14 mètres par seconde, c'est-à-dire à la rapidité d'un cheval de course au galop ; le ciel par de noirs orages qui labourent ce qui reste d'humus au penchant des côtes, descellent et précipitent les blocs, et vident, pour ainsi dire, le mont dans les ravins ; les moutons, en arrachant l'herbe au lieu de la tondre comme la vache ; la chèvre en broutant des arbustes qui seraient devenus des arbres ; l'homme enfin, plus malfaisant que tous, en tirant des lias, des calcaires, des craies, des grès mous, le tissu de racines qui maintient les escarpements prêts à choir.

Le spectacle éternel des inondations qui passent comme l'éclair en déchirant les derniers lambeaux du sol ne décourage pas les gens de nos Alpes, race entêtée. La trombe écoulée, le montagnard relève sa digue, il recherche pieusement les miettes de son domaine et se confie encore à ses sillons indigents, à sa prairie aride, ensablée, ravinée, caillouteuse. Puis le mouton, la chèvre, les grands troupeaux transhumants du Piémont et de la Basse Provence remontent de pâturage en pâturage aux herbes suprêmes des pics, l'homme arrache les dernières souches et le mont s'éboule, et l'orage s'écroule, et le torrent repasse avec sa fureur. Voilà comment la Provence a vu fuir en trois siècles la moitié de sa terre végétale ; comment, dans les Hautes et les Basses-Alpes, l'humus s'en va par milliers d'hectares ; comment les villes deviennent des bourgs, les bourgs des villages, les villages des hameaux, les hameaux des murs croulants ou des lieux vides, et comment ces deux départements ont 150 000 habitants de moins qu'au moyen âge, 35 000 de moins qu'en 1836. Nos derniers recensements montrent que de 1861 à 1866 leur population a diminué de plus de 6000 âmes, de près de 7000 entre 1866 et 1872, de près de 3000 entre 1872 et 1876. Ces départements presque déserts perdent en moyenne à eux deux 1000 personnes par an, malgré leur forte natalité. Ainsi que leur contrée, ces gens descendent la Durance : les uns vont à Marseille, d'autres à Lyon, et surtout à Paris; il en est qui traversent la Méditerranée et s'établissent en Algérie; beaucoup vont au Mexique et dans l'Amérique latine.

Mais un aussi beau pays ne pouvait pas s'écrouler jusqu'à son dernier caillou, jusqu'à sa dernière argile, pour aller combler obscurément la Méditerranée. Ce qu'a détruit l'extirpation des forêts, dores et déjà le reboisement le restaure. En 1870, nous avions déjà replanté dans nos Alpes bien près de 100 000 hectares. Et en dehors de ce grand travail, on couvre de chênes-truffiers les versants les plus stériles du Sud-Est, autour du Ventoux, au flanc du Lubéron et sur divers monts des Basses-Alpes.

4° **Petites Alpes.** — Les Petites Alpes, c'est-à-dire les monts qui vont des Grandes Alpes au Rhône, ont les beautés des régions calcaires ou crayeuses, des parois vives, des roches prodigieuses, des sources superbes, le contraste entre la sécheresse du roc et la fraîcheur de la source. On y distingue divers chaînons ou massifs : les Petits monts de Savoie, la Grande-Chartreuse, les monts du Lans, les monts du Vercors, les monts de la Drôme, le Dévoluy, le Ventoux, les monts de Lure, les monts de Vaucluse, le Lubéron, les chaînons des Bouches-du-Rhône et du Var.

Des Petits monts de Savoie aux Petits monts de

Provence. — Les créneaux des **Petits monts de Savoie** arrivent à peine à la moitié de la taille du Mont-Blanc, dont les neiges et les aiguilles sont la plus grande gloire de tous les panoramas de la Savoie crayeuse et calcaire. Sous différents noms, ces montagnes moyennes couvrent un charmant pays, de la banlieue de Genève aux collines que l'Isère effleure au sud-est de Chambéry.

Parmi ces monts, le Salève (1379 mètres), au midi de Genève, regarde le Léman : ce que fait aussi, presque en face de Vevey la vaudoise, la **dent d'Oche** (2434 mètres), si belle, vue des heureuses villas de Lausanne. La Tournette (2357 mètres) contemple de l'orient le ravissant lac d'Annecy, que surveille de l'occident le Semnoz (1704 mètres), « Righi de Savoie » souvent gravi pour son vaste horizon. Le **Lac d'Annecy**, grand de 2500 hectares, profond de 30 mètres en moyenne, de 50 au maximum, miroite à 446 mètres au-dessus des mers ; il envoie des flots transparents au Fier, affluent du Rhône sorti d'un petit lac aux flancs du Chervin ou Grand Carré (2414 mètres). Buvant peu de ruisseaux, et ces ruisseaux étant petits, il ne se comble qu'avec une excessive lenteur : à son extrémité d'amont il a perdu ce qu'a remplacé la plaine où coule paresseusement l'Eau Morte

Le mont du Chat (1497 mètres) trempe son pied dans le **Lac du Bourget**, chanté par Lamartine en strophes magiques ; les vers du *Lac* dureront aussi longtemps que le français, ou même lui survivront comme Virgile au latin. Le lac du Bourget brille à 231 mètres ; long de 16 kilomètres sur 5 de largeur, avec 80 de profondeur moyenne, 100 de profondeur extrême, il a 4100 hectares : c'est beaucoup pour un lac français ; ce n'est rien au prix de l'étendue qu'il avait dans une ère géologique antérieure, quand le Bec de l'Échaillon tenait toujours aux roches qui lui font face de l'autre côté de l'Isère en aval de Grenoble. Alors le Rhône, qui n'avait pas encore troué le Jura vers Pierre-Châtel, s'étendait en une immense nappe où tombaient l'Isère et, près du Bec de l'Échaillon, la Romanche et le Drac. Le lac du Bourget frappe à l'ouest une rive droite, froide à l'ombre de hauts pics ; à l'est, il pénètre en baies dans un rivage plus chaud, moins haut, moins accore. Une rivière sans véhémence, le canal de Savières l'unit au Rhône par 4 kilomètres de cours dans les terres noyées, les prairies tremblantes, les roseaux, les joncs du marais de Chautagne, dont on fait venir le nom de *calida stagna*, les chauds étangs. Ce marais, peu à peu, gagne sur le lac, qui, de ce côté, c'est-à-dire sur sa rive septentrionale, s'envase avec rapidité. Sa principale ville riveraine est **Aix-les-Bains**, dont l'eau sulfureuse attire de tous les pays douze à quinze mille malades par an; son affluent majeur, le Laisse, baigne l'ancienne capitale de la Savoie, l'aimable Chambéry, dans un frais bassin que Chateaubriand compare à la vallée péloponésienne où fut Lacédémone, au pied du Saint-Élie qu'on nomma le Taygète ; un monument célèbre se peint dans ses flots, château sépulcral au-dessus d'une onde immobile : c'est l'abbaye de Haute-Combe, le Saint-Denis des princes de la maison de Savoie.

La dent du Nivolet (1558 mètres) commande le val de Chambéry : c'est un bastion des **Beauges**, espèce de Jura fait de chaînons parallèles qui, dit la tradition plutôt que l'histoire, servit longtemps de citadelle aux Sarrasins. Le Granier (1938 mètres), au sud de Chambéry, a des escarpements menaçants ; il y a six cent trente et quelques années un pan de cette montagne tomba sur la ville de Saint-André et sur cinq villages, en écrasant cinq mille hommes ; il se prépare sans doute à renouveler cet exploit tragique : sur son flanc de vastes rochers pendent, il semble qu'ils vont tomber.

Le massif de la **Grande-Chartreuse** tire son nom d'un monastère fondé en 1084 dans une gorge sauvage. Il a 125 kilomètres de tour, entre le Guiers, affluent du Rhône, et le coude tracé par l'Isère (avec Grenoble pour sommet), de sa sortie de la Savoie à son passage au

Les grands goulets.

pied des fières assises du Bec de l'Échaillon. Sa tête est **Chamechaude**, qui se lève à 2087 mètres, sur la ligne idéale qui joindrait Grenoble à Chambéry. Tout calcaire qu'il est, il n'a pas été ruiné comme tant d'autres, ayant gardé ses profondes forêts et, avec les forêts, les torrents qui coulent toujours pour la fraîcheur des prairies et la magnificence des cascades. Ainsi qu'on doit l'attendre de la texture de ses roches, la Grande-Chartreuse n'est que bastions, fentes, anfractuosités, brèches, blocs écroulés, escarpements d'où l'on admire le val du Grésivaudan et les granits de Belledonne ; mais presque partout les bois et les gazons voilent discrètement la nudité de la carcasse calcaire.

Les **Monts du Lans** ont pour dernier éperon septentrional le Bec de l'Échaillon, levé en cap à 200 mètres au-dessus de la plaine où l'Isère, qui depuis Grenoble coule vers le nord, passe au sud-ouest par un brusque détour. De même nature que vis-à-vis d'eux la Grande-Chartreuse, ils en firent certainement partie avant d'en être distraits par l'entaille du val de l'Isère. Leur montagne culminante est la **Moucherolle** (2289 mètres) ; leur gorge la plus vantée, celle du Furon de Sassenage. C'est d'eux que descend la Bourne, bel affluent de l'Isère.

Les **Monts du Vercors** ont pour tête le **Grand Veymont** (2346 mètres), qui n'a pas le superbe aspect du **Mont Aiguille**, immense roche qui, semblable au Balaïtous dans les Pyrénées, est une espèce de Cervin français, si toutefois on peut comparer une paroi sans neiges de 2097 mètres à un obélisque de 4482 mètres étreint par des frimas éternels. On le nomme aussi Mont Inaccessible, et en effet il semble qu'on n'y puisse arriver sans ailes ; néanmoins on l'a gravi. Le site le plus visité du Vercors est la gorge des Grands-Goulets, remplie des rumeurs de la Vernaison, torrent qui va rejoindre la Bourne dans l'étrange ville de Pont-en-Royans.

Entre le Vercors et le Dévoluy sont les monts fantastiquement pittoresques du **pays de Trièves**.

Hauts de 1000 à plus de 1500 mètres, et même de 2000, les **Monts de la Drôme**, eux aussi, sont faits de parois imitant de loin des monuments, des obélisques, des bastions, des citadelles; ils ont des gorges désordonnées, cassées, heurtées, stériles le plus souvent, par instants touffues, et déjà méridionalement lumineuses; on y voit des torrents à cascades, des flots bouillonnants sortant de la roche avec un volume de rivière, éternellement abreuvés qu'ils sont par les *scialets*, c'est-à-dire par les entonnoirs où tombent les eaux des forêts, des plateaux, des ravins supérieurs. Leurs escarpements les plus magnifiques ferment l'orient de Die, ville sur la Drôme. Ils s'appellent **Mont Glandaz** (2025 mètres); on dirait de loin les murs, les redans, les tours, les retraits d'un fort sans pareil; et cette puissante architecture est chaudement colorée. La **forêt de Saou** est un cirque, jadis sombre de bois, dont les pentes se relèvent contre la montagne de Rochecourbe (1622 mètres) : longue d'environ 12 kilomètres, sur moitié largeur, elle n'a d'autre issue que le passage d'un torrent qui court au Roubion, tributaire du Rhône.

Malgré sa petitesse, le **Dévoluy** porte sur trois départements : les Hautes-Alpes, l'Isère et la Drôme. Ce stérile massif se sépare des monts de la Drôme au col de **la Croix Haute** (1500 mètres d'altitude), dont profite le chemin de fer de Grenoble à Marseille. Il darde ses pics décharnés au nord-ouest de Gap et divise ses eaux entre le Drac, affluent de l'Isère, et le Buech, tributaire de la Durance : eaux rares d'ailleurs; car le Dévoluy n'a plus d'arbres, et avec les arbres il a perdu les sources pérennes. Il perd aussi son reste d'humus, avec son humus ses hommes, et 3000 personnes à peine y vivent, sur 48 000 hectares, du lait, de la chair de maigres troupeaux qui paissent le roc autant que l'herbe. Que son nom vienne ou ne vienne pas du latin *devolutum* (roulé, entraîné), ses monts se décomposent depuis qu'ils ne sont plus cimentés par des forêts; ses crêtes s'écroulent sur les versants, et les versants dans des ravins que l'été rôtit, que l'hiver couvre de neige, et que les trombes dévorent en y jetant des torrents qui fouillent le sol jusqu'à l'os de la roche. Son maître pic, l'**Obiou** (2793 mètres), appartient à l'Isère; l'Aurouze, dans les Hautes-Alpes, a 2715 mètres.

Le **Ventoux** (1912 mètres) doit son nom aux vents violents qui descendent de son dos crayeux en fouettant ses chênes truffiers, ses bois de hêtres, ses semis de chênes, de cèdres, de pins sylvestres, de pins maritimes, et les ruches de ses colonies d'abeilles apportées au printemps et remportées en automne par les paysans du pied du mont. Pour nous servir d'un mot biblique, c'est du Ventoux que découle en partie l'illustre miel de Narbonne.

Avant son reboisement, qui consiste surtout en chênes truffiers faisant naître on ne sait comment, on ne sait pourquoi, la truffe odorante dans le sol qu'ils ombragent, le Ventoux était si nu, si rocheux et sans verdure qu'on l'avait comparé à une montagne de macadam. Il ne jette à la plaine aucun ruisseau constant, ses torrents ne coulent qu'aux pluies ou à la fonte des neiges, et presque toutes les eaux qu'aspirent ses pierres arides se rassemblent en une seule source de 173 litres par seconde, le Groseau, à Malaucène. Il a pour grands traits son avancement sur la plaine du Rhône, son panorama géant qui va des Pyrénées au Mont-Blanc, du Mézenc et de la Lozère aux Alpes du Viso, ses étages de climats et de plantes, comme en a chaque montagne en proportion de sa hauteur; mais le Ventoux s'élançant d'une plaine chaude, colorée, le contraste entre les pieds et la tête

Le mont Glandaz.

est plus éclatant : en bas, c'est la Toscane pendant toute l'année; en haut c'est la Suède et presque la Laponie durant les cent jours de l'hiver.

Le Ventoux appelait un observatoire des vents, des pluies, des tempêtes, sur son sommet dont l'azur trompe : où le passant d'en-bas, où l'homme des vallées voit un éther dormant, il se livre au contraire un éternel combat des puissances du ciel. Cet observatoire, il l'a maintenant, et l'on y dégagera, si l'on peut, les lois qui président aux passages des nues, aux mêlées des souffles de l'air.

Les **Monts de Lure**, également crayeux, continuent le Ventoux vers l'est jusqu'à la vallée de la Durance au-dessous de Sisteron. Roches arides, gorges nues et tourmentées, ils ne font pas de grandes rivières, mais de capricieux torrents, l'Ouvèze, la Nesque, le Caulon, la Largue et la Laye, ces deux dernières nées de sources puissantes. Leur plus haut sommet (1827 mètres) domine de 1100 mètres la ville de Saint-Etienne-les-Orgues.

Entre la plaine d'Avignon, le Caulon et la Nesque, les **Monts de Vaucluse**, faits de craies, atteignent 1187 mètres au sommet de la Garde, au nord-est d'Apt. Sur leur dos s'étend un plateau stérile, dénudé, criblé d'*avens* où se précipitent les eaux d'orage, flots louches dont se fait dans l'ombre la transparente Sorgues de Vaucluse.

Le rougeâtre **Lubéron** ou **Léberon**, en partie crayeux, tombe au nord sur les gorges du Caulon, faible torrent, au midi sur la large plaine de la Durance, torrent colossal. Il revêt ses rochers de teintes méridionales sous le chaud soleil de Provence. S'il fut sylvestre, il ne l'est guère; mais on y plante des chênes truffiers et les forestiers essayent d'y conquérir 4000 hectares à des bois futurs. Son plus haut sommet (1125 mètres) se lève au sud-est d'Apt.

La Durance ne se jeta point toujours dans le Rhône au voisinage d'Avignon ; il fut un temps où elle coulait au sud et non pas au nord des **Alpines** : alors ces toutes petites montagnes, dont le culmen, le mont des Aupies, n'a que 492 mètres, faisaient sans doute partie du Lubéron.

Les Alpines sont richement colorées par les rayons du midi. Au moyen âge, dans un de leurs rocs, tendre calcaire, on tailla des maisons sculptées, un très grand château, une enceinte, toute une cité, les **Baux**, qui eurent 4000 âmes. Effrité, rongé, menaçant, tout cela dure encore ; mais aucun homme n'habite la Pompéi provençale : l'ennemi ne l'a point détruite, le sol ne s'est pas cabré sous elle, nul volcan ne l'a saisie ; son peuple l'a quittée, le paysan des environs brise à son gré ce fantôme de ville, qui pourtant, tout entier, est « monument historique », et le temps, dans le vide et le silence en use les chambres de pierre.

Si petites qu'elles soient, les Alpines paraissent grandes, tellement tout est bas et plat autour de leurs calcaires pelés. Elles s'élèvent du sein de la Crau, plaine qui fut d'une stérilité mémorable.

La **Crau** était un plan de poudingues ou pierres cimentées d'origine marine quand le Rhône et la Durance y déposèrent, non des alluvions, mais des cailloux. On calcule que le Rhône apporta les six septièmes de ces galets, la Durance à peine un septième[1]. Ainsi cailloux sur cailloux, elle méritait bien son nom, *crau*, étant, paraît-il, un radical celtique ayant la signification de roche, de pierre. Et certes si les rocs lui manquent, sauf les parois vives de ces Alpines dont elle borne la première assise, les galets en font, ou plutôt en faisaient tout le sol avant l'arrivée des eaux noirâtres de la Durance. Ces pierres sans herbe, ou parfois avec des brins maigres, courts et rôtis, ce plancher raboteux avait

---

[1] Ou même un seizième seulement.

étonné les anciens, comme il étonne aujourd'hui les voyageurs que le chemin de fer mène, en longues lignes droites, d'Arles, ville morte, à Marseille, cité vivante. Dans son *Prométhée enchaîné*, le poëte aux vers d'airain, le tragique Eschyle, nous raconte comment Hercule rencontra dans ces vastes champs l'armée des Ligures : le héros n'avait pas l'arc infaillible et les flèches mortelles; il succombait, quand le maître des

La Crau.

hommes et des dieux, son divin père, fit tomber du ciel une pluie de cailloux dont Hercule aussitôt lapida ses ennemis. Ce sont ces cailloux célestes qui couvrent la Crau.

En hiver, au printemps, s'il tombe un peu de neige, et si le mistral passe en déchirant les airs, la plaine des pierres peut un instant ressembler à la Sibérie; mais en été, c'est un Sahara qui dévore; le véridique soleil y devient le père du mensonge, et dans l'air embrasé qui vibre le mirage fait flotter des lacs transparents. Dans cette saison, les troupeaux qui broutent, l'hiver, entre les galets, quittent la Crau sous la conduite de leurs *bayles* ou bergers, et s'en vont dans les pâtis élevés, savoureux, de la montagne des Alpes.

Mais le grand quart des 53 000 hectares de la Crau n'est déjà plus la Crau : portés par des canaux pris à la Durance, les limons ont empâté les graviers et fait du désert un jardin. Les *cousous*, c'est-à-dire les oasis, grandissent en tout sens avec le damier d'arrosage, chaque canal envoyant des embranchements, chaque embranchement des rigoles : damier tracé dans l'air comme il est dessiné sur le sol, car les grands et petits fossés dont il se compose, longues lignes droites ou courbes, sont accompagnés d'arbres élevés, peupliers, ormeaux, beaux cyprès, rageusement balancés par le mistral.

La verdure s'empare ainsi du Sahara provençal, comme elle s'emparera du grand delta français, la Camargue, voisine de la Crau par delà le fleuve, et comme elle s'est emparée de la Crau languedocienne : la lisière littorale étroite qui va du Rhône au Saint-Clair de Cette n'est autre chose qu'une Crau féconde à laquelle n'a point participé la Durance, Crau dont la zone des étangs est la Camargue, dont la Garrigue et les Cévennes sont les Alpines. De Cette au golfe de Fos, d'Avignon à la mer, ces plaines, filles du Rhône, attendent presque toutes que l'homme les délivre de la fièvre.

Sèches, dénudées, hachées comme les Alpines, mais plus hautes, les **Montagnes de Provence**, Trévaresse, Sainte-Victoire, chaîne de l'Etoile et Sainte-Baume, s'élèvent entre le val de la Durance, la Crau, l'étang de Berre et le littoral de Marseille à Toulon, sur le territoire des Bouches-du-Rhône et du Var : la **Trévaresse**, où fut un petit cratère, a 520 mètres; la **Sainte-Victoire** (1011 mètres) serait ainsi nommée du triomphe éclatant de Marius à la bataille de Pourrières, et les gens du pays célèbrent encore inconsciemment cet anniversaire de l'extermination des Teutons par des feux de joie allumés sur la montagne; la chaîne de **l'Étoile**, coupée par le très long tunnel de la Nerte, a pour cime suprême (784 mètres) un mont Olympe, aussi nommé l'Ouripe; la **Sainte-Baume** (1154 mètres) est visitée par de nombreux pèlerins à cause d'une grotte (*baume* en patois du pays) où Madeleine aurait pleuré ses péchés.

Ces quatre chaînes, crayeuses et calcaires, s'unissent diversement, par des crêtes ou des plateaux, à des massifs de craie qui ont pour tête la pyramide de Lachen (1715 mètres), entre Draguignan, Castellane et Grasse. Ces massifs, les **Monts du Var**, généralement très nus, très altérés, très désagrégés, sont sabrés par des *clus*, gorges d'immense profondeur où jaillit le cristal des *foux*, les sources les plus belles qu'on puisse rêver.

5° Maures, Estérel. — Au midi des monts du Var, les Maures et l'Estérel, qui ne se rattachent point aux Alpes de Provence, prouvent souverainement que la beauté n'est pas dans la hauteur : ils n'ont pas 800 mètres et sont magnifiques.

Les **Maures** bordent une mer adorable, entre l'Argens, l'Aille et le Gapeau. Schistes, granits, serpentine, bouquets d'orangers, palmiers, bois de châtaigniers, de pins d'Alep, de chênes-lièges, d'arbustes odorants, elles ont 80000 hectares et très peu d'habitants, 400 mètres de moyenne hauteur, et 779 mètres à leurs deux points culminants, la Sauvette et Notre-Dame-des-Anges. Les Maures sont la Provence de la Provence, a dit Élie de Beaumont, en parlant plus spécialement de la vallée de Cogolin. C'est l'Afrique de la France, et ce fut il y a mille ans la France de l'Afrique. Nous foulons impunément, par delà les flots méditerranéens, vis-à-vis des Maures, un long rivage arabo-berbère; mais il y eut un temps où, de ce rivage maintenant humilié, des Berbères et des Arabes venaient injurier la blanche Provence. Nulle part en France ces mécréants, ces Sarrasins, ces Maures ne bravèrent plus longtemps qu'ici les chrétiens dont la djéhad ou guerre sainte leur faisait un devoir de rougir de sang les hameaux et les villes; ils eurent alors, au ıx° et au x° siècles, de redoutables repaires sur la montagne aromatique à laquelle est resté leur nom, au milieu de forêts plus grandes qu'aujourd'hui. Toutefois les Maures sont le massif le plus bocager de la Provence : la Gueuse parfumée, comme on l'appelle, est peu vêtue.

L'Estérel est moins grand que les Maures; il est plus bas, n'ayant que 616 mètres au Mont Vinaigre; il n'est pas moins beau, quoique la forêt véritable y manque. Les arbousiers, les bruyères arborescentes, le pin d'Alep, et en bas, dans les ravins, l'oranger et les herbes de suave odeur sont la parure de ce massif, l'un de ces pays méridionaux qui se sentent autant qu'ils se voient. Désert loin de la mer, à son centre et à ses sommets, il a des villas au bord de la Méditerranée, dans laquelle il plonge par de merveilleux caps de grès rouge et de porphyre, entre Fréjus où les Romains avaient des palais et Cannes où nous bâtissons des châteaux.

V. PYRÉNÉES

1° Les Pyrénées, Troumouse et Gavarnie. — Les Pyrénées, que les Espagnols appellent *Pirineos*, ou au singulier *el Pirineo*, sont, de mer à mer, un petit Caucase.

Le Caucase, entre Pont-Euxin et Caspienne, est fort abrupt et très régulier de structure; les Pyrénées, d'Atlantique à Méditerranée, montent tout droit d'en bas et leur structure est simple et normale. Les plaines que le Caucase regarde au nord furent un détroit de la mer; celles que les Pyrénées contemplent au septentrion portèrent jadis une onde salée, qui s'agitait entre l'Atlantique et la Méditerranée. Le Caucase sépare l'Europe de l'Asie, avec de hautes entailles et, au bord de chacune de ses deux mers, un profond abaissement dont usent ou dont useront les routes et les chemins de fer; les Pyrénées, dont les ports sont très élevés, ont à l'ouest un passage pour la voie de Paris à Madrid, un autre à l'est pour celle de Paris à Valence, et leur mur sépare la France, qui est tout Europe, de l'Espagne à demi-africaine par son climat et par les origines de sa race.

Les Pyrénées? D'où vient ce nom sonore? On ne sait. Il ne dérive certainement pas du mot grec πύρ, le feu, comme les étymologistes de jadis auraient voulu le faire croire. Eussent-elles des volcans fumants comme la Sicile, des Champs Phlégréens comme Naples, des jets de flamme comme le pied du Caucase, elles ne furent point parées d'un nom grec par les Hellènes qui visitèrent les premiers ces monts plus hauts que leurs Olympes, aventuriers, marchands, voyageurs de commerce, chercheurs de mines, touristes venus de Marseille ou des ports méditerranéens de l'Espagne; ils l'appelèrent comme ils l'entendirent appeler dans la langue du pays par un peuple qui sans doute avait hérité ou sous-hérité de ce nom : car il arrive souvent que les mots restent quand les nations passent. Et ce nom indigène, déjà vieux peut-être comme dix générations de chênes ou de sapins, les Grecs nous le transmirent suivant les lois d'euphonie de leur beau langage. Le terme de Pyrénées ne serait-il pas le frère du mot immémorialement ancien de *biren* ou *piren* qui, dans la bouche des paysans de l'Ariège, désignait autrefois les pâtures des cimes, par opposition aux prairies des vallées ?

Les Pyrénées, beaucoup moins vastes que les Alpes, et d'un tiers moins élevées, sont de trois degrés en moyenne plus chaudes à hauteurs égales; aussi n'ont-elles guère que 4500 hectares de glace éternelle, tandis qu'il y en a près de 210 000 dans les seules Alpes de la Suisse.

4500 hectares seulement d'eau cristallisée sur le versant septentrional d'une chaîne qui a plus de cent lieues de long et de vingt lieues de large, quel prodigieux recul depuis l'ère, antérieure à toute histoire, dont nous entretiennent les moraines, les roches striées, les blocs erratiques! Alors des crêtes, bien plus hautes que de nos jours, où nous voyons maintenant le Mont-Perdu dans son calme silence, où nous entendons la cascade du Marboré dans sa plainte éternelle, un glacier descendait au loin vers le nord ; il ne s'arrêtait qu'à 70 ou 72 kilomètres, en plaine, aux lieux où s'élève le bourg d'Andrest, entre Tarbes et Vic-de-Bigorre. Liant sa froidure à celle de Campan, il couvrait 200 000 hectares de gorges, de vallées où passent aujourd'hui des gaves aussi rapides qu'il était lent, aussi joyeux qu'il était morne, aussi clairs que pouvaient être impurs les torrents sortis de ses arches terminales après avoir rassemblé leurs gouttes sur un sol écorché par le rampement de cet océan massif. Car il devait labourer profondément la roche, ce « glacier d'Argelès » dont on croit que la puissance était de 360 mètres à l'endroit que nous appelons Lourdes, de 790 au lieu que nous nommons Argelès, de 1350 à celui qui a nom Gavarnie. Et à l'orient de cette mer de glace, de l'autre côté des monts de Néouvielle, une autre mer figée, le « glacier d'Aure », pesait sur les vallées d'où coulent maintenant les branches de la Neste.

Tels sont les glaciers, tels sont les névés : le *fœhn*, vent du sud et qu'on dit fils du sirocco, fond infiniment plus de neiges sur les flancs alpins que l'autan, cet autre vent du sud fils du même sirocco, n'en tiédit et n'en délaie sur les flancs pyrénéens. Sans nous arrêter aux frimas vulgaires que l'hiver ramène et que l'été remporte, les 4500 hectares pyrénéens de glace dite éternelle disparaissent rapidement sous nos yeux, comme d'ailleurs celles qui glissent pesamment sur les épaules des Alpes. Mais que de fois encore ces glaciers redescendront de nouveau vers l'aval pour remonter ensuite vers les cimes! Si, dans l'immensité de l'espace, un soleil n'est pas même un grain de sable, dans l'immensité du temps deux périodes, si longues soient-elles, l'une travaillant à l'encontre de l'autre, sont à peine un fugitif instant, bien qu'elles dépassent mille fois notre néant passager. Les glaciers qui grandissent ou diminuent, les roches qui se soulèvent ou s'abaissent, les continents qui naissent ou meurent, la mer qui s'avance ou recule, ce qui se cimente ou se disloque, les cycles terrestres ou cosmiques, tout cela, c'est ce qu'on nommerait les jeux de la nature, s'il pouvait entrer quelque idée de caprice dans un travail infini de durée, infini d'espace, éternellement réglé par des lois augustes.

Inférieures aux Alpes en grandeur, mais non pas en grâce, en lumière, en beauté, les Pyrénées, pauvres en lacs (elles n'ont, au vrai, que de profonds laguets), envoient de faibles torrents à leurs cascades, et au plat pays des fleuves que seuls le Gascon et le grandiloquent Espagnol osent comparer au Tessin, à l'Inn, au Rhin, au Rhône, au Pô; enfin, plus que les Alpes, elles mènent le deuil de leurs forêts. Sans doute elles n'ont pas de régions aussi nues que les Basses-Alpes : il leur reste, en profonds massifs, des hêtres, des sapins et des pins; mais, en moyenne, elles ont moins de bois que les Alpes, même que les Alpes françaises.

En trois choses elles valent bien les Alpes : l'élévation des cols [1], la noblesse du profil, la hauteur apparente.

Les Pyrénées françaises, émergeant brusquement des plaines, sont, regardées d'en bas, très grandioses. Plusieurs monts, qui semblent les rois de la chaîne et qui ne le sont point, trônent orgueilleusement, en avant de leurs frères, sur les vallées, les plaines, les bas plateaux, et sauf la neige on les croirait égaux aux colosses des Alpes:

---

[1] Le col de la Maladetta, en Espagne, est à 3202 mètres.

tels le pic du Midi de Bigorre (2877 mètres), aux sources de l'Adour; l'Arbizon (2831 mètres), au sud des bains de Capvern ; le mont Vallier (2839 mètres), au midi de Saint-Girons ; le pic de Tabe ou de Saint-Barthélemy (2349 mètres), au sud-est de Foix; enfin le Canigou, au méridion de Prades.

Ce dernier, dans sa préséance à l'avant-garde, a passé longtemps pour le monarque des Pyrénées ; il n'a pourtant que 2785 mètres, 619 de moins que le Néthou. Et, à 200 kilomètres à l'ouest-nord-ouest du Canigou, c'est seulement en 1787 que Ramond, l'intrépide explorateur du Mont-Perdu, ravit au pic du Midi de Bigorre ce même imaginaire honneur : on le tenait pour le premier des Pyrénées ; il domine si bien la vallée de l'Adour, continuée par la plaine immense des Landes comme un golfe l'est par une mer.

Quant aux cirques, ces *oules* ou marmites, comme disent les pâtres pyrénéens, l'emportent sur tout ce que les Alpes ont de plus sublime. Le cirque du Lys est voisin de Luchon ; ceux de Troumouse ou Trumouse, d'Estaubé, de Gavarnie, qu'on peut admirer tous les trois à la hâte en une seule journée, voient les premiers ébats de trois des torrents qui font le Grand Gave, tête de la rivière de Pau. Colisées calcaires, leurs gradins passeraient ailleurs pour des montagnes, mais il ne sont ici que les étages d'un monument inouï, les marches d'un amphithéâtre aussi supérieur aux œuvres de la grandeur romaine, aux Arènes de Nîmes, à El-Djem de Tunisie, au Colosseum, que le chêne peut l'être au brin d'herbe. Sur les degrés supérieurs, dans les champs polaires, luit nuit et jour la froide splendeur des neiges, et, suivant la saison, l'eau de ce monde engourdi s'écroule en cascades ou suinte en gouttelettes ou pend en blocs de glace. Il n'y a point d'arbres, point de prairies, point de bruits humains dans ces larges gouffres contemplés par les aigles ; rien que la mélopée des cascades, la chanson du ruisseau sur les pierres, la roche, les cailloux, la mousse, les torrents, les ponts de neige, et, sous le vent des cataractes, la brume ou l'arc-en-ciel de la poussière d'eau.

Le **Cirque de Troumouse** porterait des millions d'hommes sur les marches de son enceinte; il a huit kilomètres de tour. Un pic de 3150 mètres, la Munia que la neige n'abandonne jamais, voit de 1350 mètres de haut, tapi à 1800 mètres, ce cirque où s'assiérait un grand peuple, mais où ne passent que des isards, des aigles, des vautours, peut-être mais bien rarement un ours, de temps en temps un chasseur, et, dans la saison brillante, dès que mai fond l'hiver, les touristes qui viennent admirer l'immensité de ces froides arènes. Le **Cirque de Gavarnie** ou cirque du Marboré, moindre que Troumouse, mais encore plus beau, n'a que trois à quatre mille mètres d'enceinte; le pic du Marboré le domine de plus de 1600 mètres, car il a 3253 mètres et le cirque 1640 à la base de ce mont. Un gave né du glacier du Marboré sur une marche de l'amphithéâtre arrive au bord de la corniche, tout petit le matin, le soir, la nuit, quand la neige et la glace fondent peu, moins faible de dix heures à quatre heures de l'après-midi, grand lorsque le soleil d'été luit, qu'une pluie tiède lèche le glacier ou qu'un vent chaud le caresse; et là, tout à coup, ce gave, origine de la verte rivière d'Orthez et vraie source de l'Adour, plonge de 422 mètres, six à sept fois Notre-Dame : en haut c'est un torrent, en bas c'est une pluie sur des rocs éboulés, de loin c'est une écharpe balancée par le vent, peinte par le soleil. En mai, au commencement de juin, à la grande fonte des frimas, d'autres cascades tombent éperdument des degrés de l'amphithéâtre et vont unir leurs flots au torrent de la Grande Chute, qui coule sous des ponts de neige.

Le **cirque d'Estaubé**, le moindre des trois, se relève vers des montagnes que commande le Mont-Perdu, superbe pic calcaire de 3352 mètres.

Le **Mont-Perdu** se dresse en Espagne, et comme lui le **Posets** (3367 mètres), que nul mont pyrénéen, si ce

Cirque de Gavarnie.

n'est peut-être le pic du Marboré, n'égale comme centre de panorama ; comme lui aussi le **cylindre du Marboré** (3327 mètres), fait de marbre, ce que dit sans doute ou peut-être son nom, la **Maladetta** (3312 mètres) et le **Néthou** ou Anéthou (3404), qui est le géant de la chaîne. En France, le pic le plus haut c'est le Vignemale.

2° Le Vignemale, les thermes pyrénéens. — Le prince de nos Pyrénées, le Vignemale (3290 mètres), a 1520 mètres de moins que le roi de nos Alpes, et 114 de moins que son rival et maître en Espagne, le Néthou. Sa pointe aiguë s'élance dans le ciel hispano-français à 12 kilomètres au sud de **Cauterets**, ville de bains dont les fontaines de santé sont l'espoir de dolents innombrables qui viennent demander la guérison à des eaux de températures très différentes, les unes froides, les autres chaudes : d'où, prétend-on, le nom du lieu, le mot béarnais *caut* signifiant chaud, et *ret* voulant dire froid. Peu de sources minérales ou thermales des Pyrénées ont la célébrité de celles de Cauterets ; peu naissent près des cascades d'un si beau gave, à la rencontre de deux gorges aussi grandioses ; mais tout le long de la chaîne, ces eaux de la santé, ces fontaines de Jouvence sont aussi nombreuses que variées d'éléments et diverses de température. Combien d'entre elles n'ont peut-être pas encore un nom dans la bouche des pasteurs, et pourtant on en connaît déjà plus de 550 dans les six départements du pied des Pyrénées françaises.

Le Vignemale porte des glaciers crevassés comme ceux des Alpes : de l'un d'eux coule un torrent qui, de cascade en cascade, va se reposer un instant, à 1788 mètres au-dessus des mers, dans le célèbre **lac de Gaube**, grand de 16 hectares. Seize hectares seulement, et c'est ici qu'éclate l'infériorité inouïe des lacs pyrénéens comparés aux lacs des Alpes. Si fièrement que son nom résonne dans les plus altières des montagnes de la chaîne hispano-franco-catalane, le lac de Gaube n'est qu'un petit étang, eau profonde et bleue, entre des monts escarpés, nus, sauvages, dans un vallon qui remonte vers le Vignemale dont la neige étincelle à l'horizon du midi. Mérite-t-il seulement qu'on le nomme après le sombre Wallensee, qui reçut jadis et renvoya le fleuve Rhin; après le lac des Quatre-Cantons Forestiers, fait de grands golfes reflétant des roches et des bois; après l'harmonieux Léman, qui est une mer d'eau douce?

3° De la Rhune aux Albères.—Des plages basquaises d'Hendaye, sur l'Atlantique, aux caps catalans de Port-Vendres, sur la Méditerranée, la chaîne des Pyrénées a 429 à 430 kilomètres en droite ligne, 570 en suivant les principales sinuosités de l'arête.

Elle couvre plus ou moins six de nos départements : les Basses-Pyrénées, les Hautes-Pyrénées, la Haute-Garonne, l'Ariège, l'Aude et les Pyrénées-Orientales. Leur hauteur moyenne, d'après Élie de Beaumont, serait de 1500 mètres, et dans la partie centrale, du pic du Midi d'Ossau au Puy de Carlitte, de 2600 mètres. 1500 mètres de moyenne hauteur, c'est peut-être une altitude supérieure de 300 mètres à la réalité.

Hendaye est un bourg des Basses-Pyrénées, sur la Bidassoa, vis-à-vis de l'Espagne, en face de la noble Fontarabie, ville aux palais déserts, près d'une plage de sable fin qu'apporte et qu'emporte l'orageux Atlantique. Les montagnes les plus belles de son horizon sont des Pyrénées espagnoles, mais tout près d'elles commencent les Pyrénées françaises, au Chouldocogagna que des conglomérats couronnent.

Le premier mont qui ne soit plus réellement colline, c'est la **Rhune**, qui lève son échine au-dessus de Saint-Jean-de-Luz, conque où l'Océan phosphorescent tonne; elle n'a que 900 mètres, mais son panorama vaut celui de bien des pics deux, trois et quatre fois plus hauts : il embrasse le pays Basque, le Béarn, des montagnes sans nombre en Espagne et en France, et la mer, des caps de la Biscaye aux dunes, aux sables, aux pinadas du Marensin.

De la Rhune au pic d'Orhy, les hameaux, les villages, les torrents, les pas, les forêts d'où les Nive découlent, portent des noms retentissants qui ne ressemblent ni aux noms sonores de l'espagnol, ni à ceux du français ou du béarnais. On est dans le **pays Basque**, dont la langue aime les longs mots composés, comme Chouldocogagna, Orbaïceta, Estérençuby, Arimaluchénea, Bastangoerrech, Errémondébèhère, Armendarits, Immelestéguy, Larratécohéguya, Leiçar-Atheca, Altabiscar, qui domine le val espagnol de **Roncevaux**, où Roland souffla vainement dans son cor. Un mot encore plus disproportionné, c'est celui de Azpilcuetagaraycosaroyarenbérécolarrea (?) : ce qui veut dire bas champs du haut coteau d'Azpilcuéta. A partir d'Hendaye, le pic d'Orhy (2016 mètres) est le premier sommet qui atteigne 2000 mètres.

Jusqu'au **pic d'Anie** l'on est en pays Basque, et l'Anie lui-même a des gorges où l'on parle toujours la langue des Escualdunacs, devant laquelle notre français n'est qu'un patois né d'hier. Le pic d'Anie s'appelle en basque Ahunemendi, le mont du Chevreau : sa pyramide élégante, appuyée sur des contreforts pastoraux ou boisés, monte à 2504 mètres.

Le **Pic du Midi d'Ossau** ou pic du Midi de Pau, tronc de granit, s'élance en deux pointes, à 2885 mètres. Il faut courir le monde pour trouver une pyramide plus noble, plus brillante, plus aérienne que ce pic vu de la Place Royale de Pau.

Dès qu'on entre dans les Hautes-Pyrénées, on se heurte à des pics de 3000 mètres, et d'abord à la seule montagne tout à fait dangereuse des Pyrénées, au « Cervin du Midi », au **Balaïtous** ou Marmuré (3175 ou 3146 mètres) : de cette aiguille environnée d'abîmes descend, long de 3 kilomètres, le glacier des Neiges, premier hiver éternel en partant de l'Atlantique. On rencontre ensuite le Vignemale avec sa Pique-Longue, tête des Pyrénées françaises ; puis viennent les montagnes espagnoles ou françaises entaillées par les grands cirques : le **Taillon** (3146 mètres), d'où pend un glacier sillonné de crevasses, le Casque, la Tour, le Pic et le Cylindre du Marboré, le Mont-Perdu : du premier au dernier de ces monts, on marche pendant seize kilomètres sur la glace ou la neige, sans interruption pendant neuf à dix mois de l'année, avec lacunes au fort des chaleurs.

Au nord des colisées de Gavarnie, d'Estaubé, de Troumouse, les **monts de Néouvielle**, qui sont de granit, suspendent leurs vastes neiges sur des lacs nombreux : sauf au pied du Puy de Carlitte (à l'orient de la chaîne), nulle part les barrages de rochers ne forment autant de brillants miroirs du ciel. Le lac de Cap de Long, serré dans le granit, sommeille au bas du Pic Long, à une profondeur immense. Il mène ses eaux d'un bleu sale au **lac d'Oredon** ou Doredom, cerné de sapinières. L'Oredon, à 1852 mètres d'altitude, n'a que 24 hectares ; ce n'est rien, mais il reçoit quatre lacs, deux glaciers et toutes les pluies et les neiges de 2770 hectares. En élevant de près de 17 mètres son niveau par un barrage, on en a fait une réserve d'été d'où l'on tire tous les ans 7 500 000 mètres cubes versés dans la Neste ; or ce beau torrent n'aura jamais trop d'eau, malgré son abondance : il soutient le fleuve de Toulouse, il abreuve le plateau de Lannemezan, il porte quelques flots aux fossés, injustement nommés rivières, qui traversent le département du Gers en éventail, du sud au nord, au nord-ouest, au nord-est, avec peu ou point d'eau pendant la saison caniculaire. — Sur le versant opposé des monts de Néouvielle, d'autres lacs dans des gorges désolées, au sein de montagnes en ruines, emplissent le Bastan, torrent qui court au Gave de Gavarnie par la triste vallée de **Barèges**.

Le Néouvielle ou pic d'Aubert, qui nomme le massif, n'en est pas le sommet majeur ; il n'a que 3092 mètres, tandis que le périlleux **Pic Long**, qu'escortent deux glaciers, monte à 3194. De ces deux observatoires en avant de la grande chaîne, on admire mieux les pointes, les tours, les brèches, les névés, la glace de la paroi de frontière que de ces pointes et de ces tours elles-mêmes, qu'on voit d'ici se dérouler au midi, sous l'œil du Mont-Perdu, dans toute la majesté de leurs tiares de neige, au-dessus de l'effondrement de Gavarnie ; mais aussi la grande crête contemple ce que ne voit point Néouvielle, tout le monde étrange du versant de la Soulane, c'est-à-dire du sud : des pics, des dos fauves, des déserts de pierre cachant des cirques et des abîmes inouïs où saute une cascade de 800 mètres.

Au nord du Néouvielle, le **Pic du Midi de Bigorre** ou de Bagnères (2877 mètres), cône de gneiss bien placé pour attirer, pour contempler, pour prévoir les tempêtes, porte un observatoire météorologique, à 2366 mètres d'altitude. Il l'emporte encore en sublimité de panorama sur les têtes des monts de Vieille Neige (ce que veut dire Néouvielle) : il règne de la mer de Biarritz à la fin de la Neste sous Montrejeau, des vignes de l'Armagnac et des pins de la Lande au sévère Posets et à la Maladetta : s'il voit beaucoup de montagne, il voit aussi beaucoup de plaine, et ce contraste est une grande beauté. Sur un de ses flancs dort le **lac Bleu**, utile à l'Adour autant que l'Oredon peut l'être à la Neste : décanté par un canal souterrain, ce réservoir de 49 hectares, avec 116 mètres de profondeur, donne à l'Adour, qui certes en a besoin, deux à dix millions de mètres cubes suivant l'humidité de l'année : à deux millions de mètres, c'est un mètre par seconde pendant 23 journées de 24 heures ; à dix millions, c'est deux mètres par seconde pendant près de deux mois. Le lac Bleu, qui s'appelle aussi Lhéou, n'a plus ses courtines de forêts ; des pierres, des pâtis s'y mirent, à 1968 mètres au-dessus des mers.

Au delà des glaciers du port de Clarabide, on entre

dans la Haute-Garonne, au grand glacier des Gours Blancs, père d'un torrent — on ne dit plus ici gave — qui traverse, à 2165 mètres d'altitude, le bleu lac de Caillaouas et court à la Neste de Louron : des pointes de granit où la neige n'a point de prise regardent soucieusement ce glacier, lambeau du Pôle touchant à l'Espagne, terre brûlée, parfois saharienne, qui mène à la dévorante Afrique ; la plus élevée est le **pic des Gours Blancs** ou des Hermittans (3202 mètres). Les Hermittans, le pic du port d'Oo (3114 mètres), le Ceil de la Vache (3060 mètres), éclatant de blancheur, le Quayrat (3059 mètres), le pic de Crabioules (3119 mètres), le Tuc de Maupas (3110 mètres), ces monts luchonais qui font en partie la Garonne, ont la taille des monts de Gavarnie qui font en partie le Gave béarnais ; c'est ici que sont les plus hautes entailles de nos Pyrénées, le port d'Oo (3002 mètres) et le col du Portillon (3044 mètres) ; c'est ici que pèsent, des Gours Blancs aux Graouès, 14 kilomètres de glaciers, semblables aux 16 kilomètres qui, dans la région des Cirques, vont du Taillon au Mont-Perdu : Gours Blancs, champs de Crabioules, glaces de Maupas, Graouès ou Graviers, ils suspendent un faix immense d'eau cristallisée au-dessus des eaux libres, folles, exubérantes qui s'appellent Neste de Louron, Neste d'Oo, Lys et Pique. Ces fleuves figés sont un faible reste de l'antique mer de glace qui couvrit toute la vallée de la Neste d'Oo, devenue dans la suite un escalier de lacs unis par des cascades. La **moraine de Garin** marque l'endroit où elle s'arrêtait devant l'obstacle des monts que fend à l'ouest et non loin de là le col de Peyresourde, sur la route de Bagnères à Luchon par Arreau ; levée colossale, cette moraine de 4000 mètres de long, de 1500 de large, a 240 mètres d'élévation : tel entre Montmartre et le Panthéon un mur quatre fois plus haut que les tours de Notre-Dame et mille fois plus épais que les parois de nos monuments.

Nul soleil n'amollit ici tout à fait les lacs qui, de par

leurs 2700 mètres d'altitude, sont constamment gelés de bord à bord ou couverts de glaçons flottants. Dans la vallée de la Neste d'Oo, les lacs glacés du Portillon et d'Oo s'unissent en un torrent qui passe dans le lac de Saounsat, puis dans celui d'Espingo, et s'abat enfin par un bond de 273 mètres sur des rocs écroulés, au bord du **lac de Séculéjo**, grand de 39 hectares, avec 60 à 70 mètres de profondeur. Il y a cent ans, la cascade sautait dans le lac même : le Séculéjo fut plus vaste ; il fut aussi plus profond, mais les hautes roches qui l'entourent ne l'observent pas depuis tant de siècles sans lui jeter par instant quelque bloc, et le torrent qui s'y calme n'en sort pur que pour y avoir déposé le fardeau de ses boues : voilà pourquoi le Séculéjo se comble, voilà comment, dans moins de deux cents ans peut-être, il aura cessé d'exister.

Du lac de Séculéjo part la rivière de l'Onne. A **Bagnères-de-Luchon**, ville thermale aussi visitée que Cauterets pour la santé, le loisir, le plaisir ou le jeu, l'Onne rencontre la Pique, augmentée des eaux du Lys : celui-ci rassemble les eaux des glaciers du **Cirque du Lys**, merveilleux par le contraste du tendre et du terrible, du vert, du sombre et de l'éclatant ; il réunit tout, les prairies, les cascades, les forêts, les rochers, les névés, les glaces. Derrière ces belles montagnes, et plus haut qu'elles, montent le Posets, dont les torrents vont en Espagne, et la Maladetta, qui, bien qu'espagnole, verse par une cascade dans un gouffre, puis par un canal sous terre, enfin par de grandes fontaines, un tribut d'onde éternelle à la France.

A l'est de la Haute-Garonne, dans l'Ariège, au delà du val d'Aran, qui par contre-sens appartient à l'Espagne, les Pyrénées de l'ancien pays de Savartès ou Sabartès ont une grande largeur, faites qu'elles sont de trois rangées parallèles : la **Grande-Chaîne**, régulière et fort élevée, moins par ses pics que par ses cols taillés à 2500 mètres, un

Vallée de Luchon.

peu plus, un peu moins; la **chaîne de l'abe** ou de Saint-Barthélemy, usée par l'Ariège en aval de Tarascon; le **Plantaurel** ou Petites-Pyrénées, que l'Hers coupe aux bains de Fontcirgue, l'Ariège au-dessous de Foix, l'Arize au Mas-d'Azil par une caverne sublime. Ces Pyrénées-là, la plupart composées de craies, sont d'ailleurs faciles à limer, à vider; elles sont pleines de grottes immenses, allant jusqu'à franchir les monts d'outre en outre, parfois avec un torrent qui les accompagne. On vante surtout, dans le pays de Tarascon et d'Ussat, celle de Bédeillac dont la voussure domine le sol de 70 à 80 mètres; celle de Niaux où deux lacs dorment; celle de Lombrive dont les couloirs ont 4000 mètres de longueur, et qui s'unit probablement à travers montagne à la caverne de Niaux.

Certes, l'antre de Bédeillac n'est point le tombeau de Roland, comme le dit la légende; mais la plupart de ces cavernes, sinon toutes, sont remplies d'ossements. On y lit obscurément quelques feuillets de l'histoire des climats, des bêtes et des hommes; on y trouve les restes d'animaux qui depuis longtemps ne vivent plus chez nous, animaux dont plusieurs étaient autrement terribles que le loup ou l'ours débonnaire qu'on peut encore rencontrer par grand hasard dans les monts ariégeois. Et à ces os de bêtes sont mêlés des os de l'homme préhistorique, sans parler de ce qu'ont laissé de débris les persécutés, les proscrits, les fugitifs, les criminels : en un mot les malheureux et les hors la loi qui vinrent de tout temps demander asile à ces cavernes où vivent des êtres sans yeux qu'on n'ose pas dire aveugles tant ils marchent délibérément dans leur obscurité; sans doute l'odorat ou le toucher, ou peut-être un sens inconnu, les dirigent. Si solides que soient les parois, les piliers, les voûtes de ces prisons ténébreuses, le jour venu, cette architecture s'effondre soudain par telle ou telle crypte, ou bien les roches descendent peu à peu avec le sol qu'elles portent. Il arrive alors que des sommets cachés l'un à l'autre se contemplent de mieux en mieux à mesure que baisse une cime intermédiaire : ainsi la Bastide-de-Sérou, bourg escaladant un coteau de l'Arize, n'apercevait point Montagagne ; ce village a d'abord montré la pointe de son clocher, puis insensiblement il s'est dégagé tout entier ; on eût dit qu'il montait, mais c'était une colline interposée qui descendait avec lenteur ; il voit aujourd'hui la Bastide et la Bastide le voit.

Les deux sommets culminants de la grande chaîne ariégeoise, la **Pique d'Estats** (3140 mètres) et le **Montcalm** (3080 mètres), ne sont séparés l'un de l'autre que par un petit col. Ils planent au-dessus des sources d'un torrent du bassin de l'Ariège, au nord-ouest et près du **val d'Andorre**, pays de 60 000 hectares qui a le titre de république indépendante, mais il relève en réalité de l'Espagne, ou plutôt de la Catalogne, tant par la nationalité de ses 10 000 habitants, qui sont Catalans, que par l'exposition méridionale de ses monts nus d'où coule un beau torrent, l'Embalire, tributaire de la Sègre. Les Andorrans paient à la France un tribut annuel de 960 francs, et à l'évêque d'Urgel un peu moins de la moitié.

Il n'y a point de névés sur les épaules du Montcalm et de la Pique d'Estats, et cependant on fixe à 2800, et même à 2730 mètres seulement, la hauteur des neiges éternelles dans les Pyrénées françaises : la ligne de séparation des frimas passagers et des frimas persistants passerait donc à trois ou quatre cents mètres au-dessous du front des deux géants de l'Ariège. Mais c'est précisément parce que les choses varient infiniment qu'on essaye de fixer des moyennes. Pour ne pas sortir des Pyrénées, des pics de 3000 mètres y sont libres de neige en été, tandis que le grand glacier du Vignemale descend à 2197 mètres. La nature a fait les monts, les glaciers, les plaines et les sillons de neige, l'homme a créé les lignes inférieures des neiges persévérantes ; mais les barres inflexibles qu'il a décorées de ce grand nom n'existent que dans nos livres, dans nos cartes, dans nos calculs, sur nos lèvres fragiles ; nulle part elles ne sont tracées sur le flanc des montagnes en lignes architecturales, et, depuis qu'il y a des Alpes et des Pyrénées, la frontière des neiges perpétuelles y ressemble au profil ondoyant des mers : elle monte ou descend incessamment, comme par un flux et un reflux, dans tous les lieux, à tous les instants, suivant la forme des pics, la nature des roches, les souffles du vent, la température des heures, des jours, des mois, des saisons, des années et des siècles.

Parmi les nappes d'eau des Pyrénées ariégoises, il en est une qui deviendra pour l'Ariège ce que l'Oredon est pour la Neste, ce qu'est le lac Bleu pour l'Adour. **L'étang de Naguille** a 47 hectares, avec 7 à 15 mètres de profondeur : dans la masse du barrage qui relèvera de 3 mètres le plan de ses eaux, une vanne le videra jusqu'à 3 mètres du fond ; ces flots lacustres, le torrent du déversoir les portera dans l'Oriège, l'une des branches de la rivière de Foix ; et cette réserve de l'hiver pour l'été rendra cette rivière, l'Ariège, capable d'irriguer 22 500 hectares dans les campagnes de Pamiers et de Saverdun.

La grande crête ne s'avance point dans le département de l'Aude, mais au nord-est du col de Saint-Louis (687 mètres) les Pyrénées y projettent les **Corbières**, monts de craie dépouillés, arides, brûlés, fendus en gorges de très vaillante allure, paysages de pierre vive, d'onde rare et claire, de roches colorées, de lumière éclatante. Elles ont pour maîtresse pointe un puy sauvage, isolé, grandiose autant que mainte cime deux à trois fois plus haute, le **Bugarach** (1231 mètres) ; leur site le plus parfaitement admirable est l'ermitage de Saint-Antoine-de-Galamus. Leurs torrents vont à l'Aude ou à l'Agly ; ou plutôt ces deux fleuves reçoivent ce que le crible du sol n'a pas englouti, ce que le soleil a dédaigné de boire.

Quand le voyageur qui va de Toulouse à Cette a dépassé Carcassonne, il voit à gauche un fleuve, l'Aude, à droite des monticules pierreux, de pâles oliviers courbés par la bise des Cévennes, et, au-dessus de ce paysage déjà méditerranéen (si près qu'il soit des herbes mouillées de la Montagne Noire), une longue et fauve paroi, le **mont d'Alaric**, haut de 600 mètres. C'est là le dernier bastion des Corbières, mais l'Aude inférieure n'a pas toujours existé. Ce qui, du mont d'Alaric aux monts de Saint-Chinian, est de nos jours un vide immense avec air, vents et soleil, fut autrefois un immense bloc, roc, terre et métal. Alors les Pyrénées tenaient aux Cévennes. Derrière ce grand barrage le torrent qui est maintenant l'Aude refluait en lac dans la plaine carcassonnaise, puis courait sans doute vers l'Atlantique : il passait alors soit par la dépression que suit la rigole de la Plaine entre le Sor et le Fresquel, soit par tel ou tel col de ce terreux Lauraguais où s'ouvre aujourd'hui, par 189 mètres, le passage le plus bas entre l'Océan et la Méditerranée.

Dans les Pyrénées-Orientales, le **Puy-de-Carlitte** (2921 mètres) regarde ses propres ruines, sur un plateau trop élevé pour que la nature les pare avec luxuriance ; il domine un royaume vide et froid, des blocs de granit, des éboulis, l'herbe rare, la mousse et des lacs sans sourire : l'un d'eux, le plus vaste des Pyrénées de France, le **Lanoux** ou lac Noir, long de 3000 mètres, large de 500, à 2154 d'altitude, est glacé pendant neuf mois de l'année ; il n'attend qu'un canal pour arroser les plaines de la Cerdagne française. Il émet la Sègre de Quérol, branche de la Sègre, cette grande rivière espagnole qui fait plus que doubler l'Èbre inférieur. La Têt et l'Aude, fleuves français, et des affluents de l'Ariège naissent également sur les granits du plateau de Carlitte, qui est un grand château d'eau de la chaîne hispano-française. Le Pedrous a 2831 mètres. Le Puigmal, mont massif et de peu d'harmonie, a 2909 mètres : dans la dépression qui le sépare du plateau de Carlitte, à 1622 mètres au-dessus des mers, au **col de la Perche**, entaille dans le granit, passe un des grands chemins de France en Espagne, entre Montlouis, citadelle française, et Puigcerda, forteresse catalane.

Moins haut, mais bien plus beau, le **Canigou** (2785 mètres) monte entre Tech et Têt, au midi de Prades, au nord et en avant de la grande chaîne; on le voit de très loin dans les plaines de France et d'Espagne, et lui, il contemple la mer, du Saint-Clair de Cette, et même de Marseille[1], au Jouich de Barcelone; il plane sur la Catalogne littorale, et dans notre Roussillon sur des gorges profondes, des roches à l'infini, des plaines fauves, sèches, ardentes : car si la tête de sa pyramide est dans un climat tout septentrional d'une moyenne annuelle d'un degré sous zéro, ses assises les plus basses baignent dans l'air chaud qui fait le tour de la Méditerranée[2]. Ces plaines brûlées, avec leurs oasis le long des rigoles tirées de l'Agly, de la Têt et du Tech, ont pour borne à l'orient la Méditerranée et au midi les Albères, qui sont la fin de la chaine pyrénéenne.

Les **Albères**, fort raides sur le versant français, très rocheuses, très illuminées, sont bien des Pyrénées « orientales » dans le sens grec ou syrien du mot : oliviers, chênes-lièges, la Méditerranée bleue, le soleil d'Égypte, qui dirait qu'il n'y a guère que cent lieues entre leurs ravins et les vallons des Basques? Rarement hautes de 1000 à 1200 mètres, elles entourent de leurs derniers rocs, en s'abîmant dans la mer, les charmantes criques du Roussillon méridional. Dressées sur un passage des peuples, elles ont vu couler des rivières de sang; elles étaient hérissées de châteaux forts et de tours de guet. Leur meilleur col, celui du Pertus, sur le chemin de

---

[1] On peut à la rigueur voir le Canigou de Marseille, à 300 kilomètres de distance, dans les jours exceptionnellement beaux, et quand il cache exactement le soleil couchant.

[2] La moyenne annuelle de la plaine de Roussillon est de 14 a 15 degrés.

Perpignan à Barcelone, est à 290 mètres d'altitude ; une citadelle y défend l'entrée de la France, Bellegarde, en partie taillée dans la roche, sur un cône, à 420 mètres au-dessus de la Méditerranée.

Ce ne sont pas là toutes les Pyrénées : outre le large revers espagnol du versant français, une haute sierra dentelée s'élève en terre castillane qui, sous différents noms pompeux, continue la chaîne française-espagnole jusqu'à la frontière du Portugal, donnant de la sorte aux « Montes Pirineos » une longueur de 1400 à 1500 kilomètres sur plus de 12 millions d'hectares. Elle couvre le Guipúzcoa, la Biscaye et l'Alava, terres où la langue des Escualdunacs vibre encore, l'Asturie de Santander, l'Asturie d'Oviédo, « berceau de la triomphante Espagne, » et la Galice dont elle embrasse les *rias*, qui sont des estuaires, des fiords, avec des ports tels que l'Europe n'en a pas de meilleurs. C'est elle que le chemin de fer d'Hendaye à Madrid franchit entre Saint-Sébastien et Vitoria, par déblais, remblais et tunnels, au-dessus de torrents teints de sang espagnol et basque par les *cuchilladas*[1] de la guerre carliste.

4º Plateau de Lannemezan. Landes. — En aval de Sarrancolin, les monts qui contiennent la rive gauche de la Neste, torrent magnifique, s'abaissent tout à coup : aux neiges éclatantes où passerait l'ombre du condor s'il y avait des condors en France, aux rocs, aux croupes, aux précipices, aux pics baignés par le lac transparent d'en haut, succède au nord un plateau de 500 à 600 mètres d'altitude, pauvre, humble, laid, fendu en vallons par les eaux, durement sabré par les vents qui accourent du nord ou refluent des monts du midi.

C'est le **plateau de Lannemezan**, beau dans sa laideur par l'apparition violette, blanche et bleue des Pyrénées, qui se lèvent au sud, avec une prodigieuse gran-

---

[1] Coups de couteau, coups de sabre, combats à la baïonnette.

deur, au-dessus de Lannemezan et des bains salutaires de Capvern. Ridé d'innombrables ravins qui sont l'origine d'une douzaine de rivières écartées en éventail, il se continue au nord, au nord-ouest, au nord-est, par les collines terreuses de l'**Armagnac** et de la **Lomagne**.

Au nord-ouest du plateau de Lannemezan, au nord de Lourdes, au nord de Pau, un plateau semblable, mais deux fois moins haut, est également plissé de vallons dont les ruisseaux font des rivières courant en s'écartant vers l'Adour, tandis que celles du Lannemezan vont presque toutes à la Garonne. Nous l'appelons **Plateau de Lambeye**; il se prolonge vers le nord-ouest par les collines de la **Chalosse**.

De ces coteaux de la Chalosse et de l'Armagnac jusqu'à la mer d'une part, et d'autre part jusqu'à la rive gauche de la Garonne au-dessous de Langon, puis au bord de la Gironde jusqu'à son embouchure, un pays de 1 400 000 hectares étale d'horizons en horizons une plaine sans descentes et sans montées visibles, sauf à l'ouest dans les dunes que tout récemment encore le vent de mer envoyait à la conquête de la France. Ces 1 400 000 hectares, jadis lit sablonneux de l'Atlantique, on a proposé de les fertiliser avec les limons que les rivières en éventail leur apporteraient du sud-est si l'homme employait leurs eaux à ronger, sur une pente rapide, les collines molles de l'Armagnac et de la Chalosse, grâce à l'accroissement de force que pourraient leur donner des canaux empruntés aux bassins de la Neste et du Gave. Réservoirs de la Leyre, du Ciron, de la Midouze, des Courants et des Jalles, ils s'appellent du nom commun de **Landes**. Le pin, le chêne-liège sont les arbres qui se plaisent dans leurs sables de l'ère pliocène quelque peu mêlés d'argile ; ils couvrent la contrée, hormis les grandes aires nues, la lande rase, bruyères que l'hiver inonde, que l'été brûle, et que chaque année diminue, car ce n'est plus le temps où cette arène était sans valeur. Il y a 60, 80 ans, tout un horizon s'y achetait quelques louis. Mares temporaires, brandes, lits

Une vue des Landes : la Lande rase.

de tourbe, çà et là un pin, point de route entre les hameaux assiégés par la fièvre intermittente et par la pellagre, laide maladie souvent mortelle, comment n'aurait-on pas vendu pour quelques francs, loué pour quelques sous les arpents de cet insalubre désert? Mais aujourd'hui qu'on a de belles routes et le chemin de fer pour emporter au loin bûches, planches et résine, on plante en pins partout où l'on peut le planter ce sol porté par l'alios[1], couche qui retient les eaux comme le ferait la plus dure argile et empêche les racines des arbres de pénétrer profondément dans le sein de la terre, ou, pour parler véridiquement, du sable. Cette imperméabilité des Landes étendrait indéfiniment l'eau des pluies en marais sans les *crastes* ou fossés qui les versent, quelquefois par un long voyage, à la rivière, à l'étang le plus rapproché.

Tel homme qui n'a fait que traverser les Landes par un jour de cuisants rayons, sous un vent qui cinglait des sables, devient aussitôt et reste leur calomniateur : brûlé de soleil, énervé d'air chaud, fouetté de poussière, étourdi par la turbulence du vagon qui l'entraîne éperdument à toute vapeur sur les plus longues lignes droites des chemins de fer français, il n'y a vu qu'une plaine vide ou des pins, et des tranchées dans la dune avec le cordeau sanglant tracé par la ligne noirâtre ou rougeâtre de l'alios.

Mais celui qui connaît profondément les Landes les admire; il les aime; pour lui leur monotonie est espace et grandeur. Devant leur vaste et lumineuse étendue, il comprend que les poètes aient si souvent chanté les grandes plaines; et même il y peut oublier la montagne, si belle, mais froide et hautaine, où l'on ne se sent libre que sur les sommets supérieurs; la montagne où la gorge étreint,

---

[1] L'*alios* est une espèce de grès, sable agglutiné par le tannin provenant de la décomposition des végétaux : ce tannin est mêlé çà et là de fer.

où l'abîme oppresse, où le torrent croasse, où le roc et la forêt cachent le divin soleil aux fontaines.

La joie sérieuse qu'éprouve l'homme assis au rocher du rivage devant l'infini bruyant de la mer, le voyageur la retrouve devant le vide et le silence de la plaine landaise ; çà et là elle semble également infinie, quand le regard ne s'y heurte pas aux dunes, aux jeunes pinadas qu'on n'a pas encore éclaircis, au rideau des pins arrivés à toute leur taille, et qui, selon que leurs troncs sont distants ou serrés, laissent passer avec éclat ou filtrer obscurément l'horizon. Ces grands pins sont ébranchés ; de longues blessures d'un blanc jaune, taillées dans leur chair, en expriment la résine : et malgré ces plaies coulantes d'où sort incessamment sa vie, cet arbre héroïque met cent ans et plus à mourir. On dit de ces pins qu'ils sont gemmés ; sous leurs rameaux d'un vert noir, le sable est blanc, la fougère est verte, la bruyère a des fleurs rouges et le genêt des boutons d'or.

Des moutons paissent, gardés par des bergers qui n'ont pas tous abandonné leurs échasses de quatre à cinq pieds, jambes de géant d'où le pasteur landais suit de l'œil son troupeau dans les ajoncs et les brandes. Plus grand que nature et balançant le long bâton sur lequel il peut s'asseoir, il marche à pas énormes, dominant les bruyères, les fougères, les genêts auxquels il ne se pique point ; les jeunes pins n'arrêtent pas sa vue, il commande tout le sous-bois, il traverse à sec les lagunes dont la saison des pluies recouvre au loin le désert, et sans ponts il passe à son gré les ruisseaux plus larges que le saut d'un jeune homme : ruisseaux rassemblés sous le sable, sur l'alios, toujours abondants, vifs, clairs, malgré le rouge dont les teint le fer que contient le sol de la Lande.

Au bord de ces gais ruisseaux colorés qui sont les sujets de l'Adour, de la Leyre ou du Ciron, des hameaux de bois aux tuiles rouges se montrent dans la clairière ou se cachent à demi entre les pins et les chênes-lièges, dans un air qu'embaument les « parfums résineux, atomes ravivants qui s'exhalent des pins secoués par les vents[1] ». Pour arrêter la course des incendies que le hasard et souvent le crime allument dans ces bois combustibles, on a taillé des avenues que les langues du feu ne sauraient franchir; mais il arrive parfois que des flammèches vont sur l'aile du vent porter au delà des coupées le flamboiement qu'on espérait cerner. Ces avenues et la plupart des chemins fuient droit jusqu'à l'horizon comme une étroite allée qui n'atteindrait jamais son château; puis, tout à coup, la forêt s'ouvre et la plaine est comme un golfe entre des caps et des falaises d'arbres, ou comme une mer dont on verrait indistinctement le noir et lointain rivage.

Les Lanusquets, on dit aussi les Landescots[2], ne marchent point partout à grandes enjambées dans une plaine unie comme la mer au repos. Ce peuple d'échassiers qui perdra ses dernières échasses avant que toute la Lande rase, terre de parcours, soit devenue forêt, ces pâtres nourris de maïs ont chez eux des collines jadis errantes, des **dunes**, arrêtées aujourd'hui. De la Gironde à l'Adour, 90 000 hectares sont faits du sable que la vague de l'Atlantique pousse éternellement contre le littoral, et qu'éternellement aussi le vent d'ouest range en bataille contre le continent de France.

C'est un bien beau pays que ces dunes où l'Océan sonne, où le pin murmure, où le vent qui jadis éparpillait les collines trace à peine des raies dans le sable fin des lèdes : les lèdes sont les vallons sans nombre que le jeu des souffles de l'air a creusés dans la dune avant qu'on la fixât; les crastes sont les fossés d'écoulement ou les ruisseaux naturels qui courent aux étangs dont la dune est pleine; les courants sont les rivières, tordues

---

[1] Barthélemy.

[2] Lanusquets répond mieux à *Lannes*, qui est le vrai nom du pays; *Landes* est une corruption.

vers le sud-ouest, qui portent à la mer le tribut de ces étangs. Au sud du bassin d'Arcachon, jusqu'à l'estacade de l'Adour, ces dunes littorales se nomment le **Marensin** : de *Maris sinus*, a dit maint savant.

VI. PETITS MONTS ET GRANDES PLAINES

Cévennes et Monts-Français, Vosges, Jura, les Alpes, les Pyrénées, voilà nos montagnes.

Tout le reste n'est que hautes collines, moyens coteaux, plateaux bas et plaines.

Chez nous le Centre, l'Est, le Sud, sont à la montagne, à l'orient d'une ligne très sinueuse qu'on tracerait d'Avricourt (près de Lunéville) à Bayonne, avec un fort contour vers l'ouest pour englober toutes les dépendances du Plateau Central.

Le Nord, le Nord-Ouest, l'Ouest, sont au coteau ou à la plaine. Là les lignes de partage des eaux courent généralement sur des collines de peu d'élévation, ayant de 100 à 200 mètres, et moins souvent 200 à 250 ou 300. Même le tracé de faîte est parfois insensible, sur des plateaux fort laids quand des bois n'en cachent pas les vagues ondulations. Ainsi la vaste Beauce, entre la Loire et la Seine, fatigue le passant par son éternelle égalité de niveau et sa nudité verte ou jaune selon que le blé croît ou que la moisson s'approche.

1° Argonne, Ardennes, Champagne Pouilleuse. — Par l'Argonne, suite de plateaux et de coteaux calcaires ou crayeux de 250 à 400 mètres d'altitude où se forme l'Aisne et que longe la Meuse, le plateau de Langres s'attache aux Ardennes, massif schisteux qui monte à

700 mètres, mais non pas en France; leur lieu culminant chez nous, la Croix-Scaille, au nord-est de Monthermé, sur la frontière de Belgique, a 504 mètres seulement.

En France leurs plateaux, *rièses* ou *fagnes*, sont bien dignes du dernier de ces noms, qui veut dire la boue, la fange, en divers patois du français d'oïl; car, entre les bois de chênes, de bouleaux, de sycomores, on voit des tourbières, et beaucoup de marais nés de l'imperméabilité du sol. Aussi le climat des Ardennes est-il plus humide et plus froid que ne le comportent l'altitude et la latitude. Le ciel est plus clément dans les vallées, très sinueuses, très profondes, où les bois ne peuvent pas toujours descendre à cause de la raideur, quelquefois de l'à pic des versants. Parmi ces vallées, celle de la Meuse et de la Semoy sont d'un grand caractère.

Ardennes est un nom celte : pour les uns, il signifie pays élevé (mot à mot, plus haut); pour les autres, il signifie forêt; et en effet, les bois de ce massif, si vastes soient-ils en divers cantons français, luxembourgeois, allemands ou belges, ne nous montrent qu'un faible débris de l'immense nation d'arbres qui couvrit jadis cette marche de la Gaule et de la Germanie. Partant du pays de Paris, sur la Seine ou sur l'Oise, elle ne s'arrêtait qu'au Rhin, pour recommencer de l'autre côté du fleuve tragique sous le nom de forêt d'Hercynie[1]. Les Romains, les Germains, les Celtes l'entamèrent peu ou point; le moyen âge la redoutait, il la peupla de légendes, mais il finit par y porter la cognée; l'âge moderne tend à la détruire, comme presque tout ce qu'il touche des œuvres de la nature accessibles à sa petitesse. Les Ardennes françaises divisent leurs rivières entre la Meuse et la Seine; les Ardennes belges donnent naissance à l'Oise.

De l'Argonne, on voit à l'ouest la **Champagne Pouilleuse;** des Ardennes, on la voit au sud. Cette grande plaine

---

[1] L'Hercynie, c'est le Hartz des Allemands.

de craie blanche s'étend plus ou moins sur quatre départements : Ardennes, Marne, Aube, Aisne. Elle n'est pas belle, elle n'est pas riche, elle n'est point bocagère, elle a de tristes chaumières et de laids villages. Son nom la peint : Pouilleuse ne signifiait pas seulement couvert de poux, rongé de vermine, il voulait aussi dire pauvre, misérable, nu, ce qu'est justement le plateau de la Champagne. Beauce par la platitude, la sécheresse des plateaux, la rareté des vallons où murmure une eau courante, il ne livre pas aux souffles de juillet le jaune océan d'épis qui fait l'orgueil des champs beaucerons. Quand on ne l'a pas brisée pour la mélanger de marne, sa dure carapace n'entretient que des herbes rabougries; même généreusement engraissée de fumier, elle donne à regret une vie languissante aux semences qu'on lui confie; et les résineux qu'on y plante montent sans ardeur d'un sol qui n'a pas assez de sucs pour composer des troncs vigoureux. Les vallées de la craie champenoise brillent au contraire par un grand luxe de prairies, d'arbres, de sources vives, de ruisseaux bleus. Parmi les flots qui reflètent les ponts de Paris, beaucoup sont sortis des fontaines de la plaine pouilleuse : fontaines qui, suivant les années, descendent ou remontent le vallon supérieur où elles naissent; il y a dans ce pays nombre de lieux dont le nom commence par le mot Somme, c'est-à-dire tête ou source ; et ces lieux marquent en effet la source normale d'une rivière : Somme-Sois ou Somsois, Somme-Puy ou Sompuis, Somme-Soude, Somme-Sous, Somme-Aisne ou Sommaisne. Somme-Yèvre, Somme-Bionne, Somme-Tourbe, Somme-Suippe, Somme-Py, Somme-Vesle, etc. Mais cette source habituelle, ancienne, historique, diminue par les longues sécheresses : un cycle d'années ardentes peut même la tarir; alors elle va jaillir plus bas dans la vallée, à tel niveau inférieur qui reçoit les eaux cachées d'un plus vaste bassin, au-dessous d'un confluent souterrain de ces lacs invisibles qui sont les mamelles des ruisseaux.

2° Massif de Sancerre. Sologne, Brenne, Beauce, Gâtinais, Brie. — Près du centre de la France, non loin de Sancerre, ville fièrement campée sur une colline regardant de plus de 150 mètres de haut le lit de l'inconstante Loire, le massif de Sancerre lève à 434 mètres la plus élevée de ses collines de craie : c'est le lieu de départ de la Sauldre, principale rivière de la Sologne.

Du massif de Sancerre aux collines de Perche, c'est-à-dire de la France du centre à celle du nord-ouest, il n'y a pas un seul coteau régnant sur l'horizon; ce ne sont que taupinières, talus, rares sillons de vallon ou de vallée, et çà et là de vagues soulèvements, car il est au monde peu de pays plats comme une table de marbre, unis comme un lac tranquille. Nous avons là deux grandes plaines, la Sologne et la Beauce : l'une au sud, l'autre au nord de la Loire.

La **Sologne** partage ses 450 000 à 500 000 hectares et ses 100 000 habitants à peine entre deux départements, le Loir-et-Cher et le Cher; à la Ferté-Saint-Aubin, à la Motte-Beuvron, à Salbris, le chemin de fer d'Orléans à Vierzon la traverse à peu près par le milieu. Elle s'étend du Cher à la Loire, sur le Cosson et le Beuvron, tributaires de gauche de la Loire, et sur la Sauldre, affluent de droite du Cher. Terre imperméable, stérile, dure au colon, elle a des bois qui la parent, des étangs qui la ruinent. Dans le seul arrondissement de Romorantin, près de mille bassins d'eau croupie reflètent le ciel et distribuent la mort. Plus que l'indigence du sol, ces lagunes font la misère du peuple solognot : moitié lacs et moitié marais sur fond d'argile et de mâchefer, elles abandonnent en été leurs rives; alors, née des limons fervescents, la fièvre frappe à la porte des cabanes; la Sologne est malsaine autant qu'elle est pauvre.

Mais ce destin peut changer, déjà même il change : un plateau penché qui était forêt doit cesser d'être marécage, sa pente fût-elle presque insensible; or, la Sologne est assez inclinée. Vider les étangs, planter des arbres, surtout des résineux, mêler de la marne aux éléments froids du sol, ainsi se régénère le chétif pays où l'on accusait à tort un village, Tremblevif, aujourd'hui Saint-Viâtre, de tirer son nom des frissons de la fièvre.

Des pins, des chênes, des bouleaux, jeunes forêts, poussent maintenant en Sologne, et l'on espère qu'ils finiront par y vêtir près de 300 000 hectares, laissant ainsi les deux cinquièmes du sol à la culture, champs, prés, jardins que le drainage assainira, que les amendements fertiliseront en donnant aux argiles siliceuses le calcaire ou la craie qui leur manquent. Déjà le canal de la Sauldre porte de Blancafort à la Mothe-Beuvron les marnes crayeuses du massif de Sancerre. On attend plus encore du **canal de la Sologne**, qui, partant de la Loire à Châtillon, gagnera le Cher à Monthou par un voyage de 148 kilomètres le long duquel il épanchera les eaux fécondantes de la Loire et de la Sauldre.

Une autre plaine miasmatique, la **Brenne**, ou Sologne de Berry, quatre à cinq fois plus petite que la grande Sologne, sème aussi la fièvre sur des bourgs et des hameaux du Centre, dans le département de l'Indre, à 50 ou 60 kilomètres en droite ligne au sud-sud-ouest de la Sologne, entre l'Indre et la Creuse, à des altitudes de 100 à 150 mètres. Condamnée par son peu de pente et par l'imperméabilité du sous-sol à la stagnation, ou du moins à la lenteur des eaux, elle a 8000 hectares d'étangs sur 105 000. Et malheureusement ces bassins ne couvrent pas toute l'année la boue funeste de leur lit. La sécheresse, pour peu qu'elle soit longue, les éloigne en été de leurs rives d'hiver, la vase alors fermente au soleil et son poison va ravager vingt-trois communes.

L'homme, cette bête nuisible, a dénaturé ce pays : de forêt mouillée, mais salubre, il l'a fait marais à partir du treizième siècle en barrant les vallons pour former des étangs. En jetant à bas ces digues fatales, en traçant des canaux de délivrance, en créant des prés, en semant des grains, en plantant des arbres, il peut restaurer, il restaure déjà ce misérable séjour où récemment encore la moyenne de la vie n'était guère que de vingt-deux ans.

La **Beauce** appartient à cinq départements : Loiret, Seine-et-Oise, Eure-et-Loir, Loir-et-Cher, Indre-et-Loire. A grandes lignes, elle va de l'Essonne à la Brenne ou rivière de Châteaurenault, de l'Eure et du Loir à la Loire. Du clocher de Chartres, de Châteaudun, des hauteurs de Vendôme, de Blois, d'Orléans, de Pithiviers, d'Étampes, on voit également se perdre à l'horizon son plateau sans colines, sans halliers, sans rivières : « O Beauce, triste sol, que te manque-t-il, disait un mauvais poète[1] en mauvais latin ? Au plus six choses : des fonts, des prés, des bois, des rocs, des vergers, des vignes. » Et cependant la Beauce avait sans doute encore des forêts profondes, partant des sources en plus grande abondance. Sous les yeux de nos pères des ruisseaux beaucerons ont tari, d'autres ont porté leur jaillissement plus bas dans la vallée : le Loir, par exemple, commence à 8 kilomètres en aval de l'étang, sec aujourd'hui, dont il sortait jadis.

Il n'y a pas de campagne plus banale que ce tapis de céréales et de prairies artificielles. D'autres plaines ont la majesté de la nature libre ou les anneaux d'un fleuve ou le miroir d'un lac ou la courtine des forêts. Il en est que borde la mer grondante ou que réjouissent, en mille canaux, des torrents venus à flots pressés des neiges éternelles qu'on voit briller à l'horizon. La Beauce ne connaît pas ces magnificences. C'est une terre fertile dont le sol léger ne retient pas les eaux pour en créer des rivières, des lacs, tout au moins des étangs. Des fossés, quelques mares, sont tout ce que lui accordent ses avares Naïades. L'herbe n'y verdoie point, le soleil y poudroie, terrible, faute d'ombre et d'eau. Aller en été, par un jour sans brise, d'un bourg de Beauce à l'autre, par un sentier bordé d'épis, haie jaune

---

[1] Venantius Fortunatus, évêque de Poitiers.

et qui réverbère, c'est voyager dans un Sahara qui serait le Tell par excellence, un Tell tout à fait français, monts en moins, meules de paille en plus. Les routes qui relient ses bourgs vont tout droit devant elles, sans ombrage, ou quelquefois entre des arbres misérablement étriqués, sans jamais varier d'horizon : un clocher, des paillers, des moulins à vent reculent et s'effacent derrière le voyageur, pendant que d'autres ailes de moulin, et d'autres meules de paille, et d'autres clochers d'église grandissent devant lui. Ces chemins passent rarement devant des jardins et des fermes, car presque tous les Beaucerons vivent à la ville ou au village, loin des champs qui font leur richesse. L'altitude de ce grenier de la France oscille entre 100 et 150 mètres.

A l'est, la Beauce, insensiblement, devient le **Gâtinais**, pays peu ou point fécond, étangs qu'on dessèche, coteaux mous, plaines, plateaux nus qui ont pour seuls ornements les clochers de leurs églises et leurs moulins à vent, échoppes en bois plantées sur la maison du meunier, faute de moulins sur les ruisseaux qui sont rares, faibles, tarissants et presque sans pente. Le Gâtinais va de la forêt d'Orléans, qui est la plus grande en France (49 300 hectares), à la **forêt de Fontainebleau** (16 900 hectares), l'une des plus belles malgré l'aridité de son sol tout de sable ou de grès; ses 20 000 kilomètres de routes et de routins n'ont pas un seul pont sur un vrai ruisseau et ses mares ne sont que de légères érosions de la table de grès, avec un tout petit peu d'eau pour la soif des oiseaux, des cerfs et des sangliers. Il y passe bien une rivière, fraîche, pure, toujours égale, mais qui la traverse sans la toucher, et qu'on ne voit jamais, car elle coule tantôt sous terre dans des tubes, tantôt en l'air sur un rang d'arcades : c'est le siphon de la Vannes, qui verse aux Parisiens les meilleures fontaines de la Bourgogne. La forêt de Fontainebleau s'avance jusqu'à la vallée de la Seine, qui la sépare de la **Brie**, plaine à grains semblable à la Beauce, mais plus petite, plus boisée, pluvariée, moins sèche. La Brie, sillonnée par l'Yères, va de la Seine à la Marne.

3° Monts d'Alençon. — Au nord et à l'ouest d'Alençon, à 250 kilomètres des monts de Sancerre, la **forêt d'Écouves** et la **forêt de Multonne** arrivent également à 417 mètres : altitude si faible qu'il y a quelque hardiesse à les appeler des montagnes ; mais comme chacun loue sa chacunière, les riverains de la Sarthe en aval d'Alençon disent orgueilleusement en parlant de deux collines de ce double massif, le Narbonne (119 mètres) et le Haut-Fourché (128 mètres) :

> Si Haut-Fourché était sur Narbonne,
> On verrait Paris et Rome.

C'est comme le dicton d'Auvergne, qui, lui du moins, parle de monts et non pas de coteaux :

> Si Dôme était sur Dôme,
> On verrait les portes de Rome.

Ces hauteurs abreuvent un fleuve côtier, l'Orne, et deux rivières du bassin de la Loire, la Sarthe et la Mayenne.

4° Monts de Bretagne. — Les monts de Bretagne, schistes couronnés de grès, forment deux chaînes. La chaîne septentrionale se nomme, dans les Côtes-du-Nord, **Méné**[1] ou Ménez (340 mètres au mont Bélair) et, dans le Finistère, **Montagne d'Arhès** ou d'Arrée (391 mètres à la chapelle Saint-Michel) ; encore boisée, elle le fut plus. La chaîne méridionale, au sud de l'Aune, s'appelle

---

[1] L'expression de Monts du Mené est une tautologie : le nom breton *Mene* ou *Menez* signifie justement montagne.

Montagne Noire; elle se termine en vue de la baie de Douarnenez par le Méné-Hom ou Mont-de-l'Auge (330 mètres) qui a trois humbles cimes pierreuses, vêtues de bruyères et de genêts épineux. Ainsi les monts bretons ne sont que des collines, mais la Bretagne n'est pas triviale.

C'est le pays des granits, des bruyères, des chênes, des haies odorantes, des genêts fleuris, des champs de blé noir à la tige rouge, à la fleur blanche, la dure Armorique embrassée par l'Océan, comme le dit son nom breton **Armôr**, la Mer. C'est la terre pâle, austère, osseuse, humide, intime et calme dans ses vallons, violente, bruyante, obscure, orageuse, infernale au bord des flots qui l'assiégent. Sans soleil elle a la beauté, sans montagnes elle a la grandeur, sans névés elle a mille torrents. Et la vague marine s'y apaise en lacs dans les fiords qui, de la Manche ou de l'Atlantique, vont laver les granits bretons, à travers le littoral engraissé de plantes marines auquel ses jaunes moissons ont mérité le nom de la *Ceinture d'Or*.

C'est la patrie des hommes du devoir, des capitaines qui meurent au feu, des marins qui meurent à la mer : tel bourg de cette côte a deux cimetières, l'enclos béni pour les Bretonnes, l'Océan pour les Bretons. Nulle province n'a tant fait pour l'honneur de la France, en France et à tous les carrefours du monde.

O Breiz-izel! O kaéra brô!
Coat enn hé c'hreiz, môr enn he zrô!

O Bretagne! O très beau pays, bois au milieu, mer à l'entour!

Ainsi dit le poète armoricain dans la langue que la moitié, sinon les deux tiers des Bretons ont quittée pour le français; et pourtant, cet idiome, vieux de plusieurs mille ans, est plein de chansons d'amour, de ballades religieuses, d'épopées, de stances naïves où le sourire brille à travers les larmes : poésie où respire l'âme simple, forte, résignée, dévouée, passionnée, de ce premier des peuples français.

CHAPITRE III

FLEUVES, RIVIÈRES ET TORRENTS. RIVAGES, ILES DE LA MER

Petitesse des fleuves français. Ce que le temps a fait de nos lacs et de nos cascades. — Les eaux de la France vont à la mer par une infinité de ruisseaux côtiers ; par un fleuve devenu tout à fait étranger, le Rhin ; par la Meuse et l'Escaut, mi-français, mi-forains ; et par six fleuves français : la Seine, la Loire, la Charente, la Gironde, l'Adour et le Rhône. La Seine, la Gironde et le Rhône ont hors de France une très faible partie de leur bassin.

Ignorants et casaniers comme nous le sommes presque tous, nous trouvons nos fleuves grands. Ils sont petits : le plus long, la Loire, avec ses mille et quelques kilomètres, est près de trois fois plus court que le Danube, près de quatre fois moins long que la Volga. Et si nous sortons de la mesquine Europe, nous voyons la rivière nantaise cinq à six fois plus brève que l'Amazone, sept à huit fois plus courte que le Nil ou le Mississipi pris à la source du Missouri, dans le Parc National du Pays des Merveilles.

Sans doute la Loire débonde un bassin de près de 12 millions d'hectares, plus du cinquième de la France ; mais le Danube est le lit où passent les rivières de 80 millions d'hectares; le bassin de la Volga vaut trois fois la France, celui du Mississipi sept fois, celui des Amazones treize fois.

Notre Rhône porte en moyenne à la mer plus de 1700 mètres cubes par seconde, peut-être 2000, quelques-uns disent même 2603; mais le Danube entraîne moyennement 8500 mètres, le Mississipi 19 111, la Plata 42 800, l'Amazone près de 80 000. Enfin, si l'étiage du Rhône dépasse 500 mètres par seconde, celui du Mississipi est de 6230, celui de l'Amazone de près de 18 000, celui de la Plata de 18 815 (?); et dans le soi-disant pays de la sécheresse, en Afrique, le Congo est un Amazone et le Zambèze un Niagara.

Seule notre Gironde est immense, et celui qui longe sa rive médocaine ou sa rive saintongeaise n'aperçoit que confusément la berge opposée, après avoir sali son regard sur de vastes flots terreux.

Mais ni la longueur, ni l'ampleur, ni la profondeur, ni les grands vaisseaux, ni les barques ventrues et pleines de coton, de blé ou de houille ne font la magnificence d'une rivière. Le bas Mississipi lui-même, cette petite mer courante dont on admire la masse, la rapidité, l'activité, la puissance, qui détruit, crée et transporte, a la force et n'a pas la beauté : large fossé d'eaux bourbeuses, il est vulgaire comme les savanes où il passe; il étonne et n'émeut pas, à moins qu'on ne le contemple de loin, ou de haut, d'un des rares mornes qui se lèvent dans sa plate vallée. L'Amazone, plus grand encore et non moins troublé, tire sa beauté des selvas[1] de sa rive, et dans cent ans les plus beaux troncs de ces prodigieux bois vierges auront été couchés sur le sol. Parmi les fleuves illustres, le seul Saint-Laurent peut-être reste immuablement chaste, des lacs enchâssés de granit dont il sort jusqu'à l'abîme vert qui l'engloutit.

La fluidité, c'est la noblesse des rivières. Leur devise

Mot portugais : *forêts*.

est : *Nunquam fœdari!*[1] Tout ce qui les tache les avilit, et le fleuve de fange ne vaudra jamais le ruisseau de cristal. Qui n'a de regards que pour les grands charroyeurs de boue n'est pas digne de communier avec la nature.

Quelle splendeur que la limpidité bleue, la clarté verte ou la transparence brune des eaux! Le nuage y flotte, le soleil y vibre, l'ombre y descend, le ciel s'y peint et fait les flots aussi profonds qu'il nous paraît haut.

La beauté des eaux courantes est aussi dans leur course même : elle est dans la torpeur des gouffres, le tournoiement des remous, l'effondrement des cascades ; elle est dans l'onde qui coule sans bruit, sournoisement, sans paraître couler, et dans celle qui se brise avec rumeur sur les écueils de pierre ; elle est enfin dans ce qui n'est point la rivière : dans les moelleuses prairies qui la boivent, dans les forêts qui s'y mirent, dans les vieilles tours qui la voient passer immortellement jeune, dans les bassins pleins de lumière qui furent des lacs, dans les défilés sombres, les cassures, les cirques, les couloirs, les dalles de marbre et les blocs de granit.

Ce qui manque à la France, c'est le lac et c'est la cascade. Hors de Savoie, et sans regarder le Grand-Lieu, pièce d'eau banale, nous avons les rouilleux étangs littoraux des Landes, d'ailleurs honnis seulement par l'homme inférieur qui hait la dune, le vent de la mer, la voix des pins, les bouts du monde et la solitude. Nous avons aussi les grandes mares du Roussillon et du Languedoc, prises jadis aux flots purs de la mer, mais, depuis qu'elles en ont été séparées, envahies de plus en plus par la boue, l'herbe et les joncs, entre des rives plates ravagées par la fièvre qui sort des eaux pourrissantes. Enfin il y a dans le Jura, les Alpes, les Pyrénées, de charmants laguets serrés dans la roche, et en Auvergne des cratères où l'onde bleue, profonde, froide, immobile, coupe elliptique

---

[1] N'être jamais souillées !

Saut du Doubs.

ou ronde, a remplacé la fumée rouge, les gaz sifflants, la pierre liquide et bouillonnante qui montait et descendait comme le pouls du volcan : tel est l'admirable Pavin. Mais en dehors du Bourget, de l'Annecy, et de notre part du Léman, les grands lacs sont à d'autres qu'à nous.

De même en fait de cascades. Les bonds de torrents ne sont pas en France moins terribles qu'ailleurs : témoin le grand nom de Gavarnie. Mais nous avons peu de larges rivières passant, par un déchirement subit, d'une plaine, jadis lac, à une plaine plus basse, jadis aussi lac ou fond d'estuaire. A peine si nous pouvons montrer aux étrangers deux modestes « Niagaras », le saut du Tarn et le saut du Doubs, et, parmi les élancements de rivières moindres, mais rivières encore, ceux de la Vézère, de la Maulde, de la Rue, de l'Argens, de la Cèze.

C'est que le temps a usé la vieille Gaule : il a comblé les lacs, devenus les jardins de la France ; il a scié les barrages de pierre qui suspendaient ces lacs. De l'escalier des anciens torrents, composé de degrés inclinés ou à pic séparés par des plain-pieds lacustres, il a fait les vallées à pente molle que descendent paisiblement nos rubans d'eau.

Les rivières n'en sont pas moins une des beautés de notre pays. Grâce à l'abondance, à l'heureuse distribution des pluies, grâce surtout à la perméabilité des craies, des calcaires qui font une partie de la France, on ne compte pas chez nous les « Vaucluses » qui sont l'orgueil de leur cirque de rochers ou de leurs vallons de prairies. Doux ou douix, gours, trous, abîmes, creux, puits, fonts, foux, dormants, bouillants ou bouillidous, sous quelque nom qu'ils montent vers la lumière, ces beaux jaillissements s'épanchent aussitôt en ruisseaux, quelquefois en rivières qui passent avec leur fraîcheur, leur clarté, leurs joyeux chants d'écluse devant les villages qui n'en troublent point le cristal, puis devant les cités qui les divisent et les corrompent.

DE LA BELGIQUE AU HAVRE

1° Les trois mers françaises. — La France reçoit les coups de bélier de trois mers, une grande, une moyenne, une petite.

La grande mer, c'est, de la pointe de la Bretagne à Hendaye, l'**Océan Atlantique** : sans la courbure de la Terre, avec un regard capable de percer mille lieues et plus, l'homme d'Hendaye verrait à l'ouest, en face de sa dune, le rivage du Maine dans les États-Unis ; l'homme de la fin des terres de Bretagne verrait le littoral de la Gaspésie, dans le Canada, qui est une autre France.

La mer moyenne, d'Espagne en Italie, c'est la **Méditerranée**, le lac au milieu des terres, comme son nom latin le dit : les Français de cette côte ont vis-à-vis d'eux, au sud, la rive algérienne, qui est aussi une autre France.

La petite mer, c'est la **mer du Nord**, qui ne regarde qu'un vide ouvert sur le Pôle, entre Albion et la Scandinavie. Par deux détroits, le Pas de Calais et la Manche, cette moindre de nos mers communique avec la plus grande.

Eaux turbulentes, bruyantes, colériques, nos mers bordent chez nous un rivage où le péril est partout, sur des bancs, des sables, des alluvions, des galets, des écueils. Notre littoral est hominivore, aux falaises normandes comme aux granits bretons, aux « côtes de fer » des îles de l'Atlantique ainsi qu'aux dunes de Gironde et d'Adour. Où les ports sont vastes, profonds, abrités, dans la Bretagne déchirée, on n'y pénètre que par un chemin dangereux, à travers les épaves du continent, roches, récifs, traînées, chaussées, plateaux sous-marins qui boursouflent l'Océan, le dispersent en écume, le tordent en remous, le divisent en courants terribles; la Méditerranée elle-même, si clémente et si charmante, a quelquefois de subites fureurs. Mais 372 phares[1], lueurs fixes ou feux intermittents, brillent du haut de nos caps, du bord de nos îles, du piédestal des rocs qui sont l'avant-garde de la France; et maintenant, sur cette rive où, il y a cent ans à peine, des barbares assommaient les naufragés, tranquille devant le complot des ténèbres, des vents et des vagues, le marin cherche sa route à ces étoiles de la mer.

2° La mer du Nord, le Pas de Calais, la Manche. — La mer du Nord est peu profonde, excepté dans le voisinage de la Norvège, que longe une fosse ayant 800 mètres de sonde. A 13 kilomètres à l'orient de Dunkerque, son rivage méridional cesse d'être belge pour devenir français.

Ce changement de souveraineté laisse la nature et l'homme intacts : sur les deux pays, à l'est comme à l'ouest, chez le Belge comme chez le Français, c'est toujours la Flandre, et, derrière les sables littoraux, la même plaine basse, ancien golfe de la mer.

Sous la même pâleur de ciel, ce sont les mêmes villages dont les villageois parlent flamand et parleront français : au moins dans notre Flandre à nous, qui renonce de plus en plus à son vieux *nederduitsch*. A trois cornes de la France, trois verbes meurent : le flamand à Dunkerque; le breton en pays de Tréguier, en Léonnais, en Cornouaille, en terre de Vannes; le basque en Labourd, en Soule, en Navarre; et au quatrième coin, un patois, jadis langue, expire, le provençal que ses poètes, les félibres, ne ranimeront point.

Notre littoral de la mer du Nord a 72 kilomètres, de la frontière belge à Calais, ville devant laquelle cette mer s'étrangle et prend le nom de Pas de Calais. Il est fait de

---

[1] Avec 760 bouées et 1450 balises, en 1878.

dunes qui ont valu à Dunkerque son nom, corruption de deux mots flamands signifiant l'Église des dunes. Ces sables seront bientôt tous fixés par des pins, forêt où le vent du Nord, tamisé dans les aiguilles, versera des murmures pareils au vague chant des lointaines cascades. A 20 kilomètres environ à l'ouest de Dunkerque, près de Gravelines, les dunes s'écartent pour laisser passer l'Aa.

L'**Aa**, petit fleuve de 80 à 90 kilomètres, n'a guère que 15 à 20 mètres de large ; ce n'est pas le seul Aa d'Europe : beaucoup de rivières s'appellent ainsi en Belgique, en Hollande, en Allemagne, en Suisse, en Scandinavie et en Lithuanie. *Aa*, vieux mot germanique, signifiait eau, rivière ; c'était un parent de l'*apa* sanscrit, de l'*ahva* gothique, de l'*abh* celtique, de l'*aqua* latin, devenu en français *eau*, et chez nos paysans *ève*. Semblables aux Basques, chez lesquels on appelle indifféremment tous les torrents l'Eau, ou quelquefois la Grande Eau (ce que font aussi d'autres peuples), nos ancêtres n'eurent aucun souci de varier les noms qu'ils donnaient aux rivières. N'était-ce pas assez de les suivre sans routes et de les traverser sans ponts ou d'en conquérir les gués sur l'ennemi? Ils les appelèrent simplement Eau : la grande eau, l'eau noire, l'eau blanche, l'eau rouge, l'eau bleue, l'eau verte, l'eau claire, l'eau lente, l'eau rapide, ou bien encore l'eau du mont, l'eau du roc, l'eau des bois, l'eau des sources. En scrutant profondément les noms de nos rivières, on trouvera que la plupart d'entre elles ont à leur origine un radical qui voulait dire eau ; et déjà l'on connaît quelques-unes de ces racines : *av; ant; car; on*, qui termine chez nous des milliers de ruisseaux ; *dour*, sous la forme simple comme *Dore, Doire*, ou avec redoublement comme *Tardoire*, ou combiné avec *on* comme *Dronne*. Le temps, faisant son œuvre obscure chez des hommes qui n'écrivaient pas, a mêlé, tordu, broyé, mangé ces syllabes. Cette corruption nous cache l'extrême simplicité de la géographie de nos arrière-pères : où nous voyons mille noms de rivières, il n'y en a peut-être pas vingt.

De sa source à Saint-Omer, l'Aa serpente en un étroit vallon; à Saint-Omer, il devient un canal à longues lignes, perdu dans de larges plaines fertiles, mais quelque peu malsalubres. Ces plaines furent un golfe de la mer, puis un marais, et ne demanderaient qu'à redevenir marécages faute de soins contre l'eau courante, ou même golfe de la mer du Nord en l'absence de levées contre les flots salés. Mais les Flamands, ces cousins des Hollandais, ont élevé tant de digues, creusé tant de watergands ou fossés qu'ils ont arraché le **pays des Watteringues** à l'eau croupissante; et toujours le marais recule au lieu d'avancer.

La baie que ces sages travaux ravirent à l'Océan et qu'ils défendent incessamment contre lui, avait environ 80 000 hectares. Aujourd'hui qu'elle n'existe plus par l'artifice de l'homme (sans les digues les hautes marées d'équinoxe la couvriraient encore, et en cas de guerre on mettrait tout le pays sous l'eau), on peut lui donner un nom rétrospectif : Baie de Flandre, ou golfe de Saint-Omer, de la ville qui fut bâtie à 33 kilomètres à vol d'oiseau du présent rivage, au bord d'un lac salé communiquant avec ledit golfe par le détroit de Watten. C'est à partir du septième siècle qu'on commença d'exonder le pays, autour d'îles basses, à l'abri du cordon des dunes littorales. A l'est de Dunkerque, sur la frontière belge, et aussi en Belgique, des polders[1] également inférieurs au niveau marin s'appellent les **Moëres**.

Le **Pas de Calais**, où voguent par an plus de 200 000 navires, ouvre une route entre la mer du Nord et la Manche. Il tire son nom de la ville de Calais, port d'où les bateaux à vapeur vont à Douvres, ville d'Angleterre, en une heure et demie, et quelquefois en une

---

[1] Ce mot de *polder*, terme hollandais et flamand devenu français, veut dire marais desséché.

heure et quart. Les hommes d'Albion sont nombreux à Calais, qui resta ville anglaise jusqu'en 1558.

Contenu dans un lit de craie de 31 kilomètres à l'endroit le moins large, ce détroit fut un isthme, quand Albion n'était pas une île : sur ses deux rives, en France, en Angleterre, même nature, même disposition, même inclinaison des roches. Cet isthme sans doute ne fut pas haut, comme aussi le détroit est peu profond, la sonde n'y trouvant nulle part plus de 70 mètres. A 20 kilomètres de la France, à 15 kilomètres de l'Angleterre, deux bancs de craie, le Varne et le Colbart, se lèvent dans son flot, mais n'arrivent pas tout à fait à fleur d'eau, double écueil où la mer se brise pendant les tempêtes ; de collines de l'isthme antique devenus des récifs de l'onde, ils partagent le Pas de Calais en deux sillons d'eau : l'un du côté des Anglais et l'autre du côté des Français, celui-ci, plus large, mais plus périlleux, plus tourmenté de rocs, plus impatienté par les vents d'ouest.

Ces rafales, ces dangers, les heurts toujours à craindre en temps de nuit, en jour de brouillard, sur cette mer qui n'est qu'un fleuve immense plus sillonné de bateaux qu'aucune autre eau douce ou salée du monde, ont fait concevoir le projet le plus audacieux qui ait encore hanté l'esprit de l'homme : un pont s'appuyant sur l'écueil de Varne et Colbart ; ou bien, de Sangatte à Douvres, un tunnel de 48 kilomètres[1] sous la craie qui soutient l'ébranlement et les divers courants de ce fameux passage de la mer. Pour le moment, le tunnel l'emporte : *Facilis descensus Averni !*

Au delà de Calais, à partir de Sangatte, de blan-

Sur 48 kilomètres, 11 du côté français, 11 également du côté anglais, seraient consacrés à descendre en rampe dans ce nouveau Tartare. Ici la mer a 54 mètres de plus grande profondeur, mais on descendrait à 127 mètres au-dessous du niveau des eaux. Il faut à tout prix forer le souterrain dans la craie grise ou craie inférieure, la craie blanche, qui domine la grise, étant une roche fissurée.

ches falaises de craie bordent le rivage : falaises continues, sauf les petites entailles appelées ici crans ou crens; leur promontoire le plus haut est le Blanc-Nez (134 mètres) : à ce nom, l'on se figure aussitôt des parois éblouissantes ; le mot Blanc-Nez pourtant n'est qu'une altération de l'anglais *Black Ness*, c'est-à-dire Cap Noir. De même, à 10 ou 12 kilomètres au sud-ouest du Blanc-Nez, au delà du méchant port de Wissant, le Gris-Nez ne s'appelle point ainsi de la couleur de ses roches, mais par corruption de l'anglais *Crag-Ness* ou cap des Falaises.

Le **Gris-Nez** est la terre française la plus rapprochée de l'Angleterre; il s'éloigne à tout petits pas de la fière Albion, car en moyenne il recule de 25 mètres par siècle devant la mer, et la fière Albion s'éloigne aussi de lui par l'érosion des falaises crayeuses de Douvres et de Folkstone. A ce cap Gris-Nez finit le Pas de Calais : le rivage tourne directement au sud, le détroit s'élargit, il devient la **Manche**, qui est un bras de mer sans beaucoup de profondeur, fort dangereux par ses tempêtes.

La Manche dévore également ses falaises. Le premier port qu'on y rencontre est Ambleteuse, formé par le Slack, simple ruisseau ; le second est Wimille, sur le Wimereux ; le troisième est Boulogne, à l'embouchure de la **Liane**, rivière de 48 kilomètres. Cette ville le cède à Calais seulement pour le nombre des voyageurs entre la France et l'Angleterre; et nous n'avons que deux ports plus commerçants qu'elle, Marseille et le Havre. Les Anglais y fourmillent.

Peu après Boulogne finissent les mamelons crayeux du Boulonnais. Aussitôt commence une longue dune qui ne s'achève qu'au pied des falaises normandes : dune ébréchée trois fois par trois golfes sablonneux où tombent deux très petits fleuves, la Canche et l'Authie, et un fleuve moins élémentaire, la Somme. Récemment encore ce sable déroulait son tapis stérile sur des terres fécondes, couvrant chaque année, pour toujours,

20, 25, 30 mètres de continent : à cette vitesse, mille ans l'auraient étendu sur une partie de l'Artois et du pays picard. Mais un roseau d'un vert pâle, l'humble oyat (*arundo arenaria*), l'arrête aujourd'hui dans les mailles de ses racines, et après l'oyat, le pin qui s'y fera forêt sonnante.

3° **Canche, Authie, Marquenterre. La Somme.** — La Canche et l'Authie se ressemblent : séparées par un dos de 10 à 12 kilomètres, elles sont à peu près parallèles, de leurs sources dans les collines de l'Artois jusqu'à leur embouchure dans des estuaires incommodés de sable; fort claires, elles courent dans des vallons si peuplés, que leurs bourgs, leurs villages, leurs hameaux, leurs usines sont comme un faubourg interminable auquel se mêleraient des prairies, des vergers, des bosquets; les deux sillons qu'elles suivent sont également tracés dans des plateaux d'une grande sécheresse, d'une lourde monotonie; enfin elles ont à peu près la même longueur de 100 kilomètres. La **Canche** baigne Hesdin et Montreuil-sur-Mer. Malgré ce nom, Montreuil, autrefois bon port de commerce, aujourd'hui mauvais port de pêche, est maintenant à 15 ou 16 kilomètres de la Manche, qui jadis poussait un de ses golfes jusqu'au pied de cette ville où mourait alors la Canche, tandis que, de nos jours, le flot de marée se fait à peine sentir jusque-là. En aval d'Étaples, où montent encore des bâtiments de 150 tonnes, le petit fleuve s'élargit en baie sablonneuse devant une mer irritée par la Bassure de Bas, levée funeste aux navires qui suit à quelque distance la côte française, depuis la baie de la Somme jusqu'au delà de Boulogne, et dont la sablonneuse crête n'est qu'à trois, cinq, huit mètres sous l'eau. L'**Authie** traverse Doullens; elle gagne la Manche au pied des dunes de Berck, sables fins qu'on a fixés ou qu'on fixe par des pins : si bien que des forêts de grande et bonne odeur mêleront de plus en plus leur arome aux saines senteurs de la mer, autour de l'hôpital que Paris vient de bâtir ici pour ses enfants scrofuleux. Beaucoup de ces innocents tiennent leur mal de pères hébétés par le cabaret et la tabagie; c'est à la nature libre, à ses vertus, à son baume, à ses brises, de reverdir ce que la ville dorée, mais impure et fétide, a flétri. On a projeté de verser l'Authie dans la baie de la Somme, espérant que cet accroissement donnerait au fleuve assez de force pour se tailler un lit régulier dans les sables de son embouchure : d'ailleurs l'Authie, selon toute vraisemblance, s'unissait autrefois à la Somme, quand ce fleuve, remontant vers le nord, coulait dans les alluvions du Marquenterre ; son ancien lit, dit-on, est encore visible.

Au midi de l'Authie, au nord de la Somme, on appelle **Marquenterre** une alluvion d'environ 20 000 hectares gardée par des digues, à l'abri des dunes de Saint-Quentin-en-Tourmont. Il y a dix siècles, la mer, dans ses marées les plus hautes, y flottait encore autour des îles de craie d'un golfe qui recevait la Somme et l'Authie; alors Rue était un port de la mer et non pas comme aujourd'hui la riveraine d'une lente rivière, la Maye, à 10 kilomètres du littoral. A force de canaux, de digues cimentant les îlots aux îlots, la boue liquide, indécise d'abord entre ses deux éléments, se tassa en sol ferme. Des atterrissements nouveaux augmentent tous les jours ces tourbeux et quelque peu fiévreux polders, dont le nom semble être la corruption de *mare in terrâ*, la mer en terre.

Dans la baie de la Somme, la marée basse découvre de grandes plaines de galets et de sables, et de vastes mollières ou prés salés. La **Somme** est d'une mansuétude extrême : à l'étiage, les abondantes fontaines de son bassin versent près de 20 mètres cubes d'eau par seconde à ce fleuve qui serpente entre des collines de craie, à l'ombre des saules, des peupliers, des trembles, dans un val plein de flaques d'eau entre les lèvres noires des trous laissés par l'extraction de la tourbe, cette terre qui brûle : aussi n'est-ce point de la terre, mais une espèce de houille humide, qui se consume lentement, avec une fumée lourde et mal odorante. Dans les fortes crues, la Somme entraîne rarement plus de 90 mètres par seconde, soit quatre fois et demie seulement le volume des eaux basses. En France également, mais sur un autre sol et sous un tout autre climat, le Vidourle mène à la Méditerranée, en grande inondation, cinq mille, dix mille, on dit même quinze mille fois son débit d'étiage. En moyenne, ce fleuve de 245 kilomètres, dans un bassin de 550 000 hectares sur lequel il tombe annuellement 650 millimètres de pluie, verse à la Manche 57 mètres cubes d'eau par seconde. Son volume était plus grand quand les cieux picards étaient plus mouillés ; plusieurs de ses affluents ne jaillissent point aussi haut qu'autrefois : telle est la Cologne, qui partait de Roisel et naît maintenant à 4 kilomètres en aval, à Tincourt-Boucly ; telle encore l'Ancre dont les fontaines sortaient de terre au-dessus de Miraumont, qui est aujourd'hui son lieu de naissance.

La Somme commence dans des collines dépassant à à peine 100 mètres d'altitude, près d'un village qui doit à ses sources le nom de Fontsomme. Elle passe, très faible encore, à Saint-Quentin, ville d'industrie, puis à Ham qu'un grand donjon fait célèbre, à Péronne, place de guerre, et coule ensuite en douze bras devant Amiens dont la cathédrale est un des premiers monuments de l'art. L'église parfaite, c'est :

> Clocher de Chartres, nef d'Amiens,
> Chœur de Beauvais, portail de Reims.

D'Amiens à Abbeville, elle devient un canal fait de main d'homme, ayant 4 mètres de profondeur et 50 mètres de largeur. En aval de cette dernière ville, elle s'épanche en un estuaire à fond de vase et surtout de sable qui a déjà 2500 mètres d'ampleur à l'endroit où le traversent la chaussée et le pont de bois (1367 mètres) du chemin de fer de Saint-Valery-sur-Somme, principal port de la Picardie. Saint-Valery ne verra plus sortir de flotte comparable à celle qui porta Guillaume le Conquérant et ses barons en Angleterre, il y a huit cents ans, mais il fait encore quelque pêche et quelque commerce avec des navires de 300 à 400 tonneaux, les plus forts qu'il puisse recevoir; et encore ne leur est-il accessible que dans les plus hautes marées, dix ou douze jours par mois seulement, en attendant que le progrès des atterrissements le ruine au profit du Hourdel. L'estuaire a 5 kilomètres de largeur à l'approche de la mer.

De même que la Somme coula vers le nord par le Marquenterre, de même elle coula sans doute aussi vers le sud-ouest, quand le sol qui porte la ville de Cayeux était une île de la Manche; à l'abri de cette île et derrière les amas de galets, au pied de l'ancienne falaise, 10 000 hectares environ de terres alluviales se sont déposées dans l'eau du fleuve et de la mer; on les nomme les Bas-Champs de Cayeux. Une idée qui n'est pas neuve a été reprise récemment : faire à la Somme une embouchure normale en eau profonde, en la mettant dans un canal qui, partant de Saint-Valery, suivrait le vieux rivage à la lisière des Bas-Champs de Cayeux, et gagnerait la mer auprès d'Ault.

4° **Falaises normandes.** — Au delà de Cayeux, que les dunes, aujourd'hui fixées, ont cessé d'assiéger, vers Ault, commencent les falaises de craie qui sont la gloire de la Normandie avec les beaux herbages, les ravissants vallons, les sources pures et la Seine sinueuse. Ce rempart du continent recule devant les flots, à vitesses variables, ici d'un pied par an, là d'un mètre, là de deux. C'est l'élément terrible par sa fluidité, c'est l'onde inexorable qui le renverse : non pas seulement l'eau salée, la « mer qu'on ne peut apaiser », mais aussi l'eau douce. La Manche, elle, attaque en face; l'eau des fon-

Cathédrale d'Amiens.

taines sournoisement, en arrière et par dessous; celle-ci, tombée des filtres du plateau, s'unit en ruisseaux souterrains déblayant sous la roche le sable ferrugineux qui porte la falaise; il se forme ainsi des cavernes, la roche est suspendue, et quand les vagues la frappent, elle s'abat, souvent par blocs énormes. Telle tempête a fait crouler un million de mètres cubes de paroi. Il semblerait que de pareils talus de ruines devraient protéger longtemps la falaise qui les a laissés choir; mais ce qui tombe ainsi par grands pans réguliers n'est ni du granit ni du porphyre, c'est du roc mou; les flots le diluent, les courants l'emportent.

La falaise normande, haute de cent mètres (tantôt moins, tantôt plus), s'ouvre çà et là par des valleuses : ainsi nomme-t-on des brèches ouvrant l'entrée du lit des mers à des fleuves tout petits, mais très clairs, très vifs, point paresseux, car on en a fait de grands arroseurs de prés, de grands tourneurs de roues d'usine et de meules de moulin. Le premier de ces charmants myrmidons hydrographiques est la **Bresle** (70 kilomètres), qui descend des collines d'Aumale, baigne le parc du château d'Eu, et finit au Tréport. En la traversant, on passe de Picardie en Normandie.

On rencontre ensuite l'Yères, qui n'a même pas 45 kilomètres, puis la **Dieppette** ou rivière d'Arques, formée de trois courants du **pays de Bray**, terre argileuse imperméable, à bon droit célèbre par ses prairies et ses arbres de grande venue : ces trois rivières sont la Béthune (55 kilomètres), qui passe à Neufchâtel, ancienne capitale du Pays de Bray; la Varenne (40 kilomètres), l'Aulne ou Eaulne (45 kilomètres). C'est au pied du vieux château d'Arques, immortalisé par une victoire d'Henri IV, que les trois cours d'eau s'unissent; c'est à Dieppe que leur commun continuateur s'engloutit. Dieppe s'appelle ainsi de la profondeur de son port : son nom est la corruption légère d'un vieux mot normand, autrement dit scandinave, puisque les terribles pirates qui conquirent la

Neustrie maritime avant de vaincre et de modeler les Saxons de la Grande-Bretagne venaient des pays occupés par les Norvégiens et les Danois. Ce mot, *diep*, que reproduit l'anglais *deep*, comme l'allemand *tief*, veut dire en effet profond. Le port de Dieppe, très sûr, reçoit des navires de 1200 tonnes. On a prétendu, on prétend encore y faire arriver, de Paris, un canal de grande navigation à travers les plateaux normands. La formule de ce rêve, à supposer qu'il y ait des rêves industriellement parlant, c'est : « Paris port de mer. »

De Dieppe qui, pendant des siècles, fut un port cent fois supérieur au Havre de Grâce, jusqu'au Havre qui a tellement éclipsé Dieppe, la falaise est plus belle encore que des dunes de Picardie à la bouche de la Dieppette. Le bateau qui la longe passe devant l'embouchure de la Scie (36 kilomètres) et celle de la Saane (32 kilomètres), venues du **pays de Caux**, contrée la plus grasse de la grasse Normandie : Yvetot, sa principale ville, ne fut jamais qu'un grand bourg, sans autre potentat que le joyeux compère d'une immortelle chanson, Normand ivre de cidre et non de royauté. Mais si les limons de ce plateau n'ont jamais nourri de monarques, ils ont engraissé des paysans, race matoise qui vit dans de grands villages et dans des « herbages », fermes ombragées d'arbres magnifiques, hêtres avec quelques chênes; à l'abri de ces géants, autour de la maison, croît le pommier, cher aux héritiers des vieux pirates : ils en tirent le cidre, qui est leur vin.

Puis, c'est Veules, port de pêche et ville de bains, où une toute petite rivière sort de la falaise, et au bout de quelques cressonnières et de quelques usines entre humblement dans la mer; c'est Saint-Valéry-en-Caux, qui envoie des bateaux de pêche dans les mers du Nord; puis c'est l'embouchure de la Durdent (27 kilomètres); puis c'est Fécamp, qui lance vers le banc de Terre-Neuve des navires élégants tenant admirablement la mer : ce port très profond, très sûr, de facile accès, est le premier en

France pour la pêche de la morue, du hareng, du maquereau. Après Fécamp vient Yport, lieu de bains, après Yport la fameuse Étretat.

Étretat n'a pas les falaises les plus hautes de la Normandie, mais elle a les plus belles, fiers monuments de l'architecture de la mer sculptés par l'éternel départ et l'éternel retour des flots. La Manche y clapote sous des arches qu'elle a creusées, dans des cavernes qu'elle agrandit, autour d'aiguilles superbes, d'obélisques taillés par sa vague ; elle y heurte la falaise et la renverse par vastes pans dont ensuite elle fait des blocs couverts de la luisante humidité salée qui ressemble au verglas. Et tout ce chaos change incessamment suivant l'heure et la lumière et l'ombre et le vent, selon que l'Océan dort ou veille, selon qu'il monte ou descend, qu'il attaque ou qu'il fuit, qu'il se concentre ou qu'il se disperse. Jadis Étretat avait une beauté de plus, une jolie rivière qui descendait du pays de Caux, et dont on peut suivre l'ancien vallon jusque bien au delà de Goderville. Cette rivière est aujourd'hui tarie, tout au moins en apparence, car sans doute elle coule invisiblement. Soit par la déforestation, soit que le ciel normand verse moins de pluie sur les terres de Caux, mainte vallée a perdu son ruisseau, ou ce ruisseau a porté sa première fontaine vers l'aval. Ainsi, pour revenir d'Étretat vers Dieppe, la rivière de Ganzeville, branche de la rivière de Fécamp, ne jaillit plus à Daubeuf, mais à 4 kilomètres plus bas, au-dessous de l'église du Bec de Mortagne, dans le bois de Notre-Dame. La rivière de Saint-Valéry-en-Caux a tour à tour paru, disparu, reparu ; on ne l'a pas vue à plein ciel depuis le seizième siècle. Enfin Fontaine-le-Dun ne mérite plus son nom, depuis que la source du Dun, petit fleuve à l'est de Veules, sort de terre à Antigny.

Le cap de la Hève, haut de 105 mètres, est à pic sur la mer. Dévoré de deux mètres par an, il commande la fin de la Seine et le Havre, second port français (après Marseille), faisant à lui seul le quatrième ou le cinquième du commerce de la nation. L'estuaire où la Seine se mêle à la Manche a 10 kilomètres de largeur.

II. LA SEINE

1°. La Seine. Paris. — La Seine est verte, elle est claire, elle est gaie, elle a de charmants détours, elle réfléchit des châteaux et des parcs ; et, comme elle passe dans la ville du plaisir, de la jeunesse et des arts, des millions d'hommes l'adorent ou l'ont adorée, car elle a vu couler les plus beaux de leurs jours.

Mais elle est indigne de Paris : à la première cité du monde on voudrait un fleuve sans rival.

Certes, on peut la dire grande, quand on la compare à la Senne de Bruxelles, à la grenouillère de Berlin qui a nom la Sprée, au Manzanarès de Madrid, où le vent ne raie que des sables quand le printemps a léché les dernières neiges de la sierra de Guadarrama. Mais, dans notre toute petite Europe, qui oserait seulement nommer la Seine de Paris à côté de la Néva de Saint-Pétersbourg, du Danube de Vienne, du Bosphore de Constantinople ou du Tage de Lisbonne? Devant les palais du tsar, la Néva bleue est comme un Saint-Laurent ; à Vienne, le Danube, encore germain et tout prêt d'être hongrois, a déjà reçu des rivières supérieures à la Seine; de Stamboul à Scutari, le Bosphore est une mer qui coule entre deux parties du monde ; et, au pied des collines qu'escalade la « Ville d'Ulysse », le Tage est immense : il porterait dix fois tous les navires, tous les bateaux de pêche, tous les canots du Portugal et des îles.

La Seine devant Paris n'est rien ; la Seine maritime a seule quelque grandeur.

Le bassin de la Seine a 7 730 000 hectares, sur lesquels il tombe 631 millimètres de pluie par an, la moyenne de la France étant de 770. Le tout en France, moins ce que l'Oise, qui a sa source dans le Hainaut, arrose en Belgique par elle-même ou par ses premiers tributaires, faibles ruisseaux.

Or ce sol est aux trois quarts perméable, puisque sur les 7 730 000 hectares du bassin, 1 900 000 seulement appartiennent aux terres compactes.

A cette porosité la Seine doit la sagesse et la constance des rivières qu'elle unit dans son lit : leur sagesse, parce que la terre perméable est comme une éponge pour les torrents faits du déchirement des nuages du ciel ou de la fonte précipitée des neiges; leur constance, car l'eau qu'aspire cette éponge s'amasse en lacs dans la sous-roche, sur l'argile, sur toute couche compacte; et ces lacs, renouvelés toujours, se versent par des sources intarissables.

Aussi, dans ses crues les plus terribles, la Seine, sous les ponts de Paris, n'entraîne pas 2000 mètres cubes par seconde, bien moins que le Gard ou l'Ardèche ou l'Erieux, courts torrents du bassin du Rhône; pourtant elle arrive dans la vieille Lutèce avec le tribut de l'Yonne, qui rassemble les eaux de beaucoup de sols imperméables, et celui de la Marne, rivière qui a près de 500 kilomètres de longueur. La grande crue de 1876, qui a duré 55 jours et qui dans ce laps de temps a donné plus de 4 milliards de mètres cubes, n'a pas dépassé 1660 mètres par seconde devant Paris. Peut-être la Seine ne porte-t-elle jamais 2500 mètres par seconde à la Manche, environ le cinquième des grandes crues de la Loire, de la Garonne et du Rhône. Son débit moyen, qu'on estime à 250 mètres cubes entre les quais de Paris, est de 694, tous affluents reçus; aux eaux basses, elle roule à Paris 75 mètres par seconde, volume qui descend quelquefois à 45, à 40, et même à 33, à la suite de sécheresses « séculaires », c'est-à-dire telles qu'il n'y en a guère d'aussi fortes que tous les siècles.

La Seine a 776 kilomètres ; elle en aurait 825 si la Marne était la branche mère. Sept millions d'hommes vivent dans son bassin.

Ses premières fontaines jaillissent par 471 mètres d'altitude, à une trentaine de kilomètres en ligne droite au nord-ouest de Dijon, dans un vallon calcaire de la Côte d'Or, près de Saint-Germain-la-Feuille, et non loin du long tunnel de Blaisy (4100 mètres) qui mène le chemin de fer de Paris à Marseille du bassin de la Seine dans celui de la Saône.

Jadis les fontaines étaient des lieux augustes. Un temple romain consacrait les premiers balbutiements de la Seine ; aujourd'hui c'est une statue élevée par la Ville de Paris, une nymphe appuyée sur l'urne qui, chez les anciens, symbolisait l'onde intarissable. Mais ici, l'urne peut mentir, car les six pauvres sources du fleuve craignent les chaleurs, et il arrive parfois que l'été les hume entièrement.

Ce chétif ruisseau a grand peine à devenir rivière ; l'oolithe lui verse de belles douix[1], mais cette roche décousue boit la Seine à mesure : tellement qu'en certains étés il n'y a plus d'eau dans son lit aux approches de Châtillon. Mais là même, d'une grotte, sort une douix supérieure aux autres, onde éternelle, rivière pure de 5 à 6 mètres de large au-dessous de laquelle on n'a jamais vu sécher le fleuve de Paris.

Près de passer des calcaires de la Bourgogne aux craies de la Champagne, à Bar, le fleuve n'est plus qu'à 162 mètres d'altitude ; à Troyes il est à 101. Il passe devant Romilly, devant Nogent, devant Montereau, puis, grossi de l'Aube et de l'Yonne, serpente entre le plateau de la Brie, mer de moissons, et les coteaux de grès ombragés par la forêt qui tire son nom de Fontainebleau, ville sise à trois kilomètres de la rive gauche de la Seine, à côté

C'est le nom qu'on donne dans cette partie de la Bourgogne aux fontaines très abondantes.

d'un des châteaux les plus grands de l'Europe. Elle reçoit le Loing, passe à Melun et boit l'Essonne à Corbeil.

Au confluent de la Marne, elle entre à Paris.

PARIS a deux millions d'habitants, presque le dix-huitième des hommes de la France; il en a bien près de deux millions et demi, plus du quinzième de la nation, quand on lui ajoute les villes de ceinture, qui, quoique situées en dehors des murailles, font réellement partie de la capitale et en continuent les rues, les boulevards et les promenades : Neuilly, Levallois-Perret, Clichy, Saint-Ouen, Saint-Denis, Aubervilliers, Pantin, Montreuil, Vincennes, Ivry, Gentilly, Meudon avec Saint-Cloud et Sèvres, Boulogne, Puteaux, Courbevoie, pour ne citer que les villes au-dessus de 10 000 âmes. Et ces cités de première ceinture envoient des tentacules vers d'autres cités; des rues de jardins, des hameaux de villas, de grandes avenues de châteaux, des pièces d'eau, des parcs, continuent encore Paris au delà d'une campagne frivole qui peut donner de l'ombre et des fleurs et des fruits, mais qui n'a point l'intimité, la vertu, le calme et la tranquillité des champs. C'est ainsi que Versailles, par exemple, tient réellement à la métropole.

Les Parisiens habitent plus de deux mille rues, de grandes places et des boulevards bordés de maisons banalement monumentales. Ces boulevards, ces rues, ces places s'enchevêtrent ou plutôt — car la grande ville est de plus en plus régulière — se distribuent sur les rives de la Seine, dans la plaine du fleuve et dans des vallées, aujourd'hui méconnaissables, dont les ruisseaux ont disparu; mais sous le luxe et l'apparat de la ville pompeuse, sous les trottoirs, les pavés de bois, les carrés de grès, le bitume ou le macadam, court dans l'ombre, avec des regards sur le jour et de grandes portes sur la rivière, un admirable réseau de canaux immonditiels.

Non seulement les ruisseaux et les marais ont disparu, mais aussi beaucoup de coteaux n'existent plus depuis

Notre-Dame de Paris.

qu'on a fait monter les ravins à leur hauteur ou qu'on les a nivelés pour les couvrir de palais. De la plaine, des anciennes vallées, les maisons escaladent au nord les collines des Batignolles, de Montmartre (105 mètres), des Buttes-Chaumont (101 mètres), de Belleville et de Ménilmontant (108 mètres), au sud le Mont-Parnasse et le Panthéon (60 mètres).

Paris a 7802 hectares; son enceinte murée de 34 kilomètres s'ouvre par soixante-six portes, sous le canon de seize forts qui ont laissé bombarder la ville en 1870-1871, mais qui ne l'ont point laissé prendre. Les « héros du Nord », jetés sur nous par « l'Hercule intellectuel du dix-neuvième siècle », ne sont point entrés ouvertement dans Paris, par mines et tranchées, par assauts et batailles, en marchant sur leurs morts et les nôtres; la famine a fait la brèche, et les Allemands ont passé.

Ces seize forts faisaient une enceinte de 55 kilomètres, qui ne suffit plus, n'ayant point empêché l'ennemi de tirer à boulets rouges sur Paris du haut des collines de Châtillon. Les 17 forts de l'enceinte nouvelle, qui a 122 kilomètres de circuit, renferment 91 500 hectares.

Londres a presque deux fois autant d'habitants que Paris et plusieurs casernements humains l'emportent sur notre capitale par le tumulte des rues, l'industrie, le commerce, la grandeur et l'antiquité des monuments; mais nulle ville n'est sa rivale, même de loin, pour la variété des plaisirs, la facilité de la vie, les recherches du luxe, le déploiement des richesses, le concours d'hommes d'esprit, de savants, d'artistes, et la valeur réunie des écoles, des musées, des collections et des bibliothèques. Quant à l'immense corruption qu'on lui reproche, et qu'on trouve dans les autres grandes capitales, elle ne vient pas seulement des Parisiens eux-mêmes et des Français; les hommes de plaisir que nous envoient les nations dites ertueuses apportent et soulèvent autant de fange que nous dans le bourbier de Lutèce. Quand ces Pharisiens partent pour leurs pays hypocrites, ils secouent sur nous la poussière de leurs pieds en criant : « Nous sommes plus justes que ces hommes-là ; » et ils prédisent un dieu vengeur à la Babylone moderne. Ils espèrent que Paris sera brisé comme le château d'Edenhall[1]. L'avenir exaucera leur vœu, car il n'y a que deux sortes de villes : celles qui sont mortes et celles qui mourront.

Paris était merveilleusement situé pour être l'âme de la France antique, lorsque la langue d'oc n'était pas encore soumise à la langue d'oil ; car la patrie, c'était alors la Seine, la Saône et moitié de la Loire. Alors l'Angleterre elle-même, du moins dans ses villes et par ses classes d'élite, était plus française que le sud de la France. Aujourd'hui que la haute Loire, la Garonne, le Rhône et l'Atlas ont porté l'axe de la France au sud, Lyon, Avignon, Toulouse, Marseille, seraient de meilleures capitales.

Paris, devenu très excentrique, a l'ennemi presque à ses portes ; Lyon, sur un fleuve supérieur à la Seine, sur une rivière supérieure à la Marne, a derrière lui les créneaux parallèles du Jura ; Avignon, entre l'Espagne et l'Italie, a les Alpes à gauche, les Cévennes à droite, le Rhône devant et derrière, la mer en face et tout près ; Marseille regarde Alger, au bout d'une France, à portée de l'autre ; Toulouse règne entre l'Ouest et l'Est, entre l'Atlantique et la Méditerranée, non loin des ports d'où nous gagnons l'Afrique.

Qu'y pouvons-nous ? La France est une personne faite, ses organes fonctionnent depuis des siècles ; un peu contre nature, elle a son cœur à Paris, et ce cœur agite un sang vigoureux, mais âcre, enflammé, subtil.

A Paris, la Seine est à 25 mètres seulement ; en aval, elle devient tellement sinueuse que, de Lutèce à la mer, elle n'a pas moins de 365 kilomètres de longueur, pour 180 en ligne droite : le fleuve double donc son chemin.

---

[1] Dans le *Verre d'Edenhall*, admirable ballade du poète souabe Uhland.

Il baigne d'abord le pied de collines chargées de villas qui continuent la vivante splendeur de Paris jusqu'à la splendeur morte de Versailles, à ces avenues solennelles, à ce vaste château, à ces jardins immenses pleins de vases de marbre, de statues, de bassins. L'Eure, amenée par un aqueduc, devait donner la vie à ce plateau, à ce château, à cette ville, et verser l'onde aux bassins par la bouche de leurs déesses, de leurs dieux et de leurs nymphes de pierre. Mais la rivière Eure n'a point coulé jusqu'à Versailles, l'aqueduc de Maintenon n'est plus que ruines, et il n'y a plus de gloire et d'éclat dans la cité du monarque ayant pour devise : *Nec pluribus impar*[1]. Pourtant, à deux siècles à peine en arrière, la cour de Versailles fut la société la plus dorée, la plus élégante, la plus spirituelle sous le soleil ; l'Europe en fit son idéal, et la France fut alors le premier des peuples, comme son roi le premier des rois.

Si Versailles est un faubourg de Paris bâti sur un plateau de la rive gauche de la Seine, Saint-Denis est un peu plus bas un faubourg de plaine sur la rive droite. Un autre faubourg, c'est Saint-Germain en Laye, sur un talus au bord d'une forêt de 4400 hectares. Le fleuve, accru de l'Oise, arrose ensuite Poissy, dont le pont, fait sous saint Louis, avait 37 arches et n'en a plus que 24; Mantes, surnommée la Jolie; Vernon; les Andelys, que des ruines superbes contemplent, celles des trois enceintes du Château-Gaillard, l'œuvre de Richard Cœur de Lion, prince français dont la gloire est anglaise; Poses, où déjà la marée soulève presque imperceptiblement les eaux; Elbeuf, riche de ses draps; Rouen, l'ancienne capitale de la Normandie.

Rouen, chez nous, est la ville cotonnière par excellence. Sur un grand fleuve à marée, au pied de collines altières, ses monuments, ses églises, sont dignes d'une métropole. Puisque le maître lieu de la France n'en de-

---

[1] Sans égal.

vait pas occuper le centre, Rouen eût mérité plus que Paris d'être le site élu; les Français y auraient gagné plus de familiarité avec les choses de la mer, et sans doute sur plus d'un rivage anglais, espagnol ou portugais résonnerait aujourd'hui la chère langue de la patrie.

En aval de Rouen, la Seine, très sinueuse, s'élargit à peine jusqu'à Quillebœuf; mais à partir de ce port elle se fait estuaire entre des rives qui finissent par avoir près de 10 kilomètres d'écartement.

De récents travaux ont approfondi, régularisé la Seine inférieure, ils ont gagné sur l'estuaire des plaines d'alluvions dont un avenir prochain fera de superbes prairies. Maintenant les navires de 5 mètres de tirant, et même de 6 mètres et au-dessus, remontent jusqu'à Rouen, malgré la barre, toujours fort incommode : cette sœur du mascaret de la Dordogne fait de 5 à 7 mètres et demi par seconde, à contre-courant, car elle vient de la mer. Tenant toute la largeur du lit, la vague, haute de deux à trois mètres et couronnée d'écume, se cabre et fait danser le fleuve; les canots, les bateaux qu'elle saisit ne lui résistent pas toujours, et parfois il arrive qu'on plante une humble croix sur la fosse prématurée d'un pêcheur. On l'a vu dévorer aussi des victimes illustres.

2° Les affluents de la Seine : Aube, Yonne, Loing, Marne, Oise et Eure. — De sa naissance à l'Aube, la Seine reçoit de grandes fontaines et point de grandes rivières. A peine peut-on nommer la Laignes et l'Ource : la Laignes a pour tête une source où reparaît un ruisseau qu'a bu, vers le sud-est, à cinq lieues environ, un gouffre du Châtillonnais; l'**Ource** est soutenue par des douix abondantes, mais, vu la lâcheté de son lit, elle ne garde point tout ce que lui donnent les roches. L'**Aube** a son origine sur le Plateau langrais, à vingt et quelques kilomètres au sud-ouest de Langres, au pied du mont Saule (512 mètres); elle arrose Bar et Arcis et recueille de puissantes fontaines filtrées par la Champagne Pouilleuse. Longue d'environ 225 kilomètres, c'est-à-dire un peu plus que la Seine à leur commun confluent, l'Aube contribue autant que sa rivale à la formation du fleuve de Paris : l'une et l'autre ont un étiage de 3500 litres par seconde et, à leur réunion, si la verte Seine a plus de profondeur, la transparente Aube a plus de largeur et plus de courant. Le mot Aube, c'est le latin *alba*, qui signifie *la blanche* : en effet, quand elle rencontre la Seine, rive droite, à Marcilly, par 70 mètres, à peu près à distance égale entre la source du fleuve et Paris, elle amène des eaux moins foncées que celles qui lui font perdre assez injustement son nom.

De l'Aube à l'Yonne, il n'entre en Seine qu'une seule rivière, fort petite, et qui même peut descendre à 700 ou 800 litres par seconde, malgré la beauté de ses sources : c'est la Voulzie, qui passe dans la ville des roses, Provins, pleine des monuments d'une ancienne grandeur.

L'Yonne, affluent de gauche, se heurte à la Seine par 50 mètres d'altitude, au-dessous d'un pont célèbre par un crime et par une bataille. Une plaque remémore le crime, elle porte quatre vers :

> En l'an mil quatre cent dix neuf,
> Sur ce pont agencé de neuf,
> Fut meurtri Jehan de Bourgogne,
> A Montereau y fault l'Yonne.

Une statue équestre de Napoléon, avec ces mots : « Mes amis, le boulet qui doit me tuer n'est pas encore fondu, » rappelle une victoire inutile sur les Allemands en 1814; elle s'élève sur un terre-plein, entre le pont de l'Yonne et celui de la Seine qui étaient l'enjeu du combat.

L'Yonne commence en Morvan, sur le flanc du Prèneley (850 mètres), au sud de Château-Chinon, à l'ouest d'Autun. Coulant d'abord sur les granits des forêts morvandelles, ce n'est encore qu'un ruisseau rapide en un vallon profond quand elle passe au pied de la colline de Château-

Chinon, ville froide et triste, à 609 mètres d'altitude. Au-dessous de Clamecy, les roches jurassiques en font rapidement une jolie rivière, tant elles épanchent de claires fontaines; puis la Cure la double, ou bien près. Elle se promène devant les collines d'Auxerre, qui donnent des vins généreux, devant Joigny, devant Villeneuve et Sens. Quand elle atteint la Seine, après avoir parcouru 293 kilomètres, elle lui porte les eaux de 1 113 500 hectares de terrains généralement peu perméables, tandis que la Seine amène le tribut de 1 025 000 hectares de terrains, presque tous poreux; aussi l'Yonne est-elle plus irrégulière que sa compagne, et plus sujette aux grandes crues.

En bonne justice, le fleuve que pressent les quais de Paris devrait se nommer l'Yonne et non pas la Seine : quand la Seine, à l'issue d'un bassin moins vaste de 88 000 hectares et sur lequel il pleut un peu moins, arrive en face de l'Yonne, elle n'a que 70 mètres de largeur moyenne, 10 mètres cubes par seconde à l'étiage ordinaire et 300 dans les crues; tandis que l'Yonne, large de 80 à 100 mètres, roule 17 mètres cubes à la seconde en temps d'étiage et 800, 1000, ou même 1200 dans les débordements; mais pour la beauté la palme est à la Seine, vive et transparente sur fond de sable. L'Yonne conduisait autrefois à la Seine, pour Paris, près de 250 000 stères de bois; aujourd'hui elle ne lui en amène guère que 150 000 : les forêts du Morvan diminuent.

Les grands affluents de l'Yonne s'appellent Cure, Serain, Armançon, Vannes.

La **Cure** (115 kilomètres), flotteuse de bois comme l'Yonne, a les beautés d'un torrent. Jaillissant dans le Morvan, elle forme à 4 kilomètres de Montsauche le **réservoir des Settons**, couvrant de 22 087 000 mètres cubes d'eau le fond d'un ancien vallon marécageux qui rapproche tout à coup ses sauvages collines, et de bassin devient gorge. La digue de granit qui force la Cure à reculer en lac a 267 mètres de longueur, 20 mètres de hauteur, plus de 11 mètres de largeur à la base et près de 5 au sommet ; vaste de 404 hectares avec 16 kilomètres et demi de contour et 18 mètres de profondeur à coupe remplie, le réservoir des Settons a été construit de 1855 à 1858 pour aider au flottage estival de la Cure, à la navigation de l'Yonne, aux éclusées du canal du Nivernais et du canal de Bourgogne. Avec de semblables retenues, nous grandirions toutes nos rivières et, sans même sortir du bassin de la Cure, on pourrait arrêter 10 500 000 mètres cubes dans la gorge de Bussières, sur le Tournesac, tributaire du Cousin. Du granit passant au calcaire, la Cure touche la colline de Vézelay, qui porte une des grandes églises du moyen âge, puis elle rencontre le tertre d'Arcy : là, en temps de crue, les flots que le lit normal ne peut embrasser, entrent dans une grotte et percent de part en part le coteau. Ces sortes de chemins couverts ne sont pas rares sur les rivières du calcaire. La Cure a pour tributaire le **Cousin** (60 kilomètres), torrent de la pittoresque Avallon.

A son passage sur la grande oolithe, roche de peu de tenue, le **Serein** (115 kilomètres) perd toutes les eaux des fontaines qui ruissellent pour lui sur les froids plateaux de Saulieu : il n'a pas une goutte en été devant Noyers, mais là-même il renaît par des fontaines vives.

L'**Armançon** (200 kilomètres) roule des eaux troubles dans ses gorges supérieures, qui relèvent du lias, roche compacte ; et encore faut-il de longues pluies pour qu'il veuille bien couler et non dormir autour de Semur, ville escarpée digne d'une rivière et qui n'a qu'un fossé. En aval de Semur, les calcaires lui envoient des sources constantes, quoique fort variables : telle est la fontaine d'Arlot, qui peut descendre à 80 litres par seconde et monter à 9000. Cette rivière, qui baigne Tonnerre, a pour affluent la Brenne. En remontant ce pauvre tributaire, on arrive à la plaine des Laumes, où se lève, au-dessus de trois mauvais ruisseaux du lias, une colline isolée de 418 mètres, assez dure à gravir. C'est le **mont Auxois**,

Semur-en-Auxois

acropole naturelle ayant sur son plateau le village d'Alise et la haute statue de Vercingétorix. Ce colosse est-il bien à sa place? Le héros gaulois regarde-t-il le vrai lieu de sa défaite, Alésia, proie de César implacable? D'aucuns en doutent, qui placent le champ tragique bien loin de ce plateau de 100 hectares, long de 2000 mètres sur 800 de largeur; certains l'installent en Franche-Comté, à Alaise, dans un pays de montagnes boisées, au-dessus des précipices du Lison.

La **Vannes** (60 kilomètres) entre dans l'Yonne à Sens. C'est une eau très belle qui ne descend pas au-dessous de 2500 litres par seconde et qui généralement en roule 5000, même en temps caniculaire. Fait pour deux tiers de craie blanche et pour un autre tiers de cailloux dispersés dans un limon rouge, son bassin de 96 500 hectares, perméable en entier, regorge de sources limpides comme l'air. Paris a acheté treize de ces fontaines, qui par un aqueduc de 173 kilomètres lui donnent de 600 à 1250 litres par seconde suivant la sécheresse de la saison.

De l'Yonne à la Marne, la Seine engloutit le Loing et l'Essonne.

Le **Loing** a 160 kilomètres de long dans un bassin de 448 500 hectares où il pleut fort peu : 409 millimètres par an, c'est-à-dire 361 au-dessous de la moyenne; certes, c'est un des pays les moins mouillés de France. La Puisaye, petite région de sol non poreux, bocagère, pauvre en sources, est son pays natal et celui de ses hauts affluents, sortis comme lui d'étangs ombragés de forêts. Plus que doublé par la transparente **Ouanne** (85 kilomètres), il passe à Montargis et reçoit de longs ruisseaux indigents venus de l'imperméable Gâtinais, contrée d'argile presque sans pente qui était il n'y a pas longtemps encore une terre couverte de marais sans profondeur, tous ou presque tous desséchés aujourd'hui dans les vallons plats, près des villages qu'ils empoisonnaient; mais le Loing doit moins à ces méchants fossés qu'aux belles fontaines filtrées sur ses deux rives par de grands pla-

Statue de Vercingétorix à Alise.

leaux sans rivière ; de même l'Ouanne tire moins d'eau de ses affluents apparents que des ruisseaux souterrains qui viennent jaillir en flots purs dans sa vallée basse, au pays de Château-Renard. Il traverse Nemours, dont les superbes entassements de grès annoncent le voisinage de la forêt de Fontainebleau, puis, côtoyant cette forêt, il va se perdre dans la Seine, rive gauche, près de Moret. A l'étiage ordinaire, c'est environ de 4 mètres cubes d'eau par seconde qu'il augmente le fleuve parisien.

L'**Essonne** (100 kilomètres), qui s'achève à Corbeil, rive gauche, par à peu près 30 mètres d'altitude, est une rivière modèle, utile à l'industrie, inoffensive aux riverains ; les sources qui la font, celles qui l'accroissent, continuent des ruisseaux cachés dans la profondeur de la terre sous le filtre du plateau beauceron. Jamais cette onde étroite et pure ne sèche beaucoup, jamais non plus elle ne déborde sur sa vallée parfois humide et tourbeuse, et il y a des années où son niveau reste le même à 30 centimètres près ; elle donne en été 4500 litres par seconde, volume que la sécheresse séculaire de 1870 a fait exceptionnellement descendre à 2800 ; ses crues sont à peine de 8000 litres, trois fois l'étiage, tandis qu'il est des rivières françaises capables de rouler cent et mille fois le filet d'eau que l'été leur laisse. La rivière d'Étampes, la **Juine**, est en tout semblable à l'Essonne, dont elle soutient le cours.

A voir la **Marne** en face de la Seine, aux portes de Paris, à Charenton, par moins de 30 mètres d'altitude, on comprend difficilement qu'elle ait 50 kilomètres de plus que le fleuve fait de la rivière de Troyes et de celle d'Auxerre. Malgré sa longueur de 450 à 500 kilomètres, dans un bassin de 1 289 500 hectares, elle n'est que pour un tiers, dans les flots irrités par les ponts de Paris. En moyenne, elle ne roule pas plus de 75 mètres cubes d'eau par seconde.

La Marne erre en un arc de cercle, et cet arc de cercle enveloppe celui du fleuve. Elle commence par une très humble fontaine, dans un pays de lias point favorable aux sources, à 5 ou 6 kilomètres à vol d'oiseau au sud-est de Langres, à 381 mètres au-dessus des mers. C'est à peine un ruisseau devant la colline de Langres, place forte, ville froide et triste à 473 mètres d'altitude ; ce n'est pas encore une rivière à Chaumont-en-Bassigny où telle sécheresse la réduit à 170 litres par seconde. Mais elle entre dans des terrains à belles fontaines, grandit rapidement, et forte de 1000 litres à l'étiage, se double ou un peu plus par le tribut du Rognon. Longtemps terreuse et rougeâtre parce qu'elle lave (et ses affluents comme elle) beaucoup de minerais de fer, elle passe à Saint-Dizier, reçoit la Blaise, rivière à forges, puis, en aval de Vitry-le-François, la **Saulx** (118 kilomètres), grossie de l'**Ornain** (120 kilomètres), qui baigne Bar-le-Duc.

Notablement renforcée par la Saulx qui ajoute, à l'étiage, 2500 litres aux 3000 litres roulés par la Marne, la rivière de Langres entre dans la Champagne Pouilleuse dont les sources lui sont d'un grand secours ; dans cette plaine dure, laide, ingrate, elle rencontre Châlons ; puis elle serpente dans la vallée d'Epernay, devant les collines élevées d'où nous descend le vin de Champagne.

Après Château-Thierry, la Marne devient extrêmement sinueuse ; elle ouvre son lit au Petit-Morin (85 kilomètres) ; à l'Ourcq (80 kilomètres) amoindri par ce que le **canal de l'Ourcq** lui dérobe d'eau pour la soif inextinguible de Paris ; et en aval de Meaux, au Grand-Morin, long de 120 kilomètres. Et peu à peu les villages font place à des villes, et la rivière, se repliant plus que jamais, porte les canots des Parisiens ; dès lors elle n'est plus à la campagne, elle coule entre des rives bordées dans la saison par les pêcheurs à la ligne de la reine des cités, et les rues, se touchant toutes, sont un faubourg de Paris : Nogent, Joinville-le-Pont, Saint-Maur-les-Fossés, Créteil, Maisons-Alfort et Charenton où la Marne entre en Seine, bien moins pure que sa rivale, sur un fond bien plus boueux ; elle ne lui a jamais amené moins de 11 mètres cubes par seconde, et quelquefois elle lui en porte 600, 800, 1000.

Le **Grand-Morin** reçoit en amont de Coulommiers la fontaine la plus forte du bassin de la Seine, celle de Chailly, donnant 600 litres par seconde. A 6 kilomètres environ de ses sources, dans le vallon de Lachy, à 2 ou 3 kilomètres à l'ouest de la petite ville de Sézanne, à Mœurs, il se dédouble avant d'aller frôler l'ample forêt de la Traconne. La branche de droite garde le nom de Grand-Morin : c'est elle qui va s'unir à la Marne. La branche de gauche a d'autres destinées ; elle descend vers Sézanne, et, quittant une région de collines variées pour la plate monotonie de la Champagne Pouilleuse, elle va se perdre dans l'Aube. Depuis que trop de forêts ont fait place à des prés ou des champs, le Grand-Morin n'est plus assez abondant pour se partager de lui-même en deux ruisseaux ; s'il n'était forcé par un barrage, il coulerait tout entier vers la Marne.

A 15 mètres d'altitude, l'**Oise** augmente la Seine d'un tiers, à 23 kilomètres sous Paris, près de Conflans-Sainte-Honorine, en amont de Poissy, en face de la forêt de Saint-Germain. Par ses crues, qui vont à peine à 650 mètres cubes par seconde, elle cède le pas à l'Yonne et à la Marne ; mais par son débit moyen, et par son étiage qu'on estime à 30 mètres cubes, elle vaut à peu près la rivière que la Seine et l'Yonne composent à Montereau. Aucun tributaire du fleuve de l'Ile-de-France ne l'égale en volume ; pas plus qu'en bassin, puisqu'elle écoule environ 1 800 000 hectares.

A 2 kilomètres en amont de Compiègne, à l'orée d'un des plus nobles bois de la France, la **forêt de Compiègne** (14 500 hectares), deux rivières s'unissent : l'Oise et l'Aisne. Celle qui perd son nom, l'Aisne, a 80 kilomètres de plus que l'autre, 130 même à partir de la source de l'Aire, son affluent; il tombe plus d'eau dans son bassin (543 millimètres par an contre 507); enfin ce bassin est beaucoup plus grand, car il approche de 900 000 hectares et celui de l'Oise dépasse de peu 500 000. Cependant les deux rivières sont à peu près

Donjon de Coucy.

égales, parce que le sol et le sous-sol des terrains drainés par l'Oise créent et conservent mieux les sources.

L'Oise a 300 kilomètres : elle en aurait 380 si l'Aisne était la branche-mère, 430 si c'était l'Aire. Elle naît en Belgique, dans la province du Hainaut, au milieu des vastes bois de Chimay, qui se rattachent à notre belle forêt de Signy (Ardennes). Elle n'a parcouru que 17 kilomètres quand elle pénètre en France. Lorsqu'elle rencontre l'Aisne, sa grande compagne, elle a baigné Guise et Chauny, bu la Serre et la Lette. La **Serre** (100 kilomètres), qui s'unit à l'Oise dans les prairies mouillées de la Fère, est une rivière de sources, comme ses deux affluents, le Vilpion, venu du pays de Vervins, et la Souche ; à l'étiage elle ne porte pas moins de 4350 litres. La Lette ou Ailette (65 kilomètres) passe dans le vallon que domine Coucy, la ville des Enguerrands qui disaient : « Ne suis ne roi, ne prince, ne duc, ne comte aussi, je suis le sire de Coucy. » De ces seigneurs puissants en France, le plus puissant de tous, celui qui pouvait détrôner saint Louis enfant et qui ne le voulut point, bâtit sur un promontoire de la Lette un colossal château dont il reste des murs, des tours et un donjon qui n'a point de rivaux au monde : haut de 55 mètres, avec plus de 30 mètres de diamètre et des murailles de 7 à 8 mètres d'épaisseur, le donjon de Coucy, fait de 1225 à 1230, est un de ces monuments dont on dit qu'ils semblent bâtis pour l'éternité ; contemporain des cathédrales, il témoigne avec elles pour la gloire de nos ancêtres.

L'**Aisne** (280 kilomètres) commence à 20 kilomètres au nord de Bar-le-Duc, à 230 mètres d'altitude, dans le village très bien nommé Sommaisne (tête de l'Aisne), au sein des bocages de l'Argonne, pays humide et couvert dont les grands étangs et les vastes forêts entretiennent des ruisseaux sinueux. A Sainte-Menehould, sa rive gauche côtoie déjà la Champagne Pouilleuse dont elle reçoit de petites rivières nées des forts jaillissements de Somme-Yèvre, Somme-Bionne, Somme-Tourbe, etc. Plus bas, au-dessous de Vouziers, sa rive droite cesse également de longer l'Argonne, et, désormais tout à fait champenoise, l'Aisne grandit rapidement par le tribut de simples fontaines et de très courts ruisseaux préparés sous la craie. Par ces jets imprévus, clairs, abondants, elle fait plus que doubler entre Sainte-Menehould et Vouziers ; elle double encore entre Vouziers et Rethel, puis entre Rethel et Soissons, si bien qu'elle arrive à l'Oise avec un étiage de 9 mètres cubes. Parmi ses affluents, l'**Aire** (125 kilomètres) est par excellence la rivière de l'Argonne, contrée dont les roches, appartenant à la craie inférieure, terrain compact, ne forment point de grandes sources; la Retourne (50 kilomètres) et la **Suippe** (80 kilomètres), rivières champenoises, ont des eaux vives, elles sortent peu de leur lit ombragé d'aulnes et de frênes, elles ne ravagent jamais leur vallée, jamais non plus elles ne lui manquent; la **Vesle** (125 kilomètres), pure en amont de Reims, est impure en aval, tant cette ville de fabriques, glorieuse de ses monuments, surtout de sa cathédrale, y verse de détritus et d'ordures.

De l'Aisne à la Seine, l'Oise augmente beaucoup, point en largeur, mais en abondance, le pays étant prodigue de fonts considérables. Elle coule devant Compiègne, Creil, Pontoise, et reçoit l'Automne, la Brèche venue de Clermont-d'Oise, le Thérain (90 kilomètres) arrivé de Beauvais, et la Nonette, rivière de Senlis. L'**Automne** ou Authone, qui n'a pas 30 kilomètres dans un bassin de vingt et quelques mille hectares seulement, n'en est pas moins une des meilleures rivières de France : grâce à la force, à la constance des sources qu'elle tire de sables et de calcaires perméables, elle ne descend jamais au-dessous de 2000 litres par seconde. Le **Thérain**, précieux pour les usines, donne en temps sec deux à trois mètres cubes.

De l'Oise à l'Eure, deux rivières normandes entrent dans la Seine par la rive droite : l'**Epte** (100 kilomètres) vient de Forges-les-Eaux par Gisors; l'**Andelle** (60 kilomètres), forte de 2000 litres à l'étiage, court de fabrique en fabrique. Gracieuses l'une et l'autre, elles sont toutes deux accrues par les belles fontaines de la craie, des calcaires et des sables perméables.

L'**Eure** a 225 kilomètres, dans un bassin de 550 000 à 600 000 hectares. Rivière débonnaire, elle garde à peu près pendant toute l'année le même volume de fraîches eaux de source : environ 10 mètres cubes à la seconde.

Née aux confins des collines boisées du Perche et des plaines sans bois de la Beauce, dans un pays d'argiles imperméables où les eaux s'amassent en étangs, elle passe à Chartres, dont la cathédrale montre avec orgueil le plus beau de tous les clochers. Elle s'égare ensuite dans la délicieuse vallée de Maintenon, où le temps ronge l'aqueduc qui devait porter ses eaux à Versailles dans les

Aqueduc de Maintenon.

jardins du Grand Roi. A Louviers, elle a 4 mètres de pente et fait marcher des draperies renommées; elle emmène avec elle à la Seine l'Avre et l'Iton. L'**Avre** (75 kilomètres) porte en été plus de 2500 litres à l'Eure; pure, débonnaire, constante, elle sort, comme l'Eure, comme l'Iton, comme la Rille, d'une terre compacte ayant quelques étangs. Sa source est dans le canton de Tourouvre (Orne), d'où partirent, voici deux cents ans ou un peu plus,

Cathédrale de Chartres.

pour le Canada 80 familles de Percherons qui furent la souche de 250 000 à 300 000 Canadiens-Français. L'**Iton** (140 kilomètres) descend aussi des forêts de Tourouvre ; encore tout près de sa naissance, il passe dans le vallon de **la Trappe**, fameux monastère ; quand il a déjà fait plus de la moitié de sa course, il filtre sous terre, y reste 6 ou 7 kilomètres et va reparaître à Glisolle par la Fosse aux Dames ; au-dessus de ce chemin ténébreux, le lit vide, que d'ailleurs les crues remplissent, a nom Fol Iton ; il serpente dans la forêt d'Evreux. L'Iton, vif et clair, baigne Evreux.

De l'Eure à la Manche, le fleuve, qui a pris de la majesté, que le flux élève, que le reflux abaisse, accueille de charmants ruisseaux normands et une rivière également normande, la Rille.

Le **Robec** a pour yeux, comme disent les Arabes, des fontaines magnifiques sortant des cavernes de la craie blanche. Quand on gravit les côtes escarpées de l'étroit et profond vallon où il surgit, on arrive sur les limons rouges du pays de Caux, la plaine immense qui recouvre ces roches crayeuses. Le Robec est l'âme de Darnetal, ville industrielle de 6000 habitants, qui est en réalité un faubourg de Rouen ; il s'achève dans cette grande cité, ainsi que l'**Aubette**, petite rivière de la craie blanche qui lui ressemble par la beauté des sources et l'activité des eaux sur un chemin d'usines. Le Robec, suivant les années, débite en temps d'étiage 750 à 1500 litres par seconde.

Le **Cailly**, deux fois plus fort que le Robec, a les mêmes caractères : fontaines de toute beauté faites par les millions de gouttes qui, passant à travers les limons de Caux, entrent dans les veines de la craie pour en sortir à grands flots au fond de cirques étroits ; eaux admirablement limpides si l'industrie ne les déshonorait pas ; usines sans nombre ; embouchure à Rouen : non pas précisément dans la ville, mais dans la banlieue, au-dessous de Maromme, ville de fabrique attachée à Rouen par des rues. Il n'a que 30 kilomètres de cours dans un bassin de 36 500 hectares seulement, et cependant il roule en étiage 2800 litres par seconde : volume que des sécheresses sans exemple n'ont pu abaisser à 1700.

La **Sainte-Austreberte**, également nommée Aisne ou Esne, diffère à son tour très peu du Cailly. Ses fontaines ont la même origine, comme la même abondance, et ses flots ne sont pas moins actifs. Elle porte au fleuve, à Duclair, un tribut qu'on a vu descendre une seule fois à 1523 litres par seconde, tout dernièrement, à la suite de sécheresses qui ont réduit toutes ces fontaines à une pauvreté dont on les croyait incapables.

Le **Rançon** ou Brébec, à Caudebequet, versait 914 litres lors de ces sécheresses séculaires. Jamais on ne l'a vu si bas. Son voisin, le **Saint-Wandrille** ou Fontenelle lui ressemble en tout.

Le **Caux**, qui se divise en deux bras, Ambion et Sainte-Gertrude, donnait encore plus de 1000 litres dans cet été merveilleusement canioulaire : il n'y a pourtant que 4 kilomètres entre sa source et Caudebec, sa fin.

Le **Bolbec** ou Bec, un peu inférieur à toutes ces rivières d'eau fraîche, anime les fabriques de Bolbec et s'achève à Lillebonne.

La **Lézarde** vaut les autres affluents envoyés au fleuve par les craies blanches. A la fin des sécheresses de 1870 elle portait encore 1500 litres par seconde, malgré l'indigence extraordinaire de l'année : elle passe à Montivilliers et à Harfleur.

La **Rille** (150 kilomètres), d'une portée de plus de 5 mètres cubes en été, a de grandes ressemblances avec l'Iton : elle descend aussi des argiles du Perche, elle s'engouffre et renaît également. Elle passe à Laigle, entre sous terre au Châtel-la-Lune, près de Noyer-en-Ouche, et ressort à 5 kilomètres plus bas, à Groslay, par la Fontaine-Roger, que, sans doute par assonnance, on appelle aussi la Fontaine Enragée. Au-dessous de Pont-Audemer, elle atteint la rive gauche de la Seine, qui déjà n'est plus un fleuve, mais un bras de mer.

Canaux entre la Seine et les fleuves de son pourtour. — C'est le caprice qui semble mener les rivières tracées par la nature ; une règle sévère guide les canaux, qui sont des rivières tracées par l'homme.

L'homme les a précisément imaginés pour éviter aux bateliers les obstacles, les impossibilités, les crèvecœur, les périls de la navigation en rivière, dans les vallées à grande pente, dans les défilés, sur les eaux réduites par la sécheresse, loin des embrassements de la mer, qui par son flux rend des ruisseaux capables de porter des navires.

Avec eux plus de contre-courants, de rapides, de cascades, plus de longs détours, d'engravements, de chocs, de déchirures sur un lit raboteux et sans profondeur. Un canal est une suite de plans d'eau, de biefs toujours également larges, également profonds, sans pente, immobiles entre des talus souvent ombragés de grands arbres ; chaque bief finit par une porte d'écluse où l'eau tombe tout à coup de la hauteur que le canal aurait perdue depuis la porte précédente s'il avait suivi la pente de la vallée au lieu de rester toujours à son même niveau. Cette eau ne se jette point immédiatement dans le bief inférieur, elle s'abat dans un réservoir qu'une autre porte barre un peu plus bas, et qui s'ajuste facilement au niveau d'amont et au niveau d'aval : quand on ferme les vannes de la porte d'aval, celles d'amont restant ouvertes, ce réservoir monte au niveau du bief supérieur ; quand on les ouvre, celles d'amont restant fermées, il descend au niveau du bief inférieur. Ainsi, parties d'un fleuve comme la Seine, les embarcations peuvent, d'écluse en écluse, gravir sans peine un versant jusqu'au bief de partage, et, de ce bief, descendre à leur aise l'escalier des plans d'eau jusqu'au fleuve de l'autre versant. C'est au bief de partage qu'un canal passe d'un bassin dans l'autre, là qu'il reçoit des rigoles venues souvent de fort loin, en courbes infinies, pour amener l'onde nécessaire aux éclusées de la rivière artificielle.

En creusant les canaux l'homme suit l'exemple de la nature : une rivière normale, non encore usée par le temps, est faite de lacs arrondis ou allongés, biefs tranquilles qui se versent l'un à l'autre par de longs rapides ou des chutes violentes : seulement l'homme a remplacé le péril mortel des cascades par la sécurité des doubles portes d'écluse.

La Seine communique avec la Loire par le canal du Loing et le canal du Nivernais ; avec le Rhône par le canal de Bourgogne ; avec la Meuse par le canal de la Marne au Rhin, le canal des Ardennes et le canal de l'Oise à la Sambre ; avec la Somme et l'Escaut par le canal de Saint-Quentin.

Le **canal du Loing** remonte la vallée du Loing à partir de Saint-Mammès, port de la rive gauche de la Seine en aval de Montereau ; par Moret et Nemours, il arrive à Buges, à 4 kilomètres au-dessous de Montargis. Là il se divise en deux branches : la branche de droite prend le nom de **canal d'Orléans** et finit dans la Loire, à 6 kilomètres au-dessus de la ville de Jeanne d'Arc ; celle de gauche, sous le nom de **canal de Briare**, remonte le Loing, par Montargis et Châtillon, jusqu'à Rogny, où elle monte sur le plateau par un bel escalier de sept écluses entre de vieux sapins ; après quoi, par le vallon de la Trézée, elle arrive en Loire à Briare. Il y a 126 kilomètres entre les deux fleuves par les canaux du Loing et d'Orléans, 113 par ceux du Loing et de Briare. Le canal du Loing reçoit ses eaux du Loing ; celui d'Orléans puise dans quelques ruisseaux et dans onze réservoirs contenant ensemble près de quatre millions de mètres cubes ; celui de Briare est alimenté par le Loing, par des ruisseaux et par dix-huit étangs ayant, tous réunis, près de 500 hectares. Ces canaux rachètent leurs diverses pentes par 90 écluses; celui d'Orléans a son partage à 29 mètres au-dessus de la Loire, celui de Briare à 58.

Le **canal du Nivernais** a 175 kilomètres : il part d'Auxerre et remonte l'Yonne par Clamecy. Quittant par des tunnels le bassin de la Seine, il descend l'Aron jusqu'à Decize, port de la rive droite de la Loire. Ses 117 écluses tiennent leurs eaux de l'Yonne, du Beuvron, tributaire de l'Yonne, de l'Aron, et de quatre étangs voisins du bief de partage renfermant ensemble près de 7 500 000 mètres cubes.

Le **canal de Bourgogne**, long de 242 kilomètres, a 191 écluses. Parti de la Roche, au confluent de l'Yonne et de l'Armançon, il remonte ce dernier cours d'eau par Saint-Florentin et Tonnerre, puis la Brenne par Montbard et la plaine des Laumes, puis de nouveau l'Armançon, qu'il ne quitte que près de sa source. Le tunnel de Pouilly-en-Auxois, long de 3333 mètres, le mène du bassin de la Seine dans le bassin du Rhône. Par les gorges de l'Ouche il arrive à Dijon, et, tirant en droite ligne sur la Saône, atteint cette rivière à Saint-Jean-de-Losne, près du lieu de départ du canal du Rhône au Rhin. Sa réserve dépasse vingt-deux millions de mètres cubes, en cinq étangs, tous situés près de la ligne de faîte de Pouilly, qui est à 375 mètres. Il emprunte aussi des flots aux rivières dont il remonte ou dont il descend la vallée.

Le **canal de la Marne au Rhin**, long de 315 kilomètres, ne nous appartient plus pendant une centaine de kilomètres, de notre nouvelle frontière jusqu'à l'embouchure dans l'Ill, affluent de gauche du Rhin qui passe à Strasbourg. Il a son origine dans le canal latéral à la Marne, près de Vitry-le-François, et remonte d'abord la Saulx, affluent de la Marne, puis un tributaire de la Saulx, l'Ornain, par Revigny, Bar-le-Duc et Ligny. A Mauvages, un souterrain de 4891 mètres le conduit dans le bassin de la Meuse, rivière qu'il atteint à Void pour la quitter bientôt après. Par le grand bief de Pagny, long de 18 kilomètres, il pénètre sans tunnel dans le bassin de la Moselle; à Toul il entre dans cette rivière qu'il descend jusqu'à l'embouchure de la Meurthe à Frouard; puis il remonte la Meurthe par Nancy et Saint-Nicolas-du-Port, et après la Meurthe le Sanon son tributaire, jusqu'aux lieux où cesse la nouvelle France, où commence la nouvelle Allemagne. Sur notre territoire il a plus de 120 écluses. De Void à Toul le canal de la Marne au Rhin se confond avec le canal de l'Est.

Le **canal des Ardennes** part de Semuy, sur l'Aisne, à 12 kilomètres en aval de Vouziers, et, par 26 écluses montant 79 mètres, arrive au faîte entre Seine et Meuse, à Chêne-le-Populeux. De là il gagne un affluent de la Meuse, la Bar, rivière herbeuse dont, en levant ou en baissant des vannes, on peut diriger à volonté la source vers la Meuse au nord ou vers la Seine au sud. En suivant la Bar, dont il soutire les eaux, il descend de 17 mètres, par 7 écluses, jusqu'à Pont-à-Bar, village de la rive gauche de la Meuse, en aval de Sedan, en amont de Mézières-Charleville.

Le **canal de l'Oise à la Sambre**, partant de la Fère, remonte longtemps la vallée de l'Oise, comme canal latéral à cette rivière, qui, dans ces parages, n'est point naturellement navigable. Après l'Oise, il suit un de ses affluents, le Noirieu, puis il passe aisément dans le bassin de la Sambre, tributaire canalisé de la Meuse. L'eau de ses éclusées lui vient du réservoir de Boué et de quelques ruisseaux confisqués à la Sambre.

Le **canal de Saint-Quentin** commence sur le canal latéral à l'Oise, entre la Fère et Chauny, sous le nom de **canal de Crozat**; une tranchée de 2 kilomètres lui ouvre le faîte entre Seine et Somme. A Saint-Simon, il atteint la Somme, dont il remonte la vallée jusqu'en amont de Saint-Quentin ; puis deux tunnels, dont l'un, celui du Tronquoy, n'a pas moins de 5670 mètres, le mènent au Catelet, dans le vallon où l'Escaut vient de naître ; de là jusqu'à Cambrai, le canal suit le cours de ce petit fleuve franco-belge. De Chauny à Cambrai, sa longueur est de 96 kilomètres ; ses 35 écluses reçoivent leurs eaux de l'Oise, de la Somme, de l'Escaut, et, par une rigole de 22 kilomètres, celles du Noirieu, tributaire de l'Oise.

III. DE LA SEINE A LA LOIRE

1° De la Seine à la Vire. — Quand, du Havre à Honfleur, on a traversé l'estuaire où la Seine se mêle à la Manche, on aborde sur une plage de peu de profondeur que découvre au loin la mer basse. Sables et vases travaillent ici à l'agrandissement du continent ; déjà les anciennes falaises ne craignent plus le flot qui les rongeait, l'ancien rivage est dans les terres.

Au delà de Villerville, dont beaucoup de baigneurs font en été leur passager séjour, un joli fleuve normand, la **Touques**, arrive en mer sur une plage sablonneuse, entre Trouville et Deauville, bains à la mode qu'un jour la mode abandonnera sans doute pour donner à d'autres lieux ses frivoles faveurs. La Touques, longue d'un peu plus de 100 kilomètres, sort du **Merlerault**, pays d'herbages touffus, patrie de chevaux excellents ; elle coule dans le **pays d'Auge**, terre de craie et d'argile grasse qui a de beaux chênes et de beaux hêtres, mais qui leur préfère les pommiers dont se fait le meilleur cidre ; cette contrée, où tout vient à souhait, brille comme le Merlerault par le luxe de ses pâturages, par la force, la santé, le lustre de ses animaux ; le petit fleuve y reçoit l'Orbec à Lisieux, la Calonne à Pont-l'Évêque ; l'une et l'autre rivière ont pour commencement une fontaine superbe : surtout l'**Orbec**, né de la source de la Folletière, que peu valent en Normandie, dans cette province où jaillissent pourtant de si belles eaux pérennes. La marée enfle la Touques jusqu'à Pont-l'Évêque.

Après la Touques la Dive, après la Dive l'Orne, qui s'unissent à la Manche sur un lit de sables apportés par la mer : ces sables, la Manche les tire des écueils du Calvados, peu à peu réduits de roc en rocaille, et de rocaille en grains transportés par les flots où bon leur semble. La **Dive**, longue de 100 kilomètres, navigable pendant 28, vient du Merlerault comme la Touques, et, comme elle, s'avance vers la Manche entre deux villes de bains, Dives et Cabourg, près de Houlgate et de Beuzeval qui bâtissent aussi des hôtels et des chalets pour ceux qui viennent demander la force ou le plaisir à l'écume salée.

L'**Orne** (155 kilomètres), ruisseau devant Séez, rivière à peine devant Argentan, coule dans les sinueux défilés d'Harcourt-Thury ou Thury-Harcourt, site normand qu'on pourrait croire limousin, et presque alpestre ou pyrénéen : l'humble fleuve, au pied de roches escarpées, y quitte les bois et les prairies du Bocage pour la plate nudité de la **Campagne de Caen**, sol calcaire et sec, exubérant en froment, en orge, en colza. A Caen, riche en monuments du moyen âge, l'Orne se verse en partie dans un canal latéral permettant à cette ville d'envoyer des caboteurs à la Manche, des navires à l'Angleterre. Ce canal, profond de 4 mètres [1], entre en mer, ainsi que les deux branches de l'Orne, près d'un bourg qui porte le nom singulièrement germanique d'Ouistreham.

En 1588, l'Invincible Armada, que les éléments plus

---

[1] On veut porter sa profondeur à 5 mètres.

que les Anglais mirent à mal, perdit un de ses vaisseaux, le *Salvador*, sur un écueil du littoral qui continue vers l'ouest-nord-ouest les sables où l'Orne s'achève : littoral où de vieux villages, Lion, Luc, Langrune, Saint-Aubin, Arromanches, deviennent rapidement des villes de bains. Quand la Terre sera normalement peuplée, toute plage favorable aura suivant son climat des villas d'hiver ou des villas d'été : non seulement parce que la mer restaure, mais surtout parce que les casinos ont des tables de jeu, et que la frivolité, la vanité, le luxe, tout ce qui est petit en face de ce qui est grand, règnent souverainement autour de ces palais du Hasard.

On appela cet écueil le Salvador, puis, par corruption, le **Calvados**, nom qui est resté à tout un archipel de rochers calcaires sous-marins, et d'autant plus dangereux; et de cet archipel ce nom a passé à l'un de nos vingt-trois départements maritimes. Ces traîtres rochers sont les racines d'antiques falaises qui ont croulé dans le flot. Il n'y a pas encore quatre cents ans que la Normandie avait là une de ses forêts, Hautefeuille, vis-à-vis de Bernières et de Langrune, dans des lieux où la mer se livre maintenant à cet éternel travail du flux et du reflux qui semble une œuvre de Sisyphe, mais n'en a point l'inanité, puisqu'il fait et défait la Terre. Cet ensemble de hauts fonds a 26 000 mètres de long sur près de 4000 de large ; les plus élevés de ses blocs dépassent à peine d'un mètre le niveau des très basses mers. Le Calvados, à l'occident de la traînée, s'élève presque en face d'Arromanches, à une certaine distance à l'ouest de l'embouchure de la Seulles (60 kilomètres), petit fleuve du Bocage que l'effort de la mer contre le littoral a raccourci de 3 kilomètres en moins de trois siècles ; il finit maintenant à Courseulles, bourg qui a plus de cent parcs pour l'engraissement des huîtres.

D'Arromanches aux grèves de la Vire, la côte est une âpre falaise que n'interrompt aucune large brèche pour l'entrée d'un fleuve ou tout au moins d'un ruisseau. A

Port-en-Bessin, des filets d'eau s'échappent de la roche ou soulèvent à marée basse le sable du littoral. Ce ne sont pas là des fontaines ordinaires : à 3 kilomètres au sud, non loin de Bayeux, deux rivières se rencontrent : l'Aure (40 kilomètres) et la Dromme (60 kilomètres), venues toutes les deux du Bocage normand. A peine réunies, elles entrent dans les quatre **Fosses du Soucy** : Fosse Tourneresse, Fosse Grippesulais, Grande-Fosse, Petite-Fosse, bassins gercés de bétoires ou crevasses ; des herbes, des broussailles, des souches, des bois morts cachent ces trous qui boivent l'eau sans bruit, sans tourbillons, sans cascades. Pendant les deux ou trois mois de grandes pluies la rivière n'est pas dévorée tout entière, elle suit la pente de la vallée jusqu'à l'Aure Inférieure, affluent de la Vire ; mais pendant les trois quarts de l'année les quatre gouffres arrêtent net la rivière. Entrées sous l'ombre, les eaux se divisent : une partie va rejaillir sur la côte à Port-en-Bessin, dans la direction normale de la Dromme, à travers une rangée de collines ; le reste ressort à moins d'un kilomètre et demi de la dernière des Fosses, par une grande fontaine, source de l'Aure Inférieure. Celle-ci, rivière de 12 mètres de largeur continuant la direction de l'Aure Supérieure au-dessus du confluent, s'engouffre de nouveau cent mètres après sa naissance ; puis, revenue définitivement au jour, serpente dans les herbages d'Isigny, parmi les magnifiques prairies du **Bessin**. Comme il y a une Provence de la Provence, les Maures, il y a une Normandie de la Normandie, le Bessin : cette contrée de calcaires et de polders, ce pays de lait et de beurre, reçut plus de Normands que la région rouennaise ; la langue scandinave y régna deux cents ans, ce qu'elle ne fit point dans la Haute-Normandie ; et l'on dit que le type du Nord y domine plus qu'ailleurs en France, sauf dans la presqu'île du Cotentin, au delà de l'estuaire de la Vire.

Les roches de Grand Camp regardent cet estuaire de la Vire, vastes grèves et sables que recouvre la haute mer, bancs de vase fiévreuse que peu à peu les digues et les dessèchements transforment en polders. Sur ces rives prospère une industrie qui s'empare de plus en plus de nos côtes : on y drague l'huître, on la parque, on l'engraisse, on l'instruit même en ce sens qu'on l'habitue à fermer strictement ses coquilles pour garder son eau de mer. Et tous ces soins hypocrites pour la manger plus vivante !

La Vire (132 kilomètres) descend du **Bocage normand**, granits, schistes et grès rouges, nature un peu sombre et sauvage, encore Normandie par la fraîcheur des prés, la beauté des arbres, l'industrie des bourgs ; mais ses villages d'où l'on émigre comme d'Auvergne, ses hameaux où la vie fait plus que réparer les brèches de la mort, ses animaux qui n'ont ni la taille, ni l'opulence de chair, ses champs indigents, ses rocs épars, l'hiver qui charge de neige des hêtres et des châtaigniers au lieu d'y mouiller de pluie, comme dans le bas pays, des peupliers, des ormes et des chênes, rien de cela ne rappelle la province à la fois fertile de sol et stérile en hommes dont le Tasse eût pu dire autant que de la Touraine, qu'elle est agréable, délectable et molle. La Vire baigne le beau val de Vire et Saint-Lô : navigable à ce jour pendant 22 kilomètres, elle le sera sur 100 quand on l'aura munie des 42 écluses qu'il lui faut sur ce tortueux chemin de vingt-cinq lieues. Au sud-ouest de son estuaire, le plan de ses grèves se continue par la platitude des prairies de Carentan que les eaux noieraient sans les digues élevées contre le flot de mer et contre des rivières traînantes : la Taute (55 kilomètres), la Sève et l'**Ouve** ou Douve (70 kilomètres). Ces prairies, d'ailleurs, ne furent point toujours terre ferme ; le marais qu'elles remplacent et qui, sans les levées, les remplacerait à son tour, fut un fiord de la mer, une eau tranquille où les siècles déposèrent la matière des herbages de Carentan. C'est à travers ces terres molles, entre la Vire et l'Ay, que Napoléon projeta, qu'il commença même un canal pour éviter aux navires de tourner le Cotentin du nord.

2º Cotentin ; îles Normandes ; le Mont Saint-Michel.
— L'Ouve est la principale rivière du Cotentin ; un de ses affluents, qui coule devant la triste Valognes, grandeur déchue, s'appelle Merderet. Disons à l'honneur du Nord que les noms de ce genre y sont beaucoup plus rares que dans le Midi ; c'est à peine si l'on peut citer au nord de la Loire le Merderet de Valognes, un Merdaret, un Merdereau et deux ou trois Roulecrotte ; tandis que dans le Sud, on rencontre en foule des Merdaillon, des Merdalou, des Merdaret, des Merdaric, des Merdariou, des Merdanson, des Merdens, ruisseaux dignes de leur nom, faute d'assez d'eau pour laver les grèves de leur lit dans ces pays du soleil.

La presqu'île du Cotentin, granitique et schisteuse, est la seule grande en France avec la Bretagne ; elle peut avoir 330 kilomètres de tour, à grandes lignes, sans tous les petits retraits, bien moins nombreux que jadis, car les alluvions y ont effacé beaucoup de fleurs ou flieurs, c'est-à-dire de baies [1]. Par son climat doux, son ciel tout en pluies fines, ses prairies humides, ses fleuves que la mer guette et dévore avant qu'ils ne soient grands, ce vaste bloc entouré de flots sauvages rappelle, plus qu'aucune autre région française, l'herbagère et moite Albion. Falaises, grèves, sables et dunes s'y suivent le long des eaux irritables ; mais partout la côte est frangée de criques, et où la nature n'avait point échancré de ports, l'homme en a taillé.

Le rivage oriental du Cotentin va de l'estuaire de la Vire à la pointe de Barfleur. Son meilleur port, Saint-Vaast, abrité, profond, cultive l'huître ; il a failli devenir ce qu'est aujourd'hui Cherbourg, une forteresse,

---

[1] *Fleur, flieur,* c'est le *fjord* ou *fiord* norvégien, resté dans la langue du pays comme un héritage des colons normands.

un arsenal, un grand port de guerre à l'encontre des Anglais ; Cherbourg fut préféré pour diverses raisons. La rade de la Hague, où s'ouvre le port de Saint-Vaast, est marquée d'une croix noire dans les annales de la France : en 1692, nous y perdîmes l'empire de l'Océan, dans une bataille livrée par Tourville aux flottes unies d'Angleterre et de Hollande. Or, pour un peuple bloqué par les Vosges, les Alpes, les Pyrénées, ayant derrière lui toute l'Europe, à sa droite l'Angleterre, toujours ennemie, et à sa gauche l'Espagne dont l'empire ne voyait jamais coucher le soleil, perdre la mer, c'était perdre sa part du monde.

A la pointe de Barfleur, éclairée par un superbe phare, commence le rivage septentrional, où Cherbourg règne sur un golfe très évasé : Cherbourg dont d'immenses travaux, commencés en 1686 par Vauban et finis en 1858, ont fait, à coups de millions, l'un de nos cinq grands ports militaires. Une digue de 3780 mètres, dominant la basse mer de plus de 9 mètres, distrait de la rage des vents et de l'inconstance des flots 1000 hectares, dont 200 pour les plus grands navires de guerre ; cela suffit à 400 vaisseaux de haut bord.

Au cap de la Hague, roche syénitique, la côte vire au sud : on admire d'abord les rochers grandioses du Nez de Jobourg, terminant, à 128 mètres de hauteur, un plateau dont les arbres nains sont tordus par le vent de la mer. Ensuite viennent Diélette, petit port ; les falaises granitiques de Flamanville, moins hautes et non moins belles que celles du Nez de Jobourg ; la grève où la **Sienne** expire, fleuve de 75 kilomètres qui se forme dans le Bocage normand et reçoit, avant de s'ouvrir sur la mer, la Soulle (45 kilomètres), au bord de laquelle est bâtie Coutances. Enfin l'on arrive à Granville, port de pêche dont les femmes doivent sans doute leur célèbre beauté brune à des ascendants méridionaux. A 12 kilomètres de cette ville, les **îles Chausey** (300 habitants), durs granits, fournissent à Paris une partie de ses pavés. Elles tinrent au continent, même elles ne s'en seraient séparées qu'il

y a mille ans, quand disparurent les terres qui portaient
la forêt nommée *Scisciacum nemus* par les vieux documents. A marée haute, on en voit cinquante, dont quinze,
n'étant pas absolument roche pure, ont quelque terre et
un peu d'herbe; à marée basse elles sont plus de trois
cents : non pas des îles à vrai dire, mais des îlots et des
écueils où le flot laisse, en s'en allant, des fucus.

Les îles Chausey sont françaises, ce que n'est plus
le bel archipel qui surgit à leur nord-ouest, les **îles
Anglo-Normandes**, appartenant à l'Angleterre malgré
leur voisinage du Cotentin, malgré l'origine normande
et le patois normand de leurs insulaires, au moins de
ceux des campagnes, car l'anglais est de plus en plus parlé
dans les villes. Ces îles, six à sept fois plus peuplées
en moyenne que la France, ont 90 000 habitants sur
moins de 20 000 hectares. Elles sont séparées du continent (dont elles ont fait partie) par le Raz Blanchard, le
Passage de la Déroute, l'Entrée de la Déroute : ce sont
là des détroits où la coquille de noix que nous nommons navire bataille contre des vents enragés et des
courants de 16 kilomètres à l'heure, sur des bancs et des
roches, antique assise d'un sol qui porta des champs
et des hommes. Les îles anglo-normandes, que les Anglais
appellent Iles du Canal, c'est-à-dire de la Manche, sont
quatre : **Jersey** fait à elle seule les trois cinquièmes de
l'archipel, en étendue comme en population; **Guernesey**
en fait juste le tiers. **Aurigny**, à 15 kilomètres à peine du
cap de la Hague, est l'Alderney des Anglais; **Serck** est
un rocher d'aspect terrible, d'abord périlleux. Alderney,
Guernesey, Jersey, Chausey, ces quatre noms se terminent par *ey*, mot scandinave qui veut dire *île* : il est
possible que Jersey signifie l'île de César, et probable
que Guernesey répond à Ile-Verte [1].

---

[1] On disait autrefois *Grenesey*, qu'il est facile de prendre pour
une corruption de *Grœnsey*, Ile-Verte. Dans ce même idiome scandinave, *Grœnland* veut dire Terre-Verte, comme on sait; et pourtant
c'est un pays de frimas éternels.

A la marche de la Normandie et de la Bretagne, la Sée, la Sélune et le Couesnon filtrent dans les sables mobiles de la baie du mont Saint-Michel. La **Sée** (60 kilomètres) coule au pied d'Avranches ; sa portée moyenne est de 5 à 10 mètres cubes, ainsi que celle de la **Sélune** ou Célune (70 kilomètres) : celle-ci reçoit la Cance, qui bondit de roc en roc, à Mortain, ville pittoresque ; une de ses cascades a 20 mètres ; le **Couesnon** (85 kilomètres) finit par une vallée marécageuse.

La baie du **mont Saint-Michel** termine le littoral de la Normandie, qui n'est plus avec la Saintonge et la rive des Basques la patrie de nos meilleurs marins : à la Bretagne, à la Provence revient aujourd'hui cet honneur. Elle se nomme ainsi d'un bloc granitique de 60 à 70 mètres de haut, de 900 mètres d'enceinte, escaladé par des tours, des remparts, des maisons, avec une église et une superbe abbaye au sommet. Roche sombre et murs austères, ces remparts, ces tours, ces précipices, ces clochers, ce couvent, cette église, ce granit percé de cryptes autant que couronné de monuments, tout ce prodigieux amphithéâtre qui fut citadelle, monastère, pèlerinage et prison, qui brava les Anglais et les Calvinistes, ce moutier de Bénédictins, thébaïde entre le ciel et l'eau fondée au huitième siècle, refaite au treizième, agrandie, reprise, restaurée depuis, cet auguste musée mérite cent fois le nom de *la merveille* donné aux plus belles salles de son immense architecture. C'est une gloire de la France, un triomphe de l'art, une apparition sublime. De toutes les îles françaises la plus petite et la plus belle, cette roche est à la veille de perdre ses grèves, ses vagues, ses festons d'écume, ces beautés de la nature autour des miracles de l'art ; le continent va reprendre dans la baie 25 000 à 30 000 hectares qui lui appartenaient jadis et qui furent des prés, des champs, une grande forêt et des bourgs ou villages dont tout n'a pas disparu : il en reste le souvenir, les noms, des débris cachés sous l'onde, et quelquefois mais très-rarement

Le mont Saint-Michel.

entrevus pendant certains reflux, quand la Manche est extraordinairement basse. En attendant les levées qui la fermeront à la poussée des vagues, la mer, dans ses grands jours, y monte de 15 mètres : élévation qu'elle n'atteint ou ne dépasse qu'à Saint-Malo, et hors de France dans la baie de la Severn (Angleterre), dans la baie de Fundy (Amérique du Nord), à l'entrée du détroit de Magellan (Amérique du Sud). A cette hauteur de marée, le flot apporte et disperse ici 1345 millions de mètres cubes, et 700 millions en mortes eaux. C'est à cette puissante irruption que l'île devait son nom de *Saint-Michel-au-Péril-de-la-Mer*.

3° Du mont Saint-Michel à la borne de l'Océan; petits fleuves, grands estuaires.—Au Couesnon s'arrête la Normandie et commence la Bretagne. De ce fleuve à la pointe du Château-Richeux, sur la rive méridionale de la baie du mont Saint-Michel, la mer a été diminuée par l'industrie de l'homme, et la vieille rive est au loin dans les terres; elle s'élève au-dessus des 15 000 hectares du **Marais de Dol**, petite Hollande ayant ses digues parfois ébréchées par les assauts du flot, ses canaux, ses moulins à vent, ses marais, ses brumes grises. De ce plan d'alluvions sauvé de la Manche par une levée de 45 kilomètres faite à partir du onzième siècle, jaillit brusquement le mont Dol, ancien îlot granitique de 65 mètres; il y a mille ans, cette butte qui commande un vaste horizon de terre et de mer était exactement, les grands monuments en moins, ce qu'est à ce jour le mont Saint-Michel dans sa baie tour à tour grève, mer qui vient, mer étalée, mer qui s'enfuit.

La pointe du Château-Richeux est le premier roc littoral de la fameuse côte de Bretagne, que des glaciers façonnèrent, puis que la mer ourla de promontoires, d'anses, d'estuaires dans le granit et dans le schiste, celui-ci plus entamable et se prêtant mieux au creusement des grandes baies, comme sont la rade de Brest et

Dinan.

le golfe de Douarnenez. Les glaciers ne travaillent plus à strier, à user, à polir ou à transporter les roches bretonnes, l'Armorique n'ayant plus un climat assez froid, des monts assez hauts; mais la mer est toujours à l'œuvre devant ces caps abritant les ports d'où s'élançaient nos plus braves corsaires, d'où sortent nos plus durs marins; jour et nuit elle cisèle ce rivage. Aussi, que de récifs fendent les navires, écueils isolés ou traînées blanchissantes qui sont les avant-postes ou plutôt les arrière-gardes du continent!

On y rencontre tout d'abord Cancale, aux huîtres fameuses; puis une sombre ville de granit, une patrie de grands hommes, un asile de loups de mer, Saint-Malo, place murée qu'un bassin à flot sépare de Saint-Servan, son égale en population, mais non pas en gloire. La mer y monte de 15 mètres aux marées d'équinoxe; il semble alors que sans l'obstacle des remparts elle balaierait le vieux repaire de nos forbans, comme elle a déjà délayé, du douzième au quinzième siècle, l'isthme de prairies marécageuses qui liait le continent actuel au front de roches devenu l'île de Cézembre, écueil isolé. La **Rance** (110 kilomètres), fleuve du Méné, navigable depuis la charmante ville de Dinan, finit devant Saint-Malo par un lit qu'un des grands fleuves du monde emplirait à peine. Tout le long de ce littoral de Bretagne s'ouvrent de vastes estuaires que remontent les navires, mais bientôt ce qui semblait une immense rivière s'étrangle en un ruisseau : Plus de marée, plus de fleuve ! c'est le blason de ces faux Saint-Laurents.

A la Rance succède l'Arguenon (50 kilomètres); à l'Arguenon le Gouessan (40 kilomètres); au Gouessan le **Gouet** (48 kilomètres), navigable jusqu'au port de Saint-Brieuc. Gouessan et Gouet tombent dans la baie semicirculaire de Saint-Brieuc où la mer basse découvre de vastes sables. Ici l'Océan conquiert : depuis la fin de l'Empire romain, il aurait ajouté 31 000 hectares à son domaine entre le cap d'Erquy et les îles de Saint-Quay.

Aux lieux où ces sables finissent, au delà de Binic, port profond, la rade de Portrieux doit son calme aux dites îles de Saint-Quay, grands rocs de granit faisant un brise-lames d'environ 8 kilomètres, à 5000 ou 6000 mètres du littoral : c'est de là que part tous les ans à la fin d'avril ou au commencement de mai, dans l'après-midi d'un dimanche, la flotte de terre-neuviers que les ports de la baie de Saint-Brieuc expédient à la pêche aux bancs. Il y a là, plus ou moins, 4000 hommes de mer. L'heure venue, l'ancre levée, le canon tonnant, les navires s'ébranlent ; la foule des parents et des amis, pressée sur la rive, envoie ses adieux aux pêcheurs qui, tête nue, debout, chantent sur le pont le cantique *Ave maris stella*.

Vers Paimpol, qui par ses corsaires fut un petit Saint-Malo, qui l'est encore par ses marins, la côte devient véritablement « bretonne » dans l'acception sauvage et même sinistre de ce mot : au moindre vent, la mer s'émeut sur des écueils sans nombre, elle secoue et traîne les galets avec un bruit de ferraille, elle entre en tonnant dans les cavernes, et les promontoires tremblent ; elle est aussi plus bretonne que de la baie du mont Saint-Michel à Paimpol, parce que le français, bien qu'en très grand progrès dans les villes, et même à la campagne, n'a pas encore enlevé au vieil idiome breton la pleine souveraineté du rivage qui va de la rade de Portrieux à l'embouchure de la Vilaine.

L'Océan de Bretagne n'est pas seulement un dévoreur d'hommes, un démolisseur de rocs, un rouleur et traîneur de cailloux, un souffleur de vents lugubres, un hurleur de sanglots. Sans lui mourraient de faim les Bretons, si nombreux sur leur sol ingrat. Certes, ils doivent avant tout à sa marée, à ses ports profonds d'être un peuple de matelots, une race de héros ; mais c'est aussi lui qui leur fait le doux climat de la côte armoricaine, devenue grâce à ses haleines un jardin de primeurs ; lui qui les nourrit de poissons ; lui qui leur apporte, pour féconder leurs champs, les plantes marines et la tangue, vases calcaires merveilleusement utiles à la vieille presqu'île, où précisément le calcaire manque.

En suivant cette mer qui sait parfois sourire, le voyageur rencontre successivement : l'île de Bréhat (1100 habitants sur 309 hectares, îlots compris), qui commande l'estuaire de la rivière de Guingamp ; le **Trieux** (72 kilomètres), navigable depuis Pontrieux ; les Épées de Tréguier, si néfastes avant que brillât sur leurs galets la lumière du phare des Héhaux ; l'estuaire du **Tréguier** (55 kilomètres), qui porte des bateaux jusqu'à la ville de ce nom ; l'embouchure du **Guer** ou Léguer (70 kilomètres), rivière encaissée, tortueuse, praticable aux navires à partir de Lannion ; l'estuaire du **Dossen**, qui mène jusqu'à Morlaix des navires de 300 à 400 tonnes ; l'estuaire du Penzé (50 kilomètres) ; Saint-Pol-de-Léon, récemment encore menacé par la marche des dunes : cette ville, célèbre en Bretagne par un clocher d'une légèreté grande, est si calme, si déserte que les gens de Morlaix, cité plus vivante, disent railleusement : Nous sommes à trois cents lieues et à trois cents ans de Saint-Pol.

On voit ensuite Roscoff, port de marins vaillants, sous un climat d'une rare douceur, sur un sol d'une extraordinaire fertilité, singulièrement riche en primeurs qu'on se dispute à Paris, chez les Néerlandais et en Angleterre, surtout en Cornouaille. Un chenal de peu de profondeur à basse mer sépare cette ville d'une île dont les femmes sont grandes et belles, Batz, granit de 307 hectares avec 1200 âmes, terre nue sauf des tamaris : nos grands-pères auraient élégamment nommé ce rocher l'empire d'Éole : on y a vu les vents arracher la semence aux sillons. De l'île de Batz à la fin de la Manche, l'Aber-Vrach et l'Aber-Benoît[1], faibles ruisseaux que termine un estuaire, entrent en mer sur une côte jadis impie, quand ses riverains allumaient des feux la nuit pour égarer les vaisseaux ; puis,

[1] Le mot breton *aber* est notre mot *havre*.

Lan-ar-Paganis ou **Terre des Païens** : non point à cause de ces crimes nocturnes, mais parce que le paganisme ou du moins certaines coutumes remontant à l'ère antéchrétienne y ont subsisté jusque dans l'ère moderne. C'est au dix-septième siècle seulement que des missionnaires ont détruit ici les derniers débris des rites païens, si même il n'en reste pas encore beaucoup, mêlés et comme tissés dans les pratiques du christianisme. Fût-elle moins granitiquement têtue que les Armoricains, une race, quelle qu'elle soit, reste longtemps fidèle aux dieux de son enfance. Les fées, les nains, les géants, les trépassés, les fantômes dansant en rond au clair de lune, les spectres dans l'ombre, tout ce que, la nuit, devant les grandes pierres, le Celte d'il y a deux mille ans voyait passer sur la lande, le Breton d'aujourd'hui le redoute encore sur la même bruyère et devant les mêmes dolmens.

On considère que la Manche s'arrête au **Rocher du Four**, bloc de 60 à 70 mètres de hauteur entouré d'eaux clapotantes, et qui bientôt éclairera ces flots par un phare géant. De nos vingt-trois départements maritimes, ce fameux bras de mer où nous avons 1120 kilomètres de littoral, en baigne huit, qui sont le Pas-de-Calais, la Somme, la Seine-Inférieure, le Calvados, la Manche, l'Ille-et-Vilaine, les Côtes-du-Nord et le Finistère.

Ce dernier tire justement son nom[1] de sa situation à la borne de la Manche et de l'Atlantique, au bout de la presqu'île de Bretagne, à la fin des terres.

Qu'il y ait en ces lieux une fin des terres, peut-on s'en étonner quand on voit d'ici la mer effroyable ? On se

[1] Qui devrait s'écrire Finisterre.

demande plutôt comment la France existe encore et pourquoi l'Atlantique ne l'a pas dévorée.

4° De la borne de la Manche aux roches de Penmarch. — La France a sur l'Atlantique 1385 kilomètres de côtes, le long de huit départements : Finistère, Morbihan, Loire-Inférieure, Vendée, Charente-Inférieure, Gironde, Landes et Basses-Pyrénées.

A peine a-t-on tourné le dernier promontoire de la Manche qu'on se trouve dans le chenal du Four, séparant le continent d'un archipel confus d'îlots, de bancs, de rochers, de traînées, tous écueils qui furent terre ferme, comme le chenal du Four lui-même. De cet archipel à l'île d'**Ouessant**, qui se lève à 23 kilomètres du littoral, on traverse le mauvais passage du Fromveur : ce mot armoricain signifie Grand Effroi et le nom breton d'Ouessant, Heussantis-Enez, veut dire Ile de l'Épouvante. — Toute cette mer est terrible ; et comme dit le matelot breton : « Qui voit Belle-Isle voit son île, qui voit Groix voit sa joie, qui voit Ouessant voit son sang. » Prodigieusement irritée par les rochers sous-marins, les îlots, les plateaux, les chaussées, les pointes, elle s'agite avec fureur ou dort avec hypocrisie dans les passages et déferle avec exaspération sur les écueils et les falaises ; elle se démène surtout contre Ouessant, lambeau qui fut continent, puis péninsule diminuée toujours, puis île fatalement condamnée à devenir îlot, bruissement de récifs, et peut-être, pour finir, mer calme et profonde. Ouessant n'a plus que 1558 hectares avec 2500 habitants, famille débonnaire, honnête, unie, faite aux plus durs travaux : les hommes sur la mer qui souvent les dévore, les femmes dans l'eau du rivage dont elles recueillent le goëmon et sur le sol sans arbres dont elles font sortir, maigrement, l'orge, l'avoine et quelques pommes de terre. Des vents affreux soufflent sur cette *Ultima Thule* de la Bretagne, où 6000 à 7000 petits moutons noirs et des chevaux très menus paissent une herbe entretenue par l'embrun, le brouillard et la pluie. Ce n'est pas la « douce France », mais le français en chasse le breton, qui fut le seul langage de ces prisonniers de la mer. Les femmes d'Ouessant, parmi lesquelles il en est tant qui pleurent un père, un mari, des fils, sont blondes, grandes et de belles proportions.

Après avoir dépassé le petit port du Conquet et la pointe de Saint-Mathieu, que les Bretons appellent Pen-ar-Bed ou la Fin de la Terre, on entre dans le beau golfe de l'Iroise où donnent la rade de Brest et la baie de Douarnenez. De la pointe de Saint-Mathieu à la pointe de la Goule ou pointe du Raz, l'Iroise ou Canal d'Is[1] a 34 kilomètres d'ouverture.

La **rade de Brest** s'ouvre étroitement sur l'Iroise par un goulet hérissé de batteries, comme il convient au passage qui garde un arsenal immense, une flotte de vaisseaux de guerre et une sorte de mer intérieure assez vaste pour les évolutions de 400 navires de haut bord. Ce goulet a 5000 mètres de long, 1650 à 3000 de large ; la rade a 36 kilomètres de tour, sans compter une infinité de toutes petites indentations. Sur sa rive septentrionale, Brest est notre premier port militaire de l'Atlantique ; il vaut Toulon, mais il n'a pas conquis l'Amérique ainsi que Toulon l'Afrique ; et de plus en plus la force et les intérêts de la France passent de l'Océan à la Méditerranée.

La rade de Brest reçoit l'Elorn et l'Aune. L'**Elorn** (65 kilomètres) devient estuaire à Landerneau. Près de sa rive droite il reste de **Joyeuse-Garde** un souterrain, une porte et du lierre. Ce château, qu'aujourd'hui tous ignorent, eut une immense popularité chez nos ancêtres, bercés de son nom par les romans de la Table-Ronde : là vécurent ou passèrent Lancelot du Lac, Tristan le Léonais, la blonde Iseult, Merlin, Viviane, des héros, des enchanteurs, des fées, de belles dames, tout un monde épique

---

[1] C'est le nom que les Bretons lui donnent : *Kanol Is*.

et magique, toute une chevalerie qui charma longtemps les nations chrétiennes, quand du breton l'on eût traduit ces beaux contes en français et dans les diverses langues du moyen âge. Rien aujourd'hui n'est plus oublié que cette fraîche source de poésie où l'Europe se désaltéra longtemps. L'**Aune**, dont le nom breton est Aoun, l'une des rivières les plus sinueuses que nous ayons, coule pendant 130 kilomètres. Dans les environs de Châteauneuf-du-Faou et de Châteaulin, elle revient constamment sur ses pas comme la Seine au-dessous de Paris, le Tarn en amont d'Albi ou le Lot au pays de Cahors. Issue des schistes, des granits décharnés de la montagne d'Arrée, elle emporte dans ses eaux l'Ellez qui tombe de 70 mètres par les cascades de Saint-Herbot, et l'Aven ou Hyère qui lui amène le canal de Nantes à Brest. A ce dernier confluent le dit canal s'arrête, l'Aune, suffisamment profonde pour les grosses barques, le remplaçant jusqu'à la rade de Brest. La direction du cours supérieur de ce petit fleuve semblerait devoir le conduire à l'Océan vers Concarneau, entre les rivières de Quimper et de Quimperlé; mais devant les schistes de la Montagne-Noire, l'Aune, bordée de peupliers, tourne du sud à l'ouest dans un val aussi beau que tortueux; non que les roches de la Montagne-Noire aient une prodigieuse hauteur : nulle d'entre elles ne monte à 300 mètres, sauf le Méné-Hom (330 mètres) qui les termine, entre l'embouchure de l'Aune et la baie de Douarnenez; mais l'élévation des monts ne fait pas toujours la beauté des vallées.

La schisteuse **péninsule de Crozon**, nue, stérile, démantelée, où s'agitent partout des ailes de moulins à vent, sépare la rade de Brest de celle de Douarnenez. Elle s'achève par les caps de la presqu'île de Roscanvel, les granits désolés de Toulinguet où s'accrochent quelques bruyères, et le cap de la Chèvre. La presqu'île de Roscanvel est formidablement armée; ce n'est point une roche comme Gibraltar, digne de terminer un monde, l'Europe, et d'en contempler un autre, l'Afrique; mais ses lignes de Quélern ont tant de canons qu'on l'a nommée le « Gibraltar de la France ».

La **baie de Douarnenez** a 10 kilomètres d'entrée, et 4 seulement de réelle ouverture à cause des récifs qui continuent au sud le cap de la Chèvre. Si ce promontoire, au lieu de projeter ainsi une traînée d'écueils, s'avançait vers la pointe du Raz par une véritable levée ou par un dos de collines, la rade de Douarnenez, avec ses 25 à 50 brasses de profondeur, vaudrait bien la rade de Brest. Bordée par douze cents petits hameaux de pêcheurs, dominée, non sans majesté, par les trois cimes du Méné-Hom, elle tient son nom d'une ville qui emploie près de mille barques à la pêche de la sardine.

Des eaux de Douarnenez on passe aux eaux d'Audierne par le raz de Seins, entre l'île de Seins et les promontoires de la **Cornouaille**, au pied de ce cap Sizun ou pointe du Raz que la mer secoue, que même, en ses heures de rage, elle escalade en écume jusqu'au sommet, à 72 mètres de hauteur. Là, quand il passe en barque, le Breton s'écrie :

*Va, Doué, va sicouret da tremen ar Raz :
Rac valestr a zo bihan ac ar mor a zo braz !*

« Mon Dieu, secourez-moi dans le passage du Raz :
Ma barque est si petite et la mer est si grande ! »

A cette pointe de la Gaule (si le mot Cornouaille vient bien des mots latins *Cornu Galliæ*)[1], s'élevait, d'après de vieilles légendes bretonnes, la grande et brillante ville d'Is, qui fut criminelle comme Sodome et que le Ciel détruisit comme elle : Is si belle, dit la tradition, que Paris a pris son nom des deux mots *Par Is*, égal à Is ; son peuple impie et lascif est aujourd'hui couché, raconte

---

[1] C'est bien plutôt le mot celte *Kerné*, qui désigne également la Cornouaille anglaise, presqu'île effilée dont le breton a disparu au siècle dernier.

encore la légende, dans les ruines de ses demeures, sous les eaux de l'étang de Laoual, près de la pointe du Raz, au bord de la baie des Trépassés, dont l'histoire est aussi lugubre que le nom. — C'est là que les remous de ses ondes amènent les cadavres des noyés et les épaves des navires. — Toutefois la tradition fixe mal ce tombeau d'une ville; elle le met aussi sur le plateau du cap de la Chèvre; ou quelque part sous la vague du golfe de Douarnenez; ou ailleurs encore, au bord de l'Iroise, que les Bretons nomment le canal d'Is.

A six ou sept kilomètres de la pointe du Raz, l'île de Seins ou de Sizun, longue de 2500 mètres au plus, n'a que 56 hectares avec 650 habitants. Des flots tumultueux, des écueils, une écume dont l'embrun cache l'île à la mer et la mer à l'île, pas d'arbres, quelques épis d'orge, des landes nues où souffle un vent qui porte avec lui la fraîcheur de l'Océan, l'odeur marine et le fracas des larges eaux vertes, une roche branlante et deux menhirs, voilà Seins, dont les habitants, aujourd'hui pêcheurs et sauveurs de naufragés, furent, jusqu'au siècle dernier, des sauvages, des briseurs de navires, des « démons de la mer, » que vint convertir un missionnaire breton. Avant les Romains, et de leur temps encore, sinon même après eux, neuf vierges habitaient cette île ébranlée par l'Océan : prêtresses de la religion des druides, elles en célébraient les rites sous la lune voilée de l'Armorique ou au flambement des torches, elles disaient l'avenir, elles enchaînaient la tempête; et Seins était un sanctuaire des Celtes.

La nature terrible de la Cornouaille se continue au delà du passage du Raz et des granits grisâtres de l'Enfer de Plogoff, le long des sables fins de la **baie d'Audierne**[1], qui n'est point une baie, mais une légère courbure en arc de cercle. Il n'y a ni villes, ni hameaux, ni prairies, ni moissons, ni jardins sur sa rive sans arbres; on y est seul avec les fureurs de l'Atlantique, et peut-être avec ses

---

[1] Le vrai nom, le nom breton, est *Oddiern*.

sourires : car là même il arrive que le fleuve Océan se calme et s'endort, par des heures de paix, de joie, de soleil où les oiseaux de mer cessent un instant de prédire ou de célébrer la tempête.

La baie d'Audierne se termine par les roches noires de Penmarch, meurtries par une mer puissante. Penmarch fut sous les Valois une rivale de Nantes, elle eut 10 000 âmes ; aujourd'hui c'est un petit port sablonneux.

5° Des roches de Penmarch à la Loire. — Aux pointes de Penmarch, la côte cesse de regarder l'occident pour faire face au midi ; et désormais la mer s'élance avec moins d'exacerbation contre le continent : au large, des brise-lames l'arrêtent : de grandes îles comme Belle-Isle ou Groix ; de petites îles comme Hoëdic ou Houat ; des îlots comme les Glénans ; des écueils, des éclaboussures de rocs, des plateaux sous-océaniens avec noms ou sans noms. Toute cette digue brisée, ou tout au moins ébréchée et découronnée, est le reste des anciens rivages ; Belle-Isle, plus avancée dans l'Atlantique, fit partie d'un littoral antérieur à celui que signalent encore Hoëdic, Houat et les Glénans. Dans cette mer plus calme entrent l'Odet, la Laïta, le Blavet, la Vilaine.

L'**Odet** (60 kilomètres) s'élargit en estuaire navigable à Quimper-Corentin, ville charmante, ridiculisée sans raison, comme Carpentras, Pézenas et Brive la Gaillarde, charmantes aussi ; il finit dans l'anse de Bénodet, presque en face des neuf îles de l'archipel des Glénans (75 habitants), à l'ouest de Concarneau, port de pêche et grand établissement de pisciculture.

Dans la **Laïta** (75 kilomètres) s'unissent, à Quimperlé, deux jolies rivières, l'Ellé et l'Isole, dont les vallées sont fort gracieuses : on a nommé ce pays l'Arcadie bretonne, mais en France on abuse de l'Arcadie aussi bien que de la Suisse. De Quimperlé jusqu'à la mer, la Laïta porte des navires. Le mot breton *quimper* signifie confluent : *Quimperlé*, c'est le « confluent de l'Ellé ».

Le **Blavet** (145 kilomètres), né à 15 ou 18 kilomètres au sud de Guingamp, perce, de Goarec à Mûr de Bretagne, un massif de granit par des gorges profondes. Il baigne Pontivy, Hennebont et forme la rade de Lorient. Lorient, que nous devrions écrire l'Orient, dut sa naissance à des magasins élevés en 1628 par une association de marchands qui commerçait avec l'Inde. Ce port militaire, le premier de nos chantiers de construction, borde non pas précisément le Blavet, mais le **Scorff** (70 kilomètres); puis Scorff et Blavet confondus en un bras de mer vont passer devant Port-Louis, nommé de la sorte en l'honneur de Louis XIII : cette ville, qui décroît depuis que Lorient grandit, s'appela d'abord Blavet, comme son fleuve. De Goarec à Pontivy, le Blavet fait partie du canal de Nantes à Brest; de Pontivy à Hennebont, pendant 60 kilomètres, 28 écluses le rendent capable de recevoir des bateaux de petit tonnage; d'Hennebont à la mer, il est navigable de lui-même.

Le Blavet s'ouvre sur la mer vis-à-vis de **Groix** (4500 habitants sur 1476 hectares). Groix, c'est la vieille Enez-er-Hroeck des Bretons, ce qui signifie en français l'île des Sorcières ou des Fées, peut-être des Prêtresses ou des Druidesses. Défendue par des falaises de schiste, elle a des côtes sauvages, des cavernes profondes que vide et que remplit tour à tour la mer, des anses qui reçoivent la barque des pêcheurs, ses seuls habitants ou à peu près. Les dolmens n'y manquent point, ni les pierres debout, ni les tumulus.

A l'est du chenal de Port-Louis s'ouvre celui de l'Étel, qui mène à la **baie d'Étel**, vaste lagune sans profondeur où se perdent d'étroits ruisseaux. Puis on longe à un littoral fameux par ses mégalithes. Autour d'Erdeven, de Plouharnel, de Carnac, de Locmariaquer, il y a là des milliers de pierres barbares : des menhirs[1] ou peulvans[2];

---

[1] Mot breton qui veut dire pierre longue.
[2] Mot breton qui veut dire pilier de pierre.

monolithes isolés ou plantés en avenues; des croumlechs[1], enceintes de menhirs rondes ou semi-circulaires et rarement carrées; des dolmens[2] et des allées couvertes, chambres de pierres, blocs sur blocs sans ciment, une dalle énorme ou plusieurs dalles formant toiture sur des piliers bruts; des tumulus, buttes arrondies ou elliptiques recouvrant un dolmen; des galgals, tumulus de petites pierres ou de gros cailloux. Ces monuments rudimentaires, généralement faits de granit, on les avait nommés druidiques : on croyait que les dolmens, par exemple, étaient des autels de sacrifice; même on cherchait et l'on trouvait sur leur table les rigoles où coulait le sang des victimes. On croit savoir aujourd'hui que les dolmens, les tumulus, les galgals furent des tombeaux et que ces sortes de monuments sont de tous les lieux et de tous les siècles; il y en a dans les cinq parties du monde : en Sibérie, en Judée, dans l'Inde, aux îles Mariannes, en Afrique, notamment par milliers dans notre province de Constantine; on en éleva toujours, et maintenant encore des tribus sauvages marquent par une pierre debout ou par un cercle de blocs la sépulture des chefs, la limite des territoires, le champ d'une bataille ou tel autre lieu consacré pour eux. A l'île de Pâques, en Océanie, loin de toutes les terres, un peuple disparu tailla dans la lave des têtes colossales, et ces têtes il les planta par le cou dans le sol, en rangs, en groupes, en cercles, comme les Bretons plantèrent leurs menhirs.

Les alignements de **Carnac**, qui s'ajustent à ceux d'Erdeven, sont le plus extraordinaire témoin de ce passé douteux. Là se dressaient onze rangées de menhirs faisant dix avenues : cinq à six cents de ces granits, reste de douze à quinze mille, dit-on, se lèvent encore dans la lande, sur le sable, entre des bruyères et des genêts, au vent de la mer qui est un chant grave, au murmure des pins, vague et

---

[1] Mot breton qui veut dire lieu courbe.
[2] Mot breton qui veut dire table de pierre.

Alignements de Carnac.

sérieux aussi comme la voix des eaux. Chaque année remplace ces genêts et ces bruyères par des cultures sans opulence, chaque année abat quelques-uns de ces sombres blocs peu à peu rongés par la lèpre du lichen; mais tels quels, malgré les vides, bien que la plupart soient tombés, et que beaucoup aient disparu, les peulvans de Carnac montrent toujours plus ou moins leurs dix allées, et d'un bout à l'autre on peut suivre leur onze lignes. L'un des plus grands dolmens de la Bretagne, la Roche aux Fées de Corcoro, s'élève dans ce grand champ de pierres que domine la butte de Saint-Michel, tumulus de 44 mètres de hauteur sans rival en France.

Que nous racontent ces pierres debout? que fût Carnac? un charnier de victoire? un cimetière commun à plusieurs tribus du même sang ou du même culte? un panthéon dont chaque menhir représentait un dieu, un demi-dieu, une force de la nature? était-ce un temple? un lieu consacré? Tous l'ignorent, ainsi que l'âge de ces « fantômes de la lande », monuments gris sous un ciel gris.

« Vous avez vu passer tous les hommes d'Arvor[1], » leur dit un poète breton[2]. Laissés à la seule nature, ils verraient passer aussi les Français; mais le peuple, qui jadis les redoutait, a cessé de les craindre; il les couche ou les brise pour bâtir une grange, enclore un champ, débarrasser un sillon, paver un routin. Carnac aussi s'en va. Ce sont là les embellissements de la France.

La côte de Carnac se termine par la **presqu'île de Quiberon**, ancienne île granitique attachée à la terre ferme par des dunes faisant une levée dont l'isthme n'a pas plus de 60 mètres de large. Des traînées de roches, l'île d'Houat ou du Canard (230 habitants), couverte de blé, l'île d'Hoëdic ou du Caneton (300 habitants), banc de sable garanti par des rochers, continuent cette péninsule et protègent avec elle et avec Belle-Isle la mer inté-

---

[1] Arvor ou Armor, l'Armorique, la Bretagne.
[2] Brizeux.

Dolmen de la Table des Marchands, à Locmariaquer.

rieure où tombent la rivière d'Auray, le Morbihan et la Vilaine.

Belle-Isle-en-Mer, en breton *Guerveur*, terre de gneiss et de schistes, de 18 kilomètres de long, de 4 à 10 de large, de 48 de tour, a 8960 hectares et 10 000 habitants vivant surtout de la pêche et parlant à la fois le français et le breton. Elle envoie à 64 criques les tout petits ruisseaux qui ont gazouillé sur ses pentes nues, entre des coteaux à bruyères, des prairies, de fertiles champs de blé. Dans sa falaise, très orageuse du côté de la grande mer, c'est-à-dire à l'ouest et au sud, dans cette « côte de fer » ou « côte sauvage », deux bons ports, le Palais et le Port-Sauzon ou Port-Philippe, sur le littoral du nord, sauvèrent dix mille caboteurs français de 1789 à 1815. Une partie des gens de Belle-Isle descend de familles acadiennes : l'Acadie, qui fait aujourd'hui partie du Dominion ou Puissance du Canada, sous le nom de Nova Scotia ou Nouvelle-Écosse, était une colonie fondée par la France au bord de l'Atlantique, à côté du Canada. Prise par les Anglais, comme plus tard le Canada lui-même, beaucoup d'Acadiens, traversant l'Atlantique, vinrent demander un asile à la mère-patrie; Belle-Isle en reçut quelques centaines; peu y restèrent, mais les Acadiens sont avec les Canadiens la plus féconde des races.

La **rivière d'Auray**, ruisseau jusqu'au pied de la colline escarpée d'Auray, prend ensuite la largeur d'un grand fleuve, admet la marée, porte des navires et se réunit aux chenaux du Morbihan en face de la plage de Locmariaquer. Plage où se dressait, près du magnifique dolmen de la Table aux Marchands, un menhir de 25 mètres de haut, le Men-er-Hroeck ou Pierre de la Fée : brisé on ne sait quand, on ne sait comment, cet obélisque gît sur le sol, en quatre blocs. Il y en avait aussi un de 25 mètres, dans la Charente-Inférieure; on l'a scié pour en tirer de la pierre à bâtir, et nous sommes allés chercher un obélisque en Égypte!

Le **Morbihan**, qui a, dimensions extrêmes, 17 kilomètres sur 10, tire son nom, nullement français, tout à fait breton, de *mor*, la mer, et de *bihan*, petit. Ce golfe de 15 à 20 mètres de profondeur à marée basse, entre des rives de granit extraordinairement indentées, a des centaines de roches et d'îlots et cinquante îles cultivées ; l'une d'elles, en breton Gavr'enez ou Gavr'iniz, en français l'île de la Chèvre, est célèbre par son galgal, tumulus qui recouvre un grand dolmen ; dans la chambre de ce dolmen, sur les parois du roc, des mains barbares tracèrent des hiéroglyphes en relief qu'on n'a point encore déchiffrés. L'Océan remplit presque à lui seul le Morbihan ; dans ses chenaux innombrables, sur ses béhins, qui sont des champs de vases noires, il ne passe guère que de l'eau salée, tant sont petits les tributaires de ce golfe : l'un d'eux passe à Vannes.

Entre le Morbihan ou Petite mer et le Morbraz ou Grande mer, la **presqu'île de Ruis** baigne dans un climat d'une extrême douceur : le laurier-rose, le grenadier, l'aloès, arbres d'Afrique, y viennent en pleine terre, non par le soleil qui luit sur l'Atlas, mais par les vents humides que l'Atlantique souffle sur cette péninsule de 11 000 hectares où l'on ne compte pas les mégalithes.

La **Vilaine** (230 kilomètres), l'un de nos fleuves côtiers les plus longs, est celui qui a le bassin le plus vaste après l'Adour et après la Charente : elle rassemble les eaux de 960 000 hectares, tandis que la Charente, fille des collines, en égoutte un million et l'Adour, fils des Pyrénées, environ 1 700 000.

La Vilaine ne doit point ce nom fâcheux à des eaux ternes ou bourbeuses dans une vallée sans agrément ; c'est la malencontreuse corruption de *Visnaine*, comme on disait au moyen âge. Ses premières eaux lui viennent du trop-plein de quelques étangs. Elle longe d'abord la sombre colline d'ardoises de Vitré, ville qui a fidèlement gardé le noir aspect d'autrefois, les rues tortes, les ruelles obscures et biscornues, les impasses, les carrefours, les pavés inégaux, les vieilles maisons en bois ou en pierre sculptée, les fortes murailles avec tours et donjon. Elle baigne ensuite la grande et triste Rennes, capitale de la Bretagne jusqu'en 1789. C'est là qu'elle reçoit l'Ille, et en même temps que l'Ille, le **canal d'Ille-et-Rance**, qui unit Rennes au Châtelier entre Dinan et Saint-Malo par une route de 85 kilomètres. — Le bief de partage n'est qu'à 64 mètres au-dessus des mers : de Rennes on y monte par 20 barrages, du Châtelier par 27. Il tire surtout l'eau de ses éclusées de l'étang du Boulet (5 440 000 mètres cubes), lieu de naissance de l'Ille.

Près de Redon, la Vilaine engloutit l'**Oult**, à tort nommée l'Oust, rivière de 150 kilomètres passant à Rohan, bourg dont une grande famille prit son nom, et à Josselin que pare un des plus beaux châteaux de France. Parmi les affluents de l'Oult, il en est deux, la Claie et l'Arz, qui serrent entre leurs vallons parallèles les plateaux arides, les roches grises, les mamelons nus, les marais, les étangs rouilleux, les bruyères et les herbes sèches de la **lande de Lanvaux**. Longue de 50 kilomètres, sur une largeur dix à vingt fois moindre, la lande de Lanvaux est couverte de mégalithes, là surtout où elle s'appelle plus spécialement bois de Brambien, entre Rochefort et Malestroit : malheureusement, presque tous ses menhirs sont maintenant brisés ou couchés de leur long dans la lande. Un troisième tributaire, l'Aff, vient des halliers de Paimpont, petit reste des bois de Brocéliande, qui couvraient il y a mille ans le centre de la Bretagne entre Montfort, Quintin, Loudéac. Brocéliande était la forêt célébrée par les romans de la Table-Ronde; elle ombrageait la fontaine de Barenton, où le grand enchanteur Merlin puisait une eau magique.

La Vilaine se perd dans l'Océan au-dessous de la Roche-Bernard par un estuaire vaseux de peu de profondeur à basse mer. On admet qu'elle lui verse en moyenne 110 mètres cubes par seconde, son étiage extrême n'étant que de 2 mètres et ses crues de 400 seulement. Au sud de la passe du fleuve, on contourne la presqu'île de Guérande, ici bordée de marais salants, là de dunes qu'on a fixées. Guérande, encore entourée de ses vieux murs de granit, domine 2293 hectares de salines qui sans doute n'ont pas toujours existé, car la ville, bien déchue, semble occuper un mamelon de l'ancien rivage. Les deux ports principaux de la presqu'île sont le Croisic et Batz, sur une langue de terre ayant toute apparence d'être une île agrafée au continent par les salines guérandaises. A Batz, qui fait aussi du sel, quelques centaines d'hommes parlent encore le breton, à 35 kilomètres en ligne droite des frontières actuelles de la Bretagne bretonnante.

A l'est de Batz, on tombe sur les dunes d'Escoublac, qu'il était grand temps d'arrêter : quand de mouvantes on les a faites immobiles, elles avaient couvert des hameaux, des vallons et tout un village, l'ancien Escoublac, abandonné depuis cent ans.

On arrive ainsi à l'embouchure de la Loire, qui a 12 kilomètres de large. A cette fin du plus long fleuve de France règne Saint-Nazaire, port récemment creusé pour doubler celui de Nantes, que le mauvais état de la Loire met dans l'impuissance de commercer par grands navires avec les pays transatlantiques.

IV LA LOIRE

1º La Loire : son régime, ses crues, son cours. — Il y a trente ans, nos bons professeurs, étymologistes de la vieille roche, nous apprenaient que le mot Loire, en latin *Liger*, vient, par la chute de deux syllabes finales, des deux mots *lignum gerens*, qui porte du bois. Et en effet, nous disaient-ils, ce fleuve descend de montagnes qui furent très boisées, il traverse des forêts, il est flottable et l'était autrefois à partir de plus haut, il est navigable et le fut évidemment plus que de nos jours, il reçoit des trains de bois, il en reçut jadis; il méritait donc son nom, il n'en pouvait avoir d'autre.

Ces sornettes ont fait leur temps. Nous n'expliquons plus l'origine du mot Loire, et nous avouons l'ignorer. On se demande seulement s'il n'aurait pas la même racine que le nom des Ligures, ce peuple énigmatique, ibère suivant les uns, celte suivant les autres, qui vivait sur le rivage et dans les îles de la Méditerranée.

Ce qui distingue essentiellement la Loire de la Seine, c'est qu'elle déverse des terrains en grande partie imperméables. Sur les 11 505 000 hectares qu'elle draine et où il tombe en moyenne 691 millimètres de pluie par an, 4 500 000 hectares, soit 45 pour 100, n'absorbent pas les eaux; tandis que la rivière de Paris n'a que le quart de son bassin pris par les sols compacts.

Ainsi, dans la moitié du bassin de la Loire, ou peu s'en faut, les eaux tombées à petites gouttes ou celles que l'ouragan jette à pleines cascades s'enfuient à la hâte, parfois d'une course vertigineuse, et le sol ne les boit pas au passage. Qu'il pleuve longtemps ou par brève averse, chaque pli de ces terres imperméables rassemble un torrent, chaque ravin rassemble un fleuve, et ces déluges s'écroulent sur la Loire.

Tous les ans, et souvent plusieurs fois dans l'année, la Loire mène autant de flots qu'un grand fleuve d'Amérique; et ce Mississipi fait d'orages détruit plus que le Meschacébé des Yankees, fait de lacs et de fontaines : la rivière de Nevers, d'Orléans, de Tours n'épuise pas sa colère, comme le fait encore le « Père des Eaux », sur des plages à demi désertes, sur des savanes et sur des marais; ce n'est pas une solitude qu'elle noie, c'est une vallée féconde, parée, pimpante, des jardins, des parcs, des châteaux, des villes, des quais orgueilleux, des ponts superbes, et quand la crue passe, elle menace l'œuvre de vingt générations dont il lui arrive même parfois de troubler les sépulcres [1].

Jadis la Loire avait de vastes étendues à couvrir de flots turbides avant d'injurier les cultures, les jardins, les maisons de sa vallée. En lits vivants ou morts, en flaques, en îles, en longs bancs de sable, en terres vagues, en berges variables, elle avait, par exemple, sept kilomètres de largeur devant Jargeau, et trois et demi devant Orléans, ville où l'on a cru la museler dans un canal de 250 mètres. L'homme de la Loire ressemble à tous les paysans du monde sublunaire : il a fait comme le Sicilien qui s'empare de la lave à peine refroidie du volcan, à deux pas du cratère prêt à vomir encore les entrailles enflammées du mont. Dans le partage qu'il méditait entre sa plaine et son fleuve, il a lésé la Loire, et la Loire se venge.

L'homme de l'Orléanais, de la Touraine, de l'Anjou a donc entrepris d'enchaîner la Loire. Partout où le fleuve n'est pas naturellement contenu par des berges ou des collines, il a construit des levées : d'abord jusqu'à 3 ou 4 mètres de hauteur, puis sous Louis XIV, Louis XV et Louis XVI, jusqu'à 7 mètres. Ces digues, supérieures au niveau des crues moyennes, empêchent le plus souvent l'eau de divaguer sur la vallée ; mais, en forçant les sables à rester dans le fleuve au lieu d'aller se perdre sur les champs latéraux, elles exhaussent lentement le fond de la Loire. Il faudrait relever les digues à mesure ; or, celles-ci ne peuvent monter indéfiniment au-dessus de la plaine.

Devant Orléans, Blois, Tours, dans son lit tel que l'homme l'a voulu réduire, passent assez aisément 6500 mètres cubes par seconde, mais les crues en amènent 8000, 10 000, peut-être 12 000. Il vient un moment où

---

[1] C'est ainsi qu'en 1856 elle a fouillé les ossements du cimetière de la Chapelle-sur-Loire (Indre-et-Loire).

les levées ne peuvent enfermer tout ce déluge : les digues deviennent des crêtes de cascade, elles se ravinent, elles fendent et les campagnes sont lamentablement éventrées. On n'a point encore oublié le désastre de 1856, les digues rompues à 73 brèches, les villes cernées, les plaines triturées, la vallée de Beaufort, qui était habituée à un ruisseau paisible, envahie tout à coup par un fleuve exaspéré, les ardoisières de Trélazé comblées par un Niagara fangeux, quand il avait fallu tant d'années et tant d'hommes pour creuser leurs cavernes dans le schiste des coteaux angevins.

A sa sortie des gorges du saut de Pinay, au-dessus de Roanne, à l'issue d'un bassin de 640 000 hectares seulement, la Loire peut entraîner 7290 mètres cubes par seconde, c'est-à-dire mille quarante fois son étiage. A cette débâcle, quatre fois plus terrible que la Seine à Paris dans la crue de 1876, il faut ajouter l'avalanche qu'amène l'Allier; or, ce frère de la Loire vient d'aussi loin qu'elle, dans un bassin non moins vaste et non moins imperméable; mais, par bonheur, on voit rarement les deux grands torrents jumeaux arriver avec la même fureur au Bec d'Allier; pour diverses raisons, leurs crues ne concordent pas entièrement.

Au-dessous du Bec d'Allier, la Loire en débordement croit peu ou point : les moyennes et grandes rivières d'aval, Cher, Indre, Vienne, Maine, Thouet, Sèvre Nantaise, ne montent jamais au maximum en même temps que les torrents d'amont; puis chaque brèche des levées étale au loin pour sa part la crue sur la vallée; et d'autre part l'excès des eaux va se perdre dans des espèces de bras latéraux indépendants de la Loire en étiage, anastomosés avec elle en inondation. Sur la rive droite, c'est la Cisse et l'Authion, rivières de coteau qui ne s'appartiennent plus qu'à demi lorsqu'elles sont entrées dans la vallée du fleuve, qu'elles suivent parallèlement; sur la rive gauche, ce sont les branches du bas Cher et de l'Indre inférieure, puis le réseau de bras coulants, de bras obstrués, de ruisseaux de plaine qui va des Ponts-de-Cé à Saint-Florent-le-Vieil; sans parler de la rivière d'Angers, lit sans pente qui boit une partie de la crue ligérienne, puis la régurgite. Ce sont là les petits *igarapés*[1] d'un petit Amazone. En aval du confluent de cette rivière d'Angers, qui est la Maine, la Loire ne roule jamais beaucoup plus de 6000 mètres cubes, moins qu'à Roanne.

Si la Loire en crue est grandiose, elle est mesquine en sécheresse : alors c'est un sable aride où coulent çà et là des ruisseaux clairs et, près du bord, un chenal régulier qu'on s'efforce de tenir navigable. La Loire, devant Orléans, peut descendre à 24 mètres cubes par seconde; d'habitude elle roule environ 32 mètres à son entrée dans l'Orléanais. A Chalonnes, en Anjou, grâce au Cher, à l'Indre, à la Vienne, à la Maine, le volume n'est jamais inférieur à 127 mètres. A Nantes il dépasse en tout temps 700; mais les quais de cette grande ville ne serrent pas seulement la Loire, il y a du flot de mer dans le fleuve qu'ils bordent, et ce flot de mer retient et régularise les eaux d'amont. Le module ou portée moyenne est de 985 mètres cubes par seconde.

Donc dix fois trop d'eau ou dix fois trop peu. Pauvre fleuve que celui qui pendant quelques jours de l'année peut noyer, fouiller, disjoindre son val, et qui durant de longs mois porte à peine des barques et n'irrigue point de prairies ! Son bassin a peu de sources puissantes en toute saison comme la Seine, et point de glaciers comme le Rhône ou même la Garonne. On a fait les études de 68 barrages qui, sur la Loire et l'Allier, pourraient retenir ensemble 520 millions de mètres cubes : assez pour verser à la Loire 60 mètres cubes de plus par seconde pendant cent jours d'eaux basses, et les crues seraient diminuées d'autant. Mais ces barrages, les dressera-t-on jamais? Trois seulement sont faits : celui de Rochetaillée

[1] Fausses rivières, bras latéraux.

ou du Gouffre d'Enfer, celui du Pas-de-Riot sur le Furens en amont de Saint-Étienne ; et celui du Saut-de-Pinay, sur la Loire elle-même : ce dernier date de 150 ans ; les deux autres ont été construits sous nos yeux.

Le bassin de la Loire couvre plus du cinquième de la France : 11 515 000 hectares, sur lesquels vivent environ sept millions d'hommes.

A moins de 150 kilomètres à vol d'oiseau de la plage méditerranéenne que, du Peyrou de Montpellier, on voit, blanche et bordée de bleu ; à même distance ou à peu près du Puy, de Privas et de Largentière, dans l'Ardèche, une source jaillit sans bruit, à 1375 mètres d'altitude, sur un versant du Gerbier-de-Jonc (1562 mètres). Le Gerbier-de-Jonc, phonolithe nu, se lève coniquement dans les Cévennes, au midi et non loin du Mézenc.

Oubliant le sage proverbe : « Les petits ruisseaux font les grandes rivières, » on s'imagine volontiers que les grands fleuves ont un grand commencement ; que, sortis du sein mystérieux de la Terre, d'une caverne, d'une forêt, d'un cirque, nés à peine et déjà féconds, ils passent avec la majesté du triomphe, amples, calmes, profonds, vénérables, devant les premiers fossés ou les premiers torrents qui s'attachent à leur fortune. Eh bien ! la source de la Loire entre aussitôt dans une auge, et il peut arriver qu'en humant son filet d'eau claire, un bœuf aux larges naseaux suspende un instant le cours du plus long de nos fleuves.

Au lieu de bondir vers le Rhône, dont la vallée se devine à l'est du haut du Gerbier-de-Jonc, au lieu de descendre au sud vers la Méditerranée comme l'Hérault, la Loire ne tarde pas à tourner au nord pour aller chercher au loin l'Atlantique. Mille chemins, un seul but !

Elle passe au pied de la montagne qui contient le **lac d'Issarlès**, coupe ovoïde sans déversoir. Semblable au Pavin, il repose, à 997 mètres d'altitude, dans une « vasque d'effondrement » dont les bords ardus et nus ont 50 à 150 mètres d'élévation. Si le Pavin, suspendu sur la Couze, menace la vallée qui mène à Issoire, l'Issarlès pend sur la Loire et la Veyradeyre, et la conque où il pèse de tout son poids domine de haut les deux torrents, même par le fond de son entonnoir. Long de 1296 mètres, large de 1007, ce lac a 90 hectares.

La Loire serpente ensuite dans les gorges du Velay (Haute-Loire), où la verdure contraste avec les monts dépouillés et les rougeâtres basaltes. Elle n'a point perdu les allures d'un torrent quand, par 600 mètres environ d'altitude, elle arrive dans le bassin de la cité des dentelles, le Puy, ville étrange qu'elle laisse à 4 kilomètres à gauche, dans le vallon latéral de la Borne. Large de 25 à 50 mètres, limpide sur un lit de pierre, elle passe, par les gorges de Peyredeyre, entaillées dans le granit, du bassin du Puy, lac écoulé, dans l'Emblavès, autre lac disparu ; et de l'Emblavès, elle pénètre dans le défilé de Chamalières, profond de 400 à 500 mètres, entre le Miaune à gauche et le Gerbizon à droite. Viennent ensuite, deux fois moins profondes, les gorges de Saint-Victor, qui sont voisines de Saint-Étienne-en-Forez.

La percée de Saint-Victor s'ouvre, par 380 mètres, sur la plaine du Forez, enfermée entre les monts du Forez à l'ouest et les monts du Lyonnais à l'est, ceux-ci beaucoup plus rapprochés du fleuve que ceux-là. La plaine du Forez, large de 15 à 20 kilomètres et longue de 40, a 62 000 hectares, dont deux tiers sur la rive gauche du fleuve. Elle est de sol froid, avec nombre d'étangs qu'on dessèche, moins pour gagner des prés au dail ou des épis à la faucille que pour détruire les miasmes des eaux mortes ; en même temps, on vivifie le sol par les artères, les artérioles et les rigoles d'un canal qui prend 5 mètres cubes sur les 6 de l'étiage, qui en prendra 10, et même 13, quand la Loire, accrue par des réserves, pourra les fournir. Le fleuve y laisse à gauche, au loin, Montbrison, tout à la lisière de la plaine, au pied des monts du Forez, sur la pente d'un des trente petits volcans qui éclairèrent la vallée du fleuve, si déjà c'était une vallée, son lac, si c'était encore un lac; il y baigne Feurs, qui donna son nom au Forez. A l'issue de ce grand bassin, la Loire s'engage dans de nouveaux défilés : au saut de Pinay, un barrage de 17 mètres de haut profitant d'un étranglement du lit retient 100 à 130 millions de mètres cubes entre des coteaux de granit ; le Saut du Perron est un rapide. Ces deux resserrements passés, le fleuve se calme et s'étend dans la vaste plaine de Roanne, par 275 mètres.

La Loire baigne, à Digoin, les piles de l'aqueduc de 217 mètres qui porte le canal du Centre de la rive droite à la rive gauche du fleuve; puis, laissant à 4 kilomètres à droite Bourbon-Lancy, ville thermale, elle va former l'île de Decize, où commence le canal du Nivernais; après quoi elle passe aux forges d'Imphy et à Nevers.

Aux forges de Fourchambault, à la Charité, au pied de la montagne conique de Sancerre, à Cosne, le fleuve coule encore au nord, comme il ne cesse de le faire depuis sa source, sauf quelques détours; mais vers Briare, où commence un canal menant à la Seine, et vers Gien, il incline à l'ouest et prend décidément le chemin de l'Atlantique. S'il gardait fidèlement sa direction première, il gagnerait la Seine par Montargis, et Paris presserait entre ses quais une rivière plus large et bien plus capricieuse.

La Loire longe ensuite les collines de la **forêt d'Orléans**, vaste de 40 300 hectares en chênes, en charmes et en bouleaux; elle couvrait, il y a deux siècles, 70 000 hectares. Plus bas, devant Orléans, Meung, Beaugency, Mer, Blois, le val du fleuve se relève au nord vers la Beauce, au sud vers la Sologne, le plus souvent par de simples talus ou d'insensibles pentes. Vers Blois commence le « Jardin de la France », de tout temps vanté comme notre paysage le plus accompli. Cette renommée vient de ce que l'ancienne France, celle qui a modelé la nation, notre vraie mère, ne comprenait que la moindre partie du pays

Amboise.

formé par l'alliance de la langue d'oïl et de la langue d'oc. Cette France-là n'opposait à la Touraine que l'Orléanais, l'Ile-de-France, la Champagne et la Bourgogne; elle n'avait pas alors les terres de beauté, Franche-Comté, Dauphiné, Provence, Auvergne, Languedoc, Limousin, Guyenne et Béarn. Plus tard les courtisans, les favoris, les poètes payèrent d'hyperboles, en prose, en vers, l'hospitalité des châteaux royaux ou princiers.

Il faut autre chose que des peupliers, des saules, des îles basses, des châteaux et des parcs pour être la première des vallées dans un pays où passent le Doubs, le Rhône, l'Isère, le Tarn, le Lot, la Dordogne et les Gaves. Toutefois, s'il n'a pas de clus comme le Doubs et le Rhône, de montagnes comme l'Isère, de cagnons comme le Tarn, de créneaux de rochers comme le Lot et la Dordogne, de promontoires de granit et de gneiss comme le Viaur et la Creuse, le val de Loire est une campagne clémente, riante, paisible, parée de villas, de parcs, de châteaux, douce en hiver, lumineuse en été, charmante en automne.

Amboise, au château célèbre, précède Tours, le centre du Jardin de la France. Devant cette ville, à Langeais, à Saumur, aux Ponts-de-Cé qu'un dos de collines sépare d'Angers, à Chalonnes qui a des mines de houille, à Ancenis même, la Loire n'est qu'une ample rivière; à Nantes, c'est un fleuve de grande apparence, mais un fleuve de plus en plus encombré par les sables et par les vases. Les grands navires, jadis, remontaient jusqu'à Nantes; vers le treizième ou le quatorzième siècle ils ne dépassaient plus Couëron, bourg où le Sillon de Bretagne commence à s'éloigner de la rive droite de la Loire. — On nomme **Sillon de Bretagne** des gneiss, des schistes, des granits d'humble altitude couverts de chênes et de bruyères; le fleuve les a séparés des roches de nature semblable qui s'élèvent sur la rive gauche à de variables distances; c'est lui qui, de l'embouchure de l'Authion jusqu'à l'Océan, a fait d'un seul plan granitique deux plateaux dont l'histoire n'a pas été la même : au nord la Bretagne, au midi le Poitou.

Aujourd'hui les lourds navires ne montent plus au delà de Paimbœuf, et encore leur faut-il attendre la haute marée pour entrer en Loire, la barre n'ayant que 4 mètres d'eau à mer basse. Aussi la ville aux quais magnifiques, Nantes, craint de céder à Saint-Nazaire toute la splendeur de son ancien commerce; les marées ordinaires ne lui conduisent que des vaisseaux de 3 mètres à 3 mètres 30 centimètres de tirant.

La Loire, en aval de Nantes et surtout de Couéron, s'élargit. Elle frôle au midi le **Pays de Retz**, fertile en grains; au nord un ancien golfe maintenant remplacé par les marais de Donges et les brières. Les marais de Donges redeviennent golfe en hiver, car alors la Loire les couvre, et ici le fleuve est moins un courant d'eau douce qu'un estuaire d'eau salée; on y élève la sangsue. Les brières sont des prairies tourbeuses : la plus vaste d'entre elles, la **Grande-Brière**, a bien 8000 hectares, à l'altitude moyenne de 3 mètres. Ancienne forêt mouillée, pleine encore de troncs noircis par un long séjour dans la tourbe, on la voit tour à tour, et suivant la saison, nappe sans profondeur où l'on chasse les oiseaux d'eau, prairie où paît le mouton et d'où les Briérons tirent par milliers de tonnes la tourbe, que des bateaux à fond plat nommés des blains mènent à l'étier de Méan, dernier affluent de droite de la Loire.

Le fleuve a 4 kilomètres de largeur devant Paimbœuf, dont la prospérité décroît à mesure que moins de vaisseaux remontent vers Nantes. Il tombe dans l'Atlantique par un estuaire trop ouvert aux vents du large, devant Saint-Nazaire, qui commande l'entrée en Loire comme le Havre l'entrée en Seine : mais le Havre a derrière lui Rouen et Paris, Saint-Nazaire n'a que Paimbœuf et Nantes.

Quand la Loire s'abîme dans la mer, elle a parcouru 1000 kilomètres : c'est le plus long cours d'eau français.

2° Les affluents de la Loire : Allier, Cher, Indre, Vienne et Maine. — De sa source jusqu'à l'Allier, la Loire ne boit que des torrents et deux ou trois rivières sans grande abondance en dehors des semaines pluvieuses. La Borne (48 kilomètres) arrive des monts Vellaves, par le Puy-en-Velay. — Le **Lignon Vellave** ou Lignon du Sud (85 kilomètres), venu du Mézenc, écume tortueusement dans des abîmes si profonds que le père du jour n'en éclaire pas tous les flots, tous les rocs, tous les buissons et les arbres. — L'Ance du Nord (65 kilomètres) descend des monts du Forez par des ravins profonds, boisés, déserts. — L'Ondaine, fille du Pilat, et ruisseau plutôt que rivière, traverse la Ricamarie, le Chambon-Feugerolles et Firminy, villes qui sont, au vrai, de simples faubourgs de Saint-Étienne. — Le Furens (40 kilomètres), issu du Pilat comme l'Ondaine, et régularisé par les trois millions de mètres cubes des réservoirs du Pas-de-Riot et du Gouffre d'Enfer, met en branle, à Saint-Étienne, plus de 300 usines — Le **Lignon Forézien** ou Lignon du Nord (50 kilomètres) part des forêts, des broussailles, des pâtis qui s'étagent sur les monts du Forez jusque dans la froide région où Pierre-sur-Haute déchire des nuages indécis entre le versant de la Loire et celui de l'Allier; torrent dans les gorges, il devient rivière dans la plaine du Forez. — Le Rhin (55 kilomètres), qui descend du Beaujolais, court dans le bassin dénudé d'Amplepluis, rempli de bourgades industrielles. — L'**Arconce** ou Reconce (70 kilomètres) recueille les émissaires de plus d'un étang de l'agreste Charolais, où elle traverse Charolles. — L'**Arroux** (120 kilomètres) frôle Autun, ville ayant gardé quelques monuments romains, qu'il faille y voir ou non la Bibracte gauloise installée maintenant de préférence par les antiquaires sur la cime du Beuvray. Grossi sur sa rive droite par des torrents issus des plus hautes forêts du Morvan, l'Arroux reçoit sur sa rive gauche des ruisseaux d'étangs formés dans les collines houillères où vient de naître, où grandit le Creuzot, immense usine à fer, prodigieuse fabrique de machines : son maître affluent, la **Bourbince** (90 kilomètres), prête sa vallée au canal du Centre. — La **Bèbre** ou Besbre (105 kilomètres), formée dans le Puy-de-Montoncel, arrose la Palisse. — L'**Aron** (75 kilomètres), rivière entièrement morvandelle, s'achève à Decize. — La Nièvre (52 kilomètres), qui finit à Nevers, anime de puissantes forges.

L'**Allier** parcourt 410 kilomètres dans un bassin de 1 400 000 hectares. Quand il rencontre la Loire au Bec-d'Allier, par 172 mètres au-dessus des mers, à 6 kilomètres au-dessous de Nevers, c'est lui qui garde la direction. D'après les uns, il a plus d'eau que sa rivale; d'après d'autres, son module ne serait que de 120 mètres cubes par seconde, les deux tiers de celui de la Loire, lequel atteindrait 180. En outre, la Loire aurait 20 kilomètres de plus et son bassin l'emporterait de 353 000 hectares. Quoi qu'il en soit, l'étiage ordinaire de l'Allier passe pour être de 17 mètres au-dessous du confluent de la Dore, et probablement de 25 en aval de la Sioule, son plus grand tributaire. Quant à ses crues, elles ont presque la puissance de celles de la Loire.

A vol d'oiseau, l'Allier naît à 25 kilomètres au nord-est de Mende, en Lozère, à 1425 mètres d'altitude, au pied du Maure de la Gardille (1501 mètres), dans les montagnes misérablement dépouillées où la forêt de Mercoire, jadis plus vaste, n'habille aujourd'hui qu'un petit nombre de ravins. Mercoire, c'est une corruption de Mercure, qui, sous un nom celtique inconnu, fut le Dieu le plus vénéré de nos ancêtres gaulois. L'Allier marche d'abord vers l'orient, comme pour aller se perdre sans gloire dans l'Ardèche, affluent du Rhône; mais bientôt il tourne au septentrion; et à la Bastide, où le rencontre le chemin de fer de Nîmes à Paris qui lui reste longtemps fidèle, il coule déjà vers le nord. Devant ce glacial hameau situé à plus de 1000 mètres au-dessus des mers, on le franchit d'un bond, mais il s'accroît vite de ruisseaux semblables à lui venus de monts ruinés par des défilés stériles. Divinement limpide, il passe entre les laves du Velay et les gneiss de la Margeride, à de sombres profondeurs dans des gorges souvent nues, quelquefois boisées, dont il était seul à troubler l'auguste silence quand la locomotive n'y sifflait pas encore et que les convois n'y roulaient pas de nuit et de jour sur une voie conquise à force de courbes, de tranchées, de remblais, de viaducs, de ponts et de tunnels. Au bout de ces défilés, dans le bassin houiller de Langeac, l'Allier est déjà rivière grâce à de courts et lucides torrents tels que le Chapeauroux, formé par d'arides ravins de la Lozère ; l'Ance du Sud ; la Seuge, qui baigne la « Suisse de la Margeride » et tombe à la cascade du Luchadou ; la Desge, qui traverse de froides forêts margeridiennes. De nouveaux étroits mènent du bassin de Langeac à la plaine de Brioude, située à 400 mètres d'altitude.

Après Brassac, ville de houilles, après Issoire, après les durs porphyres de Saint-Yvoine qu'il a dû limer pendant bien des siècles pour y forer sa route, il entre dans la fameuse **Limagne,** qui passe pour un paradis terrestre ; et certes peu de nos vallées ont une telle profusion d'eaux vives, de vergers, de grands noyers, d'arbres de toute espèce au-dessus desquels on voit trôner les Dore, les Dôme et les monts du Forez. Tout vient à souhait dans sa terre grasse qu'il ne faut point visiter en temps de pluie : on enfonce alors dans une boue tenace et l'on emporte la Limagne à la semelle de ses souliers. L'Allier y saisit en passant des torrents à cascades fournis par les Dore et les Dôme ; il n'y rencontre que des cités médiocres et laisse à dix kilomètres à gauche la grande ville de Clermont-Ferrand ; puis du même côté, à 15 kilomètres, Riom, trois à quatre fois plus petite que Clermont ; enfin, encore à gauche, Gannat, deux fois moindre que Riom.

De la Limagne à la Loire, l'Allier coule devant Vichy, ville d'eaux fameuse, et à Moulins sous les treize arches d'un pont de 300 mètres. Ce n'est plus ici le torrent froid, pur, fantasque du Velay, c'est un fleuve plat où l'été découvre de vastes bancs de sable. Avant de finir, il lave les piles de l'aqueduc du Guétin (500 mètres en dix-huit arches), qui porte le canal latéral à la Loire.

L'Allier reçoit l'Alagnon, les Couses, la Dore et la Sioule.

Le verdâtre **Alagnon** (85 kilomètres) commence dans les monts du Cantal, près du col et des tunnels du Lioran, et passe à Murat, ville qui pendant de longs mois chaque année grelotte à 937 mètres d'altitude, au pied de son immense rocher basaltique de Bonnevie, haut de 140 mètres; il court dans les sapins et les rochers, plus souvent en cascatelles qu'à lit plan et porte à l'Allier, suivant les temps, de 2500 litres à 550 mètres cubes d'eau par seconde. Ce sont là ses extrêmes. — Les **Couses**, torrents alertes et clairs, coulent sur la lave ou les roches primitives et réunissent dans leur lit d'autres Couses (c'est un nom générique dans ce coin de l'Auvergne) : la Couse de Besse reçoit l'émissaire du lac Pavin et traverse Issoire; la Couse de Champeix, venue du cirque trachytique de Chaudefour, traverse le lac Chambon, et l'on admire sur son cours deux cascades, celles des Granges et celle de Saillans, l'une et l'autre de peu de hauteur; mais leurs flots transparents ont une abondance inconnue à la plupart des cataractes de la montagne d'Auvergne, muettes pendant la moitié de l'année ou dont il ne reste pendant six mois qu'un filet d'argent caché par les branches, les herbes et les ronces. La **Dore** (130 kilomètres) est un courant d'eau verte : elle roule 5 mètres cubes par seconde en temps sec, 700 à 800 dans ses plus grands transports. Torrent plutôt que rivière, elle naît au sud-ouest d'Ambert, dans un massif granitique sans revêtement de lave auquel on n'a pas encore donné de nom général; de ces monts, hauts d'un peu plus de 1000 mètres, elle descend dans le Livradois, bassin qui fut lac, traverse Ambert et, large de 20 mètres seulement, mais très rapide, reçoit la pétulante, variable et pittoresque Durolle, qui court dans Thiers, la ville des couteaux. — La **Sioule** (160 kilomètres), d'une portée moyenne de 35 mètres cubes par seconde, est une fille des Monts Dore. Formée dans des puys de 1200 à 1400 mètres, elle rencontre les laves raboteuses que vomirent les Dôme : quand ces roches fondues barraient son vallon, elle les éteignit à force de les baigner d'une eau qui sifflait et montait en vapeurs dans les airs; puis elle devint un lac derrière leur digue refroidie; elle passe aujourd'hui librement, car elle a scié l'obstacle à Pontgibaud. A l'exception de Saint-Pourçain, nulle ville ne se mire dans ses flots, qui le plus souvent coulent, pour ainsi dire, loin du monde, tantôt bruyants, tantôt lents et sournois, au fond de gorges très sinueuses, très profondes.

De l'Allier au Cher, la Loire admet trois rivières, le Loiret, le Cosson, le Beuvron.

Le **Loiret** n'a que 12 kilomètres. Cette rivière bleue aillit de deux grandes fontaines, dans la vallée même de la Loire, au pied d'un faible talus dont le sommet commence la Sologne, dans le parc du château de la Source, à 6 kilomètres au sud-est d'Orléans, ville qui boit maintenant son onde. La première de ces fontaines se nomme le Bouillon, parce qu'elle sort en bouillonnant; elle forme une petite rivière du sein de laquelle, à 117 mètres en aval, monte sans bruit la seconde source, qui est profonde et se nomme l'Abîme. Il y a deux cents ans, le Bouillon n'existait pas; l'Abîme dégorgeait toute la rivière, et c'est en 1672 que le flot souterrain dont le Loiret est l'apparition se fraya ce nouveau chemin vers la lumière. Ces deux jaillissements, trop célébrés pour leur abondance, ne donnent guère ensemble que 700 litres par seconde à l'étiage; ils proviennent d'infiltrations de la Loire en amont d'Orléans.

Au lieu du cristal du Loiret, le **Cosson** (100 kilomètres) et le **Beuvron** (125 kilomètres) traînent des eaux louches

Bouillon du Loiret.

et lourdes, tribut des étangs de la Sologne. Le Cosson passe devant une merveille de la Renaissance, Chambord, l'un des châteaux les plus grands du monde.

Le **Cher** a 320 kilomètres dans la vallée la plus centrale de la France, 545 même en lui donnant la Tardes pour branche mère. Son origine est à 25 kilomètres en ligne droite à l'est d'Aubusson, dans les monts de la Marche, hauts en ces lieux de 750 à près de 850 mètres. Cette rivière, qui finit par atteindre une largeur moyenne d'un peu plus de 110 mètres, reste longtemps étroite, et fort indigente en été. Elle frôle Montluçon, dont les grandes usines à fer profitent du voisinage des houilles de Commentry, longe la forêt de Tronçais (10 500 hectares), qui montre, avec la forêt de Bellême (Orne), les plus beaux chênes de la France, puis côtoie Saint-Amand-Mont-Rond et Vierzon, ville industrielle. Après avoir baigné les piles de pierre qui portent le gracieux château de Chenonceaux, il entre dans le val de Loire, et dès lors coule près du fleuve et parallèlement à lui. En grande crue, c'est là, derrière Tours, que les deux cours d'eau mêlent leurs débordements; en temps ordinaire, le Cher ne rencontre la Loire que beaucoup plus bas, en face de Cinq-Mars, par 36 mètres d'altitude. Il porte l'Yèvre, l'Arnon et la Sauldre au fleuve de Nantes.

L'**Yèvre** ou Èvre (80 kilomètres), qui se termine à Vierzon, serpente avec l'**Auron** (80 kilomètres) et le canal du Berry dans l'humide vallée de Bourges. Cette ville en amphithéâtre au pied d'une merveilleuse cathédrale occupe à peu près le centre de la France, dans un pays riche en fer, et devient de plus en plus le principal établissement militaire de la nation. L'**Arnon** (150 kilomètres) reçoit la Théols, rivière d'Issoudun. La **Sauldre** (160 kilomètres) sort des craies du Sancerrois, trace en Sologne un grand demi-cercle et traverse Romorantin.

Malgré ces tributaires, le Cher porte en moyenne peu de flots à la Loire, et le canal dont, par lui-même ou par ses affluents il règle les éclusées, le **canal du Berry**,

Château de Chambord.

manque trop souvent d'eau. Cette voie de navigation part du canal latéral à la Loire, entre le Bec d'Allier et la Charité, presque en face de Pougues, remonte le val de l'Aubois, passe, par 200 mètres d'altitude, dans le bassin du Cher au seuil de Fonblisse, et descend l'Auron jusqu'à Bourges, l'Yèvre jusqu'à Vierzon, le Cher jusqu'à 2 kilomètres en amont de Saint-Aignan. Du seuil de Fonblisse, un embranchement descend la Marmande jusqu'à Saint-Amand, puis remonte le Cher jusqu'à Montluçon. En tout, c'est 323 kilomètres; mais le canal, bien que fait en ce siècle, n'a pas assez de largeur. L'Auron, l'Yèvre, le Cher, la Queune, faible affluent du Cher, le réservoir de la Marmande (3 725 000 mètres cubes en 83 hectares), celui de Valigny-le-Monial (3 780 000 mètres cubes en 114 hectares), celui des Étourneaux en amont de Montluçon, tout cela ne lui suffit pas, et l'on parle de prendre des eaux à l'Allier, vers Moulins, d'où l'on ferait partir le canal qui, plus que celui du Centre, est véritablement central.

L'Indre a pour premier jet une modeste fontaine du pied des monts de Saint-Marien (508 mètres), à 20 kilomètres ou un peu plus à vol d'aigle au nord-ouest de Montluçon. Malgré ses 240 à 250 kilomètres dans un bassin d'ailleurs fort étroit, cette jolie rivière n'arrive qu'à 30 mètres de largeur moyenne; elle dort plus qu'elle ne court; paisible et profonde, elle ne ravage point sa vallée de prairies.

Elle traverse la Châtre et Châteauroux; puis, laissant à droite la Champagne berrichonne et ses plaines riches, mais sèches et nues, à gauche la Brenne et ses étangs miasmatiques, elle coule dans une vallée plate, au sein du Boischaut ou Bocage de Berry; elle passe à Loches, qui conserve de beaux monuments du passé monastique et féodal. C'est par 33 mètres d'altitude, au-dessous de Langeais, rive gauche, que l'Indre débonnaire entre en Loire.

Château de Chenonceaux.

La **Vienne** (372 kilomètres), qui vaut presque l'Allier en longueur, qui le dépasse en volume, égoutte un bassin de plus de 2 millions d'hectares. Son nom chez les paysans de ses rives est Vignagne ou Vignane. Elle arrive au jour en Corrèze, à trente et quelques kilomètres à vol d'oiseau au sud d'Aubusson, à vingt au sud-ouest d'Ussel, sur le plateau bossué de Millevache, à la basse du plus haut mamelon du mont Odouze. Puis ses eaux claires, bien que teintées de rouge, usent un chemin de pierre dans une délicieuse vallée, entre des dômes boisés, dans les prairies où paissent les grands bœufs et les forts chevaux du Limousin. Née par 858 mètres d'altitude, elle descend si vite, par Eymoutiers et Saint-Léonard, qu'à Limoges son niveau n'est plus que de 210 mètres. Devant cette ville au loin renommée pour ses porcelaines, elle est large de 75 à 80 mètres, ayant déjà pris leur eau, leur nom, leur gloire à trois rivières inégales qu'aucun été ne peut espérer de tarir, à trois courants faits de ruisseaux nés sur des pelouses éternellement humides, à trois ondes rapides, expansives, indociles, à trois joyeux torrents immortellement jeunes qui, de l'amont à l'aval, et du plus petit au plus grand, se nomment la Combade, la Maulde et le Taurion.

A Aixe, à Saint-Junien, dans tout ce Limousin, « qui ne mourra jamais de sécheresse, » et dans l'agreste pays de Confolens, la vallée de la rivière garde sa verte fraîcheur; dans le Poitou elle s'élargit, perd ses blocs cristallins et devient plus féconde entre des roches calcaires; c'est la Vienne qui fait marcher la manufacture d'armes de Châtellerault; la dernière cité qui s'y baigne est une ville tourangelle, Chinon.

Large de plus de 150 mètres, après qu'elle a bu la Creuse, la Vienne se perd dans la Loire, rive gauche, par 30 mètres d'altitude, à Candes : ce nom celtique, le même que Condat et Condé, veut dire confluent. Elle suit deux routes : d'abord celle de l'ouest, comme pour gagner la mer vers la Rochelle ou Rochefort, par la voie que prend le petit fleuve de Saintonge; puis, quand elle n'a plus que quelques pas à faire pour envahir le vallon de la Charente et noyer dans ses larges eaux les quelques flots jaseurs roulés par ce ruisseau — car ici la Charente est tout près de sa source, — elle tourne subitement vers le nord. Elle reçoit la Combade, la Maulde, le Taurion, le Clain et la Creuse.

La Combade, qui n'a pas plus de 15 mètres de large, mais qui court vite, ruisselle du mont Gargan; c'est une petite Maulde, comme la Maulde un petit Taurion, et le Taurion une petite Vienne.

La **Maulde** (70 kilomètres) atteint 24 mètres de moyenne largeur. Elle sort des plateaux de Gentioux, bruyères et pâtures qui se nouent à celles de Millevache et sont à peu près de la même et grande altitude : 800 à 900 mètres. C'est elle qui tombe dans le Gour des Jarreaux par une cascade voisine de Saint-Martin-le-Château. Extraordinairement sinueuse, d'un brun rougeâtre, elle mène ses eaux turbulentes à la Vienne à six kilomètres de Saint-Léonard, à Lartige, site réunissant tout ce qui fait la fraîche beauté « limousine ».

Le **Taurion**[1] égale presque la Vienne quand il la rejoint à 14 kilomètres au-dessus de Limoges. Long de 100 kilomètres, il arrive à 45 mètres de largeur moyenne. Comme la Maulde, il vient des froides bruyères de Gentioux; ainsi qu'elle, il ne cesse de tourner des promontoires de gneiss et de granit; comme elle il est vif et bruyant, rougeâtre aussi. Point de villes à sa rive, mais il ne passe pas loin de Bourganeuf.

Le **Clain** (125 kilomètres) part d'un plateau de 200 mètres d'altitude, entre Confolens et Civrai. Il est charmant. Il rase la colline de Poitiers, ville aux monuments illustres et tombe dans la Vienne à six kilomètres en amont de Châtellerault. Le Clain dort dans des vallons

---

[1] On écrit aussi Thaurion, Torion, Thorion; et, à bien écouter les paysans, il semble qu'on devrait dire et écrire Tourion.

cernés de rochers ou de talus portant des bois; des fontaines entretenues par des plateaux perméables envoient toute l'année des eaux transparentes à cette rivière sinueuse et profonde. Ses affluents lui ressemblent, notamment la Vonne et la Clouère : la Vonne passe à Lusignan, où nulle grande ruine ne remémore le manoir célèbre par la légende de Mélusine et la famille de rois chrétiens que les Croisés intronisèrent à Jérusalem; la Clouère, à Château-Larcher, effleure le plateau de Thorus, qui est comme un grand musée de mégalithes.

La **Creuse** (235 kilomètres) arrive ainsi que la Vienne du plateau raboteux de Millevache, mais par une route beaucoup plus droite. Elle coule au bas de Felletin et dans la ravine où la ville qui tire un si grand lustre de la splendeur de ses tapis, Aubusson, s'écarte en pattes d'araignée. Au fond d'un bassin fort étroit, qui tient le milieu entre la gorge et le val, entre des prairies penchées, des bois de grands châtaigniers, elle serpente ensuite au long des coteaux houillers de Lavaveix et d'Ahun, puis elle effleure le massif de Guéret, qui domine de 150 mètres ses eaux vives mais sans abondance. Heurtée par des blocs, ridée par des pierres, fuyant sur des dalles, elle n'est point chaude, quoique très brisée, parce qu'elle coule sur des roches froides et qu'elle voit peu le soleil.

Avant de quitter la vallée des prés ruisselants, des granits, des gneiss, des schistes cristallins, des hauts mamelons teints des fleurs de la bruyère, à **Crozant**, au pied de roches monumentales, la Creuse, qui est un glissement d'eau rougeâtre, reçoit la Sédelle, qui est un bouillonnement d'eau noire. Entre les deux rivières, du front d'un coteau, des ruines regardent ce confluent, merveilleux surtout à la première et à la dernière heure du jour. Pans tombés de la forteresse, murs fendus, tours cassées, vaste enceinte, c'est un grand ébrèchement que ce château. Sans doute il eut des maîtres sanglants, mais l'histoire

Bords de la Creuse

ne les connaît point. Il semble pourtant que, d'une aire aussi fièrement accrochée à l'antique frontière d'Oïl et d'Oc, il aurait dû sortir une de ces familles de seigneurs dont le temps fait des dynasties royales. Ce n'est pas du tertre de Bourbon-l'Archambault ou de telle autre butte entre deux vallons qu'on aimerait à voir descendre les Bourbons et les Valois, lignées tragiques ; c'est de Crozant, bloc « fatal », paysage de pierre entre deux précipices.

Après Crozant, au-dessous de Châteaubrun, la Creuse entre en plaine. Elle baigne Argenton et le Blanc, puis, large d'environ 100 mètres, va porter à la grande rivière limousine et poitevine le tribut de la Petite-Creuse, de la Bouzanne, de la Gartempe et de la Claise. — La **Petite-Creuse** (65 kilomètres) touche le coteau de Boussac. — La Bouzanne (70 kilomètres), issue des coteaux d'Aigurande, a des talus et des mamelons couronnés d'anciens châteaux forts. — La **Gartempe** (170 kilomètres) naît à 10 ou 12 kilomètres en ligne droite au sud-est de Guéret, dans des puys de 600 à 700 mètres. Grossie par de nombreux étangs de la Marche et du Limousin, elle prend 50 mètres de largeur moyenne, baigne Montmorillon, recueille l'**Anglin** (80 kilomètres), et tombe dans la Creuse à la Roche-Posay. Claire comme la Creuse, faible comme elle pour la longueur de son cours, coulant longtemps ainsi qu'elle dans des roches dures auxquelles succèdent les calcaires du Poitou, la pittoresque Gartempe est parallèle à la Vienne. — La Claise (80 kilomètres), rivière de 20 mètres de large, conduit à la Creuse les eaux de la Brenne, cette terre d'étangs et de marais peuplée d'hommes hâves.

Seul tributaire notable entre la Vienne et la Maine, le **Thouet** (150 kilomètres) assemble les eaux d'un pays où se livrèrent des « combats de géants », pendant la terrible guerre civile qui reçut le nom de guerre de Vendée. Nom faux, car cette lutte où se perdit tant d'héroïsme commença hors de la Vendée et s'étendit sur le Poitou, l'Anjou, le Maine, la Bretagne; elle versa plus de sang sur le Thouet, la Sèvre Nantaise et la Loire que sur la Vendée et sur les deux Lay. Le Thouet sort de la **Gâtine de Poitou**, terre sans chaleur et sans fécondité, schistes noirs et granits gris, landes, haies vives, étangs ombragés, ruisselets tortueux traînant des eaux d'un rouge noirâtre. Ses flots sans clarté passent dans le profond vallon de Parthenay, contournent le rocher de Thouars et baignent Saumur, que lavent ainsi deux courants inégaux, le Thouet et la Loire. Le Thouet reçoit la **Dive du Nord** (75 kilomètres), rivière marécageuse, canalisée dans son cours inférieur : formée dans un pays calcaire bien différent de la Gâtine de Poitou, la Dive est remarquable par la force de ses sources, par la beauté de son onde.

La **Maine**, seul grand affluent de droite, amène à la Loire le tribut de 2 millions d'hectares. Elle se forme de trois rivières : la Mayenne, la Sarthe, le Loir ; des trois, la Mayenne est la plus courte et la moins abondante ; la Sarthe est la plus forte ; le Loir est la plus longue.

La **Mayenne** (200 kilomètres) garde le nom malgré son infériorité : le mot Maine, évidemment, n'est qu'une forme du mot Mayenne. Le ravin sylvestre où son premier filet d'eau scintille, s'ouvre dans le Mont des Avaloirs (417 mètres), qui porte la forêt de Multonne : ce massif n'a qu'un seul rival, la forêt d'Écouves, dans tout le vaste pays compris entre la Seine, la Loire, le détroit qui assiège la Normandie et l'Océan qui écaille la Bretagne. La Mayenne traverse Mayenne, Laval, Château-Gontier; elle mêle à ses eaux sombres les eaux de la Varenne (65 kilomètres), qui baigne le haut rocher de Domfront, et celles de la rivière de Segré, l'**Oudon** (80 kilomètres), qui a des crues de 400 mètres cubes.

La **Sarthe** (275 kilomètres) est normande par ses sources, mancelle par la plus grande partie de son cours, angevine par son embouchure. Née dans les collines de 300 mètres qui vont des forêts du Perche aux herbages du Merlerault, elle arrose Alençon, le Mans, Sablé. C'est dans le bassin du Mans qu'elle accueille la rivière de Nogent-le-Rotrou, l'ornement du Perche, la charmante **Huisne** (130 kilomètres), dont les méandres gracieux reflètent des prairies et des forêts.

Le **Loir**, bleu, profond, tranquille, a 310 kilomètres; il en avait 318 quand la Beauce, où il naît au sud-ouest de Chartres, était moins sèche; il serpente dans une vallée qui ne manque ni de grâce, ni de fraîcheur; et quel homme, au sortir de la Beauce, cette plaine sans eaux et sans bois, ne serait touché de fouler des gazons au bord de l'onde, au pied des arbres? Il mouille le coteau de Châteaudun, il erre dans le val de Vendôme, il passe à La Flèche. Lorsqu'il se heurte à la Sarthe, dans les prés de Briollay, il a fait 35 à 40 kilomètres de plus que la rivière qui lui prend son nom.

C'est à trois kilomètres seulement en amont d'Angers que la Maine se forme de la réunion de la Mayenne et de la Sarthe augmentée du Loir; c'est à dix kilomètres seulement en aval qu'elle est bue par la Loire près du bourg sagement appelé Bouchemaine. On estime son étiage à 25 mètres cubes d'eau par seconde, dont environ la moitié fournie par la Sarthe, et ses crues à 1500 mètres cubes, dont 600 pour la Mayenne, 500 pour la Sarthe, 400 pour le Loir.

En somme, la rivière maîtresse du bassin de la Maine, c'est, en été, l'Huisne, qui porte alors à la Sarthe 6700 litres d'eau par seconde, tandis que celle-ci n'en roule que 1850.

Après la Maine, la Loire ouvre encore son sein au Layon, à l'Erdre, à la Sèvre Nantaise, à l'Acheneau.

Le Layon (90 kilomètres) est sans abondance : il sort du Bocage angevin et se termine à Chalonnes.

L'**Erdre** (100 kilomètres), qui afflue à Nantes même, n'est longtemps qu'un ruisseau ; mais elle prend tout à coup une largeur de 200 à plus de 1000 mètres, si bien qu'on croirait contempler un des nobles fleuves de l'Univers. Cette expansion d'eau, ce lac allongé, cet ancien fiord pour tout dire, car c'est bien un vieux golfe de la mer, a 20 kilomètres de longueur, jusqu'à toucher Nantes : on lui donne à l'endroit le plus ample le nom de plaine de Mazerolles.

La **Sèvre Nantaise** (140 kilomètres) se termine également à Nantes. La Gâtine de Poitou lui donne la naissance ; lente en son sinueux voyage, de peu de volume, trop opaque pour refléter purement ses promontoires de granit, elle arrose les beaux vallons de Mortagne, de Tiffauges et de Clisson.

L'Acheneau ou Cheneau (21 kilomètres) déverse le **Grand-Lieu**, nappe de 7000 hectares n'ayant qu'un mètre d'eau en moyenne, et çà et là 2 mètres entre des rives plates. Le Grand-Lieu miroite à 12 ou 15 kilomètres à vol d'oiseau au sud-ouest de Nantes ; cette pièce d'eau, qui a pour meilleur affluent la sombre **Boulogne** (70 kilomètres), rivière vendéenne, fut notre plus grand lac, mais non le plus beau, jusqu'à l'annexion de la Savoie. La pente ne le mène à l'estuaire qu'à marée basse ; à mer haute, la Loire le domine d'un mètre environ ; et c'est pour cela que le fleuve put le former, il y a treize cents ans, comme le prétend la légende, ou plutôt l'agrandir en noyant des prés, des bois et la ville d'Herbauge ; sans les portes d'écluse de l'Acheneau, il en recevrait le flot pour le lui envoyer ensuite augmenté du tribut de quelques rivières. Insensiblement, celles-ci le diminuent par le dépôt des alluvions ; mais on n'attendra pas que les siècles le comblent : il est facile d'assécher cet étang couvert de canards, dont le lit de granit porte une vase fertile.

3° **Canaux entre la Loire et les fleuves du pourtour.** — Le bassin de la Loire communique avec la rade de Brest par le **canal de Nantes à Brest** ou **canal de Bretagne**, long de 359 kilomètres. Cette grande voie n'a pas moins de 232 écluses : c'est qu'elle change maintes fois de versant : l'Erdre, affluent de la Loire ; l'Isac, affluent de la Vilaine ; la Vilaine, fleuve côtier ; l'Oust, autre tributaire de la Vilaine ; le Blavet, petit fleuve ; la la Lorette, affluent du Blavet ; le Kergoatt qui court à l'Hyère, l'Hyère qui court à l'Aune, l'Aune qui s'engloutit dans la rade de Brest, elle emprunte ces divers cours d'eau relevant de quatre bassins (Loire, Vilaine, Blavet, Aune). Erdre, Blavet, Kergoatt, Hyère, Aune, la pourvoient d'eau d'éclusée, ainsi que divers réservoirs : les deux étangs du Vioreau, dans le bassin de l'Erdre, non loin de l'abbaye des Trappistes de La Meilleraie, ont ensemble 212 hectares et 8 160 000 mètres cubes amenés au canal par une rigole de 21 kilomètres ; celui de Bosméléac ou de Bara, pris à l'Oult naissant et contenant 2 millions de mètres, envoie sa réserve par une rigole de 62 kilomètres ; celui de Coron (2 770 000 mètres cubes) est voisin de Glomel.

La Loire est en relation suivie avec la Seine par le canal d'Orléans-Briare-Loing, et le canal du Nivernais. Le canal du Centre le relie au Rhône : ce **Canal du Centre**, anciennement nommé canal du Charolais, part du canal latéral à la Loire en face de Digoin, traverse presque aussitôt le fleuve par un aqueduc de plus de 200 mètres, puis remonte la vallée de la Bourbince. Arrivé à la hauteur des terres, près du Creuzot, à moins de 350 mètres d'altitude, il passe dans la vallée de la Dheune, qu'il abandonne à Chagny pour piquer droit sur Châlon : là il atteint la Saône, après 117 kilomètres. Sur le versant de la Loire il a 78 mètres de pente rachetés par 30 écluses, et sur celui de la Saône 131 mètres rachetés par 51 écluses. Des prises d'eau en ruisseau ou en rivière l'alimentent, ainsi que quatorze réservoirs, dont douze tributaires du bief de partage.

Il n'y a pas encore de voie navigable unissant n'importe quelle rivière du bassin de la Loire à n'importe quel cours d'eau du bassin de la Charente et de la Gironde.

DE LA LOIRE A LA GIRONDE : LA CHARENTE

1º De la Loire à la Charente : Marais et Sèvre, Bocage et Lay. — A la pointe de Saint-Gildas on passe de l'estuaire de la Loire dans la baie de Bourgneuf, formée par un rentrant du littoral et par l'île de Noirmoutier. Cette baie, sur laquelle donnent Pornic, ville de bains aimée des Nantais et des Parisiens aussi, Bourgneuf-en-Retz et Beauvoir-sur-Mer, diminue sans cesse. L'Océan, qui ruine les promontoires bretons, porte beaucoup de leurs débris dans ces eaux tranquilles où se déposent aussi les menus fragments des caps de Noirmoutier, les alluvions de la Loire et les boues ou les sables des petits fleuves de cette côte. De plus, le sol s'exhausse : insensiblement, mais il s'exhausse ; et toujours les anciens marais commencés autour de Bouin et de quelques autres îlots calcaires s'allongent sur les eaux par de nouveaux marécages. Il y a trois cents ans à peine, la roche de Bouin était vraiment une île de la mer, et depuis cent ans 700 hectares se sont ajoutés au sol français, d'eux-mêmes, tout travail d'endiguement à part, dans le seul golfe du Fain, compris entre Noirmoutier et la plage de Bouin. Tout ce marais, qu'on appelle souvent **Marais breton**, bien qu'il appartienne également au Poitou et que la vraie Bretagne soit loin de là, peut avoir une trentaine de milliers d'hectares. L'Océan, çà et là bordé de salines, y reçoit une faible rivière dont les eaux s'amortissent en bras marécageux : on la nomme le Falleron (55 kilomètres).

Par le retrait de la mer et l'avancement de la côte, l'île de **Noirmoutier**, que bordent des rochers, des dunes et des digues, finira par se nouer au continent, dont elle fait déjà presque partie à marée basse, car le détroit de Fromentine n'a plus que 1500 à 2000 mètres de large.

Même il n'est plus besoin de bateau pour aller de la terre ferme à la terre entourée de vagues : deux fois par jour, au flot bas, on va de la côte à l'île et de l'île à la côte par le passage du Gouas ou du Gué, route empierrée de 4 kilomètres qu'on fait à cheval ou en voiture et qu'on peut faire à pied, quitte à se mouiller dans certains ruisseaux d'eau marine dont le reflux ne débarrasse pas la chaussée; des balises, des poteaux supérieurs aux plus grandes hauteurs de la mer indiquent le chemin qu'aux heures de nuit, aux jours de brume, on pourrait perdre de vue; et de mille en mille mètres des pieux élevés portent une espèce de refuge où l'on monte par une échelle quand on s'est laissé surprendre par le rapide retour de l'Océan. Noirmoutier, granitique au nord, calcaire au sud, est pour les deux tiers au-dessous du niveau des grandes marées et sa cime suprême n'atteint que 21 mètres : on l'appela cependant *l'Ile-la-Montagne*, en 1793, lorsqu'on débaptisa puérilement les lieux par milliers sans se douter qu'on n'arrache pas un nom du sol comme on en tire une pierre ou comme on déracine un chardon. C'est alors qu'on prétendit changer Compiègne en *Marat-sur-Oise*, Grenoble en *Grelibre*, Saint-Lô en *Rocher de la Liberté*, Saint-Jean-de-Bournay en *Toile-à-Voile* et Saint-Pierre-le-Moutier en *Brutus-le-Magnanime*. Noirmoutier n'a pas une seule fontaine, pas un ruisseau pour faire tourner une roue d'usine, mais sur sa dune, au souffle des brises du large, s'agitent les grands bras des moulins à vent. Sauf de beaux figuiers dans ses jardins, elle n'a point d'arbres, et sa seule forêt est un bouquet de sapins de 17 hectares; mais un doux climat la baigne et son sol est fécond; puis la mer donne à ses 8000 habitants autant de poissons qu'ils en veulent pêcher; elle leur procure aussi le sel qu'ils retirent, moins qu'autrefois, de leurs marais salants. Longue de 18 kilomètres, sur une largeur trois à neuf fois moindre, elle augmente la terre française de 4442 hectares dont 900 pris par les sables.

A 20 kilomètres des dunes basses de Saint-Jean-du-Mont, du mauvais port de Saint-Gilles et de l'embouchure de la Vie (55 kilomètres), l'**île Dieu** ou **île d'Yeu** perd en bruyères près de la moitié de ses gneiss protégés contre la mer, à l'est par des sables, à l'ouest par des roches toujours assaillies. Elle a des forts puissants, une garnison, un grand phare, des mégalithes ; ses prés, ses landes, sa bruyère, nourrissent des moutons presque microscopiques et des chevaux d'une race à part. Au nord-ouest les hameaux ont des noms bretons, au sud-ouest des noms français, et l'on peut croire qu'il y a deux races, mêlées aujourd'hui, dans ce peuple de 2900 hommes, pêcheurs ou marins campés sur 2247 hectares.

Des dunes et des rochers se suivent ensuite le long du littoral jusqu'aux Sables-d'Olonne, et des Sables-d'Olonne à l'embouchure du Lay (110 kilomètres). Le **Lay** n'a pas donné son nom à la circonscription dans laquelle il a tout son cours ; il est cependant très supérieur à la Vendée, mais peut-être aurait-on ri d'un département du Lay ou des Deux-Lay. Il se forme, à l'Assemblée des Deux Lay, de deux faibles rivières, le Grand et le Petit Lay, descendus, par une voie tortueuse, des plus hautes collines du **Bocage Vendéen**, lequel est un pays bocager, comme son nom le dit.

Non pas qu'une immense forêt ou par endroits de vastes bois couvrent ses roches cristallisées, ses collines arrondies, ses plateaux. Mais les arbres, surtout les ormeaux, y sont partout, çà et là en bouquets, ailleurs en lignes sinueuses le long des ruisseaux ou en lignes droites au bord des routes et dans les haies vives qui ferment ici tous les champs. C'est bien un bocage qu'on voit fuir vers le vague horizon de la mer quand on contemple ces campagnes du haut d'un de leurs belvédères, des monts de Pouzauges (288 mètres), du mont des Alouettes, de Saint-Michel-de-Mont-Mercure (285 mètres) dont le nom rappelle un des « hauts lieux » où les Gaulois, puis les Gallo-Romains, adorèrent la principale de leurs divinités. Avant qu'on eût tracé des chemins en tout sens dans la contrée ce Bocage poitevin, comme le Bocage angevin et le Bocage breton, était admirablement propre à la guerre de partisans, qui est une stratégie des bois ou une stratégie des monts ; les « Blancs » et les « Bleus » s'y sont coupé la gorge. Au moment d'entrer dans les marais qu'il traverse avant de se perdre dans l'Océan, le Lay reçoit l'Yon (50 kilomètres), qui passe à la Roche-sur-Yon, dont le nom véritable est Napoléon-Vendée, ou simplement Napoléon.

Le Lay tombe en mer par un lit vaseux, en face de l'île de Ré, qui ferme en partie l'**anse de l'Aiguillon** aux lames de l'Atlantique. Cette anse, golfe de fond mou, ressemble à la baie de Bourgneuf en ce que l'imperceptible soulèvement du sol et les dépôts de terre et de mer y rétrécissent de plus en plus le domaine de l'Océan. Il y a vingt siècles environ, la baie de l'Aiguillon poussait au loin des bras dans le continent, jusqu'à Luçon, Fontenay, Niort, Aigrefeuille. L'homme aidant la nature par ses canaux et ses digues, la petite mer intérieure, qui asseyait patiemment ses vases autour d'une vingtaine d'îlots calcaires de dix, de vingt, de trente et quelques mètres de hauteur, a fini par faire place au **Marais Poitevin**, que se partagent inégalement la Vendée, les Deux-Sèvres et la Charente-Inférieure.

C'est 40 000 hectares, d'autres disent même 50 000, qu'a perdu ce vieux golfe du Poitou devenu lentement le Marais poitevin, campagne plate qui domine un peu la mer basse, qui même ne craint pas le flux, mais les hautes marées de zyzygie la dépassent de près de 2 mètres et s'écrouleraient sur elle sans l'obstacle des digues et des sous-digues. L'hiver, d'ailleurs, couvre d'eau cette plaine amphibie, à l'exception des îlots, des levées, des terrées et des mottes : les îlots, autour desquels s'est cristallisé le marais, portent des villages, des bourgs, des villes, Marans, Maillé, Maillezais, Vix, Triaize, Velluire, Villedoux, etc., qui brandissent les ailes de leurs

La Sèvre à Niort.

moulins à vent; les levées sont plantées de saules et de frênes ; les terrées, tertres artificiels, portent également des frênes et des saules auxquels se mêlent des trembles, des peupliers, des aulnes; les mottes, exhaussements faits des boues fournies par le curage des fossés d'enceinte, servent de jardins aux huttiers (c'est ainsi qu'on nomme les habitants du Marais). Quand les beaux jours sont venus, qui dessèchent peu à peu le mol humus des vases trempées, tout pousse avec élan dans la terre féconde : ce que l'homme sème ou plante, ce que la nature enfante sans l'homme ou malgré l'homme, blé, chanvre, légumes, les arbres, les herbes des étangs, les joncs du marécage, les nénuphars des rivières, les carex, les rouches, les roseaux où le vent siffle, où niche le goéland. Alors le marais du Poitou, si morne l'hiver, n'est pas sans gaieté; ses fils, les huttiers, l'aiment; ils le parcourent dans les barques qui sont leurs gondoles, sur les canaux ombragés qui sont leurs chemins avec d'immobiles et profondes rivières. Telle est cette Hollande sans grandes villes et sans grands navires, cette Venise sur vase et non sur sable qui n'a ni souvenirs, ni marbres, ni monuments.

La baie de l'Aiguillon, où l'on fait du sel, où l'on cultive les moules, se remblaie de plus en plus : elle perd en moyenne 30 hectares par an. Dores et déjà l'on pourrait, par des levées, diminuer de 2000 hectares ce golfe qui eut 30 kilomètres au moins d'ouverture et n'en a plus que 9, et dont l'empiètement dans les terres s'est réduit de 60 kilomètres à 7 ou 8. Elle a pour tributaire la **Sèvre Niortaise,** jadis bien plus courte, quand elle finissait à Niort, la mer allant jusque-là. Cette rivière, bleue jusqu'à son entrée dans le Marais, doit ses superbes fontaines et celles du Pamproux, son affluent, aux eaux que boivent les plateaux filtrants du Poitou (sources d'Exoudun, de Pamproux, de Fontgrive, etc.). La Sèvre est tellement sinueuse qu'elle coule pendant plus de 160 kilomètres, bien qu'il y ait à peine 80 kilomètres en ligne droite entre son commencement et sa fin ; elle s'égare dans les larges prairies de Saint-Maixent, effleure la colline de Niort, puis s'engage dans le Marais : là, elle gagne comme elle peut la baie de l'Aiguillon, en plusieurs bras, tortueusement, péniblement, sans paraître couler, par des lits vaseux, étroits, profonds et sans pente ; sa portée moyenne est assez élevée, mais ses crues ne dépassent guère 200 mètres par seconde, et à l'étiage elle ne roule pas beaucoup plus d'un mètre cube devant Marans, ville située au-dessous du confluent de la **Vendée** (75 kilomètres) ; celle-ci traverse les trois régions naturelles de cette partie du Poitou : elle naît dans le Bocage, elle quitte la fraîcheur et le silence de la forêt de Vouvant pour les campagnes sans ombrage de la **Plaine** et s'achève dans le Marais. Elle traverse Fontenay-le-Comte.

L'île qui garantit l'anse de l'Aiguillon, **Ré**, contemple la côte de Vendée, au nord, à 10 ou 12 kilomètres de distance ; au sud, à distance égale ou à peu près, elle regarde la pointe septentrionale de l'île d'Oleron ; à l'est, il n'y a que 3 kilomètres entre son cap le plus oriental et la côte rochelaise. Le détroit du nord s'appelle Pertuis Breton ; celui du midi, Pertuis d'Antioche : nom qui serait un héritage d'Antioche, ville problématique depuis longtemps disparue sous la mer inclémente. L'Atlantique désosse les assises calcaires de Ré ; il a séparé cette île du continent, comme il a fait de Noirmoutier, de Dieu, d'Oleron, effaçant de la sorte un antique rivage, sinon deux : car les écueils de Rochebonne, à 12 ou 15 lieues à l'occident de Ré, sont peut-être, eux aussi, des témoins laissés par un littoral englouti. Longue de 30 kilomètres avec 55 de tour, Ré varie beaucoup en largeur : ici 4500 mètres ou 5000, là 2000 ou 3000, et en un point 70 seulement, ce qui en fait une île à la taille de guêpe. Elle fut sylvestre et ne l'est plus, d'où sa laideur ; elle n'a pas une forêt, pas un petit bois pour briser les vents de l'Atlantique. Cette île porte une race de travailleurs :

ses vignobles, ses champs engraissés d'herbes marines, ses marais salants, ses parcs à huîtres, la pêche et le cabotage y donnent le pain de chaque jour à 16 000 hommes sur moins de 7400 hectares. La Côte Sauvage, vis-à-vis de la grande mer, y lève une digue à des flots tonnants ; ses falaises ne s'ouvrent nulle part en criques, et sur ce rivage il n'est pas un petit coin pour abriter un navire. Mais le littoral tourné vers le continent de France lutte contre une vague de plus de mansuétude ; il a des ports pleins de caboteurs.

Par-dessus un étroit et mauvais bras de mer, Ré voit la Rochelle, qui fut le premier port de France, quand la « ville de Guiton » était une place forte des calvinistes ; et lorsque Richelieu eut barré sa rade, condamnée dès lors à l'envasement, elle prospéra pendant cent cinquante ans encore, jusqu'à la perte de ce Canada auquel les Saintongeais envoyèrent pendant le dernier siècle de notre domination plus de colons que la Normandie, la Bretagne et le Poitou, les trois provinces qui avaient fondé la Nouvelle-France chez le peuple des Algonquins. A 15 kilomètres au sud de la Rochelle, l'**île d'Aix** (129 hectares ; 500 habitants) commande l'embouchure de la Charente et l'une de nos rades militaires. Il y a moins de cinq cents ans on allait, à mer basse, de la côte ferme à cette île, mais l'Atlantique a démoli l'isthme de 6 kilomètres qui reliait Aix à la terre, comme elle a pièce à pièce emporté, qui sait où ? le sol où s'élevaient près de là deux villes, Montmélian et Châtelaillon : celle-ci, mise à néant plus tard que l'autre, a laissé son nom à la pointe de Châtelaillon, qui s'allonge au nord-est de l'île d'Aix ; vers la fin du règne de Louis XIV, sept de ses tours étaient encore debout.

2° **La Charente, la Touvre.** — La Charente se nomme Chérente parmi les paysans de l'Angoumois, de l'Aunis et de la Saintonge. Elle ne draine qu'un million d'hectares, mais son bassin, pour la majeure partie calcaire ou crayeux, a des fontaines superbes et le fleuve s'y tourne et s'y détourne tant qu'il finit par y faire 361 kilomètres ; or il n'y a pas 150 kilomètres à vol d'oiseau entre sa source et la mer Atlantique.

Cette rivière pure vient au jour en Limousin, au sud-ouest de Rochechouart, entre des collines dont la plus haute n'a que 319 mètres. Dans un humble vallon, elle sort d'une humble source, à Chéronnac, au milieu d'un pré qui remonte vers des châtaigniers.

Bientôt, fuyant la Vienne où l'on croirait d'abord qu'elle ira s'engloutir, elle passe des granits aux calcaires ; elle devient rivière, coule paisiblement dans le vallon de Civrai, puis, virant au sud, laisse Ruffec à droite, sur un coteau. Au moment de toucher à la fière colline d'Angoulême, dont le plateau la domine de 72 mètres, elle se double ou se triple, selon la saison, par la rencontre de la Touvre : celle-ci, rivière magnifique, tient son origine des pertes de la Tardoire, du Bandiat et de quelques ruisseaux.

La **Tardoire** (100 kilomètres), issue des granits, des gneiss, des schistes cristallins du Limousin, naît des mêmes collines que le Bandiat, l'Isle et la Dronne, dans un massif de 500 mètres, au sud-ouest de Limoges. Elle passe près de la tour de Chalus d'où siffla la flèche qui tua Richard Cœur de Lion. Ses eaux rouges courent allègrement au fond des gorges, entre des prairies qui se relèvent dès la rive pour monter vers la lisière des châtaigniers et des chênes. Tant qu'elle reste sur le lit dur que lui font les roches du pays natal, elle augmente, surtout par le Trieux, petite rivière du Nontronnais. Mais dès qu'elle arrive sur les calcaires lâches de l'Angoumois, elle filtre sous le sol, petit à petit, sans bruit, sans qu'on voie l'eau s'agiter ; les pertes commencent au-dessous de Montbron, et dans les étés fort secs la Tardoire peut finir à Rancogne, ou même au château de la Roche-Berthier. En aval de Rancogne, des fissures ébrèchent en cent lieux le lit que cachent des eaux sombres ;

celles qui boivent le plus la rivière s'ouvrent au pied de la colline de l'Age-Bâton et à la Grange, en amont et tout près de la Rochefoucault : si bien qu'aucune année, si pluvieuse soit-elle, ne voit la Tardoire couler pendant 365 jours sous le pont que regarde le splendide manoir de la Rochefoucault ; il y a toujours des mois, ou tout au moins des semaines où la rivière ne rampe

Château de La Rochefoucault.

pas jusque-là. Et quand elle arrive à ce pont, c'est pour aller se perdre dans les failles de Rivières et d'Agris. Aux saisons très pluvieuses elle se traîne jusqu'au bout de sa vallée, près de Mansle ; c'est alors un affluent visible de la Charente.

Le **Bandiat**, moins fort que la Tardoire, puise ainsi qu'elle des eaux rougeâtres aux ruisseaux limousins ; grossi comme elle par des émissaires d'étangs, il passe au calcaire après avoir touché la colline de Nontron. Ses gouffres, ses suçoirs, tous sur la rive gauche, ont plus de grandeur que les fissures de la Tardoire. Le gouffre du Gros-Terme, sous les peupliers, les noyers et les frênes, est un cirque plein d'herbes ; sans une levée qui en écarte la rivière, le Bandiat ne dépasserait ce coude que dans la saison des longues pluies ou par le hasard d'un grand orage. Sans une autre digue, il en serait de même au-dessus du pont de Pranzac, à un nouveau coude où les failles sont cachées par des touffes d'orties. Plus bas, le Gouffre de Chez-Roby est le plus beau de tous : une muraille y retient aussi le Bandiat dans son lit, quand toutefois le Bandiat coule jusque-là. Lorsque le ruisseau de Nontron devient torrent parce que la neige a fondu sur les petites montagnes du Limousin, parce que l'hiver ou le printemps y a versé la pluie à seaux, ou parce que l'été, dans une soirée de tonnerre et d'éclairs, a débondé les cataractes du ciel, alors le Bandiat s'emplit malgré les pertes d'amont ; il dépasse le mur et tombe en cascade dans un ravin plein de blocs et de cailloux ; puis, arrivé contre la roche, au bout d'une impasse, il fuit sous terre dans les collines qu'habille la forêt de la Braconne. Il faut de fortes crues pour le mener jusqu'à l'effondrement dans des terres rouges qu'on nomme le Trou de Gouffry ; des crues plus fortes encore pour qu'il atteigne les gouffres de la Caillère : les deux premiers sont des affaissements d'un sol caillouteux, les deux suivants des trous béants ; le dernier, crible de roches où les eaux entraînent des herbes, des rameaux, des débris, des pierres, engloutit dans une sourde cascade les flots troubles amenés à l'improviste par l'un des deux torrents que la terre d'Angoumois aspire et soutire. Quelquefois le Bandiat, grâce à la pluie ou grâce à l'averse, va rejoindre la Tardoire, à Agris, après 85 kilomètres de course.

Les eaux des deux rivières descendent ainsi dans l'abîme et vont courir en torrents ou s'épandre en lacs ténébreux sous les terres sèches, cassées, arides, que parent les forêts de la Braconne et du Bois-Blanc. La France doit avoir ici sa grotte de Han, sa caverne d'Adelsberg, sa Mammouth-Cave, des voûtes immenses, des couloirs dont on touche de la main les deux parois, des précipices, des cascades, des eaux luisant obscurément sous quelques rayons égarés. Des animaux inconnus, des batraciens, des poissons aveugles y vivent peut-être sur la rive de styx que n'a pas encore éclairés la lueur des flambeaux humains. On trouvera bien une entrée de gouffre, un corridor, une fissure, une avenue dans la roche pour conduire à ces sombres merveilles. Il y a dans la forêt de la Braconne des *fosses* qu'on dit descendre sur des eaux souterraines : telles la Fosse Limousine, pleine de grands arbres; la Grande Fosse, qui a 50 mètres de profondeur; la Fosse Mobile, qui s'ouvre par un portail dans le roc, puis descend presque à pic dans des obscurités inconnues : la pierre qu'on y lance y réveille des échos étouffés, puis il semble qu'elle plonge dans l'eau.

Touvre, à 7 ou 8 kilomètres à l'orient d'Angoulême, est un village de fort peu de maisons avec une petite église du treizième siècle, humble et vieille, au pied d'un grand arbre qu'on voit de toutes les collines de l'horizon. A quelques pas de l'église, dans une vigne, des lambeaux de murs et des pierres dispersées rappellent encore un manoir du seizième siècle : on le nomme château de Ravaillac, mais l'assassin d'Henri IV n'y a point vécu et ne l'a point possédé.

Au pied même de ces ruines informes, dans un pli de coteau, ravine étroite entre des flancs cailloutenx, un gouffre, le **Dormant**, sommeille. Profonde de 24 mètres, son onde pure est sombre par cette profondeur même et parce que sa colline lui cache une partie de la lumière du jour; quand le soleil y luit, ses rayons n'éclairent pas jusqu'au fond le froid palais des nymphes de la Touvre et l'on ne voit point comment les entrailles de la roche mènent l'eau des lacs obscurs à la vague lueur du puits du Dormant. Mais à l'endroit où les talus s'écartent, de grands bouillons s'élèvent au-dessus de la nappe indolente et versent sur elle toute une rivière.

Près du Dormant, et moins puissant que lui, s'agite le *Bouillant*, profond de 12 mètres. A sa naissance même, un moulin lui verse le cristal de la *Lèche*, troisième fontaine de la Touvre assez semblable au Bouillon du Loiret. Après une centaine de mètres dans un large lit tellement obstrué de joncs et d'herbes qu'on le prendrait pour une prairie marécageuse quand les herbes sont hautes, quand les eaux sont basses, il s'unit au Dormant, qui est le vrai « père » de la Touvre. Les trois sources donnent moyennement 20 mètres cubes par seconde, magnifique tribut d'un bassin d'environ 100 000 hectares.

La **Touvre** n'a que 10 kilomètres. Large de 100 à 200 mètres à l'aval de la rencontre du Bouillant et du Dormant, elle se rétrécit bientôt à 50. Ce fleuve à l'urne intarissable, cette onde pure, bruyante et joyeuse marche d'usine en usine; elle donne l'âme à de grandes papeteries, à la fonderie de canons de Ruelle, et s'unit à la Charente, plus faible qu'elle, mais plus pure en été, par 30 mètres environ d'altitude.

La Charente a dès lors toute sa grandeur. Le plus souvent profonde et tranquille, elle coule devant Jarnac, puis devant Cognac, petite cité, mais les eaux-de-vie de sa **Champagne** lui ont valu un renom fameux du Pôle à l'Équateur, une fortune inouïe dont le phylloxéra menace de tarir la source. Elle traverse ensuite la ville qui a donné son nom au pays de Saintonge, Saintes, où Rome a laissé quelques débris.

D'Angoulême à Saintes elle reçoit la Boëme, le Né et la Seugne. — La Boëme n'est qu'un ruisseau de 25 kilomètres; mais, semblable à d'autres courants clairs de ce beau pays, elle fait marcher de grandes papeteries. — Le Né (70 kilomètres) côtoie les collines qui donnent ou qui donnaient les eaux-de-vie de Salles, de Genté, de

Gimeux, les meilleures du monde. — La **Seugne**, littérairement la Sévigne (80 kilomètres), passe à Jonzac, coule en bras limpides au pied du donjon de Pons, puis se traîne dans des prairies marécageuses.

A Taillebourg, la Charente passe entre un escarpement qui portait de fières tours féodales, et de larges prairies où saint Louis battit les Anglais. Au-dessous de Taillebourg, la rivière, secouée par la marée, se trouble. A Carillon, elle rencontre une autre rivière, louche aussi après être née claire, la **Boutonne** (90 kilomètres), qui sort, à Chef-Boutonne, d'une belle source dont on a détruit la cascade, et traverse Saint-Jean-d'Angély.

A partir du confluent de la Boutonne, et surtout de Tonnay-Charente, où la marée, sensible depuis Saintes, monte de 5 mètres et demi, le fleuve n'est plus un sillon limpide, un ruban d'argent, une bande azurée. Ce fils des plus pures fontaines devient une fange qui marche tantôt vers l'aval, tantôt vers l'amont, suivant les heures du jour ; et sur cette boue profonde flottent des vaisseaux de guerre et de commerce. A 15 kilomètres au-dessus de l'embouchure, au milieu de marais encore malsains malgré des travaux séculaires, Rochefort, l'un de nos cinq ports militaires, peut construire à la fois 18 grands navires. Ces vaisseaux, lourds comme tous les engins de guerre, Rochefort ne saurait comment les envoyer à l'Atlantique si les marées de cet océan n'étaient pas si puissantes : car on voit des jours où la barre du fleuve n'est cachée que par 60 centimètres d'eau. D'ailleurs, lancés dans le port, ils ne sont armés qu'en rade de l'île d'Aix.

En étiage, à Saintes, la Charente roule 40 mètres cubes par seconde, et en grande crue 300. C'est donc une rivière bien réglée : d'une part, elle appartient surtout aux sols perméables ; d'autre part, les eaux d'allure irrégulière que lui envoient les roches compactes du Nontronnais et du Limousin l'atteignent rarement à ciel ouvert, et même alors ne lui arrivent que très diminuées par les gouffres du Bandiat et de la Tardoire. Entre ces pertes et les fontaines de la Touvre, un Léman noir, un lac inconnu sert de régulateur à l'heureuse Charente. On estime qu'à l'issue de son bassin d'un million d'hectares, sur lesquels le ciel verse 850 millimètres de pluie par an, ce fleuve porte en moyenne 95 mètres cubes d'eau par seconde à la mer.

Le bassin de la Charente ne communique avec aucun autre bassin par des canaux navigables : il n'est en relations ni avec la Loire ni avec la Garonne.

3° De la Charente à la Gironde. — Des marais salants inoffensifs, des marais gâts[1] funestes pour peu qu'on ne les ait point parfaitement desséchés, des marais d'eau douce qui sont une officine de fièvres, des laisses de mer non conquises encore par des digues, tel est le rivage insalubre qui va de la Charente à la Seudre. Là fut Brouage, peut-on dire, quoique Brouage existe encore : par les atterrissements et par la surrection du sol, cette patrie de Champlain, fondateur de Québec, a tout perdu en perdant son port qui passait pour un des meilleurs de Saintonge ; elle a gardé ses remparts, mais il n'y a pour animer ses rues que quelques habitants, le peu de matelots naviguant sur le canal de 2 mètres 60 centimètres de profondeur qui relie le bourg, d'une part à la mer, d'autre part à la Charente, et les soldats d'une petite garnison qu'on changeait naguère tous les cinq jours, tant ces lieux étaient miasmatiques (et ils n'ont pas cessé de l'être).

La **Seudre** (80 kilomètres), faible ruisseau sans affluents, devient tout à coup, en aval de Saujon, un fleuve large de 400 à 800 mètres en mortes eaux, de 1000 à 1500 en eaux vives, assez profond pour les grands vaisseaux. Sans les bancs de sable et la redoutable mer de son embouchure, on aurait voué son estuaire aux établis-

---

[1] Gâtés : on nomme ainsi d'anciens marais salants qu'on transforme d'habitude en prairies.

sements maritimes installés par Colbert à Rochefort. Des salines immenses, des parcs où vivent (si c'est vivre) les huîtres sans rivales de Marennes, le cabotage d'une dizaine de ports vaseux situés sur la Seudre même et sur quelques chenaux navigables, donnent un peu de mouvement aux rives plates et singulièrement monotones de ce faux fleuve, dont l'estuaire s'ouvre sur le pertuis de Maumusson.

Le pertuis de Maumusson est un détroit sans profondeur, sans largeur, violent, dangereux, et si bruyant quand l'Océan s'insurge, qu'on l'entend quelquefois de 15 lieues en pleine Saintonge : « Monmusson grougne, » dit alors le paysan. A l'est il bat de ses eaux la presqu'île d'Arvert, à l'ouest il heurte l'île d'Oleron. La **presqu'île d'Arvert**, entre la Seudre et l'Atlantique, fait front sur la mer par des sables qu'ont cloués des forêts de pins. Il y a là 9000 hectares de dunes, prolongement de celles des Landes par delà l'estuaire de la Gironde, comme les dunes d'Oleron continuent les sables d'Arvert au delà du pertuis de Maumusson.

Hautes sont ces dunes d'Arvert : l'une d'elles, à l'ouest de la Tremblade et non loin de la mer, a 62 mètres, soit 27 de moins que celle de Lescours, la première en France, entre l'étang de Cazau et l'Océan. Avant qu'on les arrêtât, elles marchaient vite ; d'éparpillement en éparpillement, sous l'aile des vents marins, elles avaient enseveli Buze, village qui serait la Pompéi d'Arvert si l'on démolissait le puech[1] de la Briguette; et sous le nom d'Anchoisne, la ville de la Tremblade avait longtemps fui devant elles. C'était un dicton de la Saintonge que « les monts marchent en Arvert ». Tandis qu'elles se déroulaient inexorablement sur ce coin de la terre de France, celle-ci continuait à s'accroître aux dépens de l'Atlantique, et de plus en plus s'agrandissaient

---

[1] Le mot *puech*, colline, — c'est le *puy* des dialectes méridionaux, — désigne ici les dunes.

et se tassaient les plaines marécageuses que les alluvions marines ont déposées dans l'antique estuaire de la Seudre en aval de Saujon et dans les bas pays de Brouage et de Rochefort. Jadis il y avait là des flots océaniens battant deux presqu'îles, celle d'Arvert et la Tremblade au sud, celle de Marennes au nord.

L'île d'**Oleron**, qui fut beaucoup plus grande, et que les flots rongent à l'ouest, a 72 kilomètres de tour, 30 de long, 4 à 10 de large. Elle ressemble à Ré par sa Côte Sauvage tournée vers la grande mer, par ses ports tournés vers la terre ferme; mais sur une étendue double (15 326 hectares), elle n'a pas beaucoup plus d'habitants (18 400). Comme Ré, elle se divise en marais salants, en champs nus (bien qu'avec plus d'arbres que l'île sœur), en vignes dont le vin doit un méchant goût au varech et au goémon qui fument le vignoble. Elle a de plus de vastes sables, jadis agressifs; sous une de leurs dunes est caché, sans doute à jamais, un village environné de salines : Saint-Trojan, nom légué par la bourgade ensevelie à celle qui lui a succédé tout près du lieu de son sépulcre. Ils sont fixés maintenant, grâce aux tamaris et aux pins qui feront du sud et de l'orient de l'île une vaste forêt.

VI. LA GIRONDE ET L'ADOUR

1° La Gironde. La Garonne vraie mère de la Gironde. — Ceux qui faisaient venir le mot *Liger* de *Lignum gerens*, tiraient le mot Gironde de *Girus undæ*, le tournoiement de l'eau ; mais il est possible, probable même, que Gironde est tout simplement une forme de Garonne. Dans ce cas l'estuaire aurait le même nom que le fleuve principal du bassin.

La **Gironde**, large estuaire, transmet à l'Atlantique les rivières d'un bassin de 9 millions d'hectares peuplé de 4 500 000 hommes. Sauf au bord de la mer, nulle part en France le soleil du Sud-Ouest ne luit sur d'aussi vastes eaux ; mais tandis qu'il émeut jusqu'au fond tout le cristal des ruisseaux clairs, il n'éclaire ici que la surface des eaux, car la Gironde est impure. Elle n'a ni la beauté verte, ni la beauté bleue. Le vent de mer, le vent de terre, le vent du Médoc et des Landes ou celui de Saintonge n'y impatientent que des vagues boueuses, et ces vagues ne frappent ni monts, ni caps vêtus de forêts : elles meurent sur la vase, contre des rives plates, des polders, des falaises basses ou des collines sans noblesse, sauf pourtant chez les Saintongeais, en approchant de l'Océan, à Talmont, à Meschers, à la pointe de Suzac : là les roches sont droites, hautes, régulières, blanchâtres, comme il convient à des parois de craie. Ces falaises, le flot les ébranle, et celles qu'on ne protège pas contre lui tomberont, comme tant d'autres se sont écroulées déjà sur cette rive qu'ici la mer diminue tandis que s'accroît la rive opposée. Sur la côte médocaine, des alluvions se déposent, des marécages se forment dont on tire des polders dominés par le mamelon de Jau, lequel, en pleine terre aujourd'hui, baignait il y a deux siècles dans l'estuaire. D'ailleurs toute la muraille crayeuse de la Gironde saintongeaise n'est pas minée par la vague : de Blaye à Port-Maubert il s'est assis tant de vase au pied de l'antique falaise que celle-ci est maintenant séparée du fleuve par de larges marais, plus ou moins bien, plus ou moins mal desséchés.

La Gironde amène en moyenne à l'Océan 1178 mètres cubes par seconde, tribut d'une contrée où la chute annuelle des pluies est de 823 millimètres. C'est 35 fois l'étiage de la Seine à Paris et les deux tiers ou les trois quarts de ses crues extrêmes ; et cependant ces 1178 mètres cubes d'eau douce par seconde sont absolument noyés dans le flot de mer qui, deux fois par jour, monte et descend l'estuaire. La Gironde engorge à chaque flux et dégorge à chaque jusant au moins 500 000 mètres cubes d'eau par seconde : plus qu'en temps d'étiage tous les fleuves du monde réunis.

Son embouchure a varié dans la suite des siècles. Entre autres lits, elle passa manifestement dans celui que signalent, entre la rive gauche de l'estuaire et le littoral de l'Atlantique, les terres basses au sud de Saint-Vivien et une coupure dans la dune près de la plage de Montalivet. Maintenant elle s'ouvre entre Royan, qui est une ville de bains de mer attachée à la Saintonge, et la pointe de Grave, qui est le terme septentrional des dunes landaises. De Royan à la pointe de Grave il y a 5 kilomètres, et la passe a 32 mètres de profondeur; en amont, on compte jusqu'à 10 ou 12 kilomètres entre la rive saintongeaise et le pied de collines du Médoc, qui sont la terre natale des vins les plus illustres.

L'estuaire de la Gironde a pour affluents : à gauche, des **Jalles**, ruisseaux d'eau brune venus du sable des Landes; à droite, des fontaines très belles, filtrées par la craie de Saintonge. Semé d'îles et gêné de bancs, il est néanmoins accessible à marée haute, sur toute sa longueur, aux plus grands navires. A mesure qu'on le remonte, on le voit se rétrécir. Au delà de Pauillac, ville devant laquelle les eaux sont encore en partie salées, en amont de Blaye, à 75 kilomètres environ de la mer, on se trouve à la rencontre de deux immenses rivières, égales en apparence. Le lieu s'appelle le **Bec d'Ambès**, pointe de l'Entre-deux-Mers; les deux cours d'eau sont la **Garonne** et la **Dordogne**.

A ce confluent, la Dordogne arrive après une course de 490 kilomètres dans un bassin de 2 340 000 hectares; son étiage est de 45 mètres cubes environ, sa portée moyenne de moins de 500.

La Garonne, elle, a parcouru 575 kilomètres dans un bassin de 5 600 000 hectares, et, si son étiage descend à 40 mètres cubes, ou même moins, son module est de près de 700.

Ainsi, malgré leur égal déploiement de majesté, quand les deux fleuves, s'embrassant au terme de l'Entre-deux-Mers, mêlent leurs flots salis par les vases que remue la marée, l'un des deux, la Dordogne, est plus court et plus pauvre que l'autre.

La **Garonne** sort du val d'Aran, terre espagnole quoiqu'elle s'ouvre sur la France et que de rudes montagnes la séparent de la Catalogne et de l'Aragon, domaines castillans. Elle s'y forme de deux torrents.

Le plus long, mais non le plus abondant, la Garonne Orientale, naît à 1872 mètres, dans les monts de deux à trois mille mètres qui dessinent une S grossière entre le mont Vallier et la Maladetta. Ses deux sources, ses deux yeux, comme on dit en Espagne, jaillissent à trente et quelques kilomètres en ligne droite à l'est de Bagnères-de-Luchon, près des fontaines d'une jolie rivière espagnole, la Noguera Pallaresa, sous-affluent de l'Èbre par la Sègre. Il semble que les noms de Garonne et de Noguera sont deux formes d'un même mot d'une langue jadis parlée dans les Pyrénées.

La Garonne Occidentale ou Jouéou commence à 1350 mètres, à 15 ou 18 kilomètres au sud-est de Bagnères-de-Luchon. En été, dix fontaines, les unes dormantes, les autres pressées de monter au jour pour courir et bondir; au printemps, quand fond la neige, deux sources puissantes, origine digne d'un fleuve, forment un fier torrent qui s'abat aussitôt de trente mètres, en deux bras, par deux cascades. Ce grand paysage entre monts et forêts, dans la roche et les sapins, ces eaux calmes ou bouillonnantes, ces deux cascades hurlant dans le même gouffre, tout cela se nomme le **Goueil de Jouéou**. Il y a 4 kilomètres, une montagne massive, la Tusse de Bargas (2582 mètres), et près de 600 mètres de différence de niveau entre le Goueil de Jouéou et le Trou du Taureau, abîme où tombent en cascade les eaux des plus grands glaciers de la Maladetta : au contraire il n'y a que peu de relief et une faible distance entre le Trou du Taureau et le val de l'Esera, rivière espagnole du bassin de l'Èbre; tout montre pourtant que les sources du Goueil sont le torrent qu'a dévoré cet abîme.

A 50 kilomètres du commencement de la Garonne Orientale, le futur fleuve, qui vient de se perdre en

Saint-Bertrand-de-Comminges.

partie sous les rochers calcaires du gouffre de Clèdes, quitte le val d'Aran, qui est relativement le lieu des Pyrénées le plus affligé de crétins. C'est par 590 mètres d'altitude qu'il entre en France, à l'étroite déchirure du Pont du Roi.

Torrent clair, rapide et sans largeur, elle traverse les

gorges de Saint-Béat, resserrées par des montagnes de marbre, boit la Pique, venue de Luchon, touche le rocher de l'antique Saint-Bertrand-de-Comminges, et devient rivière au pied de la colline de Montrejeau, à 400 mètres d'altitude, par l'accession de la Neste, qui lui porte autant d'eau, sinon plus, qu'elle n'en roule elle-même.

Ici la Garonne change de route. Sa direction première, vers le nord-ouest, l'amènerait à Bordeaux par l'Armagnac et par les Landes, par Mirande, Eauze, Bazas et Langon ; elle tourne à l'est pour revenir au nord-ouest par le nord-est et le nord, et arriver ainsi devant cette même ville de Langon après avoir tracé, de Montrejeau à Port-Sainte-Marie, un harmonieux demi-cercle allongeant son cours d'une centaine de kilomètres. C'est l'immense entassement de cailloux déposés par les anciens glaciers au pied des Pyrénées, c'est le plateau de Lannemezan qui l'oblige à ce grand détour.

Au-dessous de la Neste, la Garonne court dans une plaine où jadis elle dormit longtemps quand il y avait là, des gorges de Tibiran-Jaunac[1] à celles de Saint-Martory, un des lacs qui modéraient le fleuve et lui gardaient sa grandeur en été, sa transparence en tout temps. Elle passe en vue de Saint-Gaudens, et remplit le grand canal d'irrigation de Saint-Martory, puis conquiert en passant le turbulent Salat. Et bientôt elle quitte sa haute vallée, Éden de grâce et de fraîcheur, pour les immenses plaines du Toulousain.

La plaine de Toulouse, qui s'étend sur la Garonne et sur la basse Ariège, se compose de profondes alluvions dont les 10 mètres cubes par seconde[2] du **canal de Saint Martory**, calculé pour abreuver 14 000 hectares, feront un des territoires opulents de la France ; mais grande

---

[1] Entre Saint-Bertrand-de-Comminges et Montrejeau.

[2] On espère prendre plus tard 15 mètres et augmenter d'autant les irrigations.

est sa monotonie. Pour toute verdure estivale elle a ses vignes, çà et là quelques arbres, et des peupliers le long de ruisseaux qui sont des fossés secs pendant huit mois de l'année et pendant quatre autres mois des passages d'eau jaune ; ses maisons sont en cailloux de rivière ou en briques parfois plaquées d'une chaux menteuse qui s'écaille et tombe. Les champs, au lieu de haies vives, ont pour bordure des talus, et souvent des murs de terre avec des chapiteaux de brande sans lesquels la pluie délaierait de haut en bas ces misérables remparts. Des nuages de poussière volent en été sur cette plate campagne où la chaleur du ciel est lourde, où le sol réverbère, sur ces longues routes droites, ces bourgs, ces fermes, ces tuileries qui sont l'officine de la seule pierre à bâtir qu'on puisse extraire de l'alluvion toulousaine. Une rangée de coteaux serre la rive droite du fleuve, mais n'y mire point de rocs, point d'escarpements ; elle est basse, écrasée, nue, jaunâtre. Éclatant contraste à la banalité des champs poudreux, les pics des Pyrénées, que le Vallier commande, scient l'horizon d'entre Espagne et France. Dans les jours de grand soleil, qui ne sont point rares au pays de Toulouse, leurs neiges sublimes parlent de fraîcheur, d'air pur, d'eau ruisselante aux habitants de la plaine enflammée.

La Garonne y touche Muret, elle y recueille l'Ariège, elle y traverse Toulouse, ville de briques tirant du fleuve, déjà très large, le mouvement de beaucoup d'usines. Après Castel-Sarrazin, puis au-dessous de la rencontre du Tarn, la vallée, plus féconde encore, sépare de superbes coteaux, vignobles où fleurissent le prunier et le pêcher. L'opulence du sol, la hauteur, la beauté des collines, la gaieté du ciel, assurent aux bords de la Garonne le prix sur les rives de la Loire. Le « jardin de la France » est devant Agen, à Port-Sainte-Marie, à Aiguillon, à Tonneins, à la Réole, à Saint-Macaire, bien plus qu'à Blois, Amboise, Tours ou Langeais.

En aval du confluent du Lot se suivent Tonneins, l'une

des métropoles du tabac, Marmande et la Réole. Vers Cadillac, les coteaux de la rive gauche s'effacent, et les Landes pressent la vallée de la Garonne, qui produit ici le Sauternes, premier des vins blancs. Bordeaux, la capitale du Sud-Ouest, a des quartiers bâtis sur la Lande; les ruisseaux vifs qui l'arrosaient jadis et qui sont devenus des fossés orduriers, égoûts voûtés du sous-sol, ont leurs sources dans des mamelons de sable, à l'ombre diffuse des pins maritimes.

Bordeaux, ville superbe, arrondit pendant 6 kilomètres ses quais en croissant sur le fleuve, large ici de cinq à sept cents mètres : elle trafique avec tout l'univers, surtout avec l'Angleterre, l'Europe du Nord, les États-Unis et l'Amérique dite latine; partout elle envoie les vins fameux qui ont pris son nom et qui viennent du Médoc, de l'Entre-deux-mers, des côtes de la Garonne et de la Dordogne. Une décadence prochaine menace depuis quelques années cette cité splendide. La Garonne s'envase : les ingénieurs ayant rétréci son lit, le flot de la mer n'arrive plus avec la même force qu'autrefois, il ne fouille plus le fond avec autant de puissance; il se forme des bancs de boue, et déjà sur plusieurs seuils les grands vaisseaux passent avec défiance. Cependant les navires de 2000 tonnes, de 2500 tonnes même, remontent encore jusqu'au pont de Bordeaux, qui enjambe en 17 arches, sur 487 mètres de long, la vase diluée, profonde, animée, rapide, qu'on appelle ici le fleuve de Garonne. Une autre menace, et non moins terrible, est celle que le plus exécrable puceron, le phylloxéra, suspend sur ses glorieux vignobles; l'insecte abhorré vient de flétrir des clos célèbres et chaque saison le rapproche des plus vénérés de tous, ceux du Haut-Médoc.

Devant Bordeaux, la Garonne obéit depuis longtemps à la marée, qui commence à se faire sentir à 53 kilomètres en amont, vers Castets. Au-dessus des lieux où le frottement de la marée montante ne mélange plus les eaux du fleuve avec les vases de son fond, elle roule des

La Garonne à Bordeaux.

flots assez clairs, mais elle n'en est pas moins, en aval de Toulouse, une des rivières françaises qui transportent le plus de troubles.

La Garonne descend, devant Tonneins, à 37 mètres cubes par seconde, mais il faut pour cela de longues chaleurs. Le module ou débit moyen, à ce même Tonneins, est de 659 mètres cubes : ce que le fleuve doit en partie à des crues formidables de 8, de 9, de 10, et même de 13 mètres de hauteur; il entraîne alors 10 500 mètres cubes par seconde, 283 fois le volume de l'étiage. Dans l'été de 1876, la Garonne, devenant immense par des abats de pluie chaude sur les neiges des Pyrénées, a brisé ses ponts, menacé de male mort des quartiers de Toulouse, détruit un grand faubourg de cette ville, assiégé vingt cités, couru librement dans les rues d'Agen à la hauteur d'un premier étage, et des hommes ont péri par centaines dans les tournoiements de ce soudain déluge. Si la Garonne, le Tarn, le Lot, la Dordogne, avaient des berges aussi basses que la Loire, il leur arriverait de répandre sur la vallée des désastres tels que l'Orléanais, la Touraine et l'Anjou n'en ont jamais souffert de pareils. Par bonheur, ces rivières d'expansion subite et terrible coulent presque toujours dans un lit profondément taillé, et non pas sur ces fonds plats que les riverains ont la dangereuse ambition de resserrer par des levées.

2° Les affluents de la Garonne : Néste, Salat, Ariège, Tarn et Lot. — La **Neste** se fait d'un certain nombre de *nestes*, c'est-à-dire de torrents. De ces nestes, la plus grande, celle de Couplan, déverse les principaux lacs du massif de Néouvielle; puis, forte des nestes d'Aragnouet, de Moudang, de Rioumajou, elle devient la Neste d'Aure : c'est sous ce nom qu'elle arrose la **vallée d'Aure**, fraîche, riante, lumineuse comme il en est peu dans les Pyrénées, et de toutes la plus riche en thermes. Augmentée, sous Arreau, de la Neste de Louron, elle atteint la rive gauche de la Garonne après un cours de 75 kilomètres. Comme il tombe sur les montagnes de son bassin beaucoup de pluie, beaucoup de neige, elle roule un grand volume d'eau. Son débit par seconde peut descendre à 5 mètres cubes, mais en général il va de 10 à 20 mètres en basses eaux, de 20 à 50 en eaux moyennes, de 50 à 80 en fortes eaux; il atteint presque 140 dans le mois de la grande fonte des neiges. Le module est de 35 mètres cubes et demi.

Précisément au nord de ce magnifique torrent des Pyrénées, du haut plateau de Lannemezan partent des rivières qui se distribuent en éventail pour gagner la Garonne ou l'Adour. En été, ces rivières, d'un cours assez long, sont à peine des fossés où des barrages silencieux retiennent, à l'amont des moulins, des eaux mortes : telles la Louge, la Save, la Gesse, la Gimone, l'Arats, le Gers, les Bayses, l'Osse, l'Auzoue, rivières garonnaises, la Douze, le Midou, le Bouès, rivières adouriennes. Pour que les plus grands de ces ruisseaux coulent au temps des chaleurs, on s'est adressé à la Neste ; et, pour ne pas trop l'appauvrir, on a relevé de près de 17 mètres le niveau du lac d'Orédon, vers lequel Néouvielle penche sa glace éternelle. De la sorte, on a gagné 7 500 000 mètres cubes de plus pour l'étiage de la Neste, qui dès lors peut remédier à l'indigence des rivières lannemezanaises.

A Sarrancolin, le **canal de la Neste**, long de 28 kilomètres, prend théoriquement au torrent sept mètres cubes par seconde : nous disons théoriquement, car le canal, passant par des terrains fissurés, ne retient pas même la moitié de l'eau qu'il dérobe à la Neste : il y a des jours où il ne porte guère qu'un mètre à la seconde sur le plateau, et jamais il n'en amène plus de trois. C'est une grande œuvre à réparer ou à refaire. Ces eaux vives courent en plusieurs canaux sur les landes de Lannemezan et vont se verser dans la Louge, la Save et son affluent la Gesse, la Gimone, l'Arats, le Gers, les Bayses et le Bouès.

Le **Salat**, long de 80 kilomètres à peine, n'en est pas moins une rivière de 40 à 45 mètres de large, roulant à l'étiage 7200 litres par seconde, en volume ordinaire 22 mètres cubes, en crues extrêmes 800. Ses eaux rapides lui viennent des Pyrénées qui se dressent du Val d'Aran au massif du Montcalm. Il naît au pied du port de Salau, brèche la plus facile entre la France centrale et l'Aragon, de sources très belles, donnant, suivant le temps, 600 à 1500 litres par seconde. Roulant quelques paillettes d'or, il serpente dans l'ancien pays de Couserans ; il traverse Saint-Girons, frôle le coteau de Saint-Lizier et s'unit à la Garonne, rive droite, par 260 mètres d'altitude, à Boussens, en aval de Saint-Martory. Un de ses affluents, le Garbet, coule joyeusement sur des galets, des rocs, des dalles de marbre, dans le vallon de la guérissante **Aulus**.

L'Arize (75 kilomètres), ou plutôt la Rize, a peu d'eau ; elle tombe dans la Garonne, rive droite, en face de Carbonne, par 190 mètres. C'est elle qui traverse la **Grotte du Mas-d'Azil** : tout près et en amont de cette ville, au-dessous d'un moulin, au bout d'une impasse, elle rencontre une haute roche calcaire ; au lieu de la contourner, comme elle le faisait autrefois, comme elle peut encore le faire dans les très grandes crues telles que celle de 1876, elle s'enfonce dans ce bloc immense dont le dos porte des vignes. L'entrée est souverainement grandiose ; au lieu de corbeaux on lui voudrait des aigles, et au lieu d'un torrent qui sèche presque en été quelque agissante, puissante et mugissante rivière. Et d'ailleurs, en grandes eaux, l'Arize heurte avec fureur les blocs de son lit raboteux, d'abord en pleine lumière, puis dans le clair-obscur, puis dans les ténèbres ; car bientôt la paroi tourne et la voûte s'abaisse, en même temps que descendent à la fois le torrent et la grotte : on dirait la Porte des Enfers si ces ténèbres étaient nuit noire, mais des lanternes jettent leurs lueurs sur la route de Saint-Girons à Pamiers, qui, pendant 410 mètres, c'est-à-dire d'un bout à l'autre de la caverne, suit fidèlement l'Arize, d'assez haut pour ne plus la craindre. A droite, près d'un pilier colossal aidant les parois à ne pas fléchir sous le poids de la voûte, on voit confusément s'ouvrir une grotte latérale : celle-ci sans rivière ; avec d'autres galeries, c'est un asile des chauves-souris, qui trouvent trop lumineux le couloir où le torrent passe avec le chemin. La sortie, moins belle que l'entrée, est basse, étroite, humble, obscure, écrasée par 140 mètres de roche.

L'**Ariège**, qui a pour vrai nom la Riège, est un grand torrent d'eau verte, long de 155 kilomètres. Elle porte à la Garonne, rive droite, un peu en amont de Toulouse, par 138 mètres au-dessus des mers, 15 mètres cubes environ à l'étiage, 45 aux eaux moyennes, 1500 à 1600 en grande crue. Rassemblant les bondissantes eaux des crêtes pyrénéennes où trône le Montcalm, sur le versant opposé à la conque d'Andorre, elle commence en Espagne, au pied du puy Nègre (2812 mètres), et presque aussitôt elle nous appartient. Roulant des flots plus ou moins aurifères, elle passe à Ax et à Ussat, villes thermales ; elle baigne la pittoresque Foix, la fertile Pamiers, la riche Saverdun, et associe l'Hers à ses destinées.

L'**Hers** (120 kilomètres), rivière herbeuse d'une largeur moyenne de 35 mètres, oscille entre 3 mètres cubes par seconde, débit d'étiage, et 700 mètres, volume des crues extrêmes : en eaux ordinaires, il mène 10 mètres cubes. Il arrose la plaine de Mirepoix, qu'un déluge subit laboura, quand, il y a 600 ans, en 1279, le lac de Puyvert s'effondra vers l'aval. Si peu de lacs s'écroulent aujourd'hui sur les vallées françaises, c'est que presque tous se sont écroulés ou comblés. Plus d'un toutefois pourrait encore effacer des hameaux, cerner ou broyer des villes et porter des cadavres aux rivières.

L'Hers n'est rien ou presque rien, à peine un ruisseau à scieries, quand, dans un vallon verdoyant et cependant quelque peu sombre et triste, il passe à trente mètres de l'antre de **Fontestorbe**, ombragé par cinq platanes. Cette caverne, voisine du bourg de Bélesta, s'ouvre au pied d'un roc à pic où s'accrochent des pousses d'ormeau, des touffes de buis, des herbes et des ronces. Clair-obscure à l'entrée, elle serait noire au fond sans un beau puits de lumière qui vient de haut, du sommet de la roche à travers la roche entière. Au delà de cette déchirure de la voûte, on pénètre dans un couloir, puis, à la lueur des bougies, on se trouve en face d'une onde immobile et noire, qu'on ne saurait franchir : une barque n'y glisserait pas, si mince fût-elle, un homme n'y pourrait étendre les bras pour nager. En avant du couloir, d'un roc à la fois éclairé par la bouche de la grotte et le puits de lumière, on admire comment la source naît et meurt. Rien n'annonce qu'elle va jaillir, ni souffle d'air, ni secousse, ni rumeurs souterraines. L'instant venu, d'entre les cailloux il monte un peu d'eau; et lentement, sans efforts, sans saccades, sans fracas, presque sans murmures, l'eau monte, en même temps qu'au delà du puits de lumière, dans les ténèbres, monte aussi l'onde auparavant immobile qui est le réservoir de la fontaine. Bientôt cette onde sort en torrent de son noir couloir, elle se mêle aux flots nés entre les pierres de l'antre, et dès lors Fontestorbe est une rivière d'une eau divinement pure, telle qu'elle doit couler d'une coupe de pierre sans roseaux, sans joncs, sans herbes, sans limons et sans nénuphars. Quand la grotte est pleine, jusqu'aux pieds du visiteur debout sur la roche, Fontestorbe descend à l'Hers par deux chemins : par le canal d'une scierie et par un bruyant rapide, une cascade plutôt, qui tombe, large de 10 à 15 mètres, d'un barrage de pierres moussues. Après avoir monté pendant 36 minutes 36 secondes, l'eau baisse, et de rivière devient ruisseau, puis ruisselet, et disparaît enfin pour reparaître après une absence de 32 minutes 30 secondes. Cette merveilleuse intermittence ne dure point toute l'année; il y a des semaines, des mois où, par la vertu des fortes pluies,

Fontestorbe vomit une rivière sans lacune ; et dans la saison de cours interrompu, il suffit d'un orage fécond pour ramener à l'expansion continue cette source puissante qui donne par seconde 564 litres à l'étiage, 1800 litres en volume ordinaire et 3100 litres en crue. Le vaste rocher d'où sort la reine des fonts intermittentes borde une des plus belles forêts des Pyrénées : les paysans la nomment quelquefois la « Draperie » de Bélesta, parce que ses sapins fournissent les planches de cercueil qui sont notre dernier habit.

La **Save** (150 kilomètres) diffère singulièrement des torrents envoyés par les Pyrénées à la Garonne ; elle ne connaît ni les neiges cristallisées, ni les lacs transparents, ni les fontaines du pied des roches, ni les cascades d'eau verte ou bleue et d'écume blanche. C'est une des lourdes rivières mal abreuvées par le plateau de Lannemezan et les terreuses collines de la Lomagne ou de l'Armagnac. Elle baigne Lombez et s'engloutit dans la Garonne, rive gauche, près de Grenade, ville bâtie au treizième siècle sur un plan régulier, comme le furent à la même époque un grand nombre de cités du Sud-Ouest. Ces villes, qu'on appelle des bastides, sont faites de rues alignées au cordeau, toutes parallèles ou perpendiculaires entre elles, avec une place quadrangulaire, entourée de *couverts* (arcades), sur laquelle se dresse la mairie. Plusieurs portent de noms qui se retrouvent ailleurs, en Espagne, en Italie, en Allemagne, ou en France : telles sont, par exemple, et tout d'abord Grenade, puis Fleurance, Plaisance, Pavie, Miélan (Milan), Verdun, Cologne, Pampelonne (Pampelune), etc.

La **Gimone** (135 kilomètres), en tout pareille à la Save, procède aussi du plateau de Lannemezan. Elle arrose la Lomagne. C'est également un affluent de gauche.

Le **Tarn** (375 kilomètres), dont le bassin renferme 1 400 000 à 1 500 000 hectares, roule 20 mètres cubes par seconde à l'étiage, et plus de 6500 en grande crue.

Commençant à 1550 mètres d'altitude, à trente et quelques kilomètres en ligne droite au sud-est de Mende, sur le penchant méridional de la Lozère, le Tarn passe près de Florac, puis s'engage dans des gorges extraordinaires. A quatre, à cinq, à six cents mètres de profondeur, dans un étroit désert où l'on n'entend que sa voix, la froide rivière coule au pied de calcaires immenses, droits et percés de cavernes. Plus bas et très en aval, dans la plaine opulente, le Tarn, ayant quitté le roc pour la terre et le gravier, sera trouble, épais, opaque et rouge, mais ici, dans ce fond de gouffre, il est encore une onde pure, de temps en temps accrue par des torrents clairs jaillissant de la paroi du Causse de Sauveterre à droite, de celle du Causse Mejean à gauche. Il n'y a point de villes dans ce cagnon, qui serait la caverne la plus terrible du monde si quelque voûte, franchissant la fêlure, unissait l'un à l'autre les deux escarpements du défilé, dressés à la même hauteur au-dessus du torrent, et faisait des deux Causses un seul et même abominable plateau où la neige tombe, où le vent grince, où nulle saison n'apporte l'abondance aux champs et la gaîté dans les villages. On n'y voit guère que des hameaux : Molines, où tombe la limpide rivière de Vigos, née près de là d'une fontaine superbe au pied du causse de Sauveterre; Castelbouc, où jaillit une belle source; Sainte-Énimie, avec sa grande font de Burle; Saint-Préjet, où la rivière gronde au fond du Pas du Souci, au pied de la Roche Sourde et de la Roche d'Aiguille.

Le Tarn sort de ce long étranglement au confluent de la Jonte. Il arrose ensuite le ravissant bassin de Millau, puis il voyage dans des gorges bornées de roches dures, qui finissent au saut de Sabo. Entre ces gneiss, ces schistes, ces micaschistes vêtus d'herbes courtes, de bruyères, de fougères, le Tarn se tord comme un serpent. De ses replis, le plus beau c'est la boucle d'**Ambialet**, contour de plus de 3 kilomètres, l'isthme ayant 12 mètres seulement. Tout le long de ce méandre embrassant un haut promontoire couronné par un prieuré, le Tarn, sur des grèves, sur des rochers, glisse, impur ou clair suivant que le ciel pleure ou non sur les ravins d'une fangeuse rivière aveyronaise, la Rance. Au bout du détour, un torrent impétueux se heurte au Tarn : c'est le Tarn lui-même, ou du moins ce qu'une coupure de l'isthme enlève au grand circuit d'Ambialet par une abondante prise d'eau. C'est de là, ou de tout près, que va partir un canal d'arrosage pour la plaine d'Albi. Il y a sur diverses rivières de France des replis plus longs que celui d'Ambialet; mais aucun n'a d'isthme si court; aucun n'est si beau, soit qu'on suive le fil de son onde, soit que du plateau de Villefranche, campagne banale avec des échappées d'horizon, on descende à grands lacets dans l'anfractuosité du Tarn, monde profond qui doit tout à lui-même, rien à l'espace, c'est-à-dire à ce qui fuit et décroît.

Le **Saut de Sabo** est une cascade qui fut plus belle, du temps de Sabo, le pâtre légendaire. Quand cet autre Léandre bondissait la nuit par-dessus la retentissante et soufflante obscurité du précipice, la tombée du Tarn était un terrible tumulte ; des eaux folles, cascades massives ou légères cascatelles, sautaient de tous côtés dans le gouffre pour y devenir aussitôt l'onde sourde, traîtresse, immobile et sinistre du pied des cataractes. Une digue impie a discipliné ce chaos de chutes et le flot descend par deux chemins d'usines, un sur chaque rivage, jusqu'au chenal de pierre vive où il se repose de ses travaux. Et bientôt, au-dessous du haut pont de cinq arches unissant Arthez à Saint-Juéry, les roches cessent; le Tarn, large de 150 mètres, est désormais en plaine, entre des berges terreuses comme il sied à une rivière rarement limpide; ces berges sont élevées ; elles sauvent des inondations les champs plantureux d'Albi, de Gaillac, de Rabastens, de Montauban, de Moissac. Le confluent avec la Garonne, rive droite, est à 55 mètres d'altitude.

Le Tarn reçoit le Tarnon, la Jonte, la Dourbie, le Dourdou méridional, la Rance, l'Agout, l'Aveyron.

Le Tarnon ou Petit Tarn (35 kilomètres), sorti des halliers de l'Aigoual, coule à la base d'escarpements sourcilleux, assise orientale du Causse Méjean. A Florac, son meilleur affluent, la source du Pêcher, née précisément des infiltrations du Causse, jaillit d'un grand roc nu.

La Jonte (40 kilomètres) limite au midi le Causse Méjean, au nord le Causse Noir. Engouffrée dans les anfractuosités du lias, elle ne reçoit aucun ruisseau à partir de Meyrueis, mais de grandes sources lui portent leurs flots : telle est celle de Pellalergues ou du Pouget.

La **Dourbie** (70 kilomètres), rivière de fontaines, finit en amont de Millau ; ses eaux animent de profonds défilés commandés au sud par le Larzac, au nord par le Causse Noir. Son plus grand tributaire (grand d'abondance, petit de cours), le Durzon, qu'elle reçoit à Nant, sort de la pierre de Cévennes par une font puissante.

Le Dourdou méridional (90 kilomètres), quand il est en crue, traîne assez de terres rouges pour salir le Tarn jusqu'à la Garonne. Il ne vaut pas son tributaire, la **Sorgues** (50 kilomètres), qui baigne Saint-Affrique : comme son illustre homonyme, cette Sorgues est belle dès sa source, issue du Larzac.

La Rance (65 kilomètres), serrée dans des gorges profondes, souille aussi beaucoup le Tarn : s'ils voient leur rivière s'enfler d'eaux rougeâtres, les gens d'Albi et de Montauban savent que le Dourdou et surtout la Rance, les « Nils aveyronnais », débordent. De même, quand les riverains de la basse Dordogne voient rougir leur beau fleuve, ils en accusent aussitôt l'affluent limousin, la Vézère.

L'**Agout** (180 kilomètres), large de 80 à 90 mètres, donne 7 mètres cubes d'eau par seconde à l'étiage. Né dans les Cévennes de l'Espinouse (1000 à 1266 mètres), au nord-est de Saint-Pons, il se tient longtemps dans une gorge tortueuse ; il forme la cascade du saut de Luzières, côtoie le stérile plateau du Sidobre, semé d'énormes blocs de granit, sert aux industries de Castres, passe à Lavaur et renforce le Tarn d'un tiers, à la Pointe-Saint-Sulpice, au-dessous de Rabastens. L'Agout reçoit le Thoré (50 kilomètres) et le **Dadou** (100 kilomètres), rivières d'une largeur moyenne de 30 mètres. Le Thoré descend de la Montagne Noire et passe dans la banlieue de Mazamet; aux eaux basses, en aval de Caucalières, il disparaît dans les Gaunios, qui sont quatre trous dans la roche, et on ne le revoit qu'à 800 mètres plus bas; les hautes eaux cachent cette perte et cette renaissance.

L'**Aveyron** (240 kilomètres), long mais faible, a moyennement 40 mètres de largeur au-dessous du confluent du Viaur. Il commence près de Séverac-le-Château, au pied du causse de Sauveterre. Dans le Rouergue, devenu, d'après lui, le département de l'Aveyron, il se tord, silencieux, lent et noir, au pied de la sombre colline de Rodez, avec son affluent l'Eau-Terne, dont il mériterait de partager le nom. Au-dessous de Villefranche-de-Rouergue, à Najac, à la Guépie, à Saint-Antonin, à Penne, à Bruniquel, dans le gneiss d'abord, puis dans le lias, il fait un voyage sublime au fond des gorges les plus belles qu'empruntât un chemin de fer français avant qu'il y eût chez nous une ligne d'Alais à Brioude; la voie ferrée l'y traverse dix-huit fois. L'Aveyron a pour principal tributaire le **Viaur**, qu'il rencontre au pied des ruines du château de la Guépie. Inférieur d'un sixième à son rival, le Viaur a 160 kilomètres, mais n'arrive qu'à 16 mètres de largeur moyenne; il a des eaux pures tandis que la moindre pluie, délayant des lias, embourbe vilainement l'Aveyron. Il n'est pas en France de courant plus fidèle aux gneiss et aux micaschistes : il tourne autour de promontoires de roches dures, caps hautains, rugueux, pittoresques, mais jamais aussi droits que les falaises du calcaire ou de la craie. Vallon par l'étroitesse, gorge par la profondeur (et souvent par la sauvagerie), sa vallée est partout à l'abri des vents, arrêtés à la fois à la rive droite, à la rive gauche, au repli d'amont, au contour d'aval, par la hauteur des escarpements qui se renvoient sans cesse le cours de son eau limpide et le tordent comme un serpent. Au bas des chemins à grands lacets, des sentiers de chèvre, des escaliers de roche où l'hiver fait gronder des torrents, quand on est descendu jusqu'au bord de ce Méandre du Rouergue, on est comme au fond du monde et, dans cette calme retraite, on oublie la bise et la brise du causse inclément de Rodez. Le Viaur, heureuse rivière, n'arrose point de ville, il ne dévore point d'égouts, aucun chemin de fer ne suit ses caprices; sauf quelques moulins, il restera longtemps, sinon toujours, à la nature.

Du Tarn au Lot, la Garonne engloutit, par sa rive gauche, l'Arats, le Gers et la Bayse. L'**Arats** (135 kilomètres), en sa qualité de rivière lannemézanienne, est un gros ruisseau qui coule à peine en été. Le **Gers** (170 kilomètres), qui nomme un département, ne vaut pas mieux que l'Arats : fils aussi du plateau de Lannemezan, il passe au pied de l'amphithéâtre d'Auch et de la haute colline de Lectoure. La **Bayse** (180 kilomètres), également venue de Lannemezan, touche Mirande, Condom et Nérac. Save, Gimone, Gers, Bayse, ces tristes rivières doivent au canal de la Neste le peu d'eau qu'elles roulent pendant les semaines sèches.

Le **Lot** fait un chemin de 480 kilomètres dans un bassin d'un peu plus de 1 100 000 hectares. Sa route est de l'est à l'ouest, comme celle que suivent ses deux grands compagnons, le Tarn et la Dordogne. Il s'appelle réellement **Olt**, comme en témoignent encore des noms tels que Saint-Laurent-d'Olt et Saint-Geniez-d'Olt au-dessus d'Espalion, et Saint-Vincent-de-Rive-d'Olt, près de Luzech, au-dessous de Cahors. Il commence à 1500 mètres d'altitude, en Lozère, dans la chaîne du Goulet; descendant très vite, par Bagnols, ville thermale, et par Mende, longtemps il ne réfléchit que des monts ruinés. Il

Beynac

coule devant Saint-Geniez, Espalion, Estaing, Entraigues, puis borde le bassin houiller de l'Aveyron, où se sont élevés, dans des ravins latéraux, à quelque distance de sa rive gauche, deux grands ateliers de métallurgie, Aubin et Decazeville. Devenant extraordinairement sinueux, il va de promontoire à promontoire, toujours profond parce que des barrages de navigation le retiennent. Généralement impur, il n'a jamais la vraie transparence; même après des semaines sans pluie, son onde, bien que verte, est sombre : trop de ruisseaux du lias et du schiste se mêlent dans son lit aux fontaines du Causse.

Qui a vu le nid d'aigle de Capdenac, près d'une grande gare du chemin de fer de Paris à Toulouse, connaît le profil saisissant des côtes du Lot. Il le connaît mieux encore, celui qui, dans un beau voyage, de Capdenac à Cahors, a contemplé les escarpements qu'entaille la grande route en aval de Cajarc; ou les hautes parois de Calvignac; ou Saint-Cirq-Lapopie, jadis ville, aujourd'hui bourgade admirablement campée sur un rocher du Lot; ou, des deux côtés du confluent du Célé, les collines de pierre de Bouziès, que le chemin traverse en tunnels.

Par sa position dans un contour de rivière, sur un roc élevé, **Capdenac** a quelque raison de se croire l'héritière de l'antique Uxellodunum, la dernière forteresse qui brava les légions de César. Mais pas plus que sur Alésia les érudits ne s'accordent sur Uxellodunum : les uns mettent cette acropole cadurque à Cahors, qui est aussi dans une presqu'île du Lot; d'autres à Luzech, que tourne également cette rivière, par une boucle de 5 kilomètres dont l'isthme a 300 mètres à peine; plusieurs essaient de l'asseoir sur les hauteurs de Mursens, au nord-est de Cahors, au-dessus du vallon du Vers, affluent de droite du Lot, sur un plateau qui renferme d'ailleurs l'oppidum gaulois le mieux conservé de France avec celui de Bibracte; quelques-uns l'installent sur le puy d'Issolu, près du confluent de la Dordogne et de la Tourmente; d'autres enfin vont la chercher jusqu'à Ussel, en Limousin et non plus chez les Cadurques.

En aval de Cahors, entre des collines aux vins généreux, la fécondité de la plaine du Lot s'accroît à mesure qu'on se rapproche de la Garonne par Villeneuve, Clairac, Aiguillon. C'est tout près de cette dernière cité, au pied de la colline de Nicole, et par 22 mètres d'altitude, que la rivière cadurque entre dans le fleuve gascon : aux eaux très basses, elle ne lui porte pas plus de 10 mètres cubes par seconde; mais ses crues roulent plusieurs centaines de fois le volume de l'étiage.

Le Lot n'aspire point de longues rivières : sauf la Truyère, ses affluents ne sont que des ruisseaux.

La Colagne (55 kilomètres) ou Coulagne est une fille de la Margeride; elle passe à Marvejols.

L'**Urugne** a 12 kilomètres seulement; mais le causse de Sauveterre, au pied duquel elle surgit dans un cirque, lui compose, par ses infiltrations, des sources que les étés les plus chauds ne peuvent entièrement boire. Le hameau de Toutes-Aures, au-dessus du vallon de Saint-Saturnin de Tartaronne, le village de la Capelle-Toutes-Aures, au-dessus de la vallée de la Canourgue, disent assez par leurs noms à quelles batailles de vents sont éternellement en proie les déserts du misérable causse qui fait descendre ses eaux vers l'Urugne par des canaux invisibles.

La **Truyère** s'unit au Lot par 240 mètres d'altitude, devant une ville qui, de même que plusieurs autres en France, doit son nom d'Entraigues à la fourche de deux rivières, de deux eaux, de deux *aigues*, comme on dit dans les vieux patois d'oc. Elle se forme sur les pelouses de la Margeride, et dans une course de 175 kilomètres, en Gévaudan, en Auvergne, en Rouergue, elle s'écoule par des gorges sauvages, entre des flancs boisés, des prairies inclinées et des roches. Grossie du **Bès** (65 kilomètres), à l'eau sombre, qui descend des monts d'Aubrac, elle devient une rivière de 40 à 50 mètres de largeur, peu ou point inférieure au Lot.

Le Dourdou septentrional (70 kilomètres), le ruisseau de Bozouls, de Villecomtal, de Conques, reçoit le Craynaux, né des superbes rochers de Salles-la-Source.

Le **Célé** (100 kilomètres) est la rivière de Figeac. Devant cette ville il quitte les roches anciennes pour les calcaires du Causse ; il passe alors devant des cassures immenses : à Corn, à Brengues, à Marcillac ; à Sauliac, dont la paroi rougeâtre est terrible ; à Cabrerets où, par une sombre demi-voûte, Rochecourbe domine en surplomb son eau froide. Tout près du confluent, il perd une partie de son onde qui, par-dessous le Rocher des Anglais, va rejaillir au fond même du Lot ; on distingue parfois cette embouchure cachée : à des flots clairs si le Lot est trouble, à des flots troubles si par hasard le Lot est clair.

Divonne jaillit en face de Cahors, à 200 mètres en amont du pont de Valentré (xive siècle), signalé par des tours élevées ; en temps sec, c'est un ruisseau de 1000 à 1200 litres par seconde, qui sort, au pied d'un grand roc, d'un gouffre immobile accaparé par un moulin, d'une espèce de puits dont 130 pieds de corde n'ont pas trouvé le fond. Après un violent orage, c'est une rivière qui bouillonne et, par un escalier de trois cascades, descend avec fracas dans le Lot, parfois moins abondant qu'elle. Et cependant le Lot arrive, à longues journées, des lointaines Cévennes, tandis que Divonne a 20 mètres à peine au soleil et quelques kilomètres obscurs dans le ventre des coteaux de Cahors. Un vers latin précieux,

Divona, Celtarum linguâ, fons addite divis,

nous apprend que ce nom celtique signifiait la Fontaine des Dieux.

Du Lot à la Dordogne, la Garonne dévore l'Avance, le Dropt et le Ciron. — L'**Avance** (60 kilomètres) naît dans les Landes ; elle s'engouffre dans le sable, puis, retenue par le parquet étanche, renaît au-dessus de Casteljaloux, aux sources de Neuffons, qui mettent des usines en branle. — Le **Dropt** ou Drot (130 kilomètres) est navigable à partir d'Eymet; aussi ne court-il point joyeusement dans sa charmante vallée, en flots vivants, gazouillants et clairs; il s'attarde en eau profonde en amont des chaussées qui retiennent et soutiennent son cours. Tout étroit qu'il est, ce grand ruisseau lourd déploie ses nénuphars sur trois départements : il naît dans la Dordogne, près de l'illustre château de Biron, il serpente en Lot-et-Garonne, il se termine en Gironde, en aval de la Réole. — Le **Ciron** (90 kilomètres), eau vive en lit de sable, est une rivière landaise qui visite aussi trois départements : les Landes, le Lot-et-Garonne et Gironde.

3° La Dordogne et ses affluents. — La **Dordogne** jaillit, sous le nom de Dore, à 1720 mètres au-dessus des mers, au pied du Sancy, dans une prairie tourbeuse et mouillée. Aux bains du Mont-Dore, thermes célèbres, les blocs qui l'irritent ne sont déjà plus qu'à 1047 mètres. A Bort, devenue rivière, elle coule au pied d'une montagne qui porte les Orgues de Bort, fameuse colonnade basaltique dont la corniche, haute de 350 mètres au-dessus du fil des eaux, règne sur l'éblouissant panorama des monts et des vallons verts du Cantal.

Un peu plus bas, au travers de Mauriac, la Dordogne est opprimée par des roches de granit et des talus où s'accrochent des forêts hantées par les sangliers. A 200-250 mètres de profondeur, dans ce couloir désert qui a plus que sa part d'ombre, moins que sa part de soleil, sur ces rives muettes quand la rivière y dort, le grand torrent d'Auvergne reçoit les torrents plus petits, mais non moins limpides, qui, par des gorges semblables aux siennes, lui viennent, à droite des croupes de la Corrèze, à gauche des pics du Cantal. Vers Argentat, la fissure s'élargit. Au confluent de la Cère elle devient vallée, et vallée magnifique : le cirque de Montvalent ou de Floriac, Domme, Laroque-Gageac, Beynac, ont des roches sublimes, la rivière est large, elle est claire sous un ciel brillant ; elle va de « cingle » en « cingle[1] ». Vers Lalinde, la Dordogne se tourmente, elle forme les bouillonnements du Grand Toret, du saut de la Gratusse et des Porcherons. Puis vient Bergerac, et désormais la plaine renferme, entre des collines jadis orgueilleuses de leurs vins des alluvions dont la générosité ne s'épuise jamais. De Bergerac à Sainte-Foy, à Castillon, à Libourne, plus on descend, mieux vaut la terre.

Au-dessous de Castillon l'eau pure fait place à l'eau souillée, la rivière enfle et désenfle avec la marée, elle devient fleuve. A Libourne, port déchu, la Dordogne est aussi navigable, mais aussi contaminée par la vase que la Garonne à Bordeaux. Bientôt elle écarte extrêmement ses deux rives et son lit s'ouvre au mascaret, flot de remonte impétueux, dangereux, écumeux. Sous le haut pont de Cubzac, l'un des plus hardis qu'on connaisse, elle a 500 mètres et au delà ; vers le confluent son ampleur dépasse 1200 mètres, autant que la Garonne. On se croirait en face d'un fleuve charriant les dépouilles d'un continent, tandis qu'on a sous les yeux une rivière qui doit toute sa grandeur au travail de la marée. Dans son court pèlerinage, elle n'a point fait perdre leur nom à des Missouris, à des Ohios, à des Outaouais, mais à de courts torrents, à de modestes rivières dont elle tire, en amont du confluent de l'Isle, 36 mètres cubes par seconde à l'étiage, et 45, sinon 50, en aval. Dans les crues extraordinaires, comme celle de 1783, elle entraîne 4000 à 5000 mètres par seconde.

Le Chavanon, la Rue, la Diège, la Luzège, la Maronne, la Cère, l'Ouysse, la Vézère, l'Isle, ainsi se nomment ses maîtres affluents.

Le Chavanon (50 kilomètres), plus long que la Dor-

---

[1] En Périgord, sur la Dordogne et la Vézère, on appelle *cingle* une boucle, un méandre de rivière.

Rocamadour

dogne de 10 kilomètres à leur commun confluent, descend des monts de la Marche, du même massif que le Cher; il boit de nombreux étangs, il coule entre des granits.

La **Rue** (65 kilomètres), qui s'abreuve à la fois aux monts Dore et au Cantal, commence au Puy de Sancy et s'appelle d'abord la Clamouse. Ce nom, elle n'est pas seule à le porter en France : il désigne également des rivières ou des sources d'un courant rapide, raboteux, plein de clameurs (d'où le mot Clamouse); de la sorte se nomment, par exemple, un affluent du Chapeauroux (Lozère) et la fontaine de Clamouse, qui sort du roc avec l'abondance d'un torrent pour tomber aussitôt en cascade sur l'Hérault, près du Pont du Diable, à l'issue des gorges lumineuses de Saint-Guilhem-le-Désert. Au-dessous de la cascade du Saut de la Sole ou de Rochemont, haute de 8 mètres, la Rue double au moins la Dordogne, au pied des Orgues de Bort.

La Diège (50 kilomètres) sort de la même montagne que la Creuse, touche la colline d'Ussel et arrive à la Dordogne par un couloir tortueux, profond, serré de granits.

La Luzège (55 kilomètres), parallèle à la Diège, gagne aussi la Dordogne par des gorges étranglées qui ont jusqu'à 300 mètres de profondeur. Comme la Diège, la Creuse, la Vienne, la Vézère, elle vient des froides pelouses du plateau de Millevache.

La **Maronne**, aux défilés déserts, augmente la Dordogne en aval d'Argentat; elle n'a pas tout à fait 90 kilomètres. Fille du Cantal, elle naît dans le pays de Salers, vert de prairies et ruisselant de cascades; elle se fait souvent torrent dans les rochers et les chênes, et mugit à 300 mètres au-dessous des plateaux qu'elle déchire.

La **Cère** (110 kilomètres) naît au Lioran, col célèbre entre les versants de l'Allier et de la Dordogne, par 1295 mètres, non loin du Plomb du Cantal, et gronde au fond des gorges, au Pas de Compain et au Pas de la Cère. Dans les prairies d'Aurillac, elle boit la Jordane, fille

Le Pas de la Cère.

aussi du Cantal ; puis elle entre dans d'austères défilés avec les eaux que lui a laissées l'arrosage des brillants gazons.

L'**Ouysse** (10 kilomètres), Touvre des Cadurques, jaillit à 4 ou 5 kilomètres de Rocamadour, pèlerinage célèbre, bourg étrange, paysage livide, chaos de pierre sur un torrent sans eau. Elle a son Dormant dans le *Saint-Sauveur*, et son Bouillant dans le *Cabouy* : ce dernier, profond de 18 à 20 mètres, tarit en été, mais le Saint-Sauveur, gouffre rond de 33 mètres de creux, n'a jamais cessé de monter en rivière pure. Ces deux fontaines sont la renaissance de ruisseaux qui s'abîment dans les cloups et les igues du Causse. L'Ouysse animerait toute l'année de grandes usines, mais il n'y a que des hameaux dans ses gorges.

La **Vézère** (192 kilomètres) glisse d'abord entre les herbes du plateau de Millevache, puis, à 6 kilomètres en amont de Treignac, bondit par le Saut de la Virolle, dans un profond ravin des Monédières, après quoi elle va contourner le noirâtre coteau d'Uzerche. Ensuite, de gorge en gorge, de granit en granit (car son cours n'est longtemps qu'une écume rapide au fond des défilés, dans un chaos de roches sombres), elle arrive au Gour du Saillant ou Saut du Saumon : au pied de blocs escaladés par des châtaigniers, par des pins et des arbustes, c'est là le dernier soubresaut de la Vézère. Elle entre alors en vallée, saisit en passant la Corrèze, et des schistes, des gneiss, des granits du Limousin passe aux craies du Périgord, où elle coule entre des créneaux de roches tendres, percées de cavernes qu'habitèrent nos plus anciens précurseurs connus sur le sol où nous passons. Dans ces grottes on trouve les os d'hommes antérieurs à toute légende, les témoignages de leurs arts naissants, les débris des armes rudimentaires dont ils frappaient les bêtes auxquelles ils disputaient leur asile, leur nourriture et leur vie, animaux terribles aujourd'hui disparus de nos climats. Ces antres garantis des fauves par une race obscure ont illustré la Vézère : Cro-Magnon, le Moustier, Madeleine, Laugerie-Haute, Laugerie-Basse, les Eyzies, sont des noms célèbres. Sortie rouge du Limousin, elle arrive rougeâtre à la rivale de la Garonne, en dépit des fonts pures qu'elle tire du Périgord. Quand elle déborde, elle salit la Dordogne, rivière transparente comme le cristal jusqu'à son contact avec la marée. — La **Corrèze** (85 kilomètres), issue des Monédières, limpide, vive, serrée dans les gneiss, passe devant la pittoresque Tulle et sort des gorges en amont de Brive-la-Gaillarde, ville d'abondance et de gaieté. Un de ses affluents, la Montane, s'abat de 125 mètres par les dix cascades de Gimel.

C'est dans Libourne que finit la rivière de Périgueux, l'**Isle** (235 kilomètres), apportant 10 mètres cubes en eaux faibles, sans le tribut de la belle Dronne. L'Isle vient du Limousin et mêle à ses eaux rouges d'abord les sources claires versées par la craie périgourdine, la Glane, le Toulon, la fontaine de l'Abîme. Elle reçoit la Loué, l'Auvezère et la Dronne. — La Loue (60 kilomètres), rivière rougeâtre, passe à Saint-Yrieix-la-Perche, dans le pays de la terre à porcelaine. — L'**Auvezère** (90 kilomètres), à tort nommée la Haute-Vézère, doit son origine à des plateaux limousins de 500 mètres d'altitude entre Limoges et Brive. A Cubjac, la grande moitié de ses eaux verdâtres que les débordements de la Lourde colorent en rouge et celles du Dalon en blanc terreux, se rue avec bruit dans le monde souterrain par une bouche de caverne où tournent les meules du moulin du Souci : ce bras ténébreux reparaît dans la vallée de l'Isle par la source du Gour de Saint-Vincent; le bras visible atteint l'Isle en amont de Périgueux. — La **Dronne** (178 kilomètres), égale à l'Isle, en été du moins, est une de ces rivières qu'on aime pour la transparence de leur onde et la grâce de leurs rivages; elle a des sites adorables. Comme l'Isle, elle arrive opaque et rouge des coteaux du Limousin et du Nontronnais; elle commence près des sources de la Tardoire, non loin de Chalus, dans un massif de 550 mètres d'altitude, sur de forestiers plateaux glacés le matin par la buée des étangs. Longtemps elle coule dans des gorges vêtues de châtaigniers et de chênes; là, son humble Niagara c'est la cascade du Chalard, près de Saint-Saud. Dans les craies du Périgord, à

Bourdeilles.

partir de la charmante Brantôme, et surtout de Bourdeilles, elle noie ses eaux louches dans les flots purs des fonts et des bouillidous, beaux jaillissements dont le plus abondant est le puits de Fonta. La Dronne passe tout près de Ribérac, elle s'attarde en détours devant le rocher de craie de l'amphithéâtrale Aubeterre, elle finit au-dessous de Coutras. Elle reçoit la Nizonne ou Lisonne, pure comme elle. — Entre la basse Isle et la basse Dronne, des étangs aux plages vénéneuses tiennent le fond des vallons de la **Double**; mais leurs fièvres ne descendent pas dans les deux vallées. La Double a 60 000 hectares : bouquets de chênes, taillis, forêts de pins; étangs à l'eau brune encombrés ou bordés de joncs et de roseaux; nauves ou prairies humides où l'on frissonne quand on y passe avant que le soleil ait dispersé le brouillard; sillons et vignes qui, chaque année, font reculer la lisière des bois. Chaque année aussi des étangs disparaissent et la Double est de moins en moins mortelle aux Doublauds. Tel vieillard ne la reconnaît plus, qui, dans sa jeunesse, n'y vit qu'une forêt sauvage, des chaumières, des familles hâves, des bergers grossiers menant à des prés mouillés, par des sentiers de glaise, des moutons souvent glacés d'épouvante, l'hiver ou la nuit, par les hurlements des loups.

4° **Canal du Midi.**—Point de canaux navigables entre le bassin de la Gironde et ceux de la Charente, de la Loire et de l'Adour. La Garonne communique seulement avec la Méditerranée et le Rhône.

Le **Canal du Midi**, qu'on appelle aussi Canal du Languedoc et Canal des Deux-Mers, commence à Toulouse, sur la rive droite de la Garonne. Il remonte la vallée de l'Hers Mort, méchant ruisseau que les collines fangeuses du Lauraguais emplissent d'eaux jaunes quand il pleut, mais non d'eau de source quand il ne pleut pas. Il passe devant Villefranche-de-Lauraguais, quitte le versant de la Garonne au fameux col de Naurouze, dont l'altitude n'est que de 189 mètres, puis suit le Fresquel et l'Aude, par Castelnaudary et Carcassonne. Il descend sur l'Orb, devant Béziers, par l'escalier d'écluses de Fonserannes, haut de 25 mètres en huit sas ou biefs; franchit l'Hérault devant Agde et s'achève dans l'étang de Thau. Sa longueur est de 242 kilomètres : 26 écluses rachètent les 63 mètres de pente qu'il y a de Toulouse à Naurouze; 73 écluses, les 189 mètres de chute entre Naurouze et la Méditerranée. Il tire ses eaux des célèbres réservoirs de Saint-Ferréol et du Lampy, et de diverses rivières, telles que le Sor, affluent de l'Agoût; le Fresquel, l'Orbiel et la Cesse, tributaires de l'Aude. De Naurouze à la Méditerrannée, les plaines qu'il emprunte sont une des provinces du mistral; le cyprès, qui a des branches presque dès le sol, est une des plantes les mieux faites pour arrêter au passage ce vent terrible : aussi le canal est-il bordé, sur ce versant, par d'épais rideaux de l'arbre funéraire.

Le **Canal des Étangs**, long de 38 kilomètres, sans pente et sans écluses, continue le canal des Deux-Mers dans la direction du Rhône. Ainsi nommé de ce qu'il suit les étangs côtiers de l'Hérault, il communique par le **canal de la Radelle** (9 kilomètres) avec le port d'Aigues-Mortes, d'où part le **canal de Beaucaire** : celui-ci, long de 77 kilomètres, avec deux écluses, passe à Saint-Gilles et s'achève dans le Rhône à Beaucaire.

5° **De la Gironde à l'Adour.** — A 7 kilomètres de la côte, le phare de Cordouan éclaire l'embouchure de la Gironde. **Cordouan**, que la mer assiège, qu'elle emportera, fut en son temps une roche continentale. L'Atlantique soulève sa houle verte sur l'emplacement de *Noviomagus*, ville romaine, et quand il gonfle, il frappe à la porte du phare, jadis monument magnifique dont on a détruit l'harmonie pour élever à 65 mètres son feu rouge et blanc. Cet îlot condamné voit passer et repasser les navires sans nombre qui mettent Bordeaux, la reine du Sud-Ouest, en relation avec tout l'univers.

La pointe de Grave, où commence la côte landaise, est un cap au bout d'une presqu'île, la péninsule de Grave, très menacée par le flot qui voulait en faire une île, puis sans doute un écueil, puis un ébat de la vague sur les hauts-fonds. Son salut a déjà coûté des millions à la

France. Quand on entreprit de la cuirasser contre la mer, la terre perdait par an près de 48 mètres; et de plus en plus elle s'éloignait du feu de Cordouan, que 5 kilomètres seulement éloignaient de la côte il y a 250 années, tandis que 7 kilomètres séparent aujourd'hui la rive landaise du phare insulaire. Mais voici que l'Océan semble arrêté, pour longtemps ou pour toujours, dans son projet de s'unir à la Gironde en trouvant l'isthme des Huttes, qui a

Littoral des Landes.

maintenant 500 mètres de largeur au lieu de 200 quand les ingénieurs se sont mis à l'œuvre.

Long de 228 kilomètres entre la Gironde à l'Adour, le littoral landais reçoit annuellement de la mer cinq à six millions de mètres cubes de sable, matière des dunes râpée par l'Océan sur le plateau qui continue la Lande au-dessous des vagues. Il est presque invariablement droit : hors l'échancrure du Bassin d'Arcachon, il n'a ni baies, ni bouches de grande rivière, ni ports. Les navires fuient ce rivage sans abri, blanc de sable au pied des dunes, sombre de pins sur leurs versants. Avant qu'on arrêtât leur procession vers l'est, ces dunes barraient les ruisseaux de l'intérieur ; elles en refoulèrent les eaux qui, montant peu à peu sur le plateau, devinrent des étangs côtiers séparés de l'Atlantique par des chaînes de sable : étangs d'Hourtins et Carcans (5300 hectares), de la Canau (2000 hectares), de Cazau (6500 hectares), de Biscarosse et Parentis (6000 hectares), d'Aureilhan (740 hectares), de Léon (970 hectares) et de Soustons (750 hectares).

Ces étangs qui, de loin, valent les flots bleus des lacs de montagne, ont des eaux sombres amenées par des ruisseaux que le fer de l'alios a rougis, que le tannin des brandes a noircis, et qui pourtant sont clairs. Sur ces ruisseaux, près de ces étangs, on voit des villages, des hameaux, des bergeries, à l'ombre des pins, autant que les aiguilles du père de la résine arrêtent le soleil (elles ne peuvent que le tamiser). Mais au bord de l'Atlantique, devant la ligne noire des rameaux qui changent en cantilène les vents frais de la mer, près de l'Océan qui gémit ou qui tonne, il n'y a ni bourgs, ni hameaux, rien que quelques phares, des cabanes de pêcheurs, des corps de garde de douaniers qui vivent seuls devant les souffles salés, avec le flux et le reflux, la brise ou la tempête, le sable, les gourbets, les gramens, les chênes-lièges et les mille et mille colonnes du péristyle de la forêt des pins maritimes.

Depuis quelques années la solitude y est moindre : profitant des plages de sable fin, quelques hameaux s'y sont établis, baraques, chalets, villas, hôtels, qui sans doute deviendront çà et là des villes : car où cherchera-t-on la santé, si le salut n'est pas dans la dune, sous les pins, contre la mer Atlantique ? Où mieux trouver ailleurs ce que la nature peut nous conserver ou nous rendre de jeunesse ? De ces lieux de bains, deux reçoivent plus de baigneurs que les autres : au nord du

Bassin d'Arcachon, Soulac; au sud, les chalets de Mimizan.

Soulac-les-Bains, près de la péninsule de Grave, est voisin du Vieux Soulac, ville et port de mer que la dune a couvert, puis en partie rendu au jour, si bien qu'on voit maintenant son antique et belle église de Notre-Dame-de-Fin-des-Terres. Mais depuis que les sables sont solidement fixés, ils cacheront à toujours les villages et hameaux, les églises, les prieurés, les châteaux ensevelis par eux sur ce rivage d'entre Gironde et mer. De Soulac à l'embouchure du Bassin d'Arcachon, on ne remarque guère que la pointe de la Négade, les bains des Olives et de Montalivet, puis une longue chaîne de dunes, ligne inflexible. Derrière ces dunes il y a l'**étang d'Hourtins-et-Carcans**, l'étang de la Canau et le vallon de la Lège, canal navigable de 10 mètres de largeur, qui conduit les eaux de ces étangs au Bassin d'Arcachon. « Lège a fui deux fois devant les sables, de 4 kilomètres en 1480 et de 3 kilomètres en 1660[1]. »

On entre dans le **Bassin d'Arcachon** en tournant le cap Ferret, arène si déliée, si dispersable à tout souffle de l'air, qu'on ne sait encore comment la fixer par des plantations. Le Bassin est une espèce de Morbihan qui a vu grandir sur sa plage méridionale une très charmante ville d'hiver, aussi ville de bains, Arcachon, à l'orée des dunes où frémissent les plus beaux pins de France. A la haute marée il couvre 14 660 hectares. Si l'Océan n'était méchant et traître devant cette petite mer, qui se verse dans la grande à l'heure du reflux par un fleuve de plus de 15 000 mètres cubes par seconde, et si la barre, assez profonde, était moins changeante, on y créerait un port de refuge de première grandeur. Mais il est difficile à l'homme de lutter à la fois contre la vague et contre le sable. On n'a pas osé faire du Bassin d'Arcachon une rade immense, on en a fait une immense huîtrière. Il reçoit la

[1] Élisée Reclus.

Leyre (85 kilomètres), jolie rivière à laquelle accourent des eaux filtrées dans le sable, abondantes, claires, bien que brunes, comme toutes celles de la Lande. Elle unit la Leyre de Sabres et la Leyre de Sore.

Du Bassin d'Arcachon à l'Adour, on passe d'abord près de la dune de Lescours (89 mètres), la plus haute en France. Puis vient l'embouchure du **Courant de Mimizan**. Ce fleuve a pour principe, à 19 ou 20 mètres d'altitude, le lac entouré de grands pins, de coteaux de sable, de marais, qu'on nomme l'**étang de Cazau**; un chenal mène de ce lac à l'**étang de Biscarosse**, également environné de marécages, de dunes et de pinadas; à son tour Biscarosse émet le Courant de Sainte-Eulalie, torrent pur écumant sur les rocs d'alios ou passant en silence à l'ombre du chêne et de l'ormeau sur la couche moelleuse des sables. Puis cette eau vive s'amortit dans l'étang d'Aureilhan; et de ce dernier bassin sort le Courant de Mimizan, qui forma près de la mer un port à jamais disparu, dans l'acception littérale du mot, enseveli qu'il est sous la dune d'Udos, aujourd'hui toute noire de pins; et quand elle eût englouti ce port, la dune continua sa course: lorsqu'on la fixa, l'arène roulante venait d'ensevelir la moitié de Mimizan, à 5 kilomètres de l'Atlantique.

Le littoral s'ouvre ensuite pour donner passage au Courant de Contis, déversoir de l'étang de Saint-Julien; au Courant de la Huchette, émissaire de l'étang de Léon; enfin au courant du Vieux-Boucau, décharge de l'étang de Soustons. Ce dernier chenal servit pendant quelque temps de terme à l'Adour, quand ce fleuve, barré par le sable en aval de Bayonne, fut contraint de remonter au nord parallèlement à la côte. A cette époque, le Vieux-Boucau était une ville animée par de grands navires; aujourd'hui, c'est un village qui promène des canots sur un petit estuaire.

A mi-chemin du Vieux-Boucau au Nouveau-Boucau, c'est-à-dire de l'ancienne *bouche* de l'Adour à son embouchure actuelle, le chenal de Cap-Breton servit momentanément d'estuaire à ce fleuve mobile, tandis qu'il n'y passe aujourd'hui qu'un ruisseau de la Lande, le Boudigau, cours d'eau brunâtre. Semblable au Vieux-Boucau, Cap-Breton dut sa grandeur à l'Adour et, quand l'Adour déserta sa plage, elle devint aussitôt ce qu'elle est : un bourg à demi désert. Son nom désigne, de l'autre côté de l'Atlantique, une grande île, découverte, croit-on, par des Cap-Bretonnais, à l'entrée du golfe du Saint-Laurent, dans

Les Landes de la Leyre.

l'Amérique du Nord. On suppose aussi que les premiers colons français de l'Acadie vinrent de cette ville : ils furent la souche des Acadiens, nation de plus de cent mille hommes, vivante encore, et très vivante, après avoir été dispersée deux fois par les Anglais et vendue par eux sur les marchés de la Nouvelle-Angleterre.

Vis-à-vis des vignes de Cap-Breton, plantées dans le sable pur et garées du vent par des brandes, le **gouf de Cap-Breton**, fosse de 380 mètres de profondeur, dans une mer dix fois moins creuse, est assez vaste, assez tranquille pour le port de refuge dont ce littoral a si grand besoin.

6° L'Adour, le Gave. — A 4 kilomètres seulement de l'endroit où la rive de l'Atlantique perd ses dunes et ses pins pour les rochers que taille la mer de Biarritz, à 30 kilomètres de l'Espagne, une barre qui brave obstinément les ingénieurs marque l'embouchure de l'**Adour**, fleuve pyrénéen et landais d'une longueur de 330 kilomètres, d'un bassin de 1 700 000 hectares sur lequel il tombe une moyenne de pluie d'un mètre par an.

A 25 ou 30 kilomètres de l'Océan, à la lisière des Landes et des collines béarnaises qui, de marche en marche, se font montagnes, deux rivières se rencontrent, égales pour le regard : l'Adour et le Gave. L'Adour vient de plus loin ; le Gave apporte, en été du moins, six à sept fois plus d'eau. Le lieu de ce large confluent se nomme le Bec du Gave : c'est ainsi que, dans des bassins plus grands, le confluent de la Loire et de l'Allier s'appelle Bec d'Allier, et celui de la Garonne et de la Dordogne, Bec d'Ambès.

L'Adour naît à 1931 mètres d'altitude, dans le Tourmalet, mont de près de 2500 mètres, non loin du pic du Midi de Bigorre, qui en a près de 2900, à 18 kilomètres en ligne droite au sud de Bagnères. Il ne reste pas longtemps dans la montagne : après avoir arrosé la vallée de Campan, trop vantée, reçu l'Adour de Lesponne, et mu les scies à marbre de Bagnères-de-Bigorre, ville d'eau ravissante, il entre en plaine pour y rester jusqu'à la mer. Déjà son altitude n'est plus que de 550 mètres à Bagnères ; elle n'est guère que de 300 à Tarbes, où le jeune fleuve, où l'Echez, où le vieux canal d'Alaric[1], dispersés en brillants ruisseaux, irriguent une large vallée qui nourrit des chevaux à jarrets

---

[1] Tiré de l'Adour au cinquième siècle.

d'acier. Par ses canaux d'arrosement sans nombre, la richesse, la grandeur de ses villages, le spectacle des montagnes voisines, courtines bleues ou draperies de neige, la plaine de Tarbes est le Piémont du Sud-Ouest. Elle prolonge au loin ses prairies et ses gigantesques maïs vers le nord, sur l'un et l'autre bord de l'Adour, par Vic-de-Bigorre, Maubourguet, Castelnau-Rivière-Basse et Riscle. Cette campagne si large, si féconde, n'est pas seulement l'œuvre de l'Adour ; c'est le Grand Gave qui l'a surtout créée quand il s'épanchait en glaciers vers Tarbes, en aval de Lourdes, par le val de Bénac, puis par celui d'Ossun : route reconnaissable encore et qu'il sera facile de lui faire reprendre quand on voudra doubler ou tripler les irrigations du pays tarbésan.

Au-dessous d'Aire, l'Adour effleure de sa rive droite les sables et les pinadas des Landes qui l'accompagnent jusqu'à la mer. Il passe au pied de Saint-Sever, jadis appelée Cap de Gascogne, et, de fait, sa colline s'avance en promontoire sur une plaine immense que les pins se disputent jusqu'à l'horizon le plus reculé du nord. L'Adour baigne ensuite Dax, célèbre par sa fontaine à 60 degrés. Lorsqu'il arrive devant le Gave, après avoir tracé un grand demi-cercle, il a reçu l'Arros, le Gabas, la Midouze et le Luy.

L'**Arros** (105 kilomètres), comme l'Adour, sort très vite des Pyrénées. Il naît entre la Neste et l'Adour naissant, dans des montagnes de 1500 à 1600 mètres, et coule vers le nord, parallèlement à l'Adour, dont il se rapproche peu à peu.

Le Gabas a plus de 100 kilomètres, mais il sort d'une « hauteur des terres », d'un plateau de graviers fortement raviné qui ressemble au pays de Lannemezan par son infécondité, par sa situation au nord d'un grand torrent pyrénéen (ici le Gave, là-bas la Neste) et par l'indigence de ses rivières. Le Gabas est un ruisseau, sec ou peu s'en faut en été, trouble quand l'eau des pluies délaie ses collines ; ni moins beau, ni moins laid que ses voisins et frères issus du même plateau, le Lées, le Bahus, le Louts et les deux Luy.

La **Midouze** se forme en pleine Lande, à Mont-de-Marsan, de deux rivières venues des collines boueuses de l'Armagnac, et comme telles impures et sans abondance ; tout ce qu'elles ont d'eau constante leur vient du sable des Landes. La plus longue, la **Douze** (110 kilomètres), est aussi la plus forte, car elle reçoit plus de ruisseaux landais; l'autre (95 kilomètres) s'appelle Midou. La Midouze recueille de charmantes petites rivières nées sur l'alios et sombre dans l'Adour en aval de Tartas. De la source de la Douze au fleuve elle a bien 150 kilomètres.

Le Luy (140 kilomètres), pendant des mois, coule à peine ; mais il ne faut pas de longues pluies pour verser dans son lit un torrent d'eaux bourbeuses menant à l'Adour des débris de collines, des lambeaux de berges, des lavages de fossés, des argiles, des sables dont ce fleuve, gêné par une mer colérique, ne compose point un delta pour l'agrandissement de la France. Deux petits Luy forment le « grand » Luy : le Luy de France, fait de sources inconstantes, dans les coteaux escarpés de la Chalosse, terre aux vaux étroits et profonds ; et le Luy de Béarn, qui traverse les landes du Pont-Long sans les féconder et les rafraîchir : le Pont-Long commence dans la banlieue de Pau et finit dans la banlieue de Dax.

Le **Gave** (175 kilomètres) arrive de plus loin que l'Adour, mais plus droit : il ne suit pas le chemin des écoliers, comme la rivière de Tarbes, qui semble longtemps devoir s'engloutir dans la Garonne vers Bordeaux.

Enfant d'un petit glacier, le Grand Gave s'annonce par la cascade de Gavarnie, qui tombe de 422 mètres, des neiges du Marboré dans le plus beau de tous les cirques. Il reçoit tous les gaves, c'est-à-dire tous les torrents possibles : le gave de Héas, par de tristes gorges, lui porte les eaux solitaires du cirque de Troumouse et du cirque d'Estaubé ; le gave de Bastan (nom basque s'il en est) vient de Barèges, ville thermale à 1232 mètres d'alti-

tude, tapie dans un vallon froid, nu, morne, menacé d'avalanches; le gave de Cauterets est fils du Vignemale, il dort dans le lac de Gaube, gouffre bleu, il plonge de cascade en cascade, il passe bruyamment devant Cauterets, ville de bains; le gave d'Argelès réunit le gave de Bun et le gave d'Arrens, descendus des monts où règne le dangereux Balaïtous. Tous ces gaves grondants, tonnants, tapageants, sautants, tournoyants, insensés, éperdus, qui n'ont de repos que dans les lacs et çà et là dans de petits abîmes, brillent rarement en ruisseaux d'argent sur l'herbe des prairies, car ils sortent peu des défilés étroits, pierreux, obscurs. Tous ont de claires eaux, surtout celui de Cauterets, plus transparent que les flots un peu savonneux du Grand Gave.

Le Grand Gave coule sous le très haut pont de Saint-Sauveur, ville de bains, dans le bassin de Luz où la terre tremble souvent, puis dans le Lavedan ou vallée d'Argelès. Il sort de ce val gracieux à Lourdes, petite ville, vieux château, grotte prodigieusement célèbre dans les deux mondes, d'où les pèlerins lui viennent par multitudes. A l'issue de nouvelles gorges où les voyageurs qu'emportent les trains du chemin de fer de Toulouse à Bayonne admirent l'éternel déchirement de ses eaux vertes sur les rochers, leur éternelle fuite sur un lit de cailloux, il arrive dans la vallée de Pau, l'un des Paradis de l'Europe. Il court sur de larges grèves devant cette ville d'hiver, séjour de poitrinaires, surtout d'Anglais, attirés par la douceur du climat, la moiteur d'un air calme, la splendeur du site, la vue et le voisinage des Pyrénées; il y mêle à sa vague impétueuse l'eau plus molle du Néez, issu d'un goueil ou font bouillonnante et grossi par une perte du gave d'Oloron. A 40 kilomètres en aval, à Orthez, et d'Orthez à Bérenx, il heurte violemment les rocs d'une petite Via Mala; mais des carriers sont à l'œuvre sur les bords du torrent : bloc à bloc ils font de ces rochers des moellons, et les charrettes emportent loin du Gave la magnificence de ses rives de pierre.

Le Grand Gave ou Gave de Pau reçoit sur sa gauche un torrent d'un beau vert, fougueux et froid comme lui, le **gave d'Oloron** (132 kilomètres), qui, devant Oloron, ville admirablement campée, unit les eaux des fameuses vallées d'Aspe et d'Ossau. Le gave d'Aspe, donne par seconde huit mètres cubes à l'étiage ; il lave l'immense rocher du fort d'Urdos, auquel on monte par 506 marches, il traverse le bassin de Bedous, il passe près des bains de Saint-Christau. Le gave d'Ossau, deux fois plus faible à l'étiage, passe aux **Eaux-Chaudes**, et reçoit le torrent des **Eaux-Bonnes :** ce sont là deux villes thermales. Le gave d'Oloron, dans une plaine fertile, coule devant Navarrenx, petite place forte, devant la charmante Sauveterre, et boit le **Saison** (70 kilomètres), jolie rivière qui baigne Mauléon, d'où son autre nom de gave de Mauléon. Il roule 15 à 18 mètres cubes par seconde à l'étiage. Avec les 20 mètres et plus du gave de Pau, on a près de 40 mètres cubes ; or l'Adour, épuisé par les irrigations, n'en apporte même pas 6 au Grand Gave.

Le Gave apporte l'eau, l'Adour garde le nom, cette injustice est commune.

Mais déjà le fleuve est soutenu par la marée ; il porte des bateaux à vapeur, il serait visité par de grands vaisseaux sans le péril de sa barre. Large de 200 mètres et au delà, il rencontre la Bidouze (80 kilomètres), venue de Saint-Palais, et la ravissante **Nive** (75 kilomètres), qui sort d'Espagne, se taille un beau couloir nommé Pas-de-Roland, passe à Cambo, ville de bains, et tombe dans l'Adour à Bayonne.

C'est à 6 kilomètres en aval de cette très gracieuse ville que l'Adour termine son destin. Pendant 200 ans, de la fin du XIVe à la fin du XVIe siècle, il s'achevait plus loin : obstrué par des sables, il tournait droit au nord, coulait derrière la dune, silencieux tout près du bruyant Océan, par un lit que marquent des étangs, des prairies, des joncs, des roseaux, des ruisseaux, et allait se perdre dans la mer au Vieux-Boucau, à 30 kilomètres à vol d'oiseau de la plage où le dévore aujourd'hui l'Atlantique, auquel il confie en moyenne 222 mètres cubes d'eau par seconde; il y eut un temps où, remontant moins haut vers le septentrion, il se jetait dans le Gouf de Cap-Breton, fin digne d'un fleuve.

7° De l'Adour à la Bidassoa. — Au sud de l'embouchure de l'Adour, près des plages de Biarritz, la côte, de sablonneuse et droite, devient rocheuse et frangée, mais ses caps ne protègent point contre le flot grondant des baies faites pour le commerce des nations, ils ne dominent que des criques fouaillées par les vents. Ici la mer est sujette aux lubies, aux transports, aux colères; et la tiède Occitanie, près de la lumineuse Espagne, a des tempêtes inexorables comme celles qui font trembler la brumeuse Armorique.

Si, du haut des promontoires, l'horizon est toujours magique, s'il est grand et quelque peu vaporeux sur les flots, diaphane sur les pics pyrénéens de France et d'Espagne, les Basques de cette rive ont cessé d'être les aventureux matelots découvreurs d'îles et de continents que d'autres ont découverts après eux : si bien que Portugais, Espagnols, Normands, Hollandais, Anglais, Saintongeais, ont dans l'injuste histoire un renom d'audace, une gloire d'avant-garde qui n'est peut-être qu'un vol fait aux vieux Escualdunacs. Saint-Jean-de-Luz, dernier port français de ce littoral, recule devant les assauts de l'Atlantique, qui nulle part n'est plus terrible; il marque l'embouchure d'un mince fleuve, la Nivelle (45 kilomètres), qui vient d'Espagne.

Hendaye, notre dernier village sur cette côte, commande le petit golfe de la Bidassoa, en vue de la Rhune, du Chouldocomendia, des Trois-Couronnes et du Jaïsquibel. La **Bidassoa** (72 kilomètres) sépare ici la France de l'Espagne : entre Hendaye et Fontarabie, décombres espagnols plutôt que bourg d'Espagne, ce petit fleuve s'épanche en golfe; mais à une lieue dans la montagne, c'est un torrent pur coulant sur la roche, dans une délicieuse vallée où sonne la langue basque.

VII. DES ALBÈRES AU RHONE

1° Littoral du Roussillon : Tech, Têt, Agly, Étangs littoraux. — Sur la Méditerranée, nous possédons 615 kilomètres de plages, le long de sept départements : Pyrénées-Orientales, Aude, Hérault, Gard, Bouches-du-Rhône, Var, Alpes-Maritimes.

Une côte dentelée, qui plus loin devient sablonneuse, avec des étangs derrière le cordon littoral, donne au rivage méditerranéen des Pyrénées-Orientales une grande ressemblance avec le rivage océanien des Basses-Pyrénées. De Banyuls, de Port-Vendres, de Collioure, d'Argelès, anses rocheuses, on voit une sierra pyrénéenne, les Albères, escalader l'horizon entre la France et l'Espagne, comme de l'Atalaya de Biarritz, de Saint-Jean-de-Luz ou d'Hendaye, on voit monter au ciel les Pyrénées basques entre deux azurs : l'un qui nous appartient, l'autre qui dépend de Madrid, si toutefois l'azur n'est pas aux seuls oiseaux en attendant que l'homme conduise à son gré les ballons.

Mais la ressemblance n'est que dans la plastique du sol ou les broderies de la mer, bleue ici, verte là-bas. Le vrai, l'aride soleil du Midi luit sur les rochers, la vigne et l'olivier des Albères, tandis que le frère de la pluie, le soleil de l'Ouest, sourit au maïs, aux touyaas ou bruyères, aux chênes de l'Adour et de la Bidassoa. Chez les Basques et les Béarnais, c'est l'Europe ; chez les Roussillonnais, et plus loin chez les Languedociens et les Provençaux, c'est l'Afrique poudreuse, éclatante.

Comme le rocheux littoral basque, la côte montueuse du Roussillon est fort courte. Son meilleur abri, Port-Vendres, à la fois sûr et profond, est le port français le moins éloigné d'Alger et d'Oran ; aussi peut-il compter sur l'avenir.

Bientôt les rochers, les anses, les lignes à chaque instant brisées font place à des sables, littoral droit qu'ouvrent trois petits fleuves pyrénéens non navigables, mais très précieux pour l'irrigation des plaines brûlées du soleil, battues des vents, où ils entrent à l'issue des gorges de la montagne : ces plaines ont été conquises en partie par leurs alluvions sur la mer.

Le **Tech** a des inondations redoutables : on l'a surnommé le Justicier de la contrée. Né dans de rudes montagnes de 2000 à 2500 mètres, au-dessus de Prats-de-Mollo, petite place de guerre, il descend bruyamment les gorges du Vallespire, dont le nom fait image : c'est *Vallis aspera* ou l'âpre Vallée ; il passe à **Sainte-Amélie**, ville thermale et ville d'hiver, puis sous l'arche du vieux pont de Céret, bâti par le Diable en une seule nuit, comme le peuple le raconte de tant d'autres ponts dont il admire la hardiesse ou la hauteur. Arrivé dans la plaine, il coule au milieu des osiers et des saules, parmi joncs et roseaux, et laisse à gauche Elne, qu'il effleurait autrefois, quand, ainsi que cette ville, il s'appelait du nom basque d'*Iliberri*, au temps où les Escualdunacs n'allaient pas seulement « *desde Bayona á Bayona* », de Bayonne en France à Bayonne en Galice, mais régnaient aussi de l'Océan à la Méditerranée, entre Pyrénées et Garonne, sur ce qui est aujourd'hui Béarn, Gascogne, Languedoc et Roussillon. Le Tech n'a guère plus de 80 kilomètres.

Entre le Tech et la Têt, l'étang de Saint-Nazaire (1200 hectares) reçoit le Réart, jolie rivière qui vient du pays des Aspres ; il communique avec la mer par un grau, c'est-à-dire par un chenal perçant un cordon aréneux que submerge en partie le flot de tempête. Quant à la **Têt**,

Pont de Céret : le Canigou.

elle a 125 kilomètres ; elle coule de tout petits lacs blottis au pied de montagnes de 2800 mètres, lacs que le temps se charge de combler ; ou bien de vider par soudaine rupture, comme il fit, dit-on, de l'un d'eux au neuvième siècle, du lac des Barres, dont la chute, subite lança sur la vallée jusqu'à la mer un torrent mortel. La Têt passe au pied de Montlouis, place forte à 1513 mètres d'altitude : elle reçoit le torrent du **Vernet**, qui est un lieu de sources thermales, puis elle baigne Prades dans la montagne et Perpignan dans la plaine. Grâce aux canaux qu'elle emplit, grâce aussi, mais à un degré moindre, aux rigoles puisées dans le Tech et l'Agly, le bas Roussillon, terre incommodée de vent et de soleil, vaut les *huertas* et les *vegas* espagnoles. On se propose d'accroître le liquide trésor dont ces trois fleuves disposent dans la saison sèche, en murant sur leur cours, et sur celui de leurs affluents, des couloirs extraordinairement resserrés derrière lesquels s'épanouissent d'anciens lits de lacs. Tel sera, par exemple, le barrage de la Fou, jeté près d'Arles sur un tributaire du Tech, en travers d'une gorge calcaire de 50 mètres de largeur et de 160 de profondeur.

L'**Agly** ou Gly (75 kilomètres), fille des Corbières, sort de gorges cassées, près de Rivesaltes, ville qui doit sa richesse à des vins de feu.

Au nord de l'Agly, la rive, plate et malsaine, sépare de la Méditerranée des étangs que des graus versent à la mer. L'**étang de Leucate** ou de Salses a 5700 hectares d'eaux ou de plages souvent à sec. Il est rempli par la **Font-Dame** et la **Font-Estramer**, qui fournissent 477 000 mètres cubes d'eau salée par jour, c'est-à-dire 5 à 6 par seconde. Ces deux grandes sources forment une rivière qui serait précieuse dans un pays aussi brûlant que le Roussillon ; mais elles jaillissent trop bas ; il faudrait les hausser par une digue, et en les relevant on les diminuerait : peut-être même les perdrait-on, car dans un pays fissuré, dès qu'on contrarie l'écoulement d'une onde, cette onde prend souvent, et quelquefois tout entière, un nouveau chemin par quelque fêlure. On attribue les deux fonts de Salses aux eaux qui se perdent dans le bassin fermé d'Opoul. Jadis navigable, l'étang de Leucate est rempli d'alluvions et couvert d'herbes formant feutrage, prairies flottantes et tremblantes qui sont des espèces de mer de sargasses. Le bourrelet qui le sépare de la Méditerranée projette en mer la protubérance de Leucate, et à l'abri de ce blanc promontoire, le golfe de la Franqui est une espèce d' « anse du repos » sur ce littoral agité. Riquet eut l'idée d'en faire le terme du Canal des deux Mers; et sans trop de peine on y créerait un port, le meilleur possible entre les criques des Albères et les calanques des monts de Marseille : meilleur qu'Agde, meilleur que la Nouvelle, meilleur que Cette, si coûteux pour la France.

2° Aude, Orb, Hérault. — Après l'étang de Leucate viennent d'autres étangs, restes d'un golfe comblé par l'Aude, qui est un grand charrieur de boue. Ce golfe était celui de Narbonne, la fière *Narbo Martius Decumanorum*, qui devait la fin de ce nom sonore à ses colons, les vétérans de la dixième légion, phalange aimée de César, dont elle fut, pour ainsi dire, la trente-deuxième demi-brigade. De ses eaux s'élançaient des îles devenues les monts de la Clape, depuis que le vieux Narbôn, appelé plus tard l'Atax, puis l'Aude, souda ces roches au continent par le dépôt de 20 000 hectares d'alluvions. Les monts de la Clape, faits de craie, se nomment ainsi du mot patois *clapaz*, qui veut dire traînée de pierres. Ils dépassent à peine 200 mètres, mais ils sont d'allure hardie, taillés, bouleversés, déchiquetés; ils ont la majesté de l'isolement, entre la mer, une plaine et un fleuve, l'Aude : celui-ci, après avoir comblé les flots au sud-ouest du massif, coule maintenant au nord, et n'ayant plus de golfe à remblayer, commence à s'épanouir en delta.

L'**étang de Sijean** a 2750 hectares, et près de lui,

l'Étang de Gruissan en a 900 au plus, qu'on va dessécher. Appelée aussi l'étang de Bages, la nappe d'eau de Sijean, longue de 18 kilomètres, large de 3 à 6, reçoit la Berre et s'écoule par le chenal de la Nouvelle, port lamentablement mauvais qui entretient quelques relations avec l'Algérie. Une robine, canal navigable abreuvé par l'Aude, l'unit à Narbonne, qui eut 60 000 habitants, 100 000 peut-être quand elle était romaine.

L'Aude, longue de 223 kilomètres, enlève annuellement 1 700 000 à 1 800 000 mètres cubes de limons à un bassin de 534 000 hectares qui reçoit en moyenne 750 millimètres de pluie par an ; on comprend qu'avec une pareille prodigalité d'alluvions, ce petit fleuve ait cousu les îles de la Clape au vieux sol de la Gaule. En étiage il descend à 5 mètres cubes par seconde ; en crue il dépasse 3000 ; sa moyenne est de 62.

L'Aude naît dans la région pyrénéenne où s'élancent les plus beaux sapins peut-être de France, et serpente d'abord dans la vallée du Capsir, dont les villages perchent à plus de 1400 mètres d'altitude (dès la mi-août les soirées y sont froides). Puis elle s'ensevelit dans des gorges d'une profondeur sinistre ; près des bains de Carcanières, les roches entre lesquelles elle a trouvé ou scié son passage ont jusqu'à 500 mètres de haut. Au-dessus de Limoux, qui fait un vin blanc célèbre, les défilés s'élargissent, et vers Carcassonne la rivière entre dans la zone où l'olivier commence ; elle sépare cette ville du faubourg de la Cité, legs précieux du moyen âge, dédale de ruelles tournantes, sur une colline ardue, entre les deux murs et les cinquante tours d'une enceinte qui protège un donjon et que ce donjon protège. Dans la plaine de Narbonne, qui est un riche vignoble, l'Aude se divise : un bras va se perdre en mer au nord des monts de la Clape, l'autre, la Robine de Narbonne, porte les vins de Narbonne au port de la Nouvelle.

Pendant longtemps ce fleuve, barré par une digue romaine, à Sallèles, coulait tout entier vers Narbonne, et

La Cité, à Carcassonne

de cette ville au golfe qu'il a fini par effacer de la mer ; mais une crue emporta ce mur en 1320, et l'Aude marcha désormais droit devant elle, et librement, jusqu'à la Méditerranée. Narbonne alors, près des lagunes, loin du cours des eaux vives, devint si fiévreuse que les Narbonnais méditèrent un moment d'aller s'installer à Leucate. Le comblement des étangs, le tassement des terres, la culture du sol, les plantations de vigne lui ont rendu la salubrité, mais son commerce maritime est mort, et l'établissement de la Robine ne l'a pas fait revivre.

Après l'Aude, c'est l'**Orb** limpide, dont le flot de crue, 2500 mètres cubes, roule mille fois les 2500 litres de l'étiage ; son module doit être d'environ 25 mètres cubes par seconde, pour un bassin de 153 000 hectares. Très sinueux dans ses gorges supérieures, il a 140 ou 150 kilomètres de cours, contre 75 en ligne droite. Il commence dans les Cévennes aveyronnaises, serpente près des coteaux houillers de Graissessac, passe à Bédarieux, traverse des vignobles que le phylloxéra dévaste, et baigne la colline de Béziers.

Après l'Orb, c'est l'**Hérault**, non moins limpide, qui peut pousser jusqu'à 3700 mètres cubes par seconde, plus de deux fois le maximum de la Seine à Paris : or il n'a que 197 kilomètres, dans un bassin de 290 000 hectares. On estime son module à 50 mètres.

La vraie mère de l'Hérault, c'est la **Vis**, rivière transparente, dont la vallée, la gorge plutôt, ou si l'on veut la cassure, est signalée de loin, quand on vient de l'est, par la pyramide du pic d'Angeau (865 mètres) : en la remontant on se butte, au fond du couloir, contre un roc d'où coule, comme à Vaucluse, une onde jamais tarie, frais et clair épanchement de caverneux ruisseaux de la grande oolithe.

Fils aussi de blanches Cévennes, l'Hérault descend de l'Aigoual (1567 mètres) ; il reçoit l'Arre, issue des châtaigneraies du Vigan, et passe, en aval de la Vis, dans le charmant bassin de Ganges ; puis de là dans les gorges de **Saint-Guilhem-le-Désert**, un de ces merveilleux sites

Béziers.

méridionaux où l'herbe, le gazon, les bosquets, les forêts, la verdure ne sont rien, où la pierre, l'eau vive et le soleil sont tout; où l'homme aussi n'est rien ou peu de chose, par des jardins arides, des murs d'enclos, des moulins, des maisons que le temps a dorées ou brunies et qui sont de loin semblables au roc. Le fleuve y descend de rapide en rapide, entre deux parois à pic ou de surplomb, pur, et parfois si serré qu'au-dessus de certains gouffres muets un vigoureux sauteur essaierait de le franchir. Il sort de ce pas au Gouffre Noir, sous le Pont du Diable, en aval de la cascade de Clamouse qui jette sur son onde immobile une fontaine du rocher; il passe alors dans une large vallée, domaine de la vigne et du poudreux olivier, et baigne Pézenas, grand marché d'eaux-de-vie, cité dont on se moque en France, comme de Quimper, de Landerneau, de Brive, de Carpentras, sans aucune raison, par imbécillité pure. L'Hérault tombe dans la Méditerranée près d'Agde et du Saint-Loup (115 mètres), volcan éteint.

Agde, c'est Ἀγαθὴ Τύχη, la Bonne Fortune : ainsi l'appelèrent des marins grecs ravis de trouver un port tranquille entre le Saint-Loup, la terre ferme et la chaussée par laquelle peu à peu l'Hérault, rayé d'alluvions, avait soudé le volcan, île jadis, à la lèvre du continent. Depuis lors, le fleuve, fidèle à l'éternelle devise des eaux courantes : « Râper la terre et remplir le flot, » a comblé le calme azur que les Hellènes avaient joyeusement salué du nom d'Heureuse Rencontre[1].

Du Saint-Loup sortirent les laves dont on a construit Agde, la « ville Noire ». Ce fut là le volcan le plus méridional de notre sol, comme le plus septentrional était, tout au nord des Dôme, le cratère où sommeille le Gour de Tazanat. Il y a dans ce bout de la France d'autres témoins d'une ère de flamboiement : au bord de la mer, à Maguelonne; au bord du Lez, à Montferrier; au bord de l'Hérault, à Saint-Thibéry, etc.

---

[1] Autre signification d'Ἀγαθὴ Τύχη.

3° Étangs du Languedoc, Lez, Vidourle et Vistre. — Bientôt recommence le chapelet des étangs littoraux, séparés du flot méditerranéen par une très mince et très-basse levée de sable que des graus interrompent : sur la levée grondent les trains de Bordeaux à Cette, et dans les étangs passe le canal qui continue le canal du Midi jusqu'au Rhône.

Le plus beau, le plus vaste de ces miroirs, l'**étang de Thau** (7000 à 8000 hectares) est bleu. Brassée par le mistral, peu profonde, navigable pourtant et beaucoup naviguée, son onde salée a près de 20 kilomètres de long sur 2 à 6 de large. De son lit monte une source d'eau douce, puissante après les longues pluies, la fontaine d'Abisse, qu'on dit venir d'infiltrations de l'Hérault. La ville de Cette est entre l'étang et la mer, sur un chenal navigable allant de l'un à l'autre, au pied de la colline jurassique de Saint-Clair (180 mètres), qui jaillit brusquement et grandement des flots. De sa cime, comme du haut de Saint-Loup, on voit la mer, si belle sous ce soleil du Sud, la côte entre les Albères et les embouchures du Rhône, les étangs du littoral, les collines de l'Hérault, les Cévennes.

Cette commerce beaucoup ; c'est même après Marseille notre port le plus actif sur la Méditerranée, mais on n'en peut guère imaginer de plus mauvais ; la tempête le secoue souvent, et il y entre annuellement 80 000 à 100 000 mètres cubes de sable qu'on ne déblaie qu'à grand'peine.

A l'étang de Thau succède l'étang d'Ingril (1000 hectares), dominé par les calcaires de la Gardiole (236 mètres) : on l'appelle aussi l'étang de Frontignan, du nom d'une ville insalubre qui récoltait le meilleur des muscats quand le phylloxéra n'avait pas flétri ses ceps. Viennent ensuite, à la queue leu leu, quatre étangs : l'étang de Vic ou de Palavas a 1500 hectares ; celui de Maguelonne, grand de 1300 hectares, baigne de ses flots amers une roche volcanique, île jadis, aujourd'hui littoral, depuis qu'elle est collée aux sables du rivage : cette roche était Maguelonne, port de Montpellier et ville épiscopale; du port, il ne reste rien, puisque de cité sur mer Maguelonne est devenue hameau sur étang. La cathédrale est encore debout : on l'avait fortifiée contre les pirates sarrazins; mais la roue de la fortune a tourné, c'est maintenant le Languedoc et la Provence qui débordent sur la principale patrie des corsaires musulmans. L'étang de Pérols couvre 1200 hectares; celui de Mauguio ou de l'Or, 3600. Ces quatre bassins sont funestes aux riverains; Frontignan, Vic, Mire-

Aigues-Mortes.

val, Villeneuve-lès-Maguelonne, Palavas, Lattes, Pérols, Mauguio, boivent la fièvre en aspirant leurs miasmes chauffés par le soleil : mais d'ores et déjà l'on pourrait purifier leur air en faisant un polder de leurs eaux les moins profondes. Tous quatre ils sont bordés de salines; le dernier touche aux nombreux **étangs d'Aigues-Mortes**, également livrés aux sauniers, et les étangs d'Aigues-Mortes touchent à la Camargue ou delta du Rhône.

Aigues-Mortes vaut un voyage. Bâtie en 1272 par Philippe le Hardi, sur le modèle de Damiette, cité d'Égypte, elle porte sur d'anciennes alluvions du Rhône, et si ce fleuve passe aujourd'hui loin d'elle, il peut, quand il rompt certaines de ses digues, envahir encore ce sol lentement déposé par sa bourbe jaune ou grise dans la bleue transparence de la Méditerranée. C'est ce qu'il a fait en 1840 ; mais les gens d'Aigues-Mortes n'ayant point abattu l'enceinte dont les entoura le fils de saint Louis, ont bravé les eaux déchaînées en fermant les portes de leur ville. Un ennemi plus pressant que ce Rhône lointain, c'est la fièvre, toujours à craindre, comme l'annonce le seul nom d'*Aigues-Mortes*, en français *Mortes-Eaux*. Tout ce littoral souffre de l'exhalaison des marais : la cité de Philippe le Hardi eut d'abord 10 000 habitants, 15 000 peut-être ; elle descendit à 1500 et n'est encore remontée qu'à 4000.

De l'Hérault au Rhône, la plage se transforme avec lenteur par l'imperceptible soulèvement du sol et, lorsqu'on approche de la Camargue, par les alluvions du Rhône. Elle donne passage à trois petits fleuves : au Lez, au Vidourle, au Vistre.

Le bleu **Lez** parcourt à peine trente kilomètres ; il sort avec 800 ou 1000 litres par seconde, au pied d'un immense roc à pic, d'une grotte du Saint-Loup, superbe mont pyramidal de 653 mètres de haut, plus beau dans sa petitesse que bien des géants des Alpes ; il coule près de Montpellier et se termine à Palavas-les-Flots, hameau de pêcheurs dont chaque année fait une ville de bains plus fréquentée, à l'ourlet d'une plage de sable fin.

Le **Vidourle** tire quelque célébrité de ses vidourlades, débordements subits. Ce piètre torrent de cent kilomètres arrive à rouler 1000, 1200, 1500 mètres cubes par seconde, dix, douze, quinze mille fois les cent litres de son étiage. Il descend des monts décharnés de Saint-Hippolyte du Fort, serpente près des plaines où croissait le fameux muscat de Lunel, entre dans la région des étangs littoraux et se perd dans la Méditerranée au Grau-du-Roi, port et lieu de bains de mer situé à l'entrée du canal d'Aigues-Mortes, à 6 kilomètres de cette ville. Le nom de

Grau-du-Roi rappelle Louis XV, sous lequel on creusa le canal ; celui de Grau-Saint-Louis, à 7 kilomètres au nord-ouest, remémore le juste et vaillant roi qui partit de là pour ses deux croisades : la première fois, en 1248, sur 120 vaisseaux italiens, pour l'Egypte où il allait être battu ; la seconde fois, en 1270, pour Tunis où il allait mourir.

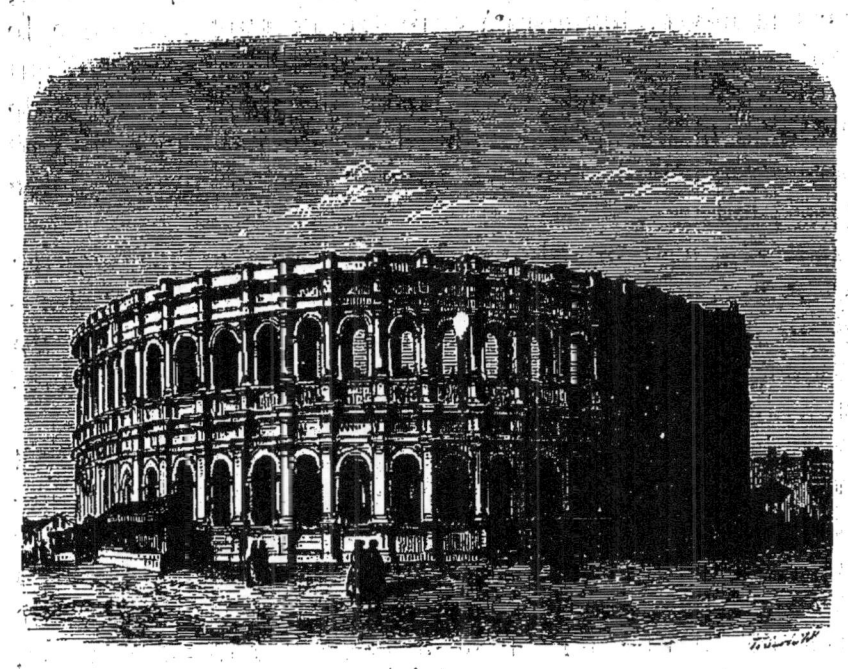

Les Arènes de Nîmes.

Le **Vistre** (65 kilomètres) reçoit la fontaine de Nîmes, ville qui est la Rome française par ses Arènes, sa Maison Carrée, son Temple de Diane et sa Tour Magne. Au pied de collines arides, loin du Rhône, loin du Gard, loin de la mer, Nîmes doit l'existence à sa fontaine, et sa fontaine est encore aujourd'hui sa gloire, sa beauté, sa richesse. Cette source illustre est un gouffre d'eau pure profond de 15 mètres, à côté du Temple de Diane, au pied du mont Cavalier, coteau verdi par les pins et couronné par la Tour Magne, qui signale Nîmes de tous les bouts de l'horizon. Elle est remplie par les orages qui tombent sur les cailloux rougeâtres des **Garrigues**, Arabie Pétrée où les roches n'ont pas de terre, où les ravins n'ont pas d'eau, où le ciel n'a pas de pluie, où le mistral, tyran de cet azur, déchire impitoyablement les airs; c'est là pourtant que les Nîmois ont leurs *mazets*, villas et jardins de

Temple de Diane

plaisance sous la forme d'une treille, d'un arbre fruitier, de quelques pins et d'oliviers mourant de soif sur la roche entre quatre murs de pierre sèche habités par le scorpion. Comme les pluies sont rares sous ce climat sérénissime, la fontaine, au lieu d'unir des ruisseaux sous la pierre des Garrigues, finit souvent par ne plus rassembler que des gouttes d'eau; elle peut n'offrir que 7 litres par seconde à la ville altérée; mais dès qu'une averse fond sur les coteaux, Nîmes possède une rivière transparente; l'industrie s'empresse de la ternir, elle en fait un bourbier cynique. Le Vistre finit dans les canaux d'Aigues-Mortes, au milieu des joncs, des roseaux, des salines.

VIII. LE RHONE

1° Le Rhône en Suisse, le Léman. Le Rhône en France, la Camargue. — Des 9 867 000 hectares du bassin du Rhône, peuplés d'environ 4 500 000 hommes, plus de 9 millions appartiennent à la France; le reste est à la Suisse, soit par le fleuve lui-même et ses affluents directs, soit par le Doubs, tributaire de la Saône.

C'est en Suisse que le **Rhône** prend naissance, à 1753 mètres d'altitude, dans le canton du Valais, non loin des sources de l'Aar, de la Reuss, du Rhin et du Tessin. Il part d'un grand glacier appuyé sur la Furka; plus ou moins abondant suivant ce que la chaleur délaie de frimas sur des montagnes de 3000 à 3600 mètres, le torrent de ce glacier, digne du fleuve superbe qu'il inaugure, dévore brusquement un tout petit ruisseau fait de trois sources; et c'est ce ruisseau que les montagnards du Haut Valais élèvent à la dignité de père du Rhône : dans leur mauvais patois allemand ils l'appellent Rothe ou Rotten.

Ainsi commence notre beau Rhône, qui, d'après les poètes anciens, naissait près des Colonnes du Soleil, aux portes de la Nuit éternelle.

L'Oberland, le Mont-Rose, inclinent vers lui de vastes champs de froidure. L'Oberland lui envoie par la Massa le tribut du glacier d'Aletsch, le premier des Alpes, ayant 23 kilomètres de long sur 1800 à 2000 mètres de large, et 14 000 hectares d'étendue; ce prodigieux bloc de glace, puissant, croit-on, de plus de 30 milliards de mètres cubes, abreuverait pendant au moins dix-huit mois la Seine telle qu'elle passe devant Paris. Le Mont-Rose, dont une cime (4638 mètres) est inférieure au seul Mont-Blanc dans toutes les Alpes, lui décoche la Viège, qui, de par les 30 000 hectares de glace de son bassin, l'emporte peut-être au confluent sur le Rhône. La Navisanche, la Borgne, la Dranse du Valais, qui a 15 362 hectares de glace éternelle dans un bassin de moins de 64 000 hectares, lui mènent les eaux des glaciers étincelants accrochés à la magnifique chaîne qui, du Cervin au Mont-Blanc, sépare le Valais du Piémont. Vers Sierre, au-dessus de Sion, capitale du Valais, la langue germaine disparaît et le Rhône est déjà français par l'idiome de ses riverains. Vers Saint-Maurice, il quitte sa vallée supérieure par la Porte du Valais, passage étroit entre deux belles montagnes, la Dent de Morcles, pic vaudois, et la Dent du Midi, pic valaisan, puis il court vers le lac de Genève ou Léman, à travers une plaine marécageuse qu'il a lentement fondée, que toujours il augmente. De ce côté d'amont le Léman a perdu 18 kilomètres ; du côté d'aval il en a perdu 15, de Genève au fort de l'Écluse.

C'est près du fameux château de Chillon que le Rhône entre dans le lac de Genève après avoir reçu les eaux de 263 glaciers. Le **lac de Genève** ou **Léman**, suisse par sa rive septentrionale, est savoisien et français par presque toute sa rive méridionale. Dans un cirque de montagnes d'une grande magnificence, Alpes, Jura, Jorat, sa longueur est de 75 kilomètres, et jadis elle fut de plus de 100 ; sa largeur varie entre 2181 et 13 935 mètres ; son pourtour est de 152 kilomètres, sa surface de 57 784 hectares ; ayant 334 mètres de plus grande profondeur et 375 mètres d'altitude, il ne descend pas tout à fait au niveau de la mer. Ses bords charmants, sous un climat tempéré par l'abri des monts et par les eaux du lac lui-même, se relèvent au nord en coteaux qui portent les meilleurs vignobles de la Suisse. Sur le rivage français, beaucoup plus haut, moins soleilleux, plus rude, plus froid, qui ne regarde pas le midi comme le bord helvétique, mais le plein nord, des châtaigniers, des noyers magnifiques, des forêts de cerisiers, de hautes vignes, des prairies font la parure des villages; Évian, ville de bains, et Thonon, ses deux seules cités, n'ont point la gaîté de Lausanne, de Vevey, de Montreux, de Clarens, qui brillent vis-à-vis d'elles sur le rivage vaudois.

L'arc de cercle du Léman se termine à Genève. Là le Rhône sort de la petite mer intérieure par des eaux d'un bleu merveilleux, l'idéal d'une rivière à la fois limpide et rapide. A l'étiage absolu, ce déversoir épanche encore 65 à 70 mètres cubes par seconde; 82 à l'étiage ordinaire; 200 en basses eaux, 575 en grande crue, 270 pour la moyenne de l'année : et en s'en tenant à ce dernier volume, en le supposant toujours le même pendant onze années, il faudrait tout ce temps au lac pour se vider s'il ne recevait, du premier au dernier jour, ni flot de torrent, ni goutte de pluie, ni flocon de neige, ni cristal de grésil.

A peine sorti de la conque du Léman, le fleuve passe, à l'étiage extrême, de 65 ou 70 à 100 mètres cubes d'eau par l'arrivée des flots jaunes de l'Arve. Les deux grands courants, l'Arve terreux, le Rhône azuré, se frôlent d'abord sans s'unir : quand le mariage est consommé, le fleuve a perdu sa transparence bleue.

A son entrée en France, le Rhône, déjà très abondant, a reçu en Suisse les eaux de 103 700 hectares de glaciers, et par l'Arve la plus grande part des frimas du Mont-Blanc. Chez nous, il est d'abord tourmenté par l'intime rapprochement du Jura et des monts de la Savoie; longtemps leurs parois l'étranglent. Au-dessus du fort de l'Écluse, près de Bellegarde, il disparaissait même en eau basse dans des cavernes crayeuses, entre le mont Vuache ou Chaumont et le Grand Crédo. Dans les eaux ordinaires, le fleuve, montant le long des parois, cachait cette lacune apparente de son cours, la Perte du Rhône, qui n'existe

Le Rhône près de Bellegarde.

plus : dans un but de commerce, pour le flottage des bois, on a fait sauter la voûte sous laquelle s'engouffraient les eaux ; et dans un but d'industrie, on a ravi par un canal, un peu en amont de la Perte, un minimum de 61 mètres cubes par seconde, qui d'ailleurs reviennent au Rhône à moins d'un kilomètre en aval, à l'issue d'un tunnel, par une chute de 12 à 14 mètres. Ce canal développe une force motrice de six à huit mille chevaux-vapeur que de longs câbles, d'immenses poulies, font monter à 130 mètres de hauteur, sur le plateau de Bellegarde où l'on projette une grande ville industrielle. En amont, en aval de la Perte, le Rhône, tout puissant qu'il soit, n'a parfois qu'une apparence de ruisseau : au pas de Malpertuis, par exemple, sa largeur n'est que de six mètres.

Comprimé par les roches du Jura au nord, et au sud par des parois qui sous d'autres noms sont encore Jura, changeant à chaque instant de rapidité, de largeur, de profondeur, il va frôler à Culoz le pied du Grand-Colombier, et mouiller le rocher qui porte la vieille chartreuse et le fort de Pierre-Châtel. Ses derniers étranglements sont aux roches du Bois du Mont, près de Lhuis, où il se réduit à 36 mètres, et au Pont du Saut, où il forme un rapide qu'on a rendu moins périlleux.

Il ne suivit pas toujours ces chemins difficiles conquis sur la roche par le plus patient des ouvriers, l'eau, qui n'a ni sommeil, ni repos, ni chômage. Il coula vers les lieux qu'arrose aujourd'hui l'Isère, comme le montre l'espèce d'avenue qui mène de Seyssel à Montmélian par le lac du Bourget et Chambéry ; puis il s'égara dans de larges graviers, fils des moraines, où nous voyons à présent des bas-fonds, des tourbes, des marais ; il courut alors où serpente la Save, petit ruisseau, et où passe la Bourbre, petite rivière, vers Morestel, Bourgoin et la Verpillière. Au-dessus du confluent de l'Ain, le Rhône sort enfin de ces tortueux passages sciés dans la pierre. Devenu tout à coup très large, parfois même de deux à trois kilomètres, il se disperse en bras, entre des îles basses qu'on appelle des lônes[1], terres de peu de consistance où nul ne sème ni ne moissonne ; leurs sables et leurs graviers portent, avec le saule, l'arbre vert, élancé, flexible au vent, mais sans couronne et sans branches étalées, le peuplier, qu'on trouve partout en France.

A Lyon, par 162 mètres, la Saône, bien que très inférieure au plus fougueux de nos fleuves, le tord droit au sud, tandis que depuis sa source il courait du nord-est au sud-est, non sans grands détours. Et de plus, elle contribue singulièrement à régulariser le grand torrent des Alpes et du Jura au-dessous de la cité qui les voit se réunir : c'est en été que le Rhône a le plus d'abondance, grâce à la fonte des neiges de la montagne, et précisément alors la Saône arrive à son minimum; en revanche, pendant la saison d'hiver, le Rhône est au plus bas, tandis que la Saône verse en moyenne quatre ou cinq fois plus d'eau qu'en été. Il résulte de là qu'en aval de Lyon le fleuve fait de la rencontre du Rhône et de la Saône varie peu dans son débit moyen. Lyon, la cité de la soie, première ville de France après Paris, a tout l'aspect d'une grande capitale : sur un beau fleuve et sur une belle rivière, avec des faubourgs escaladant des escarpements de 100 à 150 mètres, une seule chose lui manque et manque encore plus à Paris, les grands navires de Marseille et de Bordeaux, ou même les bricks de Nantes. Si le Rhône lyonnais avait souffert des vaisseaux comme la Garonne ou la Tamise, Lyon, située sur un des grands chemins du Nord au Midi, dans une contrée magnifique, serait devenue l'une des métropoles de l'Europe; elle eût régné sur la France, sans doute aussi sur la Suisse, et peut-être par Belfort sur le Rhin moyen, et par la Savoie sur la Haute-Italie. Les ponts que le fleuve y mord ont de 200 à 350 mètres, portée double de celle des ponts de la Saône.

---

[1] Ce mot se retrouve dans Saint-Jean-de-Losne, ville au bord de la Saône.

De Lyon à la Méditerranée, le Rhône, courant au sud, baigne Givors, ville industrielle, puis lèche de sa rive droite les assises les plus basses du Pilat, tandis que sa rive gauche touche Vienne, où sont encore debout quelques monuments élevés par Rome. En aval de Vienne, des collines de la rive droite, coule un vin généreux, le cru de la Côte-Rôtie, muri dans les clos d'Ampuis, près de Condrieu.

Le fleuve rencontre ensuite Tournon, dont le collège eut 2000 élèves; Tain, qui possède le glorieux vignoble de l'Ermitage, le premier de la « Côte du Rhône »; et la ville de Valence. Peu à peu, de détour en détour, entre les monts de l'Ardèche et ceux de la Drôme, le ciel devient plus clément, les teintes plus chaudes. Vers Beauchastel, près de la Voulte, apparaissent les premiers oliviers. Le Rhône laisse à droite Rochemaure, son volcan éteint de Chenavari et son funeste plateau de Pujaut, où apparut d'abord le phylloxéra, en 1865; il laisse à gauche Montélimar. Bientôt, après avoir passé devant l'épiscopale Viviers, qui donna son nom au Vivarais, vers Donzère et Bourg-Saint-Andéol, on sent qu'on entre tout à fait dans le clair Midi. Là s'acheva le Rhône, sur un golfe de la mer qui pénétrait dans le continent de France, ayant à l'occident les Cévennes, à l'orient les Alpes; les plaines du Comtat et celles de Tarascon-Beaucaire sont une vieille Camargue.

Au Pont-Saint-Esprit, le fleuve frappe avec violence les piles d'un pont de 24 arches (xiiie siècle) qui a 840 mètres; il passe à quelques kilomètres d'Orange, ville à monuments romains, puis coule devant Avignon, dans une plaine aussi féconde que belle qui voit le Ventoux, les monts de Vaucluse, le Lubéron, et qui boit les canaux de la Sorgues et de la Durance. Sans le mistral, Avignon serait un Paradis Terrestre. Au-dessous de cet ancien séjour des papes, il sépare Tarascon de Beaucaire, dont jadis la foire attirait les trafiquants de tous les pays de la Chrétienté comme de l'Islam. C'est à Fourques, près d'Arles, que le fleuve se bifurque. Arles, célèbre par ses femmes splendides, n'est plus la reine des Gaules, comme à la fin de l'Empire romain, quand elle assemblait vingt mille spectateurs dans l'amphithéâtre dont elle montre encore les ruines, qu'elle réunissait dans son port « les trésors de l'Orient, les parfums de l'Arabie, les délicatesses de l'Assyrie, les denrées de l'Afrique, les coursiers de l'Espagne et les armes des Gaules ». Aujourd'hui, par la faute

Les Arènes d'Arles.

des embouchures du Rhône, son port est vide, ses rues désertes.

Des deux bras du Rhône inférieur, celui de gauche, le bras d'Arles, le **Grand Rhône**, s'empare des 86 centièmes du fleuve; 14 centièmes s'écoulent par le bras droit ou **Petit Rhône**, que le castor n'a pas abandonné tout à fait et qui passe à Saint-Gilles, cité cinq fois moindre qu'au dixième siècle, puis s'engloutit dans la Méditerranée près du bourg fiévreux des Saintes-Maries-de-la-

Mer. L'un et l'autre bras coulent d'abord à l'ombre des saules et des ormeaux blancs, puis il n'y que des arbustes sur leur rive, enfin, près de la mer, les broussailles mêmes disparaissent et le roi de nos fleuves se termine au milieu des joncs. Dans la terre molle dont il a comblé son ancien golfe, il a souvent varié de cours et varié d'embouchure : il se versa, par exemple, dans l'étang de Mauguio, à l'époque où cet étang sommellait aux lieux devenus depuis la vaseuse campagne d'Aigues-Mortes. En 1711, la branche qui est aujourd'hui le Grand Rhône passait dans le lit, maintenant délaissé, qu'on appelle Bras de Fer ou Canal du Japon; ce chenal s'envasant de plus en plus, l'eau prit une autre route, celle du Bras des Lônes, et, profitant d'une tranchée de dessèchement qu'elle élargit à sa taille, ouvrit en treize années le passage qu'elle suit à l'heure présente jusqu'aux graus de son embouchure

Ἄριστον μὲν ὕδωρ, a dit Pindare; « rien ne vaut l'eau. » Souverainement belle, elle est aussi souverainement forte, bien que toujours brisée, toujours fuyante et toujours ondoyante; quand elle glisse ou tombe, elle arrache et transporte la matière des continents; quand elle tourne ou s'arrête, dans les replis, les dormants, les lacs ou la mer, elle dépose lentement le sable et la roche des terres futures. Goutte, ruisseau, rivière, fleuve, torrent, trombe, voyage calme ou course effrénée, elle fait, défait, refait le lieu de notre court passage, et chaque seconde qui se perd derrière nous dans le gouffre donne à l'eau des monts comme à l'eau des mers le temps de changer un peu la forme de notre séjour.

Le Rhône, fils impatient des Alpes, travaille plus que tout autre courant de France à ce cycle éternel. Jadis, quand la montagne était plus haute, il combla, près de son lieu de naissance, une grande partie du lac dont le reste se nomme Léman, lac qu'il continue à diminuer en amont, que même il effacera tout à fait du Bouveret à Genève ; en bas, il créa la plaine du Comtat, la Crau et le littoral maremmatique du Languedoc, jusqu'à Cette, au pied du mont Saint-Clair ; il fit aussi la Camargue et l'agrandit sous nos yeux par les 21 millions de mètres cubes de limon qu'il traîne annuellement à sa suite, boue capable de déposer cent hectars de terre dans vingt et un mètres de mer. Depuis les empereurs romains, le Rhône a gagné 16 mètres par an sur la Méditerranée, et constamment il forme de nouveaux *teys*, îlots d'alluvions autour du moindre point d'attache, sous-roche, piquet, tronc d'arbre, épave ou carcasse de navire.

La **Camargue** ou delta du Rhône, entre le Grand Rhône, le Petit Rhône et la Méditerranée, ne porte aucune colline sur les 75 000 hectares dont elle a diminué les eaux bleues : où le flot n'entourait pas d'îles, la moderne alluvion n'environne pas de coteaux. Les berges, les levées des deux fleuves, les talus des ruisseaux et des tranchées, les rives des étangs, sont les seuls ressauts de ce marais mélancolique où le mistral secoue des arbres verruqueux et des plantes amères, filles d'un limon salé.

La France n'a pas su profiter encore de ce cadeau fait par le Rhône au nom des Alpes, du Jura, des Cévennes. A cette Hollande quelque peu méridionale, et par cela même plus féconde mais aussi plus malsalubre que la vraie Néerlande, il manque les Néerlandais, ces hommes-castors qui ont retiré des eaux deux pays : en Europe, leur propre Hollande, et sous un ciel plus chaud, dans l'Amérique du Sud, la Guyane vaseuse où dorment les criques du Surinam. Nous possédons ici plus de terreau que dans tel de nos grands départements, mais ces terres sont presque toutes salées : ce qui n'aurait pas lieu si les Rhônes laissés à eux-mêmes, inondaient comme jadis la Camargue une ou plusieurs fois par an. Depuis l'établissement des digues, ils n'ont que rarement l'occasion de laver le marais provençal ; il leur faut pour cela des crues exceptionnelles. Quant aux étangs, ils pourrissent, ayant cessé d'être avivés par l'eau du fleuve qui en renouvelait les flots, en même temps qu'il les comblait peu à peu. Et, pour ne rien céler des malheurs de ce delta, certaines ruines feraient croire qu'il fut plus riant, plus opulent, beaucoup moins vide, quand on n'avait pas encore enchaîné les branches du Rhône inférieur.

Pour le moment, 15 000 hectares cultivés en 200 *mas* ou fermes, ce n'est encore que le cinquième de la Camargue; 30 000 hectares sont en bas-fonds où bourdonne le moustique, en *sansouires* d'où l'eau de mer a disparu mais où le sel est resté, en dunes où croit le tamaris, en pâtures salées que tondent de petits chevaux blancs, des taureaux noirs et 200 000 moutons. 30 000 hectares sont aux étangs, à la boue que piétinent des flamants, aux joncs, aux roseaux, et il en sort des miasmes : la fièvre, heureusement, y heurte à peu de portes, car le delta du Rhône est désert; sa seule et triste bourgade, les Saintes-Maries-de-la-Mer, n'a pas 1000 habitants, marins, douaniers, fonctionnaires que séparent du monde la mer, deux fleuves sans ponts et la Camargue elle-même à ses divers degrés d'inconsistance. Le plus vaste de ces étangs, le Valcarès ou Vaccarès (l'étang des Vaches), a 12 000 hectares, 21 000 y compris les lagunes qui communiquent avec lui : c'est un Morbihan provençal sans roches, sans îles, sans mégalithes, sans verdure entretenue par les brumes du puissant Atlantique ; de fait, les Provençaux le nomment la *Petite Mer* (Pichoto Mar), et c'est justement ce que signifie le mot breton de Morbihan. Ses eaux vont à la mer par des afoux, graus ou passages à travers le cordon des dunes.

Le Rhône proprement dit est long de 812 kilomètres seulement; mais de la fin du Grand Rhône à la source de la Saône il y a 860 kilomètres, et 1025 jusqu'à la source du Doubs, ce qui est à peu près la longueur de la Loire. Il tombe sur son bassin 950 millimètres de pluie, la moyenne de la France n'étant que de 770, et il reçoit tant de glaciers, tant de fontaines, qu'il est de beaucoup le premier fleuve français, et même l'un des plus grands de l'Europe. Au niveau le plus bas de l'année, en hiver, quand les sources de la montagne sont glacées et qu'un faible soleil tire peu d'eau laiteuse de la neige éternelle, il confie encore à la mer 550 mètres cubes par seconde : plus de quatre fois l'étiage de la Loire au-dessous du confluent de la Maine, cinq à six fois le minimum de la Seine à Rouen, six à sept fois l'étiage réuni de la Garonne et de la Dordogne. Aux eaux moyennes, il écoule 1718 mètres par seconde, disent les uns, 2000 ou même 2603, disent les autres. Dans les grands débordements, quand le milieu du courant fuit avec une vitesse de plus de dix kilomètres par heure, c'est 12000 mètres cubes d'eaux qui tourbillonnent. Pourtant, d'une part, le Léman sert de régulateur au Rhône, puisqu'il reçoit jusqu'à 1100 mètres par seconde et n'en verse alors au seuil de Genève que 575, soit 525 mètres par seconde enlevés à la crue ; et d'autre part, les affluents d'en bas, émus par un autre climat que les affluents d'en haut, débordent rarement en même temps qu'eux. Or, le seul département de l'Ardèche peut jeter à la rigueur dans le fleuve, par la Cance, le Doux, l'Erieux, l'Ouvèze, l'Ardèche, quatorze à quinze mille mètres cubes par seconde, tout un Mississipi. La Drôme, l'Aigues, la Cèze, le Gard, la Durance réunies en apporteraient encore plus, tous les tributaires du Rhône inférieur étant également redoutables par leurs immenses écarts de volume.

Malgré sa masse d'eau, le Rhône porte peu de bateaux, très peu de navires. En amont de Lyon, le lit est trop raboteux, le fleuve ou plutôt le torrent trop âpre, trop fantasque et sauvage ; de Lyon à Arles, le courant est fort rapide ; au-dessous d'Arles le Grand Rhône a des vases mouvantes, et pour entrer en mer des boues capricieuses, funestes aux navires. Si le travail des alluvions n'engorgeait pas tellement le bas de la rivière, Arles serait un Bordeaux ou un Anvers. Sous les Romains, quand les galères les plus lourdes pesaient à peine autant sur le flot que nos bricks les plus légers, on cheminait aisément sur le Rhône jusqu'à la mer, alors deux fois plus voisine ; et Arles put devenir la Rome des Gaules.

On a voulu, sinon rendre à cette cité le rang qu'elle a perdu, au moins la mettre en relations suivies avec la mer, elle, et s'il est possible avec Lyon, et par cela même avec la Saône jusqu'aux canaux qui l'unissent à la Loire, à la Seine, au Rhin, — et bientôt à la Meuse par le canal de l'Est. Renonçant au canal d'Arles à Bouc, qui n'a que 2 mètres d'eau, l'on a creusé, du Grand Rhône à la Méditerranée, à partir de 1863, un canal de grande navigation, long de 4 kilomètres, large de 60 mètres, profond de 6. Il se nomme **Canal Saint-Louis**, d'après une tour construite il y aura bientôt 150 ans au bord même des vagues, et qui de nos jours se dresse en plein continent, à 8000 mètres du rivage. Malheureusement, cette belle voie de batellerie s'ouvre sur des eaux qui s'envasent, le golfe de Fos ou anse du Repos.

Si le Rhône se navigue malaisément, il est de force à changer sa vallée et au loin tout le pays en jardins de verdure, ainsi que le fait déjà la Durance, et beaucoup plus qu'elle puisqu'il roule beaucoup plus d'eau. On ne l'utilise pas encore. La première grande artère d'irrigation qu'il remplira sera sans doute le **Canal du Rhône**, qui partira des Roches de Condrieu, non loin de Vienne, et finira vers Narbonne après avoir franchi le fleuve en siphon près de Mornas. Il aura 450 000 mètres de long, rigoles à part; il portera de 30 à 60 mètres cubes d'eau par seconde, selon qu'on en aura décidé, et versera la vie à 100 000 ou 200 000 hectares de campagnes poudreuses : Valence, Montélimar, Uzès, Nimes, Montpellier, Béziers, lui devront un jour leurs *huertas*.

2° Affluents du Rhône entre le Léman et la Saône. — De Genève à Lyon, le Rhône reçoit l'Arve, la Valserine, le Fier, le canal de Savières et l'Ain. Avant Genève, deux rivières françaises, la Dranse de Savoie et la Versoix, entrent dans le Léman.

La **Dranse de Savoie** (45 kilomètres) est formée, comme celle du Valais, de la rencontre de deux Dranse

Le canal Saint-Louis

— *Dranse* ou *Drance*, dans ces montagnes, désigne de nombreux torrents. — Elle parcourt une vallée calcair de l'ancien pays de **Chablais**. C'est entre Évian et Thonon qu'elle déchire le bleu cristal du Léman.

La Versoix, suisse par son embouchure, française par son origine, qui est fort belle, est une rivière du Jura. Elle jaillit à 8 kilomètres au nord-est de Gex, à Divonne, dont le nom se retrouve dans la magnifique fontaine de Cahors. Ses trois sources, montant du sable, versent par seconde près de 1000 litres d'une eau très froide, à 6 degrés 1/2 : onde idéalement pure, descendue, dit-on, par une route souterraine, du lointain lac des Rousses, qui sommeille, à plus de 1100 mètres au-dessus des mers, sur un plateau du Jura.

L'**Arve** (100 kilomètres), fille du Mont-Blanc, descend avec une telle rapidité de la lèvre du glacier d'Argentière, sa véritable origine, qu'elle n'est plus qu'à 1050 mètres d'altitude devant **Chamounix**, bourg plus visité que mainte capitale, car il y vient chaque année des milliers d'hommes pour voir le colosse des Alpes, quelques-uns pour l'escalader. Augmentée de l'Arveiron qui sort du cintre de la Mer de Glace, l'Arve passe près des bains de Saint-Gervais, tapis dans une gorge où sonnent les cascades du Bonnant ; elle reçoit la fameuse Diosaz, le Giffre violent, et arrose la plus large vallée du **Faucigny**, l'un des anciens petits pays de la Savoie. Ce torrent forcené, d'une largeur de 80 à 95 mètres, ne met que douze à quatorze heures pour aller de sa source au Rhône, auquel il amène en étiage extrême, par 372 mètres d'altitude, un renfort de 35 mètres cubes par seconde.

Son module est de 160 mètres, tribut magnifique d'un bassin de 206 000 hectares seulement : qu'on la compare à une rivière indigente, à la Marne, par exemple, on voit qu'étant près de cinq fois plus courte, dans un bassin six à sept fois plus petit, elle roule, et au delà, deux fois plus d'eau. Ses crues sont de 700 mètres. En la vidant dans le

Gorge de la Diosaz.

Léman, facile entreprise, on diminuera d'autant les débordements du Rhône en France.

La Valserine (50 kilomètres), très curieuse rivière du calcaire, a sa perte comme le Rhône ; mais, à vrai dire, elle ne s'engouffre point, elle bouillonne dans un étroit sillon de roche auquel il manque une voûte. C'est dans son lit, tout près du confluent, que tombe en cascade l'eau prise au fleuve par un tunnel pour le service des usines du plateau de Bellegarde.

Le **Fier** (75 kilomètres) arrive au fleuve par les gorges grandioses des Portes-du-Fier, en aval de Seyssel, à 250 mètres d'altitude. Ce torrent de la Savoie calcaire, fils du Charvin, reçoit la rivière formée par les Thioux. On nomme ainsi trois canaux qui semblent avoir été taillés par l'homme plutôt que creusés par la nature : écoulement du lac d'Annecy, ils font marcher les usines de cette ville charmante. Comme le célèbre Trient dans le Valais, comme la Diosaz dans le bassin de l'Arve, le Fier, non loin d'Annecy, a ses galeries, long échafaudage accroché par des crampons à la paroi du roc vif, à 27 mètres au-dessus de gouffres bleu-verdâtres ; or, des crues subites font monter les eaux du torrent jusqu'à ce frêle balcon, tant la gorge est serrée, tant la pierre est droite.

Le Canal de Savières n'a que trois mètres de pente entre le lac du Bourget, dont il est l'émissaire, et la rive gauche du Rhône, à travers les prairies basses du marais de Chautagne ; le fleuve, dès qu'il monte de dix à douze pieds, envahit ce marais et va même souiller de ses courants jaunes la transparence du lac du Bourget, qui devient alors, comme le Léman, mais à un degré moindre, un modérateur des crues rhodaniennes.

L'**Ain** (190 kilomètres) assemble les eaux du bassin le plus mouillé peut-être de France, car il y tombe annuellement 120 à 125 centimètres de pluie. Il naît et grandit par des sources du calcaire ; il va de corridor en corridor avec de longues lignes droites et de brusques détours, d'un cours cassé, pour ainsi dire, et sur ses deux rives la roche s'ouvre çà et là en cavernes pour verser de claires fontaines, en gorges pour amener des rivières pures. L'Ain commence à 730 mètres au-dessus des mers, à 12 kilomètres à vol d'oiseau de la source du Doubs, non loin de Nozeroy, sur un plateau du Jura. Sorti de deux bassins profonds, remplis d'un froid cristal, il est beau dès son origine. Des cascades l'interrompent : à Bourg-de-Sirod il tombe de 17 mètres de hauteur, et de 16 au Pont de Poitte ou Port de la Saisse. Il apporte au Rhône, par 184 mètres d'altitude, une onde abondante qui descend rarement par seconde au-dessous de 24 mètres d'eaux limpides, qui monte rarement au-dessus de 560 mètres d'eaux rouges ; il lui conduit des trains de bois, surtout de sapins et de chênes. Parmi ses affluents, la Bienne (70 kilomètres), qui va de faille en faille, traverse Morez et Saint-Claude ; l'Albarine (60 kilomètres), que brisent de hautes cascades, prête sa cluse au chemin de fer de Lyon à Genève.

3º La Saône et le Doubs.—La **Saône** semblerait plus grande si son cours ne se terminait au Rhône, qui, en France, est incomparable. Elle a 455 kilomètres dans un bassin de plus de trois millions d'hectares ; elle en aurait 620 si le Doubs était regardé comme la branche mère.

Elle est molle autant que le Rhône est héroïque, elle ne perce pas de montagnes, elle n'a point son berceau dans la neige éternelle. Elle arrive au jour par une petite source des Faucilles, à 396 mètres d'altitude, à une trentaine de kilomètres en ligne droite au sud-ouest d'Épinal, à Vioménil.

Presque un ruisseau quand elle quitte le département natal, les Vosges, la Saône devient rivière dans le département de la Haute-Saône, où elle ne rencontre qu'une vraie ville, Gray.

Dans la Côte-d'Or, elle serpente au sein d'une plaine large et féconde. De même que la Loire ne touche point

Saint-Etienne, la ville majeure du Centre, de même que l'Allier ne baigne pas Clermont, la grande ville auvergnate, la Saône, ici, n'arrose point Dijon, la grande ville bourguignonne ; elle la laisse bien loin sur la droite, au pied de ses calcaires, et se contente de passer devant Auxonne.

En Saône-et-Loire, la rivière double de puissance par son union avec le Doubs ; elle y baigne Châlon, Tournus, Mâcon. Dans le Rhône et l'Ain, elle coule près de Villefranche et au pied de l'amphithéâtrale Trévoux. Bientôt les collines se rapprochent, elles se font petites montagnes, et la Saône, bordée de parcs, de châteaux, de villes, de villas, s'avance majestueusement vers Lyon. Là, elle est enchaînée par des quais, dominée par des faubourgs ardus, puis, au bout de la ville, elle est dévorée par le Rhône, qu'elle accroît de 22 mètres à l'étiage excessif, de 55 aux eaux maigres ordinaires, de 4000 en grande crue ; son module est de 432 mètres cubes par seconde. L'altitude du confluent étant de 162 mètres, la Saône n'a donc que 234 mètres de pente pour 455 kilomètres de voyage ; encore presque toute cette chute est-elle rachetée dans le cours supérieur, car à la rencontre de l'Ognon, la hauteur de la Saône au-dessus des mers ne dépasse pas 186 mètres. Ainsi le plus faible des deux fleuves lyonnais descend très lentement, poussé plutôt par les eaux d'amont que par l'inclinaison vers l'aval.

Les affluents notables de la Saône sont le Coney, la Lantenne, le Durgeon, l'Ognon, la Bèze, l'Ouche, le Doubs, la Grosne, la Seille, la Reyssouze, la Veyle et l'Azergues.

Le Coney (60 kilomètres) sort des Faucilles et court dans une vallée boisée, de forge en forge, d'usine en usine.

L'abondante **Lantenne** (60 kilomètres), à tort nommée Lanterne, hérite de deux torrents des Vosges, du Breuchin, qui passe près des bains de **Luxeuil**, et de la Semouse : celle-ci reçoit trois rivières : la Combeauté, venue du beau val d'Ajol ; l'Augrogne, qui est le torrent de la célèbre **Plombières**, ville thermale ; le Planey, qui sort d'un gouffre bleu.

Le Durgeon (45 kilomètres) baigne la vallée de Vesoul : c'est à lui qu'accourt, en son temps, par l'entremise de la Colombine, le torrent qui sort du **Frais-Puits**. Nous disons : en son temps, parce que le Frais-Puits ne dégorge pas une rivière constante ; au contraire, il est presque toujours muet. Une eau transparente est au fond de cet entonnoir de 17 mètres de profondeur, de 60 mètres de tour, qu'environne une sorte de cirque boisé, mais cette eau dort ; il faut de longues pluies, des orages puissants pour l'émouvoir : alors elle bouillonne, elle monte à ses parois et vomit une rivière. Avec le Puits de Voillot, son voisin, le Frais-Puits est capable de cracher spasmodiquement jusqu'à 100 mètres cubes par seconde ; on a vu la Saône lointaine, tout au bout de la vallée du Durgeon, sortir de ses rives, grâce à lui, grâce à lui seul. Heureusement sa fureur est courte. Ce trou de la roche, cette lucarne dans l'oolithe est une fenêtre de dégagement : quand l'eau souterraine amenée par les « emposieux[1] » enfle dans les grottes calcaires du plateau de Noroy, quand leur obscur réseau n'a plus assez de l'issue que lui donne en tout temps la Font de Champdamoy, belle source pérenne, l'onde s'épanche orageusement par l'ouverture du Frais-Puits.

L'**Ognon** (192 kilomètres) tire ses premiers flots d'une fontaine des Vosges, à 695 mètres au-dessus des mers. Vers Froideterre, il perd une portion de ses eaux, qui, pense-t-on, vont former la rivière sortant, à Lure même, du profond gouffre nommé la font de Lure. Très sinueux, il voyage de cap de colline à cap de colline, de village en village, sans baigner une grande ville.

La Bèze (30 kilomètres) est une de ces rivières qui sont toutes dans leur source : un ruisseau qui s'engouffre en entier, la Venelle, et la fuite partielle de la Tille, rivière du plateau de Langres, font un torrent souterrain qui paraît au jour par la grande fontaine de Bèze.

L'Ouche (100 kilomètres), née dans une combe de la

---

[1] Trous, gouffres, fissures du sol.

Côte d'Or, entre dans la grande plaine de la Saône à Dijon.

Le **Doubs** a 430 kilomètres de longueur, et cependant 90 à 95 kilomètres seulement séparent sa source de son embouchure ; il n'est peut-être pas de grande rivière qui prenne plus le chemin des écoliers. Au confluent avec la Saône, il roule au moins autant d'eau qu'elle, et sa course dépasse de 165 kilomètres la route qu'a suivie la paisible rivière bourguignonne. Le Doubs, d'un bleu merveilleux, reste longtemps prisonnier des fissures profondes de ce Jura qui l'a vu sourdre sur un de ses plateaux, par 937 mètres au-dessus des mers, près de Mouthe, dans une caverne du Noirmont (1299 mètres). Il traverse le lac de Saint-Point, long de 7 kilomètres, à 850 mètres d'altitude. Il est encore très faible devant Pontarlier, et plus bas son lit fêlé laissait fuir tant d'eau, qu'au fort de la saison sèche la rivière cessait de couler en aval d'Arçon ; mais les trous, les fentes, les entonnoirs qui buvaient son onde estivale ont cessé de la boire, depuis qu'ils sont environnés de murailles supérieures au niveau moyen du courant, inférieures au niveau des crues : de la sorte, en eaux sauvages, le flot surabondant continue d'entrer sous terre pour aller rebondir on ne sait par quelles sources, ou disparaître à jamais on ne sait dans quels abîmes. Par l'obstacle de ces murs, une moyenne de 4 mètres par seconde échappe à l'avidité des gouffres, et il n'y a plus de déchirure dans le ruban bleu du Doubs. On trouve de par le monde des rivières sans nombre qu'on pourra renouer comme le Doubs, ou prolonger vers l'aval bien au delà des lieux qui les dévorent aujourd'hui : et les plaines d'en-haut s'en réjouiront, mais les vallons d'en-bas pleureront le « Bouillant » ou le « Dormant » ou le « Gour » ou l' « Abîme » qui fait leur orgueil et leur joie.

Au-dessous de Morteau, dans un trajet où il sépare la France de la Suisse française ou romande, il s'amortit en un lac de 3 kilomètres qui n'a que 400 mètres de largeur, le lac de Chaillexon ou des Brenets; mais bientôt ses eaux s'irritent contre les écueils du Tracoulot, corridor étroit dans la roche, et tout à coup elles tombent de 27 mètres dans un gouffre de profondeur inconnue : c'est là le fameux **Saut du Doubs**. Longtemps encore, dans une anfractuosité de deux à trois cents mètres de profondeur, il continue à séparer la France de la Suisse, et va même faire un grand détour dans la « libre Helvétie ». Il ne s'apaise, et de torrent dans les gorges ne devient rivière en vallée que beaucoup plus bas, en aval de Baume-les-Dames, vers Besançon, après avoir reçu le **Dessoubre**, aux belles sources, aux belles cluses, aux eaux rapides, puis la rivière de Montbéliard, l'Allaine (65 kilomètres), suisse par la moitié supérieure de son cours. Au-dessous de Besançon, grande place forte dans une boucle du Doubs, la rivière côtoie la forêt de Chaux, 20 000 hectares de chênes, de charmes, de trembles et de hêtres. La dernière ville riveraine est Dôle.

Son maître affluent, la **Loue** (140 kilomètres), rivalise de loin avec la Touvre par la grandeur de sa source, et ressemble à la Sorgues de Vaucluse par la sublimité des roches où sa fontaine passe de l'obscurité des grottes à la lumière du soleil. Elle sort en cascade, entre Ornans et Pontarlier, d'une paroi de 110 mètres de hauteur et descend par une gorge sinueuse, qui dans le bas pays devient le fertile bassin nommé le Val d'Amour. On a prétendu que le vrai nom de cette rivière est Louve, et que ce nom, elle le doit à l'impétuosité des eaux qui tombent de sa grotte natale. Devant la claire et fraîche abondance des flots qu'amène au jour sa caverne originaire, on s'est demandé d'où tant d'eau pouvait provenir : on a pensé d'abord aux pertes du Doubs en aval d'Arçon, mais la Loue est évidemment la renaissance des ruisseaux bus par les plateaux qui dominent au loin le cirque de la source. La Loue reçoit le fameux **Lison**. Divers gouffres arrêtent les biefs ou ruisseaux d'un des plateaux comtois, notamment le Puits Billard, profond de

300 mètres; ils unissent par d'invisibles canaux les eaux qu'ils ont aspirées, puis, tout d'un coup, près de Nans-sous-Saint-Anne, dans un admirable « bout du monde », à la gueule d'une caverne, apparaît le Lison, tombant aussitôt en cascade avec un tel flot d'ondes, que la Loue l'égalerait à peine au confluent sans le tribut que vient de lui verser la fontaine du Mène, au-dessous de Cléron.

La Grosne (90 kilomètres), issue des monts les plus hauts du Beaujolais, arrose Cluny, dont l'abbaye de Bénédictins fut une des puissances du moyen âge.

La **Seille** (115 kilomètres) commence par de fortes sources, au nord-est de Lons-le-Saulnier, dans une cluse du Jura. Elle serpente mollement dans la Bresse, dont elle recueille en partie les étangs, passe à Louhans et gagne la Saône en aval de Tournus.

La Reyssouze (80 kilomètres), rivière de la Bresse, également issue d'une combe du Jura, côtoie Bourg-en-Bresse.

La Veyle (75 kilomètres), qui se termine presque en face de Mâcon, est le principal courant de la Dombes.

La charmante Azergues (70 kilomètres) descend du Beaujolais.

4° **De la Saône à la Durance : Isère, torrents cévenols.** — Le **Gier** (45 kilomètres) découle du Pilat. Son étroite vallée est une longue rue d'usines qui consument la houille des coteaux riverains. Fortifié par le déversoir du barrage du Janon, il traverse Saint-Chamond, Rive-de-Gier et finit à Givors.

La Gère (40 kilomètres) est un ruisseau travailleur : à Vienne, lieu de son embouchure, elle meut en tout temps cinq cents roues d'usines.

La Cance (45 kilomètres), torrent d'Annonay, est devenue plus puissante en été depuis la construction du barrage du Ternay, sur un de ses sous-affluents.

Le **Doux** (60 kilomètres), entretenu par les Boutières,

Source du Lison.

a poussé de gorge en gorge, en un jour d'inondation, 1430 mètres cubes d'eaux sauvages par seconde, mais presque tout le long de l'année ce torrent, très sinueux, très encaissé, très clair, a peu d'abondance.

L'**Isère** (290 kilomètres), emplie par les torrents de vastes glaciers, est une fort grande rivière. Au-dessous de Grenoble, en aval du confluent du Drac, elle roulait encore 105 mètres cubes d'eau par seconde aux eaux les plus basses qu'on lui ait connues : c'est trois fois l'étiage de la Garonne à Tonneins, plus de trois fois celui de la Seine à Paris. Malheureusement, aucun lac ne purifie ce puissant courant grisâtre qui se mêle difficilement au Rhône, tellement que sous le pont de Valence, c'est-à-dire à 6000 mètres en aval du confluent, on reconnaît encore le fleuve et la rivière. Il faudrait à l'Isère un Léman dont le seuil serait au Bec de l'Échaillon, quand elle a déjà reçu l'Arc et le Drac, ces grands rouleurs de débris schisteux.

L'Isère est savoisienne, puis dauphinoise, dans un bassin de près 1 200 000 hectares. Les montagnes de trois à quatre mille mètres qui se pressent autour du col d'Iseran sont panachées de glaciers qui descendent jusqu'à 1900 mètres : aux eaux laiteuses de ces longs frimas commence la rapide Isère. Il y a beaucoup de crétins dans son bassin supérieur, nommé la Tarentaise, notamment dans les environs de Bozel et dans les gorges dont un village porte le triste nom de Villard-les-Goîtreux. Le premier hameau qu'elle touche est à 2272 mètres au-dessus des mers; le premier bourg, Val-de-Tignes, à 1849 mètres; elle baigne Moutiers, coule près d'Albertville, reçoit des nants et des dorons[1], s'unit à l'Arc, aussi grand qu'elle, et quitte la Savoie pour le Dauphiné dans une vallée reliée à Chambéry et au lac du Bourget par un col où peut-être passa le Rhône. Là, elle marche d'abord

---

[1] Ces deux mots veulent dire torrent.

entre les escarpements de la Grande Chartreuse, hauts de 2000 mètres, et la superbe chaîne de Belledonne, qui approche de 3000 ; elle y suit le val qu'on dit le plus beau de France, le **Graisivaudan**, que des digues essayent d'arracher à sa voracité, en la maintenant de force dans un lit de 112 mètres de largeur moyenne. Elle coule devant Grenoble, contourne les parois élevées du Villard de Lans, sépare Romans de Bourg-du-Péage et finit dans le Rhône à 107 mètres d'altitude, entre Tournon et Valence. Ses grands affluents sont l'Arc, le Drac et la Bourne.

L'**Arc** (150 kilomètres), torrent indomptable, roule en tout temps à grands flots des eaux de glace et de neige recueillies dans un bassin de près de 210 000 hectares. Il naît sur la frontière italienne, dans le même massif que l'Isère, et court à la rencontre de sa rivale par un demi-cercle parfait. Il ravage la vallée de la Maurienne, qui lutterait de grandeur avec les plus grandioses, de beauté contre les plus belles, si ses pans avaient des forêts, et si chaque orage ne déchirait ses pelouses, qui prennent le chemin du delta du Rhône.

L'origine de l'Arc est à 2816 mètres ; son premier village, à 1835 mètres, est Bonneval, nom qui semble ironique pour des maisons neigeuses dans un vallon de froidure ; l'homme amolli de la plaine l'appellerait bien plutôt Malval, mais c'est vraiment Bonneval pour qui descend des glaciers, des débris, des chaos supérieurs. Lans-le-Bourg, sur la route du Mont-Cenis, est à 1390 mètres ; Modane, au-dessous du formidable rocher calcaire de l'Esseillon, ancienne forteresse, tout près d'une bouche du tunnel des Alpes, n'est plus qu'à 1078 mètres ; la seule ville de la vallée, Saint-Jean-de-Maurienne, est à 519 mètres ; le confluent avec l'Isère à 285. On dit que parmi les habitants du bassin de l'Arc trente pour cent sont des goîtreux.

Le **Drac** (148 kilomètres) agrandit l'Isère des deux cinquièmes quand il la rencontre au-dessous de Grenoble, au pied des monts du Villard de Lans, à l'issue d'un bassin de 322 000 hectares. Ce torrent sauvage roule 40 mètres cubes par seconde à l'étiage extrême et 4000 dans les hautes crues. Né dans les chaînes de deux à trois mille mètres qui pressent la froide vallée du **Champsaur**, il verse une partie de ses eaux à un canal qui perce un mont et passe dans le bassin de Gap pour

Pont-en-Royans.

y arroser 4000 hectares; ces eaux ne lui reviennent pas, car Gap est sur un affluent de la Durance. Par la fougueuse **Romanche** (85 kilomètres), qu'augmente le bleu Vénéon, le Drac, étroit comme un saut de chamois ou perdu sur de larges grèves, assemble pour l'Isère nombre de froids torrents faits des glaciers du Pelvoux.

La **Bourne**, qui n'a que 40 kilomètres, n'en roule pas moins de 12 à 20 mètres cubes par seconde pendant onze mois de l'année, et son plus bas étiage est d'environ 8 mètres cubes; aussi peut-elle allaiter sans peine un canal de 51 kilomètres qui lui prend, à 1800 mètres au-dessus de Pont-en-Royans, 7000 litres d'eau par seconde pour l'irrigation de 22 000 hectares dans les sèches campagnes de Valence. Comme la Vernaison et la Lionne, ses affluents, elle anime de ses belles eaux de profonds défilés calcaires. Issue des monts du Villard de Lans, elle mugit dans les rochers de Pont-en-Royans.

L'**Érieux**, venu des monts de l'Ardèche, a 70 kilomètres au plus : cependant il a roulé 4674 mètres cubes à la seconde, et de concert avec le Doux, jeté dans le Rhône de véritables forêts extirpées de la montagne par la rage de ses affluents et par sa propre fureur. Ce jour-là, le 10 septembre 1857, l'Erieux, dans un de ses étranglements, montait de 17 à 18 mètres au-dessus de l'étiage. Ce torrent roule des paillettes d'or. Un de ses tributaires, la **Dorne**, descendue des plateaux de Lachamp-Raphaël, est jusqu'ici la rivière de France reconnue la plus pure par les expériences des chimistes : qui la franchit traverse un torrent de cristal.

La très capricieuse **Drôme** a 115 kilomètres, tantôt dans de grands étroits, tantôt sur des champs de pierres. Née dans des roches stériles de 2000 mètres, elle traverse au-dessus de Luc deux petits lacs formés en 1442 par l'amas de débris qu'un écroulement de montagne jeta dans sa vallée; de cette digue, lentement minée, qui se nomme le Claps, la Drôme saute par des cascades. Elle passe à Die et à Crest.

L'**Ardèche** n'a pas tout à fait 110 kilomètres, mais c'est une rivière extraordinaire. Elle part des mêmes montagnes que la Loire et se promène d'abord, ou plutôt bondit dans des gorges habillées jadis de laves et de basaltes par des soupiraux de volcan. Elle baigne les coulées que cracha le cône de Thueyts, puis celles qu'expectora la Gravenne de Soulhiol, et court au pied de la charmante Aubenas. Au-dessous de Vallon, ses belles eaux vertes suivaient un lit reconnaissable encore à une grande hauteur au-dessus du torrent; elles passent aujourd'hui sous le **Pont d'Arc**, cintre creusé par elles ou dont elles ont profité. Le Pont d'Arc est une arche de 32 mètres de flèche, de 54 de portée; il livre passage à l'Ardèche, mais à l'Ardèche seule : point de prairie, ni cailloux, ni sentier entre le roc et l'eau. Sans l'ancien canal que la rivière peut encore emprunter quand elle gonfle immensément, elle serait presque capable de monter jusqu'à la clef de voûte de ce pont prodigieux de la nature. L'Ardèche est, en effet, le torrent français où les trombes jettent brusquement le plus de flots sauvages. Son bassin qui n'a que 240 000 hectares a décoché contre le Rhône 7900 mètres par seconde, le 15 septembre 1857, précisément le jour où, tout près de là, le Doux et l'Erieux roulaient ensemble 6100 mètres. Ainsi, trois rivières, — disons comme en Berbérie, puisque les mêmes choses veulent un même nom, — trois oueds que la canicule réduit à 20 mètres cubes, et quelquefois à 10, tous les trois réunis, ont lancé sur le Rhône, devenu pour un moment leur vassal, un déluge de 14 000 mètres cubes à la seconde, sept cents fois l'étiage ordinaire, quatorze cents fois le maigre extrême! Et l'on connaît à l'Ardèche une expansion plus terrible encore, en 1827 : cette année-là, le torrent dépassa l'étiage de plus de 21 mètres à l'étranglement du pont de Gourniès; pourtant la crue venait presque en entier du seul **Chassezac**, affluent de 75 kilomètres. Du Pont d'Arc au Rhône, l'Ardèche serpente entre les roches, dans des étranglements déserts.

L'**Aigues**, Aygues ou Eigues vient de monts arides, et il n'y a presque plus de bois sur les versants qui resserrent son cours de 100 kilomètres; elle passe à Nyons et envoie un canal à Orange.

La **Cèze** (100 kilomètres), rivière cévenole, serpente entre les hautes collines houillères de Bessèges. Accrue d'eau

Pont d'Arc.

pure par les trois fontaines d'Arlinde, de Goudargues et de la Bastide d'Orniol, elle forme, à dix kilomètres en amont de Bagnols, la charmante cascade du Sautadet : là ses flots verts tombent de huit à dix mètres, en deux bras, dans deux fissures qu'on peut franchir chacune d'un bond, — d'où le nom de la chute. La Cèze arrose Bagnols. Elle roule des paillettes d'or.

La **Sorgues** (50 kilomètres), chantée par Pétrarque en sonnets italiens, est une rivière admirable. Sur 96 500 hectares de plateaux nus que soutiennent les monts crayeux de Vaucluse, de Lure et du Ventoux, des avens profonds boivent les ruisseaux, les orages : tels sont, entre autres, les gouffres de l'Ase et de la Cervi sur le plateau de Saint-Christol, ceux de Monnieux et du val de Ferrassières entre Sault et Séderon ; enfin, au pied méridional des montagnes de Lure, l'abîme de Cruis, qui a 63 mètres à pic entre des lèvres rocheuses, et du fond descendent on ne sait où de ténébreux soupiraux. Des cascades jettent ces eaux disparues, augmentées des pertes de la Nesque et du Calavon ou Caulon, dans un lit souterrain qui s'ouvre au jour par la **fontaine de Vaucluse**. De cette caverne, dans un roc à pic de 118 mètres de hauteur, à 7 kilomètres de l'Isle, à 30 d'Avignon, il ne sort jamais par seconde moins de 10 000 litres d'une eau vert tendre, merveilleusement transparente ; et il s'en échappe quelquefois 20 000, ou même 25 000. La Sorgues, par de nombreux canaux, féconde plus de 20 000 hectares de plaine. Elle reçoit la Nesque (65 kilomètres), et l'**Ouvèze** (95 kilomètres), filles capricieuses de monts décharnés et meurt dans le fleuve au-dessus d'Avignon, qu'une de ses dérivations abreuve.

5° La **Durance**. — Cette rivière, cet ancien fleuve, n'a pas moins de 380 kilomètres dans un bassin de 1 340 000 hectares, et pour les irrigations elle n'a pas de rivale en France. On croit qu'elle ne fut pas toujours un affluent du Rhône. Lorsque les Alpines tenaient au

Lubéron, elle se perdait sans doute dans le golfe de Fos : en relevant son niveau de 20 à 25 mètres on pourrait lui rendre cette antique embouchure.

Fontaine de Vaucluse.

La prétendue source de la **Durance** est un ruisseau du mont Gondran, près de la frontière italienne, au sud du col du mont Genèvre par lequel passe la route de Grenoble à Turin. Mais, en réalité, sa mère est la belle Clarée ou Clairée, pure comme le dit son nom. La **Clarée** naît de montagnes de 3000 mètres dont le versant opposé descend vers Bardonnèche et l'issue italienne du tunnel des Alpes. Elle s'empare, sans en être visiblement agrandie, du ruisseau du mont Gondran et arrive à Briançon, place de guerre à la grande altitude de 1321 mètres. Là, elle reçoit la **Guisane**, plus longue qu'elle, et probablement supérieure.

Au-dessous de Briançon, de nombreux torrents arrivent à la sauvage Durance, qui longtemps détruit plus qu'elle ne féconde.

S'il lui arrive souvent, profonde et paisible, d'être serrée par des roches au point de n'avoir pas dix mètres entre bords, il est des épanouissements de vallée où elle roule dans des grèves de 2 kilomètres de large, sur la pierre et sous la pierre, nouant et renouant ses torrents rapides autour des *iscles* [1]; et ce lit, où couleraient sans peine, à débit normal, toutes les rivières de France réunies, n'est même pas assez ample pour contenir toujours ses fureurs. Il n'y a que de petites villes sur ses bords : Mont-Dauphin, place forte, Embrun, Sisteron, Manosque, cette dernière à une certaine distance de sa rive droite. Les torrents qui accourent à la Durance moyenne ou à la Durance inférieure, tantôt à demi taris, tantôt à flots forcenés comme un galop de cheval de course, sont :

La **Gyronde** (32 kilomètres), fille du Pelvoux, vice-roi de nos montagnes depuis que le Mont-Blanc en est le roi;

Le **Guil** (60 kilomètres), venu du Viso par les combes sinistres du Queyras;

L'**Ubaye** (80 kilomètres), d'un étiage de 7 mètres cubes par seconde : elle côtoie la montagne où est accroché le fort de Tournoux avec ses ouvrages taillés en plein roc

---

[1]. Iles et îlots, les uns nus, les autres avec des arbres, notamment des saules.

Sisteron

et son escalier de 2000 marches ; puis elle arrose Barcelonnette, ou plutôt elle menace d'emporter cette bourgade, qui est moins une ville qu'un campement de fonctionnaires ;

La Luye, qui baigne Gap ;

Le **Buech** (90 kilomètres), issu du Dévoluy; peu de torrents labourent autant leur vallée ; il a son terme à Sisteron ;

La **Bléonne** (70 kilomètres), tombée de monts dévastés ; elle traverse Digne ;

L'**Asse** (80 kilomètres), qui court aussi dans un bassin dont le bûcheron, le mouton, la chèvre, les trombes ont presque consommé la ruine. Ses crues sont terribles ; le proverbe dit : « L'Asse, fou qui la passe ! »

La Largue, qui commence par une belle fontaine des montagnes de Lure ;

Le **Verdon** (170 kilomètres), rivière de cluses qui rassemble d'abord des torrents de hautes montagnes dont l'un, dit-on, puise souterrainement au grand lac d'Allos, à 2239 mètres d'altitude ; il passe à Castellane et à Gréoulx, ville de bains. Des fontaines superbes l'augmentent : l'une d'elles, **Font-l'Évêque**, quitte bruyamment le roc, au pied d'un coteau nu, près des ruines du pont romain de Bauduen. 6000 litres à la seconde, telle est cette demi-Vaucluse, qu'on appelle aussi la source de Sorps : et encore ne peut-elle délivrer en grandes pluies toutes les eaux prisonnières dans les geôles du sol : elles cherchent alors une autre issue, et à 3000 mètres de là, du Garaby, roche droite, s'enfuit un torrent rapide. La rivière de Sorps, que trois moulins arrêtent, est belle autant qu'elle est courte. Bordée de peupliers, de trembles, de vignes vierges, calme sur fond de cailloux et de sable, elle marie, au bout de 1500 mètres à peine, son eau transparente au Verdon souvent louche. Celui-ci serait peu de chose en été sans Font-l'Évêque, tribut qu'on lui ravira peut-être ; car on veut détourner cette onde claire, qu'Aix et Marseille auraient dû réclamer, elles qui

Briançon.

tirent du Verdon et de la Durance un flot trouble qu'il faut épurer dans des bassins de repos.

Grâce à Font-l'Évêque, le Verdon peut donner 6 000 litres d'eau par seconde à un canal de 82 kilomètres, le **canal d'Aix**, qui les puise à Quinson, derrière un fort barrage, et les mène aux campagnes jadis brûlées de l'ancienne capitale de la Provence, par un chemin de tunnels, d'aqueducs et de siphons : l'un de ces tunnels, celui de Ginasservis, a plus de 5 kilomètres. Si la rivière perd de la sorte six mètres cubes par seconde au profit de 18 000 hectares des bassins de la Touloubre et de l'Arc, elle en gagnera quatre fois autant par les digues de Sainte-Croix, de Montpezat, de Quinson et le relèvement du lac d'Allos ; de plus, le gazonnement et le reboisement augmenteront d'au moins 55 mètres cubes à la seconde le volume de la Durance, abstraction faite du Verdon.

Au-dessous du confluent du Verdon, la Durance roule 30 à 40 mètres cubes à l'étiage extrême, 54 à l'étiage ordinaire, plus de 9000 dans les crues extrêmes, et son module est de 350. Elle élargit sa vallée et arrive au niveau d'où son onde peut ruisseler sur les plaines du Comtat et de la Provence : dès lors on saigne aux quatre veines ce torrent dont les eaux transportent par année onze millions de mètres cubes de matières terreuses, mais qui, malheureusement, verse au delta du Rhône et à la mer la plus grande partie de ces limons régénérateurs, capables de déposer en 50 années autant de terre arable qu'en porte un département moyen. Le **canal de Carpentras** (6 mètres cubes par seconde) part de la rive droite, il marche au nord et va franchir le Calavon, la Sorgues tout près de Vaucluse, la Nesque, l'Auzon, et finir dans l'Ouvèze. Trois grands canaux partent de la rive gauche : le **canal de Marseille** marche au midi, de souterrains en aqueducs, d'aqueducs en siphons, de siphons en souterrains ; comme le canal d'Aix, et plus que lui encore, il doit percer ou con-

Castellane.

tourner les monts calcaires qui hérissent l'orient des Bouches-du-Rhône ; l'**aqueduc de Roquefavour**, qui le porte au dessus de la vallée de l'Arc, n'a pas de rival au monde ; il brave tout ce qu'ont fait les Anciens ; monument plus « romain » que ceux de Rome elle-même, il a trois rangs superposés d'arcades, 82 mètres et demi de haut et 400 mètres de long ; à son côté le Pont du Gard serait petit, mais il est doré par dix neuf cents ans de soleil. L'aqueduc de Marseille amène à notre grande ville méditerranéenne et à sa banlieue plus de 5 mètres cubes par seconde d'une eau filtrée dans les bassins de Saint-Christophe et du Réaltor ; cette onde étrangère a changé les rochers marseillais en jardin de plaisance, en villa quelque peu théâtrale avec jets d'eau, ruisseaux et cascades ; elle a vêtu d'arbres les blanches collines de la fille de Phocée, collines que le soleil seul faisait belles, et qui le sont doublement aujourd'hui, car, dit le poète, c'est un bonheur de voir ondoyer les buis du Citore [1]. Le **canal de Crappone**, construit au seizième siècle, se divise en plusieurs branches menant ensemble 16 mètres cubes par seconde de la Durance à l'étang de Berre, à la mer, au Rhône près d'Arles ; il peut irriguer de 20 000 à 50 000 hectares dans la Crau, jadis stérile. Le **canal des Alpines**, commencé en 1772, doit son nom à la montagne calcaire dont il longe la base : fort de 22 mètres cubes par seconde, long, toutes branches comprises, de 313 kilomètres, il arrose sa part de la Crau, la rive gauche de la Durance et la rive gauche du Rhône au-dessus d'Arles.

Du Verdon au Rhône, la Durance, toute réduite qu'elle est par ces canaux, coule dans un lit aussi large, plus large même que celui du fleuve d'Avignon : Au nord, ses terres soleilleuses ont les escarpements du Lubéron ; au sud se lèvent le Grand-Sambuc, la Trévaresse et les Alpines, non moins escarpés. Pertuis, Orgon,

---

[1] Et juvat undantem buxo spectare Citorum (Virgile).

Aqueduc de Roquefavour.

la riche Cavaillon, sont les villes de cette plaine où la Durance reçoit le Calavon ou Caulon (80 kilomètres), rivière d'Apt arrivée des monts de Lure par la ténébreuse gorge de Gournié, qui est voisine d'Oppedette.

La Durance entre dans le Rhône par 13 mètres d'altitude, à 6 kilomètres en aval d'Avignon.

Le **Gard** ou **Gardon** (140 kilomètres) ressemble aux torrents de l'Ardèche par sa promptitude à rouler un fleuve immense : un orage, une fonte de neige peuvent lui verser tout à coup des milliers de mètres par seconde ; quelques jours, quelques heures après, il n'y passe que des filets d'eau verte.

Il se forme, dans une plaine fouillée par ses ravinements, de la réunion du Gardon d'Anduze et du Gardon d'Alais, celui-ci portant les 2/5, celui-là les 3/5 de l'eau qui compose le Gard. Le Gardon d'Anduze tient ce nom d'une ville à 4 kilomètres en amont de laquelle il reçoit une source des Cévennes, qui est en été son principal aliment. Le Gardon d'Alais, venant des Cévennes de Lozère, baigne la Grand'Combe, ville de mines de houille et d'usines à fer ; il ouvre son lit à la fontaine de Latour, et passe devant Alais, dont le bassin houiller s'étend au loin jusque dans l'Ardèche.

En aval des riantes campagnes de la Gardonnenque, le Gard perd ses eaux dans les failles de la roche, mais il renaît bientôt, entre Saint-Nicolas-de-Campagnac et Collias, par d'innombrables fontaines, dans un défilé désert, au pied de rocs blancs ou colorés : c'est une de ces clus du lumineux Midi, plus belles avec leur pierre vive, leurs flots transparents, leurs arbustes, que les vallées du Nord avec tout leur luxe de prairies, de forêts, de sapins, de cascades. A l'endroit où la gorge s'évase, près de Remoulins, le torrent dort sous le **Pont du Gard**, aqueduc romain cimenté pour les siècles ; — il portait à *Nemausus*, aujourd'hui Nîmes, les eaux fraîches de la

Pont du Gard.

fontaine d'Eure (120 litres par seconde, à l'étiage), qui jaillit au bas d'Uzès.

5° Canaux entre le Rhône et les bassins de son pourtour. — Le Rhône est sans communication avec le bassin du Pô, dont le séparent les plus hautes montagnes de l'Europe.

Le canal de Beaucaire, celui de la Radelle, celui des Étangs, celui du Midi, le lacent avec le bassin de la Gironde.

Aucune voie navigable ne l'unit au bassin de la Charente.

Le canal du Centre lie son grand affluent, la Saône, à la navigation de la Loire.

Le canal de Bourgogne rattache cette même Saône à l'Yonne, tributaire de la Seine.

Le **canal de l'Est** réunit la Saône à la Meuse, affluent du Rhin. On l'a creusé après la perte de l'Alsace-Lorraine pour en lancer, sur notre territoire, le bassin du Rhône à ceux du Rhin et de la Meuse. Il a 480 kilomètres, non compris deux courts embranchements, l'un sur Épinal, l'autre sur le canal de la Marne au Rhin et Nancy. De Port-sur-Saône, son origine, il remonte la Saône, qu'on a canalisée pour lui, car auparavant elle n'était point navigable ici. A Corre, il entre dans la vallée du Coney, mais non dans les eaux de cette rivière, trop sinueuse, trop rapide, trop menue pour porter des bateaux ; il la suit en canal latéral, et arrive de la sorte, sans souterrains, à la ligne de faîte entre Saône et Moselle. A ce premier bief de partage, long de 11 kilomètres, il reçoit, pour le service de ses éclusées sur les deux versants, les eaux du réservoir de Bouzey, capable de 5 millions de mètres cubes qu'une rigole de 40 kilomètres puise en temps de crue dans le lit de la Moselle. Du faîte entre Rhône et Rhin, le canal de l'Est descend précipitamment sur la Moselle par 15 écluses superposées, chacune rachetant 3 mètres de pente, en tout 45 ; puis il suit la Moselle, sans en emprunter le lit, jusqu'à Pont-Saint-Vincent, où il entre dans la belle rivière lorraine pour y rester jusqu'à Toul. De Toul à Void, pendant 27 kilomètres, il se confond avec le canal de la Marne au Rhin; montant de 39 mètres depuis Toul, il arrive, encore une fois sans souterrains, au faîte entre Moselle et Meuse, au bief de partage de Pagny, qui n'a pas moins de 18 kilomètres : il s'y pourvoit d'eau grâce aux réserves du canal de la Marne au Rhin, et (ces réserves étant désormais très insuffisantes) grâce à l'afflux de trois emprunts faits par machine élévatoire à la Moselle au-dessus de Toul. Le plan d'eau de Pagny est à 148 mètres au-dessus de Givet, où se termine le canal de l'Est, qui, de Void à cette ville, frontière de la Belgique, suit constamment le val de la Meuse : d'abord comme canal latéral, puis comme part intégrante du fleuve, auquel des barrages asssurent un tirant de 2 mètres.

Le **canal du Rhône au Rhin**, dont nous venons de perdre un long tronçon, qui, maintenant, appartient à l'Alsace-Lorraine, terre d'Empire, commence à la Saône, dans le département de la Côte-d'Or, en amont de Saint-Jean-de-Losne. Il gagne le Doubs, remonte cette rivière par Dôle, Besançon, Baume-les-Dames, puis suit un affluent du Doubs, l'Allaine, et, au-dessus de Montbéliard, un tributaire de l'Allaine, le Saint-Nicolas. Dans l'Alsace-Lorraine, il longe l'Ill jusqu'à Mulhouse; et de Mulhouse à Strasbourg, il traverse en longues lignes droites la large plaine d'entre Ill et Rhin. De ses 322 kilomètres, il nous en reste moins de 200. Sur le versant du Rhône, sa pente est de 173 mètres, que rachètent 70 écluses; sur le versant du Rhin, il descend de 206 mètres par 85 écluses. En terre de France, le Doubs lui donne les eaux d'éclusée; en terre d'Allemagne, c'est l'Ill et le Rhin; au faîte de partage, une rigole apporte le tribut de ruisseaux du bassin de l'Allaine.

X. DU RHONE A L'ITALIE

1° De la Camargue aux Maures. — Après les vases, les sables, les branches de fleuve de la Camargue, on ne trouve pas d'étangs littoraux ouverts à la Méditerranée par des graux et des afoux. Il y en eut, il n'y en a plus depuis que les eaux marines appelées à présent étang de la Valduc, étang de Langrenier et autres plus petits, ont été définitivement sevrées de la mer pour devenir d'humbles lacs très salés, inférieurs de 8 à 9 mètres à son niveau. Bientôt, les rochers commencent, rochers âpres, côte soleilleuse, espalier, serre-chaude, ville d'hiver, lieu de guérison, de convalescence ou d'agonie plus douce et moins prématurée.

Un chenal, qu'on pourrait approfondir, joint Bouc, port de mer, à la « Venise provençale », à Martigues, bâtie sur des îlots à l'entrée de l'étang de Berre. Ce chenal, tout le long duquel il y a des bordigues, c'est-à-dire des pêcheries, a nom chenal de Bouc ou étang de Caronte.

L'étang de Berre, lac amer de 20 000 hectares, est séparé des flots par les monts de l'Estaque. Bordé de salines, il a 72 kilomètres de tour, 22 de long, 6 à 14 de large. Dès qu'on aura mis le chenal de Bouc en état de recevoir les grands navires, cette conque où se mirent des coteaux couverts d'amandiers, d'oliviers, de vignes, vaudra la rade de Brest : de ses 20 000 hectares, plus du quart, 5600, peuvent recevoir les plus lourds vaisseaux, par des fonds de 7 à 10 mètres. Toutefois sa profondeur diminue peu à peu, par les limons des canaux de la Durance, et aussi par les débris qu'amènent la Touloubre et l'Arc.

La **Touloubre**, qui n'a pas 70 kilomètres, naît dans des monts nus, ravinés, brûlés, et passe près de Salon ; elle verse quelquefois un tribut de fleuve à l'étang de Berre, et plus souvent à peine un tribut de ruisseau.

L'Arc (85 kilomètres) commet les mêmes excès : il a peu d'eau ou trop d'eau. Près de ses sources Marius détruisit les Teutons dans une bataille si riche en cadavres qu'on nomma le lieu Champs Putrides (*Campi Putridi*), aujourd'hui Pourrières ; plus tard, à 2 kilomètres de sa rive droite, les Romains élevèrent *Aquæ Sextiæ*, Aix, qui fut longtemps une reine de la Gaule. L'Arc, très faible en été, verse peu de fraîcheur à ses campagnes, mais le ca-

Étang de Berre.

nal du Verdon leur porte maintenant la vie et la verdure. Il baigne quelques les piles du merveilleux aqueduc de Roquefavour.

C'est un fortuné littoral celui qui va de l'étang de Caronte à la borne de l'Italie : la mer y entre dans les terres par des anses, des calanques, de gracieux golfes abrités du nord, et la terre dans la mer par des promontoires qu'on dirait détachés de la Sicile, ou de la claire Ionie. Là le plus clair soleil de France attiédit l'air, l'oranger l'embaume, et à l'est de Toulon le palmier balance des palmes. Sous un ciel gris, la vague armoricaine tonne avec plus de fureur contre ses falaises, mais la vague bleue de Provence murmure sur de plus riants rivages, et les caps qu'elle froisse en ses jours de rage s'élancent bien plus haut que les promontoires du Finistère : le cap Roux, roche de porphyre, a 489 mètres; quelle poussière de flot pourrait injurier son sommet comme l'Océan mouille le front des roches rougeâtres de l'Enfer de Plogoff?

Marseille, premier port de la France et de la Méditerranée, a cru follement que le percement de l'isthme de Suez allait en faire la reine du monde ; or, elle ne pouvait que perdre à l'ouverture de ce passage qui pousse les hommes et les choses de l'Angleterre et de l'Europe centrale sur des chemins situés à l'orient de la route de Paris à Marseille. Mais l'Algérie, l'Afrique du Nord sur laquelle ne comptait point la « fille de Phocée », lui réserve un avenir immense : quand les rails, ou comme disent si bien les Canadiens-Français, quand les lisses uniront Alger au Soudan central, elle pourra dépasser Paris lui-même.

Elle a son fleuve, tout comme Paris, Lyon, Bordeaux et Nantes ; seulement ce fleuve n'est qu'un torrent de 55 kilomètres : il s'appelle Huveaune, et sorti de la Sainte-Baume, il passe plusieurs fois de bassins arrondis, jadis lacs, à des défilés rocheux ; il arrose Aubagne et se jette dans la Méditerranée au pied de la célèbre colline de Notre-Dame-de-la-Garde.

De Marseille à Toulon, on admire les magnifiques promontoires que lancent dans les flots les calcaires de la Gradule, ayant 633 mètres pour cime culminante; la baie de Cassis, aux fonds de corail, dominée par le Mont Canaille (416 mètres); le superbe cap de l'Aigle entre la baie de Cassis et celle de la Ciotat, qu'on nomme aussi golfe des Lèques; la Ciotat, qui construit de grands navires à vapeur ; les petits ports de Bandols et de Saint-Nazaire. Cette côte serait d'une beauté parfaite s'il ne lui manquait les forêts et les rivières. Les pluies que le ciel verse, quelquefois abondamment, sur cette rive altérée, descendent à une grande profondeur dans le sol, puis elles fuient du continent pour aller surgir du fond même de la mer, après avoir glissé de grotte en grotte dans les veines de la pierre sous l'ourlet des monts littoraux. Elles mêlent ainsi leur eau douce à l'immensité du gouffre amer sans avoir égayé les cirques, les ravins, les effondrements du rivage par la fraîcheur de leurs fontaines et le murmure de leurs courants. On connaît plusieurs de ces rivières perdues pour la sèche Provence : telles celle de Port-Miou, voisine de Cassis et faite peut-être des eaux qu'absorbent, près d'Aubagne, des *paluns* ou marais qui furent un des lacs de l'Huveaune ; celle de la Ciotat, qui vient sans doute des orages bus par les entonnoirs du Plan de Cuges, bassin fermé ; celle de Saint-Nazaire ; celle de Cannes, qui naît sous le poids de 162 mètres d'eaux marines.

La presqu'île du Cap Sicier, littoral d'une splendeur magique, harmonieusement dentelé par les caps et les calanques, a pour éperon le cap Sicier, haut de 360 mètres. A cette presqu'île est soudée l'étroite péninsule du cap Sépet, qui sépare de la mer les **rades de Toulon**, grand port de guerre français de la Méditerranée. Assise près de la pittoresque Dardenne, au pied du Faron, mont escarpé de 545 mètres d'où l'on voit les Alpes, d'où l'on devine la Corse, Toulon commande une rade vaste et sûre, divisée en deux bassins : la petite rade ou rade intérieure ayant à son bord Toulon et la Seyne, port de construction, et la grande rade ou rade extérieure, défendue de la haute mer par la presqu'île du Cap Sépet. A Toulon se forma, voici cinquante ans, l'escadre de six cents navires qui allait prendre Alger et nous ouvrir le continent où nos destins rajeuniront.

La rade très ouverte de Giens suit la grande rade de Toulon ; puis viennent les hautes collines de la presqu'île de Giens, ancienne île qu'ont rattachée au littoral deux langues de sable enfermant un marais salant nommé l'étang des Pesquiers.

La **rade d'Hyères** (15 000 hectares), assez vaste pour les évolutions des escadres toulonaises, est protégée du large par les **îles d'Hyères**, au nombre de trois, mais qui furent quatre lorsque l'île de Giens ne tenait pas au continent par ses flèches de sable : Porquerolles, ce qui veut dire l'île des Porcs ou des Sangliers, a 8 kilomètres de long ; elle est vêtue de pins et de chênes, elle porte environ 300 hommes. Port-Cros, longue de 4 kilomètres, s'élève à 197 mètres ; c'est une terre sauvage, couverte de lavande et de fraisiers. L'île du Levant ou du Titan, aussi longue que Porquerolles, renferme une colonie pénitentiaire et des bois pleins de serpents. Le mistral fouette cet archipel, qui est de la même texture que les Maures, mais la ville dont il tient son nom, Hyères, est la cité des palmes : il y a cinq dattiers sur une des places de cette cité, qui est à une lieue de la mer, près du Gapeau (50 kilomètres), rivière d'eau vive dont l'étiage est de 1718 litres.

2° **L'Argens, le Var.** — Les Maures, monts granitiques, succédant aux calcaires, plongent par des rocs couverts et d'arbustes odorants sur le délicieux rivage que frangent la rade de Bormes, le cap Négret, la plage de Cavalaire et le golfe de Grimaud dont le port est Saint-Tropez. Plus loin, au bout de la plaine fièvreuse où Fréjus, colonie du Peuple-Roi, n'est plus que l'ombre d'elle-même, l'**Argens** porte à la mer près de 13 mètres cubes d'eau par seconde à l'étiage, et peut-être 50 en moyenne. Ce fleuve n'a pourtant que 112 kilomètres dans un bassin de 321 600 hectares, mais il passe dans des montagnes supérieures à toute autre chaîne française par la splendeur de leurs sources, de leurs foux, comme on dit en Provence. Il débute, près de Seillons, au nord-est de Saint-Maximin, par un puissant jaillissement et reçoit presque aussitôt la rivière de Sceaux, faite d'un jet qui n'est pas moindre : ces deux fontaines ont pour lointaine et multiple origine es eaux entrées sous terre par les fissures

Hyères.

de l'aride plateau de Rians. A Carcès, l'Argens boit l'Issolle, qui vient de se briser dans une haute cascade ; puis, lui-même, il tombe d'un rocher dans les défilés déserts de Saint-Michel, entre le Thoronet et Vidauban, et près du gouffre, sur lequel se penchent des genêts et des figuiers sauvages, il passe sous deux ponts naturels qui n'en faisaient qu'un seul avant l'écroulement d'une partie de la voûte : c'est ce qu'on nomme la perte de l'Argens. Le fleuve s'augmente ensuite de la Nartubie : celle-ci, formée par des fontaines de cristal comme l'Argens et l'Issole, plonge également en cascades, dans les gorges de Trans et de la Motte ; un de ses canaux arrose Draguignan.

A partir de l'Argens, ce n'est plus dans les Maures, c'est dans le splendide Estérel que la mer bleue a sculpté son rivage. La rade enfoncée d'Agay, le cap Roux, qui s'appellerait mieux cap Rouge, tant sa roche brille ardemment au soleil, d'autres promontoires presque aussi beaux, des criques embrassées par des porphyres, terminent le littoral merveilleux du Var, que suit le rivage des Alpes-Maritimes, plus merveilleux encore sous un climat plus tiède.

Dans le **golfe de la Napoule** entre le **Siagne**, fort de bien près de 5000 litres par seconde en temps d'étiage, bien que long de 50 kilomètres seulement ; nulle rivière française, voire même provençale, n'a de plus belles foux que ce torrent de cluses qui sort à grands flots d'une fontaine où se sont réunies les eaux des entonnoirs du Plan de la Caille, haut plateau sans émissaire visible. Le Siagne a son petit « Pont d'Arc », le Pont-à-Dieu, arche naturelle, voûte calcaire d'une trentaine de mètres d'épaisseur. Un de ses affluents passe à Grasse, la ville des fleurs, des parfums, des essences, et c'est son eau pure que boit Cannes. Défendue par l'Esterel, que des bois d'oliviers gravissent, **Cannes** est le Midi par excellence de la France continentale ; elle l'emporte sur Naples même par la moyenne annuelle et par l'équilibre des saisons ; autant que Menton et plus que Nice, reine officielle de la

Ligurie française, Cannes est la première de nos villes d'hiver.

Au cap de la Croisette commence le beau golfe Jouan. Il n'y a que 1400 mètres de ce cap au petit **archipel de Lérins**, formé de deux îles fortifiées, de l'îlot Saint-Ferréol et de quelques rochers. Les deux îles, séparées par un chenal étroit, sont Sainte-Marguerite et Saint-Honorat. Sainte-Marguerite eut longtemps pour hôte muet le mystérieux « Masque de fer » ; cette île montueuse, forêt de grands pins maritimes, a 7 kilomètres de tour. Saint-Honorat, rocher plat dont 3000 mètres font l'enceinte, porta l'abbaye de Lérins, qui fut le premier monastère de tout l'Occident au sixième et au septième siècle.

Le **golfe Jouan**, avec des profondeurs de 50 mètres, n'a pas pour seule protection les îles de Lérins au sud-ouest ; il est également abrité des vents d'est par la presqu'île en bec d'épervier qui finit au cap de la Garouppe, et de ceux du nord par les bombements de l'Esterel. Ouvert seulement aux tempêtes du sud-est, il pourrait être défendu de ce côté par une digue reposant sur une chaîne d'écueils et de bas-fonds ; il deviendrait alors une rade magnifique pour l'évolution des flottes. C'est là qu'en 1815 aborda le vaisseau qui portait Napoléon, dans le court voyage d'Elbe à Waterloo.

Quand on a tourné la pointe de la Garouppe, on rencontre d'abord le bon port d'Antibes, puis, sur une plage marécageuse, trois petits fleuves : le Loup (55 kilomètres), qui doit son existence à des foux limpides ; la Cagne (30 kilomètres), qui ressemble au Loup ; le **Var**, long de 125 kilomètres, dans un bassin de 227 900 hectares, et qui voyage de clus en clus, parfois dans le demi-jour et presque dans les ténèbres. C'est un torrent puissant, roulant à l'étiage 28 mètres cubes par seconde, dans les hautes eaux 4000 mètres, ou 143 fois plus, avec 43 mètres pour moyenne. Les chaînes boisées d'où ruissellent ses premiers torrents ont quelque neige éternelle sur leurs sommets de près de 3000 mètres. S'il faut en croire les pâtres, sa source, fort abondante, toujours égale, viendrait du lac d'Allos par des cavernes de la montagne. Il descend très rapidement des sapins et des mélèzes dans la patrie de l'olivier, et devant Puget-Théniers son lit n'est plus qu'à 400 mètres au-dessus des mers. Parmi ses tributaires, la Vaïre a dans son bassin des clus d'une profondeur immense ; la **Tinée** (75 kilomètres), dans un val superbe, rivalise en volume avec lui ; la **Vésubie** (50 kilomètres), admirable elle-même, a d'admirables affluents ; son bassin est un monde à la fois grandiose et charmant, on n'y compte pas les beaux sites, les belles roches, les beaux bois, les cascades ; l'Estéron (65 kilomètres) et ses tributaires ont des clus terribles.

A 5 ou 6 kilomètres du large lit inconstant par lequel le Var porte à la Méditerranée les ravages de la montagne, la fameuse Nice est à la bouche du Paillon (35 kilomètres). Cette grande ville d'hiver, cité cosmopolite, ne vaut ni Cannes, ni Monaco, ni Menton, ni tel bourg de l'Estérel ; on y connaît les brusqueries du ciel, la violence des vents, l'affreux mistral et les tourbillons de poussière.

De Nice en Italie on longe **la Corniche**, célèbre en tout l'univers ; et de fait, il y a peu de chemins de côte ayant d'aussi beaux vallons du côté de la terre, d'aussi brillants horizons du côté de la mer. La route de la Corniche passe à Villefranche, dont la rade harmonieuse avance au loin dans les terres, entre des collines que le reboisement revêt de grâces nouvelles ; elle domine ensuite le golfe évasé d'Eze, où le rivage se relève en rocs d'une grandeur idéale, traverse Monaco, où le jeu fait tort à la mer, et atteint Menton, qui par son climat, ses vallons, ses horizons, sa plage, est la princesse du littoral : en moyenne 214 jours de l'année versent ici des torrents de lumière sans le plus petit nuage pour ternir la splendeur des cieux.

De Menton à l'Italie il n'y a que trois kilomètres. A 5 kilomètres au delà des limites, à Vintimille, la **Roya** se perd dans l'azur méditerranéen : ce torrent, qui porte

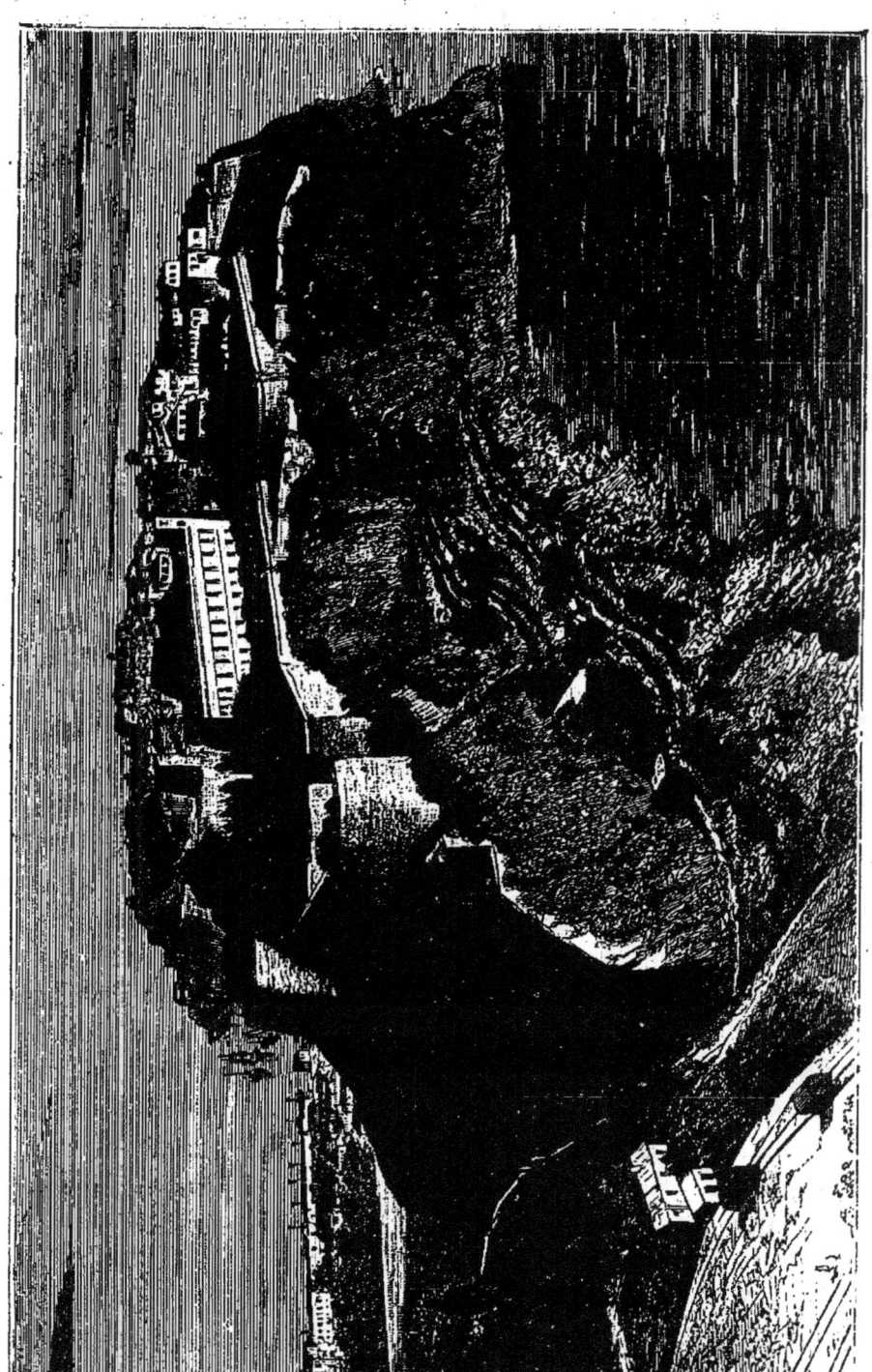

Monaco.

8 mètres à l'étiage, ne nous appartient ni dans ses défilés supérieurs auprès du col de Tende, ni dans son val inférieur, mais nous possédons son vallon moyen, à Saorge et à Breil.

X. BASSINS EXCENTRIQUES : RHIN, MEUSE, ESCAUT

1º Le Rhin, la Moselle. — En dehors des grands et des petits bassins français, nous partageons le Rhin, la Meuse et l'Escaut avec les étrangers.

Le Rhin, la Meuse et l'Escaut portent tous trois le nom de fleuve, mais le Rhin seul y a droit : la Meuse est son humble affluent, l'Escaut son satellite. Ils gagnent la mer du Nord par un même dédale de bras, d'estuaires, d'îles, d'îlots de sable et de vase, après avoir franchi la plaine des Pays-Bas : plaine qui semblait vouée à rester un domaine indécis entre la terre et l'eau, mais dont la patience des Hollandais et de leurs voisins et cousins les Flamands a fait l'une des contrées les mieux ordonnées du monde.

Le **Rhin** n'est plus français depuis 1871 : il nous appartenait auparavant, par sa rive gauche, pendant 184 kilomètres, de Huningue à l'embouchure de la Lauter.

Ce fleuve de 1320 kilomètres dans un bassin de 22 à 23 millions d'hectares sort tout fait de la Suisse. Il s'y forme, dans les Grisons, de torrents fougueux lancés par des glaciers qui reposent sur des monts de plus de 3000 mètres, où commencent aussi le Rhône, fleuve français, le Tessin, rivière italienne, et l'Inn, vraie mère du Danube, qui est un très grand fleuve allemand, autrichien, hongrois, slave et roumain. Ainsi, de ces pics festonnés de neige quatre vastes rivières partent impétueusement pour quatre horizons.

Il se lave dans les abîmes du Bodensee, lac moitié germain, moitié suisse, appelé par nous lac de Constance : entré louche dans cette petite mer de 53 900 hectares dont le miroir est à 398 mètres au-dessus des océans, il en ressort clair et vert.

En aval de Schaffhouse, à Lauffen, à la traversée d'un chaînon du Jura, le Rhin se précipite par une cascade de 16 à 20 mètres de haut, la plus célèbre de l'Europe, et non la plus belle : il y en a d'aussi puissantes, bien plus hautes et plus terribles dans la froide Scandinavie ; il y en a de plus pittoresques, dans le sens originaire de ce mot, en Italie, en Dalmatie, en Espagne, dans l'éclatant Midi.

Il reçoit en Suisse le tribut de 75 000 hectares de glaciers, dont 48 000 et au delà dans le bassin de la puissante Aar, qui porte plus de 500 mètres cubes par seconde aux eaux moyennes, plus de 200 en temps d'étiage. S'il y avait une justice pour les fleuves, le fameux père Rhin, le *Vater-Rhein* des Allemands, s'appellerait la mère Aar, car lorsque ces deux rivières se rencontrent, l'Aar est plus forte d'un tiers.

A Bâle, ville helvétique mémorablement opulente, le Rhin a parcouru 360 kilomètres, et déjà il roule en moyenne 1000 mètres cubes d'eau par seconde, que l'étiage réduit à 340, que les crues extrêmes enflent à 4000. Dans l'ancienne France, en Alsace, il court au sein d'une plaine immense, ancien lac dont les lames battirent des caps arrondis qui sont maintenant les collines des Vosges à l'ouest, de la Forêt-Noire à l'est. Les villes de cette plaine féconde, Mulhouse, Colmar, Strasbourg, ne se mirent point dans son flot rapide ; elles bordent l'Ill, rivière tranquille, parallèle au Rhin. Devant la rive qui fut nôtre, le fleuve est large, entre digues, de 2400 mètres en amont de Strasbourg, de 1700 mètres en aval ;

mais ce lit où passerait l'Amazone lui-même[1] renferme, en même temps que les eaux vertes, des hauts-fonds, des grèves, des îles nombreuses : l'ampleur moyenne des bras réunis est de 900 mètres.

Il dévore le Neckar à Mannheim, le Main à Mayence, puis pénètre à Bingen dans un défilé célèbre, entre des monts schisteux portant des *burgs*[2] effondrés, au pied de roches austères où la Sirène du Nord, l'Ondine, la Lorelei des légendes attirait en chantant les nochers dans ses cavernes humides. A Coblence il reçoit la Moselle, puis va laver les quais de Cologne.

Mais peu à peu sa fureur s'est apaisée, les montagnes qui le forçaient se sont écartées et sont devenues collines, puis ces collines elles-mêmes s'effacent, et le fils de la Suisse entre dans les marais de la Hollande. Boileau a fait naître le Rhin «entre mille roseaux»; c'est dans le pays des joncs au contraire qu'il s'achève. Après avoir bu des glaciers, ses eaux ne reflètent plus que des prés, des maisons, des moulins à vent, des barques, des navires; il mêle ses bras aux bras de la Meuse et s'engloutit dans la mer du Nord, sous le nom de Meuse, au sud de la Haye, en aval de Rotterdam. Quand le hasard des batailles nous fit les maîtres de l'Europe, nous eûmes là un département des Bouches-de-la-Meuse : le vrai nom c'était Bouches-du-Rhin, pour répondre à Bouches-du-Rhône.

Le Rhin engloutit en moyenne dans la mer 1915 mètres cubes par seconde : plus ou moins que le Rhône, suivant qu'on accorde au fleuve français un volume de 1718, de 2000, de 2603 mètres.

Dans ses vastes ondes helvétiques et allemandes, le Rhin supérieur porte quelques gouttes d'eau française, car l'Aar reçoit la Thielle, rivière de 62 mètres cubes par

---

[1] A Obidos, où il ressent déjà l'influence de la marée, l'Amazone n'a que 1566 mètres de largeur.

[2] Châteaux forts.

seconde, portée moyenne, qui est le déversoir du lac de Neuchâtel, et ce lac a pour principale fontaine la charmante **Orbe**, dont les sources nous appartiennent. Dans le Jura, au nord-est de Saint-Claude, au pied du Noirmont et de la forêt de Risoux, montagnes drapées de neige pendant plusieurs mois de l'année, quelques ruisseaux descendent dans le lac des Rousses (85 hectares), à 1075 mètres d'altitude. Ce lac s'écoule par l'Orbe. Celle-ci nous quitte après quinze kilomètres, passe en Suisse, traverse le lac de Joux et tombe dans des entonnoirs, à l'issue du lac Brenet. On la croirait perdue ; mais, au nord-est de ce terme apparent, à une altitude inférieure de 224 mètres à celle des gouffres qui l'ont engloutie, elle reparaît par la source de Vallorbe, Vaucluse par les rochers couronnés de sapins qui en font un bout de cirque, une vallée fermée (*vallis clausa*), Vaucluse encore par le volume des eaux qui sortent des entrailles du mont.

A Coblence, la **Moselle** (505 kilomètres) apporte au Rhin des flots en partie français, cette rivière ayant chez nous sa naissance, 312 kilomètres de course et ses affluents supérieurs. Elle sourd à 725 mètres d'altitude, dans le massif où se lèvent le Drumont, le Bresson et le Ballon d'Alsace, monts de 1200 mètres. Elle baigne Remiremont, Épinal, Toul et Pont-à-Mousson ; puis, quittant l'ancienne France pour l'Alsace-Lorraine, traverse Metz, Thionville, l'antique Trèves, et coule très sinueusement dans une vallée dont les Germains louent bruyamment les « vins de feu ». Elle emporte moyennement en Allemagne 50 mètres cubes par seconde, tribut d'un bassin de 675 000 hectares. Elle reçoit, en France, le Madon et la Meurthe. Le Madon (90 kilomètres) sort de la même colline que la Saône et passe devant Mirecourt. La **Meurthe** (160 kilomètres) se forme comme la Moselle dans la chaîne des Vosges, au pied de cimes de 1000 à plus de 1200 mètres. Elle baigne Saint-Dié, Baccarat, Lunéville, Nancy, et atteint une largeur moyenne de 80 mètres.

Le Rhin, qu'un système de rivières et de canaux relie

en Allemagne au Danube, communique en France avec la Meuse et la Seine par le canal du Rhin à la Marne, et avec le Rhône par le canal du Rhin au Rhône.

2° **La Meuse.** — La Meuse a 893 kilomètres, dont environ 500 en France, dans un bassin de 750 000 hectares. Quand elle nous quitte, elle nous enlève en moyenne 79 mètres cubes d'eau par seconde ; l'étiage est de 27, les crues extrêmes de 600 à 700.

Elle puise ses premières gouttes à 409 mètres au-dessus du niveau des mers, dans une modeste fontaine de ce plateau de Langres qui, tout bas qu'il est, comparé à tant d'autres, voit cependant douze rivières sortir de ses collines. Née à Pouilly, à 25 ou 30 kilomètres au nord-est de Langres, c'est déjà une rivière quand, à Bazoilles, elle s'engouffre au-dessous d'une écluse de moulin pour ne reparaître qu'à 3 kilomètres, à Noncourt, près de Neufchâteau ; lorsque les eaux sont abondantes, cette perte du fleuve est invisible, les fissures du sol ne boivent qu'une partie de la Meuse et le reste coule à ciel ouvert : on dit que les fontaines de Noncourt ne rendent point tout ce qu'ont aspiré les failles de Bazoilles. La Meuse passe près de Domrémy, patrie de Jeanne d'Arc, et n'arrose que des villes sans grandeur : Commercy, Saint-Mihiel, Verdun, qui est une forteresse, Sédan, qui est une vaste manufacture de drap, Mézières, place de guerre, et sa voisine, Charleville. En aval de Mézières-Charleville, le fleuve serpente au fond de gorges étroites dont les roches de schiste, le plus souvent ternes, mais quelquefois bleuâtres, verdâtres, rougeâtres, montent à 150, à 200 mètres et plus ; de ces roches, qui soutiennent le plateau forestier des Ardennes, les plus belles sont les Dames de Meuse, à Laifour, entre Monthermé et Fumay.

La Meuse passe en Belgique, au-dessous de Givet et de son fort de Charlemont, bâti par Charles-Quint sur un roc dominant la rivière de 215 mètres. Là, continuant à refléter de grands rocs, elle va baigner Namur et Liège, villes wallonnes. Dans ce pays, sa largeur passe de 80 à 150 mètres par l'accession de trois rivières : la Lesse, qui fait un long et ténébreux voyage dans la grotte de Han ; la Sambre, qui tombe à Namur ; l'Ourthe, qui finit à Liège ; doublât-elle encore, elle serait bien inférieure au grand bras du Rhin qu'elle rencontre en

Maison de Jeanne d'Arc.

Hollande, au Wahal, si mal à propos nommé Maas au-dessous du confluent : *Maas* est le nom hollandais de la Meuse, *Maes* le nom flamand, *Mouse* le nom wallon.

De ses trois grands affluents français, l'un est presque entièrement nôtre ; l'autre sort de Belgique pour s'abîmer chez nous dans le fleuve ; le troisième quitte France pour aller finir chez les Belges. Le premier c'est la Chiers, le second la Semoy, et le dernier la Sambre.

La **Chiers** (110 kilomètres), lente, profonde, vaseuse, tortueuse dans un val encaissé, porte près de ses sources le nom de Korn : c'est dire qu'elle naît dans un pays de langue allemande, le Luxembourg hollandais. De là elle passe en France, après avoir côtoyé le Luxembourg belge. Elle coule devant deux forteresses, Longwy et Montmédy, et se perd dans la Meuse entre Mouzon et Sedan.

La **Semoy** ou Semois est un vrai Méandre de 198 kilomètres de longueur pour 75 seulement à vol d'oiseau de la source à l'embouchure. Elle naît à 380 mètres au-dessus des mers, tout près d'Arlon, capitale du Luxembourg belge. En France, elle se tord dans de profonds défilés dont les bois se rattachent aux sombres forêts du plateau des Ardennes. Quand elle entre dans la Meuse, au-dessus de Monthermé, elle mêle à regret son flot transparent aux eaux du fleuve qu'ont ternies des débris d'ardoise ; mais peu à peu la Meuse l'emporte sur les claires ondes versées par les naïades luxembourgeoises.

La **Sambre**, sur 192 kilomètres, en a 87 en France. Née par un peu plus de 200 mètres d'altitude, elle baigne deux de nos places fortes, Landrecies et Maubeuge. En Belgique, elle passe devant Charleroi et s'achève à Namur.

La Meuse, qui communique en Belgique avec le bassin de l'Escaut, est reliée d'une part au Rhin, d'autre part à la Seine par le canal de la Marne au Rhin. Deux autres canaux, celui des Ardennes et celui de la Sambre à l'Oise, mènent également les bateaux de la Meuse à la Seine ou de la Seine à la Meuse. Le canal de l'Est l'unit au Rhône.

3° L'**Escaut**. — L'Escaut n'est en France qu'une petite rivière, mais son bassin renferme nos champs les mieux cultivés, nos usines les plus actives. Ce fleuve sortait autrefois du cimetière de Beaurevoir ; à la suite de déboisements, ou pour toute autre cause, sa source est descendue de 3 à 4 kilomètres, et aujourd'hui, l'Escaut sourd

Givet.

à moins de 100 mètres au-dessus des mers, près du Catelet, au nord de Saint-Quentin. Il baigne Cambrai, place forte ; Denain, ville de houille et de forges ; Valenciennes, place de guerre qui a pour voisine Anzin, cité houillère ; enfin Condé-sur-Escaut, ville forte. Puis il nous quitte pour la Belgique. Sa course en France est de 110 à 120 kilomètres, et il tire par seconde de 57 mètres cubes en moyenne de notre pays, où son bassin est de 660 000 hectares.

L'Escaut, qui n'a guère que 20 mètres de largeur moyenne en France, prend à Gand l'ampleur d'une rivière, celle d'un fleuve à Termonde, celle d'un bras de mer devant Anvers, où ses eaux portent les vaisseaux les plus lourds. Sous le nom de Schelde, il y baigne des provinces flamandes très peuplées. C'est en Hollande qu'il se perd par plusieurs branches dans la mer du Nord, après un cours de 400 kilomètres.

L'Escaut n'est pas beau, et, sauf de rares vallons, son bassin ne l'est pas davantage, parce qu'il est plat et que l'homme s'y fait trop voir : on l'y trouve partout avec ses grandes villes et ses bourgs étirés jusqu'à d'autres bourgs, avec ses puits de houille, ses canaux, ses chemins de fer, ses outils, ses engins, sa vapeur, sa fumée de locomotive ou d'usine, et toutes ces baraques infinies que nous appelons béatement les palais de l'industrie moderne. Mais aussi, ce petit pays si laid fait vivre des millions d'hommes, ou plutôt, comme on doit le dire des lieux trop peuplés, il les empêche de mourir.

Parmi les affluents français de l'Escaut, la Scarpe et la Lys ont seules quelque puissance.

La **Scarpe** (110 kilomètres) traverse Arras, Douai, place de guerre, Saint-Amand-les-Eaux. C'est une rivière sage, forte de 6 mètres cubes à l'étiage, de 8 en moyenne, avec des crues qui ne dépassent pas 37 mètres.

Sur 214 kilomètres, la **Lys** en a 126 en France. Aire, Armentières, sont les villes qu'elle baigne chez nous. Dans la Flandre belge, elle arrose Courtrai et gagne l'Escault dans la célèbre ville de Gand. L'industrie a pourri ses eaux, limpides autrefois dans leur cours sinueux. Son principal affluent, la Deule (85 kilomètres), passe à Lens et à Lille.

L'Escaut envoie des bateaux à la Somme et à la Seine par le canal de Saint-Quentin, qui est un grand convoyeur de houille.

CHAPITRE IV

CLIMATS: VENTS. PLUIE

1° Pourquoi la France a plusieurs climats. — Nous attachons presque invinciblement l'idée de froid au mot *Nord*, l'idée de chaleur au mot *Sud*. Et cependant l'homme de Dieppe ou de Dunkerque peut grelotter à Saint-Flour ou à Montlouis-des-Pyrénées; l'homme de Brest gèle en hiver à Limoges, et les Alsaciens-Lorrains établis à Terni, dans la province d'Oran, en pleine Afrique, et tout près du Sahara, ont pu s'y plaindre de la rudesse de décembre. Le climat ne dépend pas seulement des latitudes; la hauteur au-dessus des mers est plus puissante que le voisinage ou l'éloignement de l'Équateur, lieu des rayons verticaux du soleil. La nature du sol et du sous-sol, la prédominance de tel ou tel vent; la présence de l'Océan ou des grands lacs, des marais, des rivières; le passage de tel courant froid ou de tel courant chaud de la mer ou des cieux; la proximité des déserts, qu'ils soient chauds ou froids; l'absence, la modération, l'excès des pluies, leur distribution suivant les saisons; le luxe l'indigence ou l'absence des forêts, **tout** ce qui est la terre, la mer ou l'air, change et brouille infiniment les climats.

Les pays de grandes plaines, fouettés par les mêmes vents de chaleur ou de froidure ont un climat uniforme sur de larges espaces, de l'est à l'ouest, et même du nord au sud ; il faut cent, deux cents lieues vers le midi pour donner un peu plus de tiédeur aux cités sibériennes ou russes. Sol plat, ciel uniforme, peuple homoglotte, ces trois choses vont ensemble : la toute petite Grèce, terre raboteuse, avait plus de climats, d'États, de dialectes que l'immense et plane Russie.

Autres sont les pays de plastique puissante ; leurs montagnes rompent, arrêtent, font tourner les vents, et à leur pied se créent des climats provinciaux, et sur leurs flancs, suivant l'altitude, une infinité de climats locaux.

La France est une de ces contrées. Elle a quatre mers, des plateaux, des sierras, des glaciers à sa frontière, des monts moyens et de hautes collines à l'intérieur : telle de ses cités craint la marée haute ; une de ses villes, Briançon, est à 1321 mètres d'altitude ; un de ses bourgs, Montlouis-des-Pyrénées, à 1513 ; un de ses villages à plus de 2000 ; et son Mont-Blanc s'élance à 4810 mètres. Tel de ses cantons n'a pas d'arbres, il grelotte au vent ou brûle au soleil ; dans tel autre, des bois tempèrent la chaleur, brisent les vents, conservent les sources. Certaines contrées doivent le nom de **Terres froides** à leur sol argileux qui retient les eaux et les rassemble en étangs : ce sont des pays de prairies. D'autres s'appellent **Terres chaudes**, à cause de leur calcaire ou de leur craie : ce sont des pays de vignobles. Telle plaine est d'argile, telle autre de cailloux, telle autre d'humus ; telle vallée est à fond de sable, et ni l'argile, ni le sable, ni les cailloux, ni l'humus ne reçoivent, ne rayonnent et ne gardent également la chaleur. Dans tel ou tel lieu le vent souffle surtout de la mer, il apporte la brumosité, la pluie, la douceur, l'égalité de climat ;

dans tel autre, il souffle surtout du continent ou de la montagne, et il amène le froid, la dureté, la sécheresse de l'air. Tout cela détermine une infinité de climats, que cependant on peut réduire à sept.

Il ne faut donc pas s'imaginer qu'en allant droit devant soi, vers le sud, de Dunkerque à Montlouis, de Cambrai à Béziers, de Givet aux Saintes-Maries, on verra le Nord faire insensiblement place au Midi.

Loin de là! L'homme de Dunkerque ou de Cambrai trouvera le Nord juste au moment où, venant de passer la Loire, il se croira tout près d'entrer dans les pays du soleil torride; car il lui faudra monter sur ce Massif Central, qui porte de durs hivers au seuil même du brillant Midi. Et l'homme de Givet, quand il descend le Rhône vers Montélimar, passe brusquement du septentrion au méridion, et presque d'Europe en Afrique; en quelques lieues il change de climat plus qu'il ne l'avait fait en plusieurs centaines de kilomètres.

Dans l'autre sens, de l'ouest à l'est, de Brest à Épinal, de la Rochelle à Chamonix, de Bayonne à Menton, l'on ne reste point sous le même climat en suivant le même degré de latitude, car de l'occident à l'orient les climats français empirent : plus loin de l'Océan et hors de l'influence des tièdes vents du sud-ouest, ils sont plus froids dans la moyenne de l'année, beaucoup moins doux en hiver et plus chauds en été.

2° Les sept climats français. — Quatre des sept climats français, régentés par le vent des mers, sont des **climats maritimes**, et par cela même tempérés, avec moins d'écart que les climats continentaux entre la chaleur et le froid des heures successives, du jour et de la nuit, de l'été et de l'hiver. Les **climats continentaux**, que n'amollit pas l'humidité marine, sont plus variables, plus brusques, plus secs, plus sensibles au rayonnement nocturne, plus esclaves du pouvoir glaçant de l'altitude; et, en somme, plus froids dans la moyenne de l'année, quoique plus chauds à certaines heures et dans certaines saisons.

GÉOGRAPHIE.

Le **climat vosgien** est le plus semblable des sept à celui qui domine en Europe sur les plus vastes étendues.

Ce climat, qu'on pourrait aussi bien nommer climat austrasien, est essentiellement continental, et dépend surtout des vents de l'est et du nord-est, venus de la Russie, de la Sibérie même, par les plaines de l'Allemagne septentrionale. Epinal, Nancy, Mézières, Rocroi lui obéissent, villes où l'hiver amène ce qu'on est convenu d'appeler les « beaux froids », des jours de soleil sur la candeur vierge des neiges. La glace, les flocons tombant d'un ciel blafard, les rayons éclatants qui égaient la neige et ne la fondent pas, la pluie qui la troue, qui la déchire et qui l'emporte, elle si blanche, en noirâtres ruisseaux ; de nouveaux flocons, de nouvelles glaces, un nouveau givre, de nouvelles pluies, gel et dégel, ainsi se passe l'hiver. Au printemps c'est une transformation magique ; quinze jours après les dernières fanges du dernier dégel, la nature a repris toute sa fécondité, les arbres ont leurs fleurs et les champs leurs promesses. Sous ce climat l'on a des étés superbes, des automnes fort beaux. La moyenne de Paris étant de $10°,6$, celle d'Epinal, ville plus méridionale, mais aussi beaucoup plus élevée que Lutèce, est de $9°,6$ seulement ; on y a vu des froids de 25 à 26 degrés au-dessous de la glace fondante, et des chaleurs de 36 à 37 au-dessus ; il y a 86 jours de gelée par an. La moyenne de Nancy est de $9°,5$, avec $2°$ pour moyenne de l'hiver et $19°,9$ pour moyenne de l'été ; il y a 68 jours de gelée et 150 jours de pluies, surtout de pluies d'été, donnant environ 800 millimètres par an.

Le **climat parisien** se nomme ainsi de la plus grande ville qu'il baigne : on l'appelle aussi climat séquanien, de ce qu'il domine dans le bassin de la Seine (en latin *Sequana*) ; ou climat neustrien, par opposition à l'austrasien. C'est un climat tout maritime. Il règne du cap de la Hague à la Belgique, sur les bassins de la Seine, de la Somme, de l'Escaut, des petits fleuves côtiers normands, picards, artésiens et flamands. Les vents de la Manche, mer septentrionale et pourtant chaude, lui donnent un climat fort tempéré pour ses latitudes. Paris, on le sait, n'est point froid. On y coule des hivers presque sans neiges, presque sans glaces ; novembre, décembre, janvier, février, les sombres mois qui font le tiers de son année, lui dispensent parfois des heures tièdes, qui seraient printanières s'il ne leur manquait la clarté du ciel et les baumes du renouveau. Or, le Paris des Français est au nord du Paris des Canadiens, Québec, où la moyenne de l'année est de 4 degrés seulement, celle de l'hiver étant de — 12°, avec des jours et des nuits qui font geler le mercure.

L'hiver de Paris, fait de journées de pluie et de brume et de vent plus que de journées de gel, a 3°,3 pour température moyenne ; le printemps, qui abuse aussi de la pluie et des nues, donne 10°,3 ; l'été, brillant, orageux, torride, 18°,1 ; l'automne, qui est fort beau, 11°,2 ; l'année entière 10°,6 ou 10°,7. On y a ressenti des froids de 23 à 24 degrés au-dessous de zéro en 1778, en 1871, en 1872, et la chaleur y a monté jusqu'à 38 ou 39 degrés. Sur les 365 jours qui sont pour nous la division normale du temps, 154 sont des journées de pluie, généralement de pluies fines, tombant surtout en automne et en été et ne donnant que 510 millimètres. Il y a 171 jours de brouillard, 12 jours de neige, 56 de gelée, 14 d'orage, 20 de grêle.

Du cap de la Hague à la Loire, le **climat breton**, ou climat armoricain, est le plus maritime des sept climats français. Par la mer dans laquelle baigne la presqu'île celtique, il profite, plus qu'aucun des six autres, des bouffées d'air tiède qui accompagnent le courant du Golfe. C'est ainsi qu'on appelle un immense fleuve d'eau plus chaude que l'Océan, dans le sein duquel il chemine en rivière indépendante bien qu'elle soit sans rivages : on l'y distingue à sa chaleur, à sa couleur, à son courant. Venu des mers tropicales et du golfe du Mexique, il frappe le Portugal, l'Espagne, la France, l'Irlande, l'Angleterre, l'Écosse, la Norvège, et va porter quelque tiédeur jusque dans les flots arctiques. Ciel obscur et bas pendant la moitié de l'année, pluies fines, vents mélancoliques, le climat breton a très peu de neige, et si peu de froids l'hiver que des arbres provençaux, africains même, le grenadier, l'aloès, le magnolia, le camélia, le laurier-rose, y vivent en pleine terre au bord des anses, dans les presqu'îles, dans les îles. A Brest, dont la moyenne annuelle est de 11°,7, l'hiver donne 7°,1 et l'été 16°,8. Il y a 170 jours de pluie tombant surtout en automne, mais cette pluie, souvent n'est qu'une bruine épaisse, donnant à la fin de l'année une hauteur de 900 millimètres.

De la Loire aux Pyrénées, de la mer Atlantique aux monts du Centre, le **climat girondin**, ou climat gascon, réclame une portion du bassin de la Loire, une très grande part de celui de la Gironde, ceux du Lay, de la Sèvre-Niortaise, de la Charente, de la Leyre et de l'Adour. C'est encore un climat maritime, un peu moins tempéré que le breton, mais plus brillant, et, à mesure qu'on avance au sud, plus agréable et plus chaud. Tout au nord, la basse Loire a des prairies, des sillons et des landes avec quelques pieds de vigne ; au centre, Cognac doit son renom aux premières eaux-de-vie, Bordeaux aux premiers vins du monde ; tout au sud, dans le Béarn, le Bigorre et le pays Basque, un ciel charmant caresse des villes d'hiver. Peu ou pas de neige dans la froide saison, des pluies d'hiver et de printemps, des étés chauds, des automnes superbes, quoique pluvieux, c'est la marche des saisons, de Nantes à Bayonne et de la mer aux montagnes. L'année de Nantes donne en moyenne une température de 12°,6, avec 122 jours de pluie ; celle de la Rochelle 12°,7, avec 140 jours de pluie ; celle de Bordeaux 13°,5, avec 6°,1 pour moyenne de l'hiver et 21°,7 pour moyenne de l'été; il y a 150 jours de pluies, surtout automnales, donnant 820 millimètres. Arcachon, sol de sable, air marin, pins frémissants, guérit des phtisiques sous un ciel si doux, que la moyenne de l'hiver est de 10 degrés dans la forêt et la dune, de 8 sur les plages du Bassin ; Pau les guérit aussi, dans une atmosphère sans vents : cette ville adorable n'a que 25 jours de gelée par an, contre 125 jours de pluie, et la moyenne de son année est de 13°,39. Le climat de l'humide Bayonne est plus clément encore.

Les bassins supérieurs de la Dordogne, du Lot, du Tarn, de la Vienne, de la Creuse, de l'Allier, de la Loire, et celui des torrents qui percent la rive droite du Rhône au-dessous de Lyon, appartiennent à une région que son altitude fait plus dure que ne le voudrait son soleil, car cette région, le Massif ou Plateau Central, est à égale distance du Pôle et de l'Equateur, dans la zone tout à fait tempérée, le 45ᵉ degré de latitude passant justement tout près d'Aurillac, de Saint-Flour, du Puy-en-Velay ; et, comme on sait, il y a de l'Equateur au Pôle un quart de cercle ou 90 degrés. Le **climat auvergnat,** ou climat limousin, a des hivers très-froids, quelquefois terribles, avec de hautes neiges qui effacent les plis de vallons, qui cachent les routes, qui se tassent, qui se glacent, et sur lesquelles tombent d'autres neiges ; aux mauvais passages, sur certains plateaux, dans des fonds de vallon, des poteaux élevés balisent les chemins, et il arrive que ces poteaux disparaissent, tant le ciel verse de flocons sur le plateau, tant le vent ou la pente entraînent d'avalanches dans la ravine. L'été, par contre, est violent dans les vallées, les gorges fermées aux souffles de l'air ; mais, sur les hautes plaines, la bise, âpre, brusque, inattendue, vagabonde, tempère souvent les ardeurs du soleil ; et l'altitude des lieux donne aux jours les plus enflammés des matins froids, des soirées fraîches, des heures perfides. Le Puy, Mende, Saint-Flour, Rodez, sont soumis à ce climat « labradorien » pendant le quart, le tiers ou la moitié de l'année suivant la hauteur des sites au-dessus de la mer. On estime que la moyenne de Limoges est de 11°, et qu'il y tombe 935 millimètres de pluie, surtout en automne.

Le **climat lyonnais** se désigne ainsi de la ville qui voit s'unir les deux grandes rivières du pays où il règne : on l'appelle d'habitude et moins justement climat rhodanien ; mais ce nom ne fait penser qu'au Rhône, et point à la Saône, qui baigne plusieurs de ses cités. Il rattache le climat continental du Centre au climat, continental aussi, de la Lorraine et des Ardennes. Ses principales villes ont pour moyenne de l'année, au nord de Lyon 11 à 12 degrés, au sud un peu plus de 12 ; la moyenne de Lyon même est de 11°,8, avec 2°,3 pour moyenne de l'hiver et 21°,11 pour moyenne de l'été ; il y a 110 jours de pluie, donnant 780 millimètres. Comme toute autre zone plus ou moins sevrée de la mer, le climat lyonnais a des étés chauds, des hivers froids, parfois rigoureux même dans la plaine, toujours très durs dans les vallées élevées de la Savoie et sur les hauteurs du Jura, qui pour la rudesse de la triste saison sont un autre « Plateau central ».

Qu'on aille de Toulouse à Cette ou de Lyon à Marseille, on voit, vers Carcassonne ou vers Montélimar, le pays passer du vert au jaune ou au blanc, les prairies roussir, les roches s'illuminer, la poussière saupoudrer les feuilles jusqu'à courber les tiges, et le terne olivier s'abriter à des mamelons pierreux, devant des plaines sèches et des monts décharnés. On vient de passer du climat girondin, ou du rhodanien, au **climat méditerranéen**, ou climat provençal, fait de deux zones : zone du mistral à l'ouest de Toulon, zone sans mistral à l'est.

Le **mistral**[1], qui tord rageusement l'olivier vers le sud-est, est un souffle exécrable. Les Provençaux disaient : « le Mistral, le Parlement et la Durance sont les trois fléaux de la Provence. » Un fléau, c'est trop dire : car ce vent féroce, haïssable, haï, chasse les effluves, les miasmes, les ferments, les odeurs impures ; grâce à lui l'on ne meurt pas autant qu'on mourrait sur les bords d'étangs, dans les « paluns, » dans les lieux arrosés, en Camargue, et dans mainte et mainte ville mal tenue sous ce traître soleil.

Sa force est incroyable, et sa persistance inouïe ; il peut même arrêter des trains ; c'est le « Borée noir » de Strabon : le « Mélamboréas[2], dit-il, est un vent violent, terrible, qui roule des pierres, précipite les hommes de leurs chars, broie leurs membres et les dépouille de leurs vêtements et de leurs armes. » Son nom veut dire le *maître*, et en effet il règne dans le ciel comme sur la terre ; il déchire lugubrement les airs, il courbe ou tord ou casse les arbres, il agite éperdument les branches, il éparpille les eaux, il soulève, brise et disperse les spirales de la poussière, il entre par les portes closes, il fait frissonner sous le manteau ; et quand on le rencontre à l'improviste au repli d'un vallon, à la sortie d'une demeure, au détour d'une rue, il faut raidir tous ses muscles contre lui. Des oliviers, des bois, des herbes, des vignes, des cailloux, des murs de pierre sèche, des plaines comme de la garrigue ou du mont, de toute la nature il tire une voix qui gémit. Quand il souffle, c'est parfois pour des semaines, pendant le jour clair et la nuit pâle et blanche (car, poussant violemment les vapeurs vers la mer, il n'amène avec lui ni la tempête ni la pluie fine sur le sol d'entre Mézenc et Méditerranée). Descendant des monts cévenols avec acharnement, par rafales continues ou par

---

[1] A Narbonne et chez les Catalans français il s'appelle *cers* ou *cierce*
[2] Mot à mot, Borée Noir.

bouffées passagères, il se démène au loin en Provence, dans le Comtat, en Languedoc, en Roussillon : au nord, il commence à peu près avec l'olivier, un peu au-dessus de Montélimar ; à l'ouest, il se déclare à partir du col de Naurouze, de Castelnaudary, et surtout de Carcassonne, qui est aussi l'une des bornes de l'olivier ; au sud, il se fait maudire jusqu'au pied des Pyrénées et des Albères, ou va se perdre dans la Méditerranée.

A l'est de Toulon, le mistral souffle peu ou point, l'oranger, le palmier fleurissent dans des parterres « africains », aux tièdes brises de la mer, au seul gré du sud, à l'abri du nord dont ils sont garantis par un rideau de montagnes. Mais, dans la zone à mistral comme dans la zone sans mistral, les moyennes annuelles sont plus élevées que dans le reste de la France, à altitudes égales s'entend. L'année de Montpellier a 13°,6 avec 5°,8 pour l'hiver et 22° pour l'été ; la pluie y tombe pendant 67 jours ; Marseille a 14° de moyenne et 55 jours de pluie ; Toulon 14°,4 et 60 jours humides ; Hyères 15° et 40 jours pluvieux seulement, tandis que d'autres villes, sous d'autres climats, en ont 150, 175 comme Abbeville, et même 200 ; Perpignan a 15°,5 et 70 jours mouillés ; Nice près de 16°, autant que Rome et plus que Florence, et les jours pluvieux y sont 72 ; Menton, avec 16°,3, est égale à la molle Napoli (Naples), et Cannes, avec 16°,4, lui est un peu supérieure ; de ces deux dernières villes sans brouillards, et l'on peut dire sans hiver, la première a 80 jours de pluie, la seconde 70.

En résumé, l'hiver le plus doux de la France est celui du climat breton, le plus dur est sans doute celui du climat auvergnat. L'été le plus chaud est sous le climat méditerranéen, le plus froid sous le climat breton.

11° pour l'année, 5° pour l'hiver, 20° pour l'été, voilà le climat de la France, autant qu'on peut tirer une moyenne d'un ciel si changeant, d'un sol si varié.

3° Les pluies. — En supposant que toute la pluie tombant chez nous restât sur le sol sans couler, sans filtrer, sans s'évaporer, comme dans une citerne fermée, au bout de l'année elle couvrirait le territoire d'un lac de 770 millimètres de profondeur, et peut-être bien de 800 et au delà ; car les éléments de ce nombre sont surtout des observations faites en plaine, et sur la plaine il tombe moins d'eau que sur la montagne.

Ce lac, les divers climats de la France ne le rempliraient pas également.

Il pleut beaucoup sur les vallées ouvertes aux vents humides, sous les parages du ciel où quelque courant de l'air amène les nuages, où quelque remous les arrête ; il pleut fort peu sur certaines plaines, certains plateaux cerclés de montagnes et qui ne voient nager dans leur azur que des nuages épuisés déjà. Sur le bord de la mer, et plus encore dans les monts contre lesquels buttent et crèvent les nues, la quantité d'eau du ciel dépasse la moyenne générale : il tombe par an 800 à 850 millimètres sur la côte picarde et dieppoise, autant du cap de Barfleur à Saint-Malo, 1000 sur la baie de Douarnenez, 1100 à 1200 dans les hautes Vosges, près de 1500 sur le rivage bayonnais, 1500 à 2000 et au-dessus dans les pics d'où procèdent les Gaves et les Nestes, surtout vers Gavarnie ; dans les Alpes de Savoie et du Dauphiné, notamment dans les monts Gapençais ; dans les Cévennes du Vivarais, principalement sur le Tanargue.

En France [1] 898 000 hectares ne reçoivent annuellement que 400 millimètres de pluie, ou moins encore, à Dunkerque où il ne tombe que 300 à 350 millimètres, et dans le bassin de la Seine, de Compiègne à Troyes et d'Epernay à la banlieue de Paris.

8 millions et demi d'hectares, le sixième de la patrie, reçoivent 400 à 600 millimètres.

27 millions, c'est-à-dire la moitié du pays, reçoivent 600 à 800 millimètres.

---

[1] D'après M. Delesse.

11 millions, plus du cinquième de la France, reçoivent de 800 millimètres à 1 mètre.

2 400 000 hectares reçoivent de 1000 à 1200 millimètres; 1 300 000, de 1200 à 1400; 2 067 000, de 1400 à 1600; 110 000, de 1600 à 1800; 320 500, plus de 1800. La chute annuelle est de 631 millimètres dans le bassin de la Seine, de 691 dans celui de la Loire, de 720 dans celui du Rhin, de 823 dans celui de la Gironde, de 850 dans celui de la Charente, de 950 dans celui du Rhône, de 1000 dans celui de l'Adour.

En moyenne, le nombre des jours de pluie en France est de 140 par an ; et c'est en automne qu'il tombe le plus d'eau. Paris ne reçoit que 510 millimètres, juste autant que Marseille, Clermont-Ferrand et l'africaine Oran. Seulement, à Paris il pleut plus souvent, mais par gouttelettes; à Marseille, à Oran, il pleut rarement, mais par seaux d'eau.

D'ailleurs, 400, 500, 600, 700 millimètres par an de pluies peu abondantes chaque fois, mais tombant à propos, arrosent bien mieux le sol que 800, 1000, 1500 millimètres s'abattant par averses. La campagne de Meaux et de Compiègne, avec ses 400 millimètres, n'est jamais altérée comme les environs de Montpellier (740 millimètres) ou certains parages du Vivarais (800 à 1800 millimètres). Il tombe moins d'eau sur la verte Erin que sur les gorges éternellement brûlées des Cévennes méridionales.

La goutte d'eau, dit le vers latin, perce la pierre à force de tomber. De même, c'est en mouillant paisiblement, mais souvent la terre que la pluie entretient la verdure, habille les arbres, adoucit les cieux, évoque les sources et trace les rivières

CHAPITRE V

ORIGINES DES FRANÇAIS

1° La France et les Français. Il n'y a pas de race française. — Tel est le pays où vivent les Français, d'une plage septentrionale où le froid humide contrarie la vigne à la rive éclatante où le vent du Midi secoue les palmes du dattier. Telle est la France, avec ses grandes régions :

Le **Nord**, parfois beau, parfois laid, le plus souvent monotone, mais très riche et çà et là surpeuplé : il a des champs savamment cultivés, des houillères profondes, des villes et des bourgs qui s'enchevêtrent les uns dans les autres.

Le **Nord-Est** : il a de hautes collines, de petites montagnes, des plateaux humides, de grandes forêts que l'automne peint, puis qu'il dépouille, et que l'hiver, rude et long, charge de neige. Des hommes solides l'habitent. Comme une de ses villes, Phalsbourg, que nous avons perdue, cette patrie de Jeanne d'Arc, est la « pépinière des braves ». Les gens du Nord-Est, laboureurs, bûcherons, usiniers, tirent du sol tout ce qu'on en peut tirer : grâce à eux, ce coin de la France est à la fois agricole, sylvestre et manufacturier.

Le **Nord-Ouest**, plaines, coteaux et plateaux, d'un climat très doux, mais très humide, sous des cieux éplorés, est aussi une « pépinière des braves ». Agricole, pastoral et marin, point industriel, pas trafiquant, c'est la principale réserve de nos flottes de guerre ou de commerce.

Sur le charmant **Sud-Ouest**, les Landes à part, la nature a versé la corne d'abondance ; un gai soleil mêlé de pluies tièdes sourit à cette terre des vins et des fruits ; une race exubérante, aimable, spirituelle, heureuse de vivre, féconde en orateurs et en hommes de guerre, habite ses riantes collines.

Le **Sud**, le **Sud-Est**, Alpes, Pyrénées orientales, Cévennes, est une France à part, un pays extrême, aux contrastes éclatants : à demi polaire sur ses monts, aux trois quarts africain dans ses vallées et dans ses plaines, hormis les jours où tombe du ciel la douche glacée du mistral. Terre des vins forts, de l'huile, du mûrier, des oranges, ses Catalans, ses Languedociens, ses Provençaux sont les plus mobiles et les plus violents des Français. Vignerons, ils luttent presque sans espoir contre le phylloxéra ; marins, ils sont les Bretons de la Méditerranée ; hommes du patois, ils francisent l'Afrique, et leurs patois meurent.

Dans l'**Est**, presque tout entier fait de montagnes, Alpes et Jura, vivent les Dauphinois, les Savoisiens, les Comtois, les Bourguignons, races dures, patriotes, intelligentes, fécondes, qui sont avec les Lorrains l'avant-garde de la France contre l'Europe. Cet Orient de la France est industriel, agricole et pasteur.

Le **Centre**, notre acropole, l'urne de cent rivières, le champ de nos plus vastes neiges (cependant il n'a point de glace éternelle), est comme suspendu sur le Sud et l'Est, qu'il domine par des pans courts et rapides ; il s'incline plus doucement vers l'Ouest, le Nord-Ouest et le Nord. Il a plus de prairies que de sillons, peu de commerce, peu d'industrie. Ses monticoles sont un peuple osseux, vigoureux, entêté, parcimonieux, endurant, fécond. Hommes des hauteurs, ils renouvellent perpétuellement la France des plaines ; ruraux sans lettres, ils assiègent, ils pressent, ils pénètrent, ils remplacent les urbains fiers de leurs écoles, de leurs boutiques, de leur luxe et de leur politesse.

Nés de mélanges infinis, dix fois plus croisés qu'ils ne

l'imaginent, ayant des ancêtres blancs, des ancêtres jaunes, et même des ancêtres noirs, les Français ne se ressemblent pas tous. Des familles blondes, aux yeux bleus, grandes, élancées, se sont unies chez nous à des familles brunes, aux yeux bruns ou noirs, petites et trapues. Où domine le sang des premières, le Français se rapproche plus ou moins de ce que le langage courant appelle **homme du Nord**; où les secondes prépondèrent, il a plus ou moins le type de ce qu'on est convenu de nommer **homme du Midi**. Entre les deux extrêmes, les dégradations sont infinies : il n'y a ni taille française, ni crâne français, ni cheveux français, ni yeux français, ni type français.

Il n'y a pas de race française, pas plus que de race allemande, de race anglo-saxonne ou de race espagnole. Ce sont là des inventions de professeurs : elles ont répandu des fleuves de sang, elles en répandront encore, et pendant que de « nationalité » à « nationalité » on se canonnera sur les champs de bataille, les soi-disant races continueront à se mêler en tout lieu, de tout élément à tout élément, comme cent rivières tombant dans un même lac. Seulement, les Rhônes s'épurent dans le repos des Lémans, et de la promiscuité de mille eaux sordides le bassin profond compose une eau transparente. En sera-t-il de même pour les argiles humaines, et que sortira-t-il du concubinage de toutes ces familles ?

2° Nos ancêtres : invasions anciennes. Invasions nouvelles : les Étrangers. — Nous ne sommes même pas bien sûrs de sortir de cette race des Aryas qui ne cesse d'exalter sa beauté, sa noblesse et sa grandeur, mais où tant d'hommes ivres de leur aryanisme descendent des tribus méprisées que nos prétendus pères laissaient à la porte du temple. Nos principaux ancêtres, à nous Français, sont évidemment les Gaulois du temps de César.

Mais ces Gaulois que nous vénérons étaient-ils vraiment de race Aryane, et ne s'étaient-ils pas mêlés sur notre sol à des peuplades moins belles, plus petites, plus ramassées, plus brunes, que la science suppose, que l'histoire ignore? Et avant de s'unir à ces tribus obscures, n'avaient-ils pas altéré déjà leur sang dans les migrations, pendant leur long voyage à travers l'Asie, à travers l'Europe, dans ces steppes sarmates où passèrent tant de Barbares, le long de ce Danube qui est un grand chemin des nations? Eussent-ils été purs en arrivant en Gaule, s'ils admirent alors les filles des indigènes à l'honneur de leur alliance (or les conquérants exterminent moins qu'ils n'épousent), il peut se faire que nous soyons surtout les héritiers de pauvres sauvages qui tremblèrent devant l'arrogance des Aryas.

« Voilà, dit maint orgueilleux qui n'est pas plus Arya que nous, voilà bien là le secret de toutes vos misères! Les infirmités de votre peuple viennent de la bassesse de son origine. » Laissons ces vains docteurs enfler bruyamment la voix : nul de nous ne sait de quelle source de vie il est le meilleur de couler.

Les premiers rayons de l'histoire, quand ils tombent sur notre terre gauloise, n'y montrent point une race unique : du Rhin aux Pyrénées, des fiords armoricains aux anses de Ligurie, la Gaule portait au moins trois grands peuples : des **Kymris**, hauts et blonds, dans le nord-est; des **Celtes**, bas et trapus, à l'ouest et au centre; des **Ibères** au sud. Rien ne nous dit que ces trois peuples fussent, chacun chez eux, d'un bloc homogène; au contraire, on peut croire que plus d'une tribu d'hétérogènes les bravait encore dans les vallons reculés, dans les marécages, dans les monts, éternel asile des proscrits. Que les Celtes et les Kymris eussent ou non le même sang dans les veines — en tout cas, ils parlaient des dialectes de la même langue — ; que les Ibères fussent ou non les Basques, et peut-être les Berbères d'aujourd'hui, ces trois familles, telles qu'elles se composaient alors, forment certainement la trame de notre nation. Ni Rome, ni les Germains ne brisèrent le tissu, mais ils y ajoutèrent quelques fils.

Les **Romains** s'établirent un peu partout, principalement sur la Méditerranée (comme avant eux les **Grecs**), puis sur le Rhône et sur la Garonne. Vinrent ensuite les **Bretons**, Celtes qui, sur la fin de l'Empire romain, passèrent de la Grande-Bretagne dans l'Armorique ou Petite-Bretagne; puis les **Germains** : — au nord-est, jusque vers Paris, les **Francs**; dans le bassin de la Saône, les **Burgundes**; dans le bassin de la Garonne, les **Visigoths**; — puis les **Normands**, aux estuaires des fleuves, sur les rives de la mer et dans la province qui prit d'eux le nom de Normandie; puis les **Arabes**, sur la route de l'Espagne à la Loire, et dans le Roussillon, le bas Languedoc et la Provence, notamment dans les montagnes des Maures. Ces Arabes, disons mieux, ces **Berbères** islamisés étaient peut-être un peu les cousins des hommes de notre Midi, de par la communauté d'ancêtres préhistoriques (l'Espagne est près du Maroc et n'en fut pas toujours séparée); ils entrèrent sûrement alors dans l'alliance de beaucoup de maisons méridionales : jusqu'en pleine Bresse, aux environs de Pont-de-Vaux, près de la Reyssouze, affluent de gauche de la Saône, il y a des villages de sang sarrazin, s'il faut en croire une tradition confirmée plutôt que démentie par les traits des villageois.

Et nous ne parlons ni des **Anglais**, qui dominèrent pendant des siècles sur le Sud-Ouest; ni des **Espagnols**, qui régnèrent dans la Flandre et la Franche-Comté; ni des traînards de toutes les invasions; ni des routiers hétérogènes à la solde des rois, des princes ou des seigneurs : Brabançons, Gardes écossais [1], Lansquenets allemands, Espagnols de la Ligue, Suisses de la Cour, Mamelouks de Napoléon. Nous ne rappelons ni les ouvriers de tout mé-

---

[1] Il y aurait 3000 descendants, plus ou moins purs, des Gardes écossais de Charles VII dans le pays de Saint-Martin-d'Auxigny, en Berry, au nord et près de Bourges.

tier qu'attira, que garda la France ; ni les matelots jetés sur notre côte par la tempête ou restés après désertion ; ni les trafiquants sans nombre venus pauvres en « douce France » et restés par habitude, par reconnaissance et surtout par intérêt ; ni les courtisans, les écervelés, les déclassés, les aventuriers, les misérables envoyés par l'étranger, auquel il ne faut point reprocher la lie qu'il verse chez nous : nous en versons aussi chez lui, et nous lui devons des grands hommes, comme il nous en doit également [1].

Ce n'est pas tout encore. Les grandes invasions armées qui jettent un peuple dans un autre peuple ont pour l'instant cessé de créer violemment des foyers doubles, des peuples mêlés, des parlers bilingues; mais les immigrations pacifiques sont devenues formidables. Elles ne peuvent violer la langue des nations littéraires, et ne font qu'effleurer leurs mœurs ; pour le sang, c'est autre chose, elles ne cessent de l'adultérer, soit en mieux, soit en pire. D'heure en heure, elles changent la composition du peuple français. Belges, Italiens, Espagnols, Allemands, Suisses, Polonais, Anglais, viennent par nombreux milliers planter leur tente en France, isolément ou par familles. Chez nous le climat est égal, la vie gaie, le vin chaud et délicat; aussi le Polonais nous préfère-t-il à ses froides forêts, à la Vistule, à la Sibérie ; l'Anglais, à ses tristes brumes : usine pour usine, misère pour misère, mieux vaut celle qu'éclaire un rayon de soleil ; l'Allemand quitte pour nous sa patrie neigeuse et caporalesque ; plus que personne au monde, il chérit l'adage : « *Ubi benè, ibi patria!* Le Belge, étouffé dans son petit pays par cinq millions et demi d'autres Belges, vient en France par bandes, plus que toute autre nation, absolument et relativement. Le Suisse, à l'étroit dans son Helvétie, aime la France, où les idées sont plus larges, et où l'on fait

---

[1] L'Allemagne, par exemple, nous doit les vers de Chamisso, et nous devons à l'Allemagne la prose d'Henri Heine.

fortune, ce qui charme intimement la gent montagnarde. L'Italien, homme rusé, pratique, est attiré par Marseille, par Lyon, par Paris, et il y reste. L'Espagnol passe les Pyrénées avec un vaste mépris pour une terre qui n'est ni Léon, ni Castille, ni l'Aragon, ni l'Andalousie; mais une fois chez les Gabachos, ainsi qu'il nous appelle, ouvrier, terrassier, exilé politique, déserteur, homme fuyant la justice pour un coup de *navaja*[1] malheureux, il se fait aux Français et ne revoit pas toujours l'Espagne.

D'après le recensement de 1876, il y a parmi nous, en nombres ronds, plus de 800 000 Étrangers, savoir : 375 000 Belges, 165 000 Italiens, 62 000 Espagnols, 59 000 Allemands, 50 000 Suisses, 30 000 Anglais, 10 000 Polonais, etc. Tout cela fait 217 étrangers sur 10 000 habitants de la France. Le Nord, les Bouches-du-Rhône, les Ardennes, la Seine, le Var, les Alpes-Maritimes, sont les départements les plus chargés d'Étrangers. Le Centre et l'Ouest en ont encore très peu, mais de proche en proche, par le va-et-vient qui est la respiration d'un pays, le sang des divers peuples s'infiltre dans toute la nation française.

Mais ici deux forces interviennent, qui sont toujours agissantes : la fusion d'abord; puis le milieu, dans les limites de sa puissance (car il ne se fait rien de grand qu'avec le secours des siècles). Au-dessus de toutes les différences entre les Français du Nord et du Sud, de l'Est et de l'Ouest, entre le laboureur de l'alluvion et le pasteur de la montagne, entre le sylvicole et l'habitant des pays nus, entre les gens du Centre et les hommes assez heureux pour voir tous les jours la mer, plane l'ensemble de laideurs et de beautés, de défauts, de médiocrités et de talents qui compose notre type national. Le Français, malgré tout, a sa physionomie parmi les peuples, et cette figure il semble la tenir de deux causes : la prépondérance du sang gaulois, l'agrément, la facilité de la vie dans

---

[1] Le *navaja* est un grand couteau pointu.

un pays ni froid ni chaud, ni sec ni pluvieux, ni brumeux ni étincelant, sur de gais coteaux où mûrissent encore les premiers des vins.

Longtemps les Français ont eu la stupidité de se proclamer le premier peuple du monde. Ils faisaient comme les autres peuples : l'Anglais est orgueilleux de sa nation jusqu'à l'emportement; l'Allemand se donne depuis cent ans toutes les vertus modestes et toutes les vertus viriles; le Slave se décerne l'hégémonie de l'avenir; l'Espagnol n'a pas un regard pour le reste des humains; le Portugais a vaincu les « vainqueurs des vainqueurs de la Terre »; l'Arabe a courbé le monde et ne désespère pas de le courber encore; le Chinois habite le Milieu; les Hottentots se donnent trois noms : Hommes des hommes, Premiers des hommes, Vrais hommes; le Nègre a son fétiche, le Grec sa « grande idée », l'Italien sa « destinée manifeste ». Tous les peuples, grands ou petits, les plus misérables tribus elles-mêmes, ont la sotte faiblesse, puérilité chez les uns, sénilité chez les autres, de se croire la « race élue, la nation sainte, le peuple acquis ». Chaque ville a, comme Marseille, sa Cannebière, qu'elle croit incomparable. Que de cités font de leur Manzanarès un Amazone, de leur halle un Parthénon, de leur rimeur un Homère !

Ne caressons plus ces vains fantômes! Paris n'est pas la cité mère, la ville antérieure, l'Alpha et l'Oméga, le commencement et la fin, le but des choses, la balance de justice et l'éternel flambeau; la France n'est point le peuple-lumière, la sainte martyre, la race marquée, l'exemple du monde. Les flatteurs qui nous le disaient, les courtisans qui nous le disent encore, sont les pires ennemis de leur peuple, et malheur aux hommes qui ne vomiront pas avec dégoût le poison de ces honteuses paroles! Mieux vaut cent fois le Teuton qui s'enroue à nous injurier depuis deux générations d'hommes : il nous appelle famille de singes, tribu grimacière, nation de coiffeurs, race décriée, risée des hommes, rôdeurs de nuit, écume sans nom, Velches pourris, brutale engeance. « En revenant de leur pays, dit à peu près un poète allemand [1], jette une pierre derrière-toi : peut-être écraseras-tu une fleur ! »

CHAPITRE VI

LA LANGUE FRANÇAISE EN FRANCE, EN EUROPE, DANS LE MONDE LANGUE D'OIL ET LANGUE D'OC

1° Langue et littérature française. — Nos grands écrivains n'ont été dépassés nulle part, ni dans l'antiquité, ni dans les temps modernes ; leur influence, leur gloire sont universelles.

Au XIIe et au XIIIe siècle, nos poètes, nos conteurs et nos chroniqueurs furent imités dans toute l'Europe, depuis l'Italie, qui s'ignorait encore, jusqu'à l'Angleterre, où la cour, les seigneurs et la justice parlaient notre langue. Ces œuvres enthousiasmèrent le moyen âge : elles fondèrent la suprématie que notre idiome a gardée jusqu'à ce jour en Europe ; nous les avons oubliées, et le français d'alors nous semble barbare parce que nous ne le connaissons pas.

Nous les aimerons de nouveau quand, au lieu de commencer le français avec Malherbe, petit esprit, moyen poète, ou avec Villon et Charles d'Orléans, nous le prendrons à son origine même. 850 ans avant Malherbe, Louis

---

[1] Rückert.

le Germanique prononça devant les soldats de Charles le Chauve, à Strasbourg, un serment qui n'est plus du latin, qui est déjà du français. Et 850 ans avant le serment de Strasbourg, les vétérans, les ruraux, les citadins romains ou italiens qui colonisèrent la Gaule, parlaient un latin roturier où le français était en germe. C'est à partir de ce latin populaire et de son frère patricien, le latin des livres, que nous devons étudier dorénavant notre langue, siècle par siècle, de métamorphose en métamorphose, depuis les vieux chants religieux de Rome, la Loi des Douze Tables ou les Comédies de Plaute jusqu'à la *Légende des Siècles*.

Au XVIIe siècle, après le Parisien Villon, vrai poète; après le Tourangeau Rabelais, comique inouï, écrivain merveilleux; après le Gascon Montaigne, jaillit tout à coup une littérature aux formes magnifiques, avec des écrivains de grand génie. Nulle autre peut-être ne l'égalerait si ces hommes n'avaient tenu servilement leur pensée chez les Grecs, les Romains et les Juifs. Plût au ciel qu'ils eussent laissé la harpe de Sion aux saules de Babylone et la lyre classique aux branches du pâle olivier! Molière et La Fontaine s'inspirèrent seuls des fabliaux, des joyeusetés, des vieilles rimes, et tous les autres méprisèrent nos antiques refrains, nos ballades, nos chanons de geste, nos « mystères ». Que n'ont-ils procédé du poète qui faillit pendre au gibet, « plus becqueté d'oiseaux que dés à coudre? » Les cent beaux vers de l'escroc Villon, les seules *Neiges d'antan*, valent toute la lyre du XVIIe siècle, tragédies à part; et ces tragédies mêmes, si grandes soient-elles, n'émeuvent que les délicats; elles n'ont rien qui puisse fendre l'âme du peuple français, elles ne sortent point, par une poussée naturelle, du sol qui forma notre nation, qui la subit, qui la couvrira; elles ne chantent pas l'Empereur à la barbe fleurie, les pairs et les preux, les chevaliers, les Croisés, les capitaines de la guerre de Cent Ans, les durs ferrailleurs, huguenots ou catholiques, de la plus rouge de toutes nos luttes. C'est Athalie au lieu de Jeanne d'Arc, Agamemnon, roi des rois, au lieu d'un grand vainqueur ou d'un grand vaincu de notre histoire.

Au xviiie siècle, Voltaire écrit dans une langue si claire, si vive, si sobre, que certes on n'a jamais vu la pareille ; avec plus d'honneur, plus d'âme, plus d'enthousiasme, plus d'éclairs, cet homme prodigieux serait le roi des lettres ; hélas ! il était jaloux, injuste, vain, faux, menteur, flatteur et rancunier. Réduite alors sur terre et sur mer, la France perd l'Inde qui dore le palais des marchands, le Canada qui porte une race virile ; mais elle devient l'Athènes du monde, le temple du goût, l'asile des arts, l'exemple de la mode, et le français assure son rang de langue littéraire, sociale et politique de l'Europe.

Au xixe siècle enfin, un brillant renouveau fait fleurir parmi nous de grands écrivains et de grands poètes : de ces poètes le plus vaste, encore debout, est le premier lyrique de tous les temps et de tous les lieux.

Le français, dérivé du latin, est par cela même une langue latine ou néo-latine ; c'est le frère de l'espagnol, parlé en Espagne et dans la plus belle partie de l'Amérique ; du portugais, qui sonne en Portugal, dans l'immense Brésil, et aussi dans l'Afrique tropicale ; de l'italien, qui règne, en nombreux dialectes, dans la plus célèbre presqu'île de la Terre ; du roumain, dont on use au bord du Danube inférieur et dans les monts Carpathes, en Moldavie, en Valachie, en Hongrie, en Transylvanie, en Bukovine, en Bessarabie, et un peu en Serbie, en Bulgarie et dans le Pinde. Ces cinq langues sont en ce moment le patrimoine de près de cent cinquante millions d'hommes, soit du dixième des mortels. Et ce nombre croît rapidement, grâce à l'étendue, à la fécondité des colonies fondées par les Espagnols et les Portugais : Mexique, Guatémala, San-Salvador, Honduras, Nicaragua, Costa-Rica, Colombie ou Nouvelle-Grenade, Vénézuéla, Équateur, Pérou, Bolivie, Chili, République Argentine, Uruguay ou Bande Orientale, Paraguay, Brésil, Antilles. La France a sa part dans cette augmentation du nombre des « Latins », par le Canada et le Manitoba ou Nord-Ouest, son ancien empire, et par l'Algérie, son Canada nouveau ; mais cette part n'est pas digne d'elle et le nombre des hommes de langue espagnole, et même de langue portugaise, grandit avec plus de vitesse que celui des hommes de langue française. Pour l'instant, on peut estimer les Roumains à 8 millions, les Portugais à 16 millions, les Italiens à 29 millions, les Français à 45 millions, les Espagnols à 50 millions.

Le capitaine qui fit de la Gaule une chose romaine, César, introduisit chez nous le sang d'Italie et la langue latine ; ce sang ne vainquit point le sang indigène, mais cette langue tua le gaulois. Deux ou trois cents ans suffirent à cette œuvre de mort : que pouvaient des patois sans lettres, n'ayant que des chansons, des proverbes, contre la langue littéraire parlée par les maîtres du monde, langue des soldats, des tabellions, des juges, des collecteurs d'impôts, des marchands, des bains, des cirques ? la langue aussi des prêtres, lorsque le christianisme eût renversé les autels païens, mais alors le gaulois ne vivait déjà plus que dans quelques lieux reculés. Ce fut la lutte impossible de l'algonquin contre le français, de l'iroquois contre l'anglais, du guarani contre le lusitanien, le combat désespéré des langues indiennes contre l'espagnol, des langues sibériennes contre le russe. Le celte de nos pères disparut tellement devant le latin, qu'il n'y a guère en français que vingt mots authentiquement gaulois.

Quand Rome, si longtemps secouée, tomba, la Gaule était donc romaine : par la langue s'entend, le sang restant avant tout gaulois, et sans doute « antégaulois » ; elle parlait le latin populaire, vulgaire, la *lingua rustica* ; elle écrivait le latin littéraire. Les invasions germaines déposèrent quelques centaines de mots teutons sur la langue gallo-romaine, qui peu à peu s'altéra, perdant ses désinences, contractant ses mots, et usant de plus en plus des verbes auxiliaires que dédaignait le latin, du moins le latin des livres. Et pendant que germait, puis que fleurissait ce parler populaire si méprisé d'abord, le latin séchait de plus en plus, bien que langue d'église, et quoique les lettrés, les savants, n'en voulussent pas d'autre.

Sous les Carlovingiens, la chrysalide prépare sa métamorphose, elle l'achève sous les premiers Capétiens, avant Philippe-Auguste. Quand on pose la première pierre de Notre-Dame de Paris, en 1163, le français est tout à fait lui-même ; les poëtes l'embelliront, les grammairiens l'appauvriront, l'Orient, l'Italie, l'Espagne, l'Allemagne, l'Angleterre, lui donneront des mots, beaucoup moins qu'il ne leur en fournira, mais il a déjà son véritable trésor, ses noms et ses verbes vitaux, son esprit, son allure et son caractère. Son vocabulaire est alors de 4260 mots, les dérivés à part, et sans tenir compte des termes dont la filiation nous échappe : sur ces 4260 mots, il y en a 20 d'origine celtique, 20 d'origine grecque, 420 d'origine allemande, 3800 d'origine latine — c'est dire combien notre langue est l'héritière de Rome[1]. Depuis, nous avons pris 450 termes à l'italien, 110 aux langues sémitiques, 100 à l'espagnol, 100 à l'anglais, 60 à l'allemand, 50 à la langue d'oc, 20 à l'Amérique, 16 à l'Orient d'Asie, 16 aux langues slaves. 40 mots sont des onomatopées, 115 des mots de hasard, ayant une origine historique ; 650, de provenance encore inconnue, se résoudront surtout dans le latin, puis dans l'allemand, et peut-être aussi dans le celtique. Il ne s'agit ici que des mots vitaux, en dehors du vocabulaire scientifique, lequel est immense, et dont les termes proviennent des deux langues classiques, surtout du grec.

Le français de *Raoul de Cambrai*, de la *Chanson de Roland* et du million de rimes qu'ont laissées les trouvères, ne tint pas les promesses de son adolescence. Fils des

---

[1] D'après A. Brachet.

temps féodaux, il mourut avec eux. Après avoir crié *Mont-joie Saint-Denis*, l'oriflamme au vent, sous les murs de Jérusalem, de Constantinople, de Damiette, de Tunis, et couvert de baronies franques la Syrie, la Grèce et les îles, il fallut rentrer battus en « douce France », et de tout ce long fracas d'armes il ne resta qu'un vain souvenir, des poèmes de prouesse et quelques robustes châteaux qui sont les Coucy de l'Orient. Puis, avec les Valois, la fatalité s'assit sur le trône de France. A force de reculer devant les Anglais alliés aux Gascons, il vint un jour où nous ne fûmes plus que le royaume de Bourges. Pendant cent ans et plus de batailles perdues, de villes forcées, de moissons en flammes, sous l'accablement des sept plaies d'Égypte, en ce siècle de peste noire, de typhus, de folie, de névrose, de famine, étranglée par ses propres fils, n'attendant plus rien des hommes, rien même du Dieu des pauvres et des navrés qui semblait avoir oublié le très chrétien royaume, la France crut périr, et sa langue aussi fut profondément blessée : elle perdit le cas régime qui la rapprochait du latin pour ne garder que le cas sujet, comme l'espagnol et l'italien ; elle abandonna des termes précieux, elle en acquit de nouveaux, la plupart moins droits que les anciens et, dans le sens profond du mot, moins français, parce qu'ils sont plus latins.

D'usure en usure, le français que les jongleurs chantaient devant des seigneurs vêtus, coiffés et chaussés de fer, devint la langue de Villon, de Marot, de d'Aubigné, d'Henri IV, d'où sort directement celle que nous parlons. Et d'ailleurs, pour ne rien outrer, notre idiome est si voisin de la langue des trouvères, qu'il y a, même dans la *Chanson de Roland*, des vers, et presque des tirades, que peut comprendre sans effort le premier venu d'entre nous, hommes de l'an 1880.

Le français de Marot, de Rabelais, de Ronsard, de Montluc, de Montaigne, d'Agrippa d'Aubigné, d'Henri IV, était très souple, très abondant ; il fut appauvri, raidi, glacé par de faux puristes qu'on nomma les législateurs du Parnasse. Ces tyranneaux sont morts, mais non leur tyrannie, et des milliers de mots parfaitement français n'ont pas droit de cité dans nos livres. Quand notre langue osera reprendre tous les termes qui lui appartiennent, elle doublera sa richesse; nos vieux auteurs fourmillent de mots charmants, vifs, brefs, naïfs, pittoresques, pleins de suc, que nous regrettons amèrement, que notre devoir est de reprendre.

Le français rachète son indigence présente par sa grâce et par sa clarté. Il se plie à la poésie, et nomme avec orgueil des poètes que nul ne surpasse; mais là n'est pas son meilleur domaine : il est fait pour la prose, le récit limpide, l'histoire, la science, le discours; l'éloquence est aussi son fait, surtout celle qui a son principe dans l'esprit, la netteté, la bonne grâce : en tout cela c'est bien l'idiome supérieur, digne de sa réputation de langage le plus vif et le plus civilisé de l'Europe.

Dans le français l'harmonie abonde, harmonie discrète. Pas de rhythme accentué, nulle clarisonance, mais aussi pas de gutturales, de blaisements, de lettres zézayantes, point de consonnes amoncelées et heurtées, pas d'excès de sifflantes, rien de la cantilène méridionale, de la redondance espagnole ou des gloussements de l'anglais. Il se distingue par une juste pondération des voyelles et des consonnes et par une sainte horreur de l'hiatus. L'*e* muet qu'on lui reproche abonde en toute langue, même dans celles du Midi, où l'*a*, l'*e*, l'*o* final ne sont qu'une espèce d'*e* sourd écrit d'une lettre sonore : *blanca* se prononce à peu près *blanque*, et *primero*, c'est *primère*. Aussi, l'espagnol, par exemple, est-il encore plus éclatant aux yeux qui le lisent qu'aux oreilles qui l'écoutent, et de même l'italien; nous ne disons rien du portugais, dont la nasalité dépasse toute croyance.

Il est des étrangers qui viennent au Théâtre-Français pour la seule musique de la parole qui tombe de la scène. Parmi ceux d'entre nous, point nombreux, qui savent les grands idiomes littéraires, tous, après avoir trop admiré le riche allemand, l'anglais énergique et bref, le castillan grandiloquentissime et sonorissime, le musical italien, ou, comme on dit, le toscan dans la bouche romaine, tous ou presque tous rentrent pieusement dans la révérence de leur beau langage maternel. Et si nous entendions parler le latin comme le prononçait Rome, le grec tel que le prononçait Athènes, peut-être réprouverions-nous l'un et l'autre : celui-ci nous semblerait tantôt mou, tantôt guttural, tantôt dental et sifflant; celui-là nous paraîtrait dur, et à tous les deux nous reprocherions la ritournelle que les langues rhythmées ne peuvent éviter.

2° Universalité du français. Pays dont il est la langue nationale. — Le français jouit encore de la prépondérance que lui firent, il y a deux cents ans, la splendeur de la cour du Grand Roi, il y a cent ans l'esprit de ses écrivains; mais cette royauté touche visiblement à sa fin : l'anglais passe au premier rang, et derriere l'anglais s'avancent le russe, l'espagnol, et même le portugais grâce au Brésil. Pour le moment le français règne encore comme lien de la société, langue du plaisir, du théâtre, de la politique. C'est l'instrument de la diplomatie depuis le traité de Nimègue, ce qui lui donne déjà plus de deux cents ans d'empire. Tous les gens dits hommes du monde le parlent, surtout en Allemagne, et plus encore dans l'immense Russie, aussi loin qu'elle va, jusqu'à ses ports du Pacifique. Les Italiens, les Portugais, les Roumains, les Néo-Latins d'Amérique l'apprennent facilement, sauf l'accent : n'est-ce pas le fils du latin, père de leurs propres langages?

Hors de France, non compris les millions d'hommes pour lesquels c'est la langue essentiellement distinguée, et comme la seconde langue maternelle, hors de France, son empire direct, diminué par la perte de nos vieilles colonies, s'agrandit peu de nos jours : la faute en est à la petitesse et aux maladies de langueur de nos établissements ultramarins, l'Afrique à part. Toutefois, c'est le parler national de plus de 3 à 4 millions d'Européens et d'autant de non-Européens.

On parle le français :

Dans une partie de l'**Alsace-Lorraine**, où 300 000 hommes au moins le gardent, et le garderont longtemps, sinon toujours, en dépit des écoles allemandes et de la savante tyrannie du Nord : dans un grand lambeau de ce que nous avons perdu de la Meurthe, notamment dans l'ancien arrondissement de Château-Salins; dans quelques cantons de l'ancienne Moselle; dans ce que l'Allemagne nous a ravi du département des Vosges, aux sources de la Bruche; dans plusieurs bourgades de ce qui fut le Bas-Rhin (dans l'ex-canton de Villé); dans la vallée de Sainte-Marie-aux-Mines, dans le pays de la Poutroye et dans plus d'un village voisin de la frontière de notre Territoire de Belfort (jadis le Haut-Rhin). Dans ces lieux, le français, s'il n'a plus le rang de langue officielle, n'en reste pas moins langue nationale. Reprendrons-nous ces vallées? Qui sait? Mais ne semble-t-il pas qu'on voit poindre le jour où les nations de l'Occident, l'Allemagne en tête, ne seront plus que des satrapats de la sainte Russie? Avant nos désastres, les patois tudesques reculaient devant le français : c'est ainsi que Dieuze, où l'allemand seul était connu en 1600, parle aujourd'hui français, ainsi que les villages voisins.

Dans le petit **archipel anglo-normand**, qui renferme 90 000 personnes : ici, c'est le français qui recule, du moins dans les villes, où beaucoup de personnes parlent anglais.

Dans la **Belgique wallonne** ou Belgique française, qui tient le midi du royaume, la montagne, par opposition à la Belgique flamande, qui comprend les plaines du nord, sur l'Escaut, le rivage de la mer, et le long de la frontière hollandaise. La ligne de divorce entre le wallon, dialecte français, et le flamand, dialecte bas-allemand à peu près identique au hollandais, passe à quelque distance au midi de Bruxelles : toutefois, beaucoup de Bruxellois ne parlent que le français, et tout le monde le comprend dans cette ville et dans ses faubourgs : surtout dans ceux qui touchent le haut Bruxelles, comme Elsene, Schaarbeck, Saint-Josse-ten-Node.

Sur le champs de bataille de Waterloo, à 15 kilomètres au sud de la métropole belge, on voit les noms flamands, tels que Waterloo même, côtoyer les noms français, comme Planchenoit, Mont-Saint-Jean, la Haie-Sainte et Belle-Alliance ; c'est que la séparation des deux langues se fait sur ces collines pleines de morts. Que de Waterloo l'on tire une ligne à l'ouest vers l'endroit où la Lys, affluent de l'Escaut, quitte les Français pour les Belges ; qu'une autre ligne aille aux lieux où la Meuse passe des Belges aux Hollandais, on aura divisé de la sorte le petit, mais riche royaume en deux parts : la part des **Flamands** au nord, la part des « **Franquillons** »[1] au sud. Celle-ci est la plus grande, mais les monts, les coteaux, les plateaux qui la composent, ont en moyenne un climat plus rude, un terrain moins gras que la campagne flamande : aussi n'y a-t-il guère que 2 300 000 **Wallons** sur près de 5 millions et demi de Belges. Par contre, très peu de Wallons parlent flamand, tandis que 300 000 à 550 000 hommes de langue flamande et 20 000 de langue allemande parlent français ; le va-et-vient entre la Flandre flamingante[2] et les villes industrielles de notre Flandre à nous, où des centaines de milliers de Belges s'entassent dans les usines, augmente chaque jour le nombre des Nederduitsch[3] francophones. Dans le duel entre les deux Belgiques, les Flamands se croient vainqueurs, depuis que des poètes, des historiens, des ro-

---

[1] Nom que les Flamands donnent aux Wallons, avec une pointe d'ironie.

[2] Ce mot veut dire : qui parle flamand.

[3] Bas-Allemands.

manciers, des patriotes ont réveillé la nation du bas Escaut; depuis qu'ils ont des journaux, des orphéons, des théâtres, et qu'ils ont obtenu pour leur idiome l'égalité de droits avec le verbe de Paris. Et cependant le flamand périra sans doute : même avec le hollandais, son frère, c'est une petite langue, parlée par peu de millions, et le français est une grande langue, voire une des premières sur terre. Les Wallons habitent un lambeau de la Flandre Occidentale, le Hainaut, l'arrondissement de Nivelles, qui tient le midi du Brabant, les provinces de Namur et de Liège, et le Luxembourg Belge, sauf quelques villages allemands dans les environs de Bastogne et d'Arlon.

Dans quelques lieux de la **Prusse rhénane**, sur les frontières des Wallons de Liège, autour de Malmédy, dans les Hautes-Fagnes, sur les hauts plateaux argileux et froids où se forme l'Amblève, rivière dont les eaux gagnent l'Ourthe, affluent de la Meuse à Liège. Ces Wallons prussiens ne sont pas plus de onze mille.

Dans le **Luxembourg Hollandais** règne un dialecte allemand dur, mais original et plein de saveur; pourtant le français y a rang de langue officielle, et voici pourquoi : ce Luxembourg d'idiome germanique est le démembrement d'un Luxembourg plus vaste où les Wallons avaient la majorité : Wallons que se sont partagés depuis la Belgique et la France.

Dans la **Suisse française**, dans l'occident de l'Helvétie. Sur environ 2 670 000 « petits-cousins de Guillaume Tell », près de 650 000 ont le français pour langue. Au recensement de 1861, sur 100 Suisses, 70 parlaient l'allemand, 23 le français, 7 l'italien et le romanche. Dix ans après, 69 parlaient l'allemand, 24 le français. Le cordeau de démarcation avec les durs patois du deutsch jargonnés par à peu près 1 850 000 Suisses, est fort sinueux : il passe entre Delémont et Lauffon, à l'ouest de Bienne et de Morat, qui sont « teutonnes », dans Fribourg, dont le haut quartier est français, le bas quartier tudesque, et où d'ailleurs notre langue domine, et va traverser le Rhône entre Sion et Louèche : tous les Vaudois, tous les Génevois, tous les Neuchâtelois, 70 000 à 75 000 Bernois dans ce que l'on nomme le Jura de Berne, près des trois quarts des Fribourgeois, plus des deux tiers des Valaisans nous appartiennent.

Dans les hautes **vallées piémontaises** descendant sur Ivrée et sur Turin : vallée d'Aoste, val de Cogne, val Tournanche, vallée de Suze, vaux de Bardonnèche, d'Oulx et de Pragelas, vallées vaudoises de Saint-Martin, d'Augrogne et de Luzerne. En somme, il y a 135 000 à 140 000 personnes de langue française sur le versant italien des Alpes, du Mont-Rose au Viso, mais la parole de Dante y gagne peu à peu sur celle de Hugo.

Dans l'Asie, le français se répand en Indo-Chine depuis la conquête de la **Cochinchine** et le protectorat du **Cambodge**, mais ni la Cochinchine ni le Cambodge ne sont des *colonies* dans le sens profond de ce mot : les maîtres ne s'y établissent pas en cultivateurs, en *colons*, mais seulement en soldats, en trafiquants, en administrateurs ; de telle sorte qu'il s'y forme une aristocratie de commerçants, d'industriels, de fonctionnaires, clan peu nombreux qui garde sa langue, mais ne saurait l'imposer, qui même la perd à la longue, ne laissant d'autres témoins de sa domination passagère que des métis fondus dans la masse du peuple. On a vu des Noirs, des Rouges, adopter l'idiome de conquérants non colonisateurs, mais c'étaient des tribus enfantines, sans cohésion, sans patriotisme, sans histoire, sans arts, sans littérature. Les Cochinchinois, eux, ont des traditions, une langue écrite, un fanatisme, et ils s'appuient sur 500 millions de frères, les Chinois, qui parlent un idiome semblable au leur. Nos 1 350 000 Cochinchinois, nos 900 000 Cambodgiens n'auront sans doute jamais le français pour verbe national ; ce sera plutôt le chinois. De même, les 265 000 habitants de nos **comptoirs de l'Inde** resteront longtemps ou toujours fidèles à leurs vieilles langues aryennes ou dravidiennes.

Pour tout dire, le français n'a point de racines dans la plus vaste des cinq parties du monde.

En Afrique, au contraire, il a des racines puissantes qui, chaque jour, s'enfoncent et s'étendent. C'est la langue maternelle ou la langue officielle des 400 000 colons de l'**Algérie**, qui ont l'espoir de peupler au loin ce continent: plus que l'espoir, la certitude. Des milliers nombreux d'Arabes et de Berbères du Tell algérien, des Tunisiens, des Marocains même s'entretiennent déjà couramment avec nous dans notre idiome ; et, certes, il y a telle tribu des trois provinces où le français est plus connu que dans les montagnes du Finistère ; les Béni-Mzab, hommes du Grand-Désert, le parlent presque tous, et beaucoup l'écrivent; et plus loin que les Mozabites, il y a des Touatis, mieux encore, des Soudaniens qui ne l'ignorent pas. On le jargonne à la nègre au **Sénégal**, autour de nos forts. On le parle à **Bourbon**, terre française autour d'un volcan; à Maurice, ancienne **île de France** devenue anglaise, et aux **Seychelles**, également britanniques, après avoir obéi longtemps aux Fleurs de lis.

En Amérique, dans le Dominion ou **Puissance du Canada**, treize à quatorze cent mille **Canadiens** et **Acadiens**, dont le nombre croît très vite, le défendent avec ardeur contre les gens de parole anglaise établis à côté d'eux dans le demi-continent septentrional que le « testament d'Adam » semblait d'abord nous avoir légué, quand débarqua dans une anse du grand fleuve Saint-Laurent l'homme qui fut le premier colon du Canada, Louis Hébert. La nation anglaise, fixée maintenant dans le Dominion, grandit de deux manières, par voie naturelle et par intussusception, car c'est à dizaines de milliers par an qu'elle absorbe des Européens. Les Français du Saint-Laurent n'ont qu'une seule façon de croître : les naissances, mais elle leur suffit tellement que, tout décimés qu'ils sont par l'émigration aux États-Unis, ils ne reculent point dans leur propre pays, le **Bas-Canada**, terroir grand comme la France et deux ou trois fois plus vaste avec son Labrador et sa part naturelle des territoires de la baie d'Hudson.

Et même, loin de reculer chez eux, ils avancent chez les autres : déjà sûrs de l'avenir dans le Bas-Canada, ils empiètent vaillamment autour d'eux dans le **Labrador**, dans le **Nouveau-Brunswick** et dans la province d'Ontario ou **Haut-Canada**, qui est la citadelle des « Saxons » de la Puissance. Vraiment, on ne sait où s'arrêtera cette race de laboureurs, de chasseurs et de bûcherons, ce peuple simple et sain, le plus fécond de la Terre.

Au recensement de 1871, fort dépassé maintenant, le français était l'idiome national de 930 000 hommes du Bas-Canada, de 75 000 hommes du Haut-Canada, de 45 000 habitants du Nouveau-Brunswick, de 33 000 citoyens de la **Nouvelle-Ecosse**. On estime à 16 000 les « francophones » de l'île du **Prince-Édouard**, à 20 000 ceux de l'île de **Terre-Neuve**, et ils sont près de 4000 dans l'archipel de **Saint-Pierre-et-Miquelon**, colonie française qui touche à Terre-Neuve. Tout cela sans les 600 000 à 700 000 Canadiens-Français passés aux **États-Unis**, qui tiennent ferme comme un roc au milieu d'une mer anglaise et cosmopolite : ils ont leurs paroisses, leurs curés, leurs sociétés, leurs journaux, leurs « conventions » ou assemblées générales, leur fête de saint Jean-Baptiste, patron de la nation canadienne; ils ne deviennent pas Anglais, ils ne se font point protestants ; ils forment autant de petits Canadas, d'où l'on retourne volontiers au vieux pays, ou d'où l'on part pour le Manitoba et le Nord-Ouest, qui sont une autre patrie des Français d'Amérique. Notre langue est même officielle, à côté de l'anglais, dans la jeune province de **Manitoba**, autour de Saint-Boniface et de Winnipeg, villes qui regardent le confluent de l'Assiniboine et de la Rivière-Rouge du Nord. Elle est aussi répandue chez les métis, les sauvages et les colons canadiens, de plus en plus nombreux, de l'immense **Nord-Ouest**, ancien territoire de la Compagnie de la baie d'Hudson, entre le lac Winnipeg et les monts du Soleil couchant (Rocheuses); et le patois commercial de la **Colombie anglaise**, pays incliné vers l'océan Pacifique, le *chinouk*, est un mélange à parts égales de mots français et de termes indiens.

Le Mississipi, que nous reconnûmes les premiers, ainsi que le Nord-Ouest, entend toujours sonner la langue de ses premiers maîtres à la Nouvelle-Orléans et dans nombre de bourgs et de domaines de la **Louisiane**, peuplés par les anciens colons français, et aussi par des Acadiens, et, dans notre siècle, par des Français venus surtout de la Gascogne et du Béarn : 100 000 à 150 000 Louisianais en ont conservé l'usage dans ce pays qui, sous un nom français et monarchique, n'est plus qu'un simple État de la République à la bannière étoilée ; mais, quand nous le possédions, on appelait Louisiane tout ce qui n'était pas Canada, Nouvelle-Angleterre et Mexique.

Les **Antilles** furent malheureusement le lieu de nos plus grands efforts. Certes, nous y envoyâmes dix fois plus d'hommes qu'au Canada, mais le Tropique est un lieu qui dévore, et de tant de Normands, de Bretons, de Gascons venus dans ces plus belles des îles de l'Atlantique, le temps n'a pas fait un grand peuple. C'est justice, car ils arrivaient sans femmes blanches, pour régir des noirs, et non pour propager la France et l'honorer du travail de leurs mains. D'ailleurs, la place manquait : un archipel n'est pas un continent, quand même il aurait autant d'îles, perles ou fleurs de la mer, qu'il y a de jours dans une année. Aujourd'hui, les merveilleuses vallées de la république d'**Haïti**, jadis Saint-Domingue, ont pour idiome civilisé le français, et pour langage maternel le patois créole, qui est un babillement de nourrice, une espèce de balbutiement d'enfant, un parler doux, chantant, naïf, à peu près sans conjugaison avec un minimum de syntaxe, gracieux cependant, précisément parce qu'il est puéril : cela fait cinq à six cent mille Nègres d'idiome français, d'autres disent sept ou même huit cent mille. Le français règne également sur une partie du rivage de **Cuba** tourné vers Saint-Domingue, dans le pays de Santiago et de Guanatamo ; dans les Antilles françaises, **Martinique**, **Guadeloupe** et dépendances ; dans quelques Antilles anglaises colonisées par nous : **la Dominique, Sainte-Lucie, Saint-Vincent, Grenade, la Trinité**.

Dans l'Amérique du Sud, vingt à vingt-cinq mille hommes, noirs, blancs ou mulâtres, parlent également le français et le créole, dans la **Guyane de Cayenne**.

En Océanie, dans des mers sans borne où nous avons laissé prendre la Nouvelle-Zélande, la **Nouvelle-Calédonie** et **Taïti** ajoutent à peine vingt mille hommes au peuple des Français : la Nouvelle-Calédonie, la plus vaste de nos îles, puisque nous n'osons pas nous établir à Madagascar, est quatre cent quarante-deux fois plus petite que l'Australie, sa voisine anglaise ; et seize fois plus que la Nouvelle-Zélande, anglaise aussi.

3° **Nombre des Français.** — Voici quel est, non pas le nombre des gens parlant français, mais celui des hommes parmi lesquels le français règne, en dehors des millions dont il est la langue policée. Ces millions, nous n'en tenons pas compte, non plus que de nos compatriotes dispersés dans tous les lieux du Globe ; nous négligeons même les six ou sept cent mille Canadiens des Etats-Unis, bien que usqu'à ce jour ils ne se dénationalisent point, et les Louisianais, perdus au milieu des hétéroglottes. Nous mettons aussi de côté quatre grands pays, le Sénégal, le Gabon, la Cochinchine, le Cambodge, dont l'avenir au point de vue « francophone » est encore très douteux, sauf peut-être pour le Sénégal.

Par contre, nous acceptons comme francophones tous ceux qui sont ou semblent destinés à rester ou à devenir participants de notre langue : Bretons et Basques de France, Arabes et Berbères du Tell dont nous sommes déjà les maîtres. Toutefois, nous n'englobons pas tous les Belges dans la « francophonie », bien que l'avenir des Flamingants soit vraisemblablement d'être un jour des Franquillons.

POPULATION PROBABLE AU 31 DÉCEMBRE 1880 :

EUROPE.	France.	37 650 000	
	Alsaciens, Lorrains, Wallons d'Allemagne.	300 000	
	Belges Wallons et Belges bilingues	2 725 000	41 600 000
	Iles Anglo-Normandes (?)	90 000	
	Suisse française.	700 000	
	Vallées françaises et vaudoises d'Italie (?)	135 000	
ASIE.	. . . .	»	»
AFRIQUE.	Algérie.	3 000 000	
	Bourbon et dépendances.	210 000	3 560 000
	Ile de France et Seychelles.	350 000	
AMÉRIQUE.	Acadiens et Canadiens de la Puissance.	1 325 000	
	Français de Terre-Neuve et de Saint-Pierre et Miquelon (?).	25 000	2 580 000
	Haïti.	700 000	
	Petites Antilles de langue française.	500 000	
	Guyane.	30 000	
OCÉANIE.	Nouvelle-Calédonie, Taïti, etc..	85 000	85 000
			47 825 000

Dans l'état présent, il faut au moins dix ans aux francophones pour augmenter de 2 millions 1/2. Comme la France est inféconde, que la Belgique et la Suisse n'ont plus de place pour les nouveaux venus, nous ne pouvons attendre un rang d'accroissement meilleur que de deux pays plus jeunes que le nôtre, l'Afrique du Nord, âgée de cinquante ans, et le Canada, qui n'a pas encore trois siècles.

Les mêmes dix années donnent à la langue anglaise, déjà deux fois plus parlée que la nôtre, au moins quinze millions d'anglophones ;

A la langue russe, dix millions de russophones

Aux deux langues sœurs de l'Ibérie, huit à dix millions de castillanophones ou de lusitanophones.

48 millions d'hommes, c'est à peu près le trentième des mortels, puisqu'on estime la race effrontée de Japet à quatorze ou quinze cent millions d'êtres. Il ne faut pas trop descendre au-dessous de cet humble trentième ; il serait bon que la francophonie doublât ou triplât pendant que décupleront certaines hétéroglotties : car l'humanité qui vient se souciera peu des beaux idiomes, des littératures superbes, des droits historiques ; elle n'aura d'attention que pour les langues très parlées, et par cela même très utiles.

Ce sont là tous nos vœux, et dores et déjà nous renonçons pour notre chère et claire langue à son ancienne hégémonie. Nous ne la regrettons même pas.

Le cosmopolitisme, c'est l'indifférence, et l'indifférence est la mort. Le Gallois qui défend son celte contre l'Anglais, le Hongrois qu'assiègent l'Allemand et le Slave, le Roumain perdu comme le Magyar dans un océan de langues ennemies, le Finlandais que les Suédois ont cessé d'envahir, mais qui redoute les Russes dévorants, ses voisins et ses maîtres, le Franco-Canadien menacé de submersion par la marée des Anglais, tous ces petits peuples aiment passionnément leur langue, ils vivent d'elle, en elle et pour elle ; tandis que l'idiome universel, si jamais le malheur des temps nous l'amène, restera sans autels et sans adorateurs.

A la royauté du français nous devons la moitié de notre colossale ignorance. Tous les hommes instruits de la Terre savent au moins deux idiomes, le leur et le nôtre ; nous, dans notre petit coin, nous ne lisons que nos livres et ce qu'on veut bien nous traduire. C'est pourquoi nous sommes en dehors du monde et de plus en plus dédaignés par lui.

Quand le français aura cessé d'être le lien social, la langue politique, la voix générale, nous apprendrons les idiomes devenus à leur tour « universels », car sans doute il y en aura plusieurs, et nous y gagnerons de la science, de l'étendue d'esprit et plus d'amour pour notre français.

Comme nous espérons que l'idiome élégant dont nous avons hérité vivra longtemps un peu grâce à nous, beaucoup grâce à l'Afrique et grâce au Canada, devant les grandes langues qui se partageront le monde, nos arrière-petits-fils auront pour devise : « Aimer les autres, adorer la sienne ! »

4° Français dont le français n'est pas encore la langue. — En France même, si la langue nationale se comprend partout, il y a des contrées où elle n'est point encore l'idiome usuel.

Flamands. — Dans le département du Nord, au sud de Dunkerque et autour d'Hazebrouck, 165 000 hommes environ se servent encore du flamand, tout en usant aussi presque tous du français.

En 1858, sur les 112 communes des deux arrondissements d'Hazebrouck et de Dunkerque, 71 parlaient encore exclusivement le flamand, 10 exclusivement le français, 15 les deux langues avec prédominance du français, 16 avec domination du flamand.

De ce dialecte allemand, qui, chez nous du moins, devient de plus en plus un patois, on pourrait presque dire qu'il ne recule plus, mais qu'il fuit devant notre langue ; et il disparaîtrait encore plus vite si les leçons de catéchisme ne se faisaient en flamand dans presque toutes les églises du pays flamingant français. Au moyen âge on le parla jusque vers Abbeville, et il y a deux siècles il régnait jusqu'à Boulogne, ville voisine de bourgs aux noms essentiellement neuerduitsch, comme Halinghen, Verlincthun, Echinghen, Widehem, Alincthun, etc. Au siècle dernier, Ryssel (Lille) n'était qu'à demi-française ; et en ce siècle-ci, la frontière des deux verbes ne cesse de se déplacer vers le nord où bruit la mer, et vers l'est où les Belges flamands essaient de sauver leur dialecte en l'écrivant, en l'épurant, en le fondant avec le hollandais, qui est une langue ayant une histoire, de grands monuments et des droits. Ainsi le domaine des Flamands français, où déjà des villes, telles que Dunkerque, sont bilingues, ou même françaises comme Gravelines et Bourbourg, se rétrécit rapidement entre le territoire roman, la mer et la lisière des Belges. Il sera bientôt réduit à rien : présage du sort qui menace les Flamands des Flandres, du Brabant, du Limbourg, surtout si jamais la Belgique redevient terre de France.

Bretons. — Dans le nord-ouest, un grand territoire conserve encore l'usage du breton, idiome celtique très ressemblant à celui que gardent opiniâtrement un million de montagnards du pays de Galles, en Angleterre, tandis que tout près de là, vis-à-vis de notre Bretagne, les gens de la Cornouaille ont cessé de le parler depuis plus de cent ans. Gallois et Bretons ont d'ailleurs en partie la même origine : au cinquième et au sixième siècle débarquèrent sur le rivage armoricain de nombreux milliers de Celtes insulaires fuyant la barbarie des Saxons ; ces hommes d'outre-Manche mêlèrent leur sang à celui de leurs cousins les Celtes non latinisés de l'Armorique ; et, en mémoire de la grande île qu'ils abandonnaient aux Germains, ils nommèrent le lieu de leur refuge la Petite-Bretagne.

Ce dialecte celtique recule devant la langue générale de la nation. Ayant derrière lui la mer, en face les quarante millions d'hommes que les Bretons nomment *Gallots* (les Français), il perd des villes qui déjà sont au pouvoir de l'idiome de Paris plus qu'en son pouvoir propre, et les champs vont imiter les cités dans un très court

Paysans bretons.

avenir. On le parle à l'occident d'une ligne qui part de la Manche entre Saint-Brieuc et Paimpol, et passe entre Loudéac et Pontivy et finit sur l'Océan à l'estuaire de la Vilaine. Le Finistère tout entier, moins les villes, la grande moitié du Morbihan, la petite moitié des Côtes-du-Nord sont maintenant le seul domaine du breton : sur les 3 400 000 hectares et les 3 millions d'habitants de l'Armorique, l'antique langue ne règne plus que sur 1 300 000 à 1 400 000 hectares, et sur 1 100 000, ou peut-être 1 200 000 hommes.

C'est, suppose-t-on, par une colonisation normande que la Bretagne bretonnante commença de céder la place au roman du Nord. Dans toute la partie française de l'Armorique, même en pleine Ille-et-Vilaine, et jusque près des frontières de la vieille Normandie, les noms de lieux purement bretons abondent, notamment ceux qui commencent par *lan*, c'est-à-dire pays, terre; par *plé*, *pleu* ou *plou*, c'est-à-dire peuple, population, village; ou par *tré*, c'est-à-dire trêve, paroisse : tels Tréhorenteuc dans l'arrondissement de Ploërmel; Plélan et Treffendel dans celui de Montfort; Pléchâtel, Guichen, Guipry, Pipriac, Lohéac, dans celui de Redon; Langoué, Lanrigan, dans celui de Rennes; Landavran dans celui de Vitré; Landéan dans celui de Fougères; Plerguer, Lanhélin, Tréméheuc, Baguer-Morvan, Minihic, Pleurtuit, Plesder, Pleugueneuc, Tinténiac, Trévérien, Trimer, dans celui de Saint-Malo. Ce sont là d'infaillibles témoins de ce qui fut, de ce qui n'est plus. A l'opposé de la Normandie, entre Nantes et Vannes, notre langue dévore également tronçon par tronçon sa rivale, comme le prouve Piriac, qui ne parle plus le breton depuis cent à cent cinquante années, et Batz, où moins d'un millier d'hommes le savent encore, îlot celtique perdu dans la mer française à huit ou dix lieues des villages bretonnants les plus rapprochés. Dans ce qui lui reste encore, l'ancienne langue des bardes, le *breizad*, n'est point homogène; elle a quatre grands dialectes, le trécorien, dans le pays de Tréguier

(Côtes-du-Nord), le léonard ou léonnais, dans le pays de Léon (nord du Finistère), le cornouaillais en Cornouaille, vers Douarnenez (Finistère occidental), le vannetais autour de Vannes (Morbihan). Ces quatre dialectes sont de plus en plus souillés de mots français; ils ne mourront pas de cette intrusion d'éléments étrangers, la grammaire, le génie des deux langues étant différents; ils disparaîtront parce que, de proche en proche, dans la ville, puis dans le bourg, enfin dans le village, on les abandonne pour la langue générale qui peu à peu rassemble en un seul et même peuple des patois divers, des parlers ennemis, des origines éparses. Le plus littéraire de ces dialectes, le plus fécond en chansons, en complaintes, en contes, en dictons, c'est celui du pays de Tréguier.

Basques. — A l'angle sud-ouest de la France, dans les Basses-Pyrénées, les Escualdunacs ou Basques habitent des montagnes et des vallées ravissantes, depuis le beau pic d'Anie, l'Olympe de leur race, jusqu'au Chouldocomendia ou Chouldocogagna qui domine de loin la plage où la Bidassoa pénètre dans la mer; de l'arête pyrénéenne à l'Adour, ils couvrent les arrondissements de Bayonne et de Mauléon, sauf quelques bourgades, sauf surtout la ville de Bayonne, qui est béarnaise et française.

On a des raisons d'admettre qu'ils sont fils des Ibères, ce peuple qu'on pense avoir jadis habité l'Espagne entière (Portugal compris) et la France jusqu'à la Garonne : Elne, dans les Pyrénées-Orientales s'appela Illiberri ou la Ville Neuve, mot purement basque; Auch avait le même nom Elliberri; c'était la capitale des Ausci, et précisément les Basques se donnent dans leur langue le nom d'Euskes, d'Euskariens. Le Bigorre, sur le haut Adour, porte également un nom basque, ainsi qu'une rivière, un torrent plutôt de ce même pays, le Bastan[1] ou gave de Barèges.

---

[1] Ce nom de Bastan se retrouve chez les Basques de la Navarre espagnole : le val supérieur de la Bidassoa s'appelle Val de Baztan.

Leur origine se cache dans les nues les plus reculées du passé. Qui ne sait rien peut tout supposer : aussi leur donne-t-on les ancêtres les plus divers et leur fait-on parcourir deux routes contraires entre leur première patrie et leur dernier asile. Les uns les font venir d'Asie par la « Porte des peuples », entre Oural et Caspienne, par les grandes plaines du Nord et par le Danube ; les autres les amènent en Espagne par la montagne de l'Afrique du Nord et le détroit de Gibraltar, par la voie qui fut, bien des siècles plus tard, le chemin des conquérants mahométans. On les a rattachés aux Sémites, dont les langues n'ont avec la leur aucune parenté ; aux Berbères, la vieille race campée dans cet Atlas que si peu de mer éloigne des sierras ibériennes ; aux Finnois, auxquels ils ne ressemblent point.

Pour nous en tenir aux Basques français, les Romains avaient, semble-t-il, latinisé le pays d'entre Garonne et Pyrénées, et il n'y avait plus que peu ou pas d'Escualdunacs sur notre versant de la chaîne, lorsque, vers la fin du sixième siècle, les Euskes espagnols franchirent la montagne par les cols des Pyrénées occidentales ; ils s'établirent en corps de nation dans les vallées où nous les trouvons encore, en Labourd, en Navarre, en Soule ; ils y sont 115 000 à 120 000 seulement, eux qui remplirent tout le Sud-Ouest et donnèrent leur nom à la Gascogne, et sans aucun doute à l'Aquitaine [1].

Hommes et femmes, ils sont d'une grande beauté de visage, d'une superbe noblesse de proportions. Il n'y a pas d'Européens plus souples ; tous les Basques sont des Achilles aux pieds légers. Ils mènent une vie simple dans la montagne, peuple heureux s'il en est au monde, et pourtant l'émigration vers la Plata dépeuple leurs aimables villages. Il est permis de les plaindre, car ils ne retrouvent point dans les vagues steppes de Buenos-Ayres, dans la Pampa cordovienne, ou même sur les bords du

---

[1]. Par le radical Auk, Eusk.

Types Basques.

charmant Uruguay, un pays aussi beau, frais et sain que celui qu'ils abandonnent. Plus d'un regrette sa gentilhommière aux contrevents rouges, sa prairie, sa bruyère en fleurs, son bois de chêne et son torrent des Pyrénées quand il regarde les plaines banales de l'Argentine, qui n'ont que la beauté du désert et sont près de la perdre; devant ces horizons sans montagne, ces rios sans eau, ces lagunes sans ombre, il songe et se souvient.

Que de libres bergers de la Rhune et du mont Orhy sont devenus garçons égorgeurs dans les immenses boucheries de l'Amérique du Sud! Avant longtemps il y aura plus de Basques à la Plata que dans l'Europe gasconne. Encore ne parlons-nous que des hommes de l'émigration contemporaine. Sans compter les Escualdunacs qui débarquent maintenant à pleins navires dans l'Argentine ou la Bande Orientale, les descendants de ceux qui cinglèrent vers le Nouveau Continent à partir de la conquête espagnole, et surtout depuis le commencement du dix-huitième siècle, formeraient à eux seuls un peuple basque égal à celui des Pyrénées. Mais à cette ancienne émigration les montagnards de la Soule, du Labourd et de la Navarre française n'eurent qu'une très petite part; elle fut surtout composée de Biscayens et de Guipuzcoans; et si elle a fait beaucoup pour la colonisation de l'Amérique, la gloire espagnole, l'essor du commerce, elle n'a guère laissé d'autre trace que ces longs noms de famille sur lesquels le castillan n'a pas de prise : au Chili, au Vénézuela, aux Antilles, au Mexique, tous ou presque tous les petits-fils de ces premiers immigrants basques ont oublié la langue de leurs ancêtres.

Les Basques acquièrent en se jouant le français, le béarnais, l'espagnol, tandis que, malgré sa beauté, sa régularité, sa saveur primitive et son harmonie sans cantilène, leur langage rebute ceux qui ne le tiennent pas du berceau, ou tout au moins de la première adolescence. Sans doute cet idiome extraordinairement riche en formes, et capable de créer des mots d'une longueur insolente, a des vertus que n'ont plus nos parlers émoussés. Mais pourquoi le Béarnais, l'Aragonais, le Castillan apprendraient-ils cette langue sans passé (quelque vieille qu'elle soit) puisqu'elle n'a pas de littérature, sans présent puisque les Basques savent le français ou l'espagnol, sans avenir puisque les jours qui viennent verront croître partout les grands et diminuer les petits? Les Escualdunacs, petit peuple, le basque, petite langue, sont voués à la mort. Cette nation vivra dans ses descendants, mais sous un autre nom, comme Français, Espagnols, Argentins; son langage tombera dans le néant, car c'est être profondément oublié que de servir d'argument à quelque grammairien, de thèse à quelque savant, et c'est périr deux fois que périr sans chefs-d'œuvre.

Ainsi les Basques français apprennent de plus en plus la grande langue de la patrie. Ils vont disparaître; et déjà leurs frères d'Espagne, cinq à six fois plus nombreux qu'eux, ont perdu plusieurs vallées. Ces Escualdunacs-là s'en vont beaucoup plus vite que les nôtres: il y a deux ou trois cents ans, on parlait encore le basque à Pampelune, ville où cette langue est aujourd'hui tout à fait ignorée; on l'a également oubliée à Vitoria et dans presque toute la province d'Alava, ainsi qu'à Estella, à Tafalla et à Tudela en Navarre.

Corses, Catalans. — Les 260 000 Corses parlent italien en divers dialectes; le français n'a fait de progrès que dans les villes, notamment à Bastia, l'ancienne capitale, moins éloignée de la France que la nouvelle, Ajaccio.

Le catalan a cours dans les Pyrénées-Orientales et dans un coin de l'Aude; mais cette langue n'est pas, comme on le croit trop, un dialecte de l'espagnol. C'est bel et bien un tronçon de la langue d'oc, semblable à nos patois du Midi. Si le destin de la France avait été d'absorber toute la terre d'oc par opposition à la terre d'oil, nous aurions des préfets jusque vers Alicante, le catalan régnant encore plus ou moins en Espagne sur les cinq provinces de la Catalogne, les trois provinces du vieux royaume de Valence et l'archipel des Baléares.

5° **Langues d'oïl et d'oc; la langue d'oc s'en va.** — Flamands, Bretons, Basques, Italiens à part, il reste plus de 35 millions de Français.

Ceux-ci se partagent en deux grands dialectes : la langue d'oc, la langue d'oïl. Autrefois cette division était capitale.

La **langue d'oïl** ou langue du Nord, le français en un mot, n'était alors parlée que sur son territoire propre, sur la Somme, la Seine, la Saône, et la Loire à partir des montagnes. Les hommes du Centre et du Sud ne connaissaient que leurs idiomes rhythmés, tirés du latin comme le français, mais presque aussi voisins de l'espagnol et de l'italien que de la langue de Paris. Auvergnats, Limousins, Gascons, Béarnais, Languedociens, Provençaux, Catalans, tous les gens de la **langue d'oc** n'étaient Français que pour payer l'impôt, donner leur sang au roi de Paris et envoyer leurs nobles à la cour du Nord, et non pas à Madrid ou chez les podestats italiens. En ce temps-là les Méridionaux nous appelaient Gavaches, comme les Espagnols, Gabachos.

Mais aujourd'hui le français règne dans toutes les villes de France ; et là où il n'est pas encore le maître, il s'infiltre sournoisement dans les patois.

Quelques poètes un instant célèbres sur le Rhône et la Garonne ont essayé de rendre la vie à ces langues mourantes; on les a lus, on a chanté leurs refrains, on les chante encore, et à chaque minute une pierre tombe du branlant édifice des dialectes méridionaux.

Un coiffeur de la rive droite de la Garonne, Jasmin, le plus mélodieux de ces poètes, a sa statue sur une place d'Agen ; on y lit ces mots qu'il adressait à la langue agénaise, dialecte gascon : « *Plantarey uno estelo à toun froun encrumit.* » Et certes, il a, comme il le dit, planté une étoile sur ce front soucieux, mais quand déjà ce front portait la pâleur de la mort. Qui donc oserait aujourd'hui, même en terroir d'Agen, prédire une immortalité d'un siècle au gai patois du pays des prunes?

En Limousin, en Auvergne, en Languedoc, en Gascogne, aucun chantre d'oc ne s'est cru le précurseur d'un destin nouveau, le résurrecteur d'un peuple mort. Chacun d'eux pensant n'être que le chânsonnier de sa rue, de son faubourg, de sa ville, ou tout au plus de son bout de province, aucun n'a déclaré la guerre à la langue de la patrie [1]. Les « félibres » du bas Rhône ont été moins modestes. Quelques fusées de gloire tirées à Paris et non pas en Provence les ont éblouis; les Alpines, le Lubéron, le Ventoux, leur ont caché la puissance du Nord : prenant à la lettre le mot de « provençal » sous lequel on range maintenant tous les jargons qui sont le démembrement de la vieille Occitanie, ils n'ont pas vu que leur patois, tel que l'ont fait des siècles de soumission au français, est l'un des plus petits de toute la France et des plus menacés parce qu'il est sur le premier grand chemin de notre pays, sur la route de Paris à Marseille; ils ont parlé bruyamment d'un peuple provenço-catalan; ils ont dit que vingt-cinq ou trente départements aspirent à secouer le joug du verbe de Paris. Or, dans tous ces départements-là, sauf près d'Avignon, de Tarascon, de Saint-Remy, nul n'a le moindre souci du provençal des félibres; leur prose et leurs vers sont colossalement indifférents aux hommes des autres patois, aux gens de Confolens, de Ribérac, d'Arcachon, de Bayonne, d'Auch, d'Agen, de Rodez, de Montpellier, et même de Nîmes, ville déjà presque française dont le parler n'est pas celui d'Avignon, de Tarascon, d'Arles, pourtant si voisines. Les félibres n'ont pas compris le dilemme qui les étreignait : « Ou vous intrôniserez le

---

[1] Sauf Jasmin, qui a dit : « Pour moi la petite patrie est bien avant la grande. Fidèle à sa mère, le peuple sera toujours gascon, jamais franciman ! »

provençal actuel, et alors on ne vous applaudira qu'autour de la bourgade où votre Homère a vu le jour [1] ; ou vous restaurerez l'ancienne langue d'oc, et alors on ne vous entendra nulle part dans le Sud, pas même chez vous. Puis, vous ne pouvez instituer le provençal que comme Rome étendit le latin, les armes à la main, non contre le Nord, mais contre le Midi, sur les ruines de cinquante dialectes qui ne sont plus votre langue, et qui tous, sans exception, préfèrent ce parler d'oil que vous prétendez mépriser, lui qui a plus de grands chefs-d'œuvre que vous n'avez de jolies chansons. »

Quant à former, comme jadis la Grèce, une confédération de dialectes qui aurait, par exemple, son éolien en terre de Limoges, son dorien chez les Auvergnats, son ionien chez les Gascons, son attique à Toulouse ou Toulon, quel autre qu'un délirant peut y songer en ce siècle torrentiel qui déracine, qui tord, qui triture, qui brasse et qui mêle? Les chemins de fer, la grande ville qui boit des Provinciaux et rejette des Parisiens, l'école commune où tous vont désormais lire, écrire et compter en français, le commerce que nulle meule de pressoir n'égale en écrasement, en faut-il autant pour achever les patois d'oc qui déjà, sentant une étrange difficulté de vivre, se sont presque tous couchés chacun dans son coin pour mourir? Quel élixir les rajeunirait, quand de très grandes langues littéraires s'effraient de l'impétueux accroissement de l'anglais, du russe et des deux langues sœurs de la Péninsule où Madrid envoie son Manzanarès au Tage de Lisbonne; quand l'allemand et l'italien doutent de l'avenir ; et quand le français lui-même, jusqu'à maintenant langue générale, se demande s'il sera vraiment sauvé par l'Afrique du Nord et par la Puissance du Canada?

Et d'ailleurs la mort ne sera point difficile aux dialectes occitaniens ; le passage d'oc à oil n'est pas celui

---

1. Maillanne, patrie de Mistral, au pied des Alpines, près de Saint-Remy (Bouches-du-Rhône).

du grec à l'arabe ou du celtique au chinois; de même chair, de même sang que le français, ce sera pour eux la mue plutôt que la mort. Ou si l'on tient à l'idée de trépas, ils s'en iront sans secousse, non comme le jeune homme qui se cramponne à l'être, mais comme le vieillard qui s'éteint, n'y songeant point, n'y croyant pas, sans râle, sans soubresauts, sans hoquets convulsifs. Et dans le siècle qui s'approche, on montrera du doigt l dernier vieux ou la dernière vieille dont la chanson « limousine » aura bercé l'enfance, sur une Alpe, sur une Pyrénée, sur une pelouse des Monédières, un ségalas du Rouergue, un causse du Gévaudan, une chèire d'Auvergne : on ne sait où, dans un des 12 000 villages de l'Occitanie, quelque part entre la tiède brise de la Corniche et la psalmodie des pins de la Gascogne, entre le Montcalm d'où les neiges s'écroulent et Saint-Benoît-du-Sault où des torrents babillent [1].

Pourquoi tracer sur le beau sol de France, de l'est à l'ouest, une ligne infiniment sinueuse au nord de la laquelle règne la langue sans rhythme d'oïl, tandis qu'au midi vibre la langue rhythmée d'oc? Ce qui fut n'est plus et la langue du Sud ne rassemblera point ses tronçons : gascon, béarnais, agénais, toulousain, catalan, provençal, dauphinois, savoisien, cévenol, auvergnat, limousin, périgourdin, cadurque, tous ces rameaux de l'ancien arbre d'oc sont maintenant flétris; ils se dessèchent : parce que les racines vont mourir.

Voilà bientôt sept cents ans que la nation d'oc reçut la blessure mortelle. C'est dans la vaste campagne de Toulouse, près de Muret, en vue des Pyrénées, sur un grand chemin de la France, qu'un homme du Septentrion, Simon de Montfort, terrassa les hommes du Midi, tant Languedociens qu'Aragonais (1213). Depuis ce jour de deuil pour la belle Occitanie, nul baron ne refit le pouvoir des comtes de Toulouse, nul dialecte, ni le

---

[1] L'auteur de ce livre est un Français de l'ex-langue d'oc.

languedocien, ni le gascon, ni le limousin, ni l'auvergnat, ni le provençal, ni le catalan, n'eut la vertu d'hériter du latin comme langue écrite. Au français revint donc la formidable puissance qu'a la parole officielle quand elle n'est pas seulement l'organe de la force par les décrets, les lois, les jugements, les actes; lorsqu'elle est aussi la voix de la persuasion par les livres, les théâtres, les chansons, les salons, la science, le commerce et les arts.

Un haut monument devrait rappeler ce plus grand évènement peut-être de notre histoire, ce mariage violent du Nord et du Midi qui nous a fait la France que nous sommes, à la fois océanienne et méditerranéenne, européenne et prête à modeler l'Afrique. Nul Méridional ne verrait dans ce monument une offense aux vaincus ses ancêtres; quel homme du Midi, sauf un ou deux félibres, songe à venger sur le Nord le désastre de 1213? Il ne pousse pas de longues haines sur le sol généreux de la France; puis, des prairies d'Availles-sur-Vienne aux caps de Port-Vendres, nous ignorons si les dialectes des troubadours auraient donné des chefs-d'œuvre, et nous savons tous ceux que doit le monde aux floraisons séculaires de la langue du Septentrion.

Il faut considérer la ligne de divorce d'oïl et d'oc comme une digue irrévocablement crevée par le courant qui vient du Nord. Déjà le flot septentrional submerge toutes les cités, tous les bourgs du Midi : la reine du Sud-Ouest, Bordeaux, qui a 215 000 âmes, fut une ville d'oc; elle est devenue ville d'oïl, et l'on peut la traverser sans entendre dix mots du grasseyant patois qu'on parla dans toutes ses rues.

La plupart de ces patois sont dès aujourd'hui tellement francisés, l'auvergnat et le marchois en tête, qu'en traduisant mot à mot leurs chansons, on écrit des vers français sur les mêmes rimes avec le même nombre de syllabes : il n'y a plus entre ces charabias et la grande langue du pays que des différences de terminaison, la diversité d'accent, et çà et là de vieux mots, souvent précieux, que les patois ont gardés, que le français a méprisés follement. Bientôt toute cette langue d'oc n'aura laissé d'elle que l'accent dit méridional, qui perpétuellement change en iambes les spondées du parler français.

Les deux tiers des Français parlent la langue du Nord, avec plus ou moins de vivacité, et surtout de lourdeur dans l'accent. On admet dans les livres que le pays d'oil s'arrête à la Loire. Il n'y a pas de plus grande erreur : en aucun point de son cours ce fleuve ne sépare le langage du Nord des patois du Midi ; sur la route de Paris à Bordeaux, le dernier village d'oil, les Billaux, touche Libourne, à plus de 300 kilomètres au sud de la Loire devant Tours. Poitiers, Napoléon-Vendée (la Roche-sur-Yon), la Rochelle, Niort, Angoulême, sont en pleine terre d'oil : cette dernière ville est même célèbre dans le Sud-Ouest par la pureté de son accent.

Ainsi nos patois s'en vont, et plus vite encore les mœurs, les originalités, les costumes. Comme le seul anglais prend la place des idiomes indiens de l'Amérique du Nord, terre franco-canadienne à part, comme l'espagnol et le portugais dévorent chaque année quelque vocabulaire de l'Amérique du Sud, les langues des peuples colonisants finiront en tout pays par étouffer les autres. Dans quelques siècles on ne parlera sans doute que l'anglais, le russe, l'espagnol, le portugais, le français, l'hindoustani, le chinois, peut-être l'arabe. Pourvu qu'au lieu de toutes ces langues, dont chacune a sa beauté, il ne se forme pas, comme un sédiment se fait d'alluvions, un patois sans harmonie, sans poésie, sans noblesse, sans flexibilité, sans grâce, une langue franque, un sabir, un papamiento né du concours de tous les commerçants et de tous les marins du Globe ! Alors, quand les coutumes, les sangs, les idiomes se seront banalement mêlés, il ne restera que deux sortes d'hommes, l'homme du Nord et l'homme du Midi : si toutefois la rapidité des voyages ne fait pas de nos fils une tourbe si nomade qu'elle n'aura ni patries, ni préférences, et que nul n'y portera la marque d'un sol ou l'empreinte d'un climat.

« La vulgarité prévaudra » sur cette Terre où les monts s'émiettent, où les lacs se comblent, où les cascades s'usent, où les forêts tombent, où les nations meurent, où l'humanité vieillit.

CHAPITRE VII

RELIGIONS : CATHOLIQUES, PROTESTANTS, JUIFS

Il y a chez nous près de trente-six millions et demi de **catholiques**, cinq à six cent mille **protestants**, et moins de cinquante mille **juifs**. La France est donc essentiellement catholique ; elle a beaucoup moins de protestants qu'il ne tomba de Huguenots sur les champs de bataille et dans les mille et mille siéges de nos guerres de religion, durant les règnes sanglants des derniers Valois. Sans la révocation de l'Édit de Nantes, ceux qu'on appelait alors les soi-disant réformés seraient bien plus du soixante-dixième de la nation : ils rempliraient des villes, des cantons dont ils ont presque disparu.

Les protestants se divisent en **calvinistes**, en **luthériens**, en **dissidents**. Les calvinistes habitent surtout le Midi et le Sud-Ouest, les luthériens autour de Montbéliard, la seule ville de France où les non-catholiques aient la majorité. C'est dans les Cévennes, là même où les Huguenots bravèrent longtemps Louis XIV, à l'ouest et au nord de Nîmes, qu'il y a le plus de protestants :

le seul Gard en compte 125 000 ; la Lozère, l'Ardèche, la Drôme, la Charente-Inférieure, les Deux-Sèvres, et naturellement la Seine, en renferment aussi beaucoup, mais en maint département ils n'existent vraiment pas : ainsi le Cantal n'en a pas plus de huit. Le recensement de 1866 fixait le nombre des protestants de Paris à 41 000, celui des protestants de Nîmes à 16 000.

Avec l'Alsace-Lorraine nous avons perdu la moitié de nos Israélites. Ces Sémites nous sont venus soit d'Allemagne, soit d'Espagne et de Portugal. On n'en trouve que dans les villes ; dans quatre départements le dénombrement de 1866 n'en a pas reconnu un seul : à cette époque il y en avait près de 22 000 dans la Seine. Tous commerçants, brasseurs de monnaie, entremetteurs, agents d'affaires, c'est la classe la plus riche, et probablement aussi la plus intelligente et la plus instruite de la nation française.

En réunissant à la vieille France d'Europe la jeune France d'Afrique, on lui ajoute 300 000 à 400 000 catholiques et très peu de protestants, mais on double presque le nombre de ses juifs, et on l'augmente de 2 500 000 musulmans.

CHAPITRE VIII

ACCROISSEMENT DU PEUPLE FRANÇAIS. ÉMIGRATION

1° **Ce qui fait la force d'un peuple.** — Trois choses font la force d'un peuple : un idéal, des mœurs simples, des familles fécondes.

Un **idéal**, national ou religieux. Un bourg de voleurs,

au bord du Tibre jaune, est devenu Rome, la maîtresse du monde, par la fierté de ses grands et par l'orgueil de son nom; dès que la cité des Sept-Collines eut dompté ses voisins, les Etrusques, les Latins, les Samnites, les Grecs campaniens, elle méprisa le reste des hommes. C'est le zèle de la Loi qui fit l'empire des Arabes, la haine du More qui fit l'Espagne, le fanatisme de secte qui fit les Yankees; le dogme de l'infériorité des Velches vient de cimenter l'Allemagne; la vision de Constantinople, la tentation de la mer et peut-être l'espoir du soleil de l'Inde poussent inexorablement la Russie vers le sud. La France eut aussi son rêve, la frontière du Rhin, songe pauvre et faux qui fut notre malheur; et c'est à peine s'il s'éveille chez nous, peut-être trop tard, un nouvel idéal : l'empire de l'Afrique du Nord.

Des mœurs simples : les Romains furent longtemps un peuple frugal, dur, grossier, quelque peu barbare, et pour tout dire « auvergnat ». C'est alors qu'ils soumirent la Terre. Dès qu'ils connurent les Grecs, leur destin pencha; en quelques années les rhéteurs, les joueurs de flûte, les baladins, les cuisiniers, les épileurs, les professeurs de bon ton, les flatteurs empoisonnèrent leur sang rustique; il ne leur fallut plus seulement du pain, mais aussi des théâtres. Les peuples qui débordèrent ou débordent sur le Globe, Arabes du désert, Germains des bois, Turcs et Mongols des steppes, Slaves des plaines et des marais, Irlandais des *bogs*, Canadiens-Français bloqués par l'hiver, furent ou sont des nations ou rustiques ou pastorales, ayant pour tout palais la chaumière ou la tente. Le luxe est le plus redoutable des faux Dieux. Qui l'adore perd l'idéal, la virilité, la conscience; comme l'homme de Sybaris il est vaincu par une feuille de rose; eunuque autant qu'on peut l'être en dehors des sérails, il ne témoigne plus pour le juste, il ne lève point l'épée contre le superbe, il n'étend ses mains impures que pour les faux serments. Or la France, jadis agreste, devient de plus en plus l'asile et l'exemple du luxe; sans les montagnes, dernier temple de la sainte simplicité, elle sacrifierait tout entière à l'autel des vœux stériles.

La fécondité des familles marche avec la simplicité des mœurs. C'est par elle que l'Angleterre, île étroite, a fondé vingt nations; plus que des victoires de hasard elle donne à l'Allemagne la conscience de sa force; elle promet à l'immense Russie, jadis petite Moscovie, la domination du Vieux Continent; en Amérique, de 63 000 paysans abandonnés sur les quelques arpents de neige de M. de Voltaire, elle a fait en cent vingt ans un peuple de 1 800 000 hommes qui refoule ou submerge et noie les Anglais qui le pressent, ajoute des quartiers français aux villes industrielles de la Nouvelle-Angleterre, couvre de villages le Far-West yankee et le Nord-Ouest canadien. Or, la France a parmi les nations de l'Europe le honteux « privilège » de l'infécondité.

2° **Infécondité de la France.** — La Révolution de 1789 a creusé dans notre histoire un gouffre si profond que la France d'aujourd'hui ne sait rien de la France d'autrefois, ou ne comprend plus ce qu'elle n'en ignore pas; nous n'avons point d'amour pour notre vieille aïeule, qui fut belle et sans laquelle nous n'aurions pas vécu : malgré nous, c'est elle qui nous a faits ce que nous sommes.

Beaucoup de Français croient qu'il n'y avait rien en France avant ces dures années, ni mœurs, ni lois, ni vérités, ni grandeur; ils n'y voient qu'une cour éclatante, des seigneurs dorés, des abbés obscènes, et, dans la pénombre, autour de Versailles, une espèce de forêt avec des hameaux taillables et corvéables à merci, le seigneur dans son château, le paysan dans sa tanière et le loup dans les bois. Cependant la France portait alors vingt-cinq millions de Français, presque tous des ruraux, car les villes, sans industrie, étaient petites; et ces hommes obéissaient à des lois dont beaucoup, heureusement, sont mortes, mais dont plusieurs feraient bien de renaître.

Bien plus, il n'est pas absolument sûr qu'à l'aurore de la guerre de Cent Ans la France n'eût pas autant d'habitants qu'au seuil du dix-neuvième siècle. Certes, nos villes sont beaucoup plus grandes qu'en 1300, et parmi ces villes, tel baraquement immense où la vie déborde, entrepôts devant une forêt de mâts, assemblées d'usines, puits de houille, ateliers sans fin, n'était alors qu'un hameau, parfois qu'un désert; et çà et là diverses contrées ont doublé, souvent même décuplé le nombre de leurs demeures; mais aussi que de cités ont diminué ou disparu, que de monts, de plateaux, ont moins de maisons qu'il y a six cents ans! Et les maisons, presque vides aujourd'hui dans la moitié de la France, étaient alors toutes pleines d'enfants.

La Peste Noire secoua ses poisons, et après ce fléau « dont bien la tierce partie du monde mourut », le canon, la dague et l'arquebuse, l'Anglais, l'Armagnac, le Bourguignon, le lansquenet, le protestant, le catholique, agrandirent démesurément les cimetières autour des églises de la France de saint Louis. Pendant deux siècles et demi de fatales années, la vie ne put racheter la mort. Et peu à peu la solitude étendait son froid empire sur le plus beau royaume du monde après celui du ciel.

Mais que sert d'interroger un passé muet? Questionnons les nombres : non pas les nombres vrais, car *il* n'en est guère, mais les nombres probables.

Il y a cent ans, la France avait environ 24 millions d'hommes, l'Autriche 18 millions, la Russie 17 millions, l'Allemagne 15 millions.

Aujourd'hui, la France, augmentée seulement d'un tiers, est à peine égale à l'Autriche, qu'elle dépassait d'un quart en 1780; la Russie, accrue de son propre sang et par de grandes conquêtes, a près de 100 millions d'hommes, cinq à six fois les 17 millions d'il y a cent ans; les Allemands ont triplé leur race en Allemagne même, en dépit d'un prodigieux épanchement d'émigrants; et au delà du fossé dont une eau salée sans profonds abîmes ronge les falaises de craie, l'Angleterre, plus exubérante encore, colonise une partie de l'univers.

C'est que la France, jadis féconde, a cessé de l'être.

On soupçonne la cause principale de sa lenteur d'accroissement.

En France, la propriété n'est pas fixée dans quelques milliers de familles; tous y ont accès, les enfants se partagent l'avoir paternel, généralement à lots égaux, et chez nous l'aîné ne spolie pas les puînés par droit de primogéniture. La majorité de la nation se compose de paysans maîtres du sol qu'ils retournent, et peu de ces campagnards connaissent la vraie misère, celle de l'Irlande et de la « libérale Angleterre », où il n'y a pas de paysans, mais seulement des seigneurs, des fermiers et des journaliers.

Ces lois sont l'équité même, et cependant elles pèsent lourdement sur la France : nous leur devons d'être un peuple stérile.

Dès que l'homme a sa vigne, son pré, son bois, son ruisseau, dès qu'il a fondé son royaume ou qu'il l'a mené jusqu'à la haie, jusqu'au fossé de ses vœux, il ressemble au conquérant qui redoute le démembrement de son empire. Il appréhende alors la famille qui, lui mort, dispersera son domaine. Heureux s'il n'a que des fils, héritiers de son nom! Quand il a des filles, son clos passe à quelque étrangère lignée, dynastie sans durée comme sa devancière et comme toutes celles qu'elle précèdera. Tous ces « royaumes » se brisent ou tombent en quenouille : histoire obscure et sans unité que celle de ces terres errant de maître en maître pour la fortune des hommes de loi. Les domaines devraient vivre des siècles, ils ne vivent que des années sans qu'une famille y laisse et sa trace et son nom. Que de Français n'ont pas de maison paternelle, soit qu'ils aient vu le jour dans le flottant caravansérail d'une ville aux rues passagères, soit que déjà la demeure natale ait changé de seigneur!

Ainsi nous bâtissons éternellement sur le sable.

Telle est la grande cause de l'infécondité de nos campagnes. L'excès du célibat, l'armée, les ordres ecclésiastiques sont tout à fait secondaires : telle race fertile a plus de célibataires que nous; le recrutement pèse autant sur l'exubérante Allemagne et sur la grouillante Russie que sur la France; enfin le Bas-Canada, sans rival pour la puissance des familles, donne au clergé la dîme de son sang : nulle nation, relativement, ne voue plus d'enfants à l'église, prêtres, nonnes et moines, peuple en dehors du peuple; mais pourquoi le flétrir? Il y a, chez les hommes noirs et les pauvres filles, des cœurs chauds, des âmes dévorées d'idéal, et aussi des coupables pleurant leur faute : *Quidquid peccatur lacrymarum fonte lavatur!*

Aussi ne sort-il que peu d'enfants de la plupart de nos chaumières, disons de nos maisons des champs, puisque nos paysans sont riches, sauf dans les sols très indigents, sur certains plateaux et diverses montagnes. Qui sait combien de villageois regardent d'un œil louche les fils qui partageront leur enclos? L'enfant supplémentaire entre dans la famille en étranger, presque en ennemi : la mère l'aimait déjà, mais le père le subit, il ne l'avait point désiré. Nos villes non plus ne sont pas fécondes et les mères n'y sont pas maternelles; l'enfant naît à peine qu'il part en vagon pour la campagne, et souvent il n'en revient pas; il y dépérit sur le sein mercenaire, par la négligence, l'avarice, la brutalité des faiseuses d'anges, comme on a nommé les nourrices sans amour pour leurs nourrissons. Heureusement qu'il nous reste, surtout dans les montagnes, des familles qui vont droit devant elles et qui croissent, pour leur propre force et pour l'honneur de la France.

Presque partout en plaine nous nous maintenons tout

juste, si même nous ne diminuons, non par beaucoup de décès, mais par peu de naissances. C'est ce qui a lieu notamment dans le Lot-et-Garonne, le Tarn-et-Garonne, l'Eure, la Manche, l'Orne. Aujourd'hui le Tarn-et-Garonne a seize ou dix-sept mille habitants de moins qu'au commencement du règne de Louis-Philippe ; or il a tout à souhait, d'infatigables alluvions au long de la Garonne et du Tarn, des coteaux vinicoles, des vergers, des fruits savoureux, un air salubre, un soleil gai. L'Eure, plateaux fertiles ou prairies moelleuses, a perdu trente mille habitants depuis Bonaparte, premier consul. Pourtant le premier de ces départements émigre peu, et le second n'émigre point; tous les deux sont riches, trop riches.

Les lieux de sol médiocre, où la vie, sans être dure, est plus difficile que dans les gras vallons ou les collines splendides, ont plus de naissances que les terres opimes, et le peuple y croît, bien que la mort entre plus facilement dans la chambre obscure, humide, mal close, mal odorante du pauvre que dans les appartements capitonnés du riche, et que son dail y fauche à plaisir dans une foule mal habillée, mal soignée, mal nourrie, insouciante et malpropre. Dans les contrées tout à fait misérables, comme aussi chez les ouvriers des villes, la population grandit aussi malgré les demeures sordides, les haillons, les repas sans suc, les vins fraudés, les épidémies.

Les départements féconds l'emportent encore un peu sur les stériles. Grâce à eux, 125 000 à 150 000 hommes s'ajoutent chaque année à la nation française, immigrants à part. Par malheur, cet accroissement, œuvre unique des champs, ne profite pas aux campagnes ; il est tout absorbé par la ville qui flatte et qui dévore. Des bois balsamiques, des pelouses d'en-haut, des roches salubres, du bord des fonts d'eau vive, de la lèvre des glaciers, notre race, comme aujourd'hui toutes les races de la Terre, descend au cloaque doré des cités. L'Auvergne, elle-même voit flétrir, dès la première ou la seconde génération, les familles rouges qu'elle mêle sans compter à la foule pâle des Parisiens.

Il y a cent ans, Paris ne faisait pas la cinquantième partie de la nation ; il fait aujourd'hui plus du dix-neuvième de la France, et presque le quinzième avec les pattes d'araignée, les tentacules de pieuvre qu'on nomme les faubourgs. Depuis 1789, Lyon a passé de 139 000 à 343 000 habitants, Marseille de 76 000 à 319 000, Bordeaux de 83 000 à 215 000, Lille de 13 000 à 163 000, Toulouse de 55 000 à 132 000, Saint-Étienne-en-Forez de 9000 à 126 000 : ces villes ont doublé, triplé, ou même sont devenues treize à quatorze fois plus fortes pendant que le nombre des Français augmentait à peine d'un tiers. Partout, surtout au nord, nos cités sucent nos campagnes. Rien que de 1872 à 1876, Paris a gagné 137 000 habitants, sans les faubourgs, dont la croissance est énorme ; Bordeaux a augmenté de 21 000 âmes ; Lyon de 19 000, Saint-Étienne de 15 000, Nancy de 13 000, Reims de plus de 9000, Roubaix de près de 8000, Toulouse de près de 7000, ainsi que Besançon. Le gain total des villes de plus de 30 000 habitants a été de 313 000 à 314 000 personnes, sur les 800 000 dont la France a crû durant ces quatre années ; le reste du gain, sinon plus encore, se partage entre les villes moyennes, les petites villes et les bourgs.

Tous les pays du monde, même ceux où la colonisation bâtit des fermes à milliers, souffrent de ce grand mal, notamment tout près de nous, et plus que nous, l'Angleterre, la Belgique et la Saxe ; mais la plupart des nations étant de lignée féconde, les villes enflent démesurément sans que la campagne maigrisse, tandis qu'en France elle maigrit et sèche en maint département. De 1872 à 1876, *vingt* départements ont diminué, de la Charente-Inférieure qui a perdu 25 personnes, à Vaucluse qui en a perdu 7148 ; l'Orne a baissé de 5724, le Lot de 4892, la Manche de 4866, l'Yonne de 4538, l'Eure de

4245, le Calvados de 3792, les Basses-Alpes de 3166, le Lot-et-Garonne de 2369. Et si telles de ces contrées ont diminué par excès d'émigration, comme Vaucluse et les Basses-Alpes, presque toutes doivent leur déclin à la rareté des naissances. Tout au contraire, la plupart des départements en voie d'augmentation tirent leur surplus de la présence de villes industrielles ou commerçantes : la Seine, par exemple, a gagné 191 000 âmes, le Nord 72 000; la Loire 40 000, Meurthe-et-Moselle plus de 39 000, presque tous Alsaciens-Lorrains, le Rhône 35 000, le Pas-de-Calais 32 000, la Gironde 30 000, la Marne 22 000, Saône-et-Loire 16 000, etc., etc. Parmi les départements de peu d'industrie dont l'augmentation vient surtout de la fécondité des familles, l'honneur est au Finistère, qui a gagné 23 000 âmes; puis viennent le Morbihan, augmenté de 16 000; l'Allier, grandi de 15 000.

3° **Émigration.** — L'émigration ne porte qu'une faible atteinte à la croissance intérieure de notre patrie, et par cela même elle grandit très peu la France du dehors. Avant 1870, cinq à dix mille Français nous quittaient tous les ans; depuis, un nombre double ou triple d'émigrants abandonne chaque année le sol natal, presque tous avec regret. Est-il beaucoup de pays valant la France parmi ceux que les Français vont habiter? Ce n'est point la terre des Yankees, trop froide ou trop chaude suivant la saison; il y faut, coûte que coûte, baragouiner une langue étrangère, et l'on s'y trouve longtemps perdu dans une foule indifférente, hostile même, Scandinaves, Anglais hautains, Américains méprisants, Allemands devenus par la grâce de leurs docteurs les ennemis jurés de la France et des Français.

Ce n'est pas la Louisiane, où l'on parle encore un peu français, mais où l'on meurt beaucoup de la fièvre jaune.

Ce n'est pas l'Argentine, malgré la langue espagnole,

sœur de la nôtre ; car, sauf au bord de son Parana, de son Uruguay et de son Paraguay, ce grand empire latin de l'avenir a pour tout attrait la Pampa, Beauce zébrée de Sahara ou Sahara zébré de Beauce, avec des îlots de sierras pelées, et, à l'horizon lointain, vers l'ouest, des montagnes sèches, nues, inhumaines, les Andes sans glaciers, versant à la plaine des torrents indignes de la sombre majesté d'une Cordillère aussi haute que le Sancy sur le Mont-Blanc.

Ce n'est pas le Brésil avec la sécheresse de ses provinces du nord, l'air étouffant de sa Beiramar. Ni les Antilles où le soleil terrasse, où la tiédeur énerve, où l'on fait peu fortune depuis qu'il ne suffit plus d'y cingler des Noirs. Ni le Canada, bien que français de langue, où nos hommes, ceux même du Nord, ont à braver des hivers inconnus du climat gaulois.

L'Algérie seule vaut la France pour les Français, du moins pour ceux du Midi : nous y retrouvons tous notre idiome, mais les Méridionaux y retrouvent de plus leur climat et toute leur nature sèche, grandiose même en sa petitesse, éclatante, harmonieuse, et, pour tout dire, provençale, italienne ou andalouse.

L'Amérique du Sud, notamment l'Argentine et la Bande Orientale, partagent nos émigrants avec les États-Unis et l'Algérie. Le Canada, les Antilles françaises, la Nouvelle-Calédonie attirent aussi quelques colons ; enfin, Allemagne à part, l'Europe qui nous entoure, Angleterre, Belgique, Suisse, Italie, Espagne, reçoit en assez grand nombre des Français, qui généralement ne nous reviennent pas.

Peu de départements concourent à cette expatriation. La Normandie, le Poitou, la Saintonge, qui jadis émigraient plus que les autres provinces, ont cessé d'essaimer au delà des mers, lorsque le Canada, qu'elles colonisaient, tomba dans les mains anglaises.

Le pays de l'Adour, d'où les Béarnais et les Basques s'en vont en foule, et les départements garonnais à partir de Toulouse, envoient leurs enfants à l'Amérique espagnole ou portugaise, aux Antilles, à la Nouvelle-Orléans, à l'Algérie, à l'Espagne.

Les départements pyrénéens à l'orient de Toulouse, ceux du Rhône à partir de Lyon et ceux de la côte méditerranéenne émigrent beaucoup vers l'Algérie.

L'Est se porte surtout vers les États-Unis, mais depuis quelque temps l'Algérie attire aussi ses familles.

La Seine émigre partout.

Le Nord, le Nord-Ouest, l'Ouest de Brest à Bordeaux et le Centre ne vont point à l'étranger; Paris est leur Californie dorée.

C'est en 1830 que l'émigration française apprit deux des routes qu'elle préfère aujourd'hui : cette année-là nous entrâmes en Algérie, et c'est alors aussi qu'apparurent dans les Basses-Pyrénées les recruteurs qui entraînèrent les premiers Basques et Béarnais vers la Plata. Avant 1830, les États-Unis, les Antilles et l'Amérique du Sud recevaient tous nos transfuges, alors bien moins nombreux qu'à présent, car nous n'avons jamais beaucoup essaimé au delà des mers. Nous n'eûmes de part active qu'à l'établissement des Antilles.

Il s'agissait surtout alors d'acheter et de fouetter des esclaves : la Garonne et l'Adour fournirent les planteurs, les intendants, les surveillants, les fouetteurs. Quant aux négriers, l'Europe en eût trouvé pour des plantations cent fois plus vastes, elle les trouverait encore. De la sorte, nous créâmes la Guadeloupe, la Martinique, diverses petites Antilles, la superbe Saint-Domingue, le sud de Cuba, la Trinité. Dans l'Océan des Indes, nous remplîmes Bourbon et l'île de France. Sur le continent d'Amérique, la France fut paresseuse, elle en porta la peine. Au lieu d'y semer à main libérale des paysans qui pouvaient devenir la nation prépondérante du Globe, à peine si elle jeta des centaines d'hommes en Acadie, dix à vingt mille colons au Canada et quelques aventuriers en Louisiane. Voilà pourquoi nous sommes petits sur la Terre. Toutefois, l'espoir nous reste : les continents ne sont pas pleins, l'émigration française, celle de France et celle du Canada, grandit à vue d'œil ; en se portant d'une part sur l'Afrique du Nord, d'autre part sur le Saint-Laurent, l'Outaouais, la Rivière Rouge, la Saskatchewan et la rivière de la Paix, elle peut nous faire encore une belle place au soleil.

Le grand exode français ne nous a pas donné de fils, il ne nous a fait que des ennemis. Quand Louis XIV révoqua l'Édit de Nantes, quatre cent mille protestants partirent : des paysans, des ouvriers, des industriels, des commerçants. Rien ne les arrêta, ni les dragons, ni la peur du bourreau, ni celle des galères. Nos cités les plus actives, nos meilleures usines et çà et là nos campagnes se dépeuplèrent.

Ce que nous perdîmes de nombre, de science, de sagesse et de vigueur, la Hollande, la Prusse, l'Angleterre, nos ennemis, nos envieux, le gagnèrent et s'en servirent contre nous. Les Huguenots montèrent sur les flottes qui nous disputaient l'Océan; on en forma des régiments contre nous; ils élevèrent des industries qui firent la splendeur de l'étranger, et c'est aux Calvinistes français que la Hollande dut l'essor de l'Afrique australe, de New-York et de Surinam.

Pourquoi faut-il qu'ils soient partis de France ? Et puisqu'ils ont fui, quel malheur que le hasard ne les ait pas jetés, comme les Puritains anglais, sur un monde à prendre au néant ! Quel malheur aussi qu'après 1789 tant d'émigrés aient marché dans l'Armée de Condé, tenté le sort à Quiberon ou mené les Vendéens au feu ! En partant avec ses tenanciers pour le Saint-Laurent, comme le faisaient les seigneurs sous Louis XIV et Louis XV, la noblesse d'alors eut doublé notre Canada.

CHAPITRE IX

LES ANCIENNES PROVINCES

1° Importance des provinces : quoique mortes, elles vivent encore. Les petits pays. — Avant 1791, la France était partagée en trente-trois gouvernements fort inégaux : la province de Guyenne-et-Gascogne avait près de 6 750 000 hectares, tandis que le Comtat-Venaissin, entouré de terres françaises, mais appartenant encore au Pape [1], ne s'étendait que sur 181 000 hectares. L'une aurait donc contenu 37 à 38 fois l'autre. C'étaient les deux extrêmes.

Officiellement, ces provinces sont mortes depuis quatre-vingts ans passés ; mais elles vivent toujours dans la mémoire de la nation. Nous disons encore : Je reste en Touraine, je vais en Bourgogne, je viens du Limousin. Suivant notre pays d'origine, nous nous traitons de Normands, de Bretons, de Gascons, de Béarnais, de Comtois, de Poitevins, d'Angevins. Et récemment encore, quand il a fallu donner un nom aux Français ravis par la Prusse, nous les avons tout naturellement nommés Alsaciens-Lorrains. Fallait-il les appeler Haut-Rhénans, Bas-Rhénans, Meurthais ou Mosellois ? La plupart de nos départements ont des noms tels, qu'on n'en peut tirer que des dérivés ridicules : il est facile de désigner les gens des Vosges, de la Vendée, de la Savoie, de l'Aveyron, de la Corrèze, de la Creuse, de la Gironde ou des Landes ; mais que faire de ceux des Bouches-du-Rhône, du Pas-de-Calais, du Puy-de-Dôme, de Saône-et-Loire, de Seine-Inférieure ou d'Ille-et-Vilaine ?

---

[1] Il fut précisément annexé en cette année 1791.

Ainsi les noms des provinces survivent à la division par départements. Ils sont bien plus vrais ; ils sortent du fond de l'histoire, de la vie de la France pendant mille ans, des entrailles du sol quand la France n'était pas encore née, lorsque des sauvages vêtus de peaux rôdaient, l'oreille au guet, dans les forêts et dans les fondrières. Les départements, eux, sont de simples fictions qui durent depuis deux ou trois vies d'homme ; ils sont nés d'un décret, ils peuvent mourir d'un décret ; et si quelque accident, quelque loi, quelque nouvelle fiction les emportent, ils laisseront peu de trace dans le souvenir du peuple.

Mais, pour ne rien exagérer, les provinces, en 1789, avaient encore quelque chose d'administratif et de conventionnel. Lorsque éclata la Révolution, elles n'avaient pas eu le temps de cimenter tous leurs éléments ; elles renfermaient un nombre plus ou moins grand de petits pays, divers de nature et d'histoire, pays dont les noms vivent encore pour la plupart ; beaucoup même ne périront qu'avec la France.

On comptait 350 à 400 de ces pays, à peu près autant qu'il y a d'arrondissements. Parfois ils se distinguaient peu ou point de leurs voisins, l'histoire seule, qui est en partie le hasard, ayant créé ces petites contrées autour d'une ville ou de l'aire d'un hobereau. Mais souvent, en passant de l'une à l'autre, comme, par exemple, de Beauce en Sologne par-dessus le val de Loire, ou de Caux en Bray, ou de Puisaye en Gâtinais, ou de Bocage en Plaine, ou de Médoc et de Chalosse en Landes, on change en même temps de climat, de plantes, de nature de sol et de nature d'hommes. Suivant ces différents pays, on va des granits aux craies ou aux calcaires, de la glaise aux sables, de la brume à la lumière, du seigle au blé ou de la pomme de terre au maïs, du cidre au vin, de l'homme lourd à l'homme alerte, du musculeux au nerveux, du contemplatif au bavard. Une France divisée en ces 350 à 400 régions, d'ailleurs très inégales entre elles, serait une France plus réelle que celle des départements et des arrondissements.

Par ordre d'étendue, ces gouvernements ou provinces étaient : la Guyenne-et-Gascogne, le Languedoc, la Bretagne, la Champagne, la Normandie, la Bourgogne, la Lorraine, la Provence, l'Orléanais, le Poitou, le Dauphiné, l'Ile-de-France, la Franche-Comté, le Berry, l'Auvergne, la Picardie, l'Angoumois-et-Saintonge, le Limousin, le Maine-et-Perche, l'Anjou, la Corse, le Bourbonnais, le Lyonnais, l'Alsace, la Touraine, le Béarn, le Nivernais, la Flandre, la Marche, l'Artois, le Comté de Foix, le Roussillon et le Comtat-Venaissin.

2° **Les trente-trois provinces.** — Le plus vaste des gouvernements, la **Guyenne-et-Gascogne**, s'étendait de l'Espagne au Limousin, sur les meilleurs terroirs du bassin de la Gironde et sur une partie du bassin de l'Adour; partant, à l'ouest, de l'Atlantique, elle se rapprochait de la Méditerranée entre Saint-Affrique et Lodève. Elle avait absorbé 24 pays et beaucoup de « sous-pays », si l'expression est permise : les 24 pays étaient le Bordelais, le Bazadais, le Périgord, l'Agénais, le Quercy, le Rouergue, la Lomagne, le Fézensaguet, l'Astarac, le Comminges, le Couserans, le Nébouzan, les Quatre-Vallées, le Pardiac, l'Armagnac, le Condomois, le Tursan, la Chalosse, le Marsan, le Gabardan, le pays d'Albret, le pays de Buch, les Landes, le Labourd.

Pendant trois siècles, elle fut la clef de voûte de la puissance anglaise sur le continent, ou, pour mieux dire, elle aida considérablement les princes angevins devenus rois d'Angleterre, mais restés Français de race et de langue, à disputer aux rois de Paris l'empire de « douce France ». Il y avait beaucoup de Gascons dans les armées dites anglaises qui nous frappèrent cruellement sur tant de plaines sanglantes, si bien que ces victoires du Nord sur le Midi étaient en partie des victoires du Midi sur le Nord. Les Gascons passent à tort pour poltrons : on leur a fait cette renommée pour les punir de leur vantardise ; mais ces fanfarons (s'ils le sont autant qu'on le proclame), ces hâbleurs, ces « Gascons », c'est tout dire, ont prouvé clairement leur vaillance. C'est un pays de guerriers que cette terre des Basques[1], et, en bonne justice, la statue du Gascon mérite un autre piédestal que la pierre de Moncrabeau [2]. La victoire de Castillon-sur-Dordogne nous rendit ces beaux pays, que le mariage d'Eléonore de Guyenne avec un prince d'Anjou qui fut plus tard roi d'Angleterre nous avait enlevés en 1152. Sur les 6 750 000 hectares de la Guyenne-et-Gascogne on a plaqué, en tout ou en partie, huit départements : Gironde, Dordogne, Lot, Aveyron, Lot-et-Garonne, Gers, Landes, Hautes-Pyrénées, sans compter des portions de la Charente, du Tarn-et-Garonne, de la Haute-Garonne, de l'Ariège et des Basses-Pyrénées. La capitale était **Bordeaux**.

Le **Languedoc**, grand de 4 150 000 hectares, allait de Toulouse, c'est-à-dire des rives de la Garonne, à l'entrée de la Loire dans la plaine du Forez ; sa borne vers l'orient était le cours du Rhône ; au sud il longeait la Méditerranée. Il enfermait à la fois quelques-uns des plateaux les plus froids de France, dans le haut Languedoc, et quelques-unes de ses plaines les plus chaudes, dans le bas Languedoc. Cette province comprenait le Toulousain ou Toulousan, le diocèse de Montauban, l'Albigeois, le Lauraguais, le Razès, le pays de Sault, le Carcassez, les diocèses de Narbonne, de Béziers, de Lodève, de Montpellier, de Nîmes,

---

[1] Guyenne, répétons-le, est la corruption d'Aquitaine, mot où l'on trouve le radical Ausk, qui signifie Basque. Quant à Gascogne, ce nom vient, à n'en pas douter, du mot Basque.

[2] Sur un coteau rapide au pied duquel passe la Bayse, tributaire de la Garonne, le bourg de Moncrabeau a sous sa halle une pierre fameuse, la Pierre de la Vérité, ainsi nommée par antiphrase, car c'est la Pierre du Mensonge : on y fait encore asseoir, avec une solennité plaisante, tout homme digne d'entrer dans la société des menteurs, hâbleurs et craqueurs.

d'Uzès, le Gévaudan, le Velay et le Vivarais. Elle fut l'âme de la résistance du Sud contre le Nord, de la langue d'oc contre la langue d'oïl, lutte qui se termina sur le champ de bataille de Muret (1213) où les Albigeois et les Aragonais, champions du Midi, succombèrent. A cette rencontre dont nos annales font peu de bruit, et qui pourtant assura l'empire à la langue d'oïl, nous devons précisément le Languedoc, qui peu de temps après fut réuni au domaine de la couronne. On en a tiré six départements : Tarn, Aude, Hérault, Gard, Ardèche, Lozère, sans compter une grande partie de la Haute-Garonne, du Tarn-et-Garonne, de la Haute-Loire, et un lambeau de l'Ariège et des Pyrénées-Orientales. La capitale était **Toulouse**.

La **Bretagne**, lavée par la Manche et l'Atlantique, comprenait la grande péninsule bretonne, de la baie du Mont-Saint-Michel à la baie de Bourgneuf. L'élément celtique acculé par les Romains dans cette « Corne des Gaules » y est encore vivant, quoique de plus en plus voisin de sa mort. Ce vieux pays, ces ports sans nombre, cette race obstinée, ces « guerriers et poètes, sur la côte marins et pâtres dans les champs », devinrent choses françaises à la fin du quinzième siècle, par le mariage de la « bonne duchesse » Anne de Bretagne, avec un roi de France. Cette province couvrait environ 3 400 000 hectares. On y distinguait le duché de Penthièvre, les pays de Tréguier et de Léon, la Cornouaille, le Coislin, le Retz, etc. On y a taillé cinq départements : Ille-et-Vilaine, Côtes-du-Nord, Finistère, Morbihan et Loire-Inférieure. La capitale était **Rennes**

La **Champagne** s'étendait de Sens, de Provins, de Meaux, c'est presque dire des portes de Paris, jusqu'au plateau d'où descendent l'Aube, la Marne et la Meuse, d'une part, et d'autre part jusqu'à l'endroit où la Meuse entre en Belgique. Grande d'un peu plus de 3 050 000 hectares, elle devait son nom à ses plaines, à ses champs sans bornes, à sa « Champagne », craie marâtre où pas un arbre ne brisait l'horizon. Voisine de Paris, avec la Seine, la Marne et l'Aisne, chemins faciles et courtes descentes vers la cité mère de la France, elle fut bien vite française, par le mariage d'une comtesse héritière avec Philippe le Bel, en 1284. La Champagne comprenait divers petits pays : Sénonais, Brie champenoise, Bassigny, Vallage, Perthois, Châlonnais, Rémois, Argonne, Réthelois, principauté de Sedan. Elle a fourni quatre départements : Aube, Haute-Marne, Marne, Ardennes, plus des tronçons de l'Yonne, de Seine-et-Marne, de la Meuse. La capitale était **Troyes**.

La **Normandie**, un peu moins de 3 050 000 hectares, longeait la Manche, de la baie du Mont-Saint-Michel à l'embouchure de la Bresle; elle possédait le cours inférieur de la Seine et les bassins de petits fleuves dont les prairies étaient les meilleures du royaume. Elle tire son nom des Hommes du Nord, des Normands, pirates scandinaves arrivés des fiords norvégiens et des rives danoises; un des chefs de ces écumeurs de mer devenus écumeurs de fleuve sur la Loire, sur la Seine et sur toute rivière capable de porter leurs canots, Rollon, se fit vassal de la France, en 911, à Saint-Clair-sur-Epte, et avec la main d'une fille de sang royal reçut le titre de duc de Normandie. Ces païens transformés en chrétiens, ces fils du Septentrion de plus en plus détournés de leur première sève par des mariages avec les Gallo-Romaines, furent bientôt aussi Français que les gens de l'Ile-de-France; quelques noms de lieux, comme Darnetal et Danestal (val des Danois), rappelèrent seuls ce grand mouvement de peuple. La Normandie, par la victoire d'Hastings, faillit faire de l'Angleterre une France nouvelle. Cette province fut longtemps disputée entre Paris et Londres; la bataille de Formigny lia tout à fait ses destinées aux nôtres, en 1450 : trois ans avant la journée de Castillon qui nous rendit la Guyenne deux fois plus vaste et non moins belle que la province normande. On y ren-

Rouen.

contrait une foule de petits pays : Avranchin, Cotentin, Bessin, Bocage normand, pays d'Auge, duché d'Alençon, Marche, Ouche, Lieuvin, Roumois, comté d'Evreux, Ile de Grâce, Perche, Thimerais, Drouais, pays de Caux, pays de Bray, Vexin normand. Elle a été partagée en cinq départements : Eure, Seine-Inférieure, Calvados, Orne, Manche, et a contribué à l'Eure-et-Loir. Sa capitale était **Rouen.**

La **Bourgogne** se divisait en deux régions que séparait la ligne de faîte européenne entre Atlantique et Méditerranée : à l'ouest de cette ligne, la Seine naissait en Bourgogne, et la Loire coulait entre cette province et le Bourbonnais ; à l'est se déroulaient des pays parcourus par la Saône et le Rhône. Son nom lui vient d'un peuple germain, de taille élevée, de mœurs clémentes, les Burgondes ; ceux-ci s'y établirent au commencement du cinquième siècle et y fondèrent un royaume qui, de germain, devint presque aussitôt romain, et, dans ses diverses fortunes, s'étendit sur le Rhône, le Jura, la Suisse, l'Ardenne, les Pays-Bas, oscillant longtemps entre la France et l'Allemagne. Sous les Valois, aux plus mauvais jours de notre histoire, et sous Louis XI, la Bourgogne balança la France. Dijon eût pu vaincre Paris : la Saône et le Jura valaient bien la Seine et la Beauce, et la grande vallée de la Saône est plus que l'Ile-de-France un grand chemin des peuples. Son prince le plus batailleur, Charles le Téméraire, étant mort à la bataille de Nancy sans héritier mâle, en 1477, la portion de son domaine pour laquelle il était vassal de la France fit retour au roi de Paris, au cauteleux Louis XI. La Bourgogne avait 2 600 000 hectares. Elle renfermait l'Auxerrois, l'Auxois, le pays de la Montagne, l'Autunois, le Charolais, le Brionnais, le Dijonnais, le Châlonnais, le Mâconnais, la Bresse, la Dombes, le Bugey, le Valromey, le pays de Gex. De ses dépouilles on a formé la Côte-d'Or, Saône-et-Loire, l'Ain ; plus des territoires entrés dans la création de l'Yonne, de l'Aube et de la Haute-Marne. La capitale était **Dijon.**

La **Lorraine**, avec les Trois-Évêchés de Metz, de Toul et de Verdun, couvrait 2 240 000 hectares. Elle commençait aux Vosges et s'étendait à l'ouest jusqu'au delà de Bar-le-Duc et à l'Argonne, au nord jusqu'à l'Allemagne et au Luxembourg. C'était, en somme, le bassin de la Moselle et de la Meuse supérieures, avec quelques lambeaux des bassins de la Marne et de l'Aisne. On en avait tiré quatre départements : Meurthe, Meuse, Moselle et Vosges. Terre où le sang français se mêla de sang allemand, où même les cantons du nord-ouest ont gardé le langage teuton, la Lorraine, dont le peuple a les vertus de ses deux origines, est entrée en deux fois dans le concert français : sous Henri II nous annexâmes les évêchés de Metz, de Toul et de Verdun, et en 1766 nous dûmes le reste du pays à la mort d'un roi de Pologne devenu duc de Lorraine, Stanislas Leczinski, beau-père de Louis XV. Écornée par la dernière guerre, ses quatre départements ne sont plus que trois : Meurthe-et-Moselle en a remplacé deux, et les Vosges ont, en outre, perdu plus de 20 000 hectares. Sa capitale était **Nancy.**

La **Provence** bordait la Méditerranée depuis le Petit-Rhône, frontière du Languedoc, jusqu'au Var, frontière d'Italie ; ce qu'on nommait la Haute-Provence par opposition à la Basse-Provence ou Provence maritime, comprenait la plus grande portion du bassin de la Durance. Cette « Grèce de la France », cette Bretagne de la Méditerranée, tire son nom de ce qu'elle fut une province de Rome : province par excellence parmi celles de la Gaule et la plus semblable à l'Italie. Elle est à nous depuis 1487, sous Charles VIII. Puisque la Terre d'oc, la belle Occitanie, tuée à Muret, ne devait pas renaître, la Provence pouvait tendre à l'Italie autant qu'à la France, étant assise au bord de la mer intérieure et parlant une langue romane qui fut une espèce de dialecte de l'italien — aujourd'hui c'est un patois éparpillé en sous-patois de plus en plus français. — Mais l'Italie était divisée, impuissante, sans idéal d'avenir, et, à tout prendre, séparée de la Provence par les Alpes-Maritimes, tandis que la France coule vers ce rivage par la Saône et par le Rhône. De ses 2 128 000 hectares on a composé les Bouches-du-Rhône, le Var et les Basses-Alpes, sans préjudice de tronçons des Alpes-Maritimes, de Vaucluse, de la Drôme et des Hautes-Alpes. **Aix** en était la capitale.

L'**Orléanais**, ainsi nommé d'Orléans, était assis sur la Loire moyenne, mais il avait aussi quelque part au bassin de la Seine : si, d'un côté, il longeait le Cher, de l'autre il descendait l'Eure jusqu'auprès de Dreux. Uni à Paris plutôt que séparé de la ville mère par la plate étendue de la Beauce, il est français depuis 987 : il faisait partie du domaine d'Hugues Capet quand cet aïeul des Capétiens monta sur le trône. De ses divers pays, Orléanais, Vendômois, Blaisois, Sologne, Puisaye, Gâtinais d'Orléans, Dunois, Beauce, ensemble 2 030 000 hectares, on a fait le Loiret et le Loir-et-Cher, sans compter des lambeaux de l'Yonne, de la Nièvre, de l'Indre, de l'Indre-et-Loire, et la plus grande partie de l'Eure-et-Loir. Il avait pour capitale **Orléans**.

Le **Poitou** confrontait à l'Atlantique, de la baie de Bourgneuf à la baie de l'Aiguillon, et de là il s'étendait jusqu'aux montagnes du Limousin, tant sur le bassin de fleuves côtiers que sur le bassin de la Loire, et un peu de la Charente. Longtemps anglais, — il le devint comme l'Aquitaine par le mariage d'Éléonore, — il nous revint plus tôt que la Guyenne, grâce à sa proximité de la Loire, qui était alors, autant que la Seine, le centre de la puissance française : c'est sous Charles V qu'il fut reconquis. Le Poitou comprenait environ 2 millions d'hectares occupés par différents pays : Poitou propre, Gâtine,

Bocage, Plaine, Marais, etc. On l'a coupé en trois départements : Vienne, Deux-Sèvres et Vendée, sans parler de ce que lui doivent la Haute-Vienne, la Charente, la Charente-Inférieure, l'Indre-et-Loire et la Creuse. La capitale était **Poitiers**.

Le **Dauphiné** avait aussi 2 millions d'hectares à peu près. Il s'élevait de la chaude vallée du Rhône aux froides neiges éternelles qui blanchissent les frontières de la Savoie et du Piémont ; il allait de Lyon au Viso. On y trouvait un grand nombre de petits pays : Viennois, Valentinois, Tricastin, Graisivaudan, Royannais, Diois, Baronnies, Oisans, Briançonnais, Champsaur, Gapençois, Embrunois, etc. Son maître Humbert II le céda, en 1349, à Philippe de Valois, à condition que l'héritier du trône de France porterait désormais le nom de Dauphin. Isère, Drôme, Hautes-Alpes, ainsi se nomment les trois départements qui l'ont remplacé. Sa capitale était **Grenoble**.

L'**Ile-de-France**, autour de laquelle s'est lentement cimenté le pays tout entier, comprenait un peu moins de 1 850 000 hectares ; elle s'étendait sur la Seine moyenne et sur l'Oise, et toutes ses eaux couraient au fleuve de Paris. Ses différents pays, Ile-de-France propre, Brie, Gâtinais français, Hurepoix, Vexin français, Valois, Soissonnais, Laonnais, Noyonnais, etc., ont formé la Seine, Seine-et-Oise, une grande partie de Seine-et-Marne et de l'Aisne. Sa capitale était **Paris**.

La **Franche-Comté**, conquise par Louis XIV sur les Espagnols, est à nous depuis la paix de Nimègue (1678). Cette province avait 1 570 000 hectares, à l'est de la France, entre les plaines de la Saône et les monts de la Suisse, sur les divers gradins du Jura, du plus bas au plus haut. Formée des quatre bailliages de Besançon, de Dôle, d'Amont et d'Aval, elle nous a donné le Doubs, le Jura et la Haute-Saône. Sa capitale était **Besançon**.

Le **Berry**, dont le nom rappelle encore, bien que retracté, celui des *Bituriges*, peuple gaulois qui l'habitait au temps

Cathédrale de Bourges.

de César, déroulait ses 1 434 000 hectares sur une partie de la France du centre, de la Loire à la Gartempe, en traversant le Cher, l'Indre et la Vienne, et en formant diverses régions : pays de Bourges, Sologne, Champagne, Boischaut, Brenne, etc. Acheté vers 1100 par Philippe I**er** à un vicomte de Bourges, le Berry a fourni l'Indre, une grande portion du Cher, des coins de la Creuse, de la Haute-Vienne, de la Vienne, du Loiret. Sa capitale était **Bourges**.

L'**Auvergne** devait son nom à la peuplade gauloise qui suscita Vercingétorix contre César, aux *Arvernes* défenseurs de Gergovie. Confisquée par François I**er** sur le connétable de Bourbon et définitivement réunie à la couronne (1610) par Louis XIII à son avènement, elle n'avait pas tout à fait 1 400 000 hectares. Elle allait des monts du Forez aux causses du Quercy, par-dessus les Dôme, les Dore et le Cantal. C'était le pays du moyen Allier, et sa richesse majeure était dans la Limagne. Ses divers pays, Dauphiné d'Auvergne, Livradois, Limagne, Combrailles, Artense, Planèze, etc., ont formé le Puy-de-Dôme, le Cantal et l'arrondissement de Brioude (Haute-Loire). Sa capitale était **Clermont-Ferrand**.

La **Picardie**, nom dont on connaît mal l'origine, fut annexée en 1463 par Louis XI, l'un des princes qui ont le plus agrandi la France. Vaste de 1 269 000 hectares, cette province partait du rivage de la Manche et remontait la Somme, puis l'Oise, jusqu'aux frontières du royaume des Pays-Bas. La Somme, une partie du Pas-de-Calais, de l'Aisne, de l'Oise, des Ardennes, ont été tirées de la Picardie, que composaient un certain nombre de petits pays : Amiénois, Vimeu, Ponthieu, Boulonnais, Pays reconquis ou Calaisis, Santerre, Vermandois, Thiérache. **Amiens** en était la capitale.

Le gouvernement d'**Angoumois-et-Saintonge** comprenait l'Angoumois, qui tenait son nom de sa capitale, **Angoulême** ; la Saintonge, ainsi appelée de son chef-lieu, **Saintes** ; l'Aunis, ayant pour ville **la Rochelle**. Il couvrait 1 178 000 hectares, appartenant pour la plus grande part, et de beaucoup, au bassin de la Charente. Il a formé la Charente-Inférieure, la Charente presque entière et des coins de la Dordogne et des Deux-Sèvres. L'Angoumois, patrimoine de François Ier, fut apporté par ce prince à son avènement, en 1515; la Saintonge est une conquête du connétable Duguesclin sur les Anglais, possesseurs de ce pays depuis le fameux mariage d'Eléonore de Guyenne; l'Aunis, qu'Eléonore avait aussi porté en dot à l'Angleterre, devint français en même temps que la Saintonge, en 1371, sous Charles V.

Le **Limousin**, où revit le nom des *Lemovices*, nation gauloise, avait 1 million d'hectares, tant dans le Haut que dans le Bas-Limousin. Il étendait ses froides pelouses sur le bassin supérieur de la Vienne et sur des affluents de la Dordogne, et se terminait à la vallée, ou plutôt aux couloirs de ce demi-fleuve, en face de l'Auvergne; ses châtaigneraies, ses prairies, ses brandes, ses monts, ses plateaux, sont maintenant la Corrèze et la plus grande partie de la Haute-Vienne; il a aussi fourni des terres à la Creuse et à la Dordogne. Sa capitale était **Limoges**.

Le **Maine**, dont, peut-être à tort, on a fait venir le nom de celui des *Cenomani*, peuplade gauloise, avait également un million d'hectares. Il appartenait presque en entier aux bassins de la Sarthe et de la Mayenne. Parmi ses pays, le plus important était le Perche, si bien que ce gouvernement s'appelait de son nom complet, **Maine-et-Perche**. Réuni par Louis XI, en 1481, le Maine, qui avait suivi le destin tour à tour anglais ou français de l'Anjou, a formé la Sarthe et les quatre cinquièmes de la Mayenne. **Le Mans** en était la capitale.

L'**Anjou** (894 000 hectares) était en équilibre sur les deux rives de la Loire, entre la Touraine et la Bretagne. Il tenait son nom des *Andecavi*, nation gauloise. Il appartint quelque temps aux Anglais, quand ses comtes, les

Plantagenets, devinrent rois d'Angleterre. C'est Louis XI qui l'unit à la France. On en a tiré le Maine-et-Loire et des lambeaux de la Mayenne, de la Sarthe et de l'Indre-et-Loire. Sa capitale était **Angers**.

La **Corse** (875 000 hectares), île de la Méditerranée, nous fut vendue en 1768 par les Génois pour 40 millions; l'année suivante, ses défenseurs avaient mis bas les armes. Elle forma d'abord deux départements, le Golo et le Liamone; elle n'en fait plus qu'un seul, la Corse. La capitale était **Bastia**.

Le **Bourbonnais** (789 000 hectares) tirait son nom de Bourbon-l'Archambault, ville d'où sortirent ses ducs, tige d'une grande famille royale. Confisqué par François Ier sur le connétable de Bourbon, c'était, avec le Berry, la province la plus centrale de la France : de l'ouest à l'est, il s'étendait sur le Cher et l'Allier jusqu'au cours de la Loire. On en a fait le département de l'Allier, le sixième du Puy-de-Dôme et des fractions de la Creuse et du Cher. Sa capitale était **Moulins**.

Le **Lyonnais**, vaste de 784 000 hectares, comprenait le Lyonnais proprement dit, que Philippe le Bel annexa dans les premières années du XIVe siècle, le **Forez** et le **Beaujolais**, qui ne revinrent à la couronne que sous François Ier. Coupé en deux par la ligne de faîte européenne, il avait deux versants : à l'est, la Saône et le Rhône coulaient droit au sud vers la Méditerranée; à l'ouest, la Loire, tributaire de l'Atlantique, marchait droit au nord, dans les plaines et les gorges du Forez. Le Lyonnais forma d'abord le département de Rhône-et-Loire, bientôt divisé en Loire et en Rhône; il a aussi donné quelques milliers d'hectares au Puy-de-Dôme. Sa capitale était **Lyon**.

L'**Alsace**, annexée sous Louis XIV, presque entièrement perdue en 1870, tirait son nom allemand, *Elsass*, de sa rivière l'Ill ou Ell. Grande de 768 000 hectares, cette province, d'où nous avions tiré le Haut-Rhin et le Bas-Rhin, et où nous n'avons conservé que le Territoire de Belfort, avait pour bornes, à l'est le Rhin qui la séparait de l'Allemagne, à l'ouest les Vosges qui la séparaient de la Lorraine. Sa capitale était **Strasbourg**.

La **Touraine**, sur la Loire, l'Indre, le Cher et la Vienne, se nommait ainsi de son ancien peuple gaulois, les *Turones*. Elle fut anglaise en même temps que le Maine et l'Anjou. Réunie sous Louis XI, elle contenait 694 000 hectares et renfermait divers petits pays. On en a formé les neufs dixièmes de l'Indre-et-Loire, un peu plus du septième de la Vienne et un très petit lambeau du Loir-et-Cher. Sa capitale était **Tours.**

Le **Béarn**, au pied des Pyrénées, dans le bassin de l'Adour, avait près de 650 000 hectares d'étendue en y comprenant la **Navarre française**. Il se nommait ainsi de son antique ville de *Beneharnum*, qui a disparu[1]. Réuni par Henri IV, il a donné les quatre cinquièmes des Basses-Pyrénées et un morceau des Landes. Sa capitale était **Pau**.

Le **Nivernais**, ainsi nommé de sa capitale, fut acheté par le cardinal de Mazarin, ministre de Louis XIV, en 1659. De ses 640 000 hectares, qui s'étendaient sur les monts du Morvan et le val de la Loire, on a composé le département de la Nièvre. Sa capitale était **Nevers**.

La **Flandre française**, conquise sous Louis XIV, assurée à la France par la paix de Nimègue en 1678, touchait à la Flandre belge, ainsi qu'au Hainaut, province wallonne de la Belgique. Ses trois pays, la Flandre propre, le Hainaut français et le Cambrésis, couvraient ensemble

---

C'est peut-être Lescar, à 8 kilomètres de Pau.

581 000 hectares, dont on a tiré le Nord et un tout petit coin des Ardennes. Sa capitale était **Lille**.

La **Marche** s'appelait ainsi de ce qu'elle était la marche, c'est-à-dire la frontière de la France du côté du Limousin. Confisquée par François Ier sur le connétable de Bourbon, elle s'appuyait au Massif Central. Elle avait 490 000 hectares, qu'on a distribués entre la Creuse, la Haute-Vienne, la Charente et l'Indre : ces deux derniers pour une part minime. Sa capitale était **Guéret**.

L'**Artois**, acquis par les armes sous Louis XIII, tirait son nom des *Atrebates*, antique peuplade. La Flandre le séparait de la Belgique, la Picardie de la mer. Ses 478 000 hectares se sont fondus dans le Pas-de-Calais, et pour très peu dans la Somme. Sa capitale était **Arras**.

Le **comté de Foix**, au pied des Pyrénées, a donné ses 406 000 hectares au département de l'Ariège. Nous le devons à Henri IV. Il avait pour capitale **Foix**.

Le **Roussillon**, sur la Méditerranée et dans les Pyrénées, tenait son nom de *Ruscino*, ville disparue depuis bien des siècles, et dont le site, jadis riverain de la Têt et de la Méditerranée, est maintenant fort éloigné de la mer, au milieu de prés et de vignes, au lieu dit Castel-Roussillon ou Castell-Rossello, à mi-chemin de Perpignan à Canet. C'est une conquête de Louis XIII. Cette province avait 365 000 hectares, formant divers petits pays : Vallspire, Aspres, Conflent, Cerdagne, Capsir. On en a tiré les neuf dixièmes des Pyrénées-Orientales. Sa capitale était **Perpignan**.

Le **Comtat Venaissin** (181 000 hectares), annexé en 1791, a disparu, avec la principauté d'Orange (16 000 hectares) et avec Avignon, dans le département de Vaucluse. Terre papale, il était ainsi nommé de Vénasque, l'une de ses villes. Il avait **Carpentras** pour capitale.

A ces provinces de l'ancienne France il faut ajouter la Savoie et le comté de Nice, qui sont à nous depuis 1860, à la suite d'un vote unanime des Savoisiens et des Niçois.

La **Savoie**, environ 1 100 000 hectares, est le pays élevé d'où sont descendues l'indépendance et la puissance de l'Italie. Comprise tout entière dans les Alpes, elle versait toutes ses eaux dans le Rhône. Elle comprenait un grand nombre de petits pays : Tarentaise, Maurienne, Haute-Savoie, Savoie propre, Beauges, Faucigny, Chablais, Génevois. On l'a disloquée en deux départements : la Savoie et la Haute-Savoie. Sa capitale était **Chambéry**.

Le **Comté de Nice**, adossé aux Alpes et regardant la Méditerranée, n'avait pas 300 000 hectares. Il a formé les deux tiers des Alpes-Maritimes. Sa capitale était **Nice**.

CHAPITRE X

LES DÉPARTEMENTS

1° **Division par départements, arrondissements, cantons, communes.** — Les vieilles provinces firent place, pendant la tourmente révolutionnaire, à des départements qui sont fort inégaux, comme l'étaient ces provinces mêmes.

De 1790 à 1860, ce nouveau damier de la terre française subit quelques remaniements administratifs : on scinda le Rhône-et-Loire en Loire et en Rhône ; on créa le Tarn-et-Garonne en 1808 aux dépens de la Haute-Garonne, du Gers, du Lot-et-Garonne, et du Lot ; enfin on réunit le Golo et le Liamone en un seul département, la Corse.

En 1860, la victoire ayant agrandi la France, nous passâmes de 86 à 89 départements : la Savoie, la Haute-Savoie, les Alpes-Maritimes apparurent sur le plan de la patrie.

En 1871, la défaite ayant diminué notre sol, le Bas-Rhin, le Haut-Rhin, la Moselle, disparurent de la carte de France : du Haut-Rhin, il resta le Territoire de Belfort; de la Moselle et de la Meurthe, des tronçons que nous avons réunis, et qu'on appelle Meurthe-et-Moselle.

Et nous n'avons plus que 87 départements : ou plus exactement 86 et un Territoire très inférieur à l'arrondissement moyen.

De ces départements, qu'administre un préfet, les dix plus grands sont : la **Gironde**, qui dépasse un million d'hectares, les Landes (932 000), la Dordogne (918 000), la Côte-d'Or (876 000), la Corse (875 000), l'Aveyron (874 000), Saône-et-Loire (855 000), l'Isère (829 000), la Marne (818 000), le Puy-de-Dôme (795 000).

Les dix plus petits sont la **Seine** (47 550 hectares), le Territoire de Belfort (61 000), le Rhône (279 000), Vaucluse (355 000), le Tarn-et-Garonne (372 000), les Pyrénées-Orientales (412 000), les Alpes-Maritimes (420 000), les Hautes-Pyrénées (453 000), la Loire (476 000), l'Ariège (489 000).

La moyenne du département étant de 607 552 hectares, l'Orne (610 000), l'Indre-et-Loire (611 000), la Seine-Inférieure (603 000), les Deux-Sèvres (600 000) se rapprochent le plus de cette moyenne.

Les dix départements les plus peuplés sont, d'après le dénombrement de 1876, la **Seine** (2 411 000 habitants), le Nord (1 520 000), la Seine-Inférieure (798 000), le Pas-de-Calais (793 000), la Gironde (735 000), le Rhône (705 000), le Finistère (666 000), les Côtes-du-Nord (631 000), Saône-et-Loire (614 000), la Loire-Inférieure (613 000).

Ceux qui ont le moins d'habitants sont : le **Territoire de Belfort** (69 000 habitants), les Hautes-Alpes (119 000), les Basses-Alpes (136 000), la Lozère (138 000), les Pyrénées-Orientales (198 000), les Alpes-Maritimes (204 000), le Tarn-et-Garonne (221 000), le Cantal (231 000), les Hautes-Pyrénées (238 000), l'Ariège (245 000).

Le département moyen ayant 424 200 habitants, le Gard (424 000), les Basses-Pyrénées (432 000), l'Aveyron (414 000) se rapprochent le plus de cette moyenne de population.

Chaque département se divise en arrondissements ayant à leur tête un sous-préfet : la France avait 373 arrondissements avant la dernière guerre : elle en a perdu 8 entièrement, 6 en partie. Il ne lui en reste plus que 362. En moyenne, l'arrondissement a 8 cantons, 146 000 hectares et 102 000 âmes. Le plus grand de tous c'est celui de **Mont-de-Marsan**, dans les Landes : vaste de 518 436 hectares, il est supérieur en étendue à nombre de départements, mais sa population de 109 000 habitants seulement dépasse à peine celle de l'arrondissement moyen, ce pays n'étant que sables, alios, bruyères, landes rases, bois de pins, étangs littoraux et dunes. Les plus petits arrondissements sont ceux de la Seine, Paris, Saint-Denis et Sceaux. — Ces deux derniers en voie de suppression ; — et en dehors de la Seine, qui n'est en somme qu'une ville et non pas un pays, celui de **Gex** (39 845 hectares), dans l'Ain, à la frontière de Suisse. Le plus peuplé, c'est celui de **Lille** (591 000 habitants), dans le Nord, fait des campagnes les moins rurales de la France : au fond, cet arrondissement-là est un petit Paris dispersé sur 87 409 hectares. Le moins peuplé, c'est celui de **Barcelonnette** (14 704 habitants), dans les Basses-Alpes : sur ses 105 962 hectares, il aurait 715 000 âmes si la population y était aussi dense que dans l'arrondissement de Lille ; à surface égale il est donc 48 à 49 fois moins peuplé.

Chaque arrondissement se divise en cantons. Le canton est un ensemble de communes ayant le même juge de paix et nommant ensemble un conseiller général : avant 1870, il y avait en France 2941 cantons. Les désastres qui ont ébréché le pays nous en ont enlevé 84 entièrement, et 13 en partie. Il nous en reste 2863. En moyenne, le canton a 18463 hectares, avec 12 900 habitants. Le plus vaste des cantons, c'est celui de **Castelnau-de-Médoc**, qui, malgré ce mot de Médoc, est surtout un terrain de Landes ; il s'étend de la Gironde à la mer, sur 80 864 hectares, le double de l'arrondissement de Gex. Les cantons les plus petits sont ceux qui se partagent certaines de nos grandes et de nos moyennes villes avec ou sans la banlieue, les cantons urbains, par opposition aux ruraux. Le moins peuplé c'est celui de **Barcelonnette** (853 habitants), dans l'arrondissement de Gap (Hautes-Alpes).

Nous avions 37548 communes. Sedan, Metz et Paris nous en ont pris 1689. La France en a maintenant 36056, d'une surface moyenne de 1468 hectares, d'une population moyenne de 1023 à 1024 habitants. Comme étendue, comme population, ces communes sont incroyablement inégales. La plus grande, **Arles**, a 119 053 hectares, soit les 4/5 d'un arrondissement moyen ; les deux plus petites n'en ont que *neuf :* le **Plessis-Balisson**, dans les Côtes-du-Nord [1], à 5 kilomètres de la Manche, sur une abrupte colline presque cernée de ruisseaux ; et **Tudy**, celle-ci tout à fait entourée d'eau, car c'est une île de l'Atlantique, sur la côte du Finistère [2]. La plus peuplée, **Paris**, approche de 2 millions d'âmes, de 2 500 000 avec la banlieue ; la moins peuplée, dans la Haute-Marne, n'en a que *quinze :* on l'appelle **Morteau** [3] ; elle regarde la vallée de prairies d'un affluent de la Marne, le Rognon, et des forêts bordent ces prairies.

---

[1] Canton de Plancoët, arrondissement de Dinan.

[2] Dans l'anse de Bénodet, canton de Pont-l'Abbé, arrondissement de Quimper.

[3] Canton d'Andelot, arrondissement de Chaumont-en-Bassigny.

Arles doit l'immensité de son territoire à ce qu'elle règne sur deux contrées encore désertes, la Camargue et la Crau, où l'homme lutte contre plusieurs puissances de la nature et contre un de ses pires fléaux, puisqu'il y combat à la fois un grand et fantasque fleuve en bataille éternelle avec la mer, de vastes marais sous un lourd soleil, des plaines de boue, des champs de cailloux et la fièvre. Et comme Arles, fille de Grecs, les grandes communes de France commandent presque toutes à des solitudes :

A des glaces, à des névés, à des roches, à des éboulis des Alpes, comme Saint-Christophe-en-Oisans (24 286 hectares) au pied du Pelvoux, et Chamonix (16 309) au pied du Mont-Blanc ;

A des pics, à des bois, à des pâtis des Pyrénées, comme Laruns (23 872) et Cauterets (15 755) ;

A des monts, à des terres vagues, à des communaux, à des maquis, comme Sartène (20 244) et Corte (18 248) ;

A des collines d'oliviers, à des langues de sable, à des salines, comme Hyères (22 264) ; à de petites montagnes ravinées, comme Marseille (22 800) ; à des garrigues, comme Nîmes (16 142) ; à des étangs et à des cordons de sable, comme Agde (56 736) et Narbonne (17 415) ;

A des causses, comme Millau (16 823) et Nant (10 941) ou Sévérac-le-Château (10 597) ;

A des landes mêlées de pins, comme le Porge (22 157) ; à des étangs et à des dunes, comme la-Teste-de-Buch (19 126) et Biscarosse (19 217) ;

A des bois, à des étangs de Sologne, comme Brinon (11 365) et Salbris-sur-Sauldre (10 641) ;

A des bruyères de Bretagne comme Scaër (11 759) ; à des landes, à des caps nus, à de noirs écueils, comme Crozon (10 730) ;

A de vastes forêts, comme Fontainebleau (17 015).

Les grandes communes sont nombreuses ; il y en a bien 120 supérieures à 10 000 hectares ; les petites le sont également, et surtout celles qui n'ont qu'un nombre d'habitants dérisoire : 3295 n'ont pas 2000 âmes, 653 sont inférieures à 100 habitants, plus de 50 n'ont même pas 50 citoyens, 26 n'en ont pas 40, 10 n'en ont pas 30, une est au-dessous de 20 : en tout, 3000 à 4000 qui méritent bien le nom, probablement sarcastique, porté par l'une d'entre elles, le **Petit-Paris** (75 habitants), dans les montagnes de la Drôme [1].

2° **Noms des départements.** — Nos départements ont été tracés sans soin, nommés sans intelligence; on y a réuni des pays différant de mœurs et d'histoire, des climats divers, des bassins divergents, des sols disparates, des cantons « étonnés de se trouver ensemble », et, à ces départements ainsi faits au hasard, on a donné trop souvent des limites conventionnelles. Au lieu de s'arrêter à des obstacles naturels, montagnes, faîtes, rivières ou tout au moins ruisseaux, on les voit qui finissent à l'aventure, en plein champ, coupant droit les crêtes au lieu de fléchir avec elles, traversant les eaux dont elles pourraient accompagner l'onduleux voyage. Même certains départements renferment des enclaves : cinq communes des Hautes-Pyrénées sont emprisonnées, en deux blocs, dans les Basses-Pyrénées, et le canton de Valréas, qui dépend de Vaucluse, est encastré dans la Drôme. Il n'y a rien de naturel, rien de vivant, rien de « fatal » dans la plupart de ces frontières : elles sont d'ordre administratif et paperassier; à celles des arrondissements, des cantons, des communes, on peut faire les mêmes reproches.

Leurs noms aussi laissent à désirer. Quand on désigna les départements, voici bientôt quatre-vingt-dix années, on ne connaissait ni la Terre, ni les climats, ni les hommes; on n'avait aucune idée de la vertu des neiges éternelles, de la puissance des monts et surtout des plateaux ; on ignorait que ces cimes, que ces plans, partagent les

---

[1] Canton de la Motte-Chalançon, arrondissement de Die.

vents, distribuent les climats, attirent les pluies ; on ne se doutait pas qu'ils font les races qui ne veulent pas servir. On ne savait point quelle influence ont les steppes, les déserts, les « champagnes » nues, les forêts.

On n'avait pas de chemins de fer, à peine des chaussées, et les rivières primaient tout ; elles portaient les hommes et les choses, elles prêtaient leurs vallées aux routes ; on n'ignorait pas tout à fait la vapeur, mais on ne lui commandait point ; faute de machines, l'eau courante faisait tourner toutes les meules des moulins, elle agitait toutes les roues et tous les battants de l'industrie.

Comment n'aurait-on pas béni, célébré les rivières ? On les maudissait aussi quelquefois ; sans ponts, elles séparaient bien plus qu'aujourd'hui leurs deux bords, et leur traversée en barque était la grande aventure des voyages.

C'est pour cela que la Plaine, la Montagne, le Plateau, le Causse, le Steppe, la Forêt, la Mer, ont si peu de part à la nomenclature moderne de notre territoire. Sur nos 87 départements un n'est pas encore nommé, c'est le Territoire de Belfort ; un autre, la Corse, a conservé son nom d'île, et deux, la Savoie et la Haute-Savoie, le glorieux nom de leur province ; treize ont des noms de montagnes, parfois mal choisis : Basses-Alpes, Hautes-Alpes, Alpes-Maritimes, Ardennes, Cantal, Côte-d'Or, Jura, Lozère, Puy-de-Dôme, Basses-Pyrénées, Hautes-Pyrénées, Pyrénées-Orientales, Vosges ; cinq, le Pas-de-Calais, le Calvados, la Manche, les Côtes-du-Nord, le Morbihan, doivent leur nom à la mer ou à son rivage ; deux le tiennent de leur situation, le Finistère et le Nord : ce dernier appelant par contraste un département du Midi, qui n'existe pas, non plus qu'un département du Centre ; un seul, les Landes, porte un nom de région naturelle. Restent 62 noms de rivière, dont un, bien mérité, pour la fontaine de Vaucluse : noms simples comme Seine, ou doubles comme Seine-et-Marne, Loir-et-Cher, Tarn-et-Garonne. Le contraire eût mieux valu : 25 noms pour les Rivières, 60 et plus consacrés à la Mer, à la Montagne, aux Plateaux, aux Causses, aux divers grands traits de la nature physique. Combien nos cartes seraient plus franches si l'on y voyait des départements nommés Causses-et-Ségalas, Causses-Inférieures, ou Grands-Causses, Volcans-Eteints, Plateau-de-Millevache, Bresse-et-Jura, Vosges-et-Faucilles, Ardennes-et-Champagne, Beauce-et-Perche, Beauce-et-Sologne, Brenne-et-Bois-chaut, Bocage-et-Marais, Esterel-et-Maures, Cévennes-et-Corbières! Et parmi ceux qu'on désignerait d'après leurs rivières, il y en aurait dont les noms seraient vrais et charmants à la fois, comme Gaves-et-Nestes, Nants-et-Dorons.

3° **Les quatre-vingt-sept départements.** — L'Ain tire son nom d'une belle rivière qui le coupe en deux blocs presque égaux avant d'aller se perdre dans le Rhône : on eût pu l'appeler de préférence Bresse-et-Jura ou Dombes-et-Jura, la Dombes et la Bresse partageant son territoire avec les plateaux jurassiens. Ce département frontière, qui touche aux cantons de Vaud et de Genève (Suisse), a son chef-lieu, Bourg-en-Bresse, au sud-est de Paris, à 478 kilomètres par chemin de fer, à 365 seulement en ligne droite.

Sur 580 000 hectares, dont un huitième encore indéfriché, l'Ain nourrit 365 000 habitants, 68 000 à 69 000 de plus qu'au premier recensement du siècle (1801) : cela fait 63 personnes par kilomètre carré ou par 100 hectares, la moyenne de la France étant de 70.

Il a pour lieu le plus haut le Crêt de la Neige (1723 mètres), qui est en même temps la cime suprême de tous les monts du Jura. Le lieu le plus bas, c'est le passage du Rhône (et aussi celui de la Saône) dans le département du Rhône, 166 mètres environ : ce qui donne au territoire une pente totale de 1557 mètres, différence de niveau telle que ce pays étage plusieurs climats, plusieurs végétations, depuis la nature molle, douce, des bords de la Saône, jusqu'à la nature âpre, froide, renfrognée, marâtre, des hauts plateaux du Jura. D'ailleurs, l'Ain est fait de deux régions essentiellement disparates : à l'ouest la **Plaine**, à l'est le **Plateau** ou Montagne.

Toutes les eaux du territoire vont passer devant Lyon, soit que le Rhône, soit que la Saône les y mène ; le pays est donc tout entier dans le bassin du fleuve de Provence.

Formé de quatre cantons de l'ancienne Bourgogne, Bresse, Dombes, Bugey, pays de Gex, l'Ain a 5 arrondissements, 36 cantons, 453 communes. Il a pour chef-lieu **Bourg-en-Bresse**, ville de 15 000 à 16 000 habitants ; pour sous-préfectures Belley (5000 hab.), Gex (2700), Nantua (3400), Trévoux (2900).

L'**Aisne** tient son nom d'une rivière qui le traverse de l'est à l'ouest et y baigne Soissons ; comme il est parcouru par d'autres rivières, notamment la Marne et l'Oise, celle-ci au sud de l'Aisne, celle-là au nord, les noms d'Aisne-et-Marne, d'Aisne-et-Oise, d'Oise-et-Marne, auraient été plus complets. Situé dans la région septentrionale de la France, à la frontière de Belgique, il a son chef-lieu, Laon, au nord-est de Paris, à 140 kilomètres par chemin de fer, à 120 seulement à vol d'oiseau.

Sur 735 000 hectares, il entretient 560 000 habitants, soit environ 134 000 de plus qu'en 1801 : cela fait 76 personnes par 100 hectares, 6 de plus que la moyenne de la France.

De son point le plus bas, qui est l'endroit où l'Oise quitte son territoire par 37 mètres au-dessus des mers, jusqu'à son point le plus haut, qui est une colline de 284 mètres voisine de la Belgique, dans le bois de Wattigny, il n'y a que 247 mètres de différence de niveau. Ce n'est pas assez pour donner au pays la diversité d'aspects, de climats, de plantes qu'on admire dans la moitié de nos départements ; ce qu'il a de beautés, il le doit à ses grands bois, à ses gracieuses rivières accrues par des sources jaillissant de la craie.

Du nord au sud il comprend la **Thiérache**, qui a des

collines et des forêts, et à l'ouest de la Thiérache le **Vermandois**, d'où sortent la Somme et l'Escaut; le **Laonnais**, terre crayeuse, çà et là bien nue; le **Soissonnais**, rives riantes de l'Aisne; le **Tardenois**, petite « Arcadie », pays de hauts coteaux, de bosquets, de vallées profondes, ayant à l'ouest-nord-ouest un coin du **Valois** avec la forêt de Villers-Cotterets; enfin, au midi de la Marne sinueuse, la **Brie**, qui manque d'arbres.

L'Oise avec l'Aisne, la Marne avec l'Ourcq, emportent presque toutes ses eaux vers la Seine; mais l'Escaut naît dans le département et le pays de Saint-Quentin appartient au bassin de la Somme.

Formée de quatre pays de l'Ile-de-France (Laonnais, Noyonnais, Soissonnais, Valois) et de deux pays picards (Thiérache et Vermandois), l'Aisne est divisée en 5 arrondissements, 37 cantons, 837 communes.

Son chef-lieu est **Laon** (12100 hab.), sa plus grande ville **Saint-Quentin** (39000); il a pour sous-préfectures Château-Thierry (6900), Saint-Quentin, Soissons (11100), Vervins (3100).

L'**Allier** est ainsi nommé de la rivière qui y baigne Vichy et Moulins : Allier-et-Cher eût été plus complet. Situé dans la région centrale, il a son chef-lieu, Moulins, au sud-sud-est de Paris, à 313 kilomètres par chemin de fer, à 262 seulement à vol d'oiseau.

Grand de 731000 hectares, il a 406000 âmes, soit 157000 de plus qu'en 1801 : c'est un des départements où la population s'accroît avec le plus de constance. Il nourrit 55 à 56 habitants par 100 hectares, 14 à 15 de moins que la moyenne de la France.

Sa plus fière montagne, le Puy-de-Montoncel (1292 mètres), domine de 1130 mètres le point le plus bas du département, qui est l'endroit où le Cher quitte le territoire par 162 mètres d'altitude. Cette pente comporte plusieurs étages de températures, depuis le climat des bords de la Loire, de l'Allier, du Cher, plein de mansuétude même en hiver, jusqu'à celui des Bois Noirs et des Monts de la Madeleine, dur même en été. D'autre part, le pays doit une variété grande à la diversité de ses sols, gneiss, micaschistes, granits, terrains houillers, miocènes, pliocènes, alluvions : si bien qu'on y distingue quelques régions naturelles : la **Montagne**, à l'angle sud-est ; les **Landes**[1], semées d'étangs, à l'est de Moulins, autour de Chevagnes ; le **massif de Commentry**, à l'est et au sud-est de Montluçon ; les **collines de Bourbon**, à l'ouest de Moulins, autour de Bourbon-l'Archambault. Toutes les eaux vont à la Loire : directement, ou par l'Allier, ou par le Cher.

Il a pour chef-lieu **Moulins** (21 800 hab.), pour principale ville **Montluçon** (23 400), pour sous-préfectures Gannat (5600), Lapalisse (2700), Montluçon. **Commentry**, ville houillère, a 13 000 âmes.

Les **Basses-Alpes** sont ainsi nommées des monts alpins qui les sillonnent en tous sens et qui, bien que très hauts, n'ont pas l'élévation des Alpes de la Savoie et du Dauphiné. Ce nom, de même que celui des Basses-Pyrénées, a le grand défaut d'évoquer l'idée de petites montagnes à propos d'un pays où de nombreux pics approchent de la neige éternelle. On eût pu l'appeler autrement, d'après telle ou telle de ses chaînes, ou, d'après ses rivières, département du Verdon ou de Var-et-Durance. Département frontière de la région du sud-est, touchant au Piémont (Italie), il a son chef-lieu, Digne, au sud-sud-est de Paris, à 703 kilomètres par chemin de fer, à 610 seulement à vol d'oiseau.

Vaste de 695 000 hectares, il n'a que 136 000 habitants, ce qui ne fait pas même 20 par 100 hectares : relativement, c'est le moins peuplé de nos départements. Sa population dépasse à peine de 2000 le chiffre de 1801.

Sur la frontière d'Italie, l'Aiguille de Chambeyron a

---

[1] Appelées aussi **Sologne Bourbonnaise**.

3400 mètres; à l'autre extrémité du territoire, à l'endroit où la Durance le quitte près du confluent du Verdon, la hauteur au-dessus des mers n'est que de 250 mètres : cette énorme différence de niveau et les immenses rugosités d'un sol calcaire ou crayeux créent dans les Basses-Alpes une infinité de climats : tellement que l'olivier croît dans les vallées inférieures, sous un soleil presque italien, déjà provençal, tandis que les monts supérieurs sont une dure Sibérie, neiges blanches et glaciers vitreux.

Sauf à l'est et au nord-est de Castellane où les eaux du pays d'Annot et d'Entrevaux courent vers le Var, fleuve côtier, toutes les neiges, toutes les pluies des Basses-Alpes sont entraînées vers le Rhône par la Nesque, le Caulon et la terrible Durance.

Formées d'une partie de l'ancienne Provence, les Basses-Alpes ont 5 arrondissements, 30 cantons, 251 communes.

Le chef-lieu, c'est **Digne** (7200 hab.); les sous-préfectures sont Barcelonnette (2100), Castellane (1900), Forcalquier (2700), Sisteron (4300). Manosque a plus de 6000 âmes.

Les **Hautes-Alpes** doivent leur nom à des Alpes qui n'avaient pas de rivales en France avant l'accession de la Savoie. Les noms de Pelvoux ou de Pelvoux-et-Dévoluy convenaient bien à ce département frontière du sud-est, qui touche au Piémont (Italie), et dont le chef-lieu, Gap, est au sud-sud-est de Paris, à 648 kilomètres par les routes, à 565 seulement à vol d'oiseau.

Vaste de 559 000 hectares, il ne supporte que 119 000 habitants, soit 21 à 22 par 100 hectares : pas même le tiers de la densité moyenne de la population en France; depuis 1801, il n'a guère gagné que 6000 âmes. D'un recensement à l'autre, tantôt il reste à peu près stationnaire, tantôt il recule. Ce n'est pas qu'il ait peu de naissances; mais on y meurt plus qu'ailleurs, à cause de la rudesse du climat, du malentretien des chaumières, de l'excès de pauvreté; puis il en part beaucoup d'émigrants sans esprit de retour, comme aussi des Basses-Alpes.

De 4103 mètres, altitude suprême de la Barre des Écrins (Pelvoux), le territoire des Hautes-Alpes descend à 455 mètres à l'endroit où le Buech passe dans les Basses-Alpes, soit une pente d'environ 3650 mètres : un pays étagé sur une pareille différence de niveau, et d'ailleurs appartenant à des roches diverses, gneiss, schistes, granits, craies et calcaires, ne peut manquer d'offrir, suivant les hauteurs, les expositions, les natures de sol, une prodigieuse variété de climats; et de fait, sur le Pelvoux il a le Pôle, et dans les gorges qui s'ouvrent sur la Durance moyenne et sur le Buech inférieur, le ciel est éclatant, le soleil chaud, comme on peut l'attendre de lieux plus méridionaux que Gênes la Superbe, la ville des palais de marbre.

Tous les torrents des Hautes-Alpes coulent, ou plutôt courent, ou, mieux encore, plongent vers le Rhône : soit par la Romanche et le Drac, rivières du bassin de l'Isère, soit par l'Aygues, soit surtout par la Durance.

Terre de Dauphiné, sauf quelques milliers d'hectares de l'ancienne Provence, les Hautes-Alpes sont divisées en 3 arrondissements, 24 cantons, 189 communes; elles ont pour chef-lieu **Gap** (9300 hab.), pour sous-préfectures Briançon (4500) et Embrun (4000).

Les **Alpes-Maritimes** tirent leur nom de leurs montagnes, Alpes dont la Méditerranée baigne les promontoires. Ce département frontière, qui touche à l'Italie, a son chef-lieu, Nice, au sud-sud-est de Paris, à 1088 kilomètres par chemin de fer, à 695 seulement à vol d'oiseau.

Vaste de 393 000 hectares, il a 204 000 habitants, soit environ 9000 de plus qu'en 1861, premier recensement après l'annexion. Sa population spécifique, 51 à 52 personnes par 100 hectares, est de 18 à 19 au-dessous de la moyenne générale de la France.

Nice.

S'élevant de la Méditerranée à 3029 mètres, hauteur du sommet de Ciatancias, il connaît de nombreux climats, du printemps presque perpétuel de certains ravins littoraux à l'hiver presque éternel de plusieurs de ses cimes ; par cela même, il étage des zones de végétation, depuis le dattier des rives de la mer jusqu'au sapin ployant sous la neige. C'est là son originalité ; c'est, ce sera sa fortune, car de plus en plus on y bâtit des villas de plaisance et des villas de santé qu'habitent des désœuvrés, des fatigués, des fourbus, des condamnés à la mort et des mourants de toutes les nations du monde : villas d'hiver sur le rivage et dans les vallées basses, villas d'été sur la montagne. Les torrents constants qui puisent à ses hauts frimas, les ravines sèches dont l'orage parfois change le silence en un bruit de tonnerre, amènent leurs eaux à des fleuves côtiers, Siagne, Loup, Cagne, Var, Paillon, Roya ; un petit territoire, à l'est, se verse dans l'Artubi, sous-affluent du Rhône par le Verdon et la Durance.

Formées du comté de Nice, que l'Italie nous a cédé en 1859, et d'un lambeau de Provence que nous possédons depuis des siècles, les Alpes-Maritimes se divisent en 3 arrondissements, 25 cantons, 152 communes.

Leur chef-lieu est **Nice** (53 400 hab.) ; elles ont pour sous-préfectures Grasse (13 100) et Puget-Theniers (1400) ; **Cannes** 14 000 âmes, **Menton** 7800, Antibes 6800.

L'Ardèche est ainsi appelée d'un torrent qui baigne la colline d'Aubenas et qui a des eaux vertes, des gorges admirables, mais on eût pu donner de meilleurs noms à ce territoire : département du Mézenc, de sa plus haute montagne ; département du Coiron, de sa chaîne centrale ; département du Pont-d'Arc, de son pont naturel sur l'Ardèche, le plus grandiose qu'il y ait : moins élevé que le Pont d'Icononzo, sur le Rio Grande de la Suma Paz, en Colombie (Amérique du Sud), ce n'est pas comme cette « merveille » néo-grenadine un simple bloc de grès arrêté sur une console de schiste; c'est un arc de triomphe immense sous lequel passe éternellement le conquérant qui l'a creusé dans le roc, l'Ardèche, dont souvent des orages subits font pour quelques heures l'un des grands fleuves de l'Europe. Située dans la région du sud-est, l'Ardèche a son chef-lieu, Privas, à 667 kilomètres de Paris par chemin de fer, à 480 seulement en ligne droite.

Sur 553 000 hectares, il renferme 384 000 habitants, soit environ 70 par 100 hectares, ce qui est justement la moyenne de la France. Depuis le commencement du siècle, il a gagné 118 000 personnes.

De son lieu le plus bas, l'endroit où le Rhône cesse de longer le département (40 mètres), à son lieu le plus haut, le sommet du Mézenc (1754 mètres), la différence de niveau, qui est de 1714 mètres, comporte plusieurs climats, plusieurs zones de végétation, depuis l'olivier et le mûrier jusqu'aux plantes amies du froid demi-polaire. Les eaux de ses montagnes vont au Rhône ou à la Loire : le premier de ces fleuves réclame 500 000 environ hectares ; le second, qui a précisément ses sources dans l'Ardèche, n'y possède que 50 000 hectares ou un peu plus.

Formé du Vivarais, pays de l'ancien Languedoc, l'Ardèche comprend 3 arrondissements, 31 cantons, 339 communes.

Son chef-lieu est **Privas** (7800 hab.); sa ville la plus grande et la plus riche **Annonay** (15 800); ses sous-préfectures sont Largentière (3000) et Tournon (6100). Aubenas a 7800 âmes.

Le département des **Ardennes** est ainsi appelé de sa principale protubérance, les Ardennes, collines de schiste soutenant de vastes plateaux. Ardennes-et-Champagne vaudrait mieux : ce nom dirait qu'à côté des **Ardennes**, humides et boisées, il y a ici des plaines de craie sèche relevant de la **Champagne**; mais il manquerait encore à ce nom la mention d'une troisième région naturelle, l'**Argonne**, coteaux de calcaire jurassique. Département frontière touchant à trois provinces de la Belgique, au Hainaut, à la province de Namur, au Luxembourg, il a son chef-lieu, Mézières, au nord-est de Paris, à 248 kilomètres par chemin de fer, à 198 seulement en ligne droite.

Sur ses 523 000 hectares vivent 327 000 personnes, soit 62 à 63 par 100 hectares : 7 à 8 au-dessous de la moyenne de la France. Il a 66 000 ou 67 000 âmes de plus qu'au dénombrement de 1801.

Du point le plus haut du territoire à l'endroit le plus bas il y a 446 mètres de différence de niveau, la Croix-Scaille, au sud-est de Fumay, près de la frontière belge, s'élevant à 504 mètres, tandis que les plaines où l'Aisne et la Retourne quittent le département ne dépassent pas l'altitude de 58 mètres. Ces 446 mètres de pente ne sauraient donner aux Ardennes une bien grande variété de climats et de végétation ; c'est la nature du sol qui lui vaut ses trois régions disparates, l'Ardenne, l'Argonne, la Champagne. Ses eaux se divisent entre la Meuse et la Seine : à la Meuse accourent, dans l'est et dans le nord, les ruisseaux d'un peu plus de la moitié du territoire ; vers l'Oise et l'Aisne, affluents de la Seine, se dirigent les cours d'eau de l'ouest et du sud.

Il a été formé d'un lambeau du Hainaut, dont la grande part est terre belge ; d'un morceau de la Picardie ; de la principauté de Sedan et de la Champagne propre, pays de l'ancienne Champagne. Il se divise en 5 arrondissements, 31 cantons, 502 communes.

Son chef-lieu est **Mézières** (5300 habitants), ses deux principales cités, **Sedan** (16 600) et **Charleville** (13 800), ses sous-préfectures Rethel (7400), Rocroi (2400), Sedan et Vouziers (3500).

L'**Ariège** tire son nom de sa principale rivière, qui baigne Foix, Pamiers, Saverdun ; Ariège-et-Salat serait

Vouziers.

plus complet ; deux noms étaient bien meilleurs : département du Montcalm ou département du Vallier, d'après ses deux principales montagnes. Territoire frontière, touchant au sud à la république d'Andorre et à la Catalogne (Espagne), il a son chef-lieu, Foix, au sud-sud-est de Paris, à 831 kilomètres par chemin de fer, à 660 en ligne droite.

Grand de 489 000 hectares seulement, il a 245 000 habitants, soit à peine 50 par 100 hectares : 20 de moins que la moyenne de la France. Depuis 1801, il n'a même pas gagné 50 000 âmes.

Du climat tempéré-chaud au climat semi-polaire, il embrasse toutes les températures, ayant ou peu s'en faut l'hiver dit éternel sur la croupe de ses hautes montagnes, et dans ses basses vallées un ciel tiède, ami des fruits et des fleurs : c'est que sa différence de niveau atteint 2946 mètres, le point le plus bas étant l'endroit où la Lèze passe en Haute-Garonne (195 mètres), et le plus haut, la cime de la Pique d'Estats (3141 mètres). Au bassin de la Garonne appartiennent ses torrents sans nombre, sauf ceux qui courent à l'Aude par des clus terribles, sur le quarantième environ du territoire, dans le bout du monde qu'on nomme le Donnézan.

Formé du pays de Foix, et du Couserans, terre de Gascogne, l'Ariège a 3 arrondissements, 20 cantons, 336 communes.

Son chef-lieu est **Foix** (6400 habitants), sa plus grande et plus opulente ville **Pamiers** (9000), ses sous-préfectures, Pamiers et Saint-Girons (5000).

L'**Aube** tire son nom d'une rivière qui le traverse du sud-est au nord-ouest, par Bar et Arcis; Aube-et-Seine se plus complet ; Champagne-et-Forêts aurait rappelé que le nord de ce territoire est craie nue de Champagne, mais que de grands bois en couvrent le sud : forêts d'Othe, d'Aumont, de Chaource, de Rumilly, du Grand-Orient, de Soulaine, de Bossigan, de Clairvaux, etc. Il a son chef-lieu, Troyes, au sud-est de Paris, à 167 kilomètres par chemin de fer, à 140 seulement à vol d'oiseau.

Vaste de 600 000 hectares, il ne porte que 255 000 habitants, soit 42 à 43 par 100 hectares : 27 à 28 au-dessous de la densité moyenne de la France. Il a 25 000 personnes seulement de plus qu'en 1801.

Son point le plus bas, l'endroit où la Seine passe en Seine-et-Marne, est à 60 mètres au-dessus des mers ; son point le plus haut, le Bois du Mont, dans la forêt de Clairvaux, au sud de Bar-sur-Aube, à 366 : cette différence de niveau de 306 mètres n'a pas la force de créer plusieurs étages de climats et de végétations ; les diversités de culture et d'aspect y tiennent essentiellement à la nature du sol qui, du sud-est au nord-ouest, appartient surtout à trois espèces de roches : au calcaire oolithique, à la craie inférieure, à la craie supérieure. Tous les ruisselets, tous les ruisseaux vont à la Seine ou à deux de ses affluents, l'Aube et l'Yonne.

Formée d'une portion de la province de Champagne et de lambeaux de la Bourgogne, l'Aube se divise en 5 arrondissements, 26 cantons, 446 communes.

Son chef-lieu est **Troyes** (41 300 habitants) ; ses sous-préfectures Arcis-sur-Aube (2800), Bar-sur-Aube (4500), Bar-sur-Seine (2800), Nogent-sur-Seine (3400).

L'**Aude** a reçu ce nom d'un petit fleuve qui le traverse du sud au nord, puis de l'ouest à l'est, et y baigne Limoux et Carcassonne. Deux autres noms lui auraient mieux convenu : département des Corbières, d'après les chaînons arides qui en couvrent la plus grande partie, ou Corbières-et-Cévennes. Il a son chef-lieu, Carcassonne, au sud de Paris, à 841 kilomètres par chemin de fer, à 630 seulement à vol d'oiseau.

Grand de 631 000 hectares, dont un tiers en friche, il a 300 000 habitants, soit 47 à 48 par 100 hectares : 22 à 23 de moins que la moyenne de la France. Depuis 1801, son gain est de 75 000 personnes.

Département maritime ayant pour point le plus bas le seuil même de la Méditerranée, il s'élève jusqu'à 2471 mètres, dans les Pyrénées, au pic de Madrès. Cette différence de niveau suffit pour instituer plusieurs climats, plusieurs zones de végétation : le territoire a d'ailleurs diverses natures de sol, notamment plusieurs espèces de craie et de calcaire, et au nord-ouest, avec des collines terreuses, de lourds ruisseaux, dans le Razès et le Lauraguais. Presque toutes ses eaux vont au fleuve d'Aude : au nord-ouest et à l'ouest, la pente est vers le Grand-Hers ou Hers-Vif, et le Petit-Hers ou Hers-Mort, rivières du bassin de la Garonne ; au sud et à l'est, deux fleuves côtiers, la Berre et l'Agly, recueillent les torrents de beaucoup de ravins.

Formé de quatre petits pays de l'ancien Languedoc, le Carcassez, le Lauraguais, le diocèse de Narbonne et le Razès, l'Aude a 4 arrondissements, 31 cantons, 436 communes.

Il a pour chef-lieu **Carcassonne** (26 000 habitants), pour sous-préfectures Castelnaudary (9000), Limoux (7000), **Narbonne** (20 000).

L'**Aveyron** s'appelle ainsi d'une rivière de peu d'abondance qui baigne Rodez et Villefranche-de-Rouergue. On avait le choix entre des noms meilleurs : Causses-et-Ségalas, d'après la nature de ses plateaux ; Aubrac-et-Larzac, de ses plus hautes montagnes et de son plateau le plus vaste ; Aubrac-et-Lévézou, etc. Il a son chef-lieu Rodez, au sud de Paris, à 663 kilomètres par chemin de fer, à 505 seulement à vol d'oiseau.

Sur 874 000 hectares, il a 414 000 habitants, soit 47 à 48 par 100 hectares : 22 à 23 au-dessous de la moyenne de la France ; c'est 87 000 personnes de plus qu'au dénombrement de 1801, bien qu'il ait perdu quelques terrains en 1808, à la formation du Tarn-et-Garonne.

Son lieu le plus bas, le passage de l'Aveyron dans le Tarn-et-Garonne, étant à 125 mètres, et son point le plus haut, dans les monts d'Aubrac, sur la frontière de la Lozère, à 1451, la différence de niveau est de 1326 mètres, assez pour superposer plusieurs climats, du tempéré au froid, et pour évoquer diverses végétations ; le sol, d'ailleurs, contribue à cette variété de plantes, étant divisé, suivant sa nature, en quatre terrains, *causse, ségalas, rougier* et *rivière* : granits, gneiss, schistes, terrain houiller, grès rouge, lias, oolithe, d'autres roches encore, l'Aveyron se distingue par une fort grande diversité de sols et de sous-sols. Toutes ses eaux vont à la Garonne, sauf celles d'une très petite partie du canton de Cornus, où naît l'Orb, tributaire de la Méditerranée.

Formé du Rouergue, pays de Guyenne, l'Aveyron se divise en 5 arrondissements, 42 cantons, 295 communes.

Son chef-lieu est **Rodez** (13 400 habitants); sa plus grande ville, **Millau** (15 600); ses sous-préfectures, Espalion (4000), Millau, Saint-Affrique (7600), Villefranche-de-Rouergue (10 100). **Aubin**, ville de houille, ville de forges, a 9900 âmes, **Decazeville**, rivale et voisine d'Aubin, 9500.

Le département des **Bouches-du-Rhône** tire son nom sa situation sur les branches inférieures du Rhône, de qui s'y perd en Méditerranée : nom excellent; on eût pu l'appeler également Alpines-et-Camargue ou Camargue-et-Crau, etc. Ce département maritime a son chef-lieu, Marseille, au sud-sud-est de Paris, à 863 kilomètres par chemin de fer, à 660 seulement à vol d'oiseau.

Vaste de 510 000 hectares, il a 556 000 habitants, soit 109 par 100 hectares, la moyenne de la France étant de 70; peu de départements sont aussi densément peuplés. Depuis 1801, il a gagné 272 000 personnes, grâce à l'industrie et au commerce de Marseille : ce n'est pas des roches vives, des lits de cailloux, des marais d'un territoire encore inculte en grande partie qu'il aurait pu tirer un pareil accroissement.

Du niveau de la Méditerranée ses terres montent jusqu'à 1043 mètres, hauteur du Baou de Bretagne, qui se dresse à l'est d'Aubagne, sur la frontière du Var, dans le massif de la Sainte-Baume. Cette différence de niveau comporte plusieurs étages de climats et de végétations ; les diverses natures du sol, terrains houillers, calcaires, craies, terrains miocènes, cailloux roulés, alluvions, aident également à la diversité des plantes. Ses eaux se divisent entre le Rhône et quelques fleuves côtiers, la Touloubre et l'Arc, affluents de l'étang de Berre, l'Huveaune, rivière de Marseille, etc. Du Rhône dépendent l'arrondissement d'Arles, l'ouest extrême et le nord de celui d'Aix ; c'est plus de la moitié du territoire.

Tronçon de la Provence, les Bouches-du-Rhône ont 3 arrondissements, 27 cantons, 108 communes.

Leur chef-lieu est **Marseille** (319 000 habitants), leurs sous-préfectures **Aix** (28 700) et **Arles** (25 100). **Tarascon** a 10 400 âmes : avec **Beaucaire** (Gard), qui lui fait face sur la rive droite du Rhône majestueux, c'est une ville de 19 000 à 20 000 habitants.

Le département du **Calvados** tire son nom d'un rocher de son littoral, ainsi appelé, par corruption, du *Salvador*, navire de l'Invincible Armada naufragé sur cet écueil. On eût dû lui laisser son premier nom d'**Orne-Inférieure** ou lui donner, d'après ses principales régions, ceux d'Auge-et-Bocage ou d'Auge-et-Bessin. Ce département maritime a son chef-lieu, Caen, à l'ouest-nord-ouest de Paris, à 239 kilomètres par chemin de fer, à 200 seulement à vol d'oiseau.

Grand de 552 000 hectares, il nourrit 450 000 habitants, soit 81 à 82 par 100 hectares : 11 à 12 de plus que la moyenne de la France. Il a 2000 personnes de moins qu'au premier dénombrement du siècle.

Il n'y a que 363 mètres de différence de niveau entre la Manche, plan des mers, et le sommet de la colline de Guilberville (363 mètres), au nord de la vallée de la Vire,

Marseille.

sur la route de Vire à Saint-Lô : ce n'est pas assez pour créer des végétations et des climats bien divers; mais les différentes natures du sol, craie, oolithe, lias, trias, terrain houiller, schistes, grès rouges, granits, lui donnent quelque variété, et l'on y distingue plusieurs régions naturelles : le **pays d'Auge** et le **Lieuvin**, sur le calcaire et la craie; la **campagne de Caen**, sur l'oolithe; le **Bessin**, sur de vieux calcaires; et le **Bocage**, sur les roches primitives. A l'exception de quelques communes du nordest qui se versent dans l'estuaire de la Manche, il envoie ses eaux à divers fleuves côtiers : Touques, Dives, Orne, Seulles, Vire.

Formé d'un morceau de la Normandie, il se divise en 6 arrondissements, 38 cantons, 764 communes.

Son chef-lieu est **Caen** (41 200 habitants); il a pour sous-préfectures Bayeux (8600 habitants), Falaise (8400), Lisieux (18 400), Pont-l'Evêque (2800), Vire (6700).

Le **Cantal** doit son nom à une montagne volcanique d'une grande beauté, et aussi d'une grande hauteur, puisque, parmi les monts français, elle ne le cède qu'au seul Puy de Sancy. Cantal-et-Margeride ou Cantal-et-Planèze seraient des noms plus complets. Il a son chef-lieu, Aurillac, au sud de Paris, à 590 kilomètres par chemin de fer, à 435 seulement à vol d'oiseau.

Sur 574 000 hectares, il n'a que 231 000 habitants, soit 40 par kilomètre carré : 30 au-dessous de la moyenne de la France; il n'a gagné que 11 000 personnes depuis 1801, non par l'infécondité des familles, mais par suite d'une émigration considérable vers Paris, vers presque toutes les villes de France, et aussi vers l'étranger, notamment vers l'Espagne.

Du sommet du Cantal (1858 mètres) au lieu le plus bas du territoire, celui où la rive droite du Lot cesse de longer le département (210 mètres), il y a 1648 mètres de descente : différence de niveau capable d'étager plusieurs climats, plusieurs végétations, depuis la zone tempérée jusqu'à la zone très froide des sapins fléchissant pendant des mois sous la neige; à cette variété de températures, de plantes et d'aspects, concourt la diversité des sols : granits, gneiss, micaschistes, terrains volcaniques, terrains houillers, terrains tertiaires. — Par la Truyère et le Célé, tributaires du Lot, par la Dordogne et ses affluents, la Rue, la Sumène, l'Auze, la Maronne, la Cère, tous les ruisseaux du Cantal vont à la Gironde, sauf ceux de quelques cantons du nord-est, dont la Gronce, le Céloux et l'Alagnon emportent les eaux vers l'Allier, frère de la Loire. En somme, le cinquième du territoire coule vers la Loire, les 4/5 vont à la Gironde.

Détaché de l'Auvergne, le Cantal comprend 4 arrondissements, 23 cantons, 266 communes.

Son chef-lieu est **Aurillac** (11 200 hab.); il a pour sous-préfectures Mauriac (3300), Murat (3100), Saint-Flour (5400).

La **Charente** est ainsi appelée du fleuve qui la traverse du sud-est au nord-ouest, puis du nord au sud, enfin de l'est à l'ouest, et y baigne Angoulême, Jarnac et Cognac. Le nom de Charente-et-Touvre aurait rappelé à la fois l'une de nos plus gracieuses rivières et la source qui verse autant d'eau que Vaucluse elle-même. Ce département a son chef-lieu, Angoulême, au sud-sud-ouest de Paris, à 445 kilomètres par chemin de fer, à 390 seulement en ligne droite.

Ses 594 000 hectares entretiennent 374 000 habitants, soit 63 personnes par 100 hectares : 7 de moins que la moyenne de la France. Depuis le recensement de 1801, ce département a gagné près de 75 000 âmes.

Il a pour point le plus haut une colline à l'est de Confolens, au nord de Montrollet, sur la frontière de la Haute-Vienne (366 mètres); pour point le plus bas, l'endroit où le quitte la Charente (6 mètres) : c'est une pente de 360 mètres, insuffisante pour étager les climats et les plantes, mais la nature du sol a fait des granits et des gneiss du pays de Confolens une région à part, appelée **Terres Froides**, par opposition aux **Terres Chaudes** (craies et calcaires) du reste du département. De ses trois bassins, celui de la Charente couvre environ 450 000 hectares; celui de la Gironde (par la Dronne et le Lary), 75 000; celui de la Loire (par la Vienne), 68 000.

Formée de l'Angoumois et de morceaux de la Saintonge, du Poitou, du Limousin, la Charente a 5 arrondissements, 29 cantons, 426 communes.

Son chef-lieu est **Angoulême** (30 500 hab.), ses sous-préfectures, Barbezieux (4000), **Cognac** (14 900), Confolens (2800), Ruffec (3400).

Le département de la **Charente-Inférieure** tire son nom du cours inférieur de la Charente, qui baigne sa ville la plus curieuse, Saintes, et sa ville la plus grande, Rochefort. Le nom de Charente-et-Gironde serait plus complet. Il a son chef-lieu, la Rochelle, au sud-ouest de Paris, à 477 kilomètres par chemin de fer, à 380 seulement à vol d'oiseau.

Il renferme 466 000 habitants sur 683 000 hectares, soit près de 69 par 100 hectares : ce qui est un peu moins que la moyenne de la France. Depuis 1801 il a gagné 66 000 personnes : les derniers recensements indiquent un état stationnaire; quand il était moins riche, la population croissait avec ardeur. Redeviendra-t-elle féconde quand le puceron de la vigne aura ruiné son opulence?

Du niveau de l'océan Atlantique, son territoire s'élève jusqu'à 172 mètres, hauteur d'une colline voisine de la frontière des Deux-Sèvres, entre la source de la Nie et la forêt d'Aunay; avec un si faible écart de niveau, les différences de culture et d'aspect tiennent essentiellement aux diverses natures d'un sol crayeux ou calcaire où l'on distingue, les **îles** à part, le **Bocage**, les **Pays-Bas**, la **Double**, le **Marais**, la **Dune**. Ses ruisseaux, ses sources, dont un grand nombre ont beaucoup d'abondance à cause

La Rochelle.

de la texture du sol, s'engloutissent dans la Charente; dans la Sèvre Niortaise et la Seudre,-fleuves côtiers; dans la Gironde, directement ou par la Dronne, le Lary, la Saye, affluents de l'Isle, laquelle court à la Dordogne. La Charente écoule à elle seule les 3/5 du territoire.

Formée de la Saintonge et de l'Aunis, pays de l'ancien Angoumois, et d'un lambeau du Poitou, la Charente-Inférieure se divise en 6 arrondissements, 40 cantons et 481 communes.

Son chef-lieu est **La Rochelle** (19 600 hab.); sa ville la plus peuplée **Rochefort** (27 000); ses sous-préfectures Jonzac (3300), Marennes (4600), Rochefort, **Saintes** (13 700), Saint-Jean-d'Angély (7200).

Le **Cher** tient son nom d'une rivière qui baigne Saint-Amand-Mont-Rond et Vierzon : on eût du l'appeler département du Centre, car il occupe assez bien le milieu de notre territoire, et, de toutes nos villes, Saint-Amand est la plus centrale; il aurait aussi fallu nommer département du Midi les Pyrénées-Orientales, qui contiennent les lieux les plus méridionaux de la France : de la sorte, par une très heureuse pondération, nous aurions un département du Nord, un département du Centre, un département du Sud ou du Midi. Le Cher a son chef-lieu, Bourges, au sud de Paris, à 232 kilomètres par chemin de fer, à 195 seulement en ligne droite.

Sur sa vaste surface de 720 000 hectares, il nourrit 346 000 habitants, soit 48 personnes par 100 hectares : 22 de moins que la moyenne de la France. Depuis le premier recensement du siècle, il a gagné 120 000 âmes, et sa population s'accroît avec régularité.

Son point le plus bas, le passage du Cher en Loir-et-Cher, à Thénioux, est à 89 mètres; son point le plus haut a 508 mètres : c'est le mont de Saint-Marien, à la source de l'Indre, près de Saint-Priest. Cette différence de niveau de 419 mètres ne peut guère créer de climats bien distincts; les différences de végétation, de température, y ont donc pour cause, non l'étagement du sol, mais la nature des terrains : craies du **Sancerrois**; terrains tertiaires de la **Sologne**; lias et oolithes du **pays de Bourges** formant un plateau très peu tourmenté qui couvre la majeure partie du département; marnes irisées; granits qui, se rattachant au **Plateau Central**, s'étendent sur six communes seulement, à l'angle méridional du territoire, de Culan à Saint-Priest. Toutes les eaux vont à la Loire, directement ou par le Cher et l'Indre.

Formé d'une grande partie du Berry et d'un morceau du Bourbonnais, le Cher se divise en 3 arrondissements, 29 cantons, 291 communes.

Son chef-lieu est **Bourges** (35 800 hab.), ses sous-préfectures Saint-Amand-Mont-Rond (8500) et Sancerre (3700).

Le département de la **Corrèze** s'appelle ainsi d'une rivière qui baigne sa vallée centrale et ses deux grandes villes, Tulle et Brive. En s'en tenant aux cours d'eau, mieux eût valu le nom de département de la Vézère, celle-ci étant plus pittoresque, plus belle, plus grande que la Corrèze; mieux encore Dordogne-et-Vézère; mais il aurait été bien préférable de l'appeler département des Monédières, d'un de ses plus hauts massifs, ou département de Millevache, du plateau où prennent leurs sources la Vienne, la Creuse, la Vézère, etc. Il a son chef-lieu, Tulle, au sud-sud-ouest de Paris, à 528 kilomètres par chemin de fer, à 400 seulement à vol d'oiseau.

Ce territoire a 312 000 habitants sur 587 000 hectares, soit 53 à 54 habitants par 100 hectares, la moyenne de la France étant de 70. Depuis 1801, il a gagné 67 000 à 68 000 personnes.

Là où la Vézère passe définitivement en Dordogne, il est à 80 mètres seulement au-dessus des mers, tandis que le Mont-Besson, qui domine le plateau de Millevache, porte la tête à 984 mètres : différence de 904 mètres, capable d'étager plusieurs climats; et d'ailleurs le sol appartient à des terrains fort divers : granits, gneiss, micaschistes, grès bigarrés, grès rouges, lias, oolithe. Où dominent les trois premières de ces roches, c'est-à-dire dans tout l'est, dans tout le centre, et dans presque tout le nord, ce sont les **Terres Froides**; où dominent les autres, dans une portion du pays de Brive, ce sont les **Terres Chaudes.** Toutes les eaux courent vers la Gironde, par la Dordogne, sauf un petit coin, au nord, qui se déverse dans la Vienne. C'est à peine si 20 000 hectares sur 587 000 s'épanchent vers cet affluent de la Loire.

Tronçon du vieux Limousin, la Corrèze a 3 arrondissements, 29 cantons, 287 communes.

Elle a pour chef-lieu **Tulle** (15 300 hab.); pour sous-préfectures Brive-la-Gaillarde (11 900) et Ussel (4200).

Le département de la **Corse** est formé par une île de la Méditerranée située à 180 kilomètres au sud-est de la France. De Paris à son chef-lieu, Ajaccio, il y a par les voies ordinaires environ 1100 kilomètres : 930 seulement en ligne droite.

Grand de 875 000 hectares, il n'enferme encore que 263 000 habitants : soit 30 personnes par 100 hectares, ou 40 de moins que la moyenne de la France. Depuis 1801, il a gagné bien près de 100 000 âmes.

S'élevant du niveau de la Méditerranée à 2707 mètres (cime du Cinto), la Corse a tous les climats de l'Europe, de celui qui sourit aux orangers, et même aux palmiers, à celui qui entasse neige sur neige au pied des sapins. La diversité des sols provoque aussi des végétations diverses, l'île ayant des granits, des gneiss, des schistes, des craies, des terrains tertiaires, des alluvions, des lambeaux volcaniques. Parmi les fleuves, les principaux sont le Golo, le Tavignano, le Fiumorbo, le Tavaria, le Taravo, le Prunelli, le Gravone et le Liamone.

Sous les Génois, la Corse était partagée en 10 provinces, Bastia, Cap-Corse, la Balagne, Calvi, Vico, Corte, Aleria, Ajaccio, Sartène et Bonifacio; ces dix provinces comprenaient 66 pièves ou cantons. Aujourd'hui l'île est

Tulle.

divisée en 5 arrondissements, 62 cantons, 363 communes. Jusqu'en 1811, elle forma deux départements, le *Golo* et le *Liamone*.

La capitale est **Ajaccio** (17 000 hab.); la ville majeure **Bastia** (17 600); les sous-préfectures Bastia, Calvi (2000), Corte (5000), Sartène (4700).

Le département de la **Côte-d'Or** tire son nom d'une chaîne calcaire où croît le meilleur vin de Bourgogne. Il a son chef-lieu, Dijon, au sud-est de Paris, à 315 kilomètres par chemin de fer, à 260 seulement à vol d'oiseau.

Il n'a que 378 000 habitants sur 876 000 hectares, soit environ 43 personnes par 100 hectares : 27 de moins que la moyenne de la France; c'est à peine s'il nourrit 37 000 individus de plus qu'en 1801, premier recensement du siècle.

Son lieu le plus bas, le passage de la Saône en Saône-et-Loire, est à 176 mètres au-dessus des Océans; son lieu le plus haut est le Mont de Gien (723 mètres), près de Ménessaire, canton de Liernais : soit une différence de niveau de 547 mètres, qui comporte une certaine diversité de climats. Mais c'est plutôt à la nature de ses sols que le pays doit sa variété : si la plus grande partie de son aire appartient à l'oolithe, il possède aussi des alluvions, des terrains tertiaires, des lias, des granits, des gneiss. Dans ce département les calcaires de la **Côte d'Or**, du **Plateau de Langres**, du **Châtillonnais**, se distinguent aisément des lias de l'**Auxois** et des roches primitives du **Morvan**. C'est un de ces départements « clef de voûte » où s'ajustent plusieurs bassins ; comme diraient les Franco-Canadiens, la « Hauteur des Terres » serpente sur ce territoire où la Seine commence, où des rivières vont au Rhône, et d'autres à la Loire. Au bassin du Rhône appartiennent 430 000 hectares, presque la moitié du sol ; 382 000 à celui de la Seine, 64 000 à celui de la Loire.

Démembrement de la Bourgogne, la Côte-d'Or a 4 arrondissements, 36 cantons, 717 communes.

Son chef-lieu est **Dijon** (48 000 hab.) ; ses sous-préfectures Beaune (11 400 hab), Châtillon-sur-Seine (5000), Semur-en-Auxois (4100).

Le département des **Côtes-du-Nord** tire son nom de sa situation sur la Manche, qui est, en effet, une mer du Nord quand nous la comparons à l'Océan de Gascogne ou de Saintonge et à la Méditerranée. Mais, comme plusieurs de nos territoires ont un rivage plus septentrional, on eût mieux fait de l'appeler autrement : on aurait pu le nommer département du Mené ou Menez, d'après la chaîne de hautes collines qui sépare ici le bassin de la Manche de celui de l'Atlantique. Il a son chef-lieu Saint-Brieuc, à l'ouest de Paris, à 475 kilomètres par chemin de fer, à 370 seulement en ligne droite.

Ses 689 000 hectares portent 631 000 habitants, soit 91 à 92 par 100 hectares : 21 à 22 au-dessus de la moyenne de la France. Sa population augmente avec constance ; elle a crû de près de 127 000 âmes depuis 1801.

Du niveau de la Manche au sommet du Bel-Air (340 mètres), culmen des monts du Mené, la différence n'est pas suffisante pour provoquer des climats distincts ; et, d'autre part, il y a bien peu de variété dans les sols : sauf quelques calcaires et quelques grès dans l'arrondissement de Dinan, tout le pays appartient aux diverses roches granitiques ou schisteuses. Il confie ses eaux à des fleuves côtiers, les uns sujets de la Manche, tels que la Rance, l'Arguenon, le Gouessan, le Gouet, le Trieux, le Tréguier, le Guer ; les autres sujets de l'Atlantique : ces derniers sont l'Aulne et le Blavet, sans parler de l'Oult ou Oust, affluent de la Vilaine.

Démembrées de l'ancienne Bretagne, les Côtes-du-Nord se divisent en 5 arrondissements, 48 cantons, 389 communes.

Leur chef-lieu est **Saint-Brieuc** (16 400 habitants); leurs sous-préfectures Dinan (8200), Guingamp (7900), Lannion (6300), Loudéac (5900).

Le département de la **Creuse** tient son nom d'une rivière qui le traverse en entier du sud-est au nord-ouest, et y baigne Aubusson et Guéret. Creuse-et-Cher aurait mieux valu, le Cher ayant son cours supérieur sur ce territoire; et l'on eût pu le nommer aussi, pour la même raison, Cher-et-Taurion ou Cher-et-Gartempe. Il a son chef-lieu, Guéret, au sud de Paris, à 405 kilomètres par chemin de fer, à 300 seulement à vol d'oiseau.

Il comprend 557 000 hectares, peuplés de 278 000 habitants, ce qui fait 50 individus pour 100 hectares : 20 de moins que la moyenne de la France. Depuis le recensement de 1801, il a gagné 60 000 personnes en dépit de la saignée que lui fait tous les ans le départ de milliers d'adultes, maçons pour la plupart; ces émigrants vont se perdre dans les grandes villes, et beaucoup ne reviennent plus au village. La Creuse est essentiellement un pays d'émigration, autant que l'Angleterre, l'Écosse, l'Irlande, la Souabe, le Tessin, le Piémont ou la terre des Basques; seulement elle émigre à l'intérieur.

Son territoire a 756 mètres de montée, de l'endroit où la Creuse passe dans le département de l'Indre (175 mètres) à la cime de la forêt de Châteauvert (931 mètres), près de la Courtine, sur la frontière de la Corrèze. Aux étages du sol répond un étagement de climats : dans l'ensemble le pays est froid, moins peut-être par son altitude que par la nature de ses roches, granits, gneiss, et schistes. Par le Cher, la Creuse, la Gartempe, la Vienne, la Maulde, le Taurion, il se verse à la Loire, sauf au sud-est : là, sur 20 000 hectares à peine, quelques torrents des cantons de la Courtine et de Crocq descendent vers la Dordogne, branche de la Gironde.

Formée de la Marche et de fragments du Berry, du Bourbonnais, du Poitou, du Limousin, la Creuse se divise en 4 arrondissements, 25 cantons, 263 communes.

Elle a pour chef-lieu **Guéret** (5900 hab.); pour cité majeure **Aubusson** (6800); pour sous-préfectures Aubusson, Bourganeuf (3600) et Boussac (1000).

Le département de la **Dordogne** tire son nom de la grande rivière qui le traverse de l'est à l'ouest, dans une vallée dont l'amont est magnifiquement pittoresque et l'aval riant et fertile. Il a son chef-lieu, Périgueux, au sud-sud-ouest de Paris, à 499 kilomètres par chemin de fer, à 420 seulement en ligne droite.

490 000 habitants vivent sur ses 918 000 hectares, soit un peu plus de 53 personnes sur 100 hectares : près de 17 au-dessous de la moyenne de la France. Depuis le premier dénombrement du siècle, 81 000 hommes se sont ajoutés à son peuple.

D'une part, le territoire descend presque au niveau des mers, le confluent de la Dordogne et de la Lidoire n'étant qu'à 4 mètres ; et d'autre part, il monte à 478 mètres, hauteur d'une colline de la forêt de Vieillecourt, près de Saint-Pierre-de-Frugie, au sud de la Dronne naissante, à la frontière de la Haute-Vienne. Cette différence de niveau serait incapable d'étager des climats bien divers ; mais la nature du sol détache nettement du reste du pays, au nord, la contrée qu'on nomme le **Nontronnais**, sur le cours supérieur du Bandiat, de la Dronne et de l'Isle : cette région de granits et de gneiss, de bois, d'étangs, d'humbles sources, cette terre froide, contraste avec les calcaires et les craies, les vignes, les puissantes sources des **Terres Chaudes** qui forment presque tout le territoire de la Dordogne ; il y a cependant aussi beaucoup d'étangs dans la **Double**, entre l'Isle et la Dronne inférieures. Ce beau pays dépêche ses claires fontaines à la Gironde : par le Dropt, affluent de la Garonne ; et par la Dordogne, dont relèvent de charmantes rivières, la Vézère, l'Isle, l'Auvézère, la Dronne, la Nizonne ; une partie du Nontronnais, moins de 40 000 hectares, descend à la Charente par le Bandiat et la Tardoire.

On l'a formée du Périgord, nom dans lequel revit celui des antiques *Petrocorii*, et d'un lambeau de l'Agénais, pays de Guyenne comme le Périgord ; elle a pris également un tronçon de l'Angoumois et un tout petit morceau du Limousin. Elle comprend 5 arrondissements, 47 cantons, 582 communes.

Son chef-lieu est **Périgueux** (24 200 hab.); ses sous-préfectures Bergerac (13 100), Nontron (3400), Ribérac (3600) et Sarlat (6600).

Le département du **Doubs** s'appelle ainsi de la belle rivière qui le traverse deux fois, dans un parcours de plusieurs centaines de kilomètres, en deux directions contraires, du sud-ouest au nord-est, puis du nord-est au sud-ouest, et y baigne Pontarlier, Baume-les-Dames et Besançon. Département frontière touchant aux cantons suisses de Vaud, de Neuchâtel et de Berne, il a son chef-lieu, Besançon, au sud-est de Paris, à 406 kilomètres par chemin de fer, à 325 seulement en ligne droite.

Sur ses 523 000 hectares habitent 306 000 personnes, soit 58 à 59 par 100 hectares : 11 à 12 de moins que les 70 qui sont la moyenne de la France. Depuis 1801, il a gagné 89 000 habitants malgré l'émigration.

Le lieu où l'Ognon cesse de longer le département (200 mètres) est son endroit le plus bas; 1463 mètres en est le point le plus élevé (Mont-d'Or, près de Jougne, à la frontière suisse). Cette pente de 1263 mètres se prête à divers étages de climats; mais, dans l'ensemble, nous avons peu de départements plus froids : sauf le fond des vallées et les collines entre Doubs et Ognon, le pays se compose de plateaux d'une grande altitude, et le règne des plantes y a peu de variété, la contrée relevant presque en entier du calcaire oolithique. Toutes les eaux vont au Rhône par l'entremise de l'Ognon et du Doubs, affluents de la Saône, excepté le Jouguena, petit torrent qui tombe dans l'Orbe, au pied du Mont-d'Or, en amont de la cascade du Day : par l'Orbe, la Thielle et l'Aar, le Jouguena finit par atteindre le Rhin.

Formé d'une partie de l'ancienne Franche-Comté, le

FRANCE. 507

Doubs se divise en 4 arrondissements, 27 cantons et 638 communes.

Il a pour chef-lieu **Besançon** (54 400 hab.); pour sous-préfectures Baume-les-Dames (2800), Montbéliard (8900), Pontarlier (5700).

Le département de la **Drôme** tire son nom d'un torrent qui y prend ses sources, en traverse le centre, y baigne Die et y tombe dans le Rhône. La Drôme n'étant qu'une rivière médiocre, on eût pu l'appeler Isère-et-Rhône, des deux grands cours d'eau qui s'y rencontrent (les plus abondants de France à l'étiage), ou mieux encore département des Alpes-Crayeuses.

Il a son chef-lieu, Valence, au sud-sud-est de Paris, à 618 kilomètres par chemin de fer, à 542 seulement en ligne droite.

322 000 habitants sur 652 000 hectares, cela fait 49 à 50 personnes par 100 hectares : 20 à 21 de moins que la moyenne de la France. Depuis 1801, la Drôme s'est accrue de près de 87 000 hommes.

Les différences de niveau sont grandes dans ce pays, qui a pour point le plus bas (50 mètres) l'endroit où la rive gauche du Rhône cesse de longer le territoire, et pour point le plus haut la cime d'un mont de 2405 mètres faisant partie du Dévoluy, à l'est de Lus-la-Croix-Haute, sur la frontière des Hautes-Alpes : de là plusieurs climats; mais dans l'ensemble, au fond des vallées, et même sur les montagnes d'une moyenne altitude, la température est chaude, le sol étant presque partout formé de craies ou de calcaires. Toutes les eaux finissent par atteindre le Rhône.

Formée des Baronnies, du Diois, du Tricastin, du Valentinois, du Viennois, pays de l'ancien Dauphiné, et d'un lambeau de la Provence, la Drôme se partage en 4 arrondissements, 29 cantons, 372 communes.

Elle a pour chef-lieu **Valence** (23 200 hab.); pour sous-préfectures Die (3800), Montélimar (11 900) et Nyons

(3600). Romans a 12 900 âmes, près de 17 800 avec Bourg-du-Péage, dont il est séparé par l'Isère.

Le département de l'**Eure** s'appelle ainsi d'une rivière qui se perd dans la Seine après avoir traversé Louviers : le nom d'Eure-et-Rille serait plus complet, la Rille, rivière abondante, ayant sur le territoire un cours plus long que l'Eure.

Il a son chef-lieu, Évreux, à l'ouest-nord-ouest de Paris, à 108 kilomètres par chemin de fer, à 85 seulement à vol d'oiseau.

Sa riche population diminuant de plus en plus, faute de naissances, il ne renferme que 374 000 habitants sur 596 000 hectares, soit 62 à 63 personnes par 100 hectares : 7 à 8 de moins que la moyenne de la France. Depuis 1801, il a perdu 29 000 âmes.

De son lieu le plus bas, l'estuaire de la Seine, qui est au niveau de la mer, à son lieu le plus haut, la colline du Mesnil-Rousset (241 mètres), sur la frontière de l'Orne, il n'y a pas assez de pente pour un étagement de climats ; d'ailleurs, la nature des roches y est peu variée : craies ou calcaires, elles forment divers petits pays, plateaux fertiles d'un aspect uniforme, le **Vexin normand**, le **Roumois**, le **Neubourg**, le **pays d'Ouche**, le **Lieuvin**. Toutes ses eaux vont à la Seine, excepté celles d'un petit recoin dont la Calonne emporte les sources vers la Touques, fleuve côtier.

Formé de la Normandie propre, du comté d'Évreux, d'un lambeau du Perche (ancienne Normandie), il se divise en 5 arrondissements, 36 cantons, 700 communes.

Il a pour chef-lieu **Évreux** (14 600 hab.) ; pour sous-préfectures les Andelys (5600), Bernay (7600), Louviers (11 000), Pont-Audemer (5900).

Le département d'**Eure-et-Loir** s'appelle ainsi de ses deux rivières majeures : l'Eure, qui baigne Chartres ; le

Loir, qui passe à Châteaudun. Le vrai nom, c'était Beauce-et-Perche.

Il a son chef-lieu, Chartres, au sud-ouest de Paris, à 88 kilomètres par chemin de fer, à 75 seulement à vol d'oiseau.

283 000 habitants sur 587 000 hectares, cela fait 48 personnes sur 100 hectares : 22 au-dessous de la moyenne de la France. Depuis 1801, ce département peu fécond n'a gagné que 25 000 âmes.

Le point le plus bas, 48 mètres, c'est l'endroit où l'Eure quitte définitivement le territoire en aval d'Ivry-la-Bataille ; le lieu le plus élevé, 285 mètres, c'est la colline de Vichères, à l'est de Nogent-le-Rotrou, au sud-ouest de Thiron-Gardais : soit une différence de niveau de 237 mètres, incapable de superposer des climats. Mais la nature du sol provoque un grand contraste entre la **Beauce**, plaine à céréales qui couvre la majeure partie du pays, et le **Perche** ou Haute-Terre, région de collines, de bois et de prairies, qui a l'Huisne pour rivière, et pour ville Nogent-le-Rotrou.

Les eaux se partagent, à bassins à peu près égaux, entre la Seine à laquelle va l'Eure, et la Loire où vont le Loir et l'Huisne.

Formé de trois pays normands, le Drouais, le Perche, le Thimerais, et de deux pays de l'Orléanais, la Beauce et le Dunois, l'Eure-et-Loir se divise en 4 arrondissements, 24 cantons, 426 communes.

Il a pour chef-lieu **Chartres** (20 500 hab.) ; pour sous-préfectures Châteaudun (6700), Dreux (7900) et Nogent-le-Rotrou (7600).

Le département du **Finistère** se nomme ainsi de ce qu'il est situé à l'extrémité de la Bretagne, au bout, à la pointe, à la fin des terres, entre la Manche et l'Atlantique.

Il a son chef-lieu, Quimper, à l'ouest de Paris, à 618 kilomètres par chemin de fer, à 480 seulement à vol d'oiseau.

666 000 personnes vivent sur ses 672 000 hectares, soit près de 100 personnes sur 100 hectares : ce vivace département ne cesse de s'accroître ; il a 227 000 habitants de plus qu'en 1801, et il lui reste encore à défricher les deux-cinquièmes de son domaine.

De l'Océan à la cime culminante du territoire, à la chapelle de Saint-Michel-de-Braspart (391 mètres), sur la route de Quimper à Morlaix, la différence de niveau ne peut étager plusieurs climats. Dans l'ensemble, ce pays granitique et schisteux serait froid si le voisinage de la mer, qui pénètre profondément dans le territoire par des estuaires enflés de marée, n'en faisait une contrée très humide, très douce, très tempérée. Sans cette bénignité du ciel, sans la fréquence des pluies, sans les engrais tirés de la mer, il ne nourrirait pas autant de centaines de milliers d'hommes, car il y a moyennement peu d'humus sur son granit et son ardoise. Il envoie tous ses ruisseaux à des fleuves côtiers, dont le plus long est l'Aune ou rivière de Châteaulin.

Démembré de l'ancienne Bretagne, le Finistère a 5 arrondissements, 43 cantons, 287 communes.

Il a pour chef-lieu **Quimper-Corentin** (13 900 hab.); pour ville majeure **Brest** (66 800), pour sous-préfectures Brest, Châteaulin (3400), Morlaix (15 200), Quimperlé (6500).

Le **Gard** s'appelle ainsi d'une rivière qui le traverse par le milieu, du nord-ouest au sud-est, et s'y jette dans le Rhône après avoir passé à une quinzaine de kilomètres au nord de Nîmes. De tous nos territoires cévenols, c'est lui qui aurait le mieux mérité le nom de département des Cévennes.

Il a son chef-lieu, Nîmes, au sud-sud-est de Paris, à 725 kilomètres par chemin de fer, à 580 seulement à vol d'oiseau.

424 000 habitants y résident sur 584 000 hectares, ce qui fait 72 à 73 personnes par 100 hectares : 2 à 3 de plus

Morlaix.

que la moyenne du pays. Son gain depuis 1801 est de 124 000 âmes.

Du bord de la Méditerranée, du niveau des mers, le Gard monte jusqu'à 1567 mètres, hauteur de l'Aigoual, au nord du Vigan, sur les frontières de la Lozère : d'où plusieurs climats, tellement que dans les Garrigues de Nîmes on a le ciel d'Alger, et dans l'Aigoual celui de la Scandinavie. Le territoire appartient surtout aux roches crayeuses ; mais d'autres natures de sol concourent à la diversité des plantes ; on rencontre des granits et des gneiss dans le **pays du Vigan**, des terrains houillers dans le **pays d'Alais**, des lias, des terrains tertiaires, des plaines d'alluvions dans le **pays de Nîmes**. Il relève surtout du bassin du Rhône ; plusieurs cantons s'écoulent par trois fleuves côtiers, le Vistre, le Vidourle et l'Hérault ; et au nord-ouest un tout petit recoin, dans le canton de Trèves, confie ses eaux à la Dourbie, sous-affluent de la Gironde.

Tronçon du Languedoc, le Gard se divise en 4 arrondissements, 40 cantons, 348 communes.

Il a pour chef-lieu **Nîmes** (63 000 hab.) ; pour sous-préfectures **Alais** (20 000), Uzès (5600) et le Vigan (5400). Deux villes de houilles, de forges, d'industrie, ont plus de 10 000 âmes : **la Grand'Combe** (10 200) et **Bessèges** (10 700).

Le département de la **Haute-Garonne** tire son nom du cours supérieur de la Garonne, qui, toute petite encore, y pénètre en France, y coule pendant 250 kilomètres et y passe devant Saint-Gaudens, Muret et Toulouse. Territoire frontière touchant à l'Aragon et à la Catalogne (Espagne), il a son chef-lieu, Toulouse, au sud-ouest de Paris, à 751 kilomètres par chemin de fer, à 585 seulement à vol d'oiseau.

Sur ses 629 000 hectares demeurent 478 000 personnes, soit 76 par 100 hectares : 6 de plus que la moyenne de la France. Grâce principalement à sa grande ville de

Toulouse.

Toulouse, il a gagné, depuis 1801, près de 73000 habitants, tout en ayant perdu quelque territoire en 1808 quand on forma le Tarn-et-Garonne.

Qui va de l'endroit où le Tarn sort du département, par 75 mètres d'altitude, à la cime du pic du port de Portillon (3220 mètres), montagne au sud-ouest de Bagnères-de-Luchon, s'élève de 3145 mètres, différence de niveau capable d'étager de nombreux climats, jusqu'au climat arctique. Mais en somme, comme les Pyrénées, faites de granits, de grès verts, de calcaire jurassique, y ont peu de profondeur et peu de largeur, et que les Cévennes, ici nommées les monts de Saint-Félix, n'y sont que des coteaux, la Haute-Garonne a réellement deux natures de pays, avec deux climats : la plus grande de ces deux régions, la **Plaine** et **Colline**, occupe au delà des trois quarts du territoire ; la **Montagne** comprend ce qu'on peut nommer les grandes et les petites Pyrénées. Toutes les eaux finissent par gagner la Garonne.

Formée de deux pays du Languedoc (diocèse de Toulouse et Lauraguais) et de cinq pays de Guyenne-et-Gascogne (Lomagne, Comminges, Couserans, Nébouzan, Quatre-Vallées), la Haute-Garonne contient 4 arrondissements, 39 cantons, 585 communes.

Elle a pour chef-lieu **Toulouse** (131 600 hab.) ; pour sous-préfectures Muret (4000), Saint-Gaudens (6000) et Villefranche-de-Lauraguais (2500).

Le **Gers** tient son nom d'une rivière qui le traverse en entier, du sud au nord, et y baigne le pied des collines ardues d'Auch et de Lectoure. A le regarder sur la carte, il mériterait par excellence le nom de département des Rivières. Nul pays n'en possède autant : de la frontière des Landes à celle de la Haute-Garonne, on en traverse une douzaine, dans des vallées profondes, et parallèles sauf un léger écartement en faisceau d'éventail ; mais comme ces cours d'eau sont terreux, faibles, prompts à tarir, le nom de département des Rivières convenait avant tout à l'Indre-et-Loire, et celui de Gers-et-Bayse au Gers. Il a son chef-lieu, Auch, au sud-sud-ouest de Paris, à 721 kilomètres par chemin de fer, à 590 seulement en ligne droite.

Ses 628 000 hectares entretiennent 284 000 habitants, soit 45 à 46 par 100 hectares : 24 à 25 de moins que la moyenne de la France. Depuis 1801, il n'a pas gagné 13 000 personnes. — Il faut dire qu'il a perdu quelque territoire en 1808, à la formation du Tarn-et-Garonne.

Ses points culminants sont les collines de 350 à 400 mètres qui serrent les vallons du Gers et de l'Arrats naissants, aux frontières des Hautes-Pyrénées et de la Haute-Garonne, près de Mont-d'Astarac, au sud de Masseube; l'endroit le plus bas, le passage de la rivière Gers dans le Lot-et-Garonne, est à 55 mètres : c'est une différence de niveau de 300 à 350 mètres, incapable d'échafauder plusieurs climats dans ce pays de terrains tertiaires étendus sur des roches argilo-calcaires. Les trois quarts, ou à peu près, du territoire s'inclinent vers la Garonne, le reste vers l'Adour.

Formé de cinq pays gascons, Armagnac, Astarac, Comminges, Condomois, Lomagne, le Gers a 5 arrondissements, 29 cantons, 465 communes.

Il a pour chef-lieu **Auch** (13 800 hab.). pour sous-préfectures Condom (7900), Lectoure (5500), Lombez (1800) et Mirande (3800).

La **Gironde**, département maritime, tire son nom du large estuaire où se confondent la Garonne et la Dordogne; On l'appela d'abord département du **Bec-d'Ambès**, excellent nom, d'après l'endroit où la Garonne rencontre la Dordogne, lieu du plus majestueux confluent de France. Comme l'estuaire de la Gironde appartient également à la Charente-Inférieure, on eût pu donner au département d'autres noms, tels que Garonne-et-Dordogne, ou bien Médoc-et-Landes, ou bien Entre-Deux-Mers du charmant pays compris entre ses deux grandes rivières.

Il a son chef-lieu, Bordeaux, au sud-ouest de Paris, à 578 kilomètres par chemin de fer, à 500 à peine en ligne droite.

Ce plus vaste des départements a 735 000 habitants sur 1 034 000 hectares : soit 71 personnes par 100 hectares, une de plus que la moyenne de la France ; cela malgré le désert des Landes, à cause de Bordeaux. Depuis le premier recensement du siècle, son gain est de 232 000 hommes.

Ce n'est pas la différence de niveau entre le point le plus bas et le plus élevé qui peut y étager plusieurs climats, avec le cortège de leurs plantes : la colline la plus haute, celle de Samazeuil, à l'est de Grignols, à la frontière du Lot-et-Garonne, n'a que 163 mètres. Toutefois la nature du sol partage nettement le pays en deux régions naturelles : à l'est et au nord les **Coteaux girondins**, terres des vins, des grains et des fruits ; à l'ouest et au sud les **Landes**, forêts de pins et sables déserts. Dans la belle région des Coteaux on distingue le Bordelais, villas et vignobles autour de Bordeaux, sur la Garonne jusqu'à l'orée de la Lande ; le Médoc, aux vins incomparables, entre la Lande et la Gironde ; le Bazadais, massif de collines entre cette même Lande et le fleuve de Garonne ; l'Entre-Deux-Mers, vergers et vignes phylloxérées entre la Garonne et la Dordogne ; la Double, bois de pins entre l'Isle et la Dronne ; le Libournais, terre d'abondance autour de Libourne, sur la Dordogne et sur l'Isle ; le Fronsadais, sur la Dordogne et la rive droite de la Gironde, avec ses sous-pays — Cubzagais autour de Cubzac, Bourgès autour de Bourg, Blayais autour de Blaye, Marais, plus ou moins desséché, entre la Gironde et le pied des craies du plateau de Saintonge. — Quant aux Landes, elles se divisent en landes et en **dunes**. — Toutes les eaux vont à la Gironde, sauf les ruisseaux andais qui cherchent la Leyre, affluent du bassin d'Arcachon, et les crastes qui se perdent au pied des dunes. Par à peu près, et d'ailleurs on ne limite pas facilement les bassins sur le sol plat des Landes, 250 000 hectares ne relèvent point du fleuve Gironde : c'est un peu moins que le quart du territoire.

Formée du Bordelais, du Bazadais, de petits tronçons du Périgord et de l'Agénais, tous pays de l'ancienne Guyenne, la Gironde se divise en 6 arrondissements, 48 cantons, 552 communes.

Elle a pour chef-lieu **Bordeaux** (215 000 hab.); pour sous-préfectures Bazas (5100), Blaye (4500), Lesparre (3800), Libourne (15 200), La Réole (4100). Sur le Bassin d'Arcachon, deux villes voisines, Arcachon et la Teste, ont ensemble plus de 10 000 âmes.

L'**Hérault** tire son nom d'un fleuve côtier qui le traverse du nord-est au sud-ouest et s'y perd dans la Méditerranée en aval d'Agde. On aurait pu l'appeler département des Étangs, d'après les nappes d'eau salée, immédiatement voisines de la mer, qui s'y suivent d'Agde à la plage d'Aigues-Mortes. Il a son chef-lieu, Montpellier, au sud-sud-est de Paris, à 775 kilomètres par chemin de fer, à 590 seulement en ligne droite.

445 000 habitants sur 620 000 hectares donnent à l'Hérault près de 72 personnes par 100 hectares. Cette densité, quelque peu supérieure à la moyenne de la France, l'Hérault, terre brûlée, rocheuse, qui semblait en partie vouée à la stérilité par trop de soleil et trop peu d'eau sur très peu d'humus, l'Hérault la doit à des vignobles d'une prodigieuse opulence; il y a telle année où un vrai fleuve de vin, le cinquième ou plus de toutes les cuves de France, est descendu de ses ardentes collines. Mais, de ce plus riche des départements, le phylloxéra pourrait bien faire l'un des plus pauvres; rapidement il y détruit la vigne. Le gain de l'Hérault, depuis 1801, est de 169 000 hommes.

Du seuil de la Méditerranée, son territoire monte jusqu'à 1122 mètres, hauteur d'une cime de l'Espinouse, au nord d'Olargues : aussi trois climats règnent sur ce pays varié de roches, craies, calcaires, coteaux houillers de Graissessac, schistes, etc. : le climat semi-africain sur les basses plaines, le tempéré-chaud sur les hautes collines, le tempéré-froid sur les Cévennes et le plateau du Larzac.

Sauf quelques ravins du pays de Saint-Pons dont l'Agout emporte les eaux vers le Tarn, affluent de la Garonne, tout le département s'incline vers de petits fleuves côtiers, l'Aude, l'Orb, l'Hérault, le Lez, le Vidourle.

Démembrement du Languedoc, l'Hérault se divise en 4 arrondissements, 36 cantons, 336 communes.

Il a pour capitale **Montpellier** (55 300 hab.); pour sous-préfectures **Béziers** (38 200 hab.), Lodève (10 500), Saint-Pons (5800). **Cette** a 28 700 âmes.

Le département d'**Ille-et-Vilaine** tire son nom de deux rivières qui s'y rencontrent à Rennes : l'Ille, longée par un canal de navigation menant à Saint-Malo; la Vilaine, qui passe à Vitré, à Rennes et à Redon. Si l'Ille ne baignait un quartier de l'ancienne capitale de la Bretagne, elle n'aurait certes pas contribué au nom du département, car ce n'est qu'un ruisseau : Vilaine tout court aurait mieux valu, ou Vilaine-et-Rance, puisque le bel estuaire de Saint-Malo est son grand port sur la Manche. Il a son chef-lieu, Rennes, à l'ouest-sud-ouest de Paris, à 374 kilomètres par chemin de fer, à 300 seulement en ligne droite.

603 000 habitants y vivent sur 673 000 hectares : cela fait près de 90 personnes par 100 hectares, ou 20 de plus que la moyenne de la France. Depuis 1801, l'Ille-et-Vilaine a gagné 114 000 âmes.

255 mètres, c'est toute la différence de niveau qu'il y a sur ce territoire, entre le seuil de la Manche, niveau général des mers, et le tertre de Haute-Forêt, au sud-ouest de Montfort-sur-Meu, non loin de la frontière du Morbihan. Ce minime étagement de sol ne peut créer des climats bien distincts, et le département d'Ille-

Béziers.

et-Vilaine, très peu bombé, très peu varié de roches, soumis partout à l'influence marine, est un des plus uniformes de France; il appartient aux granits et aux schistes. Ses eaux vont à divers fleuves côtiers qui s'engloutissent dans la Manche, tels que le Couesnon et la Rance; à la Vilaine, qui se dirige vers l'océan Atlantique; et quelques petits vallons du pays de Vitré penchent leurs ruisseaux vers la Mayenne, affluent de la Loire.

Tirée de l'ancienne Bretagne, l'Ille-et-Vilaine se divise en 6 arrondissements, 43 cantons, 353 communes.

Elle a pour chef-lieu **Rennes** (57 200 hab.); pour sous-préfectures Fougères (11 900), Montfort-sur-Meu (2300), Redon (6400), Saint-Malo (10 300) et Vitré (9900). Avec Saint-Servan, sa voisine, **Saint-Malo** a 22 600 âmes.

Le département de l'**Indre** s'appelle ainsi d'une rivière qui le traverse du sud-est au nord-ouest et y baigne la Châtre et Châteauroux. On eût mieux fait de le nommer Brenne-et-Boischaut, d'après ses deux principales régions naturelles. Il a son chef-lieu, Châteauroux, au sud-sud-ouest de Paris, à 263 kilomètres par chemin de fer, à 230 seulement en ligne droite.

Il y a 281 000 personnes sur ses 689 000 hectares, soit 40 habitants par 100 hectares : 30 au-dessous de la moyenne de la France. Depuis l'aube du dix-neuvième siècle, l'Indre n'a gagné que 72 000 âmes.

Son point le plus bas (62 mètres) est l'endroit où la Creuse sort du département, et le plus haut, la cime d'un coteau de 459 mètres qui se dresse au sud-ouest de Sainte-Sévère, à l'est d'Aigurande, à la source de la Couarde. Cette différence de niveau d'un peu moins de 400 mètres est hors d'état de superposer des climats divers. Toutefois, et cela par la nature des sols, il y a quatre pays distincts dans l'Indre : le **Boischaut**, occupant plus de 500 000 hectares de terrains jurassiques; la **Champagne**, plaine calcaire; la **Brenne** ou Petite-Sologne, région d'étangs et de marais; les **Collines granitiques**, au sud, dernier talus du Plateau Central : ces deux dernières contrées sont plus froides, plus humides que les deux autres. Toutes les eaux du pays vont à la Loire par le Cher, l'Indre ou la Vienne : 325 000 hectares appartiennent au bassin de la Vienne, 192 000 à celui de l'Indre, 172 000 à celui du Cher.

Formée d'une portion du Berry et de petits tronçons de l'Orléanais et de la Marche, l'Indre se divise en 4 arrondissements, 23 cantons, 245 communes.

Elle a pour chef-lieu **Châteauroux** (19 400 hab.); pour sous-préfectures le Blanc (6100), la Châtre (5000), Issoudun (13 700).

L'**Indre-et-Loire** tire son nom de son fleuve, la Loire, et d'une de ses rivières, l'Indre : la Loire y baigne Amboise et Tours, l'Indre y ruisselle dans les prairies de Loches. Ce territoire, parcouru par la Loire, le Cher, l'Indre, la Creuse, la Vienne, méritait par excellence le nom de département des Rivières. Il a son chef-lieu, Tours, à 236 kilomètres au sud-ouest de Paris par chemin de fer, à 200 seulement à vol d'oiseau.

325 000 hommes habitent ses 611 000 hectares, soit un peu plus de 53 personnes par 100 hectares : 16 ou 17 au-dessous de la moyenne de la France. Depuis 1801, son gain n'est que de 56 000 âmes.

Son point le plus élevé, la colline de la Ronde (188 mètres), au nord de Montrésor, sur la limite du Loir-et-Cher, ne dépasse que de 158 mètres son lieu le plus bas, qui est l'endroit où la Loire le quitte : cette différence de niveau est incapable de varier les climats; toutefois le territoire comprend six petites régions naturelles : la **Gâtine**, collines peu fécondes, au nord du fleuve; la **Varenne**, plaine fertile entre la Loire et le Cher en aval de Montlouis; la **Champeigne**, dos de coteaux entre le Cher et l'Indre; le **Véron**, massif de craie entre Loire et Vienne, au nord de Chinon; le **plateau de Sainte-Maure**, terre ingrate; la **Brenne**, région malsalubre qui se rattache à la

Brenne de l'Indre. Tous ses ruisseaux finissent par gagner la Loire.

Dans sa formation sont entrés des lambeaux de l'Anjou, du Poitou et de l'Orléanais, et la Touraine presque entière. Il se divise en 3 arrondissements, 24 cantons, 282 communes.

Elle a pour chef-lieu **Tours** (48 300 hab.); pour sous-préfectures Chinon (6300) et Loches (5100).

L'**Isère** s'appelle ainsi de la grande rivière qui la traverse du nord-est au sud-ouest et y baigne Grenoble. Isère-et-Rhône ou bien Isère-et-Drac eussent été plus complets. On eût pu le nommer aussi, d'après ses montagnes les plus célèbres, département de la Grande-Chartreuse, ou département de Belledonne, ou encore département des Grandes-Rousses ou département de l'Oisans. Il a son chef-lieu, Grenoble, au sud-sud-est de Paris, à 633 kilomètres par chemin de fer, à 480 seulement en ligne droite.

Sur ses 829 000 hectares il y a 581 000 habitants, soit 70 personnes par 100 hectares, exactement la moyenne de la France. L'accroissement, depuis 1801, est de 145 000 âmes.

Son pic le plus élevé, c'est la fameuse Meije ou Aiguille du Midi (3987 mètres), au sud-est du Bourg-d'Oisans, au-dessus de la vallée de la Romanche, sur la frontière des Hautes-Alpes ; son point le plus bas, l'endroit où le Rhône passe dans la Drôme (134 mètres). De cette énorme pente résultent une infinité de climats locaux, depuis le climat tempéré des bords du Rhône en amont et en aval de Vienne jusqu'au climat polaire des cimes supérieures : l'Isère ne s'avance pas tout à fait jusqu'à la zone de l'olivier, mais elle s'élève jusque dans la glace éternelle. La diversité des natures de sol augmente encore sa variété de plantes, et l'on y distingue beaucoup de régions naturelles : les **Grandes Alpes**, le **Dévoluy**, le **Trièves**, le plateau lacustre de la **Matheysine**, le **Vercors** et le **Lans** au sud de l'Isère ; la **Grande-Chartreuse**, dans

Grenoble.

l'intérieur du grand coude de l'Isère, au nord de Grenoble; la **Bièvre** et la **Valloire**, entre la Fure et le département de la Drôme; les **Terres-Froides**, au sud de la Tour-du-Pin; les **Terres-Basses**, marais desséchés où peut-être passa le Rhône, au nord de la Tour-du-Pin. Toutes ses eaux finissent par gagner le Rhône.

Formée de petits pays de l'ancien Dauphiné, tels que le Graisivaudan, l'Oisans, le Viennois, l'Isère se divise en 4 arrondisements, en 45 cantons et 558 communes.

Elle a pour chef-lieu **Grenoble** (45 400 hab.); pour sous-préfectures Saint-Marcellin (3300), la Tour-du-Pin (3200) et **Vienne** (26 500). Voiron, ville d'industrie, a 11 000 âmes.

Le **Jura** tient son nom de montagnes dont les chaînons parallèles et les plateaux élevés occupent environ les deux tiers du territoire. Il eût fallu l'appeler autrement, car il n'a point le « monopole » du Jura, lequel appartient également au Doubs, et à l'Ain où se lèvent ses crêts culminants. Son meilleur nom, c'était Bresse-et-Jura, l'Ain recevant parallèlement celui de Dombes-et-Jura. Ce département frontière, qui touche au canton de Vaud (Suisse), a son chef-lieu, Lons-le-Saulnier, au sud-est de Paris, à 442 kilomètres par chemin de fer, à 335 seulement à vol d'oiseau.

Sur 499 000 hectares, il entretient 289 000 hommes, soit 58 par 100 hectares : 12 de moins que la moyenne de la France. Depuis 1801, il n'a même pas gagné 1000 personnes, ce qui tient à l'émigration à l'intérieur et à l'étranger, et non point à la stérilité des familles.

Les différences de niveau sont comprises entre 185 mètres, hauteur de l'endroit où le Doubs passe en Saône-et-Loire, et 1550 mètres, altitude du Noirmont, au sud-est de Morez, au-dessus du lac des Rousses, à la frontière même de la Suisse. Ces 1365 mètres de pente pourraient étager beaucoup de climats, mais, en somme, la constitution physique du territoire ne le partage qu'en trois régions naturelles, qui sont : le **Jura**, chaînes calcaires avec de mornes plateaux gélides, tels que le Grandvaux et le Val de Mièges ; le **Bon-Pays** ou Vignoble, fait de collines peu élevées ; la **Bresse**, plaine renfermée entre la rive gauche de la Saône et le pied du Vignoble et du Jura : au nord, sur les deux rives du Doubs, cette région d'étangs se nomme le **Finage**. — Tous les ruisseaux iraient au Rhône par l'entremise de la Valserine, de l'Ain et de la Saône, si le canton de Morez ne donnait pas naissance à l'Orbe, rivière du bassin du Rhin.

Extrait de l'ancienne Franche-Comté, le Jura se divise en 4 arrondissements, 32 cantons, 584 communes.

Il a pour chef-lieu **Lons-le-Saulnier** (11 400 hab.); pour ville majeure **Dole** (12 900); pour sous-préfectures Poligny (5000) et Saint-Claude (7500).

Le département des **Landes** s'appelle ainsi de ses landes, terres sablonneuses, plates en dehors des dunes, stériles, et nues ou couvertes de pins maritimes. C'est un nom incomplet : Landes-et-Chalosse était préférable. Ce territoire maritime a son chef-lieu, Mont-de-Marsan, au sud-sud-ouest de Paris, à 731 kilomètres par chemin de fer, à 585 seulement en ligne droite.

Sur 932 000 hectares, les Landais sont au nombre de 304 000, ou 32 à 33 seulement par hectare : ce qui n'est même pas la moitié de notre population spécifique. Depuis 1801, les Landes ont gagné 79 000 personnes, bien qu'elles aient perdu la ville de Saint-Esprit, annexée à Bayonne (Basses-Pyrénées).

Du niveau des mers, le pays ne s'élève qu'à 227 mètres, hauteur d'un coteau voisin de la frontière des Basses-Pyrénées, au sud-est d'Aire, près de Lauret. Cette pente ne saurait donner à ce pays plusieurs climats et plusieurs zones de végétation; mais la nature du sol le divise en deux régions parfaitement distinctes, climats à part : au sud-est, la **Chalosse**, collines fécondes ; partout ailleurs, la **Lande**. — Les eaux de la plus grande partie du pays vont à l Adour, le reste descend vers les Courants ou vers la Leyre, sauf quelques ruisseaux que leur pente amène à la Gelise ou au Ciron, rivières du bassin de la Gironde.

Formées de tout ou partie de huit terres Gasconnes, Landes, pays d'Albret, Gabardan, Marsan, Tursan, Labourd, Chalosse, Condomois, d'un morceau du Béarn et d'un lambeau du Bordelais (qui relevait de la Guyenne), les Landes ont 3 arrondissements, 28 cantons, 333 communes.

Elles ont pour chef-lieu **Mont-de-Marsan** (9300 hab.); pour ville majeure **Dax** (10 250); pour sous-préfectures Dax et Saint-Sever (4900).

Le **Loir-et-Cher** tire son nom de ses deux cours d'eau majeurs (la Loire non comprise) : le premier y baigne Vendôme, le second Selles, Saint-Aignan, Montrichard. C'est un département qui méritait surtout le nom de Beauce-et-Sologne. Il a son chef-lieu, Blois, au sud-sud-ouest de Paris, à 179 kilomètres par chemin de fer, à 160 seulement à vol d'oiseau.

Ses 635 000 hectares entretiennent 273 000 hommes, soit 43 individus par 100 hectares : 27 de moins que la moyenne de la France. Son gain, depuis le premier dénombrement du siècle, est de 63 000 personnes.

201 mètres, c'est toute la pente entre son lieu le plus bas, l'endroit où le Loir quitte le département (55 mètres), et son point le plus haut, la colline de Fontaine-Raoul (256 mètres), au sud-est de Droué, près de la forêt de Fréteval; ce n'est donc pas l'altitude, c'est la nature du sol qui divise le territoire en trois régions distinctes : au nord du Loir, le **Perche** boisé; entre le Loir et la Loire, la fertile **Beauce**; entre la Loire et le Cher, la stérile **Sologne**. — Tous les ruisseaux du Loir-et-Cher finissent par atteindre la Loire.

Formé de tout ou partie de trois pays de l'ancien Orléanais (Blésois, Dunois, Orléanais propre) et d'un morceau de la Touraine, le Loir-et-Cher se divise en 3 arrondissements, 24 cantons, 297 communes.

Il a pour chef-lieu **Blois** (20 500 hab.); pour sous-préfectures Romorantin (7800) et Vendôme (9200).

Le département de la **Loire** s'appelle ainsi du fleuve qui le traverse du sud au nord dans toute sa longueur et y baigne Roanne. On pouvait le nommer département des Monts-du-Forez, ou département du Pilat, ou Forez-et-Pilat, ou Pierre-sur-Haute, de sa cime la plus élevée. Il a son chef-lieu, Saint-Étienne-en-Forez, au sud-sud-est de Paris, à 502 kilomètres par chemin de fer, à 410 seulement en ligne droite.

Il y a 591 000 habitants sur ses 476 000 hectares, soit 124 personnes par 100 hectares, la moyenne de la France n'étant que de 70. Depuis 1801, il a gagné 300 000 âmes, c'est-à-dire qu'il a plus que doublé, grâce à la houille et aux industries de Saint-Étienne et du val du Gier.

La rive droite du Rhône le quitte par 138 mètres; et, sur la limite du Puy-de-Dôme, au nord-ouest de Montbrison, Pierre-sur-Haute monte à 1640 mètres : c'est une différence de niveau de 1502 mètres, qui fait surgir plusieurs climats avec leurs herbes et leurs arbres divers. En somme, ce pays fait de granits, de gneiss, de porphyres, de schistes, de terrains houillers, de terrains tertiaires, avec des jets volcaniques près de Montbrison, se partage nettement en deux régions : le **Mont**, qui fait tout le tour du territoire, et, au centre, la **Plaine du Forez**, humide et semée d'étangs. La plus grande partie de l'arrondissement de Saint-Étienne dépêche ses torrents vers le Rhône : c'est environ 60 000 hectares, ou le huitième du pays; tout le reste appartient au bassin de la Loire.

Formée du Forez et d'un lambeau du Beaujolais, l'un et l'autre relevant du Lyonnais, la Loire se divise en 3 arrondissements, 30 cantons, 329 communes. C'est un démembrement de l'ancien **Rhône-et-Loire**.

Il a pour chef-lieu **Saint-Étienne-en-Forez** (126 000 hab.); pour sous-préfectures, Montbrison (6400), qui est l'ancienne capitale, et Roanne (22 800). Trois villes industrielles du pays de Saint-Étienne ont plus de 10 000 âmes : Firminy (12 000), Saint-Chamond (14 400), Rive-de-Gier (15 000) ; et, de fait, la vallée du Gier, au nord-est de Saint-Étienne, et celle de l'Ondaine au sud-ouest, sont deux longues rues d'usines.

Le département de la **Haute-Loire** tire son nom de sa situation sur le cours de la Loire, qui est ici voisine de ses sources. On aurait pu l'appeler Meygal-et-Margeride, ou Meygal-et-Velay, d'après ses chaînes de montagnes, ou encore département des Volcans-Éteints ; nom qui convient également au Puy-de-Dôme. Il a son chef-lieu, le Puy-en-Velay, au sud-sud-est de Paris, à 566 kilomètres par chemin de fer, à 440 seulement en ligne droite.

314 000 habitants, 496 000 hectares, cela fait 63 à 64 personnes par 100 hectares : 6 à 7 de moins que la moyenne de la France. Depuis le premier recensement du siècle, il a gagné 84 000 hommes.

Le point le plus bas du territoire est l'endroit où l'Allier quitte définitivement le pays par 390 mètres ; le plus haut est la cime du Mézenc (1754 mètres), qui se dresse à la frontière de l'Ardèche, à 30 kilomètres en ligne droite au sud-est du Puy-en-Velay. Cette différence de niveau de 1364 mètres superpose plusieurs climats, du tempéré jusqu'au mi-polaire (car la tête du Mézenc plonge dans les longs et froids hivers). La diversité des sols contribue aussi à la diversité des plantes : il y a dans la Haute-Loire des granits, des gneiss, des schistes et micaschistes, des grès, et surtout d'immenses revêtements volcaniques. Hors les fontaines de quelques vallons du Mézenc et des Boutières qui vont à la rive droite du Rhône, tous ses torrents gagnent le fleuve de la Loire.

Formée de trois pays du Languedoc (Velay, Gévaudan, Vivarais), d'un lambeau de l'Auvergne et d'un fragment du Forez (qui dépendait du Lyonnais), la Haute-Loire se divise en 3 arrondissements, 28 cantons et 263 communes.

Elle a pour chef-lieu le **Puy-en-Velay** (19 250 hab.); pour sous-préfectures Brioude (4700) et Yssingeaux (8400).

La **Loire-Inférieure** se nomme ainsi de sa situation sur le cours inférieur de la Loire, qui y baigne Ancenis, Nantes, Paimbœuf et s'y jette dans l'Atlantique à Saint-Nazaire. Elle a son chef-lieu, Nantes, à l'ouest-sud-ouest de Paris, à 390 kilomètres par chemin de fer, à 335 seulement à vol d'oiseau.

613 000 personnes vivent sur ses 687 000 hectares, soit près de 90 habitants sur 100 hectares : 20 de plus que la moyenne de la France. Le gain, depuis 1801, est de 244 000 hommes.

Du seuil de l'Atlantique à la cime de la plus haute colline du territoire, qui se lève à la frontière d'Ille-et-Vilaine, au nord de Châteaubriant, au nord-est de Rougé, à l'orée de la forêt de Javardon, il n'y a que 115 mètres de différence de niveau : c'est beaucoup trop peu pour donner au climat quelque diversité; par cette absence de relief et par la présence de la mer, la Loire-Inférieure est parmi les pays les plus uniformes de France; mais si le ciel, traversé de pluies, de brumes, d'effluves marins, y a beaucoup de douceur, la terre, presque partout granitique ou schisteuse, y est froide. A part de tout petits fleuves côtiers, les eaux se partagent entre la Loire et la Vilaine, au désavantage de celle-ci.

Extraite de l'antique Bretagne, la Loire-Inférieure a 5 arrondissements, 45 cantons, 217 communes.

Elle a pour chef-lieu **Nantes** (122 200 hab.); pour sous-préfectures Ancenis (5200), Châteaubriant (5200), Paimbœuf (2600) et **Saint-Nazaire** (18 300).

Le **Loiret** tient son nom d'une charmante rivière qui sort, près d'Orléans, du Bouillon et de l'Abîme, fontaines célèbres, et va se perdre dans la Loire. Mais tout gracieux que soit le bleu Loiret, le nom qui convenait au département, c'était Gâtinais-et-Sologne ou Sologne-et-Beauce : nom que le Loir-et-Cher mérite encore plus. Il a son chef-lieu, Orléans, à 121 kilomètres au sud-sud-ouest de Paris par chemin de fer, 110 à vol d'oiseau.

677 000 hectares y entretiennent 361 000 habitants, soit 53 à 54 personnes par 100 hectares, 16 à 17 de moins que la moyenne de la France. Depuis l'aurore du siècle, le Loiret a gagné 75 000 âmes.

Il n'y a pas plus de 207 mètres de différence de niveau sur ce territoire; le Loing sortant du département par 68 mètres, et la colline majeure s'élevant à 275 mètres, en Sologne, à l'est de Cernoy, près des frontières du Cher. Ce n'est pas assez pour superposer des climats; mais la nature du sol divise nettement le Loiret en trois régions naturelles : au nord-ouest, la **Beauce**, plate, sèche et féconde; au nord-est, le **Gâtinais**, humide et boisé; au sud du fleuve, la **Sologne**, pays infertile, empesté par des étangs. Les ruisseaux de ces trois contrées se partagent en deux bassins : près de 360 000 hectares se versent dans la Loire, près de 320 000 dans la Seine par le Loing et l'Essonne.

Formé de trois pays de l'ancien Orléanais (Orléanais propre, Gâtinais, Dunois) et d'un lambeau du Berry, le Loiret contient 4 arrondissements, 31 cantons, 349 communes.

Il a pour chef-lieu **Orléans** (52 200 hab.); pour sous-préfectures Gien (7600), Montargis (9200), Pithiviers (5000).

Le **Lot** a pris son nom de la sinueuse rivière qui le traverse de l'est à l'ouest et y baigne Cahors. Ce nom ne dit pas toute la vérité : Lot-et-Dordogne aurait mieux valu; Causses-Inférieurs était préférable encore, l'Aveyron étant Causse-et-Ségalas, et la Lozère Causses-Supérieurs. Il a son chef-lieu, Cahors, au sud-sud-ouest de Paris, à 658 kilomètres par chemin de fer, à 500 seulement en ligne droite.

277 000 habitants sur 524 000 hectares, cela ne fait guère que 53 personnes par 100 hectares : 17 au-dessous de la moyenne de la France. Depuis 1801, il a perdu 100 000 individus ; mais cette diminution n'est qu'apparente : elle vient de ce que la plus riche contrée du département, tel qu'il fut créé vers la fin du siècle dernier, servit, sous Napoléon, à former le meilleur arrondissement du Tarn-et-Garonne, celui de Montauban ; toutefois, depuis le dénombrement de 1821, qui trouva le Lot dans ses limites actuelles, le croît ne dépasse pas 1000 personnes.

716 mètres de différence de niveau donnent à ce territoire une certaine diversité de climats et de plantes, entre l'altitude de 65 mètres, endroit où le Lot passe dans le Lot-et-Garonne, et 781 mètres, à la Bastide-du-Haut-Mont, sur la limite du Cantal, au nord-est de la Tronquière. La variété des végétations et des températures tient également aux natures du sol : les granits, les porphyres, les gneiss, les serpentines, les schistes du nord-est, dans le **pays de la Tronquière** et de Saint-Céré, ne peuvent avoir le même aspect, le même climat, les mêmes cultures, toutes altitudes à part, que les **causses** calcaires du centre ou les **collines** de l'ouest et du sud. Directement, ou par le Tarn, le Lot et la Dordogne, toutes les eaux du pays vont à la Garonne.

Formé d'un pays de Guyenne, du Quercy, où vit encore le vieux nom des *Cadurci*, le Lot se divise en 3 arrondissements, 29 cantons, 323 communes.

Il a pour chef-lieu **Cahors** (13 700 hab.) ; pour sous-préfectures Figeac (7300) et Gourdon (5100)

Le **Lot-et-Garonne** s'appelle ainsi des deux grandes rivières qui se réunissent au pied du fier coteau de Nicole, en aval d'Aiguillon : le Lot y baigne Villeneuve, la Garonne Agen, Tonneins et Marmande. Si les Landes recouvraient plus d'espace, on l'aurait pu nommer Landes-et-Collines. Il a son chef-lieu, Agen, à 651 kilomètres au sud-sud-ouest de Paris par chemin de fer, à 520 seulement en ligne droite.

Il y a eu plus de 317 000 habitants sur les 535 000 hectares de ce territoire, qui, sauf ses Landes, est colossalement riche ; mais, faute de naissances, la population y diminue de jour en jour. Depuis 1801, il a perdu 6000 à 7000 personnes ; il faut dire aussi qu'une partie de ses terres a contribué, en 1808, à la formation du Tarn-et-Garonne. 317 000 hommes sur 535 000 hectares, c'est un peu moins de 60 par 100 hectares : 10 au-dessous de la moyenne de la France.

De son point le plus haut à son lieu le plus bas, on descend de 267 mètres, la colline de Bélair, au nord de Fumel, sur la frontière de la Dordogne, ayant 273 mètres, et l'endroit où la Garonne passe en Gironde n'en ayant que 6. Cette différence de niveau ne saurait faire surgir des climats divers avec le cortège de leurs plantes ; mais la nature du sol le divise clairement en deux parties inégales : au nord, à l'est, au centre la **Colline** ; au sud-ouest les **Landes**, sur l'Avance, le Ciron et les affluents de gauche de la Gélise. Toutes ses eaux vont à la Garonne, vraie mère de la Gironde.

Formé de pays de Guyenne-et-Gascogne (Agénais, Bazadais, Condomois et Lomagne), le Lot-et-Garonne se partage en 4 arrondissements, 35 cantons, 325 communes.

Il a pour chef-lieu **Agen** (19 500 hab.) ; pour sous-préfectures Marmande (9000), Nérac (7600) et Villeneuve-sur-Lot (14 400).

La **Lozère** s'appelle ainsi de sa plus haute montagne, qui s'élève au sud-est de Mende. D'autres noms lui convenaient autant ou plus : Aubrac-et-Lozère, ou bien Margeride-et-Lozère, ou bien Aubrac-et-Margeride ; et dans un autre ordre d'idées Causse-Méjean, d'après le causse le plus élevé, le mieux défini de France, et mieux encore, département des Causses-Supérieurs. Il a son chef-lieu,

Agen.

Mende, au sud-sud-est de Paris, à 567 kilomètres par les routes, à 485 en ligne droite.

138 000 hommes seulement vivent sur les 517 000 hectares de ce territoire froid et dur, soit un peu moins de 27 par hectare : pas même les 2/5 de la moyenne de la France. Depuis le premier dénombrement du siècle, la Lozère n'a gagné que 11 000 à 12 000 personnes, ce qui ne tient pas à l'infécondité des familles, mais à l'excès d'émigration qui est la caractéristique des gens de la montagne.

Toute en plateaux élevés, la Lozère est peut-être le département le plus haut en moyenne. Elle a pour cime dominante le pic de Finiels (1702 mètres), tête de la Lozère; pour point le plus bas, l'endroit où le Tarn passe en Aveyron (380 mètres) : soit une différence de niveau de 1322 mètres, plus que suffisante pour échelonner plusieurs climats. Toutefois, comme le pays se déroule en plateaux d'une grande altitude, il n'a guère qu'un seul climat, et climat très froid, excepté dans les gorges profondes, comme sont celles du Tarn et du Lot, et dans quelques vallées du bassin du Rhône ouvertes vers le sud-est. La Lozère est à la diramation de plusieurs belles rivières : elle donne naissance au Tarn, au Lot, à l'Allier. Par le Tarn, le Lot, la Truyère, elle verse à la Gironde le plus grand nombre de ses clairs torrents; 77 000 hectares se penchent vers la Loire par l'Allier; le reste, à l'est et au sud-est, dépêche ses flots au Rhône par l'entremise de l'Ardèche, de la Cèze et du Gard.

Formée d'un pays de l'ancien Languedoc, le Gévaudan, où habitèrent les *Gabali*, la Lozère se divise en 3 arrondissements, 24 cantons, 196 communes.

Elle a pour chef-lieu **Mende** (7300 hab.); pour sous-préfectures Florac (2200) et Marvejols (4900).

Le **Maine-et-Loire** tire son nom de sa principale rivière et de son fleuve : la rivière, qui est la Maine, y baigne Angers; le fleuve, qui est la Loire, y baigne Saumur.

Nérac.

Il a son chef-lieu, Angers, au sud-ouest de Paris, à 308 kilomètres par chemin de fer, à 260 seulement à vol d'oiseau.

Grand de 712 000 hectares, il a 517 000 habitants, soit 72 à 73 par 100 hectares : un peu plus que la moyenne de la France. Son gain, depuis 1801, est de 142 000 âmes.

Par 6 mètres d'altitude la Loire quitte le département, et le coteau des Gardes, au nord-est de Cholet, au sud de Chemillé, s'élève à 210 mètres. Cette pente de 204 mètres seulement est impuissante à varier les climats, et la diversité des paysages et des plantes tient essentiellement à la nature du sol, ici composé de granit (surtout au sud-ouest, dans le **Bocage**); là de feldspath ; là de schiste; ailleurs, de terrains tertiaires, ou, sur de petits espaces, de craie et de calcaire jurassique; ailleurs encore de terrains d'alluvion, notamment dans le val de Loire et au bord des principales rivières. En dehors de quelques hectares dont les eaux gagnent le Don ou Uldon, tributaire de la Vilaine, tout le Maine-et-Loire se verse dans la Loire.

Le Maine-et-Loire, tiré de l'ancien Anjou, comprend 5 arrondissements, 34 cantons, 381 communes.

Il a pour chef-lieu **Angers** (56 900 hab.); pour sous-préfectures Baugé (3400), Cholet (14 300), Saumur (13 800) et Segré (2900).

La **Manche** tire son nom du bras de mer où elle s'avance en presqu'île et sur lequel elle n'a pas moins de 330 kilomètres de littoral; si le Mont-Saint-Michel ne lui était pas extérieur, situé comme il est dans un golfe, et d'ailleurs assez près du territoire d'Ille-et-Vilaine, elle eût pu s'appeler département du Mont-Saint-Michel, d'après l'îlot qu'on range parmi les plus nobles curiosités de la France. Elle a son chef-lieu, Saint-Lô, à l'ouest-nord ouest de Paris, à 314 kilomètres par chemin de fer, à 250 seulement en ligne directe.

Ses 593 000 hectares nourrissent 540 000 hommes, soit 90 à 91 personnes par 100 hectares : 20 à 21 de plus que la moyenne de la France. Depuis 1801 elle n'a gagné que 9000 âmes, et même voici quelques années qu'elle diminue, faute de naissances, et non par excès de morts, le territoire étant des plus sains.

Son plus haut sommet, c'est le coteau de Saint-Martin-de-Chaulieu, au nord-est de Mortain, près des frontières de l'Orne et de Calvados, dans la contrée qu'on nomme le **Bocage normand** : il ne domine que de 368 mètres le seuil de la Manche, et cette différence de niveau ne saurait créer des climats divers et des zones de plantes. La variété des cultures y tient essentiellement à la nature du sol, et précisément, du granit aux alluvions modernes et aux sables des dunes, qu'on appelle ici des *mielles*, ce pays des pommiers a presque tous les terrains ; toutefois le schiste y domine, et après lui le granit, roches qu'un climat très doux, qu'une pluie fine et fréquente, sauvent ici de l'infécondité qui leur est habituelle. A part quelques ruisseaux de l'arrondissement de Mortain versant leurs eaux dans la Mayenne (bassin de la Loire), toute la Manche coule à des fleuves côtiers, dont le plus grand est la Vire.

Tirée de la Normandie, la Manche se divise en 6 arrondissements, 48 cantons, 643 communes.

Elle a pour chef-lieu **Saint-Lô** (9700 hab.) ; pour ville majeure **Cherbourg** (37 200) ; pour sous-préfectures Avranches (8200), Cherbourg, Coutances (8000), Mortain (2300) et Valognes (5800). **Granville**, cité marine, a 12 500 âmes.

La **Marne** s'appelle ainsi de sa plus grande rivière, qui la parcourt dans toute sa largeur, du sud-est au nord-ouest, et y baigne Vitry-le-François, Châlons et Épernay. Le nom d'Argonne-et-Champagne eût été préférable, il semble. Ce territoire a son chef-lieu, Châlons-sur-Marne, à l'est de Paris, à 173 kilomètres par chemin de fer, à 148 seulement en ligne droite.

Il y a 408 000 habitants sur ses 814 000 hectares, soit 50 personnes sur 100 hectares : 20 de moins que la moyenne de la France. Depuis 1801, le gain monte à 104 000 âmes, accroissement qui tient surtout aux industries de Reims.

Entre Condé-sur-Suippe et Berry-au-Bac l'Aisne quitte ce département par 50 mètres d'altitude ; au-dessus des plates campagnes sillonnées par la Vesle, près de Verzy, un coteau de la Montagne de Reims se dresse à 280 mètres : cette différence de 230 mètres ne saurait varier grandement le climat et la végétation de ce pays ; mais la nature du terrain sépare très bien la **Champagne Pouilleuse**, craie dure, triste, inféconde et nue, des petites régions naturelles situées tant à l'ouest qu'à l'est de ce laid plateau : la Montagne de Reims, entre la Marne et la Vesle ; la Montagne de Sezanne, entre Marne et Seine ; le Bocage, sur la rive gauche de la Marne, au sud de Vitry-le-François ; le Perthois, sur la Saulx et l'Ornain ; et enfin l'Argonne, sur l'Aisne supérieure. Par l'Aube, la Marne et l'Aisne, toutes les eaux vont à la Seine.

Formée de la Champagne Propre, du Rémois et du Châlonnais, pays de l'ancienne Champagne, la Marne comprend 5 arrondissements, 32 cantons, 665 communes.

Elle a pour chef-lieu **Châlons-sur-Marne** (20 200 hab.); pour grande ville **Reims**, (81 300); pour sous-préfectures Épernay (15 500), Reims, Sainte-Menehould (4300) et Vitry-le-François (7600).

La **Haute-Marne** tire son nom de sa situation sur le cours supérieur de la Marne, qui y prend sa source et y passe devant Langres, Chaumont et Saint-Dizier. On eût mieux fait de l'appeler département du Plateau de Langres, ou de lui donner tel autre nom hydrographique plus complet que Haute-Marne, notamment Marne-et-Meuse. Elle a son chef-lieu, Chaumont-en-Bassigny, à l'est-sud-est de Paris, à 262 kilomètres par chemin de fer, à 215 seulement à vol d'oiseau.

Cathédrale de Reims.

Ses 622 000 hectares, dont 169 000 en forêts, ne nourrisent que 252 000 habitants, soit 40 à 41 par 100 hectares : 29 à 30 de moins que la moyenne de la France. Depuis le premier recensement du siècle, il n'a gagné que 36 000 âmes.

406 mètres, c'est la différence entre le point le plus bas et le point le plus haut du territoire, entre 110 mètres, à l'endroit où la Voire sort du département, et 516 mètres, cime du Haut-du-Sec, à la source de l'Aujon, à l'est d'Auberive, au sud-est de Langres. Cette faible pente ne suffit pas pour étager plusieurs climats sur un sol uniforme, appartenant surtout au calcaire jurassique (et aussi à la craie, au lias, au trias). Le département envoie ses eaux à la Seine, au Rhône par la Saône, à la Meuse. De ces trois bassins, celui de la Seine prend à lui seul les deux tiers du territoire.

Formée de pays de la Champagne (Bassigny, Perthois, Vallage) et d'un très petit morceau de la Bourgogne, la Haute-Marne se divise en 3 arrondissements, 28 cantons, 550 communes.

Elle a pour chef-lieu **Chaumont-en-Bassigny** (9200 hab.); pour ville majeure **Saint-Dizier** (12 800); pour sous-préfectures **Langres** (10 400) et Vassy-sur-Blaise (3300).

La **Mayenne** se nomme ainsi de la rivière qui la traverse du nord au sud et y baigne Mayenne, Laval et Château-Gontier. On aurait pu l'appeler département des Couévrons, bien que cette chaîne de collines qui fournit à Paris des pavés de porphyre ne soit pas très élevée. Il a son chef-lieu, Laval, à l'ouest-sud-ouest de Paris, à 301 kilomètres par chemin de fer, à 240 seulement à vol d'oiseau.

Il y a 352 000 habitants sur un territoire de 517 000 hectares, soit 68 personnes par 100 hectares : 2 de moins que la moyenne de la France. L'accroissement depuis 1861 est de 46 000 âmes.

La Sarthe abandonne le département par 20 mètres

d'altitude à peine, et le mont des Avaloirs, sur la frontière de l'Orne et de la Sarthe, près de Pré-en-Pail, dans la forêt de Multonne, élève sa tête à 417 mètres : soit une pente de 397 mètres, incapable de varier beaucoup le climat et les plantes; et d'ailleurs les roches de ce territoire ont peu de diversité : on y trouve surtout des schistes, des gneiss, des porphyres. A part un certain nombre de ruisseaux du nord-ouest et de l'ouest, qui se versent dans la Sélune et dans la Vilaine, fleuves côtiers, la Mayenne envoie ses eaux à la Loire par la Maine.

Formée de petits pays, Passais, Pail, etc., relevant du Maine et d'un morceau de l'Anjou, la Mayenne a 3 arrondissements, 27 cantons, 276 communes.

Elle a pour chef-lieu **Laval** (27 100 hab.); pour sous-préfectures Château-Gontier (7200) et Mayenne (10 100).

La **Meurthe-et-Moselle**, reste de nos anciens départements de la **Moselle** et de la **Meurthe**, démembrés en 1871, doit son nom à ses deux principales rivières : à la Meurthe qui baigne Lunéville et Nancy, et à la Moselle qui passe à Toul et reçoit la Meurthe. Elle a son chef-lieu, Nancy, à l'est de Paris, à 353 kilomètres par chemin de fer, à 280 seulement en ligne droite.

Sur 524 000 hectares, ce département nourrit 405 000 habitants, soit 77 à 78 personnes par 100 hectares : 7 à 8 de plus que la moyenne de la France. De 1872 à 1876 il a gagné 39 000 âmes, grâce à l'immigration des Alsaciens-Lorrains et au développement de l'industrie.

Son lieu le plus bas, c'est l'endroit où la Moselle passe en Allemagne, frontière nouvelle, par 170 mètres environ; ses points les plus hauts, les cimes des Vosges, sur la lisière de l'Alsace-Lorraine, ont environ 900 mètres, ce qui donne une différence de 730 mètres, suffisante pour varier le climat; le département, d'ailleurs, a des sols fort divers : l'oolithe, le trias et le lias y dominent. Toutes ses eaux vont au Rhin par la Moselle ou par la Meuse.

Formé d'une portion de l'ancienne Lorraine, ainsi que d'une partie des Trois-Evêchés de Metz, Toul et Verdun, il se divise en 4 arrondissements, 27 cantons et 596 communes.

Il a pour chef-lieu **Nancy** (66 300 hab.); pour sous-préfectures Briey (2100), Lunéville, (16 000) et Toul (10 100).

Le département de la **Meuse** s'appelle ainsi de la rivière qui le traverse du sud au nord par Commercy, Saint-Mihiel et Verdun. Un meilleur nom c'était Argonne-et-Woëvre, d'après ses plus hautes collines et sa plus large plaine. Il a son chef-lieu, Bar-le-Duc, à l'est de Paris, à 254 kilomètres par chemin de fer, à 205 seulement à vol d'oiseau.

Ce territoire fait vivre 294 000 habitants sur 623 000 hectares, soit 47 à 48 personnes par 100 hectares : 22 à 23 de moins que la moyenne de la France. Son gain de population depuis 1801 n'est que de 24 000 personnes.

308 mètres, c'est toute la différence de niveau du pays, entre l'endroit où le quitte la Saulx (115 mètres) et la cime du Buisson d'Amanty (423 mètres), entre Gondrecourt et la vallée de la Meuse. Cette pente-là ne peut superposer des climats bien divers, sur un sol de jura, de craies, de grès verts ayant d'ailleurs peu de variété : toutefois on y distingue essentiellement l'**Argonne** ou Montagne de la **Woëvre** ou Plaine. Les ruisseaux vont au Rhin par l'Orne de Woëvre, affluent de la Moselle, et par la Meuse et son tributaire la Chiers; à la Seine par la Saulx, l'Ornain, l'Aisne et l'Aire : dans ce partage, le bassin du Rhin l'emporte sur celui de la Seine.

Fait principalement de la Lorraine et des Trois-Évêchés de Metz, Toul et Verdun, et un peu de la Champagne, ce département a 4 arrondissements, 28 cantons et 586 communes.

Il a pour chef-lieu **Bar-le-Duc** ou Bar-sur-Ornain

(16 700 hab.); pour sous-préfectures Commercy (5200), Montmédy (2600) et Verdun-sur-Meuse (15 800).

Le **Morbihan** tire son nom du grand golfe, constellé d'îles, dont les marées de l'Atlantique font remonter les flots jusqu'aux environs de Vannes. Il a son chef-lieu, Vannes, à l'ouest-sud-ouest de Paris, à 499 kilomètres par chemin de fer, à 390 seulement en ligne droite.

Il y a 507 000 habitants sur ses 680 000 hectares, soit 74 à 75 personnes par 100 hectares : 4 à 5 au-dessus de la moyenne de la France. Depuis le dénombrement de 1801 il a gagné 105 000 âmes.

Du niveau de l'Atlantique à la cime du coteau de 297 mètres qui se lève au nord-est de Gourin, sur la frontière des Côtes-du-Nord, dans les Montagnes Noires, la pente n'est point capable de modifier sensiblement le climat ; et, d'autre part, les roches du sol appartiennent uniformément aux granits et aux schistes. Ses ruisseaux coulent à divers fleuves côtiers, Laïta ou rivière de Quimperlé, Blavet, rivière d'Auray, Vilaine.

Extrait de l'ancienne Bretagne, le Morbihan se divise en 4 arrondissements, 37 cantons, 249 communes.

Il a pour chef-lieu **Vannes** (17 900 hab.); pour ville majeure **Lorient** (35 200), pour sous-préfectures Lorient, Ploërmel (5500) et Pontivy (8300).

La **Nièvre** s'appelle ainsi d'une rivière qui tombe dans la Loire à Nevers ; mais cette rivière n'est qu'un ruisseau, et d'autres noms auraient mieux convenu : tels Yonne-et-Loire ; ou Loire-et-Allier ; ou Bec-d'Allier, du confluent de ses deux grandes rivières ; ou Morvan-et-Puisaye ; enfin Morvan tout court.

Elle a son chef-lieu, Nevers, au sud-sud-est de Paris, à 234 kilomètres par chemin de fer, à 215 seulement en ligne droite.

Sur ses 682 000 hectares vivent 347 000 habitants, soit 51 personnes par 100 hectares : 19 au-dessous de la moyenne de la France. Depuis 1801, elle a gagné 114 000 âmes.

La pente de ce territoire est de 715 mètres, le département ayant pour point le plus bas l'endroit où le quitte définitivement la Loire (135 mètres) et pour lieu le plus haut la cime du Préneley (850 mètres), au-dessus de la source de l'Yonne, au sud-est de Château-Chinon, sur la frontière de Saône-et-Loire. Cette différence de niveau, capable de modifier singulièrement le climat, s'allie à la diversité des roches pour donner à la Nièvre une grande variété d'aspects : granits, porphyres, gneiss, lias, calcaires, grès, etc., s'y partagent le sol. Les deux grands tiers des eaux du pays vont à la Loire, le reste à la Seine.

Formée du Nivernais et d'un tronçon de l'Orléanais, elle a 4 arrondissements, 25 cantons, 313 communes.

Elle a pour chef-lieu **Nevers** (22 700 hab.) ; pour sous-préfectures Château-Chinon (2700), Clamecy (5400), Cosne (6900).

Le **Nord**, qu'on aurait aussi pu nommer Ardennes-et-Flandre, s'appelle ainsi de sa situation dans l'extrême nord de la France. Il a son chef-lieu, Lille, au nord-nord-est de Paris, à 250 kilomètres par chemin de fer, à 205 seulement à vol d'oiseau.

Sur ses 568 000 hectares, ce département maritime entretient 1 520 000 habitants, soit 267 à 268 personnes par 100 hectares : près de 4 fois la moyenne de la France. Depuis l'an 1801, il a gagné 755 000 âmes, c'est-à-dire que la population y a doublé, grâce aux prodigieux développements de l'industrie.

Du seuil de la Manche à la cime d'une colline du bois de Saint-Hubert, au sud de Trélon, sur la frontière de la Belgique et de l'Aisne, la montée n'est que de 266 mètres, différence de niveau parfaitement incapable d'étager des zones de plantes. Mais le relief et la nature du sol divisent en trois régions naturelles ce département à taille

FRANCE. 545

fine, le plus long[1] et le plus étroit[2] de France : au sud-est, dans les environs d'Avesnes, l'**Ardenne** ou Colline ; au nord, entre la montagne de Cassel et les dunes du littoral, le **Marais** ou Wateringues ; partout ailleurs la **Plaine**. Le Nord incline ses eaux vers l'Escaut, qui draine plus des deux tiers du territoire ; vers l'Yser et l'Aa, fleuves côtiers ; vers la Meuse, par la Sambre ; vers la Seine, par quelques ruisseaux des environs d'Anor, dans l'angle sud-est du territoire.

Formé de la Flandre française, qui comprenait également le Hainaut français et le Cambrésis, le Nord se divise en 7 arrondissements, 61 cantons, 662 communes.

Il a pour chef-lieu **Lille** (162 800 hab.) ; pour sous-préfectures Avesnes (4600), **Cambrai** (22 100), **Douai** (27 000), **Dunkerque** (35 000), Hazebrouck (9900) et **Valenciennes** (26 000). Dans ce premier des départements industriels, les puits de houille, les usines, les sucreries, les gares, les boutiques, les cabarets s'amassent en immenses bourgades, et çà et là en grandes villes : Saint-Amand a 10 700 âmes, Fourmies 11 900, Bailleul 13 000, Halluin 13 800, Maubeuge 14 400, Denain 14 500, Wattrelos 15 300, Armentières 21 700, **Tourcoing** 48 600, **Roubaix** 83 700.

Le département de l'**Oise** se nomme ainsi de sa principale rivière, qui le traverse du nord-est au sud-ouest et y arrose Compiègne. Il a son chef-lieu, Beauvais, au nord-nord-ouest de Paris, à 88 kilomètres par chemin de fer, à moins de 70 en ligne droite.

402 000 personnes vivent sur ses 586 000 hectares, soit 68 à 69 individus par 100 hectares, un peu moins que la moyenne de la France. Depuis 1801, l'Oise a gagné 51 000 habitants.

Son lieu le plus bas étant à 20 mètres (là où l'Oise

---

[1] 190 kilomètres.
[2] 6 kilomètres à l'endroit le plus resserré.

passe en Seine-et-Oise) et son lieu le plus haut à 235 mètres seulement (cime d'un coteau voisin de la forêt de Thelle, entre Beauvais et Chaumont-en-Vexin), le territoire n'a que 215 mètres de pente, et cette différence de niveau ne peut point étager de climats. Le sol, peu mouvementé, se divise entre les craies, les calcaires et les terrains tertiaires. Sauf les quelques sources qui se dirigent, au nord, vers la Somme et la Bresle, fleuves côtiers, la Seine absorbe toutes ses eaux.

Formée de pays de l'ancienne Ile-de-France (Ile-de-France propre, Noyonnais, Soissonnais, Beauvaisis, Valois), et de terres de la Picardie (Amiénois, Santerre), l'Oise comprend 4 arrondissements, 35 cantons, 701 communes.

Elle a pour chef-lieu **Beauvais** (16 600 hab.); pour sous-préfectures Clermont-d'Oise (6100), **Compiègne** (13 400) et Senlis (6500).

L'**Orne** s'appelle ainsi du fleuve côtier qui y prend sa source et y baigne Séez et Argentan. Orne-et-Huisne était un nom plus complet; Perche-et-Bocage valait encore mieux; enfin le nom de Monts-Normands lui convenait aussi, puisque sa forêt d'Écouves possède la cime la plus haute de l'ancienne Normandie.

Il a son chef-lieu, Alençon, à l'ouest-sud-ouest de Paris, à 267 kilomètres par chemin de fer, à 165 seulement à vol d'oiseau.

Sur 610 000 hectares il n'a plus que 393 000 personnes, sa population diminuant maintenant faute de naissances; et même, l'Orne, comme deux autres départements normands, l'Eure et le Calvados, a moins d'habitants aujourd'hui qu'en 1801 (toutefois la perte ne dépasse guère 1000 individus). Il entretient 64 à 65 personnes par 100 hectares : 5 à 6 de moins que la moyenne de la France.

Du lieu où l'Orne quitte le département par 50 mètres à la cime de la forêt d'Écouves (417 mètres) au nord d'Alençon, la montée est de 367 mètres : pas assez pour influer beaucoup sur le climat et les plantes ; mais le pays ne manque pas de diversité, grâce à la variété de ses roches, l'Orne possédant à peu près tous les sols, granits et schistes, calcaires jurassiques, craies, terrains tertiaires. Ses ruisseaux vont à la mer par cinq routes : par la Seine, vers laquelle courent l'Eure, l'Avre, l'Iton, la Rille, la Charentonne ; par la Touques, la Dives et l'Orne, fleuves côtiers ; par la Loire, dont relèvent l'Huisne, la Sarthe, la Mayenne et la Varenne.

Formée de pays normands (Normandie propre et duché d'Alençon) et d'un morceau du Perche, dépendance du Maine, l'Orne se divise en 4 arrondissements, 36 cantons, 511 communes.

Il a pour chef-lieu **Alençon** (16 600 hab.) ; pour sous-préfectures Argentan (5800), Domfront (4600) et Mortagne (4700). L'industrieuse **Flers** a 11 100 âmes.

Le **Pas-de-Calais** tire son nom du détroit qui fait communiquer la mer du Nord et la Manche et sur lequel est situé le port de Calais. Il a son chef-lieu, Arras, au nord-nord-est de Paris, à 192 kilomètres par chemin de fer, à 165 seulement en ligne droite.

Ses 661 000 hectares entretiennent 793 000 habitants, soit 120 personnes par 100 hectares : 50 de plus que la moyenne de la France. Depuis le premier recensement du siècle, il a gagné 288 000 âmes, par le développement de l'industrie plus encore que par celui de l'agriculture.

Du seuil de la Manche à la cime de la colline de 212 mètres qui se dresse au-dessus de Desvres, la différence de niveau n'est pas capable de superposer des climats ; et, en outre, il y a peu de variété dans la nature du sol, qui se compose de craie, et dans le Boulonnais de grès verts et d'oolithe. On peut le diviser en quatre régions fort inégales : le très monotone **Plateau d'Artois** ; le **Boulonnais** ou Colline ; les **Pays-Bas**, terres fangeuses au nord de Béthune ; le **Marais**, plus ou moins bien desséché, dans le Calaisis, entre la mer et les coteaux du Boulonnais. Les eaux se partagent entre le bassin de l'Escaut à l'est, et celui de divers petits fleuves côtiers au nord et à l'ouest : l'Aa, la Liane, l'Authie ; quelques terres des environs de Bapaume ont leur pente vers la Somme.

Formé de la province d'Artois, et du Boulonnais, du Calaisis, du Ponthieu, pays picards, le Pas-de-Calais comprend 6 arrondissements, 44 cantons et 904 communes, plus qu'aucun autre département.

Il a pour chef-lieu **Arras** (26 800 hab.); pour première ville **Boulogne-sur-Mer** (40 100); pour sous-préfectures Béthune (9300), Boulogne, Montreuil-sur-Mer (4500), Saint-Omer (21 900) et Saint-Pol-sur-Ternoise (3900). **Calais** a 12 600 âmes, Saint-Pierre-lès-Calais, lieu d'industrie, 25 600 ; en réunissant ces deux cités, la dernière prolongeant réellement la première, qui est une place murée dans l'impuissance de s'agrandir, on a une ville de 38 000 habitants, bien plus grande qu'Arras et presque égale à Boulogne.

Le **Puy-de-Dôme** se nomme ainsi d'un superbe volcan éteint de 1465 mètres de hauteur, dominant Clermont et la plaine de la Limagne. D'autres noms auraient peut-être mieux valu, notamment : Volcans-Eteints, désignation qui convient également à la Haute-Loire ; Dore-et-Dôme, de ses deux principales protubérances ; Puy-de-Sancy, d'après la plus haute montagne de la France centrale ; Dôme-et-Limagne, de son grand volcan et de sa grande plaine, etc. Il a son chef-lieu, Clermont-Ferrand, au sud-sud-est de Paris, à 420 kilomètres par chemin de fer, à 350 seulement à vol de corbeau, comme disent les Anglais.

Il y a 570 000 habitants sur ses 795 000 hectares, soit 71 à 72 personnes par 100 hectares : un peu plus que la moyenne de la France. Depuis 1801, le Puy-de-Dôme a gagné 63 000 hommes, et ce gain serait bien plus grand sans l'émigration à l'intérieur qui décime la jeunesse d'Auvergne.

Son lieu le plus haut, tête de la France du Centre, le Puy-de-Sancy (1886 mètres), domine de 1625 mètres son lieu le plus bas, qui est l'endroit où l'Allier quitte définitivement le territoire (261 mètres). Cette pente de 1625 mètres étage plusieurs climats, depuis le tempéré jusqu'au semi-polaire, et si la **Limagne** ou val d'Allier n'a point un hiver rigoureux, des neiges profondes couvrent pendant plusieurs mois les gneiss, les micaschistes, les granits, les roches volcaniques de la **Montagne** ou Plateau. Sauf les affluents de la Dordogne naissante (bassin de la Gironde), au sud-ouest du pays, tous ses torrents vont à la Loire, surtout par l'Allier, où tombent deux belles rivières, la Dore et la Sioule.

Formé d'une partie de l'Auvergne, d'un morceau du Bourbonnais, d'un lambeau du Forez, terre de Lyonnais, le Puy-de-Dôme comprend 5 arrondissements, 50 cantons, 465 communes.

Il a pour chef-lieu **Clermont-Ferrand** (41 800 hab.); pour sous-préfectures Ambert (7800), Issoire (6250), Riom (10 800) et Thiers (16 300).

Le département des **Basses-Pyrénées** s'appelle ainsi de sa situation au pied des Pyrénées, qui, bien que fort élevées ici, le sont moins que dans les Hautes-Pyrénées, territoire voisin. Ce nom a le grand tort de faire supposer que ses montagnes sont basses. On eût pu l'appeler département de l'Adour, ce fleuve étant, avec la Durance, le seul de nos grands cours d'eau qui ne désigne aucun des successeurs de nos provinces; ou département des Gaves, des beaux torrents nommés ainsi par les Béarnais; et mieux encore Adour-et-Gaves. Il a son chef-lieu, Pau, au sud-sud-ouest de Paris, à 846 kilomètres par chemin de fer, à 650 seulement en ligne droite.

Les 762 000 hectares de ce pays frontière touchant à

l'Aragon, à la Navarre, au Guipúzcoa (Espagne), portent 432 000 habitants, soit 56 à 57 personnes par 100 hectares : 13 à 14 au-dessous de la moyenne de la France. Or, c'est un pays de beaucoup supérieur à l'ensemble de notre patrie, comme sol et surtout comme climat ; mais il a 317 000 hectares en touyas ou bruyères. Son gain, depuis 1801, dépasse 75 000 âmes ; il est vrai qu'une annexion lui a donné la petite ville de Saint-Esprit, détachée des Landes pour faire corps avec Bayonne ; mais, d'autre part, aucun département n'envoie plus d'émigrants au delà des mers ; sans la fécondité de ses familles, il aurait beaucoup diminué depuis le commencement du siècle.

De la vague de l'Atlantique ce territoire monte jusqu'à 2976 mètres, altitude du pic de Cuje-la-Palas, au sud-est de Laruns, sur la frontière des Hautes-Pyrénées. Cette différence de niveau de près de 3000 mètres suscite plusieurs climats, de la zone de la vigne, et presque de l'olivier, à celle des frimas éternels ; le sol, d'ailleurs, est de nature variée : granits, schistes, grès, craies, terrains tertiaires, alluvions. On y peut distinguer quatre régions : la **Montagne**, au midi d'une ligne irrégulière allant de Saint-Jean-de-Luz à Nay par Cambo, Iholdy, Mauléon, Saint-Christau, Rébénac ; la **Colline**, entre la Montagne, le Pont-Long et l'Adour ; le **Pont-Long**, touyas qui suivent le cours du Luy-de-Béarn, de la banlieue de Pau jusqu'au département des Landes ; la **Chalosse**, pays de hautes collines, de vaux serrés et profonds, entre le Pont-Long, les Hautes-Pyrénées, le Gers et les Landes. A l'exception de l'Irati, beau torrent du versant méridional des Pyrénées, que l'Aragon mène à l'Èbre, fleuve espagnol, les eaux des Basses-Pyrénées vont à l'Adour, ou bien à la Nivelle et à la Bidassoa, fleuves côtiers.

Formées de pays de l'ancienne Gascogne : Béarn, Soule, Navarre et Labourd, les Basses-Pyrénées se divisent en 5 arrondissements, 40 cantons, 558 communes.

Oloron-Sainte-Marie.

Elles ont pour chef-lieu **Pau** (28 900 hab.); pour sous-préfectures **Bayonne** (27 400), Mauléon (2100), Oloron-Sainte-Marie (8600), Orthez (6600).

Le département des **Hautes-Pyrénées** s'appelle ainsi de ce qu'il s'appuie aux Pyrénées françaises les plus élevées. On l'eût pu nommer : département du Vignemale, de sa montagne majeure ; département des Cirques, en l'honneur des amphithéâtres de Gavarnie et de Troumouse ; département du Plateau de Lannemezan, de la triste lande où naissent tant de tristes rivières ; ou encore Gaves-et-Nestes, d'après les beaux torrents qui portent ce nom. Il a son chef-lieu, Tarbes, au sud-sud-ouest de Paris, à 829 kilomètres par chemin de fer, à 650 seulement à vol d'oiseau.

Il y a 238 000 habitants sur les 453 000 hectares de ce département frontière qui touche à l'Aragon (Espagne), soit un peu plus de 52 personnes par 100 hectares : 18 de moins que la moyenne de la France. Depuis 1801 il a gagné 63 000 âmes.

La cime du Vignemale (3290 mètres) domine de 3170 mètres le lieu le plus bas du territoire, qui est l'endroit où l'Adour en sort, par 120 mètres. Cette pente étage de nombreux climats, de celui qui fait fleurir la vigne à celui qui ne peut fondre en été toutes les glaces de l'hiver. Granits, schistes, calcaires, craies, terrains tertiaires, il se divise en trois régions : le **Mont**, qui couvre plus de la moitié du pays ; la belle **Plaine de Bigorre** ; et le **Plateau de Lannemezan**. Les deux tiers du pays se versent dans l'Adour, directement ou par le Gave de Pau ; l'autre tiers dans la Garonne, par la Neste et les rivières lannemezanaises.

Formé de pays de l'ancienne Guyenne-et-Gascogne, avant tout du Bigorre, puis des Quatre-Vallées, du Nébouzan, de l'Astarac, d'un lambeau de l'Armagnac, le département des Hautes-Pyrénées se divise en 3 arrondissements, 26 cantons, 480 communes.

Bagnères-de-Bigorre.

Il a pour chef-lieu **Tarbes** (21 300 hab.) ; pour sous-préfectures Argelès (1700) et Bagnères-de-Bigorre (9500).

Le département des **Pyrénées-Orientales** tire son nom de ce qu'il est presque entièrement couvert par la portion orientale de la grande chaîne hispano-française. On eût pu l'appeler département du Canigou, de sa plus célèbre montagne ; et mieux encore département du Midi, car c'est notre territoire le plus méridional ; il aurait ainsi fait contraste avec le département du Nord et le département du Centre (qui est le Cher). Il a son chef-lieu, Perpignan, au sud-sud-est de Paris, à 937 kilomètres par chemin de fer, à 680 seulement en ligne droite.

Ce département frontière, touchant à la Catalogne (Espagne), a 198 000 habitants sur 412 000 hectares, ou 48 personnes sur 100 hectares : 22 de moins que la moyenne de la France. Depuis 1801, il a gagné 86 000 âmes, en dépit de l'émigration vers l'Algérie.

Du niveau de la Méditerranée, ce département s'élève jusqu'à 2921 mètres, au Puy-de-Carlitte : c'est dire qu'on y trouve tous les climats, de celui qu'aime le frileux olivier à celui des neiges pérennes. Ses granits, ses schistes, ses craies versent leurs torrents au Tech, à la Têt, à l'Agly, à l'Aude, fleuves côtiers ; les eaux de la Cerdagne française, jaillissant sur le revers méridional des Pyrénées, vont à la Sègre, affluent de l'Èbre, fleuve espagnol. Enfin la Mouge (Muga), torrent d'Espagne, et l'Ariège, rivière du bassin de la Gironde, ont leurs premières fontaines sur ce territoire.

Formées de pays de l'ancien Roussillon (Capsir, Cerdagne, Conflent, Vallée de Carol, Vallspire), et de territoires du Languedoc (Fenouilladès et pays de Sournia), les Pyrénées-Orientales ont 3 arrondissements, 17 cantons, 231 communes.

Elles ont pour chef-lieu **Perpignan** (28 400 hab.) ; pour sous-préfectures Céret (3600 hab.) et Prades (3900).

Le **Rhône** s'appelle ainsi du fleuve qui y baigne Lyon

Lyon.

et Givors. Saône-et-Rhône eût été plus complet. Il a son chef-lieu, Lyon, au sud-sud-est de Paris, à 507 kilomètres par chemin de fer, à moins de 390 en ligne droite.

705 000 habitants vivent sur ses 279 000 hectares, soit 252 à 253 par 100 hectares : plus de 3 fois la moyenne de la France. Depuis 1801, le Rhône a gagné 407 000 âmes ; il a donc plus que doublé dans ces 75 années, grâce aux industries lyonnaises.

De l'endroit où la rive droite du Rhône passe en Ardèche (140 mètres) à la cime du Saint-Rigaud (1012 mètres), dans les monts du Beaujolais, au-dessus de Monsols, on s'élève de 872 mètres, différence de niveau capable de modifier singulièrement le climat, les plantes, les cultures. Le territoire appartient d'ailleurs à des roches fort diverses : granits, gneiss, schistes, lias, calcaires, etc., sans parler des alluvions des vallées de la Saône et du Rhône. Sauf quelques torrents de l'ouest du pays, tributaires de la Loire, tout le Rhône appartient au bassin du fleuve dont il porte le nom.

Formé du Lyonnais et de son annexe, le Beaujolais, le Rhône est un démembrement de l'ancien **Rhône-et-Loire** ; il se divise en 2 arrondissements, 29 cantons, 264 communes.

Il a pour chef-lieu **Lyon** (342 800 hab.) ; pour sous-préfecture Villefranche-sur-Saône (12 500). **Tarare** a 14 400 âmes, Givors 11 900.

La **Haute-Saône** s'appelle ainsi du cours supérieur de la Saône, qui n'est guère qu'un ruisseau quand elle pénètre sur son territoire. Peut-être eût-on dû le nommer département du Frais-Puits, d'après la plus énorme de nos fontaines accidentelles : ce nom aurait rappelé que la Haute-Saône est pleine de filtrations, de gerçures, de cassures, de ruisseaux perdus et retrouvés, de fonts abondantes et de sources adventives. Il a son chef-lieu, Vesoul, au sud-est de Paris, à

581 kilomètres par chemin de fer, à 310 à peu près en ligne droite.

Il y a 304 000 habitants sur ses 534 000 hectares, ce qui donne environ 57 personnes par 100 hectares : 13 au-dessous de la moyenne de la France. Depuis le dénombrement de 1801, il n'a gagné que 12 000 à 13 000 âmes; c'est la faute de l'émigration à l'étranger, et surtout à l'intérieur, et non celle des familles.

Le Ballon de Servance, dôme des Vosges, haut de 1189 mètres, domine d'un peu plus de 1000 mètres le point le plus bas du territoire, l'endroit où la Saône reçoit l'Ognon par 186 mètres. C'est assez pour étager des climats et des plantes; et, d'autre part, le pays appartient à des roches diverses : granits, porphyres, schistes, grès rouges, grès des Vosges, grès bigarrés, lias, calcaires. Toutefois on peut le diviser en deux régions naturelles : au nord-est, les **Vosges**, contrée froide, boisée, montagneuse; partout ailleurs le **Plateau**, terres hâchées, fissurées où règne surtout l'oolithe. Par la Saône, toutes les eaux vont au Rhône.

Tirée de la Franche-Comté, la Haute-Saône a 3 arrondissements, 28 cantons, 583 communes.

Elle a pour chef-lieu **Vesoul** (9200 hab.); pour sous-préfectures Gray (7400) et Lure (4000).

Le département de **Saône-et-Loire** s'appelle ainsi de sa principale rivière, la Saône, qui coule devant Châlon, Tournus et Mâcon, et, de son fleuve, la Loire. Excellent nom, comme le serait aussi celui Bresse-et-Morvan. Pris entre la Saône et la Loire, c'est un pays « clef de voûte », un passage de canaux, de chemins de fer, de grandes routes nationales, comme celui de la Côte-d'Or, entre les bassins de la Seine et de la Saône, et celui de la Loire entre la Loire et le Rhône. Il a son chef-lieu, Mâcon, au sud-est de Paris, à 441 kilomètres par chemin de fer, à 335 seulement à vol d'oiseau.

Ses 855 000 hectares entretiennent 614 000 habitants,

soit 71 à 72 personnes par 100 hectares, un peu lus que la moyenne de la France. Depuis 1801, il a gagné 162 000 âmes, ce qui tient pour une grande part à la houille et aux industries du Creusot.

De l'endroit où la Saône quitte son territoire par 169 mètres, à la cime du Haut-Folin (902 mètres), au nord-ouest d'Autun, sur la frontière de la Nièvre, on monte de 733 mètres, pente qui suffit pour modifier le climat et le règne des plantes; d'ailleurs, le territoire appartient à des natures de sol fort diverses : granits, gneiss, micaschistes, schistes, grès, lias, calcaires, terrains tertiaires, alluvions. On y distingue quatre régions naturelles : le **Morvan**, au nord-ouest, contrée la plus haute et la plus froide; le **Charolais**, au sud-ouest, terre froide aussi, riche en pâtures; les **Coteaux**, entre Morvan, Charolais et Saône; la **Bresse**, à l'est de la Saône, au pied du Jura. Ses ruisseaux et rivières se partagent entre le bassin du Rhône et celui de la Loire, un peu à l'avantage du premier.

Formé de l'Autunais, du Brionnais, du Chalonnais, du Charolais, du Mâconnais, tous pays de Bourgogne, le département de Saône-et-Loire se partage en 5 arrondissements, 50 cantons, 589 communes.

Il a pour chef-lieu **Mâcon** (17 600 hab.); pour maîtresse ville **le Creusot** (26 400), immense usine à fer; pour sous-préfectures, Autun (12 900), Châlon-sur-Saône (19 100), Charolles (3300) et Louhans (4200).

La **Sarthe** doit son nom à sa principale rivière, qui baigne le Mans et Sablé : Loir-et-Sarthe, Huisne-et-Sarthe, eussent été plus complets. Il a son chef-lieu, le Mans, au sud-ouest de Paris, à 211 kilomètres par chemin de fer, à 185 seulement en ligne droite.

Il y a 446 000 habitants sur ses 621 000 hectares, soit 71 à 72 individus par 100 hectares : un peu plus que la moyenne de la France. Le gain, depuis l'aurore du siècle, est de 57 000 à 58 000 âmes.

La Sarthe sort du département par 20 mètres : c'est le lieu le plus bas du territoire ; au nord-ouest de Mamers, un coteau de la forêt de Perseigne monte à 340 mètres. Cette faible pente ne modifie que très peu le climat, et les différences d'aspect tiennent surtout à la diversité des natures de sol, schiste, grès rouge, oolithe, craie, terrains tertiaires, alluvions. Toutes les eaux courantes gagnent la Sarthe et le Loir, branches de la Maine, qui tombe dans la Loire.

Formée d'une partie du Maine, d'un morceau de l'Anjou et d'un très faible lambeau du Perche, la Sarthe a réuni divers petits pays, Perche, Saosnois, Fertois, etc. Elle comprend 4 arrondissements, 33 cantons, 386 communes.

Elle a pour chef-lieu **le Mans** (50 200 habitants); pour sous-préfectures La Flèche (9400), Mamers (5300) et Saint-Calais (3500).

Le département de la **Savoie**, revenu en 1860 à la France, s'appelait, sous le Premier Empire, département du Mont-Blanc ; mais alors il était plus grand qu'aujourd'hui. Il ne possède point maintenant le plus haut de nos monts et des monts de l'Europe. Au lieu de lui conserver le nom de la province dont il faisait partie, on aurait pu l'appeler Haute-Isère, du cours supérieur d'une belle rivière; ou Arc-et-Isère, de ses deux grands cours d'eau, et, mieux encore, département de la Vanoise, d'un magnifique massif étincelant de glaciers. Il a son chef-lieu, Chambéry, au sud-est de Paris, à 596 kilomètres par chemin de fer, à 450 seulement à vol d'oiseau.

Ce département frontière (il touche au Piémont (Italie) porte 268 000 habitants sur 591 000 hectares, soit 45 à 46 personnes sur 100 hectares : 24 à 25 de moins que la moyenne de la France. Depuis 1861, premier dénombrement après l'annexion, il a gagné 7000 âmes seulement : la cause n'en est pas à l'infécondité des familles, mais à une constante émigration vers les villes de France, l'Amérique platéenne, et aussi vers l'Algérie.

Ce territoire de gneiss, de micaschistes, de calcaires, de craies, a tous les climats, de la zone de la vigne aux frimas éternels, grâce à de colossales différences de niveau : son lieu le plus bas, le confluent du Rhône et du Guier, n'est qu'à 212 mètres, tandis que l'Aiguille de la Vanoise darde sa plus haute roche neigeuse à 3861 mètres : soit une différence de niveau de 3649 mètres. Tous les torrents du pays ont pour terme le Rhône.

Formé de la Maurienne, de la Savoie, de la Haute-Savoie et de la Tarantaise, tous pays de l'ancienne Savoie, il se divise en 4 arrondissements, 29 cantons, 327 communes.

Il a pour chef-lieu **Chambéry** (18 500 hab.); pour sous-préfectures, Albertville (4750), Moutiers (2000) et Saint-Jean-de-Maurienne (3100).

Le département de la **Haute-Savoie** s'appela sous le Premier Empire, département du Léman. Ce nom lui conviendrait encore, mais aucun ne vaudrait celui de département du Mont-Blanc : il est étrange que la plus fière montagne de l'Europe ne désigne pas le territoire qu'elle domine de ses glaciers et de ses aiguilles. On a préféré laisser au pays le nom de la province dont il dépendait avant son annexion en 1860. Département frontière confinant au Piémont (Italie) et aux deux cantons du Valais et de Genève (Suisse), il a son chef-lieu, Annecy, au sud-est de Paris, à 622 kilomètres par chemin de fer, à 435 seulement à vol d'oiseau.

274 000 habitants vivent sur ses 467 000 hectares, soit un peu moins de 59 personnes sur 100 hectares : 11 au-dessous de la moyenne de la France. Depuis 1861, premier recensement après l'annexion, il a gagné 7000 hommes; mais son croît serait bien plus rapide s'il n'envoyait pas tant d'émigrants : à l'intérieur, vers Paris et les grandes villes; à l'extérieur, vers l'Amérique et l'Algérie.

Bien que souvent l'éblouissant soleil verse à flots la

chaleur sur sa neige immaculée, le Mont-Blanc, haut de 4810 mètres, a son front dans l'éternel hiver; de cette pointe suprême de l'Europe au lieu le plus bas du département (confluent du Rhône et du Fier, 250 mètres), la pente est de 4560 mètres. Aussi le climat varie-t-il à l'infini sur ce territoire de gneiss, de schistes cristallins, de calcaires, de craies, depuis la zone des mousses élémentaires, des perce-neige et des rhododendrons jusqu'à celle des fruits et des vins généreux. C'est le Rhône qui boit tous ses torrents.

Formé du Chablais, du Faucigny, du Génevois, de l'intendance d'Annecy, tous pays de l'ancienne Savoie, le département comprend 4 arrondissements, 28 cantons, 314 communes.

Il a pour chef-lieu **Annecy** (11000 hab.); pour sous-préfectures, Bonneville (2200), Saint-Julien (1300) et Thonon (5500).

Le département de la **Seine** tire son nom du fleuve qui baigne Paris.

Sur moins de 48000 hectares, 2411000 personnes y grouillent, sans compter une immense population flottante : cela fait plus de 50 personnes par hectare, 5000 par kilomètre carré. Depuis 1801, la Seine, grâce à Paris, a gagné 1779000 âmes; elle a quadruplé la nation qu'elle porte.

Sur un si petit espace, dans un pays dont la pente est comprise entre 169 mètres (colline voisine de Sceaux) et 23 mètres (lieu où la Seine passe en Seine-et-Oise), il ne peut régner qu'un seul et même climat. Tous les ruisseaux, tous les fossés, tous les égouts versent leurs eaux, et surtout leurs ordures à la Seine.

Lambeau de l'Ile-de-France, elle renferme 3 arrondissements, dont deux vont être supprimés, 28 cantons, 72 communes.

Elle a pour chef-lieu **Paris** (1989000 hab.); pour sous-préfectures, qui vont disparaître, Saint-Denis (34900) et Sceaux (2500). Saint-Ouen a 11300 âmes, Gentilly 11400, Courbevoie 11900, Puteaux 12200, Montreuil 13600, Pantin 13700, Aubervilliers 14300, Ivry 15200, Clichy 17400, Vincennes 18200, Neuilly 20800, Boulogne 21600, Levallois-Perret 22700. En réalité, tout ce qui environne Paris, en Seine et en Seine-et-Oise, est un immense faubourg de la métropole.

Le département de **Seine-et-Marne** tient son nom du fleuve qui y baigne Montereau et Melun, et de la sinueuse rivière qui passe à Meaux. Son vrai nom c'était département de la Brie, d'après la région fertile, plate, aux pluies maigres, aux eaux rares, aux puits profonds, qui forme, au nord de la Seine, les deux grands tiers de son territoire. Il a son chef-lieu, Melun, au sud-est de Paris, à 45 kilomètres par chemin de fer, à 40 à vol d'oiseau.

Ses 574000 hectares portent 347000 habitants : cela fait 60 personnes par 100 hectares, 10 de moins que la moyenne de la France. Depuis 1801, son gain n'est que de 48000 hommes.

La Seine le quitte par 34 mètres, c'est le lieu le plus bas ; la butte Saint-Georges, près du Petit-Morin, non loin de Verdelot, canton de Rebais, dans le voisinage de l'Aisne, s'élève à 215 mètres, c'est le lieu le plus haut. Cette différence de 181 mètres ne peut varier que très insensiblement le climat de ce territoire composé des sables, des grès, des calcaires et des meulières des terrains éocène et miocène. Par l'Yonne, le Loing, l'Essonne, l'Yères, la Marne, toutes ses eaux vont à la Seine.

Formé d'une portion de l'ancienne Ile-de-France (Ile-de-France et Gâtinais français) et d'un morceau de la Champagne, il se partage en 5 arrondissements, en 29 cantons, en 530 communes.

Il a pour chef-lieu **Melun** (11200 hab.); pour sous-préfectures Coulommiers (5200), Fontainebleau (11650), Meaux (11700) et Provins (7600).

Le département de **Seine-et-Oise** enveloppe celui de la Seine. Il tire son nom de son fleuve, la Seine, qui baigne Corbeil, Saint-Cloud, Saint-Germain en Laye, Mantes, et de sa maîtresse rivière. l'Oise, qui passe à Pontoise. Il a son chef-lieu, Versailles, à 18 kilomètres à l'ouest de Paris.

562 000 personnes vivent sur ses 560 000 hectares; c'est un peu plus de 100 personnes sur 100 hectares : 30 au-dessus de la moyenne de la France, grâce aux villes de la banlieue de Paris. Il a gagné 141 000 habitants depuis 1801.

De l'endroit où la Seine le quitte par 12 mètres, à la cime d'une colline de 210 mètres qui s'élève au nord-est de Marines, sur la frontière de l'Oise, il n'y a que 198 mètres de montée : trop peu pour qu'il règne plus d'un climat sur ce territoire éocène, miocène et crayeux, où l'on distingue cependant plusieurs régions naturelles : tout d'abord le **Val de Seine**; puis, au nord du fleuve, le **Vexin Français**, plateau qui va s'unir au Vexin Normand; le **Hurepoix**, pays de forêts et d'étangs entre Mantes et Rambouillet; la **Beauce** et le **Gâtinais**, au sud-ouest et au sud du territoire; la **Brie** sur la lisière de l'est. La Seine boit toutes ses eaux.

Formé de pays relevant de l'Ile-de-France (Hurepoix, Mantais, Vexin Français, etc.), ce département contient 6 arrondissements, 36 cantons, 686 communes.

Il a pour chef-lieu **Versailles** (49 800 hab.); pour sous-préfectures Corbeil (6400), Etampes (7800), Mantes (5600), Pontoise (6400) et Rambouillet (4750). Saint-Germain en Laye a 17 200 âmes, et dans la banlieue de Paris, Meudon, Sèvres et Saint-Cloud font en réalité une ville de 18 000 personnes.

La **Seine-Inférieure** s'appelle ainsi de la basse Seine, qui s'y perd dans la Manche entre le Havre et Honfleur, après avoir baigné Rouen. Un nom court, de tout point excellent, Caux-et-Bray, aurait pu rappeler en trois syllabes les deux plateaux, **Pays de Caux** et **Pays de Bray**, qui forment presque tout le territoire. Un autre nom parfait, c'était département des Falaises, d'après son magnifique escarpement littoral. Ce département maritime a son chef-lieu, Rouen, au nord-ouest de Paris, à 136 kilomètres par chemin de fer, à 112 seulement à vol d'oiseau.

Il y a 798 000 hommes sur ses 604 000 hectares : soit un peu plus de 132 personnes par 100 hectares, bien près du double de la moyenne de la France. Depuis 1801, la Seine-Inférieure a gagné 188 000 âmes, croît qui tient surtout aux industries de Rouen.

Du seuil de la Manche à sa cime la plus élevée, colline de 246 mètres entre Neufchâtel et le val de Bresle, près de la frontière de l'Oise, la différence de niveau n'est pas capable d'influer beaucoup sur le climat et les plantes de ce territoire où règnent la craie et les terrains miocène et pliocène. Les ruisseaux suivent deux pentes : ceux du midi vont à la Seine, ceux du nord à la Manche par des fleuves côtiers, tels que la Bresle et l'Arques.

Formée de divers pays de l'ancienne Normandie, Vexin Normand, Pays de Caux, Pays de Bray, Roumois, la Seine-Inférieure se divise en 5 arrondissements, 51 cantons, 759 communes.

Elle a pour chef-lieu **Rouen** (104 900 hab.); pour sous-préfectures **Dieppe** (20 300), **le Havre** (92 100), Neufchâtel-en-Bray (3 700) et Yvetot (8 400). Bolbec, lieu de fabriques, a 11 100 âmes; Sotteville, simple faubourg de Rouen, comme plusieurs autres cités qui augmenteraient notablement la population réelle de la métropole normande, 11 800; Fécamp, grand port de pêche, 12 700; **Elbeuf**, ville industrielle, 22 200, et 33 500 avec Caudebec-lès-Elbeuf.

Le département des **Deux-Sèvres** s'appelle ainsi de deux rivières également nommées Sèvre : l'une d'elles, la Sèvre Niortaise, baigne Saint-Maixent et Niort; l'autre,

La Seine à Saint-Germain.

la Sèvre Nantaise, est un tributaire de la Loire. Son vrai nom, c'était département de la Gâtine. Il a son chef-lieu, Niort, au sud-ouest de Paris, à 410 kilomètres par chemin de fer, à 350 seulement en ligne droite.

Ses 600 000 hectares entretiennent 337 000 habitants, soit 56 à 57 personnes par 100 hectares : 13 ou 14 de moins que la moyenne de la France. Depuis le premier dénombrement du siècle, il s'est accru de 95 000 âmes.

Le lieu le plus bas des Deux-Sèvres, l'endroit où la Sèvre Niortaise le quitte, n'est qu'à 3 mètres au-dessus des mers. De cet endroit à la cime du terrier de Saint-Martin-du-Fouilloux (272 mètres), au sud-est de Parthenay, l'on ne monte que de 269 mètres, ce qui ne saurait suffire pour étager des climats; mais la nature du sol distingue nettement trois régions naturelles : la **Gâtine**, contrée de granits, de gneiss, de quartz, de schistes, terre fraîche, humide, boisée; la **Plaine**, lias et calcaires, campagne sèche et nue; le **Marais**, terres noyées, sur la Sèvre Niortaise en aval de Niort; ces deux derniers pays ne font guère que le tiers du territoire, les deux autres tiers étant à la Gâtine. La moitié des ruisseaux prend le chemin de la Loire, l'autre moitié court vers la Sèvre-Niortaise, fleuve côtier, ou vers la Charente.

Fait de démembrements de trois provinces, Poitou, Aunis, Saintonge, ce département contient 4 arrondissements, 31 cantons, 356 communes.

Il a pour chef-lieu **Niort** (20 900 hab.); pour sous-préfectures Bressuire (3500), Melle (2500), Parthenay (5100).

La **Somme** tire son nom du petit fleuve qui y baigne Péronne, Amiens, Abbeville, et s'y perd dans la Manche. Elle a son chef-lieu, Amiens, au nord de Paris, à 133 kilomètres par chemin de fer, à moins de 120 en ligne directe.

Son territoire de 616 000 hectares nourrit 557 000 habitants, ou 90 à 91 personnes par 100 hectares : soit 20 à 21 de plus que la moyenne de la France. Depuis 1801, la Somme a gagné 98 000 âmes.

Le Havre.

De la Manche, niveau des mers, au sommet de la colline qui domine la Bresle à l'ouest du Hornois, près de la frontière de la Seine-Inférieure, on ne monte que de 210 mètres. Aussi n'y a-t-il qu'un seul et même climat dans ce pays, qui relève de la craie supérieure et de divers terrains tertiaires. Ses eaux vont à quatre fleuves côtiers, qui sont, du nord au sud, l'Authie, la Maye, la Somme et la Bresle.

Faite d'un mince lambeau de l'Artois et de divers pays picards (Amiénois, Marquenterre, Ponthieu, Santerre, Vermandois, Vimeu), la Somme se partage en 5 arrondissements, 41 cantons, 835 communes.

Elle a pour chef-lieu **Amiens** (66 900 hab.); pour sous-préfectures Abbeville (19 400), Doullens (4800), Montdidier (4400) et Péronne (4400).

Le **Tarn** s'appelle ainsi de la sinueuse rivière qui le traverse de l'est à l'ouest, par Albi et Gaillac. Agout-et-Tarn eût été plus complet, l'Agout, beau cours d'eau qui passe à Castres, méritant de désigner un de nos 87 territoires. Un autre nom, c'était département de la Montagne-Noire, d'après la chaîne qui domine Mazamet, chaîne d'ailleurs presque extérieure et qui n'appartient pas seulement au Tarn, mais aussi à l'Aude, et quelque peu à l'Hérault. Le Tarn a son chef-lieu, Albi, au sud de Paris, à 778 kilomètres par chemin de fer, à 650 à vol d'oiseau.

Il y a 359 000 personnes sur ses 574 000 hectares, ou près de 63 habitants par 100 hectares : 7 de moins que la moyenne de la France. L'accroissement est de 88 000 âmes depuis 1861.

Si l'endroit où le Tarn sort du département n'est qu'à 88 mètres au-dessus des mers, le roc de Montalet, au sud-est de Lacaune, a 1266 mètres d'altitude : il s'ensuit qu'il y a sur ce territoire une pente de 1178 mètres, et, par cela même, divers climats, de celui qui n'a que peu ou pas d'hiver à celui dont la saison mauvaise est longue, froide et neigeuse. Le pays se divise nettement en deux parties : à l'est et au sud la **Montagne**, Cévennes, Montagne-Noire, Sidobre, etc. ; à l'ouest la **Plaine** et le **Coteau**. Dans la Montagne, à l'est de Castres et d'Albi, règnent le gneiss, le micaschiste, le schiste ; dans la Plaine et le Coteau règnent la craie inférieure et l'étage miocène du terrain tertiaire. Sauf quelques torrents de la Montagne Noire qui se dirigent vers l'Aude, toute la contrée épanche ses ruisseaux vers la Garonne, branche mère de la Gironde.

Formé de trois évêchés du Languedoc, le Tarn a 4 arrondissements, 35 cantons, 318 communes.

Il a pour chef-lieu **Albi** (19 200 hab.) ; pour ville majeure **Castres** (25 900) ; pour sous-préfectures Castres, Gaillac (8100) et Lavaur (7600). **Mazamet,** ville de fabriques, a 14 200 âmes.

Le **Tarn-et-Garonne** tire son nom du Tarn, qui baigne Montauban et Moissac, et de la Garonne, qui passe près de Castel-Sarrasin. Il a son chef-lieu, Montauban, au sud-sud-ouest de Paris, à 721 kilomètres par chemin de fer, à moins de 650 à vol d'oiseau.

Malgré la fertilité du sol, la salubrité de la plaine et du coteau, l'agrément du climat, ses 372 000 hectares n'entretiennent que 221 000 habitants, soit à peine 60 personnes par 100 hectares : 10 au-dessous de la moyenne de la France. Les familles y sont intentionnellement stériles. Depuis le recensement de 1821 — le département n'existait pas en 1801 — il a perdu 17 000 âmes.

Un seul climat domine sur ce territoire qui n'a que 448 mètres de pente, d'une colline de 498 mètres sise à la frontière de l'Aveyron, à l'est de Caylus, jusqu'au lieu où la Garonne sort du département par 50 mètres. Tout le sol, lias, oolithe, terrain miocène, alluvions profondes, envoie ses eaux à la Garonne ou Gironde.

Fait, en 1808, de morceaux du Lot, du Lot-et-Garonne, du Gers et de la Haute-Garonne, il a un lambeau de son territoire dans l'ancien Languedoc, un plus grand dans la Gascogne (Lomagne, Armagnac), un plus grand encore dans la Guyenne (Agénais, Quercy, Rouergue). Il comprend 3 arrondissements, 24 cantons, 194 communes.

Il a pour chef-lieu **Montauban** (27 000 hab.); pour sous-préfectures Castel-Sarrasin (6900) et Moissac (9100).

Le **Var** s'appelle ainsi du torrent qui le séparait autrefois de l'Italie. Depuis l'annexion du comté de Nice et la réunion de l'arrondissement de Grasse aux Alpes-Maritimes, le torrent ne lui appartient plus, mais le nom lui est resté. Le jour où l'on réparera cette erreur, on pourra l'appeler département de la Méditerranée, d'après sa mer superbe; ou, d'après ses belles montagnes, Estérel-et-Maures; ou, d'après son charmant fleuve, département de l'Argens. Il a son chef-lieu, Draguignan, au sud-est de Paris, à 930 kilomètres par chemin de fer, à 660 seulement en ligne droite.

Sur ses 603 000 hectares habitent 296 000 personnes, soit 49 par 100 hectares : 21 de moins que la moyenne de la France. Son gain, depuis 1801, est de 77 000 âmes.

La cime la plus haute, la montagne de Lachen, au nord de Fayence, à la frontière des Alpes-Maritimes, domine la Méditerranée de 1715 mètres. Cette pente donne, suivant les hauteurs, des climats très divers aux bourgs du département, de la zone du palmier à celle où les neiges durent plusieurs mois. D'ailleurs, la variété des sols y est grande, et, par suite, grande est la différence des cultures, des aspects, des plantes : on y trouve des gneiss, des micaschistes, des schistes, des roches volcaniques, du trias, de l'oolithe, des craies, etc. A part les foux ou sources du nord qui vont au Rhône par la Durance, le Var dépêche ses torrents à des fleuves côtiers, tels que le Gapeau, l'Argens et le Siagne.

Tiré de la Provence il se divise en 3 arrondissements, 28 cantons, 145 communes.

Il a pour chef-lieu **Draguignan** (9200 hab.); pour maîtresse ville **Toulon** (70 500); pour sous-préfectures Brignoles (5800) et Toulon. La Seyne, succursale de Toulon, a 10 700 âmes; **Hyères**, ville d'hiver, en a 12 300.

Le département de **Vaucluse** s'appelle ainsi de sa fontaine, source magnifique de la Sorgues : c'est un excellent nom. On eût pu l'appeler aussi bien département du Ventoux, de sa célèbre montagne; Ventoux-et-Lubéron, de ses deux chaînes extrêmes; Rhône-et-Durance, de son fleuve et de son grand torrent. Il a son chef-lieu, Avignon, au sud-sud-est de Paris, à 742 kilomètres par chemin de fer, à 560 à vol d'oiseau.

Il y a 256 000 habitants sur les 355 000 hectares de ce département, l'un des plus riches de France avant que la garance fût détrônée par les couleurs tirées de la houille et que le phylloxéra détruisît ses vignobles. Cela fait 72 personnes sur 100 hectares : un peu plus que la moyenne de la France. Depuis 1801 il a gagné 65 000 âmes; depuis 1872 il a perdu près de 8000 hommes, dont un grand nombre partis pour l'Algérie.

Le confluent du Rhône et de la Durance, point infime du département, étant à 8 ou 10 mètres au-dessus des mers, et le mont Ventoux, point supérieur, montant à 1912 mètres, le Vaucluse a divers climats, de celui de l'olivier à celui des neiges de longue durée. Le sol appartient à la craie, au grès vert et à l'étage miocène du terrain tertiaire. Toutes les eaux vont directement ou indirectement au Rhône.

Formé du Comtat Venaissin, d'une partie de la Provence et de la principauté d'Orange, ce département comprend 4 arrondissements, 22 cantons, 150 communes.

Il a pour chef-lieu **Avignon** (38 000 hab.); pour sous-préfectures Apt (5700), Carpentras (10 500) et **Orange** (10 200).

La **Vendée** tire son nom d'une rivière de très peu d'abondance qui y traverse Fontenay, dans sa route vers la

Sèvre Niortaise : on eût pu l'appeler département du Lay, de son fleuve central; département de Bocage-et-Marais de ses deux natures de pays; département des Dunes, les mamelons de sable occupant presque tout son rivage. — Pays maritime de la région de l'ouest, il a son chef-lieu, la Roche-sur-Yon, au sud-ouest de Paris, à 448 kilomètres par chemin de fer, à 360 seulement à vol d'oiseau.

Sur un territoire de 670 000 hectares, il porte 412 000 habitants, soit 61 à 62 personnes par 100 hectares : 8 à 9 au-dessous de la moyenne de la France. Depuis 1801 il a gagné 169 000 âmes.

Sa cime la plus haute, à quatre kilomètres à l'ouest de Pouzauges, ayant 288 mètres seulement au-dessus de l'Atlantique, la Vendée ne peut avoir qu'un seul climat, qui est le tempéré; mais la nature et le relief du sol partagent le pays en trois régions : le **Bocage**, plus grand que les deux autres régions ensemble, gneiss, micaschistes, granits, croupes et plateaux boisés; la **Plaine** (vers Fontenay), lias et calcaire, campagne nue; le **Marais** (vers Luçon et aussi vers Beauvoir), alluvions plus ou moins desséchées par d'innombrables canaux. Les ruisseaux de la moindre partie du territoire vont à la Loire par la Sèvre Nantaise et la Boulogne; ceux qui ne gagnent pas la rivière de Nantes se partagent entre des fleuves côtiers, Vie, Lay, Sèvre Niortaise, etc.

Démembrement du Poitou, la Vendée se divise en 3 arrondissements, en 30 cantons, en 299 communes.

Elle a pour chef-lieu la **Roche-sur-Yon** ou Napoléon-Vendée (9800 hab.); pour sous-préfectures Fontenay-le-Comte (8500), ancienne capitale, et les Sables-d'Olonne (9400).

La **Vienne** s'appelle ainsi de sa grande rivière, qui la traverse du sud au nord et y baigne Châtellerault. Le nom de Vienne-et-Charente eût été plus complet. Elle a son chef-lieu, Poitiers, au sud-ouest de Paris, à 332 kilomètres par chemin de fer, à 295 seulement à vol d'oiseau.

Grand de 697 000 hectares, ce département renferme 331 000 habitants, soit 47 à 48 personnes par 100 hectares : 22 à 23 de moins que la moyenne de la France. Depuis 1801, le gain est de 90 000 âmes.

La Vienne quitte le territoire par 35 mètres, et la colline de Prun, voisine de la Haute-Vienne, au nord-est de l'Ile-Jourdain, n'en a pas plus de 233. Cette faible pente ne saurait étager plusieurs climats dans ce pays dont le sud relève de l'oolithe, le nord de la craie et du terrain éocène. Sauf le sud extrême du département, où 20 000 hectares s'écoulent dans la Charente, sauf encore 9000 hectares pour le 'bassin de la Sèvre Niortaise, tous les ruisseaux vont à la Loire, par la Vienne, où vont se confondre le Clain et la Creuse, grossie de la Gartempe, et par le Thouet, qui reçoit la Dive du Nord.

Tiré surtout du Poitou, puis de territoires qui appartinrent au Berry ou à la Touraine, la Vienne se partage en 5 arrondissements, 31 cantons, 300 communes.

Elle a pour chef-lieu **Poitiers** (33 300 habitants); pour sous-préfectures Châtellerault (18 100), Civray (2300), Loudun (4500) et Montmorillon (5100).

La **Haute-Vienne** se nomme ainsi de sa principale rivière, qui la traverse de l'est à l'ouest et y baigne Limoges et Saint-Junien. Vienne-et-Gartempe eût été plus complet. Elle a son chef-lieu, Limoges, au sud-sud-ouest de Paris, à 400 kilomètres par chemin de fer, à 345 seulement à vol d'oiseau.

Il y a 336 000 habitants sur ses 552 000 hectares, soit environ 60 par 100 hectares : 10 de moins que la moyenne de la France. Depuis le premier dénombrement du siècle, elle a gagné 91 000 personnes.

Ce territoire, dont le grand tiers est en prairies et pâtures, se compose de gneiss, de schistes cristallins, de granits; il a pour lieu le plus bas l'endroit où le quitte la Gartempe (125 mètres); et son lieu le plus haut, au sud d'Eymoutiers, sur la frontière de la Corrèze, n'atteint que 778 mètres ; toutefois, grâce à ses roches dures, imperméables, c'est un pays humide, froid, neigeux en temps d'hiver. Au sud, de petites rivières, Boucheuse, Loue, Isle, Dronne, environ 50 000 hectares, appartiennent au bassin de la Gironde par la Dordogne ; au sud-ouest naissent la Charente et ses affluents, le Bandiat et la Tardoire qui, tous trois réunis, n'écoulent pas 30 000 hectares : le reste prend le chemin du fleuve de Loire, auquel reviennent ainsi plus de 470 000 hectares.

Formée d'une partie de l'ancien Limousin, puis de morceaux du Berry, de la Marche et du Poitou, la Haute-Vienne se divise en 4 arrondissements, 27 cantons 203 communes.

Elle a pour chef-lieu **Limoges** (59 000 hab.) ; pour sous-préfectures Bellac (4000), Rochechouart (4100) et Saint-Yrieix-la-Perche (7400).

Le département des **Vosges** tire son nom de la chaîne de montagnes qui le séparait du Haut-Rhin, qui le sépare aujourd'hui de l'Alsace-Lorraine, province de l'Empire évangélique. Il a son chef-lieu, Épinal, à l'est-sud-est de Paris, à 427 kilomètres par chemin de fer, à 340 seulement en ligne droite.

Sur les 586 000 hectares qui lui restent depuis 1870, — l'« année terrible » lui a pris 24 500 hectares, passés à l'Allemagne — le département des Vosges nourrit 407 000 habitants, soit 69 à 70 personnes par 100 hectares : c'est la moyenne de la France. Malgré cette perte de 24 500 hectares, il a 98 000 âmes de plus qu'en 1801 : depuis 1871, c'est un des lieux d'élection de l'immigration alsacienne-lorraine.

De l'air tempéré des vallées profondes au dur et neigeux hiver des plateaux et des dômes, il y a plusieurs degrés dans le climat des Vosges, et cela grâce à une pente de plus de 1100 mètres : l'endroit où la Saône quitte ce département boisé n'est qu'à 230 mètres au-dessus

Limoges.

des mers, et le Haut d'Honeck, à la frontière de l'Alsace-Lorraine, s'élève à 1366 mètres. La **Montagne** appartient aux gneiss, aux granits, aux grès rouges, aux grès des Vosges; la **Colline** se divise entre le trias, le lias et l'oolithe. Dans le sud-ouest du pays, les eaux vont au Rhône par la Saône; la pointe occidentale du pays de Neufchâteau (quelques communes seulement) envoie ses sources à l'Ornain, sous-affluent de la Seine; mais c'est le Rhin qui reçoit le grand tribut de la contrée, par la Moselle et par la Meuse : de lui relèvent environ 490 000 hectares, du Rhône 90 000, de la Seine 6000 à 7000 seulement.

Tiré de la Lorraine, à l'aide de petits territoires qui appartenaient à la Franche-Comté et à la Champagne, il se partage en 5 arrondissements, 29 cantons, 531 communes.

Il a pour chef-lieu **Épinal** (14900 hab.); pour sous-préfectures Mirecourt (5300), Neufchâteau (3900), Remiremont (7900) et Saint-Dié (14500).

L'**Yonne** s'appelle ainsi de sa principale rivière, qui le traverse du sud-sud-est au nord-nord-ouest par Auxerre, Joigny et Sens. Il a son chef-lieu, Auxerre, à 175 kilomètres au sud-est de Paris par chemin de fer, à moins de 150 à vol d'oiseau.

C'est un pays peu prolifique n'ayant gagné que 38 000 personnes depuis le dénombrement de 1801; sur ses 743 000 hectares vivent 359 000 hommes, 48 à 49 par 100 hectares : 21 à 22 au-dessous de la moyenne de la France.

L'Yonne quitte le pays par 55 mètres d'altitude; et sur la frontière de la Nièvre, au midi de Quarré-les-Tombes, au-dessus des gorges de la Cure, un coteau du Bois de Papeirouse monte à 609 mètres; cette différence de niveau de 554 mètres ne contribue pas autant que les diverses natures du sol à varier le climat, les plantes, les cultures, les aspects de l'Yonne : gneiss, micaschistes, lias, oolithe,

Auxerre.

craie inférieure, craie supérieure, terrains miocènes se partagent ce grand département, qu'on peut diviser en trois régions naturelles : le **Morvan**, élevé, froid, humide, pays de bois et de pâtures (c'est le sud-est du territoire, la contrée d'Avallon) ; la **Puisaye**, à l'angle sud-ouest, région de forêts et d'étangs ; partout ailleurs le **Vignoble** ou, si l'on veut, la Colline qui, elle non plus, ne manque pas de forêts. Sauf deux ou trois ruisseaux du bassin de la Loire, dans la Puisaye, au sud de Saint-Sauveur et de Saint-Fargeau, tous les cours d'eau s'inclinent vers la Seine.

Tirée de la Bourgogne propre et de l'Auxerrois (Bourgogne), de la Champagne propre et du Sénonais (Champagne), du Gâtinais d'Orléans (Orléanais), l'Yonne se divise en 5 arrondissements, 37 cantons, 485 communes.

Elle a pour chef-lieu **Auxerre** (16 200 hab.) ; pour sous-préfectures, Avallon (5900), Joigny (6300), Sens (12 300) et Tonnerre (5500).

Le **Territoire de Belfort**, qui semble la pierre d'attente d'un futur département, est un faible débris de ce qui fut le **Haut-Rhin** : il représente à peu près la partie française de ce ci-devant Haut-Rhin, par opposition à celle où l'allemand était la langue la plus répandue.

Grand de 61 000 hectares, il renferme 68 600 habitants, soit environ 12 000 de plus qu'en 1872, grâce à l'immigration d'un grand nombre d'Alsaciens. Il nourrit 112 à 113 personnes par 100 hectares : 42 à 43 de plus que la moyenne de la France.

Le lieu le plus haut du pays, c'est le Ballon d'Alsace (1257 mètres); le plus bas, c'est le confluent de la Rivière de Saint-Nicolas ou Bourbeuse avec l'Allaine (330 mètres), soit une différence de niveau de plus de 900 mètres : aussi le climat varie-t-il singulièrement suivant les altitudes, dans cette toute petite contrée aux sols variés : grès vosgiens, lias, oolithe, terrain pliocène.

Toutes les eaux vont au Rhône, par l'Allaine, affluent du Doubs, et la Savoureuse, affluent de l'Allaine.

Divisé en 6 cantons et en 106 communes, il a pour chef-lieu **Belfort** (15 200 hab.).

CHAPITRE ONZIÈME

LA CORSE

Des 87 départements de la France, l'un, la Corse, est une île de la Méditerranée, la troisième en grandeur dans cette plus belle des mers bleues, après la Sicile et la Sardaigne.

La Corse fut vendue à la France, il y a cent dix ans, par les Génois, pour 40 millions. La domination de ces marchands, succédant à celle de Pise, avait duré bien près de cinq siècles; elle avait exploité, pillé, malmené, évoqué la haine et la résistance. Enfin, lasse de révoltes, la ville des palais de marbre blanc, la mère de Christophe Colomb, la boutique, le port et l'arsenal des Ligures, Gênes, offrit l'île indomptable aux Français, qui l'acceptèrent. C'était en 1767.

Un Corse illustre, un héros, Paoli, voulut en vain la défendre contre ces nouveaux maîtres. Vaincu sur les bords du Golo, fleuve majeur de l'île, à Ponte-Nuovo, il quitta la Corse en 1769, pour la livrer vingt-trois ans plus tard aux Anglais : ceux-ci ne la gardèrent pas longtemps; ils en furent chassés en 1796.

Soumise pendant vingt siècles à des pouvoirs italiens, à Rome, à Pise, à Gênes, la Corse est italienne, non par les sentiments, mais par l'histoire, les mœurs, les superstitions, le langage : si beaucoup de citadins y savent notre langue, aucun district rural ne la parle, faute par nous d'avoir voulu coloniser cette île : ce que la rareté de sa population rendait facile après la conquête, et l'œuvre n'est pas impossible encore.

A 180 kilomètres environ de la France d'Europe — c'est la distance d'Antibes à Calvi — à 460 de la France d'Afrique — c'est la distance de Bonifacio à Bône — l'homme de la Corse, beaucoup plus proche de l'Italie que de l'une et de l'autre France, n'a pas plus de 85 à 90 kilomètres de mer à franchir pour débarquer en Toscane. Quant à l'Espagne, son promontoire le moins éloigné, le cap de Creus, pointe catalane, est à 450 kilomètres.

Une île italienne, un rocher de fer, Elbe, surgit à l'est dans les flots tyrrhéniens, qui bercent à la fois la Corse et la Toscane. Et plus voisine encore est une autre île bien plus grande, italienne aussi, la Sardaigne, qui se lève au sud, au delà du détroit de Bonifacio, large à peine de 12 kilomètres.

Longue de 183 kilomètres, large de 84 à son plus ample travers, la Corse enferme 875 000 hectares entre près de 500 kilomètres de côtes. Elle n'a guère que le tiers de l'étendue de la Sicile, car « l'île triangulaire » couvre 2 544 000 hectares; quant à l'île en forme de sandale, la Sardaigne, elle est aussi fort supérieure à la Corse, son aire étant de 2 434 000 hectares. La Crète, qui vient après la Corse, en a 862 000. Ce sont les quatre îles majeures de la Méditerranée.

« Heureux qui, comme Ulysse, a fait un beau voyage! » Il n'en est guère de plus charmant qu'autour de la Corse, tant la rive occidentale est harmonieusement découpée, de même que le littoral du sud et du sud-est. Le promontoire le plus septentrional, le cap Corse, termine une presqu'île dure et rocheuse, étroite montagne dont les Capo-Corsini ont fait un petit paradis, un odorant jardin, un verger d'orangers, d'oliviers, de cédratiers, de châtaigners, de noyers, un vignoble de vins chauds et généreux. A la racine de cette presqu'île, à l'ouest, en face de Bastia, mais séparé de cette ville par la montagne, le golfe de Saint-Florent, qu'on a comparé tour à tour à celui de la Spezia et à celui de Toulon, est très vaste ; il est aussi très sûr, mais la fièvre des marais empeste son rivage.

De Saint-Florent à Porto-Vecchio par Calvi, Ajaccio, Bonifacio, c'est un brillant spectacle que le défilé de mille promontoires, blocs les plus humbles, quoique très fiers encore, d'une île qui est un entassement de rocs, et çà et là, bien moins que jadis, un amphithéâtre de forêts ; ils séparent de grands et profonds golfes d'azur où évolueraient des escadres ; ils cachent des criques intimes, asiles sûrs de la barque du pêcheur ; ils ravissent aux fureurs du vent, à l'hypocrisie du ciel, des ports dont plus d'un renfermerait des flottes. A partir de Saint-Florent, qui est le port du **Nebbio**, pays sauvage où court l'Aliso, l'on remarque, en faisant le tour de l'île :

L'Ile Rousse, port de la **Balagne**, région fertile, riche en oliviers ; Calvi, sur un beau golfe qui regarde le nord, mais peu de navires abordent à cette plage insalubre, car ici les vallons de l'intérieur ont peu d'hommes pour les cultiver ; le golfe de Galeria où se mêle à la mer le Fango, fils d'une vallée presque déserte ; le golfe profond de Porto ; le golfe de Sagone, plus évasé, moins profond que celui de Porto, grâce aux alluvions dont la Sagona et le Liamone s'y déchargent depuis des siècles de siècles ; le golfe d'Ajaccio, qui reçoit le Gravone et le Prunelli ; le golfe de Valinco, qui a trois ports et deux tributaires, le Taravo et le Tavaria ou Rizzanese ; le bon port de Bonifacio, qui regarde de près la Sardaigne ; le golfe de Santa-Manza ; le golfe de Porto-Vecchio, port magnifique, le meilleur de toute l'île.

A quelques lieues au nord de Porto-Vecchio, à la tour de la Solenzara, la côte change d'aspect : l'estran devient plaine, la montagne s'écarte, ou plutôt le rivage s'éloigne de plus en plus, depuis des milliers d'années. Les roches, sur ce versant de la Corse, ont en moyenne une texture plus lâche que sur le penchant opposé, leurs torrents transportent plus de débris, et ces dépouilles du mont se tassent paisiblement dans une onde que protège de loin l'Italie, et que les vents malmènent peu, tandis qu'ils fouettent brutalement les vagues du littoral de l'ouest.

Une plaine s'est déposée sur ce côté de l'île : plaine qui, dans le lointain des âges, combla des golfes, enterra des pieds de cap; qui, plus tard, sous les yeux de l'histoire, a transformé des baies en étangs; qui maintenant remplit peu à peu ces étangs, remblaie des échancrures et amortit en rivières marécageuses les torrents descendus en sautant des rocs de la montagne. De la tour de la Solenzara à Bastia, ce plan peut avoir 80 kilomètres, sur une largeur qui varie singulièrement : là jauniront un jour les plus belles moissons de l'antique Thérapné [1], là sévissent aujourd'hui ses fièvres les plus cruelles, les Corses n'ayant pas le courage d'y dessécher les marais, eux qui, pour bêcher, semer, couper le bois, scier le blé, laissent venir annuellement huit à dix mille Italiens, des Lucquois, qui regagnent leur paradis de l'Apennin, riches de l'argent des insulaires, si quelques pauvres louis sont la richesse.

Sur ce littoral peu sinueux, mal abrité, l'on trouve, de la Solenzara à Bastia : l'embouchure du Travo ; celle du Fiumorbo; l'étang littoral d'Urbino (750 hectares) dont l'eau salée nourrit de grandes huîtres; la bouche du Tavignano, près des ruines informes d'Aléria, ville antérieure aux Romains dont Sylla fit une colonie du Peuple-Roi et qui fut ensuite, pendant des siècles, la capitale de la Corse; l'étang de Diane (570 hectares); la bouche du Golo; l'étang sans profondeur de la Biguglia (1500 hec-

---

[1] Un des plus anciens noms de la Corse, qui s'appela aussi Kyrnos.

tares), ainsi nommé d'un misérable village, à peine digne d'être appelé hameau, qui régna sur l'île au temps des Pisans, puis au temps des Génois, avant la fondation de Bastia.

Sous une altitude plus septentrionale, la Corse, coupée par le 42ᵉ et le 43ᵉ degré, aurait des névés, des glaciers, car fort élevés sont ses monts où dominent ici le granit et la serpentine, là le schiste, ailleurs le grès ou le calcaire. Le **Monte Rotondo** ou Mont Rond a passé jusqu'à nos jours pour le pic majeur de l'île; c'est d'ailleurs une belle montagne qu'on ne gravit pas sans peine, mais de sa cime on règne sur un horizon grandiose : on voit une grande partie de la Corse et la mer; on devine à l'horizon les monts de la Sardaigne et le profil confus de l'Italie, depuis la Rivière de Gênes jusqu'au littoral romain. Maintenant détrôné, ce sommet de 2625 mètres, auquel on en a longtemps donné 2800, puis 2673, n'a plus que le second rang parmi les géants de la Corse : le premier appartient au **Monte Cinto** (2707 mètres), le troisième au Paglia Orba ou Vagliorba, (2525 mètres); le Cardo a 2454 mètres, le Padro 2393 et le Monte d'Oro ou Mont d'Or 2391.

De tous ces fiers sommets tombent en cascatelles, au grand air ou sous bois, de jolis torrents, qui malgré tous leurs détours expirent bientôt dans la mer de Toscane ou dans celle qui regarde au loin la France, les Baléares et l'Espagne. Les plus forts sont le Golo, le Tavignano, le Liamone.

Le **Golo** donna son nom à l'un des deux départements qui divisèrent d'abord la Corse. Long de 84 kilomètres dans un bassin de 98 000 hectares, il naît dans le Paglia Orba, parmi les pins larix, les hêtres, les ifs, les peupliers, les aunes de la forêt de Valdoniello, et coule d'abord dans le **Niello**, la vallée la plus haute, la plus froide, la plus pastorale de l'île. Constamment dirigé vers le nord-est, il porte à la mer orientale près de 2 mètres cubes d'eau par seconde en temps d'étiage, et ces 2000 litres en saison caniculaire en font le fleuve des Amazones de la Corse.

Le **Tavignano** (80 kilomètres) sort du lac de Nino, dans les mêmes montagnes que le Golo et le Liamone. Uni à la Restonica dont les Corses vantent la pureté merveilleuse, il baigne le pied du grand roc de Corte, la ville centrale de l'île, et va s'engloutir dans la mer Tyrrhénienne, sous le nom de Fiume[1] d'Aleria, au sud et tout près de l'étang de Diane. Son bassin de 83 000 hectares lui fournit 1300 litres par seconde à l'étiage.

Le **Liamone**, fort abondant pour ses 40 kilomètres, fut pendant quelque temps le frère du Golo en ce qu'il désigna l'un des deux départements de l'île. Commençant, en hiver du moins, dans les neiges, non loin des premières fontaines du Tavignano, il bondit dans les gorges du pays de Vico, puis, paisiblement, serpente dans une plaine palustre et va se mêler à l'azur du golfe de Sagone.

A ses forêts la Corse n'a pas gardé leur splendeur première : les conquérants, les Génois surtout, ont brûlé la plaine, et le paysan a continué l'œuvre sauvage, allumant les arbustes pour semer dans leurs cendres, et l'incendie gagne souvent les grands bois. Le troupeau du berger nomade, qu'accompagnent des chiens féroces, fait plus de mal encore, les moutons arrachent les herbes dont le tissu retient la terre sur le penchant du mont, la chèvre broute les jeunes pousses, espoir trompé d'une forêt future, et des versants s'écroulent et s'écoulent. De bois solennels, certains districts sont devenus des pierres sans ruisseaux, sans verdure.

Les forêts encore debout en Corse ombragent environ cent mille hectares, bois, roches et clairières. Sur les pentes inférieures, l'empire est au pin maritime et au larix, superbe mélèze qui s'élance à 40 ou 45 mètres. Au-dessus de 1200 mètres, la montagne appartient surtout au chêne blanc, au hêtre, à l'érable, au tremble, à l'if, au

---

[1]. L'italien *fiume*, c'est le latin *flumen*, le français *fleuve*.

Bastia.

majestueux châtaignier, à l'aune ; tout à fait en haut, sur les cimes supérieures que le vent tourmente, que l'orage foudroie, que la neige saupoudre ou qu'elle ensevelit, le sapin sombre alterne avec le blanc bouleau.

Parmi ces forêts, il en est de merveilleuses : telle la forêt d'**Aïtone** (1360 hectares), que d'autres bois unissent à la mer d'Occident : d'Évisa, ses sapins et ses larix, arbres de bonne odeur, montent jusqu'au toit d'entre deux mers dont ils redescendent pour aller marier leur verdure à celle de la forêt de **Valdoniello** (1000 hectares), également composée de larix et de sapins. La forêt de **Vizzavona**, sur les monts où la route d'Ajaccio à Bastia franchit la grande arête de la Corse, a des hêtres superbes, des chênes, des sapins, des larix ; celle de **Bavella**, dans le midi de l'île, est peut-être plus belle encore ; elle vêt des croupes que monte et descend le chemin de Sartène à la Solenzara.

Tous les bois abattus n'ont pas été remplacés par des cultures, des prairies, des terres vagues, des rocs en ruine, des ravins dont le torrent, jadis bruyant sous l'ombrage, est devenu la goutte d'eau que le caillou cache, que le sable boit, que le soleil sèche. Plusieurs centaines de milliers d'hectares, autrefois bois sombre ou même forêt vierge, ont pour monotone parure les **Maquis**, mot détourné de l'italien *macchie*, qui veut dire les taches (*maculæ*). Jadis asile du patriote et du proscrit, aujourd'hui bauge du bandit, du voleur, ces fourrés peignent, en effet, de tons verts ou bruns les flancs fauves, les bosses noires, blanches ou grises des montagnes corsiques ; odorants sous les rayons du Midi, coupés d'abîmes et de torrents sans ponts, ces fouillis inextricables réunissent les arbrisseaux du climat méditerranéen, lentisques, myrtes, cistes, genévriers, arbousiers, ronces, fougères, bruyères arborescentes : sous un autre nom c'est le *monte bajo* des sierras espagnoles, la broussaille du Sahel d'Alger et des pentes inférieures du vieil Atlas. L'antique forêt devrait reprendre une partie de cette « brousse », comme on dit dans les colonies françaises; les oliviers, les vergers, les châtaigneraies, çà et là des champs et des prés, s'empareraient du reste.

Ce qui n'est pas maquis ou grand bois appartient surtout à la châtaigne et à l'olive. Le châtaignier, dont l'habitant vit, ainsi que du lait, du fromage des brebis et surtout des chèvres, protège d'une ombre épaisse les villages contre le soleil : ceux-ci, presque toujours, sont accrochés à des penchants de mont, ils sont vissés à des parois, juchés sur des pitons. Le peuple corse, longtemps malheureux, et qui ne respire que depuis la souveraineté française, avait choisi pour ses cabanes de pierre sèche, des sites escarpés, écartés, hautains, tragiques : il fallait bien tenir sa chèvre près du maquis, ses moutons près du pacage, garder sa famille loin des basses vallées qu'opprimait le Génois, et plus que le Génois la fièvre des marais, loin de la rive qu'écumait le pirate, que le Barbaresque pillait malgré les tours de défense. Or le Génois n'a disparu de l'île que dans la seconde moitié du dernier siècle, et le corsaire y enlevait encore, il y a cent ans, des chrétiens : non-seulement sur le littoral du sud, ouvert de plus près à ses iniquités, mais aussi tout à fait au nord, jusqu'aux environs du cap Corse. L'autre fidèle compagnon des hameaux, l'olivier, connaît peu la greffe et la taille, mais ce n'est pas ici l'arbre chétif du Languedoc. Le climat de la Corse, sous un ciel plus méridional, hors du mistral, dans un bain de mer, accroît mieux les arbres du Midi qu'Avignon, Perpignan, Nîmes ou Marseille.

Il est honteux qu'il n'y ait pas 263 000 habitants sous un pareil climat, le long d'une telle mer, au pied de monts minéraux qui ruissellent de torrents capables d'irriguer les bas lieux. Le Corse, très énergique cependant, n'a jamais voulu se vouer entièrement à la terre, à l'arrosage, aux mines; il préfère la vie contemplative, le lazzaronisme; il est chasseur, il est berger, et avant tout gardeur de chèvres.

Depuis que le Corse est Corse, il dépense, ou du moins il dépensait les plus belles heures de sa vie à défendre sa chaumière et son rocher; il s'est battu contre l'Ibère, le Ligure, l'Étrusque, le Carthaginois, le Romain, le Vandale, le Goth, l'Italien, l'Aragonais, l'Arabe et le Berbère, les routiers cosmopolites du moyen âge et le Génois, Ligure moderne. Il n'a compté sur le lendemain qu'au temps des Césars; puis sous les Pisans, maîtres débonnaires; enfin sous les Français. Épier l'ennemi, tirer juste, ce fut sa vie pendant plusieurs semaines de siècles. De tout temps les Corses ont été fameux par leur caractère sombre, altier, méfiant, vindicatif.

Que sont les Corses? Après tant de chocs de peuples, d'unions franches ou forcées, de mélanges de races, quel sang prédomine chez eux? Nul ne sait. Le temps a tout émoussé; le même esprit, la même âme, les mêmes usages, le même dialecte italien, sont le patrimoine de cette nation, faite cependant de tant de pères ennemis, que si les morts couchés dans l'île reprenaient tout à coup le souffle et la mémoire, une furieuse bataille éclaterait aussitôt d'Ajaccio à la tour de la Solenzara et du cap Corse à l'azur marin des grottes de Bonifacio.

Les seuls hommes qui se distinguent franchement du reste des insulaires, ce sont les mille Grecs de Carghèse, au nord d'Ajaccio, sur le golfe de Sagone. Ces Grecs qui n'ont pas tous abandonné leur dialecte péloponésien, et qui ont gardé leur religion, arrivèrent, à la fin du dix-septième siècle, des monts du Magne, au nombre de 700, sous la conduite d'un descendant des Comnène. Ils viennent d'essaimer vers la France d'au delà des flots et de fonder une Carghèse nouvelle, à Sidi-Mérouan, dans une belle vallée des montagnes, près du Roumel, rivière de Constantine.

ALGÉRIE

ALGÉRIE

CHAPITRE PREMIER

L'AFRIQUE, L'ALGÉRIE, SON AVENIR

1° **L'an 1830. — L'Afrique. — L'Algérie. — Conquête de l'Afrique du Nord.** — 1830 fut une heureuse année pour la France, qui vit s'ouvrir un nouvel et vaste horizon.

Notre peuple était alors perdu dans la contemplation de lui-même : nous mâchions à vide le stérile souvenir de nos « victoires et conquêtes », nous n'admirions que Paris, son luxe, ses plaisirs, ses théâtres, ses modes, ses excentricités, ses travers.

Dès qu'**Alger** eût ouvert ses portes à l'une de ces vaillantes armées qui sortent de la nation frivole, il fallut prendre souci des Arabes et des Berbères, songer au Tell, aux oasis, au plus grand des déserts, aux routes du pays des Noirs, à tout ce qu'exige de semence, à tout ce que promet de moissons la terre qui nous convie à régner en Afrique.

Car, par l'Algérie, nous entamons ce vaste continent barbare, trois fois plus grand que l'Europe, cinquante fois plus grand que la France.

Bien avant l'an deux mil, l'Europe aura soumis, bouleversé, pillé, « retourné, » transformé, ce sol immense, le dernier qui lui reste à dompter sur le globe où les Visages-Pâles ont l'empire. Dans le sud, les Portugais, les Hollandais, les Anglais ont planté des colonies qui deviendront des nations; l'est, le centre, l'ouest même, si torride et si « nègre », éveillent des ambitions diverses. L'Egypte est une pomme de discorde, le Maroc est guetté, Tunis l'était également avant d'entrer dans la vassalité de la France.

La France espère en ce continent. Déjà, dans les travaux et dans les larmes, elle vient d'y mettre au monde une nation nouvelle qui grandit sous les méridiens de Bayonne, de Toulouse, de Perpignan, de Nice, au milieu même du rivage septentrional de la terre mystérieuse dont les derniers secrets se découvrent. Ce peuple expansif, audacieux, semble né pour soumettre à notre langue toutes les montagnes du Tell, toutes les roches, tous les sables, tous les palmiers du Sahara; et sans doute, au delà de cette solitude enflammée qui sépare le pays des Visages bruns du pays des Visages noirs, il étendra sa main sur les royaumes du Soudan. C'est ainsi que la France, fanée en Europe, refleurira peut-être en Afrique. Nous sommes des vieillards, tout au moins des hommes flétris; mais, sans illusions pour nous-mêmes, nous rêvons de beaux destins pour notre dernier-né.

Devant la crique bordée par Alger, quand cette capitale de l'avenir n'était encore qu'un village de la tribu berbère des **Béni-Mezranna**, quelques écueils irritaient et contenaient les flots. Ils sont enchâssés aujourd'hui dans la digue du port et chargés de batteries, de maisons, de magasins, d'arsenaux.

Les pauvres pêcheurs dont ils protégeaient les bateaux les appelèrent en langue arabe **El Djezaïr**, en français *les Iles*. D'El-Djezaïr est venu par corruption le nom d'**Alger**; et d'Alger le nom d'**Algérie**.

Quand nous entrâmes en 1830, le 5 juillet, dans la charmante Alger, Alger la bien gardée, Alger la Blanche,

Alger la Sultane, nous n'avions ni l'espoir, ni même le désir de nous répandre au loin jusqu'au Désert, jusqu'au pays de Tunis et jusqu'au Maroc, dans toute la grande contrée montagneuse et prodigieusement inviable qui obéissait de fait ou de nom à la ville du Dey. Même on eut en haut lieu la triomphante idée d'offrir ce littoral à toutes les puissances de l'Occident : Oran à l'Espagne ; Arzeu à l'Angleterre, notre « généreuse amie », qui nous menaçait de la guerre si la flotte de Toulon levait l'ancre ; Ténès au Portugal ; Bougie à la Sardaigne ; Stora aux Napolitains ; Bône à l'Autriche ; la France n'aurait gardé qu'Alger.

Mais, d'abord malgré nous, puis le voulant bien, nous marchâmes en avant.

Ce fut une guerre opiniâtre, à fortunes diverses, dix-sept longues années de fer et de feu. L'incendie s'éteignit en 1847, mais il couva longtemps encore, même il couve toujours : qu'un vent subit éparpille la cendre, comme en 1870-1871, et du brasier arabe ou kabyle s'élanceront des fusées rouges, sinon l'élément qui dévore. Musulmans sabrés, percés, enfumés, mitraillés ; Français troués dans la bataille, décapités ou mutilés dans les surprises ou les retraites ; moissons brûlées, oliviers ou dattiers coupés devant des gourbis en flammes ; le sirocco, la neige, la rosée nocturne ; les marches et contre-marches, les assauts, les razzias ; les oueds sans eau, les maquis, les palmiers, le Tell et le Sahara, l'Atlas, le Jurjura, l'Aurès, l'Ouaransénis, ce fut une mêlée antique, homme contre homme et couteau contre couteau, et non pas une de ces batailles modernes où l'on est tué de loin, par le boulet et la balle, par le destin plus que par l'ennemi. Des deux côtés on fut brave ; mais le Jugurtha de cette autre Guerre Numide, l'Arabe Abd-el-Kader, pauvre et suivi d'une foule sans lien, pouvait-il vaincre les Français disciplinés, du maréchal périgourdin Bugeaud ?

Staouéli, Alger, le Mouzaïa, Béni-Méred, Constantine,

Miliana, Tlemcen, Mazagran, l'Isly, Sidi-Brahim, Laghouat, Zaatcha, Ichériden, Palestro, de beaux noms, de vaillants capitaines, de brillants soldats, les zouaves, les turcos, les chasseurs ; trois grands peuples : le Français, riche et puissant ; le Berbère, fort dans sa montagne ; l'Arabe ayant pour lui ses marais, son désert, son soleil, la légèreté de ses tentes et la vitesse de ses chevaux : — tout cela, c'est à la fois pour l'Afrique un tournant de l'histoire ; pour les Algériens une origine ; et pour la France une épopée que chaque siècle fera plus légendaire, bien qu'elle soit contemporaine d'une bourgeoisie sceptique et d'un parlement bavard.

À mesure que nous avancions vers l'orient, l'occident et le midi sur cette terre inconnue, le nom d'Algérie se répandait sur tout le territoire qui s'appelait avant 1830 la Régence d'Alger ou l'Etat Barbaresque.

Il y avait bien quatre Etats ainsi désignés : Alger, Maroc, Tunis et Tripoli ; mais Alger, nid de pirates, était le plus redouté, le plus célèbre, et il avait reçu par excellence le surnom d'État Barbaresque. Ses forbans circoncis, qui recevaient l'investiture ottomane, avaient hérité du terrible renom des Turcs ; ils ne rendaient hommage qu'au successeur des Califes, au Grand Sultan, chef de l'Islam ; ils fouettaient dans leurs bagnes des milliers d'esclaves « roumis », dont le plus grand fut Miguel Cervantès ; ils avaient battu l'empereur Charles-Quint, maître du monde, bravé le Roi-soleil, la France, l'Angleterre ; ils abhorraient et méprisaient l'Espagne, pillaient l'Italie, imposaient des cadeaux à divers rois de l'Europe et crachaient sur toute la Chrétienté.

2° Limites, étendue. Moghreb ou Afrique Mineure. Sahara, Soudan. — L'Algérie regarde au nord l'Espagne andalouse, valencienne et catalane, la France languedocienne et provençale, dont la séparent des profondeurs marines de plus de 2000 mètres, et quelque peu la Ligurie, côte italienne. Le méridien de Paris passe à quelques lieues à l'ouest d'Alger, et c'est vis-à-vis de Port-Vendres, la Nouvelle, Cette, Aigues-Mortes, Marseille, Toulon, Saint-Tropez, Antibes et Nice, que l'Algérie oppose à la mer, entre Maroc et Tunisie, un front rocheux de 1000 kilomètres. D'Alger aux 16 500 palmiers de l'oasis d'El-Goléa, où nous sommes entrés en 1873, la largeur est moindre; mais en réalité l'Afrique française n'a pas de limites au sud, et rien ne l'empêche de s'étendre jusque chez les Noirs du Niger, grand fleuve, et du Tsad ou Tchad, vaste lagune. En l'arrêtant à El-Goléa, on lui donne 66 900 000 hectares, plus que la France menée jusqu'à ce Rhin que la destinée nous refuse.

Ces 66 900 000 hectares seraient triplés par l'accession du reste de la région naturelle dont l'Algérie n'est qu'un lambeau : région qui s'appelle Atlantide ou Berbérie.

Nommée **Atlantide** parce qu'elle porte l'Atlas, du golfe méditerranéen de Gabès au rivage océanique regardant les Canaries ; appelée **Berbérie** d'après ses habitants les plus nombreux et les plus profondément enracinés dans le sol, la contrée dont l'Algérie tient le centre est manifestement une seule et même région naturelle.

Comme disent très bien les Arabes, c'est une île, ayant à l'est, à l'ouest, au nord le désert mouvant, bruyant, tiède et vert ou bleu, la mer, et au midi le désert fauve et muet, le Sahara fait de hammadas ou plateaux pierreux, d'aregs ou dunes de sable, et d'oasis.

Cette île, plus inaccessible encore au sud que sur la rive du nord, littoral perfide où des vents soudains brassent une vague courte, les Arabes, qui venaient de la Syrie et de l'Egypte, c'est-à-dire de l'Orient, l'appelèrent et l'appellent encore le **Moghreb** ou Maghreb, en français le Couchant ou l'Occident. Ils y distinguent trois Couchants : le Couchant le plus rapproché[1], qui est la Tunisie; le Couchant du milieu[2], qui est l'Algérie; le

---

[1] *Moghreb-el-Adna.*
[2] *Moghreb-el-Ouost.*

Couchant le plus éloigné[1], qui est le Maroc. Mais dans leur esprit ces trois Occidents ne sont pas trois pays différents : tout cela, c'est l'**ile de l'Ouest**, le Gharb[2], le Moghreb.

Nous, Français, nous savons comme eux, et mieux qu'eux, que les trois Couchants se ressemblent par le sol, les biens de la terre, les plantes, les animaux, les races d'hommes, la communauté d'histoire et les mêmes fatalités d'avenir. L'Algérie n'est qu'un embryon : à son plein développement naturel, elle aura dans ses limites la Tunisie, le Maroc, Tripoli peut-être. Elle sera devenue l'Afrique du Nord ou l'**Afrique Mineure**.

Si par hasard elle faillit à ce destin normal, il lui restera d'être le « portique d'un monde nouveau », l'avenue menant des palais de Marseille aux huttes coniques des Nègres du Soudan : avenue d'abord souriante, mais, le Tell franchi, dans le Sahara, c'est un chemin soleilleux, sablonneux, pierreux, accablant, altéré; et nous ne régnons pas encore dans toutes ses oasis du pied des rocs ou du pied des dunes. Le **Touat**, longue allée de sources, de palmiers, de villes, de ksours ou bourgades, nous manque, non moins que le **Ahaggar** ou Hoggar, grand massif de montagnes ayant, dit-on, des neiges en hiver. Mais ni l'un ni l'autre ne peuvent longtemps nous échapper; et quand nous les possèderons, l'évocation ou l'entretien des fontaines, le soin des puits, les réservoirs maçonnés, les barrages à l'étranglement des oueds, les plantations, les palmiers, les caravansérails diminueront les souffrances du voyage au Pays des Noirs. Puis viendra le chemin de fer soudanien, qui déploiera largement les horizons de ces nouvelles et dernières Indes.

En ce moment, l'Algérie, que deux cents lieues seulement séparent de nos côtes, s'étend de la Méditerranée

---

[1] *Moghreb-el-Aksa*.

[2] *Gharb* : avec l'article, *El-Gharb*; c'est le mot dont les « Péninsulaires » ont fait *Algarve*.

au plateau d'**El-Goléa**; à l'est, elle est bornée par la Tunisie, à l'ouest par le Maroc. Jusqu'à ce jour, elle n'a d'autre frontière naturelle que la mer : au sud, elle se perd dans le Sahara, sans limite fixe, avançant lentement, mais avançant toujours. Les frontières avec Tunis et Maroc sont absurdes : plusieurs rivières nous viennent du Maroc ; des plaines, des montagnes, des ruisseaux commencés chez nous finissent chez l'empereur Barbaresque ; tandis que la Medjerda, la grande rivière tunisienne, a son cours supérieur et les terres les plus saines de son bassin dans notre province de Constantine.

CHAPITRE II

LE TELL

Le Tell, ses chaleurs, ses neiges, son climat « humain ». — Ainsi que toute la Berbérie, la terre algérienne se divise en Tell, en Steppes, en Sahara : 15 millions d'hectares y font le Tell, 10 millions les Steppes, 41 à 42 millions le Sahara.

Divisé comme la France, le Tell algérien contiendrait 24 ou 25 départements. D'une mer qui a de brusques fureurs, d'un rivage presque sans ports naturels, il s'élève avec les boursouflements de l'Atlas. Ouvert aux vents du « manoir liquide », il en reçoit les pluies ; en plaine il a des rivières, en montagne il a des torrents, et çà et là des fontaines superbes. C'est le grenier et le cellier de l'Algérie, sa terre à blé, à lin, à vigne, à mûriers, à oliviers, à tabac et à coton.

La plage marine, le **Sahel** ou Littoral, s'y déroule sous

un climat délicieux, tempéré suivant les heures par la brise de terre ou la brise de mer. Bône, Philippeville, Bougie, Alger, Oran, ont une moyenne annuelle d'environ 18 degrés, avec seulement deux saisons : un hiver amenant beaucoup de pluies, un été qui n'en apporte point. Ces pluies hivernales tombent de nuages qui n'attristent pas longtemps l'azur africain, elles sont mêlées des sourires du soleil, et la neige est une rareté sous ce ciel indulgent. L'été prend à ce que nous appelons printemps, à ce que nous nommons automne tous les jours que ne réclame pas l'humide saison; il y a telle année où il empiète sur l'hiver lui-même : si bien qu'alors, accablé par « le spleen lumineux de l'Orient », l'Algérien soupire ardemment après l'eau du ciel : orages, brouillards, pluies, neiges même, il demande aux nues de ternir la voûte enflammée.

Bienheureux les peuples assis au bord d'un Nil qui sort de son lit pour féconder et non pour détruire! L'homme du Tell n'a que des torrents soudains, qui passent, qui rongent leur rive et l'emportent vers la mer bleue. C'est qu'il y pleut par caprices, par grands orages, pendant quelques minutes, quelques heures, rarement plusieurs jours de suite, sur une terre sèche et fendue. Ces averses, on les bénit, elles viennent ranimer les jardins, faire naître l'orge ou l'avoine ou le blé, rendre le frais murmure aux fontaines. Un hiver sec fait du Tell un plancher d'airain, mais un hiver humide rend aux vallées la fraîcheur qui valut à ce rivage africain le nom d'*El-Khodra*, le Verdoyant, donné jadis par les Arabes de l'invasion; sur le littoral algérien, la chute annuelle des pluies est moindre à l'ouest qu'au centre, au centre qu'à l'est : si 500 millimètres en moyenne mouillent annuellement la rive oranaise, 700 à 800 tombent sur la rive algérienne, 800, 1000, 1100 sur Bougie, Djidjelli, Philippeville, Bône. Mais cette progression n'a lieu que sur la côte; dans l'intérieur, sur les plateaux de Sétif et de Batna, il ne pleut pas autant qu'à Tlemcen ou même à Oran, et cela malgré l'altitude plus grande du sol. C'est parce que des montagnes cachent la mer à ces villes du plateau. D'autre part, comme en toute contrée du monde, il tombe sur la sierra beaucoup plus d'eau que sur le plat pays : ainsi Téniet-el-Hâd, à 1158 mètres d'altitude, et Fort National, à 916 mètres, sont les bourgs les plus mouillés de la province d'Alger ; et Tlemcen, sise à 829 mètres, reçoit bien plus de pluies qu'Oran, Arzeu, ou Mostaganem. On n'a pas encore assez longtemps étudié les climats de l'Algérie, qui sont très nombreux, très divers, par suite de l'infinie variété des sols et des altitudes.

Loin de la côte, dans l'intérieur du Tell, et jusqu'aux montagnes qui cachent les Steppes, le climat, beaucoup plus extrême, terrasse pendant des mois par une chaleur qui monte jusqu'à 45 degrés, les flammes du sirocco, qui sont comme une bouche de four, des soleils luisants, cuisants, pesants, des nuits sans un souffle d'air ; l'été souvent y a des semaines terribles ; et souvent aussi en hiver des vents glacés tombent des sierras, la neige descend du ciel sur vingt villes que les Français croient éternellement torrides, sur Constantine, Tébessa, Aïn-Beida, Batna, Sétif, Aumale, Médéa, Djelfa, Téniet-el-Hâd, Tiaret, Daya, Géryville ; et mainte cité qui touche au Sahara grelotte, en face même du divin soleil, sous 5, 8, 10 ou 12 degrés de froid, quand les gens du nord de la France ne se plaignent que de pluie, de brouillards ou de glace légère. Le Tell a couvert plus de soldats français du linceul de la neige que le Sahara n'a soufflé d'ouragans de sable à la figure de nos bataillons.

C'est un bonheur pour l'Algérie que cette houle élevée du sol. Une Algérie plane, sous le soleil du 30ᵉ au 37ᵉ degré, entre une mer tiède et un brasier, n'aurait pas le pouvoir d'instituer une race virile. Pris entre la chaleur et les fièvres qui sont un funèbre apanage de beaucoup de pays sans pente, les Algériens n'auraient d'autre avenir que celui d'un peuple nonchalant, fait pour jouir du moment qui passe et pour acclamer des maîtres. Ces latitudes-là n'ont jamais créé de nation solide qu'en trois sortes de pays, dans la Montagne, dans le Désert, au bord d'une Mer sans excès de vapeurs tépides. Or l'Algérie a ces trois sauvegardes : la Méditerranée dont la brise est fraîche et rassemble peu de nuages, le Désert le plus sec du monde, et le Tell, escalier de plateaux. A deux pas d'un rivage où le dattier grandit, près des villes qu'embaume l'oranger, des prairies montent jusqu'à la lisière des chênes, des pins et des cèdres hantés par de blancs hivers. L'Afrique du Nord a tous les climats, moins l'intertropical, seul funeste aux enfants de l'Europe tempérée.

Cette terre salubre a pourtant le renom d'insalubrité les premières colonies ayant longtemps langui dans le pays bas, à l'orée des marais ou dans les marais mêmes. Jusqu'en 1856 on pouvait dire de l'Algérie qu'elle ne donnait à la France que des dattes et des malades.

La nostalgie, les nuits sous la tente, la neige des plateaux, l'incandescence des gorges, des bas-fonds et du Désert, le fusil du Kabyle, le yatagan de l'Arabe tuèrent moins de soldats que les plaines palustres ne dévorèrent de colons. Quand l'ennemi n'attaquait déjà plus les camps et les cités, l'hyène assiégeait encore les cimetières peuplés avant les villes, car telle colonie perdait vingt à trente hommes sur cent par année. Aujourd'hui, les colons sont acclimatés dans les vallées et sur les plateaux d'où les marais s'effacent, et dans les montagnes où l'eau est claire et brillante et sonnante et salubre.

CHAPITRE III

MONTS DU TEL

La grande extumescence de la Berbérie, l'**Atlas**, n'entre dans les neiges persistantes que sur le territoire du Maroc, cet empire qui est à la fois le pays le plus vaste et le plus beau de l'Afrique Mineure. Là, dit-on, l'Atlas, le Déren, l'Adrar [1] des Berbères, dresse entre son Tell et son Sahara des pics dont les neiges luisent éternellement : vers les sources de la Malouïa et à l'horizon de Maroc il y a des Jungfrau et des Maladetta qu'on ne connaît pas assez pour dire si leurs flancs sont incrustés de glaciers, mais on sait qu'elles reçoivent assez de neige pour verser au Tell, et même au Sahara, des oueds comme n'en a pas l'Algérie.

En Algérie, les cimes les plus hautes n'ont de neiges que d'octobre ou de novembre en mai. Tandis que le Maroc lève son Atlas au-dessus des Pyrénées, au niveau des Alpes dauphinoises, notre Tell n'a pas un seul piton qui s'élance à 2500 mètres. L'Atlas algérien est presque deux fois plus bas que le marocain.

Aurès. — C'est dans la province de Constantine que se dresse le géant de l'Algérie, le **Mont Chélia**. Il darde sa pointe suprême à 2328 mètres : il n'a donc même pas la moitié de l'altitude du Mont-Blanc ; il est inférieur de 1076 mètres à la première cime des Pyrénées, mais il dépasse de 442 mètres le Puy

---

Il est probable qu'Atlas n'est que la corruption d'*adrar*, mot berbère qui veut dire montagne. Quant au nom de *Déren*, que porte l'Atlas là où il est le plus élevé, c'est l'altération d'*idréren*, les montagnes, pluriel d'*adrar*.

de Sancy, premier des Monts Français. Le Chélia se dresse à cent et quelques kilomètres à vol d'oiseau au sud de Constantine, à l'ouest-ouest-sud de Khenchéla, vers le sud-est de Timgad, dans les monts Aurès, qui couvrent plus d'un million d'hectares. Le **Mahmel**, au sud-est de Lambessa, ne lui est inférieur que de 7 à 8 mètres : ce qui en fait la seconde montagne de l'Algérie.

L'Aurès, encore mal connu, sépare le Sahara du Tell, ou plutôt il est Tell lui-même au sud comme au nord, et les gorges profondes, quelquefois extraordinaires, qu'il dirige au midi vers le pays des dattes mènent les cultures telliennes jusqu'au bord des plaines altérées du Zab oriental. Quelque âpres que soient ses craies et ses calcaires, si étroites que soient les fissures où sautent ses torrents, l'Aurès du sud aura ses bourgs français, ses vignes, ses clos, ses jardins, ses villages dès qu'on aura profité de ses sources, retenu par des digues les eaux sauvages de la saison des pluies, et vaincu, nous ne savons encore comment, le plus terrible ennemi de ces monts, le vent dessèchant du sud-ouest, le chehli. Ce souffle néfaste fait peu à peu monter le Sahara dans l'Aurès; chaque jour il accroît l'aridité sur la bordure méridionale du **plateau des Némencha**.

L'Oued-el-Abid, branche de l'Oued-Biskara, l'**Oued-el-Abiod** ou Rivière-Blanche, et l'**Ouedel-Arab** sont les trois fils de l'Aurès méridional. Accrus par des cavernes dont les unes versent des ruisseaux éternels tandis que les autres attendent les longues pluies pour éternuer des rivières, ces trois oueds coulent en toute saison jusqu'à la porte du Grand-Désert ; tous trois, en temps de grande crue, vont inonder les bas-fonds sahariens des Ziban, qui deviennent alors d'une fécondité prodigieuse ; tous trois bondissent également dans des entailles profondes, qui çà et là se dilatent en bassins. En régularisant par des barrages, en économisant pour l'été leurs eaux d'hiver, on régénérera le Sahara du pied de l'Aurès. On a tort de toujours marier l'idée d'indigence au mot de Sahara, l'idée d'opulence au mot de Tell : au début de la conquête, on crut que la terre cultivable de l'Algérie s'arrêtait aux monts de Blida; l'on sait aujourd'hui que le Steppe aura sa nation d'alfatiers, de laboureurs, surtout de vignerons, et nous prévoyons que ce qu'on irriguera du Désert deviendra le jardin de la France.

Au septentrion l'Aurès est moins sabré qu'au flanc méridional. Il est aussi moins divers, et surtout bien moins grand, car au sud il plonge sur les fonds du Melrir, faux lac inférieur au niveau des mers, tandis qu'au nord il s'élève, tantôt avec des forêts, tantôt avec nudité, sur un plateau de 1000 mètres d'altitude. Ce plateau, des torrents le parcourent, qui, pendant le tiers, la moitié, les trois quarts de l'année, c'est selon, sèchent dans la plaine fertile qui s'incline vers des *guérahs*, des *sebkhas*, des *chotts*, lagunes salées dont la plus grande, le **Tharf**, a 20 kilomètres de long, 10 à 15 de large, et 20 000 hectares. Le Tharf miroite sous le soleil des hauts plateaux, à 18 ou 20 kilomètres au sud-ouest d'Aïn-Beïda, ville naissante située à 800 mètres d'altitude, et à peu près à la même distance au sud du **Sidi-Bouis**, montagne de 1628 mètres, escarpée, isolée. Le Guellif, l'Ank-Djemel ou Cou du Chameau, le Mzouri et le Tinsilt (ces deux derniers unis par un détroit que franchit la route de Constantine à Biskara), n'ont pas, tous réunis, une aire égale à celle du Tharf. Le Djendéli, voisin du Medracen, qui est un vieux témoin du passé numide, reçoit l'Oued-Chémora, venu des monts du Timgad (*Thamugadis*) et de Lambessa (*Lambœsis*).

Timgad, **Lambessa**, et plusieurs autres *kherbet* ou *enchir*[1] des plateaux de Cirta n'ont point de ruines romaines immenses comme le pont d'Alcantara et l'aqueduc de Remoulins ou les arènes de Nîmes; mais elles renferment autant de restes du Peuple-Roi que n'importe quelle autre cité d'Espagne ou du midi de la France :

---

[1] Ces mots arabes veulent dire ruines, sites de ruines.

temples, arcs de triomphe, débris de forums, de prétoires, maisons, citernes, murailles dont on ne sait ce qu'elles furent, inscriptions, fûts de colonnes, chapiteaux, statues, pierres tumulaires. L'Afrique française est pleine de débris du temps des Césars, surtout des Antonins et de Septime-Sévère. Sur un sol qui renverse les édifices par ses tremblements de terre, mais sous un ciel qui les épargne et qui les dore, au milieu d'un peuple qui dédaigne de bâtir, des villes célèbres sont arrivées jusqu'à notre siècle presque intactes, ou du moins telles que les trouva le lendemain de leur destruction; mais depuis 1830 les colons, ignorants, insouciants, brutaux, et d'ailleurs pauvres et pressés de bâtir, leur ont fait plus de mal que les Berbères et les Arabes en mille années. Il y a peu de monuments romains à l'ouest d'Alger, très peu à l'ouest d'Oran et au delà de la Malouïa dans le Maroc. Les maîtres du monde avaient dompté toute l'Afrique du Nord, mais ils colonisèrent peu l'Occident du Tell. Le pays d'Annibal, des Asdrubal, de Massinissa, de Jugurtha, Carthage, le littoral de Tunis, la Medjerda, la Seybouse, les plateaux de Constantine, voilà l'Atlantide historique et monumentale. De l'est à l'ouest, le Tell était de moins en moins romain ; il est aussi de moins en moins arabe et de plus en plus berbère.

Il n'y a que douze kilomètres de Lambessa à Batna, ville qu'on a quelque temps essayé de nommer la Nouvelle-Lambèse : **Batna** (1021 mètres) est sur la route la plus courte entre la Méditerranée et les meilleures oasis du Sahara français, à distance à peu près égale entre Constantine et Biskara, en vue du beau Touggourt ou **Pic des Cèdres** (2100 mètres).

L'Aurès, que les colons peu à peu cernent, mais qu'ils sont loin d'avoir conquis, est à la veille d'avoir sa forteresse, à **Médina**, par 1400 mètres environ d'altitude : sa *Qui qu'en Grogne*, comme auraient dit nos aïeux, qui appelèrent ainsi des donjons bâtis pour opprimer. Cette citadelle sera là pour empêcher une révolte

Lambessa.

semblable à celle de 1879, drame que le fer et la flamme ont commencé, que le soleil a fini, car ceux des **Ouled-Daoud** que nos troupes n'avaient pas encore atteints, sont morts de soif en Sahara : trois cents cadavres aussitôt noircis et parcheminés par le vent sec du pays des sables, voilà ce qui restait de ces malheureux Berbères, fils d'une race qui vaut bien la nôtre.

L'Aurès a pour habitants des Berbères Chaouïa et des Arabes qui ont adopté le dialecte berbère du pays. Parmi les montagnards dont il fut l'acropole contre Rome, les Arabes, les Turcs, les Français, beaucoup ont des yeux bleus, des cheveux blonds, qu'ils les tiennent d'autochthones disparus, des colons italiens venus en grand nombre après la conquête romaine, des Vandales chassés du bas pays par les Byzantins, ou de toute autre ascendance ignorée. Celui qui saurait d'où viennent ces familles blondes nous apprendrait des secrets que nous ignorons; il nous conterait les migrations d'Europe en Afrique ou d'Afrique en Europe, qui sont peut-être le plus grand fait de notre histoire à nous, hommes de l'Occident et du Sud.

Jurjura. — Dans la province d'Alger, le Jurjura[1] le cède à peine de quelques mètres à l'Aurès. Ses habitants, rameau du grand arbre berbère, lui donnent le nom d'Adrar-Boudfel[2], le Mont de la Neige ou, plus simplement, celui d'Adrar, la Montagne. C'est une chaîne grandiose, surtout vue du sud, avec des cols très élevés compris entre 1231 et 1941 mètres. Son *tamgout*[3] le plus haut, **Lella-Khedidja** (2308 mètres), se dresse entre les bassins de deux fleuves, le Sahel et le Sébaou, à 110 kilomètres à vol d'oiseau vers l'est-est-sud d'Alger. De la ca-

---

[1] On écrit aussi Djurdjura et Djerdjéra.
[2] On appelle ainsi le Jurjura comme étant le pays kabyle par excellence : Kabyle est un synonyme de Berbère.
[3] Ce mot berbère veut dire pic, aiguille.

Près d'un col du Jurjura.

pitale de l'Algérie, par-dessus les collines qui séparent la Métidja du val de l'Isser Oriental, au delà du Bou-Zegza (1032 mètres) dont les flancs sont arides, on voit le Jurjura flotter au loin vers l'orient, flancs bleus et tête blanche, dans l'azur d'un éther tranquille.

Si, du côté du sud, il tombe avec raideur et parfois presque à pic, de 1500 à 2000 mètres de haut, sur le val du Sahel, au nord il s'éparpille en chaînons qui vont mourir sur la rive gauche du Sébaou, tandis que sur la rive droite se lèvent aussitôt des montagnes moyennes, formant le Sahel ou Littoral de Dellis à Bougie. Ces chaînons, des plis profonds, des déchirures immenses, le val du Sébaou, les monts côtiers, des forêts de cèdres, de chênes zéens, de chênes-lièges, de chênes à feuilles de châtaigniers, des bois d'oliviers, telle est la **Grande Kabylie**.

On y admire des *acifs* et des *igzers*[1] qui ne tarissent point, des cascades qui ne se taisent jamais, des vergers, des villages aux tuiles rouges sur des pics et des pentes, des gouffres où l'on n'entend que le torrent, où l'on ne voit que l'abîme, des roches d'où l'on contemple mille autres roches, et des monts et des neiges et des vallées et la mer. C'est là domaine d'un peuple si fier que les seuls Français l'ont courbé ; encore le voyons-nous souvent regimber contre l'aiguillon.

Cette nation est aussi dure au travail que passionnée pour la liberté ; elle a tellement profité de ses monts plaqués de neige entre novembre et mai, de ses pitons si droits, qu'on ne sait comment les villages y tiennent sans glisser ; elle a si bien cultivé ses versants perpendiculaires, ses ravins que les torrents ébrèchent, les rives alluvionnaires de son petit fleuve et son étroit littoral arrêté par des tamgouts qui semblent près de tomber dans la mer, que la Grande-Kabylie nourrit 275 000 hommes sur 366 000 hectares : soit 75 personnes par 100 hectares. Soixante-huit de nos départements sont relativement

---

[1] Ces mots berbères signifient rivière et ruisseau.

moins peuplés que ce pays de labeur et d'essaimage, cette rustique Auvergne d'Afrique plus voisine d'Alger que l'Auvergne de France l'est de Paris. Le cercle de Fort-National compte même près de 120 habitants par 100 hectares : et nous n'avons que six départements où la population soit plus dense.

Ouaransénis. — Moins haut de trois cents et quelques mètres que l'Aurès et le Jurjura, l'Ouaransénis ou Ouansèris[1] se partage entre les provinces d'Alger et d'Oran. Aucun volcan ne l'habilla jamais de rouge et de gris et de noir, et s'il ressemble à notre Cantal, vêtu de basalte et de lave, c'est par l'harmonieuse diramation de ses vallées autour d'un mont central, l'**Œil du monde** (1985 mètres), ainsi nommé par l'indigène de ce qu'il voit tout, puisque de partout on l'admire. C'est un pic superbe : vu de Miliana, du Zaccar et de cent lieux éloignés, il a l'air, en effet, de dominer le monde.

Si tous les torrents de l'Ouaransénis tendent vers le Chéliff d'amont et le Chéliff d'aval, peu l'atteignent en toute saison : abondants et clairs dans les sillons de la montagne, ils jaunissent, ils filtrent et s'évaporent dans la vallée, et le voyageur qui les franchit sur le chemin de fer d'Alger à Oran ne voit d'eux qu'un lit sec entre des berges de terre, et parfois une eau sans fraîcheur et sans courant ; mais s'il remonte longtemps ces fossés desséchés, arrivé dans le cœur de l'Ouaransénis, il les trouve bruyants de cascades. Ainsi lorsque, au-dessus d'Orléansville, on traverse l'Oued-Fodda ou rivière d'Argent, on n'aperçoit point de flots argentés, souvent même pas d'eau stagnante et trouble, dans la tortueuse tranchée taillée par ses crues à travers l'alluvion de la vallée du Chéliff. Mais qu'on longe ses berges vers l'amont : à quelques kilomètres plus haut, elle coule toujours, et à dix ou douze lieues en montagne, elle roule 780 litres par seconde en été.

---

[1] On dit aussi Ouarsénis.

L'Ouaransénis est l'asile de Berbères que nous n'avons point soumis sans peine, et qui sans doute ne se croient pas domptés pour toujours : eux aussi, comme tant de Kabyles du mont, tant d'Arabes de la plaine, tant de nomades errant de pâture en pâture, ils attendent le *Moul-es-sâa*, le Maître de l'heure. Devant cet homme du Destin, cet élu de Dieu, ce vengeur, ce héros, ce prophète, les Roumis [1] fuiront comme le chacal.

Babor. — Dans la province de Constantine, les Babor, autres monts berbères, dominent la plage où fut Ziama, sur le golfe de Bougie. Ils se lèvent à presque égale distance de Bougie, de Djidjelli et de Sétif. C'est une citadelle escarpée qui nous a coûté de nombreux assauts ; elle a pour bastions majeurs le **Grand Babor** (1979 mètres), le Petit Babor (1965 mètres) et l'Adrar-Amellal (mot à mot le Mont-Blanc), qui domine les fameuses gorges du Châbet-el-Akhra.

Ce sont là les massifs ayant plus ou près de 2000 mètres, les seuls qui soient supérieurs à nos monts du Centre. Parmi ceux qui ont la même taille que les Dore, les Dôme, les Cévennes, la Margeride ou les cimes d'Aubrac, soit 1500 à 1900 mètres, il faut nommer les monts Hodnéens, le Dira, les monts de Blida, les monts de Thaza, les monts de Tlemcen, le Zaccar.

Monts Hodnéens. — On peut appeler de ce nom les massifs confus qui, dans la province de Constantine, décochent des torrents vers le Hodna, lac salé sans écoulement, tandis qu'au nord ils commandent, mais de bien moins haut, les plateaux élevés de Sétif et la **Medjana**, plaine également fort élevée, célèbre par sa fécondité. Leurs maîtres sommets sont le **Kteuf** ou Dréaf (1862 mètres), au-dessus de Mansoura, bourg berbère ; le **Maad-**

---

[1] Les Musulmans d'Algérie donnent aux Chrétiens le nom de Roumis, évidente corruption du mot Romains.

hid (1848 mètres), qui est le Pic du Midi de Bordj-bou-Aréridj (915 mètres), ville de la Medjana; le beau **Bou-Thaleb**, qui est le Pic du Midi de Sétif: ce dernier a conservé ses vieilles forêts.

Dira. — Dans la province d'Alger, s'élance, au-dessus d'Aumale, un massif de 1813 mètres, le Dira, qui se rattache aux monts Hodnéens. De ses forêts, de ses pâtis, sortent les premières fontaines de la rivière qui s'achève à Bougie et celles de l'Oued-Chellal, tributaire du Hodna. Un des monts de ce massif, le Kef-el-Akdar ou Rocher Vert (1464 mètres), fait de grès, s'appela jadis le **Titéri**; ce nom devint celui d'un des beyliks de l'Algérie. Avant 1830 le dey d'Alger commandait à trois beys : au bey de Constantine, au bey d'Oran [1], au bey du Titéri, qui résidait à Médéa. — Dira, c'est une corruption du berbère *Déren*, la montagne; Titéri, c'est aussi du berbère : *Tit-ir-ill*, l'Œil ou la source du mont.

Monts de Blida. — Ce sont les plus fiers de ceux qui cerclent la Métidja ou plaine d'Alger. Ils se lèvent, l'un près de la rive droite, l'autre près de la rive gauche de la Chiffa, qu'ils forcent à courir dans des gorges magnifiques. La montagne de gauche est le **Mouzaïa** ou Tamesguida (1604 mètres); la montagne de droite, le Pic du Midi de Blida, est le **Béni-Salah** (1629 mètres) ou piton de Sidi-Abd-el-Kader, ainsi désigné d'une chapelle à l'honneur de Sidi-Abd-el-Kader-el-Djilali, le saint le plus révéré de l'Afrique du Nord : rien que dans la seule Algérie on compte plusieurs centaines de petits dômes, ou, comme on dit, de *koubbas* consacrées à ce musulman fertile en miracles. Le Béni-Salah contemple au nord la plate Métidja, tandis qu'au sud, à l'est, à l'ouest, il plane à l'infini sur des ravins tordus et sur

---

[1] Quand Oran était espagnole, c'est de Mascara que régnait le bey de la province de l'Ouest.

des bois déserts. De Blida, qui lui doit ses transparentes eaux, l'on y monte par la forêt de Tala-Zid, qui conserve encore des cèdres d'un âge immémorial. Cette forêt s'appelle ainsi d'une source que les Berbères, les premiers occupants du sol, nommèrent Tala-Zid, ou la fontaine de Zid. Vinrent les Arabes, qui l'appelèrent Aïn-Tala-Zid ou la fontaine de la fontaine de Zid. Puis sont arrivés les Français, qui n'ont pas manqué de lui donner le nom de fontaine d'Aïn-Tala-Zid, ce qui veut dire exactement la fontaine de la fontaine de la fontaine de Zid. C'est ainsi que les Arabes disent Oued-Souf, c'est-à-dire Rivière-Rivière, et Bir-Tin ou Puits-Puits, et que nous disons, plus « tautologiquement » encore, la Rivière de l'Oued-Souf et le Puits de Bir-Tin. Ces pléonasmes se retrouvent, cent fois moins rares qu'on ne croit, dans tout pays qui a subi des races diverses. Les monts de Blida sont encore boisés, avec des singes dans leurs halliers, mais il n'ont plus ni lions, ni panthères.

Monts de Thaza. — Dans la province d'Alger, les monts de Thaza sont ainsi nommés d'une ville arabe détruite, assise au pied du piton culminant de tout le pays, l'**Achaoun** (1804 mètres). Regardant au sud le plateau mi-Tell, mi-Steppe du Sersou, ces montagnes, qui portent la forêt de cèdres de **Téniet-el-Hâd** (1158 mètres), unissent l'Ouaransénis au cap de Boghar, promontoire que ne ronge pas la mer ; c'est le Chéliff qui frôle sa falaise. Toutes leurs eaux gagnent ce fleuve inconstant.

Monts de Tlemcen. — Faits de calcaires, les monts de Tlemcen, dans la province d'Oran, tiennent leur nom d'une ville célèbre, jadis capitale d'empire. Leur tête culminante est le **Tnouchfi** (1842 mètres?), au sud-ouest de Sebdou, mais leur plus belle montagne est le **Toumzaït** (1589 mètres), pic superbe dominant à l'est les hautes croupes sylvestres des **Béni-Snous**, à l'ouest, un passage facile entre le Tell et les Steppes ; au nord, il incline ses gorges vers les mines d'argent et de plomb de Ghar-Rouban et vers les larges plaines d'Ouchda, qui font encore partie des domaines du sultan de Fez et Maroc. Le Toumzaït se dresse en pays berbère, comme d'ailleurs son seul nom l'indique, puisqu'il commence et finit par un *t*, ce qui est la forme berbère du féminin singulier. Les Arabes l'appellent Ras-Asfour, c'est-à-dire la Tête, le Mont des Oiseaux.

Zaccar. — Dans la province d'Alger, le Zaccar porte Miliana sur un de ses ressauts, et sa cime (1570 mètres) domine cette ville aux fraîches fontaines. Très imposant, vu de la plaine du Chéliff, le Zaccar est de craie : il s'appuie au fouillis de pics des **Béni-Menasser**, petite nation berbère qui pleure son indépendance.

Le reste du Tell algérien est couvert de montagnes, massifs liés à d'autres massifs ou simples pitons isolés sur les plateaux. Si l'Atlas du Maroc a droit au nom de chaîne, l'Atlas de l'Algérie se compose d'un chaos de djébels[1] différents d'origine, d'âge, de nature, d'aspect, disloqués par les tremblements de terre, séparés, bouleversés, usés par le travail des météores.

CHAPITRE IV

RIVAGES ET FLEUVES DU TELL

1° **Du Maroc au Chéliff; Tafna, Macta.** — Les rivages du Tell sont hauts, accores, déchirés. Çà et là quelque plaine y continue la ligne de la mer au repos avec des

---

[1] Mot arabe, devenu français, qui veut dire montagne.

ondulations moindres que les sillons bleu-noir de la Méditerranée quand le vent du Nord la soulève; mais partout ailleurs, même aux bouches des fleuves (presque toutes simples brèches de ce mur), c'est une côte de fer, avec des ravins qui parfois enveloppent de petits paradis ombreux au bord de leurs sources, dans leur profondeur ignorée.

Les fleuves du Tell, violents quand il pleut, ont peu d'eau dès qu'il ne pleut point. Plus d'un n'arrive même pas à la plaine, ou ne l'atteint que pour filtrer bientôt dans la terre entre les tamaris et les lauriers-roses. Ce qui leur manque, c'est de croître. Ils reçoivent beaucoup d'affluents, mais n'en gardent point les eaux : sauf en montagne, il n'y a guère en leur lit que l'onde que vient d'y verser quelque source ou quelque ruisseau; et bientôt cette onde là disparaît, bue par des fissures, par la porosité du sol, par les racines de la rive, l'ardeur du ciel, l'avidité des jardins et des prairies. Si bien que la plupart des oueds [1] algériens renaissent à chaque confluent, mais n'ont jamais la force de grandir : excepté quand les longues pluies, les neiges fondantes, les lourds orages leur donnent pour quelques heures des flots croissant normalement de l'amont à l'aval. Chacune de ces renaissances est généralement pour eux l'occasion d'un nom nouveau.

C'est une habitude commune aux peuples arabes de changer à chaque instant le nom d'un oued : quand il recueille un affluent, quand sa vallée s'élargit, se rétrécit ou prend un nouvel aspect, quand ses bords s'ombragent de tel ou tel arbre, quand ses eaux sont franchies par un gué fréquenté, quand il passe près d'un rocher, d'un campement, d'un marché, d'une chapelle de saint musulman, quand il est rapide, quand il dort, quand il forme un gouffre, quand il frôle une rive qu'ensanglanta la bataille, quand il boit les eaux d'une source chaude

---

[1] Mot arabe, devenu français, qui signifie ruisseau, rivière.

ou d'une fontaine salée, quand il change de teinte par suite du passage dans un autre terrain ou du confluent d'une rivière autrement colorée, quand les parois de son lit sont rouges, jaunes, blanches, noires ou grises.

Aucun n'est navigable, mais tous peuvent irriguer les alluvions riveraines. Les *aïn* (sources[1]) et les *ras-el-ma* (têtes de ruisseaux), les barrages que, dans un tel pays, il est facile d'enraciner à l'issue des gorges, transformeront cette Afrique « au sol d'airain qu'un ciel brûlant calcine »[2]. Sur les terres durcies par la chaleur l'eau créera des jardins intenses, les vignes fleuriront sur des versants maintenant décharnés la forêt reverdira. Jadis, conte la légende, on pouvait aller de Tanger à Tripoli sans souffrir du soleil; il serait facile aujourd'hui de faire ce voyage sans trouver d'ombre.

Les bassins des fleuves algériens sont fort courts, par l'étroit embrassement de la montagne et de la mer : toutefois le Chéliff a plus de 650 kilomètres.

A grandes lignes, sans les sinuosités secondaires, le littoral du Tell français a 1000 kilomètres. Il donne sur la Méditerranée, simple golfe de l'Océan, avec lequel elle communique au détroit de Gibraltar. Sans le grand courant qui verse le flot vert de la mer de Bretagne dans le flot bleu de la mer d'Algérie, nous verrions sécher peu à peu le lac qui sépare les deux Frances : si la nature soudait le promontoire de Tarik[3] à la côte africaine par une convulsion du sol, par un subit enfantement de roche ou par la lente poussée des siècles, la Méditerranée descendrait comme la Caspienne au-dessous des Océans; insensiblement elle abandonnerait ses rivages, bien qu'elle boive le Rhône, le Pô, le Nil et la rivière amère de Stamboul, le Bosphore, où passent à la fois le Don, le Dniéper et le Danube.

---

[1] Le vrai pluriel de ce mot arabe devenu français c'est *aïoun*.
[2] Victor Hugo.
[3] Gibraltar.

A l'embouchure d'un faible torrent, le **Kis** ou Adjeroud, s'arrête la souveraineté de l'empereur marocain. Ce commencement de notre littoral est voisin du 35ᵉ degré de latitude ; mais aussitôt la côte monte à l'est-nord-est ; à part de courtes plages, et sauf les caprices de la ligne des golfes, elle reste fidèle à cette direction, si bien qu'elle va couper le 36ᵉ degré aux environs de Mostaganem, et le 37ᵉ près de Collo et près de Bône : ainsi la province d'Oran est plus loin de la France que la province d'Alger, et la province d'Alger plus que la province de Constantine.

Le premier cap français bien coupé, c'est le cap Milonia ; le premier mont riverain, c'est le Zendal ou Pain de Sucre (615 mètres) ; la première ville, c'est **Nemours**, mauvais port où il entre plus de caboteurs espagnols que de navires français. En remontant les branches du torrent qui s'y verse à la mer, on arrive à Sidi-Brahim et à la charmante **Nédroma** : charmante non pas comme cité, car c'est un labyrinthe de ruelles, un écheveau de masures, un amas de décombres, mais par son site ravissant, sur un penchant du **Filaousen** (1157 mètres), dont le nom berbère signifie la Montagne du Kermès ; Nédroma, encore toute kabyle, arabe et juive, a pour habitants des descendants de Maures chassés d'Espagne, et quelques Nédromiens conservent encore la clef de leur vieille maison d'Andalousie. Quant à **Sidi-Brahim**, son arbre est immortel : souvenir plus grand que saint Louis rendant la justice sous le chêne de Vincennes, c'est à l'ombre de son palmier qu'Abd-el-Kader tendit en 1847 son yatagan au général Lamoricière ; là même, dix-huit mois auparavant, triomphe inutile du sabre courbe sur la baïonnette, il avait massacré des centaines de Français, cavaliers et fantassins pris au trébuchet dans une embuscade.

Le cap Noë, au nord-est de Nemours, se noue à une montagne de 859 mètres, le **Tadjéra** ou Mont carré des Trara, habité par des Berbères qui sont parmi les moins mêlés d'Arabes qu'il y ait en Oranie. Il contemple à l'est la crique d'Honein, ancienne ville qui a disparu de ce rivage après avoir mis au monde le fondateur de la grande dynastie berbère des **Almohades**; 25 kilomètres à vol d'oiseau séparent cet abrupt promontoire de l'île de Rachgoun, bloc de pouzzolane de 60 mètres de haut commandant l'embouchure de la Tafna.

La **Tafna**, très sinueuse, a près de 150 kilomètres de cours. Elle est célèbre pour avoir donné son nom à un traité malheureux signé en 1837 par le futur conquérant de l'Afrique, celui qui devint le maréchal Bugeaud, duc d'Isly : traité qui, de vainqueurs que nous étions, faisait de nous les vaincus d'Abd-el-Kader. Si, deux ans après, l'émir n'avait pas brisé lui-même cette paix honteuse et boîteuse, à peine serions-nous en Algérie, grâce aux forts d'Alger, de Bône et d'Oran, ce que l'Espagne est au Maroc, grâce à Ceuta et autres *presidios*. Cette rivière partage son bassin entre les Marocains et les Français dont elle relève pour un peu plus de 550 000 hectares. Elle sort, en temps de pluie, d'une grotte ouverte dans les monts de Terni, non loin de **Sebdou**; en temps sec, elle jaillit un peu plus bas que cette caverne, dans une prairie, par une source de 300 litres à la seconde. De cette belle fontaine, elle descend aussitôt par un lit sauvage, sous le nom d'Oued-el-Khouf ou torrent de la Peur, qu'elle doit à ses gouffres, à ses cascades. Laissant à gauche Sebdou, elle recueille la rivière des Béni-Snous, le bleu **Tafrent**, dont le ras-el-ma le plus éloigné sourd au pied du Toumzaït; puis, dans une vallée féconde, soleilleuse, qui n'a pas encore de villages, mais qui aura des villes un jour, elle ouvre sa rive gauche pour recevoir la Mouila, sa rive droite pour recevoir l'Isser Occidental. Après avoir percé par de longs serpentements la chaîne des monts littoraux, elle entre en mer sur la plage de **Rachgoun**, où l'on médite un port, qui sera celui de Tlemcen.

La **Moulla**, c'est-à-dire la Salée, la Saumâtre, vient du djebel des Béni-Snassen, Marocains qui nous ont souvent attaqués, que nous avons souvent vaincus, qu'il est dans notre destin d'annexer bientôt. Grossie de l'**Isly**, qu'immortalise la bataille de 1844, elle entre en Algérie pour y recevoir l'Oued-fou, rivière de **Lella-Marnia** et gagner presque aussitôt la Tafna, près des thermes sulfureux d'Hammam-bou-Ghara.

L'**Isser Occidental**, très tortueux, a près de 100 kilomètres jusqu'à l'Aïn-Isser, et 125 jusqu'à la naissance du Chouli. Aïn-Isser, dans une vallée des monts Tlemcéniens, est une fontaine de 300 litres par seconde, voisine de la source de Sidi-Brahim (200 litres). Devenant aussitôt rivière — car ce beau pays regorge de fonts pures — il passe à **Lamoricière,** où tombe l'Aïn-Sultan (200 litres). Jusque-là transparent, il se trouble en aval de cette ville naissante, à partir d'une cascade de 12 mètres, et ni l'Oued-Chouli, torrent clair, ni l'Aïn-Tellout, source de 175 litres, ne lui rendent sa lucidité première. Il reçoit un oued du nom de Saf-Saf, qui veut dire la rivière des Trembles : celle-ci forme les cascades d'**El-Ourit** et boit les eaux de Tlemcen.

Des terres rougeâtres d'une vallée paisible que de puissantes croupes dominent à l'horizon, le Saf-Saf, venu du froid plateau de Terni sous le nom de Méfrouche, bondit d'abord en sauts rapides sur un petit plateau où il repose un instant. Puis le sol se dérobe encore et, d'une roche élevée, le Méfrouche glisse dans la trame d'un tissu de verdure ; des franges de cette draperie qui tremble avec les brillants filets de la cascade, l'eau goutte plutôt qu'elle ne tombe au pied de la merveilleuse tenture. C'est là le « saut Mortel », la chute la plus haute, mais ce n'est pas la dernière : du bassin qu'elle remplit de ses ruisseaux d'argent jusqu'au pont de la route de Tlemcen à Lamoricière, le torrent plonge encore, de cascade en cascade ; sur ces cataractes, qui toutes ensemble ont peut-être

1500 pieds de haut[1], sur les gouffres où l'eau folle s'endort un moment dans des vasques profondes, les chevelures de lianes, les touffes de buissons, les figuiers, de grands arbres, se penchent sur la somnolence ou sur le fracas des flots. D'immenses rocs rougeâtres, droits comme des murs, regardent ce site idéalement beau.

Tlemcen reçoit d'El-Ourit, par un canal, une partie des eaux qui font sa beauté : même elle demande à détourner tout le Méfrouche au-dessus de la cascade. Cette ville assise à 816 mètres sur un plateau, dans une forêt d'oliviers, est la *Bab-el-Gharb* des Arabes, c'est-à-dire la Porte du Couchant; et de fait, elle surveille de près le Maroc. Dans son enceinte même et dans sa banlieue, à Sidi-bou-Médine et à Mansoura, s'élèvent, les uns branlants, les autres solides, quelques-uns des monuments les plus beaux de l'Islam africain. C'est que cette cité régna sur le turbulent empire fondé par le Berbère Yarmoracen, et qu'un sultan du Maroc, après quatre ans de siège, bâtit vis-à-vis d'elle, et près d'elle, et contre elle, une ville forte d'où il l'attaqua plus de quatre ans encore : cette seconde Tlemcen est **Mansoura**, dont l'enceinte, vieille de bientôt cinq siècles et demi, jette son ombre sur un village français.

A l'embouchure de la Tafna succède **Béni-Saf**, port d'une mine de fer colossalement riche, comme le sont tant d'autres en Algérie; puis vient l'anse de Camérata, site de ruines romaines; puis la bouche du **Rio Salado** (70 kilomètres), ruisseau venu des monts des Ouled-Zeïr à travers les champs fertiles d'**Aïn-Temouchent**; puis le cap Figalo, promontoire accore suivi du cap Sigale, qui regarde, à la distance de 11 kilomètres, l'égrènement d'écueils des îles Habibas.

Du cap Lindlès au cap Falcon s'ouvre un golfe évasé, vis-à-vis de l'île Plane, roc habité par des éperviers; ce

---

[1] D'après le consul Playfair.

golfe bat la plage des Andalouses, qui est le Sidi-Ferruch d'Oran : comme l'armée qui prit Alger débarqua sur le rivage de Sidi-Ferruch, et marcha sur la ville des pirates par les ravins du Bouzaréa, de même un ennemi pourrait débarquer aux Andalouses et marcher sur Oran par les ravins du schisteux **Merdjadjou**, ou chaîne de Santa-Cruz (584 mètres); mais de cette montagne escarpée il est facile de faire une place d'armes inviolable. Au cap Falcon, d'où luit un phare, commence le golfe d'Oran, qui renferme un des meilleurs ports naturels de l'Afrique française et la capitale d'une de nos trois provinces : ce port est Mers-el-Kébir; cette capitale, Oran.

Mers-el-Kébir, à 7 ou 8 kilomètres d'Oran, n'est que forts et casernes accrochés à un éperon du Merdjadjou qui garde sa rade des vents du nord. Le voisinage d'Oran la tue, d'Oran qui sans doute n'existerait même pas, sur sa rive dangereuse, si la source de Ras-el-Aïn, dont l'excellence est grande, n'avait fait naître dans un étroit ravin la cité devenue la métropole de l'Ouest. Mers-el-Kébir, dont le nom mérité veut dire le Grand Port, peut devenir un Gibraltar africain.

Oran, plus espagnole aujourd'hui que française, en même temps qu'arabe, juive et nègre, est un mauvais port que la nature combat, que l'art des ingénieurs défend. Place très commerçante et qui grandit à vue d'œil, elle est pressée dans des ravins, penchée sur des talus, assise sur des plateaux, juchée sur des escarpements dominés par les rochers nus et la naissante forêt de Santa-Cruz. Le tremblement de terre qui la culbuta vers la fin du siècle dernier n'eut pas la force de fendre les châteaux puissants bâtis sur les ressauts de la montagne par les Espagnols, alors ses maîtres, et ces beaux *castillos* la surveillent encore. Le plateau que couvrent ses quartiers du sud se continue par une plaine rougeâtre, nue, monotone, qui finit au pied du bleu Tessala; les eaux de cette plaine vont à la **Sebkha d'Oran**, misérable lagune de 32 000 hectares, qu'on pourra vider entière-

Mansoura.

ment par un canal allant en tranchée vers le Rio Salado ; pour l'instant, c'est une cuve sans profondeur, presque toujours sans eaux, où l'on marche sur du sel qui craque, du sol qui cède.

D'Oran aux caps qui terminent son golfe au nord-est, le Djèbel-Kahar (604 mètres) ou Montagne des Lions, cône isolé qu'on prendrait de loin pour un volcan sur un plateau, contemple une côte élevée ; plus loin le Djebel-Orouze (631 mètres) plonge dans le flot par le cap de l'Aiguille, le cap Ferrat, le cap Carbon, qui sont trois bornes entre le golfe d'Oran et le golfe d'Arzeu et Mostaganem.

Arzeu ressemble à Mers-el-Kébir : une grande fontaine en eût fait une grande ville, car son port est excellent ; les Romains l'appelaient *Portus Magnus*, comme ils nommaient Mers-el-Kébir *Portus Divinus*. On lui a prédit de hautes destinées, mais jusqu'à ce jour il languit au bord d'une rade capable d'accepter 200 navires ; il compte sur le chemin de fer qui l'unit à la plaine d'Eghris et à la Mer d'alfa de Saïda-Géryville. Cette ligne longe le golfe d'Arzeu jusqu'au delà de la plage de sable où la Macta tombe dans la mer par un courant sans profondeur, au pied de dunes qui la rejettent à l'ouest.

La Macta, qui draîne un bassin de près d'un million d'hectares, sort des vastes marais où se joignent l'Habra et le Sig. Son volume est de 2 mètres cubes par seconde à l'étiage, de 800 en grande crue. Elle n'a que 5 kilomètres.

A 30 kilomètres à vol d'oiseau au sud-ouest de Mascara, trois oueds se rencontrent dans le val des **Trois-Rivières**, et le plus grand de ces courants vient précisément d'en recevoir un quatrième : ce bassin devrait donc se nommer les Quatre-Rivières. C'est une chose rare qu'un confluent de quatre vallées.

Les quatre cours d'eau qui se sont donné ce rendez-

Oran.

vous, le Taria, le Fékan, le Houénet, le Melréier, forment la rivière de l'Oued-el-Hammam, qui prend plus bas le nom d'**Habra**.

L'**Oued-Taria** commence par l'Aïn-Tifrit (400 à 500 litres par seconde), que brise presque aussitôt une chute de 25 mètres ; au-dessous des ruines romaines de Bénian, au-dessus de l'ancienne smala de spahis d'Ouisert, il se double de l'**Oued-Saïda,** qu'on nomme ainsi de **Saïda** (890 mètres d'altitude), et qui se gonfle du tribut de l'Aïn-Nazreg (300 litres) et de l'Aïn-Ouangal (175 litres). C'est près des Trois-Rivières que l'Oued-Taria s'unit à l'Oued-Fékan.

Dès sa source, l'**Oued-Fékan** roule de 600 à 900 litres par seconde à l'étiage. Il sort de l'Aïn-Fékan, profond étang bordé çà et là de roseaux, entouré de trembles, de peupliers, et aussi d'eucalyptus plantés pour combattre le méphitisme. On attribue de très puissantes vertus fébrifuges à l'eucalyptus, qui dégage une odeur aromatique. Si soleilleuse, si marécageuse, si peu balayée des vents, si mortelle que soit une vallée, il suffirait pour l'assainir de quelques-uns de ces gommiers ; puis cet arbre qui fait, dit-on, la salubrité de l'Australie, comme le niaouli celle de la Nouvelle-Calédonie, est une merveille de la nature : il croît extraordinairement vite, il donne un bois droit, dur, compact, imputrescible ; il monte à 150 mètres : plus encore que le sapin de Californie c'est le géant des forêts.

L'abondance d'Aïn-Fékan ne vient point de quelque grande montagne dont la fontaine recevrait invisiblement les eaux : la reine des sources de la province d'Oran doit son trésor de flots clairs aux ruisseaux qui filtrent dans les terres poreuses de la **Plaine d'Eghris**, laquelle, à 500 mètres de moyenne altitude, a pour ville Mascara la salubre. **Mascara** (585 mètres) n'est point bâtie sur ses alluvions, mais elle couvre, au-dessus d'elle, et tout près d'elle, deux coteaux séparés par l'Oued-Toudman, dans un vignoble dont les vins sont une liqueur de feu. Les deux collines qu'occupe cette cité sont le revers méridional des montagnes de terre des **Béni-Chougran** (911 mètres), appelées par les Arabes Chareb-er-Rihh ou la Lèvre du Vent. Quand, disent-ils, Allah créa la Terre, il mit les monts dans un sac et les versa sur le sol ; lorsque le monde fut couvert de plateaux, de dômes, de bosses, de pitons, il regarda dans le sac et, le voyant encore à demi plein, le vida brusquement sur le pays des Béni-Chougran : des maudits Chougran, comme disaient nos soldats qui luttèrent souvent contre eux. L'Oued-Fékan n'a guère que 10 kilomètres ; à moitié course il tombe de 12 à 15 mètres dans un effondrement rempli de végétations folles.

Le Houénet et le Melréier sont à la fois plus longs et plus faibles que le Taria et que le Fékan. Le Melréier a sa source dans les environs de **Daya** (1275 mètres), sur la frontière du Tell et du Steppe.

La rivière née de ce concours d'oueds s'appelle d'abord Oued-el-Hammam, parce qu'elle passe près du *Hammam* ou source chaude de Bou-Hanéfia ; puis elle baigne le hameau de **la Guethna**, patrie de l'homme auquel nous devons l'Afrique. C'est là que naquit Abd-el-Kader en 1807. Si ce marabout de la tribu des Hachem, si cet homme de fer, à la fois poète, prêtre, prophète, orateur, législateur et guerrier, n'avait pas remué contre nous ciel et terre, armé les Arabes, les Kabyles et le Maroc, attaqué nos camps pendant quinze années et forcé nos généraux à le pourchasser jusqu'au bord du Grand Désert, nous nous débattrions sans doute encore contre le néant de l'occupation restreinte.

Au confluent de l'Oued-Fergoug, descendu des Béni-Chougran, l'Habra passe entre deux collines rocheuses qu'on a réunies par une digue de 478 mètres de long sur 40 mètres de haut et 38 à 39 d'épaisseur à la base. Devant un pareil obstacle, la fille des plus beaux aïoun du Tell de Mascara recule au loin dans les trois gorges qui se rencontrent en amont du barrage ; elle forme de la sorte un lac à trois pointes où dorment 14 millions de mètres cubes. Ce sont des oueds terreux qui s'arrêtent contre la digue cyclopéenne, c'est une rivière de cristal, épurée par le sommeil de ses flots, qui sort du lac pour aller arroser l'immense plaine de **Perrégaux**, ville nouvelle, jusqu'aux marais où l'Habra s'achève, après un cours de 235 kilomètres.

Le **Sig** (215 kilomètres), moins long que l'Habra, apporte moins d'eau. Commençant au sud de Daya, sur la frontière du Steppe, il descend à Magenta, puis à Sidi-Ali-ben-Youb, où il reçoit un hammam de 220 litres par seconde. Sous le nom de *Mekerra*, ses canaux donnent à boire aux jardins de **Sidi-bel-Abbès** (490 mètres), ville pour l'instant plus espagnole que française, bâtie au centre du Tell oranais, à distance égale de la mer et du Haut-Plateau, en vue des craies du **Tessala** (1063 mètres). Arrêté par un barrage au moment de quitter définitivement la montagne, il reflue en un lac allongé, réserve de 3 275 000 mètres cubes pour les riches campagnes de **Saint-Denis-du-Sig**, ville semblable à Sidi-bel-Abbès en ce qu'elle est beaucoup moins française qu'andalouse, murcienne et valencienne.

De la bouche de la Macta à Mostaganem, le rivage est droit et sans abri. **Mostaganem** n'a point dû son existence à son port : elle n'a qu'un débarcadère périlleux, impraticable en hiver, et par tout mauvais temps ; elle tient « la vie, le mouvement et l'être » de sa Fontaine Jaune (Aïn-Seufra), source de 167 litres par seconde. C'est à 12 kilomètres au nord de cette ville qu'arrive en mer le Chéliff, entre de hautes collines.

2° Le Chéliff. — Avec ses 665 kilomètres, dans un bassin de 4 millions d'hectares, le Chéliff est probablement l'oued le plus long du Tell berbère. Ce n'est pas le plus beau.

Il a deux branches mères : la plus longue, le **Chéliff des Steppes**, arrive du sud, du Djébel-Amour. Elle coule, quand elle coule, sur des plateaux qui ne sont point Tell, bien que séparés du Désert par la montagne, qui ne sont pas Désert non plus, bien que séparés du Tell par de hauts massifs de l'Atlas ; elle serpente, en un mot, sur les Steppes. L'un des petits oueds qui la forment arrose le vallon d'Aflou (1350 mètres) ; elle passe à Taguin, puis près de Zerguin qui lui fournit une source de 200 litres par seconde, et va s'unir au Nahr-el-Ouassel en aval de Chabounia, par 685 mètres.

Le **Nahr-el-Ouassel** (mot à mot le Fleuve naissant) passe pour être moins sec que le Chéliff des Steppes ; quand il se confond avec l'oued du Djébel-Amour, il n'a parcouru que 165 kilomètres, 100 de moins que son rival. Il commence aux environs de **Tiaret**, ville à 1090 mètres d'altitude, par l'oued des Soixante-dix Sources (*Sebaïn Aïoun*) ; puis il court vers l'est, longeant de loin par sa rive gauche les hautes montagnes de Thaza, et de près par sa rive droite un raide escarpement : si l'on gravit ce haut talus, tantôt pente et tantôt paroi, l'on entre dans une plaine immense, barrée à l'horizon du sud par le Nador et les monts crétacés de Goudjila et de Chellala : c'est le pays des tourbillons de poussière, c'est le fauve **Sersou**, qui n'a pas de colons, mais il en aura : bien qu'au midi des chaînes telliennnes, il est Tell.

Le Chéliff entre dans le Tell au pied de la falaise de Boghar, par moins de 500 mètres d'altitude. De ce bourg de **Boghar**, à 500 ou 600 mètres au-dessus du fleuve, 1050? au-dessus des mers, la vue règne sur des montagnes confuses, des plateaux, des vallées, et se perd au midi dans l'infini du Steppe ; comme on l'a dit, Boghar est le Balcon du Sud. Parfois étreint par des gorges, parfois errant amplement dans des plaines, le fleuve coule désormais dans la plus longue vallée de l'Algérie, grande route entre l'Ouest et l'Est. Il baigne tantôt la lisière des montagnes qui rattachent le cap de Boghar au nœud de l'Ouaransénis par des pics de 1500 à 1804 mètres, tantôt le pied de la chaîne d'entre Chéliff et Métidja. Il lèche des berges terreuses trahissant la profondeur des alluvions de cette vallée qui deviendra sans faute un des greniers de l'Afrique Mineure. Ses eaux, rares en été, violentes pendant les pluies, louches en tout temps, arrosent la plaine d'Amoura, dominée à l'orient par le massif qui porte la saine et fraîche **Médéa**, bâtie à 927 mètres, entre des vignobles déjà célèbres.

Plus bas, d'Affreville, cité naissante, on voit se lever abruptement au nord le Zaccar; et à mi-montagne, à 8 ou 9 kilomètres par une route à grands lacets, à 740 mètres d'altitude, se montre la paisible **Miliana**. Sous un climat tempéré, les vignes qui l'entourent font un vin généreux, et les flancs du Zaccar lui versent, au fort même de l'été, 300 litres par seconde, eau limpide qui s'élance d'usine en usine vers le bas-fond d'Affreville. De Miliana, mieux encore des deux Zaccar, qui règnent au-dessus d'elle, on admire un entassement de montagnes que regarde l'Œil du monde.

En aval de Duperré, le fleuve côtoie le mont Doui (991 mètres), puis, à la lisière de la forêt de thuyas des Béni-Rached, à 2 kilomètres en aval du confluent de l'Oued-Fodda, torrent qui passe au pied de l'Œil du monde, un barrage l'arrête au fond d'un étranglement : de colline à colline, la digue a 12 mètres de hauteur, 14 de largeur à la base, et les eaux reculent à 4 ou 5 kilomètres en amont. Cette réserve permet d'irriguer 9000 hectares dans le poudreux bassin d'Orléansville.

Orléansville a quelque avenir : c'est la cité médiane entre Alger et Oran, la centre de la vallée du fleuve. Le Chéliff n'y est plus qu'à 140 mètres au-dessus de la mer ; sur lui repose la richesse du pays, ses irrigations seules peuvent en rafraîchir le sol calciné, le torride climat. De cette ville dont on boise les brûlantes collines, le fleuve court à la mer en suivant le pied méridional du **Dahra**, très hautes collines ayant pour cimes culminantes des djébels d'un peu plus ou d'un peu moins de 800 mètres, et pour principales bourgades Mazouna, Cassaigne et Renault : **Mazouna** est encore tout indigène ; Renault et Cassaigne sont des lieux français, récemment fondés. Ce fut un pays dur à courber que ce Dahra dont une caverne vivra dans l'histoire, celle de **Necmaria**, où les Ouled-Riah aimèrent mieux mourir enfumés que d'implorer l'aman[1]. Soumises tard, longtemps frémissantes, ses tribus n'ont vu que tout dernièrement arriver les colons ; fertile et très salubre, ce mont sera vite envahi.

Brûlé de soleil sur son versant du sud, le Dahra n'envoie au fleuve que des oueds tarissants ; mais sur la rive opposée des torrents plus longs, plus larges, moins prompts à sécher, tombent de cet Ouaransénis autour duquel le Nahr-el-Ouassel, puis le Chéliff, tracent un arc de cercle de près de 350 kilomètres avec seulement 75 kilomètres de corde : tels sont le Sly et le Riou. Le principal tributaire du Chéliff, la **Mina** (200 kilomètres), n'a point son origine dans le massif de l'Œil du monde ; elle vient de la bordure du Steppe, du pied du Nador (1412 mètres), au sud de Tiaret ; et c'est près de ses sources que s'élèvent les **Djédar**, trois vieux monuments, des sépultures sans doute comme le Medracen et le Tombeau de la Chrétienne. La Mina tombe en une charmante cascade, haute de 42 mètres, le Saut de Hourara, à 12 ou 13 kilomètres au sud de Tiaret. A Fortasa, elle ouvre son lit à plus grand qu'elle, à l'**Oued-el-Abd** (135 kilomètres), jolie rivière qu'a broyée plus haut la cascade de Tagremaret : fils de fontaines transparentes, ce tributaire lui verse à l'étiage 1000 litres d'eau claire par seconde, tandis qu'elle-même n'en roule que 800 à 900. Arrivée dans la grande plaine du Chéliff, la Mina fournit des canaux aux campagnes de **Relizane**, champs de leur naturel marâtres, argileux, salés, torréfiés : laissés à eux-mêmes, ils restent d'une stérilité presque absolue ; à

---

[1] Le pardon, la paix.

peine s'ils portent de misérables touffes de plantes salines; mais dès qu'on y fait passer les eaux de la rivière, ils deviennent d'une fertilité rare.

Le Chéliff, en plaine, a 100 mètres de large; dans la coupure entre les monts du Dahra et le ressaut du plateau de Mostaganem, il s'étrangle à 80, à 70, à 60. Il s'engloutit dans la Méditerranée à 12 kilomètres au nord-est de Mostaganem. Cette Loire de Berbérie est semblable à la Loire de France par sa route au cœur du pays et par la grande courbe de sa vallée, dirigée d'abord du sud au nord jusqu'à Amoura, puis de l'est à l'ouest, ainsi que fait notre fleuve, de sa source à Briare et à Gien, et de Gien à l'Atlantique.

Devant Orléansville, quand il n'a point encore bu le Sly, le Riou, la Djidiouïa, la Mina, il roule suivant a saison 1500 litres à 1448 mètres cubes par seconde. Pendant deux mois, du 15 juillet au 15 septembre, il ne traîne que 1500 à 3000 litres; d'avril à juillet il en mène 3000 à 5000; en hiver il passe avec un flot de 50 à 60 mètres cubes; ses crues ordinaires sont de 400 mètres par seconde, les grandes crues de 1100 : — le 16 décembre 1877, il en débitait 1448.

3° **Du Chéliff à Bougie : le Mazafran, l'Isser Oriental, le Sébaou, le Sahel**. — Au delà du Chéliff, la côte longe le Dahra, qui lui envoie de tout petits torrents; elle est triste, presque déserte. Entre le cap Khamis et le cap Magraoua, la province d'Oran fait place à la province d'Alger, dont le premier port est **Ténès** : port, c'est trop dire; l'anse de Ténès, ouverte aux vents fâcheux, n'a par elle-même aucun avantage; il n'y a d'avenir pour elle que dans des jetées qui la garantiront des tempêtes et dans le chemin de fer qui nouera cette plage cernée d'escarpements à la grande vallée du Chéliff.

De Ténès, embryon de port, à Cherchell, cadavre de

cité, la rive est peu frangée ; des monts la serrent de près, hauts de plus de mille mètres et qui rattachent au Dahra le massif du Zaccar et des Béni-Ménasser ; on les appelle monts des **Zatima**, d'après une tribu berbère campée sur leurs cimes entre l'horizon de la mer et celui du Chéliff. **Cherchell**, qui sans doute sera peu dans l'avenir, fut beaucoup dans le passé : qui reconnaîtrait dans cette bourgade la *Julia Cæsarea* des Romains, la résidence de Juba II, la capitale de la Mauritanie Césarienne où l'on admirait plus de monuments bâtis pour les siècles que nous n'y voyons aujourd'hui de baraques administratives? Son port, très petit, n'admet que des bricks de 100 à 150 tonnes, par 3 à 4 mètres d'eau.

Au delà de Cherchell on côtoie d'abord le **Chénoua**, beau mont de 861 mètres ; puis on passe devant Tipaza, qui fut une ville romaine et n'est plus qu'un village français, à l'issue occidentale de la Métidja. On longe ensuite le **Sahel**. Ce mot arabe veut dire côte, et par extension massif littoral ; il désigne ici de hautes collines où les Français ont de bonnes colonies, sous un climat sain venté par la brise de terre et la brise de mer. Sa cime la plus élevée se dresse près de Tipaza : resserrée entre la Méditerranée et les sillons qui ont remplacé les eaux miasmatiques du lac Halloula, elle porte un monument célèbre : le **Tombeau de la Chrétienne**. Malgré son nom, cet énorme édifice, qui de loin ressemble à un coteau sur un autre coteau, ne couvre point les os d'une servante du Christ ; c'est la sépulture, la « grande Pyramide » des rois de la vieille Mauritanie ; bâti probablement par Juba II, il est moins ancien que le Médracen, qui paraît lui avoir servi de modèle : le **Médracen**, le Tombeau de Madrous, s'élève dans la province de Constantine, sur le plateau sillonné de monts nus, de lacs salés et d'oueds souvent taris que traverse le route de Constantine à Batna ; ce serait le sépulcre des rois numides, et Micipsa l'aurait dressé pour honorer Massinissa, son père.

C'est le **Mazafran** qui sépare le Sahel de Coléa du Sahel d'Alger. Long de 20 kilomètres (de 100 jusqu'au ras-el-ma le plus reculé du Bou-Roumi), ce fleuve est fait de trois torrents, dont un seul, la Chiffa, coule avec abondance. La **Chiffa** dérobe ses sources dans les forêts des monts de Médéa et de Blida; longtemps elle heurte ses flots contre les rochers d'une gorge fameuse, entre le Béni-Salah et le Mouzaïa, puis elle pénètre dans la Métidja : là elle irrigue, et se souille tellement par les canaux que lui renvoie la plaine qu'elle prend le nom d'Eau Jaune, d'Eau de Safran, ce que veulent dire les mots arabes *Ma* et *zafran*. Elle reçoit le Bou-Roumi et l'Oued-Djer : le Bou-Roumi sort, comme la Chiffa, de ce Djébel de Médéa où notre armée, lors de sa première expédition dans la montagne africaine, salua le Vieil Atlas de vingt et un coups de canon; l'Oued-Djer, arrivé du Zaccar, passe devant **Hammam-Righa**, sources guérissantes; il arrosera 18 000 hectares de Métidja quand on l'aura retenu par une levée capable de rassembler 20 millions de mètres cubes d'eau. C'est en remontant sa gorge que le chemin de fer d'Alger à Oran passe de Métidja en Chéliff.

Du Mazafran jusqu'à la ville des Corsaires le Sahel déroule un beau spectacle. On passe devant **Sidi-Ferruch**, qui vit débarquer l'armée française, le 14 juin 1830. Au delà de la Pointe Pescade, à tous les étages du mont **Bouzaréa** (402 mètres), des villas éclatantes se montrent dans les orangers, les oliviers, les cyprès, les pins parasols, au-dessus des haies d'aloès ou des palettes épineuses du figuier de Barbarie.

Alger est à distance presque égale du Maroc et de la Tunisie, sur une baie en demi-cercle ayant 20 kilomètres d'ouverture. Elle monte en blanc amphithéâtre sur une raide colline du Bouzaréa.

Lisbonne a son Tage, Londres son estuaire, Paris sa rencontre de vallées, Constantinople son détroit, Rio sa baie, la Nouvelle-Orléans son fleuve, Chicago son lac,

Tombeau de la Chrétienne.

New-York son port. Alger n'a rien, si ce n'est le terreau de la Métidja.

Même dans le Tell elle est inférieure : elle n'a pas une baie comme Tunis, un lac comme Bizerte, un fleuve comme Bône, un port comme Bougie, Arzeu et Mers-el-Kébir ; elle ne veille pas comme Tanger à l'entrée d'une Méditerranée dans un Océan ; il lui manque les monts semi-polaires qui pourvoient Maroc d'eaux irrigantes, elle n'a pas l'oued intarissable de Fez : moins heureuse que Blida, Miliana, Mostaganem, Tlemcen, elle soupire après un peu d'onde vive.

On pouvait lui prédire des villas sans nombre dans de charmants ravins et sur ces coteaux bouzaréens d'où l'on voit la mer, le fahs ou banlieue, l'Atlas de Blida, le Bou-Zegza, les neiges kabyles ; mais la nature n'y avait pas écrit à grands traits sur le sol : « Là sera la capitale d'un empire. »

C'est le destin plus que la nature qui lui a mis le diadième au front.

Sur cette anse du rivage une modeste bourgade romaine, *Icosium*, avait duré quelques siècles, en face, à travers baie, d'une autre colonie du Peuple-Roi, *Rusgunia*, près du cap Matifou ; puis *Béni-Mezrenna*, petit port berbère, avait pris la place d'Icosium.

Le hasard amena des hommes de proie aux îlots des Béni-Mezrenna : Musulmans de vieille roche ou rénégats, les uns routiers, les autres corsaires, tous hommes du sabre, ils conquirent à l'orient, à l'occident, au midi ; leur ville grandit avec leur royaume, tandis qu'eux-mêmes, s'entretuant pour le pouvoir, rougissaient de sang turc leurs bras fumants de sang chrétien, de sang berbère et de sang arabe.

Le port que les Français ont fait devant Alger n'est pas sans reproche : grand de 90 hectares, il reçoit et renvoie de nombreux navires, d'abord parce qu'Alger est la métropole de l'Algérie, puis parce que cette cité, la plus peuplée de notre Afrique, a la Métidja derrière elle.

Gorges de la Chiffa.

Plaine d'alluvions de 211 000 hectares, la **Métidja** mourrait sur la plage de la mer si le Sahel ne l'en séparait ; elle va du Sahel à l'Atlas, haut ici de 1000 à 1629 mètres, et blanc de neige en la saison. La montagne lui distribue des torrents qui la pourront irriguer tout entière quand on les aura régularisés en réservoirs au sortir de leurs gorges profondes. Quand nous commençâmes d'y planter des colonies, c'était un lieu d'exhalaisons funestes. Pendant vingt ans la mort sortit de ses marais, de ses ruisseaux bordés de lauriers-roses, de ses champs sournois qui promettaient la fortune. Elle mérita le nom de cimetière des Européens avant de prendre celui de Jardin d'Alger. **Boufarik,** sa ville centrale, fut longtemps pleine de moribonds ; il y eut des années où le cinquième de ses pionniers quitta l'hôpital pour le champ du dernier repos. Aujourd'hui la plaine sinistre est salubre comme une vallée française ; Boufarik, où, dit le proverbe arabe, la corneille elle-même ne pouvait durer, est une cité coquette, une oasis d'ombre, un opulent verger. Ainsi dans une campagne enflammée, dans un air gorgé de miasmes, sur un sol de pourriture et d'eau stagnante, trente ou quarante années ont mis le verger d'abondance à la place du campement des fiévreux et de la baraque des agonisants. Ce serait la reine de la Métidaj sans **Blida** la Voluptueuse, la mère des oranges, assise au pied de l'Atlas, sur l'Oued-el-Kébir, clair torrent descendu des halliers du Béni-Salah.

La baie d'Alger baigne de ses flots céruléens la plage de Mustapha, grand faubourg d'Alger, les dunes d'Hussein-Dey, celles de l'Harrach et de l'Hamise. L'**Harrach** (70 kilomètres), rivière de quelque abondance, passe aux bains d'**Hammam-Melouan** : Alger va détourner une de ses sources, *Aïn-Mocta* (500 litres par seconde) ; cette grande ville a soif en été ; les fontaines du Sahel ne lui donnent même pas de quoi boire, elle ne peut donc ni laver ses rues, ni rafraîchir ses arbres, ni mouiller sa poussière, ni baigner ses jardins. Sur l'**Ha-**

mise on achève en ce moment, à son issue de l'Atlas, une digue dont le réservoir arrosera l'orient de la Métidja. Au delà du Boudouaou, descendu du Bou-Zegza, les terres s'élèvent : collines encore à la bouche de l'Isser Oriental, elles se font montagnes à l'embouchure du Sébaou, près de la ville de Dellis.

L'**Isser Oriental** (200 kilomètres), extrêmement tordu, coule d'abord dans le haut pays des **Béni-Sliman**, entre Aumale et Médéa. Grossi d'oueds sans nombre qui, malheureusement, sont des ueds, comme le dit un jeu de mots célèbre [1], il a depuis longtemps atteint toute sa grandeur quand il arrive devant **Palestro**, bourg que porte un coteau, dans une boucle de l'Isser. Ici, ce nom de victoire rappelle un désastre, en 1871, qui fut l' « Année Terrible » de l'Algérie autant que celle de la France. Des bandes furieuses, Arabes et Kabyles, se ruèrent alors contre cette colonie que dominent, sur une rive des versants rougeâtres, et sur l'autre rive le Tégrimount (1028 mètres), pic pointu des Béni-Khalfoun ; elles égorgèrent la moitié des pionniers qui avaient fondé le village près du vieux pont turc de Ben-Hini. Mais déjà Palestro s'est relevé de ses ruines.

Au-dessous de Palestro, l'Isser Oriental s'enfonce dans une gorge où il n'y a place que pour lui : la route d'Alger à Constantine, qui suit la rivière, a été conquise à la mine dans la dureté du roc, immense paroi crayeuse d'où glissent des cascades. Çà et là, sur les corniches, dans les fissures et les brisures, des herbes s'accrochent, et aussi des broussailles et des arbustes où les singes dégringolent quand ils viennent boire au courant de l'Isser. De ce défilé superbe la rivière passe dans une vallée féconde, pleine de colonies nouvelles.

---

[1] Un ued est un oued sans o (sans eau).

Le **Sébaou** (110 kilomètres), abondant même en été, rassemble dans son lit capricieux les torrents septentrionaux du Jurjura, notamment l'oued des Aït-Aïssi et le Boukdoura, qui sont de vrais gaves. Il laisse à gauche, à une grande distance, à une grande hauteur, le **Fort National** (916 mètres), citadelle qui maintient les Berbères de ces monts, « épine dans l'œil de la Grande-Kabylie, » disent les Kabyles eux-mêmes ; puis il passe près de la ville de **Tizi-Ouzou** et va s'abîmer dans la Méditerranée à l'ouest de Dellis.

De **Dellis** à Bougie, la côte est déchirée, mais ses rentrants ne forment ni baies ni ports. On n'y rencontre que des criques serrées de près par des tamgouts de 800 à près de 1300 mètres. En vue de la plus fière de ces aiguilles, haute de 1278 mètres, près du cap Corbelin, au delà des ruines romaines de Zeffoun, on passe de la province d'Alger dans celle de Constantine.

Après le cap Sigli et le rocher qui se nomme île Pisan, un mont abrupt de 705 mètres, qui se rattache au Jurjura, le **Gouraya**, jette à la mer les trois promontoires du cap Carbon. En tournant ces pointes, on entre dans la baie de Bougie, ouverte de 42 kilomètres, du Carbon au Cavallo, et tracée en parfait arc de cercle. La cité dont elle tient son nom, **Bougie**, possède un excellent mouillage et une anse abritée dont il serait aisé de faire un très bon port, au bout d'une des meilleures vallées du Tell. Aussi n'est-ce point une fille du caprice ou du hasard, cette ville au site grandiose appuyée sur des monts magnifiques, cette *Saldæ* romaine, qui devint la capitale d'un empire berbère ; Bougie eut 100 000 âmes et pourra les ravoir ; mieux qu'Alger, elle semblait avoir dans son destin de régner un jour sur l'Atlantide. Le fleuve qui, près de là, se perd dans la mer se nomme Sahel ou Soummam.

Le **Sahel** ou Soummam, long de 200 kilomètres, ou peut-être un peu plus, doit au Dira ses premières fontaines. Il coule devant **Aumale** (850 mètres), ville froide en hiver, l'*Auzia* des Romains, qui porte en arabe le beau nom de Sour-Ghozlan, le Rempart, d'autres disent les Figures des Gazelles. Au-dessous de Bouira, bourgade française bâtie où fut autrefois **Hamza**, ville arabe, il passe au pied des escarpements du Jurjura qui le dominent de 1500 à 1800 et près de 2000 mètres. Devant le bordj des Béni-Mansour, il reçoit un torrent salé qui, plus haut, s'est dégagé du demi-jour des **Portes de Fer**, l'un de ces couloirs étroits, surplombés, profonds, que quelques hommes défendraient contre toute une armée : les Romains y passèrent, les Français l'ont violé, le Turc ne s'y hasardait qu'après avoir payé tribut. Ces Biban[1] où, devant un ennemi plus fort, les Romains auraient pu trouver de nouvelles Fourches Caudines, et les Français un nouveau Bailen, ce défilé périlleux est pourtant la route immémoriale entre l'ouest et l'est de l'Algérie : c'est là que siffleront bientôt les trains du Grand Central algérien dans leur voyage entre la haute plaine de la Medjana et la haute vallée du Sahel.

Dans le beau bassin d'**Akbou**, le Sahel rencontre une rivière qui l'égale en volume, qui même coule encore dans les étés caniculaires où lui ne coule plus, enfin qui le dépasse en longueur d'au moins 50 kilomètres; c'est le **Bou-Sellam** (175 kilomètres), venu des plateaux de Sétif par des gorges dont on célèbre les rocs de schiste, les précipices, les Via mala, les bassins de verdure, les hardis villages. Les défilés de cet oued aventureux, habités par des Berbères, n'ont pas encore de colonies d'Europe. La tradition raconte qu'il coulait jadis au sud-ouest vers le Hodna ; et certes, ce chemin lui était plus facile que son tortueux voyage à travers monts vers 'ouest. **Sétif**, dont il baigne la colline, la *Sitifi* des Romains, l'ancienne capitale de la Mauritanie sitifienne, est

---

[1] Ce mot arabe, pluriel de *Bab*, veut dire les Portes.

une ville toute française, à 1085 mètres au-dessus des mers; son hiver a des neiges, sa plaine est une Beauce de l'Atlas, Beauce ondulée, entre des rideaux de montagnes. En aval du Bou-Sellam, le Sahel a 150 à 400 mètres de largeur, lit qu'il remplit rarement; il se promène de plaine en gorge, de gorge en plaine, ayant à l'horizon de gauche les pitons berbères du Jurjura, à l'horizon de droite les pics des Babor, également berbères. Par ses Portes de Fer, par ses deux torrents divergents, le Sahel arrivé de l'ouest, le Bou-Sellam arrivé de l'est, le bassin du fleuve de Bougie est le trait d'union entre l'antique Mauritanie ou Algérie occidentale et l'antique Numidie ou Algérie d'Orient : c'est comme un prolongement du Chéliff à l'est de l'Atlas métidjien.

4º **De Bougie à la frontière de Tunis : Oued-el-Kébir, Seybouse et Medjerda.** — Outre le Sahel, qui tombe en mer à 3 kilomètres de Bougie, la baie que nomme cette ville reçoit encore l'**Agrioun**, près des ruines romaines de Ziama : cette rivière, ce torrent plutôt, sort de la même montagne que le Bou-Sellam, du **Magris** ou Mégris (1722 mètres); de cascade en cascade, son eau sinueuse éventre les Babor par des gorges sublimes : le **Châbet-el-Akhra**, ou ravin de l'autre monde, hanté par le singe comme le couloir de la Chiffa et la coupure de Palestro, ne connaît que le soleil du midi, tant sont droites, hautes et rapprochées à s'étreindre les roches du Takoucht et de l'Adrar-Amellal.

Du cap Cavallo et des îles Cavallo, simples îlots et roches basses, il n'y a pas loin jusqu'à **Djidjelli**, mauvais port fouetté par le nord-ouest, ville plantée dans un sol vacillant : un tremblement de terre l'a renversée en 1856. Oran chavirée à la fin du dernier siècle, Mascara

Châbet-el-Akhra.

disloquée en 1819, Blida détruite en 1825, Djidjelli jetée par terre en 1856, Mouzaïaville et les villages voisins culbutés en 1867, c'est en moins de cent ans assez de catastrophes, pour que, dans l'établissement de leurs villes, les Français d'Afrique songent soucieusement à la fatale mobilité du sol; et pourtant, plusieurs de nos cités algériennes sont des défis à l'équilibre, des échafaudages, des châteaux de cartes : les siècles n'useront point leurs dents à les ébrécher, il suffira peut-être d'une seconde pour les réduire en poussière. A Alger, à Oran, nous imitons grossièrement Paris et ses maisons-casernes; nous n'élevons rien d'élégant, rien de souple, rien de fort dans le pays où nous détruisons les pleins-cintres romains et les arceaux mauresques; pourtant il serait beau de marquer son passage par ces monuments qu'on dit éternels bien que leurs heures soient comptées : « Toutes blessent, la dernière tue ! »

La côte à l'est de Djidjelli reçoit trois torrents, le Djindjen, le Nil et l'Oued-el-Kébir : le **Djindjen**, fils des Babor, est un oued fantasque au fond d'une immense ravine; comme les autres rivières de cette montagne, il a toujours de l'eau pour ses cataractes; le **Nil** coule également dans des gorges profondes, aussi court que le Père de l'Egypte est long ; il est torrent ou ruisseau suivant la saison.

L'**Oued-el-Kébir** (225 kilomètres) ne s'appelle ainsi que dans le bas de son cours. Son nom, dont celui du Guadalquivir andalou n'est qu'une corruption, signifie la Grande Rivière, mais les Arabes sont les rois de l'emphase et il y a dans le Tell maint Oued-el-Kébir sans eau. Avant d'arriver à Constantine, il change six ou sept fois de nom, suivant l'usage arabe. Issu d'un massif de moins de 1500 mètres peu éloigné de Sétif, il se promène d'abord dans les larges terres à blé des **Abd-el-Nour**, qui se continuent vers l'ouest jusqu'aux portes de Sétif par la **plaine des Eulma**, non moins fertile en grains. Les Abd-el-Nour ou Serviteurs de la Lumière, tribu de

15 000 hommes, remplacent peu à peu les groupes de tentes par des hameaux de mechtas ou chaumières.

Au moment de descendre, sous le nom de **Roumel** (la rivière des Sables), dans la colossale fissure qui est la gloire de Constantine, il reçoit l'oued que les Romains tenaient pour la tête de ses eaux, l'antique *Ampsagas*, le **Bou-Merzoug**, sorti d'un aïn de 300 à 450 litres par seconde à l'étiage extrême, qui en donnerait 1000 si l'on en baissait le seuil : cette fontaine jaillit à la base du Guérioun, près du chemin de Constantine à Batna, non loin de rangées de menhirs rappelant les champs armoricains. Le temps n'est plus où l'on prenait les mégalithes, pierres fichées, pierres couchées, pierres portées, pierres en rond, pour l'œuvre des Celtes, le temple, l'autel ou le symbole du druidisme; s'il fallait croire encore à cette erreur de nos pères, la province de Constantine, où l'on voit des avenues comme à Carnac, de vraies landes de Brambien, de vastes plateaux de Thorus, aurait fatalement eu pour habitants des Celtes. Dans le Bou-Merzoug se jettent les eaux de marais prolongeant une vallée, en partie sèche aujourd'hui, qui part de l'Aurès batnéen.

A 554-644 mètres au-dessus des mers, **Constantine**, l'antique *Cirta*, couvre un plateau amphithéâtral, roc à pic de 60 à 200 mètres de hauteur que contourne de trois côtés le Roumel : dans la gorge obscure, le torrent, auquel des grottes versent de fortes sources thermales, se perd quatre fois, sous des voûtes de travertin, et plonge au fond des abîmes en trois cascades de 20, 25 et 15 mètres de haut. « Bénissez, disaient des Tunisiens, bénissez vos aïeux qui ont construit votre ville sur un pareil rocher; les corbeaux fientent sur les gens ; vous, vous fientez sur les corbeaux. » Constantine, la roche imprenable, a bravé, dit-on, quatre-vingts siéges. Elle règne sur le pays le plus élevé de nos trois provinces, pays qui sous le nom de **Numidie**, fut l'un des meilleurs de l'Orbe romain. Si l'Algérie reste Algérie, la province de Constantine deviendra la tête de la colonie ; elle vaudra ce que le Maroc a de supérieur si nous nous étendons sur toute la montagne de l'Afrique du Nord.

En aval du formidable roc de Constantine, le Roumel boit le **Hamma** ou Hammam, rivière dont le seul nom dit qu'elle sort de sources thermales : les fontaines à 33 degrés qui la forment donnent près de 700 litres par seconde, et l'oued, baignant des palmiers, coule entre des jardins magnifiques, sous un climat bien plus doux que celui de Cirta, battue par les vents et visitée par la neige. Du confluent de ces eaux chaudes auxquelles le vallon du Hamma doit en partie la mollesse de sa température, le fleuve se dirige vers un *kheneg* ou défilé qu'on dit aussi grandiose que celui de Constantine : là était *Tiddis*, bourgade romaine.

Laissant à gauche le beau massif de **Mila**, couvert de colonies nouvelles, la rivière de Constantine rencontre, à gauche, le torrent du **Ferdjioua**, pays de Berbères, l'**Oued-Endja** (120 kilomètres), venu des monts de Djémila, qui fut le *Cuiculum* des Romains, lieu de belles ruines. Puis, de coupure en coupure, une dernière gorge la transmet à la mer, sous le nom d'Oued-el-Kébir, près des vestiges de *Tucca*.

Au nord-est de l'Oued-el-Kébir, le Mers-el-Zeitoun ou Port-des-Olives, jadis commerçant, est abrité des vents d'est par les contreforts du **Goufi** (1090 mètres), massif berbère qui s'épanouit sur la mer en hardis promontoires ; de ces pointes, sept ont plus d'aspect que les autres : d'où le nom de **Sept-Caps**[1] qu'on donne à cet avancement suprême du littoral algérien vers le nord ; l'éperon septentrional du Goufi est en effet la roche d'Algérie la plus proche du Pôle, si l'on peut nommer le Pôle quand on parle du pays du soleil ; il a pour latitude

---

[1] En arabe, Seba-Rous.

Constantine.

37° 6′ 20″. Des barques animent leurs anses pendant la saison du corail.

Comme à l'ouest le port des Olives, le Goufi domine à l'est le port de **Collo**. Avant la fondation de Philippeville par les Français, c'est-à-dire pendant une longue suite de siècles, Collo, bassin petit, mais sûr, au fond d'une anse profonde, servit d'entrepôt à la grande ville de l'Est, lorsqu'elle s'appelait encore Cirta et après qu'elle eut pris le nom de Constantine. *Collops Magnus* ou *Chullu* des Romains, Collo resta jusqu'à ces dernières années une bourgade entièrement indigène comme Mila, Mazouna, Nedroma, Frenda, toutes villes que l'élément nouveau commence d'envahir. Tout près de là tombe en mer le **Guebli**, torrent pittoresque.

L'anse de Collo fait partie d'une vaste baie comprise entre les Sept-Caps à l'ouest et le cap de Fer à l'est, baie très évasée dont la nappe orientale s'appelle golfe de Stora ou golfe de Philippeville. Stora est l'ancien port de ce *Golfe Numide* des anciens, et Philippeville le nouveau. Ni l'un ni l'autre ne valent Collo; mais plus près de Constantine, et par un chemin plus facile, ils attirent le commerce de la cité du Roumel. **Stora**, port naturel, ne défend les vaisseaux que contre l'occident, grâce à l'abri d'une montagne ardue; cependant, tout méchant qu'il est, les navires y fuyaient quant ils étaient surpris par le mauvais temps. **Philippeville**, port artificiel, d'entrée périlleuse, doit son existence aux Français. Les Romains l'avaient habitée, c'était leur *Rusicade*, dont il reste des ruines; et avant d'être une colonie de Rome, elle avait servi de comptoir aux Phéniciens, comme le prouve son nom commençant par *Rus*, syllabe qu'on retrouve ailleurs sur ce littoral, par exemple à Dellis, qui s'appela *Rusuccurru*. Le phénicien *Rus* signifiait *tête*, *cap*, exactement comme l'arabe *Ras* : arabe, hébreu, syriaque, araméen, phénicien, tout cela, c'est au fond la même langue. Quand la France traça les rues de la ville moderne, sur un terrain qui lui

Issue des gorges de Constantine.

avait coûté 150 francs, la cité romaine était morte depuis des siècles, et nul bourg arabe ou berbère ne l'avait remplacée. Dans sa banlieue se termine le petit fleuve **Saf-Saf** (90 kilomètres), dont la vallée est la route la plus facile entre Constantine et la Méditerranée. Le barrage de Kalaat-el-Hadj, au-dessus d'El-Arrouch, lui réservera 22 millions de mètres cubes d'eau.

Entre Philippeville et Bône, on rencontre le Filfila, le Sanedja et le cap de Fer : le Filfila est un mont percé de carrières d'un beau marbre blanc veiné, le Sanedja est un oued, le cap de Fer un promontoire qui s'avance presque autant que les Sept-Caps vers le septentrion.

Le **Sanedja** s'appelle également Oued-el-Kébir. Sanedja, c'est la corruption d'un nom glorieux, *Zanaga*, qui désigne l'une des plus grandes nations de la race berbère, un peuple, une tribu si l'on veut, qui a conquis, dominé, fondé des royaumes que dans notre ignorance nous prenions pour des empires arabes, car nous étions habitués à reporter sur les Agaréens toute la gloire qui revient aux **Zanaga**, aux **Kétama**, anx **Zénata**, vieilles familles numides. Long de près de 100 kilomètres, il a deux branches mères : l'une arrose la vallée de **Jemmapes**, ville entourée de forêts où le lion rôde encore, l'autre absorbe l'oued qui passe dans les ravins de **Roknia**, dominés par le Débar (1030 mètres) : là sont des grottes par centaines, naturelles ou de main d'homme, et des milliers de tombeaux informes ; ceux qui habitèrent ces cavernes, ceux qui tombèrent en poussière dans le silence de ces sépultures, appartenaient sans doute à la race appelée libyenne par les Grecs et les Romains.

Le cap de Fer est un éperon de l'**Edough** (1004 mètres), beau Sahel boisé qui, plongeant au nord sur la plaine de la mer, tombe au midi sur les bas-fonds qui vont du golfe de Philippeville au golfe de Bône, sur les plaines où fermente le **lac Fetzara** (12 700 hectares) ; situé, comme l'Halloula, au versant méridional d'une chaîne riveraine, ce lac sera desséché comme lui, ses eaux salées sans profondeur, chauffées par le soleil du 37° degré, empoisonnant la contrée d'alentour. Aussi bien que le cap de Fer, les promontoires de Bône sont enracinés dans l'Edough.

Le golfe de Bône, ouvert de près de 40 kilomètres, entre le cap de Garde et le cap Rosa, reçoit la Seybouse et la Mafrag : à l'ouest sa vague tourmente les éperons de l'Edough, au sud elle expire sur le rivage bas de la plaine de Bône, à l'est elle se brise aux dunes de la Mafrag. Par l'opulence de sa plaine, où dort la Seybouse, **Bône** est déjà l'une des premières cités de notre Afrique, et cependant la malaria n'a pas encore disparu de ses campagnes; sa vallée, future *huerta* de l'Est, est toujours empestée par des rivières traînantes, et le lac Fetzara, qui couvre, dit-on, les ruines du bourg romain d'*Ad Plumbaria*, reste jusqu'à ce jour un laboratoire de fièvres : en attendant qu'on le dessèche à fond et qu'on le cultive, il n'a d'autres habitants que les cygnes, les grèbes, les flamants hauts sur jambes. Dotée maintenant d'un port qui n'est pas autant que plusieurs en Afrique un insolent défi à la nature, Bône, comme Philippeville, et plus que Philippeville encore, a l'avantage de régner sur un Tell plus vaste que celui d'Alger ou d'Oran : à mesure qu'on s'éloigne du Maroc, à mesure qu'on se rapproche de la Tunisie, la largeur de la terre choisie s'accroît. De Bône on arrive au Sahara sans que les hauts plateaux sur lesquels on chemine longtemps cessent de faire partie du Tell; et avant d'apercevoir, du haut d'une dernière montagne, les immenses bas-fonds du lac salé de Melrir, cuvette saharienne, la route est presque deux fois plus longue que de Nemours, d'Oran, de Ténès ou d'Alger à la ligne où le Tell fait place à la sèche nudité des Steppes.

La **Seybouse** (220 kilomètres) naît dans la même chaîne que la Medjerda qui court vers Tunis, dans des monts riants, sylvestres, salubres, non loin d'une bourgade sise à 958 mètres, la musulmane **Tifech** qui, sous les Romains, s'appela *Tipasa* ; parmi ses fontaines, Aïn-Khellakhel, dans la plaine de Tifech, verse 440 litres par seconde. Elle ne prend le nom de Seybouse qu'au confluent du Bou-Hamdan ou Zénati (90 kilomètres), qui vient de baigner la vallée d'**Hammam-Meskhoutin** : les Bains-Enchantés [1], dans un site merveilleux, sont des eaux presque bouillantes (95 degrés), des sources efficaces, future ville d'hiver qu'on vantera comme celles de Provence et de Ligurie.

Désormais large de 60 mètres en moyenne, la Seybouse passe à 2 kilomètres de **Guelma**, à Duvivier, où le chemin de Tunis s'embranche sur celui de Bône à Constantine. Elle s'achève à 2 kilomètres de Bône, près des ruines d'*Hippone*, la ville de saint Augustin.

La **Mafrag**, toute en tortuosités, n'a pas 100 kilomètres ; elle serpente dans un val encore sans Européens, parmi des forêts de chênes-lièges. Commençant au nord de Souk-Harras, dans des monts de 1000 à 1400 mètres, elle a sa fin dans le golfe de Bône, aux dunes de la Mafrag.

Du cap Rosa jusqu'à la frontière de Tunis, la distance est courte : ici encore, nous nous sommes laissé ravir par nos voisins des terres qui relevaient immémorialement de l'Algérie; mais cet accroc à notre limite orientale n'est pas aussi grave que l'empiètement du Maroc sur notre lisière de l'Ouest, par suite du coupable abandon de la ligne de la Malouïa : avec ce qu'elle nous a pris, la Tunisie est encore une toute petite contrée cinq à six fois moindre que l'Algérie, et déjà vassale.

Cette fin du littoral français montre encore une vieille tour signalant au peuple nouveau qui grandit dans l'Afrique du Nord le premier établissement fondé par ses an-

---

[1] C'est ce que veulent dire ces deux mots arabes.

cêtres en terre de Berbérie : établissement qui fut d'ailleurs tout commercial et qui n'aurait jamais pu plier à nos lois une nation si rude sur une terre si dure. Pour soumettre l'Afrique Mineure, il a fallu la force ; pour la garder, il faut le nombre, ce qui est la force aussi ; et à côté du nombre, la puissance de persuasion, pour ne pas dire d'écrasement, que porte avec elle une société supérieure en science, en art, en luxe, en fortune. Cette ancienne tour, c'est le **Bastion-de-France** ou Vieille-Calle, que les Français bâtirent, en 1561, sur la rive de la mer, près d'un lac salé de 800 hectares dont les effluves amenèrent l'abandon du poste 133 ans après sa fondation.

La Calle, où les trafiquants du Bastion allèrent s'établir, n'admet point de grands vaisseaux : tout ce que peut faire ce faux petit port, c'est d'accueillir les bateaux qui mettent en coupe réglée les forêts de corail recouvertes par les eaux profondes. Ainsi que la Vieille-Calle, la nouvelle a dans son voisinage des eaux croupissantes. Le lac Oubeira, (2200 hectares) sommeille entre des collines à chênes-lièges ; le **lac des Poissons** (1800 hectares), également bordé de chênes-lièges, communique par un chenal avec une anse de la Méditerranée : cette anse, le ruisseau d'union, le lac, il y a là les éléments d'un port militaire.

La Calle est encore notre dernier port dans l'est, le chenal du lac des Poissons notre dernier ruisseau, le cap Roux notre dernier promontoire,

Si la Tunisie nous appartenait officiellement, nous aurions le cours moyen et la bouche d'un des plus grands oueds du Tell, comme nous en avons déjà les sources.
Ce fleuve est la **Medjerda**, l'ancien *Bagradas*, au bord duquel une armée romaine combattit un serpent immense. On a nié ce python digne des fanges tièdes, des lianes emmêlées, des forêts colossales d'un climat plus puissant que celui de Tunis ; mais le Tell a bien eu des éléphants ; le Sahara, jadis plus humide, avait des crocodiles, et même il en possède encore : un voyageur

allemand[1] en a vu dans les restes d'un lac du pays des Touaregs. Hier, huy, demain, sont les trois formes de la Terre.

La Medjerda n'a guère chez nous que 100 kilomètres, sur un cours de 365 kilomètres, qui serait de 485 en partant de l'aïn le plus reculé de l'affluent mi-français, mi-tunisien, qui s'appelle Oued-Mellègue. Elle sort de montagnes de 1200 mètres, et, à peine formée, coule devant **Khamissa**, jadis *Thuburs Numidarum*, lieu de ruines romaines, à 940 mètres ; plus bas elle passe à 4 kilomètres de **Souk-Harras**, ville à 680 mètres qui sous les maîtres du monde s'appela *Tagaste* et vit naître saint Augustin.

En Tunisie, la Medjerda coule en replis dans une des vallées les plus amples du Tell, des plus fécondes à coup sûr : là, sur ses deux rives et sur celle des oueds latéraux, dans ce qui fut le jardin de **Carthage**, on ne compte pas les ruines qu'a laissées l'égorgeuse des Carthaginois, Rome. Ce ne sont qu'aqueducs, citernes, temples, cirques, arcs de triomphe, thermes, voies de tombeaux, toute une civilisation brillante envahie de plus en plus par les figuiers de Barbarie, les buissons, les broussailles. De beaucoup de ces villes on ne sait même plus le nom, et de plusieurs dont on sait le nom il ne reste rien, ou seulement des décombres entre les oliviers, dans les maquis, dans les champs d'orge et de blé. Suivie par le chemin de fer d'Alger à Tunis, la Medjerda, qui n'est pas une onde pure, va tomber en mer auprès d'un site glorieux, **Utique**, fille de la Phénicie, construite avant Carthage elle-même sur un golfe qu'ont effacé les limons du fleuve.

En Tunisie, elle engloutit une rivière plus longue qu'elle de 120 kilomètres, mais plus faible, pour avoir serpenté sur des plateaux plus secs : cette rivière, le **Mellègue**, a près de 170 kilomètres sur notre terri-

---

[1] De Bary.

toire, et 110 en Tunisie; deux branches la forment : la Meskiana venue d'une dépression qui sépare l'Aurès du plateau des Némencha, et l'oued sorti d'Aïn-Chabro, marais qui reçoit les eaux des monts de Tébessa.

Tébessa, sise à moins de 20 kilomètres de la Tunisie, à 1088 mètres, au pied de l'Osmor, bastion du plateau des Némencha, conserve plus d'un monument de l'ère impériale, quand elle se nommait *Theveste*. « Toutes les maisons y sont bâties en pierres romaines, et la monnaie romaine y avait cours lors de l'entrée des Français, en 1842. »

CHAPITRE V

LES STEPPES OU LANDE

Le Hodna ; les Steppes ; la Mer d'alfa ; les Zahréz ; l'Amour ; les Chotts. — Derrière le Tell, devant le Sahara, les **Steppes**, qu'on pourrait appeler aussi **Landes**, couvrent 10 millions d'hectares, l'aire de 16 à 17 départements. Dans la province de Constantine, cette nature de terrains se confond à peu près avec le Tell, et malgré sa nudité, ses lacs de sel, son sirocco, son peu de pluie, elle est terre à grains comme le bord de la Méditerranée.

Plus à l'ouest, sous le méridien de Bougie, le vaste bassin qui verse ses eaux dans le Hodna, cuvette sans écoulement, n'est pas non plus steppe, mais terre mixte : Tell quand on l'arrose, Sahara quand on ne l'arrose pas. Il est capable des plus opulentes moissons. Le lac ou plutôt l'étang du **Hodna** s'appelle aussi Chott-es-Saïda. Son altitude est de 400 mètres, sa longueur de 70 kilomètres, sa largeur de 10 à 25, son étendue de 27654 hectares, sa profondeur très faible en été; ses eaux font place à de vastes tapis de sel. Les plaines qui l'entourent n'attendent que des canaux fournis par les oueds de la montagne hodnéenne pour mériter leur vieux surnom de « Métidja du sud », et justement ces oueds roulent des eaux abondantes, au moins ceux qui viennent du nord, d'une haute chaîne çà et là sylvestre dont les maîtres pics ont en hiver des tiares de neige : tous ces torrents, coulant dans des vallées étranglées, sont comme faits pour des étagements de réservoirs.

Le plus fort des oueds hodnéens, le **Ksab** (135 kilomètres), descend de la Medjana, reçoit les eaux de Bordj-bou-Aréridj et passe à **Msila** ; sur un de ses tributaires du sud est **Bou-Saada** : Msila, comme Bou-Saada, n'a que fort peu d'Européens encore : arabes, kabyles et juives, ces deux villes deviendront françaises à mesure que s'étendra le réseau des séguias [1]. On prétend que les Romains, et après les Romains les Berbères, avaient soumis à l'irrigation plus de 100 000 hectares dans le Hodna; de nombreux restes en témoignent, barrages, maçonneries, châteaux d'eau diviseurs, traces de canaux et de rigoles.

A l'ouest du Hodna, dans les provinces d'Alger et d'Oran, le Steppe s'écarte plus de la nature du Tell, notamment sur la table des plateaux oranais : monts au nord et monts au sud ; grands lacs salés qui sont des chaudières d'évaporation avec plus de sel que d'eau ; lits d'oueds desséchés entre des berges d'argile, de sable, de schiste ou de calcaire; rédirs ou flaques dans les cuvettes à fond étanche; puits saumâtres; pâturages verts ou roux suivant la saison; champs à perte de vue couverts d'alfa, de chiehh et de diss, plantes textiles; bouquets de jujubiers sauvages et de bétoums ou térébinthes; climat extrême ayant des froids de — 5, — 10, — 12 de-

---

[1] Canaux d'arrosage.

grès et des chaleurs de 40, 45, 48 ; vents infatigables secouant plus de poussière qu'ils n'amènent de pluie, comme chez nous le turbulent mistral.

Est-ce à dire que ce pays rude puisse échapper au destin du Tell qui est d'élever une grande nation? Non : ce climat dur est sain par la sécheresse de l'air et l'altitude des sites ; ses pâturages aromatiques peuvent entretenir à millions les moutons et les bœufs ; le térébinthe y croît à merveille, et comme lui plus d'un arbre capable avec le temps de former des forêts ; la vigne peut s'emparer de ses mamelons ; de ses calcaires, de ses craies il sort de magnifiques fontaines : ainsi, par exemple, à **Chellala**, bourg sis à quelques lieues de la rive gauche du Chéliff des Steppes, une grotte épanche allègrement toute une limpide rivière ; le Tell n'a point de plus bel aïn, il n'a peut-être pas d'aussi beaux jardins. L'impuissance du Steppe, son destin fatal de ne supporter que des pasteurs errants de mare en mare et de citerne en citerne, tout cela c'était de la fable. Que de plateaux chez nous n'ont tant de sol créateur, sous un soleil moins capable de prodiges !

Pour ne point dépasser la réalité du moment, la Lande algérienne a déjà sa richesse, l'alfa [1], dont on fait surtout du papier ; cette plante y couvre non pas des milliers, mais des millions d'hectares ; des chemins de fer vont unir le littoral de la Méditerranée au rivage de ce que parfois on nomme la **Mer d'alfa** : Rachgoun à Sebdou, Arzeu à Saïda, Tiaret à Mostaganem, Alger à Aïn-Ouséra ; l'un d'eux est livré, celui d'Arzeu à Tafraoua par Saïda. Le Maroc, Tunis, Tripoli, d'autres pays encore arrachent des alfas, mais il ne semble pas qu'ils en possèdent autant que notre Tell, surtout le Tell oranais où des milliers d'alfatiers recueillent ce trésor inattendu : principalement des Espagnols habitués par l'Espagne elle-même à la récolte de cette sorte de plante, commune dans l'o-

---

[1] Ou plutôt *hhalfa*, avec une forte aspiration.

rient de la Péninsule, sous un climat sérénissime semblable à celui de l'Oranie. La sparterie[1] occupe un grand nombre d'hommes en Andalousie, en terre murcienne, en pays valencien.

En prenant les Steppes à l'est, à partir du faîte occidental du bassin du Hodna, l'on rencontre d'abord le **Zahrez Oriental**, lac salé de 50 000 hectares, à 840 mètres d'altitude, entre des monts de craie dont il ne lui vient aucun torrent vivant; aussi n'est-il presque jamais rempli; sa provision de sel est de 330 millions de tonnes.

A moins de 40 kilomètres à l'ouest-sud-ouest de cette sebkha, le **Zahrez Occidental**, à 857 mètres au-dessus des mers, a 32 000 hectares et 200 millions de tonnes de sel. En temps de crue, et seulement alors, une rivière réussit à pénétrer dans cette cuvette à travers un bourrelet de dunes; on l'appelle **Oued-Mélah**; ce nom, malheureusement trop commun dans l'Atlas, veut dire la Rivière Salée. L'Oued-Mélah naît dans les bois du **Senalba** (1570 mètres), massif de craie; il passe devant un bourg sis à 1147 mètres, sous un climat de froids vifs et de fortes chaleurs, à **Djelfa**, dans un pays que ses eaux et ses forêts font supérieur à bien des vallées telliennes : on a surnommé Djelfa le Versailles de Laghouat. A deux kilomètres en aval, l'Oued-Mélah reçoit des sources donnant 300 litres par seconde, puis il tombe en cascades et va lécher le fameux Rocher de Sel, qui quadruple sa salure.

Il n'y a pas loin de la pointe occidentale du Zahrez de l'Ouest à la branche la plus longue du Chéliff supérieur. On sait que ce fleuve n'appartient au Tell que du pied de la paroi de Boghar à la falaise de la Méditerranée; au-dessus de Boghar il relève du Steppe, mais, semblable au pays de Djelfa, le grand massif dont il sort, le **Djébel-Amour**, est un Tell, et des meilleurs. Ce massif crayeux

---

[1] Extraction du sparte ou alfa; fabrication d'espadrilles, de cordes et de cordages, de tapis et paillassons.

La Mer d'alfa.

de 700 000 hectares émet des fontaines qu'on dit admirables, et qui se partagent entre le Steppe et le Désert, ou plutôt qui meurent avant d'atteindre l'un ou l'autre. Ses maîtres pics, peu ou point mesurés encore, dépassent 1400 mètres dans l'Amour proprement dit et approchent de 1600 mètres dans le Sénalba, son prolongement au nord-est. Dans le **Ksel**, qui le continue au sud-ouest, le Touilet-Makna s'élève à 1937 mètres; le Bou-Derga, dominant Géryville, a 1959 mètres; et peut-être qu'il y a des pics de plus de 2000 mètres dans ce massif d'où les vues sur le Sahara sont indiciblement grandioses. Parmi les bourgs blottis dans ses gorges à la faveur d'une source ou d'un oued, on nomme **Aflou**, près d'un des ras-el-ma du Chéliff des Steppes, à 1350 mètres d'altitude; et **Géryville**, petite place d'armes, à 1307 mètres.

Quand, marchant toujours vers l'ouest, on a quitté le bassin du Chéliff des Landes, on arrive sur un nouveau lac salé de 165 000 hectares, le **Chott Oriental**, long de 150 kilomètres sur 10, 15 à 20 de large, à 1000 mètres d'altitude. C'est encore un bien triste « lac » que ce champ du mirage, les oueds de montagne et de plateau que la pente lui destine ayant rarement la force de l'atteindre; des falaises basses, des dunes sans gazon, sans arbres, sans culture, contemplent ses flaques, ses bourbiers, ses argiles sèches, ses lits de sel, ses cristaux de gypse; des fonts thermales, un peu saumâtres, jaillissent de ses rives; on le traverse par des espèces d'isthmes, dos de sable entre des fondrières dangereuses en temps de grandes pluies.

Quarante et quelques kilomètres en ligne droite, du nord-est au sud-ouest, le séparent du **Chott Occidental**. Celui-ci, non moins élevé que l'Oriental, n'est ni plus beau, ni plus cultivé sur ses rivages, ni plus boisé, ni plus riant, ni mieux rempli, mais son sol est plus ferme, son rebord plus haut. La ligne de notre frontière avec le Maroc le divise en deux bassins : le **Chott des Haméïan** (55 000 hectares), qui a 40 kilomètres sur 8 à 20, est à nous; le **Chott des Maïa**, ou plutôt des Méhaïa, relève de l'empire du Gharb ou de l'Ouest (Maroc).

Entre le Chott Occidental et les oueds supérieurs du Sig et de la Tafna, sur des plateaux qui sont Tell autant que Steppe, 300 000 hectares appartiennent à la Dayat-el-Ferd et au versant de cette **Malouïa**, qu'il y a lieu de réclamer sans retard comme frontière historique de l'Algérie. La **Dayat-el-Ferd** ou Mare du Bœuf est un étang pauvre comme les Zahrez et les Chotts, et beaucoup plus petit; il n'y a qu'une source pérenne dans tout son bassin, qu'entourent des montagnes où domine le Tenouchfi.

CHAPITRE VI

LE SAHARA

1° **Foum-es-Sahara, Biskara, les Ziban. Le Melrir, la Mer Saharienne.** — Par delà les monts qui bordent au midi le haut plateau des Steppes, s'étend le Sahara, large de 2000 kilomètres entre l'Atlas et le pays des Noirs. Arrêtée par les djébels du nord, la pluie n'y vient pas non plus de l'ouest, quelque immensité que l'Atlantique agite sur le rivage entre les derniers caps marocains et les dunes du fleuve Sénégal: de ce côté, les vents de la mer sont stériles. Les haleines de l'est, soufflées par l'aride plateau de l'Asie, l'Arabie et le Sahara lui-même, ne sont pas moins sèches, enfin le vent du sud, le terrible guébli[1], père des tourbillons

---

[1] *Guébli*, mot arabe, veut dire le Sud.

de sable, est un vent continental également infécond. Aussi pleut-il peu sur le Sahara. Biskara, bien plus humide que la plupart des lieux du Désert, ne reçoit que 280 millimètres par an, et il y a des années n'atteignant pas cette moyenne. Voilà pourquoi le Sahara français, bien que compris entre le 35ᵉ et le 30ᵉ degré, à 10 degrés au plus de la zone fraîche, est une des fournaises, ou, comme disent les Espagnols, une des poêles de l'univers : si la moyenne y dépasse peu 21, 22, 23 degrés, c'est qu'il y a des nuits froides, et même au-dessous de zéro ; les journées, elles, sont terribles : on a vu 56 degrés à l'ombre, à Touggourt ; et cela dans une oasis où le mercure peut descendre à — 8 degrés. L'excès de la chaleur, l'intensité de la réverbération, le vol du sable amènent avec eux leur cortège habituel de maux, avant tout les maladies d'yeux ; mais en somme le climat, vu sa sécheresse, est très salubre, excepté dans les oasis où le flot d'eau qui pourrait baigner des palmiers dort en marais par la paresse des jardiniers du Désert.

Pareil au Steppe, le Sahara vaut mieux que son premier aspect. Avec deux gouttes d'onde on y fait fleurir des paradis sur le sable ou la pierre (paradis surtout par l'enfer qui les environne) ; or, les sources de 50, de 100, de 200 litres et plus par seconde, faites de pluies qu'engouffrent le calcaire et la craie de l'Atlas, sont fort nombreuses, du moins dans le Sahara de Constantine, à l'ouest et à l'est de Biskara ; l'aïn d'où sort la rivière de Mélilli, dans le Zab occidental, donne bien 800 litres par seconde. Et des puits artésiens forés par nous ont fait jaillir de petites rivières : grâce à eux, des jardins flétris reverdissent, des oasis mortes renaissent au bord des ruisseaux enfantés par la sonde ; des oasis nouvelles s'enorgueillissent de leurs jeunes tiges, et chaque année un peu du Grand Désert entre sous l'ombre légère des palmes.

Un homme qui part de Paris le mercredi peut, le dimanche ou le lundi, voir les dattiers de Biskara, ville du Grand Désert. La vapeur, par terre et par mer, le mène à Constantine (et bientôt à Batna); de la cité numide à Biskara, c'est la diligence qui le porte vers ce vrai Sud dont les enfants méprisent hautement ce qu'ils nomment la brumeuse Alger. Le coche, d'abord, court jusqu'à Batna sur de tristes plateaux qui ne sont point beaux, qui ne le seront jamais : leurs oueds sont taris, leurs lacs sont salés, leurs monts sont chauves; mais dès avant Batna, l'Aurès monte dans le ciel, la nature grandit; et quand on a laissé derrière soi cette ville, on atteint un col de 1100 mètres par où soufflent les vents du midi qui fatiguent la campagne batnéenne; puis la route entre dans les gorges d'un oued pittoresque, aurasien par son cours supérieur, saharien par son lit inférieur; on descend avec lui jusqu'à l'antique Talon d'Hercule (*Calceus Herculis*), qui est l'illustre **El-Kantara** : roches ardentes, eaux vives, ciel magique, palmiers, voix d'un torrent, cette oasis a la beauté parfaite. Là, près d'un pont [1], la gorge s'élargit.

C'est le **Foum-es-Sahara** [2], où le mortel le plus vulgaire est pris à la gorge par la splendeur du Désert, grand comme l'Océan. Il y a dans l'Atlas, sous divers noms, d'autres écartements magnifiques dont les roches sont comme les caps d'Homère : l'homme assis sur leur crête y voit autant de ciel qu'en peuvent sauter les chevaux bruyants des Dieux; mais ce ciel est parfois rouge ou fauve, avec des typhons de sable; ce n'est pas l'azur bleu qui dort sur la mer « vineuse ». On traverse ensuite « El-Outaïa », puis on monte au col de Sfa et de là l'on voit plus amplement que d'El-Kantara le Désert où l'on va descendre.

Biskara, la belle oasis déjà devenue ville d'hiver, a 130 000 dattiers et 5000 oliviers, contemporains, dit-

---

[1] Le mot arabe El-Kantara veut dire précisément pont : c'est l'Alcantara des Espagnols.

[2] En français, la Bouche du Sahara.

on, des Romains. Elle est à 234 kilomètres au sud-ouest de Constantine, à 123 mètres au-dessus des mers, au pied de monts aurasiens : massif sans forêts qui s'appelle **Ahmar Khaddou**, la Joue Rouge. Si son torrent gardait toujours l'énorme flot que certains orages poussent dans son lit, il supprimerait au loin la solitude, mais en temps ordinaire il s'arrête en amont de Biskara ; et alors les palmiers qui doivent avoir « la tête dans le feu, le pied dans l'eau », sont arrosés par des sources voisines donnant 180 litres par seconde. Il y a deux cent vingt ans ou à peu près, une seule épidémie fit mourir, dit la tradition, 71 000 Biskariens : « la reine des Ziban » était donc alors une grande ville ; aujourd'hui c'est une bourgade.

On nomme **Ziban**, pluriel de Zab, les oasis du pied de l'Atlas à l'est et à l'ouest de Biskara. Il y a trois **Zab**, le Zab oriental, le Zab du sud, le Zab du nord, faits de pauvres villages en terre séchée au soleil, en toub [1], chacun dans son oasis, chaque oasis au bord de sa source. Parmi leurs bourgs, trois sont célèbres, Sidi-Okba, Zaatcha, El-Amri : à **Sidi-Okba**, les Musulmans révèrent le tombeau d'Okba-ben-Nafé, l'Arabe qui conquit en courant le Moghreb au septième siècle, jusqu'à l'Atlantique : là il lança son cheval dans les flots pour attester qu'il ne lui restait plus de terre à soumettre. **Zaatcha** rappelle un siège mémorable, un assaut terrible (1849) où coula plus de sang français que n'en boivent d'habitude les combats africains. **El-Amri** est le lieu de la dernière révolte qu'il ait fallu dompter en Sahara. Des masures de ces jardins de palmiers, du sein de familles où les lépreux, les borgnes, les aveugles foisonnent, il sort des émigrants qui vont se répandre au loin dans les villes du Tell, où nous les appelons **Biskris**, de Biskara, leur Paris : ils y sont canotiers, porteurs d'eau, portefaix, comme les Gallegos à Lisbonne et les Auvergnats à Lutèce ; beau-

---

[1] *Toub*, c'est l'*adobe* des Espagnols.

El-Kantara.

coup de ces hommes de peine reviennent plus tard au pays des palmiers, riches de ce qu'ils ont appris dans les cités, et la langue française a cours dans les Ziban.

Au sud de Biskara, l'on traverse l'**Oued-Djédi**, la rivière vers laquelle se dirige l'Oued-Biskara, que reforment, à Tahir-Rashou, des fontaines donnant 600 litres par seconde : on franchit plutôt son lit, car l'Oued-Djedi, fils du Djébel-Amour, n'arrive que rarement au **Melrir**, grand chott qui, lui aussi, n'a presque jamais d'eau et qui, sous divers noms, étend ses nappes de sel, ses terres sèches, ses fanges, ses fondrières jusqu'en Tunisie. Le seuil qui sépare le Melrir du golfe de Gabès pourrait être tranché par un canal; et, comme une partie de ce bourbier salé, lac par le mirage plus que par l'onde elle-même, est au-dessous du niveau des Océans[1], on a projeté d'y verser la Méditerranée et d'emplir de la sorte un bassin d'environ 2 600 000 hectares, et de peu de profondeur, qu'on a d'avance appelé **Mer saharienne**. Ce grand nom a fait la fortune de cette idée : nom faux, car la soi-disant « mer » serait au Sahara ce que la sebkha des Oranais est au Tell d'Oran, ce que le lac de Genève est aux Alpes réunies de Suisse et de France ou le lac Supérieur aux États-Unis et à la Puissance du Canada; et, par la minceur de ses flots, cette « mer » ressemblerait au lac d'Oran plus qu'au Léman et qu'au Supérieur. Au lieu d'un flot vivant, puissant, bruyant, salutaire, il est à craindre qu'on fasse une mare méphitique en lutte perpétuelle avec un climat flamboyant. Encore si l'évaporation, livrant au soleil des plages maremmatiques, fouettait de pluies l'Aurès altéré ! Mais l'air du Sahara dévore lui-même ses nuages : pareils à la *gara* du littoral péruvien, ils ne se résolvent point en ondées; dans le Grand Désert les plantes meurent faute de pluie au bord même de l'Atlantique ; et sur la rive méditerranéenne, près et loin des lieux où puiserait le canal,

---

[1] A 20, 25, 27 mètres dans les lieux les plus bas.

Une vue du Sahara.

il y a 668 kilomètres de côtes sans un arbre : le seul qui se dressât sur ce rivage est mort; c'était un palmier. Avec ce qu'engloutirait d'argent le lac proposé, l'on barrerait assez d'oueds, on ravirait aux profondeurs du sol assez d'eau jaillissante, on bâtirait assez de citernes, on féconderait assez de palmiers et de cotonniers pour régénérer le Sahara français et conduire de proche en proche la garnison de Touggourt dans un fort baigné du Niger.

2º **L'Oued-Rir. L'Oued-Souf. L'Ighargar et le Hoggar. Ouargla. El-Goléa. Le Mzab et les Mozabites.** — Au sud de l'Oued-Djédi et du saumâtre Melrir se suivent les oasis de l'Oued-Rir, toutes situées dans un bas-fond continuant un long fleuve desséché qui vient du Sahara central, l'Igharghar, dont pour nous l'importance est grande. Rempli jadis, au temps du Sahara pluvieux, par cet Igharghar, l'**Oued-Rir** n'a point perdu tout passage des eaux; mais c'est lentement, silencieusement, invisiblement qu'elles coulent, à diverses profondeurs sous le sol. Ce bras de la «Mer sous terre», comme disent les déserticoles, est ici le principe de la vie; on l'amène au jour par des forages, ou il y vient de lui-même par des puits jaillissants ou par des *bahhar* (étangs). Nous pouvons nous vanter d'avoir conquis deux fois l'Oued-Rir : par les armes en 1854, et depuis 1856 par des fontaines de 20, 50, 60 et jusqu'à 80 litres par seconde prises par la sonde au flot de l'Igharghar souterrain. Avant nous, les Indigènes creusaient aussi des puits, qui ne valaient pas les nôtres; mal encoffrés, avec du palmier, bois de rapide pourriture, ils s'effondrent, s'ensablent et souvent tarissent au bout de dix à quinze ans; si bien qu'à notre arrivée les dattiers mouraient, les oasis se resserraient. Maintenant, grâce aux jets dus à nos sondeurs, près de ces nouvelles sources que les habitants du Rir ont nommées de beaux noms, tels que fontaine de la Paix et fontaine de la Bénédiction, les jardins de notre Désert refleurissent.

Une oasis.

Les **Rouara** — on appelle ainsi les hommes de ces basfonds — ont du sang berbère, du sang arabe, du sang juif; mais avant tout ils sont de sang nègre, comme il faut à des gens qui vivent dans l'évaporation des eaux traînantes, sous un astre de flamme et presque au niveau de la mer. La capitale de cette forêt de palmiers incessamment accrue, c'est **Touggourt**, ville de briques séchées au soleil dont on vient de combler les fossés, qui dégageaient la pestilence. Touggourt dispose de plus d'un mètre cube d'eau par seconde, tribut de trois cents puits coulants.

Entre l'Oued-Rir et la Tunisie, l'**Oued-Souf**, durement traité par la mère nature, comprend sept oasis autour de sept bourgades en maçonnerie, oasis sans eau courante, au milieu de dunes mobiles, dans un air chargé de sable fin. Les palmiers y vivent de l'humidité que leurs racines vont sucer dans les sables. Des Arabes mêlés de sang berbère et de sang noir, en tout vingt mille hommes dont beaucoup de borgnes, d'aveugles, d'hommes aux yeux éraillés ou rouges, habitent cet archipel de la mer des sables, qui a pour ville majeure **El-Oued**. Faut-il croire d'un pareil pays que son vrai nom, son nom d'autrefois, c'est Oued-Izouf, la Rivière Murmurante? Jadis, content les **Souafa**, nous avions un grand oued qui coulait du nord au midi; les Roumis[1], fuyant devant les conquérants arabes, l'ont enfermé sous terre; eux seuls pourront le ramener au jour.

En amont de Touggourt, vers Témacin, l'Oued-Rir cesse et devient l'**Igharghar**, l'une de ces « lignes d'eau » qui nous mèneront au Pays des Noirs. En remontant le cours de cet oued, deux ou trois fois plus long que le Chéliff, on franchit d'abord les **Areg** ou Erg, qui sont le Sahara sablonneux, puis, marchant sur la **Hammada**, qui est le Sahara de pierre, on finit par atteindre le **Hoggar** ou Ahhaggar,

---

[1] C'est ainsi que les indigènes nomment habituellement les Chrétiens.

Touggourt.

Tell et citadelle du Grand Désert dont il occupe exactement le centre. Là, nous dit-on, chez les **Touaregs**, hommes berbères indépendants, la neige reste pendant quatre mois de l'année sur les cimes, les ruisseaux courent, l'air est salubre et propice aux Blancs. On ne doit point nommer le Hoggar une Suisse saharienne, puisqu'on ne peut imaginer une Helvétie sans glaciers, sans prairies, sans sapins, sans lacs d'émeraude; mais il semble qu'il y aurait là de très chaudes Cévennes. Que l'Algérie devienne ou non l'Afrique du Nord, ce bastion central du Désert sera tôt ou tard entraîné dans son orbite. N'est-ce pas dans le bas de son Igharghar que nous avons déjà tiré des profondeurs du sol, comme par la baguette de l'enchanteur, plus de 2400 litres par seconde, assez pour la croissance et la prospérité de 450 000 palmiers : car on sait d'expérience que trois dattiers se contentent fort bien d'un litre d'eau par minute. Et notre œuvre commence à peine.

A près de 150 kilomètres en droite ligne au sud-sud-ouest de Touggourt, à 700 kilomètres au sud-est d'Alger, par 128 mètres, **Ouargla**, grandeur déchue, a 220 000 palmiers, 350 000 avec les oasis de son ressort. Ses habitants, Nègres laborieux autrefois pressurés par le Nomade arabe ou berbère, sont maintenant saignés par la sangsue du Désert, le Béni-Mzab, pire que le Juif. Ouargla fut une « reine du Sahara ». On vendait alors sur son marché des Noirs amenés, à chaudes journées, du lointain Soudan, et des oueds vifs coulaient dans son bas-fond. Cet éclat n'est plus : les caravanes d'esclaves ont abandonné le chemin d'Ouargla, et l'oasis a vu ses ruisseaux tarir sur le sol. Non que les monts aient perdu leur chair : il y a des siècles qu'ils n'ont ni terre, ni forêts, ni gazons d'après d'eau stillante; si les fontaines ont cessé d'arroser les dattiers d'Ouargla, si dans tant de vallées du Sahara peuplées jadis il n'y a qu'un sol d'airain sous un ciel de plomb, entre des rocs réverbérants, c'est que, dans la folie furieuse de leurs guerres, les Nomades ont comblé les sources qui daignaient quitter l'obscurité des cavernes pour le jour éclatant du Désert. Ils n'éteignaient pas seulement les sources, ils détruisaient aussi les puits, et de haine en haine les oasis mouraient faute d'un aïn, faute d'une séguia. Ainsi se faisait, ainsi ne se fait plus autant le vide au midi des montagnes du Tell.

Les eaux souterraines d'Ouargla, fort abondantes, viennent des hauteurs du Touat par la ligne de l'**Oued-Mia**; celles de Négouça, sa voisine, oasis des mieux arrosées, sise à 96 mètres au-dessus des mers, arrivent du pays des Béni-Mzab.

Les **Béni-Mzab** ou Mozabites sont une toute petite nation qui remplace le nombre par l'intelligence, l'ardeur au gain, l'instinct du négoce. Ils se croient venus de Syrie, mais en réalité l'on ignore de quels lieux ils arrivaient quand ils arrêtèrent leurs pas dans ces montagnes de craie sans verdure et sans sources, dans cette chebka[1] puissamment ravinée par des rivières qui coulaient à pleins flots et ne coulent plus qu'en grand orage. On pense qu'ils venaient d'un canton berbère de la Tripolitaine, du Djebel-Nfous, et qu'en route ils passèrent par le Zab, d'où le nom de **Mzab** donné, depuis leur établissement, à la contrée qu'ils habitent. Ce qu'on sait bien, c'est qu'ils fuyaient les avanies des Musulmans, car s'ils sont de l'Islam, diverses croyances en font un peuple hétérodoxe; les quatre sectes officielles de la religion du Prophète les désavouent et les surnomment les « cinquièmes ». Ce qu'on sait aussi, c'est qu'avant d'habiter la terre sèche, pierreuse, de tous dédaignée, qui devint leur patrie nouvelle, ils vécurent plus d'un demi-siècle dans le pays d'Ouargla, où ils bâtirent des bourgs pieusement visités encore en pèlerinage. Tourmentés par les nomades, ils cherchèrent et trouvèrent un lieu moins accessible aux maraudeurs du Grand-Désert, et les villes

---

[1] Ce mot arabe veut dire *filet*.

qu'ils y fondèrent, entre l'an 950 et l'an 1000, reçurent les noms de leurs bourgs du bas-fond d'Ouargla.

Donc, semblables aux Puritains anglais, c'est pour leur foi qu'ils muèrent leur demeure ; mais le Mzab est aussi sec que la Nouvelle-Angleterre est fraîche, et il fallait des hommes résolus pour s'arrêter dans ce chaos de rochers, sous un tel soleil.

Ce sol de pierre, heureusement, cache une eau souterraine ; et quelquefois, très rarement, les oueds de la chebka mugissent, surtout en janvier et en février. Des barrages fort solides, œuvre des Mozabites, arrêtent ces flots ; des puits profonds descendent jusqu'à l'onde hypogée, et des jardins entourent des villes bâties amphithéâtralement sur des roches pyramidales avec une mosquée au sommet. De ces cités, la plus grande, **Ghardéia**, sise à 530 mètres, peut bien avoir 11 000 âmes. Les jardins sont magnifiques : spectacle inattendu quand on les voit des corniches flamboyantes qui contemplent le cirque des Béni-Mzab, ils ont ensemble 180 000 palmiers.

La force du Mzab vient de sa pauvreté. Ces craies calcinées sont comme la Savoie gélide, la volcanique Auvergne, l'humide Limousin. Les Mozabites fuient le Mzab et ce peuple de 32 000 hommes remplit de ses émigrants Alger et mainte ville du Tell d'Algérie et de Tunisie. Bouchers, fruitiers, baigneurs et masseurs, courtiers, banquiers, usuriers, ces fils du Désert, qui parlent un dialecte berbère et qui savent tous l'arabe, apprennent aussi le français, et beaucoup même l'écrivent. La plupart faisant fortune, peu à peu cette race travailleuse étend son argent, son influence au midi de sa blanche Heptapole[1], notamment sur Ouargla. Nul doute que les Mozabites, maîtres des trois langues de l'Afrique du Nord, ne soient avant longtemps nos meilleurs pionniers dans le Désert et jusqu'au pays des Noirs.

3° **Laghouat. Les Ksours.** — A 128 kilomètres au

---

[1] Le Mzab a sept villes.

nord-ouest de Berrian, l'une des villes mozabites, à 448 kilomètres au sud d'Alger, **Laghouat**, qu'entourent 18 000 palmiers, est à 780 mètres d'altitude, trop haut pour la parfaite maturité des dattes. Cette « capitale » du Sahara de la province d'Alger se compose de deux bourgs en amphithéâtre, l'un regardant l'autre, sur l'Oued-Mzi, descendu de l'Amour. En suivant ce ruisseau, qu'un barrage gonfle et met en réserve, on parcourt une vallée qui ne mène que des eaux d'orage et les flots de quelques fontaines issues de montagnes du nord et du sud, notamment du chauve **Bou-Kahfl** (1500 mètres). C'est sous le nom d'Oued-Djédi que l'Oued-Mzi marche au nord-est de Laghouat vers les bas-fonds du Melrir. Si ces oueds-là coulaient, ce serait un tributaire du fleuve Igharghar.

De Laghouat, qui voit le Djébel-Amour monter à son horizon, jusqu'à Aïn-Sfisifa, notre dernière oasis sur la route du Maroc, le Désert habitable a peu de largeur : il se compose de gorges cassées, au versant méridional de l'Amour, du Ksel et des autres djébels jaunes ou rouges assis à la bordure du Steppe. Ces gorges très étroites, fort tortueuses, parfois profondes, singulièrement pittoresques, sont animées par de petites rivières nées de fonts abondantes. Tel de ces défilés rappelle, avec moins d'eaux, avec plus de lumière, les cluses de la Provence ou celles des Cévennes du sud.

Près de ces fontaines, et plus bas, au bord des oueds, fleurissent des jardins à palmiers. De misérables villages, mal gardés par de branlantes murailles, languissent près de l'aïn qui est toute la vie de ces anfractuosités brûlées par le soleil du Désert. On les appelle des **ksours** (au singulier, **ksar**), c'est-à-dire bourgs fortifiés. Mais peu à peu l'eau des gorges supérieures est bue par l'air, les plantes, les animaux, l'homme; elle entre dans les fêlures, elle filtre dans le sable, elle disparaît enfin tout à fait. On la retrouve, quand on suit le lit de son oued, à de longs intervalles, en fouillant le sol : assez pour donner à boire, trop peu pour irriguer. Toute vie cesse, l'on ne voit plus le moindre ksar; parfois passent une caravane, une autruche, quelques gazelles. Il arrive que des crues remplissent les oueds bien au delà des ksours, et même des dayas, mares plus ou moins temporaires, jusqu'où suintent leurs dernières eaux. Les flots sauvages vont alors se perdre au pied de l'amoncellement de sable des areg. Ces rivières sont le **Zergoun**, descendu de l'Amour, le **Seggueur**, qui s'en va vers El-Goléa, le **Bénout** et, tout au long de la frontière marocaine, la « Rivière des moustiques », l'**Oued-en-Namous**.

Les ksours les plus connus sont El-Abiod-Sidi-Cheikh et Tiout. **El-Abiod-Sidi-Cheikh** abrite le tombeau d'un saint musulman : c'est la Mecque de ce désert. **Tiout**, site magnifique, a de belles eaux, des jardins charmants, des vignes enlacées à des arbres; de hautes roches de grès rouge et noir où sont encore visibles des dessins gravés il y a deux mille ans peut-être. Sous notre climat tempéré, passage éternel de nuées, ces lignes naïves seraient effacées depuis bien des siècles par le gel, le dégel, la pluie, la neige et la mousse, lèpre du grès; mais, dans la zone sèche et dorée, le temps, maître et bourreau du monde, a des mains plus clémentes.

CHAPITRE VII

INDIGÈNES ET COLONS

1° **Population de l'Algérie.**—On ignore ce que l'Algérie porte d'Algériens. Il est facile de compter à peu près les colons, mais comment dénombrer les indigènes, qui ne tiennent pas de registres des naissances et des morts, qui

En Sahara, sur l'Oued-Zergoun, après les pluies.

n'ont point de noms de famille, et peu de noms propres, une foule d'entre eux s'appelant simplement Ahmed ou Mohammed, comme le Prophète. Les recensements ne peuvent donner le nombre exact des musulmans d'Algérie, beaucoup de ces Français nouveaux échappant aux listes françaises. Que de familles oubliées dans leur gourbi des ravines, que de petits clans dont on connaît à peine le nom, que de tribus arabes, que de villages kabyles portés en bloc, à mille hommes près, sur le cahier du dénombreur! Que de nomades sahariens qu'on ne soupçonne pas plantent, le soir, leur tente sur un mamelon du Désert!

Il y a donc lieu de regarder comme inférieurs à la vérité les chiffres que nous donnent les divers dénombrements officiels.

Le recensement de 1876, le plus sérieux qu'on ait fait encore, et en même temps le dernier par ordre de date, a relevé 2 867 626 habitants. L'Algérie ayant 66 900 000 hectares, cela ne donne guère que 4 habitants par 100 hectares, la moyenne de la France étant de 70. Mais quelque avenir qu'ait évidemment le Grand Désert, en bonne justice il ne doit compter aujourd'hui que par ses oasis et ses lignes d'eau.

Désert à part, le Tell, le Steppe, le Hodna, les Oasis, en un mot l'Algérie dores et déjà-nouricière s'étend sur une trentaine de millions d'hectares. En admettant 3 millions d'Algériens, au lieu de 2 867 626, à cause des oublis du recensement, la Nouvelle-France nourrit 10 personnes par 100 hectares. C'est exactement sept fois moins que la France.

Au taux de la France, l'Algérie « utile » aurait donc 21 millions d'hommes. Or, à surface égale, un pays du sud élève plus d'habitants qu'un pays du Nord. Aux gens du Septentrion il faut quatre repas par jour, des viandes saignantes, des alcools pour raviver la flamme intérieure, des vêtements chauds, des maisons closes, de la houille et du bois. Ainsi le veulent la brume et la neige et la glace, et ce pâle soleil qui n'assiste point assez l'homme contre le froid, frère de la mort. Mais le Méridional, puissamment aidé par l'astre qui le chauffe, le nourrit, l'égaie, vit d'un peu de pain, de quelques fruits, d'une gorgée de café ; à ce fils du soleil la vigne et l'olivier suffisent ; ils lui donnent le nécessaire. Son luxe, c'est la nature en fête ; il lui faut peu de vêtements, peu ou point de demeure, car sous ces nobles climats le pauvre, quand il ne trouve pas une voûte, une arcade, un portail, dort dans son burnous ou son manteau, le tête sur une pierre, à la candeur des nuits argentées.

L'armée, c'est-à-dire 51 000 hommes, et la population en bloc [1] mises à part, le recensement de 1876 donne à l'Algérie 2 477 000 Indigènes et 345 000 colons.

2° Les Indigènes : Berbères, Arabes et Nègres. Force des Berbères, faiblesse des Arabes. — Les 2 477 000 Indigènes se divisent en Berbères ou Kabyles ; en Arabes ; en Berbères arabisants, c'est-à-dire ayant adopté l'idiome arabe ; en Arabes berbérisants, c'est-à-dire ayant adopté l'idiome berbère ; en Maures ; en Koulouglis. On connaît fort mal la proportion des quatre premiers éléments (les deux derniers sont peu de chose) ; on sait seulement qu'il y a beaucoup plus de Berbères que d'Arabes, et bien plus de Berbères arabisants que d'Arabes berbérisants : peu à peu la langue du Coran, idiome de la religion, de la domination, des lettres, du commerce, supplante le langage dédaigné des Kabyles.

Tant Berbères qu'Arabes, les Algériens indigènes formaient plusieurs centaines de tribus et des milliers de sous-tribus. Ces tribus ont presque toutes fait place à des douars ou communes de plus en plus saisies par un nouvel engrenage, car peu à peu les douars entrent dans des « communes mixtes », et, quand les communes mixtes

---

[1] Lycées, collèges, séminaires, couvents, prisons, hôpitaux, etc.

renferment assez de colons, elles se résolvent en communes françaises.

Les **Berbères** doivent probablement ce nom aux Romains qui les appelèrent Barbares, mot qui signifiait alors étrangers, hétéroglottes ; nous les nommons souvent Kabyles, d'un terme arabe qui veut dire les tribus. Ils habitent le Jurjura, les Babor, les Sept-Caps ou Sahel de Collo, les monts de Djidjelli et de Philippeville, l'Aurès ; on les trouve aussi dans le Zaccar, entre Chéliff, Métidja et Méditerranée ; dans le Zatima et le Dahra, entre le Chéliff et la mer ; dans l'Ouaransénis, au sud d'Orléansville ; dans les monts de Tlemcen ; dans le Trara : en un mot dans les chaînes difficiles de l'Atlas. — Il en est de même au Maroc, en Tunisie et en terre de Tripoli. — Dans les oasis du Sahara, purs, arabisés ou mêlés de sang noir, ils sont la majorité, quelquefois même presque toute la nation, comme chez les Béni-Mzab.

Rameau vigoureux du tronc de l'humanité, ces hommes durs, ces maîtres immémoriaux de l'Atlas, ces vieux Numides, compatriotes de Jugurtha, de Massinissa, de Syphax, l'histoire les a toujours vus fixés dans l'Afrique Mineure. Et encore aujourd'hui c'est la race la plus nombreuse de l'Atlantide et du Désert, non moins que la plus vivace. Sous divers noms, Djébélis ou montagnards, Chaouïas, Kabyles, Amazighs, Chillahs, Béni-Mzab, Touaregs, on les retrouve dans toute l'Afrique du Nord, de la Méditerranée au Niger, du Sénégal au Nil ; et s'il n'y en a plus dans les Canaries, archipel de l'Atlantique, c'est que les Espagnols les en ont extirpés, du moins en apparence : car les Canariens ont beaucoup de sang berbère dans les veines ; quand le conquérant français de ces îles, Jean de Béthencourt, y aborda vers le commencement du xve siècle, les habitants des Canaries, les **Gouanches**, étaient des Berbères.

A l'aurore de l'histoire, les **Carthaginois** les battirent, les séduisirent ou les achetèrent ; diverses tribus du Tell oriental adoptèrent le punique, à tel point que plus tard elles dédaignèrent la langue impériale et impérieuse, le latin, tandis qu'on donnait le nom de Phéniciens bilingues aux Carthaginois qui, pour le bien de leur commerce, avaient appris le numide. Des compatriotes d'Annibal le pays vint aux **Romains**, qui, tout le donne à croire, agirent sur le sang numide : les pierres tombales nous montrent les Africains et les Latins mêlés dans les mêmes cimetières après avoir participé aux mêmes fonctions, aux mêmes honneurs, et sous nos yeux, le type romain est visible encore sur bien des faces berbères, surtout dans les gorges reculées, et tout spécialement dans l'Aurès.

Des Romains l'Atlas vint aux **Vandales**, puis aux **Byzantins**, puis aux **Arabes**. Soumis à ces derniers dès le VIIe siècle, après la conquête au galop qu'Okba fit du Moghreb, les Berbères se maintinrent longtemps dans leurs limites, c'est-à-dire que toute l'Afrique Mineure leur restait, sauf Kaïrouan, campement arabe. Mais, vers le milieu du XIe siècle, une invasion de bandits les disloqua de toutes parts et les rejeta dans la haute montagne. Cette irruption néfaste, c'est l'**invasion hilalienne**, ainsi nommée des Hilal, famille arabe dont procédaient cinq des six tribus qu'El-Mostancer, calife d'Égypte, lança contre le Moghreb, moins dans une intention de conquête, ou dans un but de guerre sainte, que pour se débarrasser d'hôtes insupportables.

Lorsque commença la colonisation française, les Kabyles, depuis longtemps déjà, regagnaient pas à pas ce qu'ils avaient perdu de leur ancienne patrie. Refoulés comme chrétiens dans les djébels par la première conquête arabe, ils en redescendaient comme musulmans, tous ayant adopté la religion du Prophète, et beaucoup ayant perdu leur langue nationale. Sans notre survenue dans l'Afrique du Nord, ils auraient repris tout le Tell aux fils des Hilaliens.

On a voulu creuser un abîme entre les Berbères et les **Arabes**. Il est certain que les Kabyles ont foulé le sol du Tell bien avant les compatriotes de Mahomet, et que depuis Sidi-Okba-ben-Nafé, et surtout depuis l'invasion hilalienne, l'histoire de ces deux peuples se mêle sans se confondre ; enfin leurs langues diffèrent singulièrement, encore que l'une et l'autre aient des traits de ressemblance, avant tout une sorte de passion pour les gutturales terribles qui sont comme des vomissements.

Mais Arabes et Berbères ont certainement beaucoup d'ancêtres communs. Si les Berbères ne sont pas venus de la petite Afrique aujourd'hui nommée l'Espagne, ils sont arrivés d'Orient comme les Arabes, dont peut-être ils étaient cousins. A défaut de parenté directe, il y a lieu de croire que les deux peuples durent plus ou moins se mêler dans les parages de la Syrie, près de cet isthme de Suez qui fut, de l'est à l'ouest, et par terre, un grand chemin des peuples, comme il l'est maintenant du nord au sud, et par eau.

Qu'ils vinssent d'Ibérie ou d'Asie, les Berbères eurent longtemps pour seigneurs en Atlantide un peuple phénicien, et par cela même proche parent des Arabes : de là des mélanges avec un élément « sémite ». Il est donc probable que lorsque les guerriers d'Okba, et plus tard les Hilaliens, se jetèrent sur l'Atlas, la nation qu'ils y disloquèrent leur était quelque peu consanguine.

Dès lors, ballottés pendant plus de mille ans avec les Arabes, les Berbères conquirent avec eux l'Ibérie, les Baléares, Malte, la Sicile, et menacèrent du Croissant la Croix des églises où prêcha Saint-Martin. Pendant la splendeur des Maures andalous le Tell déborda sur l'Espagne ; pendant leur décadence et après leur ruine l'Espagne regorgea sur le Tell, et ce flux comme ce reflux pénétra le Berbère d'Arabe et l'Arabe de Berbère. Enfin, vivant sur le même sol en grandes masses depuis l'arrivée des Hilaliens, c'est-à-dire depuis plus de huit cents années, ayant le même Dieu, le même Prophète, incessamment en contact, l'un avec l'autre contre les chrétiens, l'un contre l'autre dans la guerre civile, l'un près de l'autre dans les villes, sous les mosquées, ils ne peuvent pas ne pas s'être intimement mêlés; et de fait bien des tribus savent qu'elles ont dans leur sein les deux éléments.

Ainsi, les deux grandes parts du peuple indigène ont en grand nombre des ascendants communs. Ce n'est pas tant la race qui les distingue. Y a-t-il des races aujourd'hui? Chez le Kabyle algérien comme chez l'Arabe on trouve toutes les figures, de la face blonde à l'empreinte méridionale, qui d'ailleurs domine immensément.

Une chose les distingue avant tout : le séjour. Le Berbère, habitant la Montagne, a les vertus du montagnard; l'Arabe est l'homme de la Plaine, avec ce que le pays bas, plat, chaud, clément, donne de qualités et de vices. Par cette différence de séjour, le Berbère est l'Auvergnat, le Limousin, le Savoisien de l'Afrique; l'Arabe en est le gentilhomme qui se ruine, artiste auquel chaque jour qui passe ravit l'enivrement d'un songe, lazzarone que le Berbère et le Français chassent peu à peu de sa place au soleil. Pendant que le Berbère pioche la Montagne, l'Arabe de la Plaine et du Désert méprise le travail des champs. « Où entre la charrue, entre la honte. » Sous la tente, dans les gourbis[1], il aime à rêver tandis que sa femme et son bourricot versent leur sang en sueurs sous les cruels soleils. C'est l'ami des hyperboles, des contes bleus entre la cigarette et la tasse de café noir, l'ami des chansons nasillardes célébrant les belles guerres et les belles amours, l'ami de la chasse, l'ami des combats, l'ami surtout du soleil et de l'ombre selon l'heure et la fantaisie. Nomade par instinct, ce peuple l'est aussi par l'indivision de la propriété dans un grand nombre de tribus : sans droits sur le sol qu'ils cultivent par octroi temporaire, les Arabes l'égratignent à peine. Vaincus, ils se courbent : « c'est, disent-ils, la volonté de Dieu. » Ils disent aussi : « Baise la main que tu ne peux couper. »

---

[1] Huttes misérables.

Le Berbère, lui, travaille bravement, et partout, et toujours. Ni rêveur, ni poète, c'est un homme de labour, de métiers, un épargneur, un avare. Sa race emplit les cités et les champs du Tell : métayers et moissonneurs, colporteurs, ouvriers, ces émigrants gagnent peu, mais de privation en privation ils font fortune au milieu des Roumis, si c'est battre monnaie qu'acquérir le prix d'un champ, d'une vache ; alors ils reviennent pour la plupart au village natal où la propriété est fortement constituée, et qu'administrent des djémas ou municipalités élues au suffrage de tous, communes orageuses que divisent des sofs ou partis éternellement en lutte.

Par cette émigration continue et par ce retour d'un grand nombre, la langue nationale se répand avec rapidité dans les diverses Kabylies, et déjà la plupart des villages berbères ont parmi leurs citoyens quelques hommes parlant aussi bien le français que le vieil idiome témachek. Religion à part, ces premiers tenanciers, à nous connus, du Tell ne détestent qu'à demi l'étranger qui remplit leur bourse à la ville, et menace peu leurs vergers dans la montagne. Plus assimilables que les Arabes, ils n'ont pas comme eux de vastes champs déserts où nous puissions semer des colons ; chez eux pas un pouce du sol ne se perd, et plusieurs de leurs âpres montagnes ont, à surface égale, plus d'habitants que nos collines. Mais s'il nous est impossible de zébrer leur territoire de villages nouveaux, taches qui peu à peu couvriront les terrains arabes, nous les cernons de plus en plus en colonisant les vallées, et bientôt les Kabylies seront séparées les unes des autres par des plaines françaises. Alors ce sera l'histoire des faisceaux, qui tous ensemble ne plient pas sous la main d'un hercule, et qui, séparés, se rompent sous les doigts d'un enfant. D'ailleurs il suffira que notre langue tue leur langue pour qu'ils passent dans le camp des conquérants de la dernière heure, après avoir lutté pendant vingt-cinq à trente siècles contre les Carthaginois, les Romains, les Vandales, les Arabes, les Turcs. Les Berbères arabisants et les Arabes berbérisants nous viendront peut-être aussi, car partout où le sang kabyle a pénétré dans les veines arabes, la tribu a perdu son instinct nomade pour s'attacher amoureusement au sol. Cette influence du germe berbère se reconnaît avec la même puissance dans tout le nord de l'Afrique, de la dépression libyenne à l'Atlantique, de la Méditerranée aux sables sahariens.

Ainsi, l'immense majorité de la population algérienne se compose en ce moment de Berbères, montagnards qui augmentent; d'Arabes, gens de plaine et de plateau qui probablement diminuent; de Berbères mêlés d'Arabes, et d'Arabes mêlés de Berbères. Viennent ensuite les Maures, les Koulouglis et les Juifs, ces derniers devenus Français par une adoption générale.

Les **Maures** sont des urbains, de foi mahométane, d'origine extrêmement croisée ; dans leurs artères se rencontrent les sangs des Berbères, des Arabes, des Turcs, des renégats chrétiens de diverses nations, surtout d'Espagne et d'Italie. Tous ou presque tous savent le français, beaucoup l'écrivent. Rien de plus simple et de plus juste que de les naturaliser en bloc, ainsi que les **Koulouglis** : ceux-ci, peu nombreux, viennent du mélange des conquérants turcs avec les femmes du pays; ils ont été nos alliés pendant la Conquête.

Les **Nègres** purs ne sont pas nombreux, mais jusque dans les tribus reculées on voit des signes de la race noire sur des visages arabes ou kabyles, la traite ayant de temps immémorial amené dans le Tell des Nègres du Soudan à travers le Sahara ; le Grand Désert n'a jamais effrayé les marchands d'hommes, pas plus que les forêts, les marais, les mers, ou même le péril de pendre aux vergues des croiseurs : ravir, convoyer, vendre son frère fut toujours une affaire d'or.

Dans divers ksours sahariens et dans beaucoup d'oasis, les Noirs sont la vraie trame de la population ; dans le Tell on ne les trouve qu'en très petit nombre. Employés aux travaux serviles, ils demeurent dans les grandes cités, toujours prêts à rire aux éclats, turbulents, gesticulateurs, passionnés pour la gambade, au demeurant bons et utiles. A l'intérieur, ils forment quelques petites tribus nommées *Abid*.

3° **Les colons.** — Avant 1830 il n'y avait en Algérie que quelques Européens, des marchands, Italiens, Maltais, Espagnols, Marseillais.

Après la prise d'Alger, derrière l'armée qui, d'abord avec hésitation, puis résolument, s'avançait vers l'intérieur, s'abattit sur le pays de la nouvelle conquête la troupe de ceux qu'on nomma longtemps, qu'on nomme encore les *mercanti* [1] par opposition aux militaires : filles de joie, débitants, cantiniers, gargotiers, rouliers et charretiers, fournisseurs, usuriers, aventuriers, chevaliers d'industrie divisés par l'ironie populaire en deux honorables corporations, les *banqueroutiers* et les *vandales*, foule bigarrée qui fit dire pendant trente ans : « les honnêtes gens sont venus en Afrique à pied. » Ce proverbe exagérait, car parmi ces pionniers de la France en Atlas il y avait des artistes, des savants, des patriotes, des enthousiastes, toute une ardente jeunesse qui mérita bien de la patrie. L'Algérie doit beaucoup à ces « colons » de la première heure, aujourd'hui presque tous glacés par la mort.

Vers 1835-1840 commencèrent d'arriver les vrais paysans : Mahonais, Espagnols, Italiens, Provençaux, Languedociens, Gascons, Français du Nord, Alsaciens, Lorrains ; et déjà, renfort précieux, beaucoup de soldats, leur temps expiré, restaient en Afrique au lieu de rentrer en Europe.

Mais tout ce monde-là souffrait : les Français du Nord d'un climat contraire ; les Français du Sud et les étrangers méditerranéens, de l'effluve miasmatique et du poison des défrichements. Jusqu'en 1856 les morts l'em-

---

[1] Mot italien, devenu sabir, et signifiant marchand.

portèrent sur les naissances ; puis à partir de cet an « climatérique » les naissances sur les morts. La Nouvelle-France était fondée !

En 1833 il n'y avait pas encore 8000 Européens en Algérie ; pas 15 000 en 1836 ; en 1841 on en trouve 37 000 ; 95 000 en 1845 ; 131 000 en 1851 ; 161 000 en 1856 ; 193 000 en 1861 ; 218 000 en 1866 ; 280 000 en 1872 ; 345 000 en 1876 (et avec la population en bloc, près de 354 000).

Les 345 000 Européens du recensement de 1876 comprennent 189 000 Français et 156 000 Étrangers. Et parmi les 189 000 Français, 156 000 sont de vrais Français, et 33 000 des Juifs naturalisés.

Les 156 000 **Français**, armée, population en bloc et population flottante à part, sont pour les deux cinquièmes des fils de l'Algérie elle-même, près de 65 000 d'entre eux étant nés en Afrique de familles françaises. Parmi ceux qui viennent de la vieille France, la grande majorité sort de nos départements du Midi ; c'est de Vienne ou Valence à Marseille et de Toulouse ou Carcassonne à Menton, et là seulement, que l'Algérie attire les Français : franchir un lac d'azur et vivre ensuite sous un soleil congénial, dans le pays de l'huile et du vin, il n'y a rien qui puisse effrayer le Provençal, le Languedocien, le Catalan du Roussillon, nés dans la patrie des plus riches vignobles[1], dans le canton français du pâle olivier. En dehors de la France méditerranéenne et du Rhône inférieur, les trois provinces renferment beaucoup de Béarnais, de Gascons, de Dauphinois, de Francs-Comtois, d'Alsaciens, de Lorrains, de Parisiens. Et d'ailleurs tous nos départements contribuent à l'œuvre nationale : ceux qui n'y envoient pas directement de colons y laissent quelques-uns de leurs hommes, soldats, fonctionnaires, touristes, rentiers séduits par l'éclatante Afrique.

En 1833, il n'y avait encore que 3500 Français dans

---

[1] Avant le phylloxéra.

l'Afrique du Nord, et 5500 en 1836. En 1841 leur nombre était de près de 17 000 ; en 1845 de plus de 46 000 ; de 66 000 en 1851; de 93 000 en 1856; de 112 000 en 1861; de 122 000 en 1866; de 130 000 en 1872; de 156 000 en 1876. Et certes, ces milliers font plus pour l'avenir de notre langue et le salut de nos chefs-d'œuvre que les millions qui savent le français en Russie, en Allemagne, en Italie, en Angleterre, en Espagne, en Amérique et dans tout le monde civilisé : multipliés dans leurs descendants, ils deviendront des millions, tandis que les millions d'étrangers francophones se réduiront à des milliers dès qu'un autre idiome héritera du rang de « langue universelle ».

Comparés aux étrangers, les Français ont la grande majorité dans les provinces d'Alger et de Constantine, excepté à la Calle, à Bône, à Philippeville. En Oranie ils sont inférieurs en nombre à l'ensemble des autres colons, et même aux seuls Espagnols : toutefois ils n'y sont en minorité qu'à Oran, dans la plaine de Saint-Denis-du-Sig, dans le val de Sidi-bel-Abbès, dans les mines et sur les chantiers d'alfa.

Les **Juifs** algériens ont été naturalisés en bloc, par décret, pendant que nous luttions contre les hordes disciplinées du peuple évangélique. Ils ne l'avaient certes pas mérité, occupés qu'ils étaient uniquement de banque, de commerce, de courtage, de colportage et d'usure; nul d'entre eux ne tient la charrue, n'arrose les jardins ou ne taille les vignes, et il y a très peu d'hommes de métier parmi ces arrière-neveux du supplanteur d'Esaü. Aucun n'avait péri dans nos rangs sous les boulets du Nord comme ces Berbères, ces Arabes, ces Nègres qui furent parmi les héros de Reichshoffen; et s'ils n'ont point défendu l'Algérie contre nous de 1830 à 1871, ils ne la défendraient pas non plus contre nos ennemis. N'importe! Ils sont maintenant Français, et même encadrés dans notre armée, qui peut-être éveillera leur vaillance.

Les **Étrangers** balancent exactement les Français, mais :

Ils se partagent en plusieurs nationalités ;

Quelques dizaines de milliers d'entre eux, nés en Algérie, ont appris notre langue à côté des petits Français sur les bancs de l'école et dans les chères polissonneries du jeune âge ; ils la parlent aussi bien que l'espagnol, l'italien, le maltais de leurs pères, et ils l'écrivent mieux. Étrangers de nom, ils sont Français de fait ;

Ils sont guettés par la naturalisation légale, celle qui déclare Français les Étrangers nés sur le sol national d'un père qui lui-même y est né ; dores et déjà beaucoup de familles ont pour chef un Européen qui a vu le jour en Algérie, et avec le temps ces familles seront de plus en plus nombreuses.

Ils comprennent environ 93 000 Espagnols, près de 26 000 Italiens, plus de 14 000 Maltais, près de 6000 Allemands, et 17 000 à 18 000 personnes de nations diverses : Suisses, Belges, Grecs, Juifs du Maroc, etc.

Les 93 000 **Espagnols** habitent surtout l'Oranie, Oran notamment, plus espagnole que française, ainsi que Saint-Denis, Sidi-bel-Abbès et nombre de bourgs de la province. Alger en possède aussi beaucoup, mais il y en a peu dans l'antique Numidie, trop éloignée des ports d'Espagne.

Nul colon d'une autre race ne vaut ces fiers hommes sobres, endurcis, ces alfatiers, ces bûcherons, ces défricheurs vivant d'une bouchée de pain, d'un ail, d'un oignon, d'un piment, d'un verre de vin, d'une gorgée d'eau. *Con pan y ajo se anda seguro* : Du pain, un ail, on est lesté, disent-ils. En Afrique on sourit de pitié quand on lit ce qui s'écrit sur la paresse espagnole.

En se jetant sur cette rive les Espagnols continuent sans y penser, la pioche et non plus le glaive à la main, la longue et dure et sanglante croisade que leurs pères avaient entreprise contre les Maures. Tripoli, Tunis, Bougie, Tlemcen, Oran, Alger surtout, lieu de terribles désastres, ces noms sont glorieux et tragiques dans l'histoire de l'Espagne. Oran fut longtemps castillane : entrés dans cette ville en 1509, nos cousins de *Tras-los-Montes* n'en sortirent qu'en 1792. Elle est, d'ailleurs, si près de l'Espagne, la cité d'où l'ardent Jimenes espérait conquérir tous les Maures ! Du Merdjadjou, Ramérah ou Djébel-Santo, qui porte un quatrième et plus beau nom, le Msabia ou Lever de l'Aurore, on voit, quand il fait beau, les chaînes du littoral andalou, le Mulahacen (3554 mètres), tête de la Sierra Névada, et plus loin encore, à 272 kilomètres à vol d'oiseau, le Tetico de la Sierra Sagra (2318 mètres), voisin des sources du Guadalquivir et du Rio Segura.

Ces aides précieux se font peu naturaliser ; mais leurs filles s'allient volontiers aux Français et les enfants s'absorbent sans peine dans la nation prépondérante. Leur langue n'est un obstacle qu'à demi ; une moitié d'entre eux ne parle point l'espagnol : si les Andalous et les Murciens sont d'idiome castillan, les Valenciens, les Catalans, les gens des Baléares parlent, en divers dialectes, un langage qui ressemble intimement à nos patois d'oc, au limousin, au toulousain, au provençal, et surtout au catalan des Pyrénées-Orientales. Que d'Espagnols auxquels on adresse en Algérie la parole en castillan et qui ne vous comprennent point ou ne savent pas vous répondre dans l'idiome sonore ! En Oranie il vient principalement des Andalous, mais Alger reçoit surtout des hommes du verbe catalan, notamment des insulaires de Minorque, colons parfaits, maraîchers modèles, connus en Afrique sous le nom de **Mahonais.**

C'est surtout la province de Constantine, proche de la Sicile, de la Sardaigne et du pays de Naples, qu'habitent les 26 000 **Italiens.** A Bône, à la Calle, ils sont la majorité. Corailleurs, marins, pêcheurs, jardiniers, boutiquiers, négociants, ils se fondent facilement dans la nation néo-française.

La province de Constantine a la plus grande part des

14 000 **Maltais** ; également nombreux dans la ville d'Alger, ils ne fournissent pas de colons dans le sens élevé du mot, et sur les 140 000 cultivateurs européens de l'Algérie, on compte fort peu de Maltais; on les trouve presque tous dans les cités comme bateliers, portefaix, bouchers, aubergistes, cafetiers, boutiquiers. Par leur religion ils tiennent aux Français, par leur langue aux Indigènes ; car, s'ils sont catholiques, ils ont pour parler maternel un arabe corrompu.

Les 6000 **Allemands**, dispersés dans les trois provinces, se divisent entre les champs et les villes. Avec les Italiens ce sont ces excellents colons qui sollicitent le plus la naturalisation française.

Les **Franco-Africains** ou, plus harmonieusement, les Africains, ou encore les **Algériens**, c'est-à-dire les colons nés dans l'Atlantide et faits à son soleil, forment déjà plus du tiers des Européens. En 1852, ils étaient 20 800 seulement; en 1856, on en comptait 33 500 ; en 1866, il y en avait 72 500, et un peu moins de 100 000 en 1872. Ils sont aujourd'hui plus de 130 000, dont 64 500 Français; bientôt ils seront la moitié, puis les deux tiers du peuple nouveau. L'avenir appartient à ces fils du pays, nés de sa substance et nourris de son air ; mais il serait lamentable pour l'Algérie, pour la France, notre mère, et pour la race entière des hommes que cet avenir éclairât un cimetière où deux peuples dormiraient : le Berbère des adrars, des tamgouts et des acifs, l'Arabe des djébels et des oueds.

Il n'est pas dans le génie de la France d'écraser les enfants contre la muraille. Le Romain, l'Anglais, le Péninsulaire, ont détruit plus de peuples que nous. C'est là notre gloire, comme c'est leur honte d'avoir traîné tant de nations à la paix du Campo Santo.

Aimer les Indigènes, c'est notre strict devoir, ce sera notre honneur.

Nous les amènerons à nous en leur donnant notre

langue : le Kabyle n'y perdra que des patois sans littérature, et qui osera comparer à nos livres ce qu'il y a de vrais chefs-d'œuvre dans l'idiome osseux, décharné, dur, prodigieusement guttural, d'ailleurs poétique, énergique et bref, dont Mahomet usait avec l'ange Gabriel, et l'ange Gabriel avec lui?

Il nous faut donc asseoir les enfants des indigènes à côté des nôtres sur les bancs de l'école. Dès que la jeune génération musulmane parlera le français, tout le reste viendra par surcroît.

En attendant ce jour, lointain peut-être, l'excédant de naissances ajoute chaque année des milliers d'hommes à la phalange néo-française qui conquiert maintenant par le soc la terre âpre à soumettre où nous avons combattu quarante ans. Et encore faut-il noter que les Européens labourent surtout les plaines basses, de climat énervant, Métidja, plaine de Bône, basse Mina, basse Habra, Sig inférieur ; il leur reste précisément à peupler les terres élevées, montagnes et plateaux, sous les climats sains, près des eaux fraîches.

Vers 1860, il n'y avait encore que **sept** colons sur cent Algériens de toute origine ; il y en a maintenant **douze**.

4° Le **Sabir**. — Sur les quais des ports, dans les rues des villes, sur les marchés, sur les routes, aux travaux des champs se rencontrent des Kabyles descendus de leurs montagnes sans balbutier un mot de français, des Arabes dédaigneux d'apprendre la langue du vainqueur, des Français, des Européens qui ne savent ni l'arabe, ni le témachek. Les places de marché surtout sont de vraies Babel où l'on essaie de s'entendre au moyen du **Sabir**, jargon singulier, discours bref, heurté, gesticulatif, rudimentaire.

Il se compose de quelques noms, de quelques verbes, de peu d'adjectifs : noms et adjectifs sans déclinaison, verbes sans temps ni mode. Par l'absence de formes, par le néant de la grammaire, c'est un parler « nègre » que ce patois fait de mots arabes, italiens, catalans, espagnols, français : ceux-ci de plus en plus nombreux à mesure que s'étend la langue de France. Andar (aller), vinir (venir), ténir (avoir), mirar (voir, regarder), trabadjar (travailler), tchapar (voler), toucar (toucher, prendre), bono (bon, bien, utile), carouti (trompeur, carottier), meskine (pauvre), maboul (fou), mercanti (bourgeois), chêndat (soldat), casa (maison), carrossa (voiture), cabessa (tête), matrac (bâton), babor (bateau à vapeur), birou (bureau), carta (lettre, écrit, papier), douro (argent), sordi (sou), mouquère (femme), moutchatcho (enfant), yaouled[1] (garçon, jeune homme), macache (non), bezzef (beaucoup), bibri (à peu près), bititre (peut-être), balek (prends garde!), kif kif (comme), sami-sami (ensemble), didou[2] (eh! ohé! un tel), et surtout **fantasia**, le mot universel qui s'applique au plaisir, à la passion, à tous les mouvements expansifs de l'âme, à tout ce qui est agréable, bon, supérieur, étrange..... ces termes et une vingtaine d'autres reviennent à chaque instant dans les phrases du sabir. En attendant le triomphe du français, ce charabia misérable unit l'indigène au colon; mais le lien principal entre eux et nous, c'est l'appât des « douros » qu'on gagne chez les chrétiens.

---

[1] De l'interpellation arabe : *Ya, ouled!* Eh! Garçon!
[2] C'est notre « Dis donc! »

CHAPITRE VIII

DIVISIONS ADMINISTRATIVES

Territoire civil. Territoire militaire. — L'Algérie est divisée en trois provinces : celle d'Oran à l'ouest, celle d'Alger au centre, celle de Constantine à l'est. Chaque province renferme un Territoire civil, autrement dit un département qui de plus en plus gagne sur le Territoire militaire.

Le **Territoire civil,** qui ne dépasse guère 5 millions et demi d'hectares, avec 1 430 000 habitants, se partage comme les départements français en arrondissements, cantons et communes : communes de plein exercice et communes mixtes ; ces dernières, destinées à se fractionner en municipalités normales, sont celles que l'élément européen a peu envahies, ou plutôt celles où, malgré ce nom de mixtes, il n'y a que peu de Français et d'Étrangers. 3 départements, 15 arrondissements, 180 communes de plein exercice et 43 communes mixtes se partagent le Territoire civil.

Le **Territoire militaire,** grand de 62 à 63 millions d'hectares, comprend trois divisions, 12 subdivisions, 42 cercles ou annexes de cercles. Il renferme aussi, comme préparation au Territoire civil, 30 communes indigènes destinées à se couper en communes mixtes, et 18 communes mixtes, dont le rattachement au territoire civil est plus ou moins proche.

Les trois départements (comme aussi les trois divisions) sont ceux d'Alger, d'Oran, de Constantine.

Province d'Alger. — Ce pays central de notre Tell actuel a 7 millions d'hectares de surface utile : Tell et portion du Sersou, 3 500 000 hectares; Steppes, pays de Djelfa, morceau du Djébel-Amour, oasis, ravins des Béni-Mzab, 3 500 000.

L'armée et la population en bloc mises à part, elle a 1 050 000 habitants environ, 925 000 indigènes et 125 000 « colons », Français, Juifs naturalisés, Étrangers : soit **un** colon contre **sept à huit** Indigènes.

Le département d'Alger, capitale Alger (57 500 habitants : 72 000 avec les faubourgs), a cinq arrondissements : Alger, Médéa (12 500), Miliana (7400), Orléansville (4500), Tizi-Ouzou (4800). Blida compte 20 000 âmes, banlieue comprise.

Les subdivisions du Territoire militaire sont Alger, Dellis, Aumale, Médéa, Orléansville.

Province d'Oran. — Elle a 10 à 11 millions de surface utile : Tell et morceau du Sersou, 4 millions d'hectares; Steppes, Mer d'alfa, portion du Djébel-Amour, Ksel, oasis des Ksours, 6 à 7 millions d'hectares.

Elle a près de 650 000 habitants, dont plus de 500 000 Indigènes et 130 000 colons : soit **un** colon contre **quatre** Indigènes.

Le département d'Oran, capitale Oran (50 000 habitants), a pour sous-préfectures Mascara (14 000), Mostaganem (11 800), Sidi-bel-Abbès (13 900) et Tlemcen (24 000).

Les subdivisions du Territoire militaire sont Oran, Mascara, Tlemcen.

Province de Constantine. — Elle a 12 millions d'hectares de surface utile : les Steppes s'y confondent à peu près avec le Tell, les oasis y sont vastes et nombreuses, et c'est là surtout que le Sahara peut être transformé.

Elle renferme un peu plus de 1 030 000 Indigènes et 91 000 colons : soit **un** colon contre **onze à douze** Indigènes.

Le département de Constantine, capitale Constantine (40 000 habitants), a pour sous-préfectures Bône (25 000), Bougie (5000), Guelma (5500), Philippeville (14 800), Sétif (11 400).

Les subdivisions du Territoire militaire sont Constantine, Bône, Sétif, Batna.

En ce moment même, on prépare une grande transformation.

Le **Territoire civil** va s'étendre sur tout le Tell, sauf sur une double bande à la frontière du Maroc et de la Tunisie.

53 nouvelles communes mixtes se partageront les millions d'hectares dont les trois départements vont s'agrandir aux dépens des trois provinces.

COLONIES FRANÇAISES

COLONIES FRANÇAISES

CHAPITRE PREMIER

1° **Perte de notre empire colonial. Erreurs et malheurs.** — Il n'y a pas cent cinquante ans nous avions des des colonies immenses.

Elles nous ont échappé, sauf des comptoirs, de petites îles et des pays malsains que les ennemis ont daigné nous laisser.

De l'Inde, il nous reste cinq villes; de l'Amérique du Nord, deux îlots tourbeux; et dans l'Amérique du Sud nous sommes les seigneurs de Cayenne !

C'est que la France n'a jamais essaimé comme l'Angleterre, sa rivale d'au delà le détroit, ou l'Espagne, sa rivale d'au delà le mont, ou le Portugal, qui se renouvelle cent fois dans le Brésil. Quand mille Français voguaient pour la Nouvelle-France, vingt mille Anglais au moins cinglaient vers la Nouvelle-Angleterre.

Puis, nous étions faibles sur mer à force de nous épuiser sur terre pour des querelles frivoles. C'est par millions que nos armées ont stérilement semé des cadavres sur l'Escaut, la Meuse, le Rhin, le Danube, le Pô, l'Ebre et les sierras d'Espagne. De cette pourriture rien de grand n'a germé pour nous.

Au dix-septième siècle, tandis que l'Angleterre colonisait l'Amérique Septentrionale, des Français quittaient la France, au nombre de 400 000, dit-on : hommes d'ailleurs coupables d'être les amis de l'étranger, car les protestants intriguaient alors pour Guillaume d'Orange, comme auparavant, sous la Ligue, les catholiques avaient fait cause commune avec Philippe II. A cette époque, l'esprit de secte l'emportait sur l'idée de patrie ; aujourd'hui c'est l'esprit de parti qui nous déchire.

La sage Albion ne perdit point ses sectaires, elle leur ouvrit les colonies du Nouveau-Monde ; la France, tête folle, n'envoya pas ses huguenots au Canada. Et pourtant la moitié des Cévenols qui devinrent Prussiens auraient suffi pour doubler notre colonie d'Amérique.

Et cent ans auparavant, dans le siècle où l'Espagne et la Lusitanie assurèrent leur empire sur les immensités de la Sierra, de la Montaña, de la Selva, des Campos, de la Pampa, des Llanos, que se passait-il dans la « douce France » où il y a cent Arcadies pour une Arabie Pétrée, où il fait si bon vivre sous un ciel sans rigueur et sans pestilence, sur un sol sans fauves et presque sans serpents ? On s'y égorgeait de protestants à catholiques. Ce qui s'y fit de massacres pendant trente à quarante années rougirait cent mille pages d'histoire. Une ville du Nord, Mortagne de l'Orne, fut prise, ravagée, violée vingt-deux fois en quarante-deux mois pendant la Ligue ; et dans le Sud-Ouest, aux confins du Périgord et de l'Agénais, il arriva que deux bourgades furent détruites la même nuit : Montpazier, par ses voisins de Villefranche-de-Belvès, et Villefranche-de-Belvès par ses voisins de Montpazier. Dans les deux camps, la férocité dépassait l'héroïsme ; beaucoup se battaient pour leur foi, tous pour leur ambition, leur orgueil et leur haine. Nous perdîmes alors deux et trois fois, sinon plus, les 400 000 hommes que nous coûta plus tard la révocation de l'édit de Nantes. Le sang versé dans ces jours de colère sur une seule de nos provinces eût fécondé pour la France le continent qui nous manque, si le Canada n'est qu'un souvenir et l'Algérie qu'un espoir.

Nous n'aidâmes point les calvinistes qui s'établirent, vers le milieu du seizième siècle, dans la baie où fleurit aujourd'hui Rio de Janeiro; au dix-septième siècle, nous ne jetâmes pas au Canada vingt mille hommes quand il en aurait fallu jeter un million, et nous perdîmes sous les murs de Québec l'empire de l'Amérique du Nord; au commencement du dix-huitième, nous avons vendu la Lousiane, val et delta d'un fleuve prodigieux. Nous avons laissé prendre par les Anglais l'Afrique du Sud, l'Australie, la Nouvelle-Zélande. Éternellement trompée par des mots éclatants, la France a même longtemps méprisé l'Algérie, dernier don de la Fée bienfaisante.

Trop de Français rêvent encore à la Belgique, un des plus petits pays du monde; à la frontière du Rhin, qui nous donnerait des Allemands. Et pendant ce temps, les Anglais, les Russes, les Espagnols et les Portugais couvrent la Terre. L'astre étranger monte au ciel et nous assistons sans amertume au soleil couchant de notre nationalité.

A part l'Algérie, qui n'est point colonie mais « terre de France », nous possédons encore :

En Asie, cinq villes de l'Inde et la Cochinchine, avec le protectorat du Cambodge : environ 14 millions d'hectares et 2 872 000 âmes;

En Océanie, la Nouvelle-Calédonie, Taïti, les Marquises et quelques tout petits archipels, non pas d'îles, mais d'îlots, de récifs, de coraux, d'atolls : environ 2 900 000 hectares et moins de 100 000 âmes;

En Afrique, la Sénégambie, le Gabon, Bourbon, Mayotte et autres îles du tour de Madagascar. Le Sénégal et le Gabon n'ayant d'autres limites que celles de notre volonté, nul ne sait sur combien de millions d'hectares nous dominons en Afrique.

En Amérique, Saint-Pierre et Miquelon, diverses Antilles et la Guyane de Cayenne : 12 400 000 hectares, sans un vaste territoire disputé par la France au Brésil, et 365 000 âmes.

CHAPITRE II

COLONIES D'ASIE

1° *Colonies de l'Inde.* — L'Inde passe pour le plus riche et le plus beau canton de la Terre. Elle a les plus hautes montagnes, ses plaines sont exubérantes, ses fleuves admirables, et 250 millions d'hommes, le sixième de la race mortelle, y vivent dans une chaude nature. Mais dans ses marais en éternelle fermentation rampe le choléra, roi des épouvantements.

Tout y est grand, les pics, les eaux, les marais, les déserts, la fécondité, la stérilité, la famine, les pestes. C'est par cent mille que les typhons y noient les hommes, par millions que la pestilence ou la faim les emporte.

Nous avons failli dominer dans ce magnifique empire, depuis les monts argentés de l'Himâlaya jusqu'à Ceylan, la perle de la mer des Indes. Il n'y reste à la France que cinq villes avec leur banlieue, pauvres épaves qui seraient emportées à la moindre tempête par quelque coup de vent britannique.

Dupleix voulut donner le Gange à la France, malgré la France : il en fut puni par la misère ; Mahé de la Bourdonnais fut jeté dans un cachot de la Bastille ; Lally saigna sous la hache du bourreau : nous n'étions pas dignes de régner en Asie.

Pondichéry, capitale de nos établissements, a 156 000

âmes, banlieue comprise, sur une plage droite de la côte de Coromandel, rivage oriental de l'Inde. Cette *Poutoutchéri* des Indiens n'a point de port, mais seulement une rade foraine, la meilleure de ce littoral redouté. Le fleuve principal du pays, le **Pennar du Sud**, au delta duquel a part le territoire de Pondichéry, prend ses sources dans le Décan, plateau triangulaire élevé formant l'Inde méridionale, entre la mer du Bengale et la mer d'Oman; plusieurs races y vivent, pures ou mêlées du noir au blanc, et parlant diverses langues, le télougou, le tamoul, le canarèse, le malayalam : c'est le tamoul qui résonne à Pondichéry. Cette ville, voisine du 12º degré de latitude nord, sous un climat très chaud, mais salubre tropicalement parlant, s'élève à 168 kilomètres au sud de Madras, ville de 450 000 habitants régnant sur l'une des trois « Présidences » qui divisent l'Inde anglaise.

Si, de Pondichéry, l'on suit la côte de Coromandel pendant 100 kilomètres au sud, on arrive au delta du **Cavéry**, fleuve d'un débit moyen de 478 mètres cubes par seconde qui tombe des plaines élevées du pays de Mysore par deux bonds superbes, l'un de près de 120 mètres, l'autre de près de 150. — **Karikal** (92 500 habitants avec la banlieue), voisine de la mer, borde une des branches de ce delta, l'Arselar, non loin du 11º degré de latitude. Grâce aux inondations régulières de l'Arselar, du Nondalor, du Pravadéanar et du Nagour, autres bras du Cavéry, grâce enfin à 14 canaux d'irrigation, ce territoire de 13 515 hectares est merveilleusement fertile en dépit d'un excès de sable. A Karikal, la moyenne annuelle à l'ombre dépasse 28 degrés; mais cette ville, dans sa verdure, sous ses palmiers, au bord de son fleuve, n'en est pas moins charmante, d'autant plus qu'il lui est défendu de s'entourer de murs: les traités s'y opposent, ils ne nous permettent point non plus d'y tenir de soldats.

La langue qui règne dans cette ville et ses 109 aldées ou villages, c'est le tamoul.

En marchant, au contraire, de Pondichéry vers le nord, on atteint les branches d'une autre grande rivière décanienne, le **Godavéry**, qui boit l'eau de 25 millions d'hectares, près d'une demi-France. **Yanaon** (5500 habitants), entre le 16e et le 17e degré de latitude, est à 780 kilomètres de Pondichéry, à 11 kilomètres de l'embouchure du fleuve, à l'endroit où se détache de sa rive gauche le Coringuy, bras navigable pour les navires de 200 tonneaux; quant au Godavéry, des bancs de sable le rendent inaccessible aux navires. C'est un lieu chaud, lourd, humide, malsain, que la dysenterie visite, que les typhons ravagent : en 1839, un de ces ouragans inouïs, auprès desquels nos tempêtes sont presque un zéphir, y poussa la mer sur la terre, et, le jour venu, ce jeu de la nature avait coûté 6000 hommes aux alluvions du Godavéry. L'homme, en ces climats, n'est pas moins cruel pour lui-même que les éléments : dans le delta d'un fleuve de ce même rivage, devant un temple immense, que de cadavres ont faits les roues du char de Djagarnat! C'est le télougou qu'on parle à Yanaon et sur les 3300 hectares de son district.

Dans le vaste delta du **Gange**, atelier du choléra, sur l'Hougly, grande branche navigable de ce majestueux fleuve, **Chandernagor**, de son vrai nom *Tchandranagar*, s'élève près du 23e degré de latitude, à 1600 kilomètres de Pondichéry, à 25 seulement au nord de Calcutta, fastueuse et fameuse capitale de l'empire Anglo-indien. Elle a 23 000 habitants; sous Dupleix elle en avait 100 000 : c'était la Calcutta d'alors.

Sur la côte de Malabar, qui regarde la mer d'Oman, **Mahé**, charmante ville de trois à quatre mille âmes, est un paradis de verdure, sous un climat brûlant où la température descend rarement à 24 degrés et dépasse peu 27 à 28. Ce port vaseux occupe l'embouchure du Mahé, petit fleuve qui ne porte point d'embarcations lourdes : à

Chandernagor.

peine s'il reçoit les bâtiments de 60 tonnes. Avec quatre aldées ou villages indiens, la colonie a 8500 habitants, dont 4 à 5 Français et 20 métis de sang portugais. Telle est cette « Nouvelle-France » où les traités avec nos bons alliés les Anglais nous reconnaissent le droit de tenir un homme de garnison. Cette ville fut conquise par un de nos vrais grands hommes, Labourdonnais, qui lui dut son surnom de Mahé (1724). La langue de Mahé est le malayalam.

En tout 51 000 hectares, avec 285 000 habitants, Hindous ou Musulmans. Il y a 1660 blancs et 1535 métis.

2° **Cochinchine et Cambodge**. — En 1858, la France déclara la guerre à l'empire d'Annam, en Indo-Chine ; elle avait longtemps hésité, malgré des affronts nombreux, et les Annamites disaient de nous : « Les Français aboient comme des chiens et fuient comme des chèvres. » Cette guerre nous a valu jusqu'à ce jour six provinces, le delta d'un grand fleuve, la suzeraineté sur un royaume. Ces provinces se nomment Saigon, Mitho, Bien-Hoa, Vigne-Long, Chaudoc, Hatien; elles forment la Basse-Cochinchine ; ce fleuve est le Mécong ; ce royaume est le Cambodge; et un plus grand royaume, le **Tonquin**, est à la veille d'entrer sous notre protectorat.

La **Basse-Cochinchine**, ou, dans le langage courant, la Cochinchine, a 5 600 000 hectares, l'étendue d'environ 9 départements, avec 1 600 000 âmes.

Ces lieux bas et chauds, essentiellement torrides, la mer de Chine les sépare de la lointaine Bornéo. Le point le plus septentrional est entre le 11e et le 12e degré de latitude nord ; le point le plus méridional, le cap Cambodge, est entre le 8e et le 9e. A l'est, la Cochinchine touche à l'Annam ; au sud et à l'ouest, elle regarde la mer ; au nord, s'étend le Cambodge.

Le Mécong en hautes eaux, au-dessus des cataractes de Khon.

Dans des montagnes inconnues, sur le haut plateau de l'Asie, entre Chine et Tibet, naît un des puissants fleuve du monde, le **Mécong**. Déjà grand quand il entre dans le pays des Laotiens, il en ressort immense après avoir descendu par bonds et rapides un bruyant escalier dont les plus hautes marches sont les chutes de Salaphe et de Papheng où le fleuve s'abaisse de 15 mètres, celles de Préapatang, de Sombor, de Khon, etc. Le Mécong, qui déborde comme le Nil, qui comme lui finit en delta, n'est pas moins brisé de cataractes que le fleuve sacré dans sa route entre l'Éthiopie et l'Egypte : si bien que les Français ont abandonné l'espoir, d'abord chèrement caressé, de monter commodément jusqu'en Chine par les eaux de la magnifique rivière indo-chinoise.

Dans le Laos, le Mécong a de 1500 à 5000 mètres de large, avec des profondeurs de 10 à 30 mètres. A son principal « étroit », il n'y a que 200 mètres de rive à rive, au pied du mont solitaire de Phou-Fadang, mais la sonde n'y touche pas le fond à 70 mètres ; à sa plus ample expansion, cinq lieues séparent les deux bords, grâce à des îles nombreuses.

Chez les Cambodgiens, qui l'appellent Tonlé-Thon ou la Grande Rivière, il passe de son antique et immémoriale vallée dans les alluvions d'un vaste golfe qu'il a remblayé, qu'il remblaie toujours. Ces alluvions, Cambodge et Cochinchine, sont un pays fort bas, tout le long duquel le fleuve, à partir de son dernier rapide, est soumis à la marée : du moins dans les eaux maigres, car, en temps de crue, le Mécong, montant d'une douzaine de mètres, domine d'autant le flot de la mer.

A Phnôm-Pènh, on se trouve tout à coup en présence de quatre rivières. On est aux Quatre-Bras, comme disent les Français ; aux Quatre-Chemins, comme disent les Cambodgiens. L'un de ces bras, c'est le Mécong supérieur ; deux autres forment la fourche du delta ; le dernier, qui remonte vers le nord-nord-ouest, c'est le **Tonlé-Sap**, rivière de 700 à 800 mètres de large, de 12 à 20 mètres de profondeur suivant le maigre ou la crue, et de 120 kilomètres de long, qui réunit le Mécong au Grand Lac, nommé par les Cambodgiens le Tonlé-Sap, comme la rivière.

Le **Grand Lac**, long de 120 kilomètres, large en moyenne de 20, grand de 240 000 hectares, n'a qu'un mètre, un mètre et demi de profondeur aux eaux basses du fleuve ; mais à mesure que celui-ci monte, c'est-à-dire de juin à la fin de septembre, le « Mœris Cambodgien » grandit, la rivière Tonlé-Sap lui versant une partie des flots bourbeux de la crue du Mécong ; et quand les averses de la mousson du sud-ouest ont cessé d'augmenter le Nil indo-chinois, il se trouve que le Grand Lac, devenu trois à quatre fois plus vaste, a 12 mètres de plus de profondeur et qu'il est semblable à une mer jaune aux rives indécises. Puis, quand le Mécong a repris son plus bas niveau, la rivière Tonlé-Sap vide ce qu'elle avait rempli, le lac baisse, il redevient plaine marécageuse, forêt de joncs, lignes de palétuviers autour de la cuvette centrale qui, réduite à sa profondeur de quatre à cinq pieds, n'est plus qu'un immense vivier sans limpidité, vase, herbe et poissons autant qu'eau.

En Cochinchine, le delta du Mécong est un vaste entrecroisement de rivières et d'arroyos — ce mot espagnol a droit de cité chez les Franco-Cochinchinois. — C'est une terre encore inconsistante que ses anciens maîtres, les Cambodgiens, appelaient fort bien Tuc-Khmau, ce qui veut dire l'Eau Noire. De toutes ces branches, une seule, la **rivière de Mitho**, porte les grands bâtiments.

Tout à fait à l'aventure, puisqu'on n'a pu encore explorer le lieu des sources du fleuve, et que là où on l'a perdu de vue, c'est encore un courant puissant, on évalue le bassin du Mécong à 90 millions d'hectares et son volume en eaux moyennes à 33 000 mètres par seconde : masse formidable, qui lui donnerait un des premiers rangs parmi les rivières de la Planète. En grande crue, il verserait 80 000 mètres cubes à la mer de

Chine. C'est donc, et de beaucoup, le plus grand de tous nos fleuves ; ce serait le plus précieux s'il reflétait des cieux froids, comme l'altière Québec, ou des cieux éclatants et chauds mais secs, comme la blanche Alger, la haute Constantine et la joyeuse Oran.

Le riz, toutes les plantes amies du soleil et de l'eau, viennent à merveille dans les alluvions de la Cochinchine, où les exondances périodiques du Mécong et autres rivières ou ruisseaux réparent chaque année le sol par le dépôt des crues. Les terres hautes, à l'est et au nord de Saigon, ont peu d'étendue et leurs plus hautes cimes n'ont même pas 1000 mètres ; ces petits monts, qu'habillent des forêts, ont pour maître sommet le **Nui-Ba-Dèn** ou Dame Noire (883 mètres) ; ils se nouent à la chaîne littorale de l'Annam, laquelle s'élève entre le val du Mécong et le rivage de Hué [1].

Des 1 500 000 à 1 600 000 habitants de la Cochinchine, plus de 1 350 000 sont des Cochinchinois, plus de 100 000 des Cambodgiens, 40 000 des Chinois, 10 000 des Malais.

Les **Cochinchinois** descendent de colons et de mendiants annamites, mêlés à des Chinois, que l'empereur d'Annam interna dans le delta du Mécong, alors occupé par des Cambodgiens. Annamites, Chinois, Cambodgiens étant plus ou moins la même race d'hommes, avec des idiomes de même nature, le brassage de ces éléments ne fut point difficile, et les Cochinchinois forment un peuple homogène. Ce sont des gens de taille courte, de membres menus, de visage plat, de teint basané, d'yeux obliques et bridés ; en un mot des « Jaunes », pétris de qualités et de vices, comme toute autre argile humaine : on leur reconnaît l'intelligence, le don de l'imitation, la sobriété, l'amour du travail, les vertus de famille ; on leur reproche le mensonge, la duplicité, l'esprit sans profondeur, l'instinct de la routine, la pusillanimité (toutefois ils ne craignent pas la mort). Ils parlent un

---

[1] Résidence de l'empereur d'Annam, notre vassal.

dialecte de l'annamite, langue monosyllabique, parente du chinois, écrite idéographiquement comme lui, chaque signe représentant non pas une lettre, mais un objet ou une idée.

Soldats et marins à part, il n'y a pas encore en Cochinchine 1500 **Européens**, et tous ces Européens ne sont pas des Français, tant s'en faut. L'enfant des climats tempérés supporte mal la chaleur humide qui pèse lourdement sur l'alluvion cochinchinoise ; ce n'est point la torridité qui le terrasse, le thermomètre montant rarement à 30 degrés et ne dépassant pas 35 ; c'est la moiteur qui l'accable, et, par la fièvre et la dysenterie, le mène à l'anémie d'où sortent tous les maux. La France peut y dominer, elle n'y formera jamais une colonie de son sang ; elle y restera campée comme les Anglais dans l'Inde ou les Hollandais à Java. Tout au plus y crée-t-elle des métis qui, pressés par le milieu même, auront plus de pente vers l'élément cochinchinois que vers l'élément français. Des hommes frivoles ont cru que l'Algérie resterait un camp, ce sont les hommes sérieux qui craignent que la Cochinchine reste toujours un comptoir.

Le **Chinois**, lui, redoute peu ce climat. Boutiquiers, négociants, marchands de riz, banquiers, ouvriers, colons, ces Jaunes rasés de crâne et glabres de joue envahissent les cités et les bourgs. Pour un Blanc il arrive ici trente à quarante Fils du Ciel. Ce comptoir de la France est une colonie de la Chine.

Saigon règne sur cette colonie, la seule avec Pondichéry qui nous donne plus qu'elle ne nous coûte, pécuniairement parlant ; mais il ne faut pas mesurer la valeur d'un pays d'outre-mer à ce qu'il emporte ou rapporte d'argent au trésor de l'État. La métropole arrachée à sa torpeur, la colonie cessant d'être un désert, ou de terre barbare devenant terre humaine, l'éveil et le croisement des entreprises, le pavillon courant les mers, la langue de la patrie conquérant des foyers et ses chefs-d'œuvre des autels, c'est pour cela surtout qu'il faut essaimer au-delà des Océans. Saigon renferme environ 80 000 habitants, dont moins de 1000 Français, 5000 Chinois, 75 000 Annamites. Elle est en plaine, à 50 kilomètres de la mer, sur un des bras formant le **Donnaï**, qui porte les grands navires. Le bassin de ce petit fleuve et tout le delta du Mécong sont sillonnés d'arroyos, chenaux grouillants de crocodiles et bordés de palétuviers, de fourrés où de superbes tigres rôdent. Fleuves, rivières, arroyos font des terres les plus basses de la Cochinchine une espèce de Hollande torride où l'homme a beaucoup moins corrigé la nature que dans la froide Néerlande.

A 80 kilomètres de l'embouchure du grand bras méridional du Mécong, **Poulo-Condore**, ou mieux **Condore**[1], île qui se lève à 596 mètres d'altitude, sert de pénitencier à la Cochinchine.

3° ***Cambodge***. — Derrière la Cochinchine, en remontant le Mécong, notre protectorat, depuis 1864, couvre le Cambodge, royaume de 8 500 000 hectares et d'un million d'habitants, parmi lesquels on peut admettre trois quarts ou quatre-cinquièmes de Cambodgiens, plus de 100 000 Chinois et près de 100 000 Annamites. Quand nous sommes arrivés en ces lieux, Siam les disputait depuis longtemps à l'empereur de l'Annam, et l'avait déjà diminué le pays de plusieurs belles provinces que nous n'avons pas su réclamer, que même nous avons eu la faiblesse de céder officiellement aux deux rois des Thaï[2].

Le Cambodge, que les Cambodgiens appellent *Sroc-Khmer*, c'est-à-dire pays des Khmers, et *Nokor-Khmer* ou

---

[1] *Poulo*, mot malais, veut dire *île*.
[2] Le pays des Thaï ou Siam est gouverné par deux rois.

Façade principale du grand temple d'Angkor.

royaume des Khmers, borde le Mécong, ici rompu par beaucoup de rapides, et les rives du grand lac Tonlé-Sap. Il y a quelques siècles, le Cambodge appartenait aux Khmers, peuple qui a laissé des monuments prodigieux. La légende raconte que leur potentat courbait sous sa loi cent vingt rois et commandait à cinq millions de guerriers. Le Siam, le Cambodge, le Laos, la Cochinchine, le Tonquin tenaient dans cet empire. Les Portugais, ce tout petit peuple très grand dans l'histoire, parurent dans ce pays vers le milieu du seizième siècle : plus d'une figure cambodgienne en porte le témoignage ; l'Orient, d'ailleurs, est plein de métis lusitaniens.

De même que les alluvions de la Cochinchine, le Cambodge, sol excellent, plaine irrigable, profite plus aux Chinois qu'aux Français. Par la paresse des Cambodgiens et par l'absence des Européens, l'héritier des constructeurs de la Grande Muraille fait peu à peu du Cambodge une colonie commerciale de l'empire du Milieu. La France est loin et la Chine est près ; la France est petite et la Chine est grande ; le Tropique nous énerve, il ne fatigue point les Chinois.

Phnom-Penh[1] (50 000 habitants), sur le Mécong, a succédé comme capitale à Oudong, ville aux maisons de bambou. A une quinzaine de kilomètres des rives plates du Grand Lac, aujourd'hui en pays siamois grâce à notre condescendance, **Angkor** fut le siège de l'empire des Khmers. Dans une enceinte que Paris remplirait à peine, cette métropole abritait un peuple dont de puissants architectes ont consacré la grandeur : tours et murailles, immense temple bouddhiste, terrasses, palais sculptés, larges fossés, lacs artificiels, digues énormes, avenues de géants de pierre, dragons fantastiques, ce qui tient droit, ce qui s'effondre, ce que les siècles ont amassé de décombres aussitôt saisis par la forêt, Angkor fut une Athènes dont la langue ne nous a point laissé d'harmo-

---

[1] Le mot cambodgien *Phnom* veut dire montagne.

nieux chefs-d'œuvre, une Rome dont nous ignorons les gloires et les crimes, une Thèbes incapable de résister au temps comme la Thèbes du Nil. Ciel d'airain, l'Egypte éternise; sol de sable, bois clairs, palmiers sans lianes, elle peut ensevelir mais elle ne ronge pas; ciel de pluies, forêt touffue, racines mordantes, plantes étouffantes, lianes grimpantes, le Cambodge dévore avant d'ensevelir.

CHAPITRE III

COLONIES D'OCÉANIE

1° *Nouvelle-Calédonie*. — Découverte en 1774 par Cook, illustre navigateur anglais, la Nouvelle-Calédonie nous appartient depuis 1853. Son nom, tout à fait insensé, rappelle un pays brumeux, l'Écosse; or, cette île océanienne est chaude, sous des cieux étincelants.

Inclinée du nord-ouest au sud-est, à 1300 kilomètres à l'orient des côtes du Queensland (Australie), sa pointe septentrionale est presque effleurée par le 20° degré de latitude sud, et sa pointe méridionale finit entre le 22° et le 23° degré. Elle a 375 kilomètres de long sur 48 à 60 de large, et 1 830 000 hectares : 1 972 000 avec les îles Loyauté, ses dépendances.

Elle a donc la grandeur de trois départements moyens. Des récifs madréporiques, ceinture dangereuse, l'environnent; ils font office de brise-lames et sont coupés de passes menant à des eaux tranquilles. De nombreuses baies, quelques-unes vastes et sûres, s'ouvrent sur ces flots calmes et reçoivent des torrents sans longueur, la haute montagne étant voisine.

C'est dans le nord de l'île que se dressent les cimes les plus fières qu'on ait mesurées jusqu'à ce jour, là aussi que serpente la plus longue rivière.

La montagne la plus élevée, au-dessus de la côte du nord-est, a 1700 mètres; elle a détrôné le Humboldt (1610 mètres), le Cando des sauvages, mont du sud qu'on avait pris d'abord pour le géant calédonien.

Parmi les torrents qui, de ravine en ravine, à travers des bois d'un vert foncé, s'abandonnent à la raideur de ces monts et courent à la mer d'orient ou à celle d'occident, le plus long, le **Diahot**, rivière aurifère, finit tout au nord de l'île, sur les plages qui virent Cook aborder en Calédonie.

La Calédonie, climat heureux, a une saison chaude où le thermomètre dépasse rarement 32 degrés, et une saison froide.

Froide ici veut dire fraîche, car dans les mois les plus rudes, qui sont juillet et août[1], le mercure ne descend jamais au-dessous de $+9°$, au bord de la mer s'entend; la montagne, suivant ses altitudes, est moins ou beaucoup moins tempérée. En moyenne, il tombe un mètre de pluie par an.

Mais la douceur de ce beau climat n'en est point la première vertu; elle ne vaut pas sa parfaite salubrité. Bien que la Calédonie s'allonge entre le Tropique et l'Équateur, les Européens y vivent sans péril, ils y cultivent en plein soleil, ils y créent des familles robustes. Les Franco-Calédoniens vantent son air pur, les galériens qu'on y débarque trouvent en toute saison le joyeux printemps; ils n'y meurent point à milliers comme ils mouraient en Guyane.

On attribue ce climat innocent à diverses causes : la Calédonie est une île étroite, accessible en tous lieux aux vents de la mer; les alizés y soufflent une partie de l'an-

---

[1] En Nouvelle-Calédonie, terre australe, les saisons se comportent à l'inverse des nôtres.

née; elle est fortement penchée, tant vers l'est que vers l'ouest, tant au nord qu'au sud, et l'inclinaison des terrains ordonne aux eaux de se hâter dans leur course vers la mer; enfin beaucoup de ses roches de craie lâche boivent aussitôt les gouttes ou gouttelettes de pluie. Mais tout cela ne suffit pas.

Il y a dans ce pays des vallées fermées aux brises de l'Océan, des marais d'où devrait monter la mort; et pourtant là-même Indigènes et Européens se portent à merveille. Le niaouli, qui est un myrte aromatique, croît précisément en forêts dans ces vallées et sur le tour de ces marécages. Serait-ce le bienfaiteur de la Calédonie, comme l'eucalyptus est celui de l'Algérie?

Devant les témoignages éclatants de cette salubrité, la France n'envoie plus ses forçats en Guyane, sauf les Arabes et les Nègres, et nos assassins, nos empoisonneuses, nos escrocs, nos faussaires, nos pâles scélérats, nos mégères partent maintenant pour la Calédonie. Ainsi se peuple cette longue île : de bien tristes familles, s'il est vrai que l'instinct du crime se transmet de père en fils comme la phtisie, l'épilepsie, la folie et le cancer. En fait de colons libres, elle reçoit des Français de France, des Français et des Anglais d'Australie, des créoles des Mascareignes : ceux-ci trouvent bon de venir vivre sous un climat meilleur que celui de leurs deux îles sœurs, bien loin des épidémies apportées chez eux par les convois d'Indiens.

Les Calédoniens-Français ne sont encore qu'une quinzaine de mille, dont moitié de forçats et quelques centaines de déportés politiques. On regrette que, sous un pareil climat, dans une belle nature, cette île riche en or, prodigue en nickel, chaude et saine à la fois, et très bien arrosée, offre si peu de place à l'émigration française.

Car, de ses 1 830 000 hectares, ce qui fait un bien petit pays, des centaines de milliers sont montagne abrupte, roche, ou mauvaise herbe : surtout dans le Sud, région de volcans éteints.

Les indigènes, Papouas laids, jadis amateurs de chair humaine, sont brisés en faibles tribus. On ne sait pas leur nombre : 30 000, d'autres disent 40 000, ou même 50 000. Ils se soucient peu de suer pour les Européens. Ce qu'ils ne veulent pas faire, d'autres Noirs le font, qu'on va chercher dans les **Nouvelles-Hébrides**, archipel le plus voisin de la Calédonie, au nord-est. Nous devrions annexer au plus tôt ces îles, qu'on suppose peuplées, toutes ensemble, de 150 000 Papouas plus ou moins cannibales, sur environ 1 500 000 hectares.

Nouméa (6000 habitants), la capitale, borde une fort belle baie du sud-ouest de l'île, non loin du Mont-d'Or (775 mètres), volcan éteint dont la mer heurte les falaises. La plupart des autres établissements longent le rivage occidental de l'île, qui a de plus larges, de plus longues et de meilleures vallées que le rivage oriental.

De la Nouvelle-Calédonie dépendent l'île des Pins et les îles Loyauté.

L'île des Pins, la Kounié des Indigènes, à 50 kilomètres au sud-est de la grande île, est ainsi nommée de ses forêts de pins colonnaires hauts de 50 mètres. Prise comme la Calédonie dans une ceinture de coraux, elle a des vallons fertiles, et, au centre, des champs de fougères; au midi, sur la rive, monte un ancien volcan de 452 mètres. 500 à 600 Noirs y vivent dans un climat plus doux et plus salubre encore que celui de Nouméa : on en comptait 1000 il y a vingt-cinq ans, quand nous prîmes possession de cette île, devenue depuis la prison et le préau de la plupart des détenus politiques.

A 100 kilomètres à l'est, un archipel de corail, les **îles Loyauté,** les Loyalty des Anglais, comprend environ 215 000 hectares. La plus grande est **Lifou**, qui se nomme aussi Chabrol : elle a 7000 âmes; il y a 4000 ou 5000 habitants à Maré ou Nengone, et seulement 2000 dans le groupe d'Ouvéa; soit 12 000 à 14 000 insulaires; les Européens sont extrêmement rares dans ce petit monde « canaque » dont les sauvages ont presque tous accepté le protestantisme ou le catholicisme.

2° **Taïti**. — Taïti, Mooréa ou Aiméo, Tétouaroa et Maïtéa, dans l'**archipel de la Société**, reconnaissent le protectorat de la France. Ces quatre îles réunies, à peine le cinquième d'un département français, ont 22 000 habitants, des Polynésiens, venus autrefois des Samoa et ayant ensuite essaimé les colons qui peuplèrent l'archipel des Haouaï ou Sandwich.

Taïti, qui n'a que 25 000 hectares cultivables, a rempli l'univers de son nom. Il n'est pas de plus ravissant séjour, sous un plus admirable climat, tiède grâce au soleil du Tropique, frais grâce aux brises de l'Océan. Bien qu'à 17 degrés seulement de l'Equateur, la chaleur y monte rarement à 31 degrés et y descend rarement à 14, au mois de juillet, le janvier de là-bas. La moyenne annuelle, au bord de la mer, est de 24 degrés ; mais dans la montagne chaque val, chaque ressaut, chaque pic, a le climat de son altitude. La plus haute cime, l'**Orohéna**, domine la mer de 2237 mètres; le Diadème est un volcan refroidi.

Près des bois de cocotiers, sous les arbres à pain dont le fruit les nourrit, les Taïtiens vivent heureux au bord des ruisseaux tombés de la montagne. Ils sont grands, très bien faits, souvent beaux de visage. Ils parlent une langue mélodieuse, presque sans consonnes, gracieusement enfantine, et passent pour les plus voluptueux des sauvages. Les premiers Européens qui virent Taïti furent émerveillés de la bonne grâce de ce petit peuple, et Bougainville appela ce lieu charmant la Nouvelle-Cythère.

Taïti n'a plus, et n'a sans doute jamais eu les 80 000 Taïtiens que lui donnait Cook. Ces beaux sauvages ont pris le vêtement européen, quelques coutumes des Blancs, et le protestantisme des Anglais ou le catholicisme des Français. A notre contact, ces enfants de la nature ont dépouillé quelques-unes des puérilités et des grâces de l'enfance ; devant nos armes, nos soucis, nos travaux, ils ont compris que la vie n'est pas un songe heureux, mais une veille, un travail, un tourment.

S'ils ont vieilli, du moins ne semble-t-il pas que notre venue ait marqué leur fin : chez eux les morts ne dépassent plus les naissances ; ils perdront leur langue et s'uniront aux Blancs jusqu'à disparaître comme peuple, mais tout leur sang restera. Or, c'est le lot de bien peu de tribus du plus vaste Océan !

Il n'y a que 1000 à 1200 Blancs, en majorité Français ; la plupart dans la capitale, **Papéiti**.

Mooréa ou Aiméo, beaucoup plus petite que Taïti, mais tout aussi jolie, porte un mont dépassant 1200 mètres ; elle a 1300 habitants, presque tous de race taïtienne.

Tétouaroa et **Maïtea** n'ont point d'importance.

3° *Les Marquises*. — A 1200-1500 kilomètres au nord-est de Taïti, les dix-sept îles **Marquises**, grandes ensemble de 135 000 hectares, et toutes volcaniques, appartiennent à la France depuis 1842. Nous n'y avons rien fait, nous n'y faisons rien, et sur 5754 habitants, elles n'ont que 109 Blancs, à côté desquels se sont établis 69 Chinois. Leurs Polynésiens, hommes superbes de proportions, de taille, et même de visage, sont aussi rudes que ceux de Taïti sont doux, et parlent un dialecte de la même langue ayant huit consonnes seulement. Les Marquésans des îles du nord, et en particulier de Nouka-Hiva, ont pour ancêtres des Polynésiens de Vavao, dans l'archipel de Tonga. Ceux des îles du sud sont d'origine samoane ou taïtienne. **Nouka-Hiva**, l'île principale, n'a

Une vallée taïtienne.

guère que l'étendue du département de la Seine, environ 50 000 hectares. Des flancs de la montagne la plus élevée (1170 mètres) plongent des cascades, dont l'une, celle de Taïvas, tombe de 335 mètres, d'autres disent même de 650. **Hiva-Oa** (33 000 hectares) porte le mont le plus haut de toutes les Marquises (1260 mètres).

Le dixième degré de latitude australe passe sur cet archipel, dont la température moyenne est à peu près celle de Taïti.

4° *Archipels disséminés.* — A 600 kilomètres au sud de Taïti, sous le Tropique du Capricorne, la France protège les **îles Toubouaï**. Cet humble archipel de 10 000 hectares a pour habitants quelques centaines de Polynésiens avec une dizaine de Blancs.

Au nord-est, à l'est, au sud-est de Taïti, nous « protégeons » les 79 **îles Touamotou**, également nommées îles Basses et archipel Dangereux. Le mot polynésien Touamotou veut dire les îles Lointaines, l'ancien nom de Pomotou signifiait les îles Conquises. 8000 hommes vivent là sur un espace immense, tellement mer et si peu terre, que toutes ces îles plates, îlots, écueils, atolls, n'ont ensemble que 660 000 hectares. Les atolls sont des récifs annulaires ou en croissant, lentement élevés par des polypes et des madrépores, autour de lagunes à l'eau d'un vert pâle.

Ces insulaires, parmi lesquels habitent encore très peu de Français, ont pour ancêtres des Négroïdes d'origine inconnue, alliés à des immigrants taïtiens.

Au sud des Touamotou, les **îles Gambier** n'ont que 2600 hectares, avec moins de 950 hommes, seul reste des 1500-2000 de l'année de l'acceptation du protectorat, 1844. Sur ces 900-950 personnes, **Magaréva** en a 650,

Taravaï 120, Akamarou 130, Aoukéna 27; le nombre des Blancs est de 5. Les gens des Gambier, devenus catholiques, ont pour aïeux des Polynésiens émigrés de Rarotonga, terre à l'ouest-sud-ouest de Taïti. On pêche l'huître perlière et la nacre dans la mer qui baigne ces îlots arides, où se profile un volcan mort, appelé le Mont Duff.

Plus près de la Nouvelle-Calédonie que de Taïti, la France est la suzeraine des **Wallis** et de **Foutouna**, îlots de corail, autour d'**Ouvéa** : celle-ci, charmante île volcanique, est fertile et de bon climat; deux lacs, qu'on peut croire d'anciens cratères, y dorment parmi des collines de 200 mètres. Sur ses 2500 hectares habitent 3500 Polynésiens, bons catholiques en voie d'accroissement.

CHAPITRE IV

COLONIES D'AFRIQUE

1° *Sénégal*. — Du Sahara jusqu'à Sierra Léone, de l'Atlantique au sommet des monts derrière lesquels le Niger fuit au nord-est vers Tombouctou, le Sénégal ou **Sénégambie** dépend pour moitié de la France, qu'on craint ici plus ou moins sur 25 millions d'hectares, mais qui ne règne directement que sur 208 000 personnes.

Longtemps on nous a jeté ce nom de Sénégal à la face; mais ce vieux témoin de notre impuissance en Afrique, ce pays décrié, fournaise et marais, est à la veille de s'étendre au loin vers l'Orient : Riez : pauvre comptoir, il sera demain vaste empire. Après l'Algérie, nous n'avons rien d'aussi digne de la France.

La Sénégambie tient ce nom de ses deux maîtres fleuves, le Sénégal, possédé par la France, et la Gambie que l'Angleterre ne refuse qu'à demi de troquer avec les Français contre leurs comptoirs de Guinée. Le Sénégal, à son tour, s'appelle ainsi, par corruption, des Zénaga, l'une des principales familles, aujourd'hui bien diminuée, de la grande nation berbère; lesquels Zénaga, comme d'autres tribus de leur race, ont en partie quitté le Tell pour les parcours du Sahara.

Le **Sénégal** (2000 kilomètres) naît dans le **Fouta-Diallon**, pays de belles Alpes auxquelles on suppose 4000 mètres de hauteur. Il s'appelle d'abord **Bafing** : ce qui, dans la langue des Malinkés, veut dire Fleuve Noir. A **Bafoulabé**, que 1400 kilomètres séparent de l'Atlantique en suivant le fil de l'eau, le **Bakhoy** double ou à peu près le fleuve, déjà grand, du moins dans l'humide saison. A 220 kilomètres en aval de ce confluent, au **Saut de Gouina**, le Sénégal tombe de 16 mètres; viennent ensuite une cascade de 4 mètres et demi, une autre de 4 mètres, puis la **Chute du Félou**, qui n'a pas moins de 25 mètres : d'autres disent 30 à 40 suivant que la rivière est en bas étiage ou en crue.

A **Médine**, port français voisin du Saut du Félou, le Sénégal devient navigable en tout temps pour les embarcations calant un mètre, et la saison des pluies le rend capable de porter des navires très lourds, les averses tropicales jetant dans le lit du Bafing, du Bakhoy, de la **Falémé**, notable tributaire, et jusque dans les moindres ravins un véritable déluge à partir du mois de mai. Alors les postes échelonnés sur la rive, Médine, Bakel, Matam, Saldé, Podor, Dagana, voient passer devant eux une espèce de Mississipi. Devant **Bakel**, au plus fort de la crue, en octobre, le fleuve domine de 14 mètres son étiage, à Matam de 9 mètres et demi, à Podor de 6, à Dagana de 4 ou un peu plus, à Saint-Louis de 80 centimètres seulement, le Sénégal baissant de l'amont à l'aval à mesure que l'inondation s'étend au loin dans les deux plaines des deux rivages. Ces divers postes ou comptoirs sont des bourgs unis par l'intercourse de petits bateaux à vapeur et protégés par des fortins suffisants contre les Nègres, même contre les Maures.

Au sortir de la montagne, après Bakel, il coule dans une vaste plaine, large, inconstant, semé d'îles, troublé par le reniflement des hippopotames. Lui qui a percé des Alpes, il fléchit devant les sables sahariens, et, du nord-ouest, tourne à l'ouest, puis au sud-ouest.

Avant qu'il se fende en delta, deux lacs s'unissent à lui par des chenaux: l'un sur la rive droite, le **Cayor**, et l'autre sur la rive gauche, le **Paniéfoul**. Ce sont là deux sortes de Mœris du Nil sénégalais : suivant la hauteur du niveau du fleuve, ils vont à lui ou il vient vers eux par un déversoir à courant alterné.

Il serre la ville de Saint-Louis entre deux bras, l'un de 1800, l'autre de 3000 mètres de large; devant cette cité 150 mètres seulement séparent de l'Atlantique sa branche de droite ; mais les vents impérieux de l'ouest dressent contre lui des sables qu'il ne peut vaincre, et le Sénégal ne se mêle à la mer qu'à dix kilomètres en aval, sur une barre funeste.

Le Sénégal ne s'est pas toujours versé, du moins tout entier, par sa coupure actuelle dans la levée des sables riverains, coupure qui d'ailleurs se porte sur divers points de la dune, de 4 à 20 kilomètres au sud de la métropole de la colonie. Un bras, maintenant oblitéré, qui s'ouvre à quelque soixante kilomètres au-dessus de Saint-Louis, le marigot des Maringouins, témoigne encore d'un cours direct vers l'Océan, que le fleuve confiât toutes ses eaux à ce chenal, ou qu'il n'y fît entrer qu'une partie de ses flots, peut-être même seulement des excédants de crue.

Le Sénégal inférieur ou Sénégal des plaines subit des chaleurs mal famées, qu'on indique à tort sur nos thermomètres comme le point suprême atteint par la torridité solaire à l'ombre ou sous l'astre. Aussi les « colons » français y sont-ils encore extrêmement rares, à peine quelques centaines, la plupart originaires de la Gironde, Bordeaux ayant de tout temps fait commerce avec ce pays de la gomme. Mais il ne faut pas outrer l'insalubrité de cette contrée, qui nous est cent fois plus précieuse qu'on ne pense. Ceux qui connaissent à la fois le Sénégal et le bas Niger, ou le littoral guinéen, ou le Gabon et l'Ogôoué, ou mainte autre région du Tropique d'Asie, d'Afrique et d'Amérique, n'hésitent pas à préférer le fleuve de Saint-Louis. La côte de l'Atlantique sénégalais est saine, Saint-Louis peut le devenir; la rive droite du Sénégal, terre mi-saharienne, sol de sable, a pour habitants des hommes chez qui le sang blanc domine; enfin, dans la montagne où s'épanchent les sources du Bafing, du Bakhoy, de la Falémé et de plus d'un affluent du Niger dont nous allons avoir et le nom et le cours, il y a sûrement, à 1000, 2000, ou même 4000 mètres de haut, des sites faits pour les familles du climat tempéré. Malgré tout, l'année n'y est pas éternellement électrique, ou tépide et molle; elle a sa saison fraîche. Si les Français de France s'y acclimatent mal, il n'en sera pas de même de la race européenne et francophone qui naît sous nos yeux à Laghouat, à Bou-Saada, à Biskara: ces gens-là, destinés, tout le fait croire, à régner sur le coude du Niger, ne craindront point l'air des marigots sénégalais. D'autres qui le craindraient moins encore, ce sont les Nègres de nos Antilles, de Maurice, de Bourbon, qui porteraient à Saint-Louis notre langue, notre religion, et ce que les mélanges leur ont donné de notre sang.

Par la force de son soleil et l'abondance de ses pluies en leur saison, le Sénégal, en plein sous le Tropique, est un pays de grande production. Le colossal baobab, tronc de 30 mètres de tour avec 150 mètres pour le cercle des branches, le coton, l'arachide, le béraf, l'indigo, la gomme, il donne avec profusion toutes les plantes et les herbes de son climat; il a des bœufs sur de magnifiques pâturages, l'hippopotame y remplit les fleuves, les éléphants ont des dents d'ivoire qu'on leur arrache avec la vie. L'or s'y trouve, et le fer et le bois, sans lesquels il n'y a pas d'industrie.

Cette contrée est une arène où luttent des Blancs et des Noirs. Les premiers sont des Arabes mélangés de Berbères, ou, si l'on veut, des Berbères mêlés d'Arabes; les seconds forment plusieurs peuples.

Les tribus dites maures, les **Trarzas**, les **Braknas**, les **Douaïchs**, habitent le bord saharien du Sénégal. Par le prosélytisme et les razzias ils avançaient vers le sud quand la France les arrêta. De rares veillards se souviennent encore du temps où les noirs Yoloffs s'étendaient aussi sur la rive droite du fleuve, en avant des Trarzas. Les Yoloffs sont sédentaires et leur case, qu'entoure un jardin, dépasse de tout un âge de l'humanité la tente arabe errant de pâture en pâture; pourtant il leur a fallu céder aux Maures qui, plus hardis, sont, la lance à la main, les apôtres d'une religion supérieure aux grotesques imaginations des Noirs. Les Musulmans coupeurs de bourse ont vaincu les paysans ; et du **Oualo**, royaume nègre jadis prospère, ils ont fait un désert de 20 000 habitants.

. Sur la rive gauche, les Noirs sont divisés en États ennemis, les races s'y superposant et ne s'y mêlant point, et les tribus païennes luttant contre les tribus récemment converties à la loi du Prophète.

Les **Yoloffs** habitent surtout l'immense plaine du Sénégal, au sud de Saint-Louis et de Podor. D'un noir de suie, braves et mous à la fois, ils usent d'une langue sonore, dans laquelle le mot *yoloff* signifie précisément *noir*.

Les **Malinkés**, partagés en Malinkés et en **Soninkés**, ont la peau moins noire que les Yoloffs, plus noire que les Foulahs. Ce sont les Juifs, les Grecs, les Arméniens de l'Afrique occidentale. A l'amour du commerce ils unissent le courage du Yoloff, les instincts pastoraux du Foulah, l'ardeur de prosélytisme de l'Arabe. Ils peuplent surtout des terres élevées d'où ils se répandent en marchands, en colporteurs, en colons, en missionnaires de l'Islam, jusque dans la Guinée et sur le moyen Niger.

Les **Foulahs** ou **Peuls**, race qui domine dans le Soudan central, n'ont pas les traits des Nègres; ils rappellent les Abyssins ou les Cafres; leur peau est d'un noir clair, leur langue d'une douceur exquise. Autrefois païens pastoraux et tranquilles, ils ont pour la plupart embrassé la foi de Mahomet, et l'ont propagée par le fer et la flamme tout le long du haut Sénégal, sur la Falémé, et sur la rive méridionale du fleuve en aval de sa sortie des montagnes. Les Français nomment **Toucouleurs** les tribus issues de l'alliance des Foulahs et des peuplades noires.

Au nord des chutes de Gouina et du Félou, dans le Kaarta, les **Bamanaos**, encore idolâtres, ont essaimé sur le haut Niger: ils y ont fondé l'empire de **Ségou Sikoro**, qui est une grande ville du Niger sur notre futur chemin d'Alger à Saint-Louis par Tombouctou.

Saint-Louis (16 000 habitants) règne sur cette colonie, dont l'antique indolence fait place à des efforts d'expansion vers le Niger. Elle est bâtie sur le Sénégal, près de l'Atlantique, dont la séparent un bras du fleuve et une étroite langue de sable. La ville n'est point laide, mais les environs sont arides. « Qui n'a éprouvé un serrement de cœur en regardant, de la pointe du Nord, cet horizon terne où l'œil distingue péniblement des herbes flétries et le sombre feuillage de quelque manglier rachitique posé comme un regret sur les rives silencieuses du fleuve? Bien des familles ont quitté Saint-Louis, quand il n'eût fallu pour les y retenir qu'un peu d'ombre et de fleurs[1]. »

Sur le rivage de la presqu'île du Cap-Vert, qui a donné son nom à des îles peuplées de Portugais très mêlés de Nègres, **Dakar** est un port d'avenir qu'on va relier à Saint-Louis par un chemin de fer.

[1] Raffenel.

Saint-Louis du Sénégal.

Gorée, îlot sans arbres, à 2 kilomètres de la presqu'île du Cap-Vert, a deux sources et 2800 habitants, dont 150 Blancs, sur 17 hectares. Malgré 24 à 25 degrés de moyenne annuelle, Gorée est très saine, « africainement » parlant.

Sur le fleuve **Cazamance**, au sud de la Gambie, nous occupons Sédhiou et Carabane. Nous avons aussi des comptoirs au midi de la Cazamance, près de Sierra-Léone, à l'embouchure du **Rio Nunez**, estuaire où se jette la rivière Tiquilenta. Tous ces établissements, dans des plaines marécageuses, aux environs du 12ᵉ et du 10ᵉ degré de latitude, sont plus contraires que ceux du Sénégal à la santé des Français.

2° **Comptoirs de Guinée.** — Sur ce littoral étouffant, électrique, fiévreux, essentiellement « tropical », nous protégeons le pays de **Porto-Novo**, sur la côte du Dahomey, et, de l'ouest à l'est, nous possédons les comptoirs de Dabou, du Grand-Bassam, d'Assinie, postes fortifiés situés près du 5ᵉ degré de latitude : fortifiés, cela veut dire ici capables de braver quelques Nègres sans tactique et sans canons.

Dabou borde le rivage d'une lagune navigable communiquant avec le fleuve du Grand-Bassam.

Le **Grand-Bassam** regarde l'estuaire du Grand-Bassam ou Costa : ce fleuve, qu'on appelle plus haut l'Akka, peut avoir 200 à 250 mètres de largeur ; il gagne la mer par une barre périlleuse.

Assinie s'élève sur le fleuve du même nom, qu'une barre incommode aussi : le fleuve Assinie est le déversoir du grand lac Ahi.

De ces comptoirs obérés de chaleur, sauf aux heures de brise, on monte en quelques jours sur des montagnes fraîches.

La pointe Fétiche, sur l'Okanda ou Ogôoué.

3° **Le Gabon et l'Ogôoué**. — Dans l'hémisphère austral, presque sous l'Equateur, la France, depuis 1842, possède le **Gabon**, qui est un très grand estuaire de la côte occidentale d'Afrique ; elle y règne sur des Noirs et des Négroïdes idolâtres : Gabonais, Enengas, Boulous, Bakalais, Pahouins, ces derniers race envahissante.

Sur cet estuaire navigable règne un climat néfaste par la chaleur humide que nargue le Noir et qui tue l'Européen ; la température pourtant n'y dépasse guère 32 degrés ; les pluies y sont longues, excessives. Le Gabon engloutit le Como et le Rhamboé, rivières descendues des **Monts de Cristal** (800 à 1400 mètres).

Derrière ces montagnes passe l'**Ogôoué**, grande rivière que les Français ont reconnue jusque près de ses sources. Où nos derniers explorateurs[1] ont cessé de le remonter, ils n'avaient devant eux qu'un rapide torrent de 20 mètres de largeur, évidemment voisin de ses grottes natales.

Le lieu de ses sources est beaucoup moins éloigné de la côte, il est surtout beaucoup plus bas qu'on ne le supposait. Le bas Ogôoué roulant beaucoup d'eau, on comptait sur ce fleuve : il semblait qu'il devait venir de fort loin, comme un Zambèze, un Congo, tout au moins un Sénégal ; et que le pays de sa naissance, porté par de hautes montagnes, était un plateau salubre dominant la bande maremmatique du rivage, comme vis-à-vis, dans un autre continent, les Campos brésiliens, terres saines, commandent la Beiramar, rive dangereuse. Au lieu de cela, l'Ogôoué n'est qu'une rivière torride et péniblement navigable, un cul-de-sac homicide, dans un de ces pays où, suivant le mot terrible du général Duvivier, l'acclimatement n'est qu'une longue méditation sur la mort. L'Ogôoué cependant nous est infiniment précieux, car ses sources touchent aux sources de deux rivières qui

---

[1] Savorgnan de Brazza, Ballay, Hamon.

marchent vers l'Afrique intérieure, probablement vers le fleuve Congo.

L'**Alima** et la **Licona** — ainsi se nomment-elles — ont 150 mètres de largeur ; elles sont, autant qu'on les connaît, facilement navigables ; enfin nul haut relief ne les sépare du bassin de l'Ogôoué. Complété par elles, le fleuve en qui nous espérions est donc un des grands chemins de l'Afrique centrale. Le poste qu'on va créer sur l'Ogôoué supérieur, ou sur le faîte entre les deux bassins, mettra cette route en notre pouvoir.

L'Ogôoué, long peut-être de 1000 kilomètres, naît sans doute au sud du 2e degré de latitude ; il descend vers le nord-ouest par des biefs tranquilles qu'interrompent des rapides et des chutes peu élevées, atteint l'Equateur, le dépasse, et tournant au sud-ouest, retraverse la Ligne. De nombreux affluents l'augmentent, et quand, sous le nom d'**Okanda**, il rencontre le **Ngounié**, son grand tributaire, il a 600 mètres de largeur, le Ngounié, qui vient du sud, en ayant 250 à 250. Plus bas, quand il a reçu le déversoir du curieux **lac de Jonanga**, il prend jusqu'à 2500 mètres d'ampleur : moins, il faut le dire, par la masse de ses eaux qu'à cause des îles et des bancs de sable.

Le bas Ogôoué traverse des forêts où gîte le fameux gorille, singe anthropomorphe herculéen, mais peu dangereux : on le disait aggressif, inexorable ; il est timide, au contraire, et fuit l'homme.

Le fleuve atteint la mer aux environs du cap Lopez par les branches d'un delta dont le **Nazareth** et le **Fernand Vaz** semblent être les bouches les plus grandes.

Libreville, sur la rive septentrionale de l'estuaire du Gabon, est le chef-lieu de cette colonie qui, pour l'instant s'étend de plus en plus vers l'intérieur, et qui, sur le littoral, a 220 kilomètres de côte, depuis la baie de Corisco, possession espagnole, jusqu'au cap Sainte-Catherine, c'est-à-dire du 1er degré au nord de l'Equateur (ou peu s'en faut) au 2e degré sud.

4° **Bourbon** ou *la Réunion*. — Ce nom de Réunion ne veut rien dire. L'île s'appelait **Bourbon** quand on la colonisa : réellement elle s'appelle encore ainsi. Flagornerie pour les heureux, insulte aux vaincus, enthousiasmes naïfs, foi dans des « éternités » qui vieilliront, mépris du vrai, offense à l'histoire, il y a de tout cela dans les changements de nom qui bouleversent la carte du monde.

Bourbon s'élève dans la mer des Indes, sous le 21ᵉ degré de latitude australe, à plus de 4000 kilomètres du cap de Bonne-Espérance, à 600 de la côte orientale de Madagascar, à 150 seulement de l'**île Maurice** ou île de France, qu'on appelle à Bourbon « l'île sœur » : ces deux colonies sont voisines, elles ont grandi des mêmes éléments, et Maurice, anglaise depuis 1815, est restée française par la langue de ses créoles. Toutes deux ensemble, on les appelle quelquefois **Mascareignes**, d'après Mascarenhas, le Lusitanien qui les découvrit.

Avec 207 kilomètres de tour, 71 kilomètres dans un sens et 51 dans l'autre, Bourbon n'a pas 200 000 hectares ou le tiers d'un département moyen, mais il n'est guère de pays plus grandement et gracieusement beau.

Une plage féconde, n'ayant par malheur que des rades foraines sur une mer triturée par les ouragans, y contourne un entassement de monts splendides, anciens volcans dont le plus haut est le **Piton des Neiges** (3069 mètres), blanc sous le Tropique pendant la moitié de l'année. Le Grand-Bénard a 2970 mètres ; le Piton de Fournaise, cratère actif, en a 2625. De ces mornes ou pitons, des torrents sans nombre courent à la mer, qu'on voit étinceler de toutes les crêtes de l'île. Le plus long, la **rivière du Mât** (40 kilomètres), large de 20 mètres, commence au Piton des Neiges.

Un écrivain charmant, Bernardin de Saint-Pierre, a célébré l'île de France, terre gracieuse ; Bourbon, terre grandiose, mérite un puissant poète. En tout semblable à Maurice par son ciel, ses typhons, ses habitants, ses plan-

Cirque du Cilaos.

tes, elle a de plus que les vallons de Paul et Virginie sa haute montagne à climats et frimas ; elle a sa plaine des Cafres, plateau de 1600 mètres d'altitude, et sa plaine de Salazie, autre ressaut frais et salubre où l'on projeta, vers 1837, d'exiler les condamnés politiques ; elle a le Cilaos, grand cirque où regardent le Grand-Bénard et le Piton des Neiges ; elle a des lacs qui furent des cratères.

Les savanes, les bois et forêts, les terres vagues, les friches, couvrent la plus grande partie de l'île ; 50 000 hectares sont à la canne à sucre, 20 000 au maïs, 10 000 à d'autres cultures. Le café de Bourbon passe pour le meilleur après le moka ; ses millions de pieds viennent d'un caféier dérobé dans l'Yémen en 1711. Parmi les grands arbres, les plus beaux sont le cocotier, le dattier, le latanier, le palmiste, le vacoa, trop souvent détruits par les ouragans, car si l'Algérie a les sauterelles, Bourbon a les cyclones. En 1806 un typhon déracina presque tous les arbres de l'île ; en 1829 une seule tempête brisa les caféiers et les girofliers de la plupart des plantations.

Sur la côte, cette île a des chaleurs de 36 degrés, des *froids* de + 12 degrés, et une moyenne de 24. La saison des pluies, l'hivernage, y dure environ six mois, la saison sèche autant : de mai à novembre. Le climat était resté sain jusqu'à ces dernières années ; mais, depuis l'arrivée en foule d'Indiens engagés pour remplacer les esclaves devenus libres, le choléra, la petite vérole, ont fait des apparitions fatales ; et les naissances ne balancent plus les trépas.

Sur les 184 000 insulaires de Bourbon, il n'y a guère que 25 000 à 30 000 Blancs ou créoles ; le reste est fait de Noirs jadis esclaves, de mulâtres, d'immigrants de toute provenance : Négroïdes importés de Madagascar ou de la côte ferme d'Afrique, Hindous, Malais et Chinois en petit nombre, Arabes de Zanzibar, etc.

Les créoles de Bourbon, connus par leur hospitalité, leurs façons libérales, ont pour aïeux des Français venus dans la seconde moitié du xviie siècle : gens de toutes classes; marins et soldats des fétides garnisons de Madagascar; aventuriers, orphelines et ouvriers expédiés par Colbert; Blancs qui avaient eu le bonheur de sortir vivants du Fort-Dauphin, poste de l'île Malgache enlevé par les Noirs; calvinistes fatigués de la Hollande où ils s'étaient réfugiés après la révocation de l'édit de Nantes. Ces créoles ne sont point tous de race parfaitement droite, car, dans la période qui suivit l'année où les colons de la première heure débarquèrent à la Possession, entre Saint-Denis et Saint-Paul, les femmes blanches manquaient, et les Européens épousèrent des Négresses de Madagascar. On appelle **Petits Blancs** une belle race qui séjourne sur les plateaux élevés : elle descend d'anciennes familles françaises et de quelques esclaves affranchis.

Les créoles de Bourbon sont une race énergique : ils n'auraient demandé, ils ne demandent encore qu'à coloniser Madagascar, ils sont planteurs à Mayotte ou aux Seychelles, ils émigrent vers Saigon et la Calédonie.

La capitale, **Saint-Denis,** sur le littoral du nord, a 32 000 âmes; sur le littoral du sud, Saint-Pierre en a 31 000; et Saint-Paul, sur le littoral du nord-ouest, 27 000. A la Pointe des Galets, entre Saint-Denis et Saint-Paul, plus près de cette dernière, on établit un port qui sera le seul de l'île.

Dépendances de Bourbon. — En attendant l'heure où la France osera prendre Madagascar, que tous les traités lui reconnaissent, nous avons plusieurs établissements près de cette grande île.

A l'est de Madagascar, à 5-12 kilomètres du rivage de Tintingue, sous le 17ᵉ degré, s'élève **Sainte-Marie,** la

Nossi-Ibrahim [1] des Arabes, la Nossi-Boraha des Indigènes. Longue de plus de 50 kilomètres, sur une largeur dix fois moindre, elle a 17 400 hectares peu fertiles, peu salubres, et les Blancs lui résistent mal : il n'y a pas 30 Européens sur ses terres fiévreuses, forêts, marais, collines de quartz dont les plus hautes ont 60 mètres. Ses 6500 à 7000 natifs, catholiques ou païens, tirent leur origine de la grande île dont leurs pères furent chassés par les **Hovas**, peuple malais qui règne à Madagascar. Sa « capitale », **Port-de-Sainte-Marie** ou Port-Louis, couvre l'îlot Madame, rocher d'une baie où les navires entrent sans peine, la ceinture de madrépores qui ferme presque toutes les criques de Sainte-Marie étant interrompue sur ce point. Port-de-Saint-Marie regarde de très près Ambotifotro, bourgade indigène ayant 1200 âmes, et de plus loin, sur l'autre bord du canal de Tintingue, le rivage de la grande île Malgache.

Près du rivage nord-ouest de Madagascar, littoral qui fait face à l'Afrique, nous avons Nossi-Bé, Nossi-Coumba, Nossi-Fali, Nossi-Mitsiou, quatre îles qu'habitent des **Sakalaves** chassés de Madagascar par les Hovas.

Entre le 13ᵉ et le 14ᵉ degré, **Nossi-Bé** seule a quelque valeur, si c'est valoir quelque chose pour un pays comme la France, digne de grandes colonies, que d'avoir une dizaine de milliers d'hectares, 13 600 avec les dépendances. Sol volcanique ou granitique, elle a des monts de 450, de 500, de 600 mètres, de petits lacs emplissant des cratères, des forêts, de nombreux ruisseaux dont le plus grand, le Djalaba, s'épanche en marais qui empoisonnent la capitale, **Hellville**, ainsi nommée de son fondateur, le contre-amiral Hell, gouverneur de Bourbon (1841). Le climat, très chaud, très lourd, entre 19 et 31 degrés, ne va pas aux Blancs, qui sont des marins, des soldats, des fonctionnaires, plus une centaine de créoles de Bourbon, presque

---

[1] *Nossi* veut dire *île* dans la langue des Sakalaves.

tous concentrés dans Hellville. Nossi-Bé, dont le nom sakalave signifie la Grande Ile, n'a, toutes annexes comprises, que 7500 habitants, Sakalaves de Madagascar, Arabes des Comores et Blancs.

A 200 kilomètres environ du rivage nord-ouest de l'île malgache, dans le canal de Mozambique, séparant Madagascar de la côte africaine, entre le 12º et le 13º degré, **Mayotte** nous appartient depuis l'année 1843. C'est l'une des îles **Comores**, à la fois la plus méridionale et la plus orientale de cet archipel.

Mayotte, environnée de corail, émerge d'un océan tranquille. Elle est volcanique, avec des pitons de 600 mètres, extrêmement boisée, et couvre plus de 36 000 hectares de terres fécondes, sous un climat très chaud, d'une moyenne de 27 degrés, coloré, souriant, mais humide et dangereux pour nous.

En 1843 Mayotte avait 1200 habitants ; elle en porte 11 000 aujourd'hui, Sakalaves, Africains, Arabes, avec au plus 200 Blancs, presque tous venus de Maurice et de Bourbon. La capitale est **Dzaoudzi**.

Obok. — Dans un tout autre pays, au nord de l'Équateur, vers le 12º degré, nous possédons, sur la côte orientale d'Afrique, un lambeau de littoral qu'on appelle Obok. C'est en 1863 que la France acheta ce bout de rivage au sultan de Zeila, moyennant une cinquantaine de mille francs ; elle n'y a rien créé depuis, bien qu'il soit, dit-on, facile d'y faire un port capable d'accaparer le commerce de l'Abyssinie et du Choa.

Mais ce port, si puissamment qu'on le fortifiât, aurait près de lui deux rivaux anglais formidables : Aden, et Périm, l'île qui veille jalousement sur l'entrée de la mer Rouge dans la mer des Indes.

CHAPITRE V

COLONIES D'AMÉRIQUE

1º **Saint-Pierre et Miquelon**. — Nous, les anciens dominateurs, explorateurs et colonisateurs de l'Amérique du Nord, nous n'y possédons plus que Saint-Pierre et Miquelon, granits, sables et tourbe dans le brouillard et l'embrun, sur une mer prodigieusement libérale en morues.

Près de l'île anglaise de Terrre-Neuve et du banc de Saint-Pierre, non loin du grand banc de Terre-Neuve, sous le 47ᵉ degré de latitude, à 6670 kilomètres de Brest, le drapeau des Trois Couleurs flotte humblement sur ces 21 000 hectares, débris d'un empire vingt fois plus grand que la France.

Saint-Pierre, fort petite (2600 hectares), a pour annexe l'île aux Chiens. Sur ce sombre îlot de granit, qu'assiège une vague orageuse, vivent plus des 4/5 des habitants de l'archipel.

Miquelon (18 423 hectares) comprend deux îles granitiques pleines de tourbe : la Grande Miquelon et la Petite Miquelon ou Langlade, réunies depuis 1783 par une langue de sable.

Ces trois îles réduites à deux nous sont précieuses pendant la saison de la morue. Tout le temps qu'on pêche, qu'on sale ces multitudes, sur une mer qui nourrit plus d'hommes que tel vaste royaume, Saint-Pierre est un grand rendez-vous de navires français ; car nous envoyons à la morue, surtout de Bretagne et de Normandie, 300 vaisseaux et 15 000 matelots par an.

C'est une colonie salubre que ces roches où les plus inexorables ennemis du nom français nous permettent dérisoirement l'usage de trois canons. Ses 5120 habitants, Français, où dominent le sang breton, le sang normand, le sang basque, croissent régulièrement par l'excédant des naissances.

Saint-Pierre, dans l'île du même nom, est une ville en bois, aux maisons d'un étage, sur un port de peu de profondeur à mer basse ; elle a pour horizon des collines portant des sapins rudimentaires, les plus grands allant à la ceinture, quelques-uns peut-être jusqu'à l'épaule d'un homme ; et sur ces « forêts », comme sur les roches ternes, les écueils, les sables du pauvre archipel, le ciel, presque toujours, est triste.

2° ***Antilles françaises***. — Les Antilles, chaîne de grandes et de petites îles, commencent par Cuba, s'achèvent par la Trinité. Cuba, la terre la plus vaste de ces mers, est voisine de la Floride, presqu'île de l'Amérique du Nord ; la Trinité veille sur le delta de l'Orénoque, l'un des larges fleuves de l'Amérique du Sud. Sous un climat très chaud, mauvais, cet archipel, qui a des îles admirables, porte plusieurs millions d'hommes, Blancs, Noirs ou Mulâtres. Les anciens maîtres, les Indiens, ont disparu : la civilisante Europe, également représentée par ses « Latins » et ses « Saxons », les extermina dès qu'elle eut mis le pied sur ces plages fécondes.

La France y massacra pour sa part ; elle y colonisa beaucoup d'îles, notamment **Saint-Domingue**, terre splendide. Plusieurs ont passé dans les mains des Anglais ; le soleil du tropique et la fièvre aidant, Saint-Domingue a conquis son indépendance, mais ses 600 000 à 800 000 Noirs et Mulâtres jargonnent toujours le français créole, que parlent 1 500 000 hommes, aux Antilles, en Louisiane, en Guyane : ce patois plein de douceur, de langueur, et très ennemi des *r*, méprise la savante architecture du discours, qui est l'une des meilleures gloires de l'homme. C'est moins une langue qu'un babillage.

Guadeloupe. — Christophe Colomb, qui découvrit cette île en 1493, lui donna le nom de la patronne de ce second voyage, Notre Dame de Guadalupe, vénérée dans plusieurs sanctuaires d'Espagne, notamment en Estrémadure.

Traversée par le 16ᵉ degré de latitude nord, elle se compose de deux îles : la Guadeloupe et la Grande-Terre, qui se touchent le long d'un passage marécageux nommé la **Rivière Salée**.

De forme ovale, toute en monts volcaniques, en défilés, en cirques grandioses, la **Guadeloupe** a 82 000 hectares. Son pic supérieur fume encore ; c'est le **Piton de la Soufrière** (1484 mètres : 4 de plus que la Montagne Sans Toucher). Haute et boisée, elle est fraîche ou froide dans la montagne ; mais sur la côte, qui reçoit 219 centimètres de pluie par an, pèse un climat d'une moyenne de 26 degrés. Cet air torride, la fièvre jaune, l'anémie tropicale, les typhons, les tremblements de terre, ce sont là de grands ennemis de la Guadeloupe ; mais cette île souvent éprouvée par la nature et par l'homme (les Anglais lui ont fait beaucoup de mal) n'en est pas moins superbe. Ayant des cimes élevées, des forêts profondes, elle ruisselle de torrents : le plus abondant c'est la **Grande Rivière à Goyaves**, le plus calme c'est la Lézarde.

Laide mais féconde, la **Grande-Terre** (56 000 hectares) n'a ni monts, ni bois, ni rivières. Les sécheresses y sont parfois très longues, les convulsions du sol terribles ; la seule catastrophe de 1843 y fit pour 110 millions de ruines. Comme dans l'île jumelle, on y cultive surtout la canne à sucre et le caféier.

Sans les immigrants, la garnison, les employés et la population flottante, cette île double a 125 000 hommes, Français créoles et Nègres libérés. Les Blancs de la première colonisation appartenaient à toutes les classes : marins, soldats, fonctionnaires, marchands, flibustiers, corsaires, cadets de famille, aventuriers, paysans et ouvriers français engagés à temps. Plus tard, la Guadeloupe reçut, à mainte époque, des colons fuyant des îles voisines, usurpées par les Anglais. Aujourd'hui les rares Européens qui s'y établissent viennent surtout du Midi de la France. La race blanche n'y croît guère, si même elle ne diminue sous le climat nuisible du littoral.

La capitale, **Basse-Terre**, dans la Guadeloupe, sur le littoral du sud-ouest, ne l'emporte ni par ses 10 000 âmes, ni par son commerce, ni par son port, qui n'est qu'une mauvaise rade ; le premier rang est à **La Pointe-à-Pitre** (15 000 habitants), port de la Grande-Terre vaste et sûr, au bord de l'estuaire par lequel la Rivière Salée se confond avec la mer du midi.

La Guadeloupe a cinq dépendances :

La **Désirade**, c'est-à-dire la Désirée, comme l'appela Colomb en espagnol (*Deseada*), lorsqu'il la découvrit en 1493, est une île de 2600 hectares, volcanique, aride, abrupte, sans port, sans rade, à 9 kilomètres de la Grande-Terre ; elle a 1100 habitants et un hôpital de lépreux.

Marie-Galante, autre découverte de l'impérissable Génois (1494), est à 20 kilomètres de la Guadeloupe. Cette île ronde sans torrents pérennes, ici sèche, là marécageuse, fertile partout, a 14 600 habitants sur 15 000 hectares, et une ville de 4000 âmes, ayant trois noms : Grand-Bourg, Marigot ou Joinville.

Les Saintes, à 12 kilomètres de la Guadeloupe, également vues pour la première fois par Colomb, sont au nombre de cinq : non pas cinq îles, mais cinq îlots secs ayant ensemble 1256 hectares et 1550 habitants, marins et pêcheurs. Ces mauvais rocs portent de formidables citadelles, Gibraltar français des Antilles.

Saint-Barthélemi vient de nous être cédée (1878), ou plutôt rendue par la Suède, qui l'avait reçue de nous en 1784. Située bien au nord de la Guadeloupe, près du 18ᵉ degré de latitude, au milieu d'îles anglaises et hollandaises, cette roche, ancien volcan, nous revient après un vote unanime de ses insulaires. Elle a 2400 habitants sur 2114 hectares, tellement secs que parfois, les citernes étant vides, on va chercher l'eau potable à 52 kilomètres, dans l'île anglaise de Saint-Christophe. Son port, Gustavia, que nous appelions et que sans doute nous réappellerons **le Carénage**, est d'une entrée difficile, mais d'un usage sûr ; on y parle surtout l'anglais ; le français règne à la campagne et dans le bourg de **Lorient** qu'habitent quatre à cinq cents Blancs, hommes grands et forts, issus de familles normandes.

Saint-Martin, voisine de Saint-Barthélemy, au nord du 18ᵉ degré, ne nous appartient qu'à moitié, dans sa partie septentrionale, sur environ 5500 hectares, peuplés de 3440 personnes. Le sud relève de la Hollande.

En lui ajoutant toutes ces dépendances, la colonie de la Guadeloupe a 145 000 habitants : 175 000 avec les 20 000 immigrants africains, indiens, chinois, annamites, la garnison, les fonctionnaires, etc.

Martinique. — La Martinique, entre le 14ᵉ et le 15ᵉ degré, à 100 kilomètres au sud-est de la Guadeloupe, est séparée de cette colonie par les eaux où se lèvent les montagnes de la **Dominique**, île maintenant anglaise qui toutefois parle encore notre langue. Elle s'étend sur 98 700 hectares, dont 66 000 en montagnes, le reste

Saint-Pierre, à la Martinique.

en coteaux, en plaines et en littoral. Malgré l'apparence, le nom de cette île n'a rien de français : il ne vient pas de Martin ou de saint Martin, mais de *Madinina*. Ainsi l'appelaient ses Indiens, les **Caraïbes**.

Cette île presque souverainement belle a des rives très frangées : elle doit son relief au travail de volcans morts ou qui semblent l'être, et dont l'altitude n'atteint pas celle des pics de Guadeloupe, la **Montagne Pelée** ne s'élevant qu'à 1350 mètres et les Pitons du Carbet à 1207. Sur ces monts ondulent des forêts touffues où glisse la vipère fer-de-lance, reptile dangereux ; à leur pied courent des torrents aimant les courbes, les gorges sauvages, les rapides et les cascades, et qui, faibles dans la saison sèche, sont forts pendant les trois mois d'hivernage.

Comme à la Guadeloupe, les tremblements de terre y font craquer les villes : témoin la catastrophe de 1838 ; comme à la Guadeloupe encore, il y pleut beaucoup, d'un ciel ardent dont la moyenne est de 27 degrés : la hauteur annuelle des pluies, 217 centimètres, est presque trois fois celle de la France.

Mais la Martinique torride se borne aux côtes, aux plaines basses, aux vallées sans brise. Dans le mont l'air est de plus en plus frais à mesure qu'on s'élève sur le flanc des vieux volcans. A partir de 200 mètres d'altitude, les champs de canne à sucre, de coton, de café, de cacao, de plantes vivrières, en un mot les cultures, qui ne couvrent que le tiers de la Martinique, cèdent le pas aux terres vagues, aux savanes qui prennent le quart de l'île, aux forêts qui prennent le cinquième.

Sur ses 162 000 habitants, 15 000 à 20 000 sont des Noirs, des Indiens, des Chinois importés pour travailler aux champs et dans l'usine à sucre à la place des Nègres devenus libres. Le fond de la population ce sont les anciens esclaves, les créoles et les Blancs, ceux-ci pour la plupart originaires du Midi de la France. Les créoles sont de même élément que les vieilles familles de la Guadeloupe.

Les fièvres de marais, la fièvre jaune, l'anémie des pays chauds empêchent les Français d'y croître. Bien plus, ils y diminuent : il n'y a que 10 000 Blancs dans l'île, et l'on en comptait 15 000 au milieu du siècle dernier.

Fort de France, la capitale, n'a que 11 000 habitants, mais sa rade est superbe, son port excellent, sa position militaire magnifique. **Saint-Pierre** a 22 000 âmes.

3° *La Guyane française*. — Au sud-est des Antilles, nous avons un pied-à-terre dans l'Amérique du Sud, demi-continent qui a 33 ou 34 fois l'étendue de la France.

Ce pied-à-terre, c'est la Guyane, pays soleilleux, pluvieux, arrosé, fécond, et colonie lamentable où les Européens cèdent leur énergie, leur vie quelquefois à l'anémie tropicale.

Sans les terrains disputés par le Brésil à l'est du fleuve Oyapock, nous possédons ici plus de 12 millions d'hectares, entre la mer et la sierra, encore peu connue, de Tumuc-Humac, derrière un littoral qui va de l'Oyapock, petit fleuve, au Maroni, fleuve beaucoup plus long, beaucoup plus large, qui nous sépare de la Guyane hollandaise : de tout autre côté, c'est à l'immense Brésil que nous touchons ici. La **France Équinoxiale,** telle que la comprenaient les premiers occupants, c'était la vaste région que bornent la mer, l'Orénoque, le Rio-Negro, tributaire du fleuve des Amazones, et ce plus grand des fleuves lui-même.

La Guyane française court le long de l'Atlantique, près de l'équateur, du 2ᵉ au 6ᵉ degré de latitude septentrionale. Son **Littoral,** droit, noyé de vases, bordé de palétuviers, offre un seul port aux vaisseaux, Cayenne, qui refuse les navires de plus de 500 tonnes. Les fleuves qui, de saut en saut, viennent des Tumuc-Humac ou des monts de l'intérieur, expirent sur des barres, et les gros bâtiments ne trouvent de refuge que dans la rade extra-continentale formée par les **îles du Salut**.

Derrière le Littoral commence une bande large de 20 kilomètres, ou plus, les **Terres Mouillées**, qui furent de tout temps, depuis la prise de possession par la France (1635), le siège d'essais sans lendemain. Immergées, leurs alluvions produisent peu ou point; desséchées, elles empestent. Nous n'avons pas su les égoutter, comme l'ont fait tout près de nous, à l'occident, de très savants maîtres, les Hollandais de Surinam. Savamment drainées, elles ne seraient qu'à demi salubres; du moins seraient-elles fécondes.

Quand on a franchi cette première zone, on voit se dérouler au loin les **Savanes** et les **Pripris** : les savanes sont des pâturages nus avec quelques massifs d'arbres; les pripris, des marais sans profondeur, qui deviennent pâtures quand les eaux se retirent.

Après les Savanes et les Pripris, les **Terres Hautes** s'en vont au loin vers le sud, couvertes de forêts, jusqu'aux monts de granit de **Tumuc-Humac**. Dans ces forêts de tout bois tropical, le mora, bon pour les navires, porte sa tête à 45 mètres. Du sol fait de troncs pourris jusqu'aux derniers rameaux des plus hautes branches, la nature, au bord des criques, est puissante, bigarrée, féconde, infatigable, devant des hommes indolents et presque stériles. Des Indiens, des Nègres dont les aïeux ont fui le martinet du commandeur, errent dans ces monts sylvestres et dans les savanes qui descendent vers les terres inondées.

Des petits aux grands, des bons aux féroces, des plus laids aux plus beaux, cette misérable France Equinoxiale a des animaux à foison ; c'est l'homme qui lui manque : moustiques bourdonnants et suçants; mouche « hominivore » ou plutôt homicide[1] ; fourmis qu'un

---

[1] Elle entre dans le crâne par la bouche ou l'oreille, pond ses œufs, et l'on meurt de la méningite.

ruisseau n'effraie pas, que la poudre seule fait reculer; scorpions et mille-pattes; l'araignée-crabe, monstre velu; le crapaud pipa, monstre pustuleux; l'anguille électrique, dont le choc terrasse; le corail, court serpent mortel à ceux qu'il pique; le boa, long de huit mètres, assez fort pour enrouler, écraser, ensaliver, engloutir et digérer les grosses bêtes qui courent dans la savane; le caïman, le jaguar, le tapir avec son rudiment de trompe; des singes sans nombre; des oiseaux de tout plumage et de toute envergure, dont l'un, l'urubu, noir vautour, est ici, comme ailleurs en Amérique torride, le grand entrepreneur de salubrité publique, par la prompte expédition des charognes.

Passons à l'homme : Indiens Galibis, Approuagues, Arouacas, Emerillons, Roucouyènes; Noirs et Mulâtres; Coulies d'Afrique, d'Inde, de Cochinchine, et de Chine; Blancs; nomades et sédentaires; propriétaires, cultivateurs, hattiers ou éleveurs de bestiaux, chercheurs d'or, marins, soldats, fonctionnaires, galériens à la chaîne ou hors pénitencier, il n'y a pas même 30 000 habitants en Guyane, après bientôt 250 années de possession. Toutefois la population y croît maintenant un peu : non du fait des naissances, qui ne réparent pas les décès, mais par les immigrants venus de divers lieux : notamment des Antilles, et surtout de la Martinique, pour chercher l'or dans les criques guyanaises.

Excepté les Galibis, les **Indiens** sont dispersés dans l'intérieur. Les **Noirs** qui veulent travailler comme ceux qui s'égaient de ne rien faire, les 5000 immigrants engagés et les **Blancs** vivent sur le littoral, tout à fait dans le bas des fleuves, sur la Mana, le Sinnamary, le Kourou, la rivière de Cayenne, la Comté, l'Approuague aux criques aurifères, l'Oyapock qui donne aussi le métal fauve. Jusqu'à ce jour, le fond de la nation guyanaise c'est le Nègre sédentaire, jadis esclave, aujourd'hui libre, ayant pour langue le français créole. Les Nègres errants ou

Nègres marrons, les Boch ou Bonis, descendent d'esclaves évadés autrefois de la Guyane hollandaise.

Hors de l'armée, de la marine, des fonctionnaires, des forçats, il n'y a pas ici 2000 Blancs, misérable reste du peuple de colons que leur mauvaise étoile amena sur ce rivage. Quand nous eûmes perdu le Canada, Nouvelle-France du Nord, on espéra fonder la Nouvelle-France du Sud en Guyane. En 1763 et 1764, on entassa quinze mille hommes à la bouche du Kourou, vis-à-vis des îles du Salut : Alsaciens, Lorrains, Allemands, avec quelques Normands, Bretons et Provençaux. On les abrita mal, on ne sut ni les nourrir, ni les employer, ni les guérir ; treize mille moururent et presque tous les autres rentrèrent en Europe. De ce grand effort, qu'on eût mieux fait de porter sur la Louisiane, plus capable que la Guyane de devenir un empire, la pauvre colonie de l'Équinoxe ne retira que le renom de terre boueuse, fiévreuse, inhospitalière et mortelle.

Il y a quelques années la France eut honte de son impuissance en Guyane : on peut rougir de cultiver à peine 7000 hectares, au bout de deux siècles et demi de royauté, sur un continent où le Portugal a fondé le Brésil, et l'Espagne cinq ou six grandes nations de l'avenir.

Dans l'espoir de la relever, on en fit une **colonie pénitentiaire**.

Le 1er janvier 1866, il y avait déjà 7000 forçats aux îles du Salut et sur le **Maroni**, fleuve qui sépare notre Guyane de la Guyane hollandaise, et qui, sauf plus de longueur, de largeur et d'abondance, ressemble aux autres cours d'eau de la France Équinoxiale par son passage dans les forêts et les savanes et par ses nombreux « sauts », tantôt rapides et tantôt cascades. C'est un grand fleuve : des deux rivières qui le composent, l'**Aoua** roule 600 mètres cubes par seconde au milieu de la saison sèche, et le **Tapanahoni**, 338.

La mort a tellement frappé de sa faux ces galériens-là qu'on n'ose plus transporter à la Guyane que les Arabes

Rivière de la Comté.

et les Noirs, ces derniers étant acclimatés d'avance, et les autres supposés capables d'acclimatement. Les forçats de peau blanche vont tous en Calédonie.

Cependant les pénitenciers n'ont pas tous été funestes à la troupe cynique : si la Montagne d'Argent, Saint-Georges, Saint-Augustin, Sainte-Marie de la Comté, Mont-Joly, Bourda, Baduel ont trop reçu la visite de la fièvre des marais et de la fièvre jaune, deux pourvoyeuses de la mort, les îles du Salut, l'îlot la Mère, Cayenne, Kourou, **Saint-Louis** et **Saint-Laurent-du-Maroni** se sont montrés moins sévères. Au Maroni, sur un sol de sable, il y a déjà presque autant de Blancs que dans le reste de la Guyane.

Cayenne (8000 habitants) mire ses palmiers dans un estuaire. Malgré sa renommée funèbre, cette capitale de notre lambeau d'Amérique du Sud est une ville charmante.

FIN

TABLE DES MATIÈRES

FRANCE

CHAPITRE Ier	— **Étendue, nom, frontières**	1-18
	1° La Chanson de Roland. « Douce France » et « Terre Major ».	1
	2° Petitesse de la France. Le Belvédère	4
	3° Ce que nous avons perdu en 1871 : « *So weit die deutsche Zunge klingt.*	5
	4° La France comparée au monde, à l'Europe, aux grands et aux petits États.	7
	5° D'où vient le nom de France. Ceux qui nous ont légué notre nom sont parmi nos moindres ancêtres	8
	6° Frontières de la France : limites naturelles; tracés arbitraires, parfois insensés	12
CHAPITRE II.	— **Monts, Plateaux, Plaine Régions naturelles**.	18-158
	La montagne, les montagnards.	18
I.	— **Plateau ou Massif central. — Monts français**. .	18-68
	Plateau central.	21
	1° Monts Dore, Cézallier.	22
	2° Monts Dôme.	27
	3° Monts du Limousin et de la Marche.	32
	4° Cantal	34
	5° Margeride.	38
	6° Monts d'Aubrac	39
	7° Causses du Rouergue et du Quercy	41
	8° Cévennes : du col de Naurouze à la Lozère . .	47

	9° La Lozère. Monts du Goulet.	52
	10° Monts du Vélay.	54
	11° Monts du Forez.	56
	12° Monts de l'Ardèche : du Mézenc au Pilat. . . .	59
	13° Du Pilat aux Vosges	65
II.	— **Les Vosges** : leurs forêts, leurs lacs, trouée de Belfort.	68-72
III.	— **Le Jura** : Dombes et Bresse	72-78
IV.	— **Les Alpes**.	78-102
	1° Les Alpes en Europe	78
	2° Le Mont-Blanc.	79
	3° Du Mont-Blanc aux Alpes Maritimes.	82
	4° Petites Alpes	90
	5° Maures, Estérel	102
V.	— **Pyrénées**	103-129
	1° Les Pyrénées, Troumouse et Gavarnie.	103
	2° Le Vignemale, les thermes pyrénéens	110
	3° De la Rhune aux Albères.	111
	4° Plateau de Lannemezan. Landes	123
VI.	— **Petits monts et grandes plaines**.	129-138
	1° Argonne, Ardennes, Champagne Pouilleuse. . .	129
	2° Massif de Sancerre. Sologne, Brenne, Beauce, Gâtinais, Brie.	132
	3° Monts d'Alençon	136
	4° Monts de Bretagne.	136
CHAPITRE III.	— **Fleuves, rivières et torrents. Rivages, îles de la mer**	138-387
	Petitesse des fleuves français. Ce que le temps a fait de nos lacs et de nos cascades.	138
I.	— **De la Belgique au Havre**	143-157
	1° Les trois mers françaises.	143
	2° La mer du Nord, le Pas de Calais, la Manche. .	144
	3° Canche, Authie, Marquenterre, la Somme. . .	149
	4° Falaises normandes	152
II.	— **La Seine**	157-186
	1° La Seine. Paris	157
	2° Les affluents de la Seine : Aube, Yonne, Loing, Marne, Oise et Eure.	163
	3° Canaux entre la Seine et les fleuves de son pourtour.	182
III.	— **De la Seine à la Loire**.	186-217
	1° De la Seine à la Vire.	186
	2° Cotentin ; Iles normandes ; Mont-Saint-Michel .	191

TABLE DES MATIÈRES.

	3º Du Mont-Saint-Michel à la borne de l'Océan : petits fleuves, grands estuaires	196
	4º De la borne de la Manche aux roches de Penmarch	203
	5º Des roches de Penmarch à la Loire	208
IV.	— **La Loire**	217-246
	1º La Loire : son régime, ses crues, son cours	217
	2º Les affluents de la Loire : Allier, Cher, Indre, Vienne et Maine	228
	3º Canaux entre la Loire et les fleuves du pourtour	243
V.	— **De la Loire à la Gironde : la Charente**	247-263
	1º De la Loire à la Charente : Marais et Sèvre, Bocage et Lay	247
	2º La Charente, la Touvre	254
	3º De la Charente à la Gironde	261
VI.	— **La Gironde et l'Adour**	263-309
	1º La Gironde : la Garonne vraie mère de la Gironde	263
	2º Les affluents de la Garonne : Neste, Salat, Ariège, Tarn et Lot	272
	3º La Dordogne et ses affluents	287
	4º Le canal du Midi	295
	5º De la Gironde à l'Adour	296
	6º L'Adour, le Gave	302
	7º De l'Adour à la Bidassoa	308
VII.	— **Des Albères au Rhône**	309-324
	1º Littoral du Roussillon : Tech, Têt, Agly, Étangs littoraux	307
	2º Aude, Orb, Hérault	319
	3º Étangs du Languedoc, Lez, Vidourle, Vistre	319
VIII.	— **Le Rhône**	324-367
	1º Le Rhône en Suisse, le Léman. Le Rhône en France, la Camargue	324
	2º Affluents du Rhône entre le Léman et la Saône	336
	3º La Saône et le Doubs	341
	4º De la Saône à la Durance : Isère, Torrents Cévenols	346
	5º La Durance	354
	6º Canaux entre le Rhône et les bassins de son pourtour	366
IX	— **Du Rhône à l'Italie**	368-378
	1º De la Camargue aux Maures	368
	2º L'Argens, le Var	372
X.	— **Bassins excentriques : Rhin, Meuse, Escaut**	378-387
	1º Le Rhin, la Moselle	378

	2° La Meuse...............	382
	3° L'Escaut................	384
CHAPITRE IV. — **Climats, vents, pluies**.........		387-398
	1° Pourquoi la France a plusieurs climats....	387
	2° Les sept climats français...........	389
	3° Les pluies..................	396
CHAPITRE V. — **Origines des Français**.........		399-407
	1° La France et les Français. Il n'y a pas de race française.................	399
	2° Nos ancêtres : invasions anciennes. Invasions nouvelles : les Étrangers...........	401
CHAPITRE VI. — **La langue française en France, en Europe, dans le monde. Langue d'oïl et langue d'oc**..............		407-440
	1° Langue et littérature françaises.......	407
	2° Universalité du français. Pays dont il est la langue nationale..............	414
	3° Nombre des Français.............	422
	4° Français dont le français n'est pas encore la langue...................	425
	5° Langue d'oïl et d'oc : la langue d'oc s'en va..	434
CHAPITRE VII. — **Religions : catholiques, protestants, juifs**......................		440-441
CHAPITRE VIII. — **Accroissement du peuple français. Émigration**................		441-452
	1° Ce qui fait la force d'un peuple........	441
	2° Infécondité de la France...........	445
	3° Émigration..................	449
CHAPITRE IX. — **Les anciennes provinces**.......		453-470
	1° Importance des provinces : quoique mortes, elles vivent encore. Les petits pays.....	453
	2° Les trente-trois provinces...........	455
CHAPITRE X. — **Les départements**...........		470-579
	1° Division par départements, arrondissements, cantons, communes..............	470
	2° Noms des départements...........	473
	3° Les quatre-vingt-sept départements......	477
CHAPITRE XI. — **La Corse**................		579-588

ALGÉRIE

CHAPITRE Ier.	— **L'Afrique, l'Algérie, son avenir** . . .	591-597
	1° L'an 1830. L'Afrique. L'Algérie. Conquête de l'Afrique du Nord.	591
	2° Limites, étendue. Moghreb ou Afrique Mineure. Sahara, Soudan.	594
CHAPITRE II.	— **Le Tell**.	597-600
	Le Tell, ses chaleurs, ses neiges, son climat humain.	597
CHAPITRE III.	— **Monts du Tell**.	601-613
CHAPITRE IV.	— **Rivages et fleuves du Tell**	613-653
	1° Du Maroc au Chéliff : Tafna, Macta.	613
	2° Le Chéliff	626
	3° Du Chéliff à Bougie : le Mazafran, l'Isser Oriental, le Sébaou, le Sahel.	630
	4° De Bougie à la frontière de Tunis : Oued-el-Kébir, Seybouse et Medjerda	640
CHAPITRE V.	— **Les Steppes ou Landes**	653-659
	Le Hodna, les Steppes ; la Mer d'alfa ; les Zahrès ; l'Amour ; les chotts.	653
CHAPITRE VI.	— **Le Sahara**.	659-674
	1° Foum-es-Sahara, Biskara, les Ziban. Le Melrir, la Mer saharienne.	659
	2° L'Oued-Rir. L'Oued-Souf. L'Ighargar et le Hoggar. El-Goléa. Le Mzab et les Mozabites . . .	666
	3° Laghouat. Les Ksours	672
CHAPITRE VII.	— **Indigènes et colons**	674-691
	1° Population de l'Algérie.	675
	2° Les Indigènes : Berbères, Arabes et Nègres. Force des Berbères, faiblesse des Arabes . . .	677
	3° Les Colons	684
CHAPITRE VIII.	— **Divisions administratives**	692-694

COLONIES FRANÇAISES

CHAPITRE Ier. —		697-700
Perte de notre empire colonial. Erreurs et malheurs		697
CHAPITRE II. — **Colonies d'Asie**		700-713
1° Colonies de l'Inde		700
2° Cochinchine et Cambodge		714
3° Cambodge		710
CHAPITRE III. — **Colonies d'Océanie**		713-721
1° Nouvelle-Calédonie		713
2° Taïti		717
3° Marquises		718
4° Archipels disséminés		720
CHAPITRE IV. — **Colonies d'Afrique**		721-737
1° Sénégal		721
2° Comptoirs de Guinée		728
3° Gabon et Ogôoué		730
4° Bourbon ou la Réunion et dépendances		732
5° Obok		737
CHAPITRE V. — **Colonies d'Amérique**		738-750
1° Saint-Pierre et Miquelon		738
2° Antilles françaises		739-745
Guadeloupe		742
Martinique		742
3° Guyane française		745

TABLE ALPHABÉTIQUE

A

Aa. 145
Aar (Suisse) 379
Abbeville 596.568
Abd-el-Nour. 642
Aber-Benoît 200
Aber-Vrach 200
Abid (Nègres) 684
Abîme (source de l') 293
Abîme du Loiret. 232
Abiod-Sidi-Cheikh (El) . . . 674
Abisse (fontaine d') 319
Acadie, Acadiens. 214.301.419.420
Achaoun. 612
Acheneau ou Cheneau . . . 245
Acifs (les). 608
Adjeroud ou Kis. 616
Adour. . 114.301.302.303.307.308
Adour de Lesponne. 302
Ad Plumbaria. 649
Adrar-Amellal 610.640
Adrar-Boudfel 606
Aff 216
Affreville 628
Aflou 658
Afrique. . . . . . . 591 et suiv.
Afrique Mineure 596
Agay (rade d') 374
Agde 318.474
Agen 434.531.532
Agenais 455

Agly ou Gly 31
Agout 280
Agrioun. 640
Agris. 256.257
Ahaggar ou Hoggar. . 596.668.670
Ahi (lac). 728
Ahmar Khaddou. 662
Ahun 240
Aigle (cap de l') 370
Aigoual 50
Aigrefeuille 250
Aiguebelette (lac d') 77
Aigues, Aygues, Eygues . . . 352
Aigues-Mortes 296.320.321
Aiguille (cap de l'). 622
Aiguille (Mont-) 94
Aiguille ou Saint-Michel . . . 56
Aiguille du Midi (Meije) . . . 86
Aiguiller (l') 26
Aiguillon (Lot-et-Garonne). 269.285
Aiguillon (anse de l'). . . 250.252
Aigurande. 242
Ailette ou Lette 176
Aille. 102
Aiméo ou Mooréa 718
Ain, riv 340
Ain, dép. 477
Aïn-Isser. 618
Aïn-Mocta 636
Aïn-Nazreg. 624
Aïn-Ouangal 624
Aïn-Ouséra. 635

TABLE ALPHABÉTIQUE.

Aïn-Seufra 626
Aïn-Sfisifa 673
Aïn-Sultan 618
Aïn-Tala-Zid 612
Aïn-Tellout 618
Aïn-Temouchent 619
Aïn-Tifrit 624
Aire, riv 175.177
Aire (Landes) 303
Aire (Pas-de-Calais). 386
Aisne, riv 174.175.176
Aisne, dép 478
Aït-Aïssi (Oued) 638
Aïtone (forêt d') 586
Aix (canal d') 560
Aix (île et rade) 254.260
Aix en Provence 369.492
Aix-les-Bains 92
Aixe 238
Ajaccio 502.581
Ajol (val d') 342
Akamarou 721
Akbou 639
Akka ou Grande-Bassam . . 728
Alagnon 231
Alais 364.512
Alais (Gardon d') 364
Alaise 170
Alaric (canal d') 502
Alaric (mont d') 121
Albarine 341
Albères 122
Albertville 560
Albi 568.569
Albigeois (pays) 456
Albret (pays d') 455
Alençon 546.547
Alençon (monts d') 136
Aleria 582
Aleria (fiume d') 584
Alotsch (glacier d') 324
Alesia 170
Alger 592.593.652.693
Alger (prov. d') 692
Algérie 591-694
Algérie utile (l') 676
Algériens ou Franco-Africains. 689
Algonquins 254
Alignon ou Lignon du Vivarais 60.62
Alima 731
Alios (l') 126

Alise-Sainte-Reine 170
Aliso 581
Allaine 345.367
Allemands en France 405
— en Algérie 689
Allier, riv 229
Allier, dép 449.479
Allier (Bec d') 220.229
Allos (lac d') . . . 358.360.376
Alouettes (mont des) 249
Alpes 78-102
Alpes (Basses-) . . . 89.90.449.480
Alpes (Hautes-) 89 90.481
Alpes-Maritimes, dép. . . 403.482
Alpes (Petites) 90-102
Alpines 99
Alpines (canal des) 362
Alsace 6.379.467.468
Alsace (Ballon d') 70
Alsace-Lorraine 6.7.415
Altabiscar 112
Altier 53
Amazone 136.139.380.785
Ambazac (mont d') 33.34
Ambert 549
Ambès (Bec d') 265
Ambialet 278
Ambion 181
Ambleteuse 148
Amblève 417
Amboise 226
Ambotifotro 736
Amérique (colonies d') . . 738-750
Amérique du Sud 450.451
Amiénois 465
Amiens 151.566.568
Amont (bailliage d') 463
Amour (Djébel-) 656
Amour (val d') 345
Amoura 628.630
Amplepuis 228
Ampsagas 643
Ampuis 330
Amri (El-) 664
Ance du Nord 228
Ance du Sud 230
Ancenis 529
Anchoisne 262
Ancre 151
Andalouses (plage des) . . . 620
Andecavi 466
Andelle 177
Andelys (les) 164.508

TABLE ALPHABÉTIQUE.

Andorre (val d')...... 119
Andrest........... 105
Anduze (Gardon d')..... 364
Angeau (pic d')....... 316
Angers............ 536
Angkor............ 712
Anglais.......... 403.405
Anglais (langue)..... 414.424
Anglin............ 242
Anglo-Normandes (îles)... 193.415
Anglophones........ 424
Angoulême... 255.439.495.496
Angoumois-et-Saintonge... 465
Anie (pied d')....... 112
Anjou............ 466
Ank-Djemel......... 603
Annam............ 704
Annecy........ 340.560.561
Annecy (lac d')...... 91
Annonay......... 65.485
Annot............ 481
Anor............ 545
Antibes......... 375.484
Antilles... 421.432.451.739.740
Antilles françaises.... 739-745
Antioche (pertuis d').... 253
Anvers........... 386
Anzin............ 386
Aoste (val d')....... 418
Aoua............ 748
Aoukéna.......... 721
Approuague......... 747
Apt............. 571
Aquitaine.......... 430
Aquæ-Sextiæ........ 369
Arabe (langue)...... 677.690
Arabes........ 403.679
Arabes berbérisants.... 677
Aragnouet (Neste d').... 272
Aran (val d').... 16.266.267
Arats............ 282
Arbizon........... 107
Arc (Dauphiné)....... 349
Arc (Provence)....... 369
Arc (Pont d').... 352.484.485
Arcachon....... 299.393.517
Arcachon (bassin d').... 299
Arcadie bretonne...... 208
Archipel Dangereux..... 720
Arcis-sur-Aube....... 489
Arçon........... 344.345
Arconce ou Reconce.... 228
Arcône (lac d')....... 63.64

Arcy-sur-Cure........ 168
Ardèche, riv...... 61.62.351
Ardèche, dép...... 441.484
Ardennes, montagnes... 129.130
Ardennes, dép..... 405.485
Ardennes (canal des)..... 185
Arog ou Erg....... 668.674
Argelès............ 554
Argelès (ancien glacier)... 105
Argelès (gave d')....... 306
Argelès (vallée d')...... 306
Argelès-sur-Mer....... 309
Argens............ 372
Argentan............ 547
Argentat............ 287
Argentière (glacier d')... 80
Argentine (l')... 432.449.450
Argenton........... 242
Argonne (l')..... 129.177.458
Arguenon........... 198
Arhès (monts d')...... 136
Ariège, riv........ 120.275
Ariège, dép......... 486
Arize............ 274
Arles... 331.335.336.473.474.492
Arles-en-Roussillon..... 312
Arles à Bouc (canal d')... 336
Arlinde (fontaine d')..... 351
Arlot (fontaine d')...... 168
Armagnac........ 124.455
Armançon.......... 168
Armentières......... 545
Armoricain (climat).... 391
Armôr, Armorique..... 137
Arnon............ 234
Aron............ 184.229
Arouacas.......... 747
Arques ou Dieppette.... 154
Arras.......... 547.548
Arre............ 316
Arreau............ 272
Arrée (monts d')....... 136
Arrens (gave d')...... 306
Arromanches........ 188
Arros............ 303
Arrouch (El.)......... 648
Arroux............ 228
Arselar............ 701
Artense............ 465
Arthez-sur-Tarn...... 279
Artois............ 469
Artout (cirque d')...... 26
Arve............ 326.338

TABLE ALPHABÉTIQUE.

Arveiron. 338
Arvernes (les) 465
Arvert (dunes et presqu'île). . 262
Arvor ou Armôr 212
Aryas 401.402
Arz. 216
Arzeu 622
Asc (gouffre de l') 354
Aspe (gave d') 307
Aspre ou riv. de Fontanges . . 36
Aspres (les) 310
Asse. 358
Assiniboine 420
Assinie 728
Astarac 455
Atlantide (Berbérie). 595
Atlantique. 143.203
Atlas. 601
Atrebates (les) 469
Aubagne. 370
Aube, riv 165
Aube, dép. 488
Aubenas 352
Auberive. 540
Aubert (pic d'). 113
Aubervilliers. 562
Aubeterre 294
Aubette 180
Aubin 491
Aubois. 236
Aubrac (monts d') 59
Aubusson 240.504
Auch 282.429.515
Aude (fl.) 313.314
Aude, dép. 489
Audierne (baie d') 207
Audouze (mont) 33
Auge (pays d') 186
Augrogne. 342
Augrogne (val d'). 418
Aujon 540
Aulne ou Eaulne. 154
Ault. 152
Aulus. 274
Aumale 154
Aumale (Algérie). 639
Aumont (forêt d') 488
Aunay (forêt d') 496
Aune 205
Aunis. 465
Aupies (mont des) 99
Auray, ville et rivière 214
Aure, Aure-Inférieure 189

Aure (ancien glacier d') . . . 105
Aure (Neste et vallée d') . . . 272
Aureilhan (étang d') . . . 298.300
Aurès 601-606
Aurigny (île d') 193
Aurillac. 494.495
Auron 234
Aurouze (mont) 96
Ausci (les). 429
Austrasien (climat). 390
Authie. 149
Authion 220
Authone ou Automne. 177
Autunois. 460
Auvergnat (climat). 393
Auvergnat (patois) 438
Auvergne, Auvergnats. . . .
. . . . 20.417.448 465
Auvezère. 293
Auxerre 167.576.578
Auxerrois (l') 460.578
Auxois (l') 460.502
Auxois (mont) 168.170
Auxonne. 342
Auze 495
Auzia 639
Auzon. 360
Auzoue 275
Availles-sur-Vienne 438
Aval (bailliage d') 465
Avallon 578
Avaloirs (mont des). 245
Avance 286
Aven ou Hyère. 205
Avens (les) 51.534
Avesnes. 545
Aveyron, riv. 281
Aveyron, dép 490
Avignon. 163.330.571
Avranches. 537
Avranchin. 460
Avre 178
Avricourt. 129
Ax 275
Aydat (lac de) 28
Aygues. 352
Ayzac (coupe d') 61
Azergues 346

B

Babor (Grand et Petit) 610

TABLE ALPHABÉTIQUE.

Baccarat. 381
Baduel. 750
Bafing ou fleuve Noir. 722
Bafoulabé 722
Bages ou Sijean (étang de). . . 313
Bagnères-de-Bigorre. . . . 502.554
Bagnères-de-Luchon 116
Bagnols-sur-Cèze. 354
Bagnols-sur-Lot 282
Bagradas 651
Bahus 304
Bailleul. 545
Bains-du-Mont-Dore . . . 26.287
Bakalais. 730
Bakel 722
Bakhoy 722
Balagne (la) 581
Balaitous ou Marmuré 112
Balcon du Sud (le) 627
Bâle. 379
Baléares. 434
Ballons (les). 69
Balme de Montbrut 63
Bamanaos 726
Bande Orientale 432.450
Bandiat 256
Bandols. 370
Banqueroutiers (les). 684
Banyuls 309
Baou de Bretagne 492
Bar, riv. 185
Bar (cône de). 55
Bar-le-Duc ou Bar-sur-Ornain. 542
Bar-sur-Aube. 489
Bar-sur-Seine 159.489
Bara (réservoir de). 246
Barbaresques (États) 594
Barbezieux. 596
Barcelonnette 358.481
Barcilonnette 473
Bardonnèche 85.356.418
Barèges 113.304
Barenton (fontaine de) 216
Barfleur (pointe de) 192
Baronnies (les). 463
Barre des Ecrins 86
Barre (ancien lac de). 312
Bas-Canada . . . 419.420.446.450
Bas-Champs de Cayeux. . . . 152
Basque (langue) . . . 112 432.433
Basque (pays) 112
Basques (les) 308.310.402.429.450.451
Basse-Cochinchine . . . 704 à 710

Basse-Terre (la) 741
Basses (Iles) 720
Bassigny. 458
Bassure de Bas (la). 149
Bastan (gave de) . . . 113.304.429
Bastia. 502
Bastide-du-Haut-Mont (la). . . 46
Bastide d'Orniol (source) . . . 354
Bastide-de-Sérou (la) 119
Bastide-sur-Allier (la) 229
Bastides (les) 277
Bastion de France (le) 651
Batna 604.694
Batz. 217.428
Batz (île de). 200
Bauduen. 358
Baugé. 536
Baume, riv 60
Baume (cascade de la) 54
Baume-les-Dames 507
Baux (les) 99
Bauzon (forêt de) 59
Bavella (forêt de). 586
Bayeux 494
Bayonne. 393 597.429.552
Bayonne en Galice 310
Bayse 282
Bazadais. 516
Bazas 517
Bazoilles. 382
Baztan (val de). 429
Béarn 468
Béarnais et Basques . . . 450.451
Beaucaire 330.492
Beaucaire (canal de) 29
Beauce 154
Beauchastel 330
Beaufort. 220
Beaugency. 224
Beauges (les) 92
Beaujolais. 467
Beaujolais (monts du) 66
Beaune. 503
Beauregard (montagne de) . . 88
Beaurevoir (cimetière de). . . 384
Beauvais. 545.546
Beauvoir-sur-Mer. 247
Bèbre ou Besbre 229
Bec ou Bolbec 481
Bec d'Allier 220.229
Bec d'Ambès. 265.515
Bec de l'Echaillon. . 91.92.94.348
Bec du Gave. 502

TABLE ALPHABÉTIQUE.

Bédarrieux. 316
Bède (gouffre de). 45
Bédeillac (grotte de) 118
Bedoux 307
Behins (les) 215
Beiramar (la) 450
Bélair (colline de) 532
Bélair (mont). 136
Bélesta (forêt et draperie de) . 277
Belfort 6.72.579
Belfort (territoire de). . . 472.578
Belfort (trouée de). 70.72
Belges en France (les) 405
Belgique Wallonne. 415
Bellac 574
Belle-Alliance (la) 416
Belledonne (chaîne de) . . 94.349
Bellegarde-en-Roussillon. . . 123
Bellegarde-sur-Rhône . . 326.328
Belle-Isle 203.214
Bellême (forêt de). 234
Belley 478
Belvédère (le) 4.5
Bénac (val de). 303
Beneharnum. 468
Ben-Hini (pont de) 637
Bénian 624
Béni-Chougran 625
Béni-Khalfoun 637
Béni-Mansour 639
Béni-Ménasser 613
Béni-Méred 593
Béni-Mezrenna 592.593
Béni-Mzab ou Mozabites.. . 419.671
Béni-Rached (forêt de) 628
Béni-Saf 619
Béni-Salah ou pic du Midi de
    Blidah. 611
Béni-Sliman 637
Béni-Snassen. 618
Béni-Snous. 612.617
Bénodet (anse de). 208
Bénout (Oued). 674
Berbères 403.678
Berbères arabisants. 677
Berbérie 595
Berck 149
Bérenx. 306
Bergerac. 506
Bernay. 508
Bernières 188
Bernois (les) 418
Berre, riv. 514

Berre (étang de), ... 468
Berrian 675
Berry 464
Berry (canal du) 234.236
Berry-au-Bac. 558
Bés. 285
Besançon. 448.506.507
Besançon (bailliage de). . . . 463
Besbre ou Bèbre. 229
Bessèges. 552.512
Bessin (le). 189
Besson (mont) 33
Béthune 548
Béthune, riv. 154
Beuvray 67
Beuvron (Nièvre). 184
Beuvron (Sologne) 232
Beuzeval. 187
Beynac 288
Bèze, source et rivière 343
Béziers. 295.518
Béziers (diocèse de). 456
Biarritz 502.508
Biban ou Portes-de-Fer . . . 639
Bibracte 67
Bidassoa. 308
Bidouze. 307
Bien-Hoa, ... 704
Bienne (lac de) 75
Bienne, riv. 341
Bienne, ville. 417
Bièvre (pays de) 524
Bigorre 429
Biguglia, étang et village. 582.583
Billard (puits) 345.346
Billaux (les) 439
Binic 199
Biren ou *piren* 104
Biron 287
Biscarosse. 474
Biscarosse-et-Parentis (étang
    de). 298.300
Biscayens 432
Biskara 660.661
Biskris (les) 662
Bituriges (les). 464
Bizerte 634
Blaisois 462
Blaisy (tunnel de) 159
Blanc (le) 521
Blancafort 133
Blanc-Nez 148
Blavet. 209

Blayais	516
Blaye	517
Bléonne	358
Bleu ou Lhéou (lac)	114
Blidah	636.642.693
Blidah (monts de)	611
Blois	526.527
Blond (montagnes de)	34
Bocage angevin	244.250
Bocage breton	250
Bocage du Berry ou Boischaut	236
Bocage de Champagne	538
Bocage de Saintonge	496
Bocage normand	190
Bocage vendéen	249
Boch (nègres marrons)	748
Bodensee ou lac de Constance	379
Boëme	259
Boers (les)	52
Boghar	627
Boghar (cap de)	612
Bois-Blanc (forêt du)	258
Boischaut	236
Bois de l'Assise	59
Bois de l'Hôpital	55
Bois du Mont	328
Bois du Mont de Clairvaux	489
Bois-Janson	67
Bois-Noirs (les)	58
Bolbec	181.564
Bolbec ou Bec ruisseau	181
Bône	649.694
Bonifacio	581.588
Bonifacio (détroit de)	580
Bonis (nègres marrons)	748
Bonnant	338
Bonneval-sur-Arc	349
Bonnevie (Rocher de)	231
Bonneville	561
Bon-Pays ou vignoble	525
Bord (lac de)	40
Bordeaux	270.392.393.438.448.516.517
Bordelais	516
Bordj-bou-Aréridj	611
Borgne	325
Bormes (rade de)	372
Borne	228
Bort	287
Bort (orgues de)	34.287
Bosméléac (réservoir de)	246
Bossigan (forêt de)	488
Bossons (glacier des)	82
Bouc et chenal de Bouc	368
Boucau (Nouveau)	300
Boucau (Vieux)	300
Bouchemaine	244
Bouches-du-Rhône, dép.	405.491
Bouchet (lac du)	55
Boucheuse	574
Bou-Derga	658
Boudigau	301
Boudouaou	637
Boué (réservoir de)	185
Bouès	273
Boufarik	636
Bougie	638.694
Bou-Hamdan	650
Bouillant (Touvre)	259
Bouillidous (les)	294
Bouillon (Loiret)	232
Bouin	247
Bouira	639
Bou-Kahil	673
Boukdoura	638
Boulet (étang du)	216
Boulogne, riv	245
Boulogne-sur-Mer	148.4.5.548
Boulogne-sur-Seine	562
Boulonnais	148.547
Boulous	730
Bou-Merzoug	643
Bourbeuse ou Rivière Saint-Nicolas	578
Bourbince	229
Bourbon ou la Réunion	752-755
Bourbon-Lancy	224
Bourbon-l'Archambault	242.467.480
Bourbonnais	467
Bourboule (la)	26
Bourbourg	426
Bourbre	328
Bourda	750
Bourdeilles	294
Bourg de Sirod	241
Bourg du Péage	349.508
Bourg-en-Bresse	477.478
Bourg-Saint-Andéol	330
Bourganeuf	504
Bourges	234.498.499
Bourges (pays de)	499
Bourgès	516
Bourget (lac du)	91.340
Bourgneuf, ville et baie	247
Bourgogne	460
Bourgogne (canal de)	184

TABLE ALPHABÉTIQUE.

Bourgoin 328
Bourme, riv. et canal . . 350.351
Bou-Roumi 652
Bou-Saada. 654
Bou-Sellam 639
Boussac 504
Boussens 274
Boussièvre (mont) 66
Bou-Thaleb 611
Boutières (les) 64
Boutonne 260
Bouveret (le) 332
Bouzanne 242
Bouzaréa 632
Bou-Zegza 608
Bouzey (réservoir de) . . . 566
Bouziés 284
Bozel 348
Bozouls (enfer de) 42.44
Brabançons 403
Brabant 417
Braconne (forêt de la) . . 257.258
Braknas 725
Brambien (bois de) 216
Bramebiau 50
Brantôme 294
Bras-de-Fer ou canal du Japon. 332
Bras des Lônes 332
Brassac 230
Bray (pays de) 154
Brebec ou Rançon 181
Brèche 177
Bréhat (île de) 200
Breil 578
Breizad (langue bretonne) . . 428
Brenet (lac) 381
Brenets (lac des) 344.345
Brengues 286
Brenne ou Sologne de Berry . 133
Brenne, riv. 168
Brenne ou riv. de Châteaure-
 nault 134
Brésil 450.745
Bresle 154
Bressans (les) 76
Bresse (la) 77
Bresson (le) 381
Bressuire 566
Brest, ville et rade . . 204.392.510
Bretagne 157.457
Bretagne (canal de) 245
Bretagne (monts de) 156
Breton (climat) 591

Breton (langue) . . . 426 et suiv.
Bretons (les) 403
Breuchin 342
Briançon 86.87.482
Briançonnais 463
Briare, ville et canal . . . 183.224
Brie 135.479
Brie champenoise 458
Brière (Grande) 227
Briérons (les) 227
Briey 542
Brignoles 571
Briguette (puech de la) . . . 262
Brinon 474
Briollay 244
Brionnais 460
Brioude 529
Brioude (plaine de) 230
Brive-la-Gaillarde . . . 45.293.500
Brocéliande (bois de) 216
Brouage 261
Bruche 6.415
Bruniquel 281
Brutus-le-Magnanime . . . 248
Bruxelles 416
Buch (pays de) 455
Buech 358
Buenos-Ayres 450
Bugarach 120
Buges 183
Bugey 460
Buisson d'Amanty 542
Bun (gave de) 306
Burgondes (les) 403.460
Burgs (les) 380
Burle (fontaine de) 278
Burons (les) 22
Burzet (riv.) 61
Bussières (gorge de) 168
Buze 262
Byzantins (les) 679

C

Cabourg 187
Cabouy 292
Cabrerets 286
Cacadogne 26
Cadillac 270
Cadurci (les) 531
Caen 187.492.494
Caen (campagne de) 187

TABLE ALPHABÉTIQUE.

Caen à la mer (canal de) . . . 187
Cafres (plaine des) 734
Cagne 375
Cagnons ou *Cañons* 42
Cahors 284.530.531
Caillaouas (lac de) 115
Caille (plan de la) 374
Caillère (gouffres de la) . . . 257
Cailly 180
Cajarc 284
Calais 144.146.147.548
Calaisis ou Pays Reconquis . . 465
Calavon ou Caulon 364
Calceus Herculis 661
Calcutta 702
Calle (la) 651
Calvados (rocher du) 188
Calvados (départ.) 449.492
Calvi 502.580.581
Calvignac 284
Calvinistes 440
Camargue 333
Cambo 307
Cambodge et Cambogiens. 710-713
Cambrai 545
Cambrésis 468
Camerata 619
Camisards 52
Campagne de Caen 187
  ampan (ancien glacier de) . . 105
Campan (vallée de) 302
Campi Putridi 369
Canada . . . 254.419.420.446.450
Canadiens-Français . 178.180 419.
. . . . 420.421.443
Canaille (mont) 370
Canaries (les) 678
Canau (étang de la) . . . 298.299
Canaux de navigation (les) . . 182
Cancale 198
Cance (Normandie) 194
Cance (Vivarais) 546
Canche 149
Candes 258
Cando ou Humboldt 714
Canet 469
Canigou 107.122
Cannes 374.396.484
Cannes (source de) 371
Canourgue (la) 285
Cans ou *Causses* 41
Cantal, dép. 494
Cantal (mont du) 54-58

Cantal (plomb du) 34
Cantalou ou Petit-Cantal . . . 35
Cap-Breton 300
Cap-Breton (gouf de) . . . 301.302
Cap Corse 580
Cap de Gascogne (Saint-Sever) 303
Cap de Long (lac de) 113
Capdenac 284
Capelle-Toutes-Aures (la) . . 285
Capo Corsini 580
Capsir (le) 514
Capvern 124
Cap-Vert (cap et presqu'île) . 726
Carabane 728
Caraïbes 744
Carbet (pitons du) 744
Carbon (cap), près d'Arzeu . . 622
Carbon (cap), près de Bougie . 638
Carcanières 314
Carcans (étang d'Hourtins et) 298.299
Carcassez 486
Carcassonne 314.489.490
Carcès 374
Cardo 581
Carénage ou Gustavia (le) . . 742
Carentan (prairies de) . . . 190
Carghèse 588
Carillon 260
Carlitte (puy de) 121
Carnac 210
Carol (vallée de) 554
Caronte (étang de) 368
Caroux 49
Carpentras 469.571
Carpentras (canal de) 560
Carthage 652
Carthaginois 678
Cascades de France 142
Cassaigne 629
Cassis (baie de) 370
Castelbouc (source de) . . . 278
Casteljaloux 287
Castellane 481
Castelnaudary 490
Castelnau-de-Médoc 473
Castelnau-Rivière-Basse . . . 303
Castel-Roussillon 469
Castel-Sarrasin 570
Castets 270
Castillanophones (les) . . . 424
Castillon-sur-Dordogne . 288.456
Castres 280.569
Catalan (dialecte) 433 434

TABLE ALPHABÉTIQUE

Catalans en Algérie. 688
Catalogne 434
Catelet (le). 386
Catholiques 440
Caucalières 281
Caucase. 103
Caudebec 181
Caudebec-lès-Elbœuf. . . . 564
Caudebéquet. 181
Caulon ou Calavon 364
Causse de Montbel. 55
Causse de Sauveterre . . . 46.278
Causse Méjean. 50.278
Causse Noir 51
Causses. 41
Causses de Rodez 42
Causses du Quercy 45
Cauterets 110.474
Cauterets (gave de). 506
Caux, riv 181
Caux (pays de). 155
Cavaillon 364
Cavalaire (plage de) 372
Cavalier (mont) 322
Cavallo (cap et îles). . . . 638.640
Cavéry. 701
Cayenne. 745.747.750
Cayeux 152
Caylus. 569
Cayor (lac de) 725
Cazamance. 728
Cazau (étang de). 298.300
Ceil de la Vache 115
Ceinture d'Or 157
Célé. 286
Céloux. 495
Celtes 402
Célune ou Sélune. 194
Cenomani (les). 466
Centre (le) 400
Centre (canal du). 246
Cerdagne française . . . 16.121
Cère. 290
Cère (Pas de la) 290
Céret (pont de) 310
Céret 554
Cernoy 530
Cers ou Cierce. 395
Cervi (gouffre de la) 354
Cesse 296
Cette 313.319.518
Ceuta 617
Cévennes 47

Cézallier. 26.27
Cèze. 352
Cezembre 198
Chabet-el-Akhra 640
Chablais. 558
Chabounia. 627
Chabro (Aïn-) 653
Chabrol ou Lifon. 716
Chagny 246
Chaillexon (lac de). . . . 344.345
Chailly (fontaine de) 174
Chaise-Dieu (monts de la). . . 63
Châlain (lac de) 75
Chalard (cascade du). . . . 294
Châlon-sur-Saône. 558
Châlonnais. 458.460
Chalonnes. 221.226
Châlons-sur-Marne. . . . 537.538
Chalosse 124 504.525.550
Chalus (monts de) 55
Chalus. 255
Chamalières (gorges de). . . 223
Chambéry. 92.559.560
Chambeyron (aiguille de). . . 480
Chambon (lac). 28
Chambon-Feugerolles (le). . . 228
Chambord. 234
Chamechaude 94
Chamonix. 80.558.474
Champagne 457
Champagne berrichonne . 236.467
Champagne de Cognac 259
Champagne Pouilleuse 130
Champdamoy (fontaine de la). 343
Champeigne 521
Champ-Raphaël (plateau de) 59.62
Champsaur. 550
Chandernagor 702
Chanson de Roland. 1
Chaouïa 606
Chaource (forêt de). 488
Chapeauroux. 250
Chapelle-Saint-Cyr (mont de la) 66
Chapelle-sur-Loire (la) . . . 219
Chareb-er-Riehh. 625
Charente, fleuve. 239.254 et suiv.
Charente, dép. 495
Charente-Inférieure. . 441.448.496
Charenton 175
Charentonne 547
Charité (la). 224
Charlemont 382
Charleroi 584

Charleville.	486	Chélia	601
Charolais	558	Chéliff.	626 et suiv.
Charolais ou du Centre (canal du).	246	Chéliff des Steppes.	627
		Chellal (Oued-).	611
Charolais (monts du).	66	Chellala.	627.655
Charolles	558	Chemillé.	536
Chartres.	178.509	Chémora (Oued-).	605
Chassezac	352	Chenavari	330
Chat (mont du).	91	Cheneau ou Acheneau	245
Châteaubriant	529	Chêne-Populeux (le)	185
Châteaubrun.	242	Chenonceaux.	234
Château-Chinon.	166.167.544	Chénoua.	631
Châteaudun	509	Cher, riv.	220.234
Château-Gaillard (le)	164	Cher, dép.	498
Château-Gonthier	541	Cherbourg.	192.537
Château-Larcher.	240	Cherchell	631
Châteaulin.	205.510	Chéronnac.	255
Châteauneuf-du-Faou.	205	Chervin ou Grand-Carré.	91
Châteauneuf-Randon	39	Chevade (monts de la)	59
Château-Renard	172	Chevagnes (landes de)	480
Château-Richeux (pointe de).	196	Chèvre (cap de la).	205.206.207
Châteauroux.	520.521	Chèvre ou Gavr'enez (île de la)	215
Château-Salins.	415	Chez Roby (gouffre de).	257
Château-Thierry.	479	Chicago.	632
Châteauvert (forêt de)	504	Chiens (île aux)	758
Châtelaillon.	254	Chiers.	584
Châtel-la-Lune.	181	Chiffa.	652
Châtelier (le).	216	Chillon (château de)	325
Châtellerault.	573	Chinois	418
Châtillon-sur-Loing.	183	— au Cambodge.	712
Châtillon-sur-Seine.	159.503	— en Cochinchine.	709
Châtillonnais.	502	Chinon.	238.522
Châtre (la).	521	Chinook (langue).	421
Chaudefour (cirque de).	28	Cholet.	536
Chaudesaigues.	40	*Chotts* (les)	603
Chaudoc.	704	Chott-es-Saïda (Hodna)	655
Chaumont ou Grand-Crédo	326	Chott Occidental.	658
Chaumont-en-Bassigny	173.538.540	— Oriental.	658
Chaumont-en-Vexin.	546	Chouldocogagna	111
Chauny.	176	Chouli.	618
Chausey (îles)	192	*Chullu.*	646
Chaussées et Pavés des Géants.	61	Ciatancias	484
Chautagne (marais de)	92	Cierce ou Cers (mistral)	595
Chaux (forêt de)	345	Cilaos.	754
Chavanon	288	*Cingles* (les).	288
Chavaroche, riv.	36	Cinquièmes (les)	671
Chavaroche ou Homme-de-Pierre.	35	Cinq-Mars.	234
		Cinto	585
Chavaspre	36	Ciotat (la).	570
Chebka (la)	671	Ciotat (golfe de la).	570
Chef-Boutonne.	260	Ciotat (source de la).	571
Chehli (le).	602	Ciron	287
Cheïres (les).	27	Cirques des Pyrénées.	107

TABLE ALPHABÉTIQUE.

Cirta	643
Cisse	220
Cité de Carcassonne (la)	314
Citore	362
Civrai ou Civray	573
Claie	216
Clain	239
Clairac	285
Clairée ou Clarée	356
Clairvaux (forêt de)	488
Claise	242
Clamecy	544
Clamouse	290
Clamouse (cascade de)	290.318
Clape (monts de la)	313
Claps (le)	351
Clarabide (port de)	114
Clarée ou Clairée	355
Clèdes (gouffre de)	267
Clef de voûte (pays)	502.557
Clermont d'Oise	546
Clermont-Ferrand	398.549
Cléron	346
Clichy	562
Climat auvergnat	393
— breton	391
— girondin	392
— lyonnais	394
— méditerranéen	394
— parisien	390
— vosgien	390
Climats continentaux	389
— maritimes	389
Clisson	245
Clouère	240
Cloups (les)	45.292
Cluny	346
Clus (les)	102
Cluses (les)	73
Coblence	580
Cochinchine et Cochinchinois	418.704-710
Cognac	259.496
Cogne (val de)	418
Cogolin (vallée de)	102
Coiron	62
Coislin (le)	457
Colagne ou Coulagne	285
Colbart (écueil de)	147
Collias	564
Colline ou Vignoble	578
Collioure	309
Collo	646
Collops Magnus	647
Colmar	379
Cologne	380
Cologne, riv.	551
Cologne-en-France	277
Colombie anglaise	421
Colombier de Gex	74
Colombine	343
Colonies françaises	697-750
Colons algériens	684
Combade	238.239
Combeauté	342
Combes (les)	73
Combrailles	465
Côme (Puy de)	50
Commentry	234.480
Commentry (massif de)	480
Commercy	543
Comminges	455
Como	750
Comores (les)	737
Compain (pas de)	290
Compiègne	398.546
Compiègne (forêt de)	174
Comtat Venaissin	453.469
Comté, riv.	747
Comté de Foix	469
— de Nice	470
Concarneau	208
Condat	238
Condé	238
Condé-sur-Escaut	386
— -sur-Suippe	538
Condom	515
Condomois	455
Condore (Poulo-)	710
Condrieu	330
Coney	542.566
Conflans-Sainte-Honorine	174
Conflent (le)	469
Confolens	496
Congo, fleuve	139.731
Conques	44
Conquet (le)	204
Constance (lac de)	379
Constantine	643.694
Constantine (prov. de)	693
Constantinople	157-652
Contis (courant de)	300
Corbeil	563
Corbelin (cap)	638
Corbières	120
Corcoro (Roche aux fées de)	212

TABLE ALPHABÉTIQUE.

Cordouan	296
Coringuy	702
Corisco (baie de)	731
Corn	286
Corneille (rocher)	56
Corniche (la)	376
Cornouaille	206
Cornouaillais (dialecte)	429
Cornouaille anglaise	426
Coromandel (côte de)	701
Coron (réservoir de)	246
Corie	366
Corrèze, riv	293
Corrèze, dép	499
Corse et Corses	433.467.500.579
Corte	474.502
Cosne	544
Cosson	232
Costa ou Grand-Bassam	728
Côte d'Or (mont)	67
Côte-d'Or, dép	502
Côte du Rhône	330
Côte Rôtie	330
Côte Sauvage (Oloron)	263
Côte Sauvage (Ré)	254
Cotentin	191
Cotentin (canal du)	190
Côtes-du-Nord	428.503
Couarde	520
Couchant, Gharb ou Moghreb	595
Coucy	176
Cou du Chameau (Ank-Djémel)	603
Couéron	226
Couesnon	194
Couévrons	540
Coulagne ou Colagne	285
Coulommiers	562
Coupe d'Ayzac	61
Coupe de Jaujac	62
Couplan (Neste de)	272
Courant du Golfe	391
Courants (les)	128.300
Courbevoie	562
Courseulles	188
Courtine (la)	504
Courtrai	386
Couserans	274
Couse de Besse	231
— de Champeix	231
Couses (les)	231
Cousin	168
Cousous (les)	101
Coutances	557
Coutras	295
Couzon (réservoir de)	65
Crabioules (glaciers et pic de)	115
Crans ou *Crens* (les)	148
Crappone (canal de)	362
Crastes (les)	126.128
Crau	99.362
Crau languedocienne	101
Craynaux	44
Creil	177
Créole (dialecte français)	421.739
Crest	351
Crêt de la Neige	73
Crêt de la Perdrix	64
Crète	580
Crétins ou Goîtreux	82.84.86.267.348.349
Creuse, riv	240
Creuse, dép	504
Creuse (Petite)	242
Creusot ou Creuzot (le)	228.558
Cristal (monts de)	730
Crocq	504
Croisette (cap de la)	375
Croisic (le)	217
Croix-de-Mounis (monts de la)	49
Croix-de-la-Paille	56
Croix-Haute (col de la)	95
Croix-Scaille (la)	130
Cro-Magnon	293
Crozant	240
Crozat (canal de)	185
Crozon	474
Crozon (presqu'île de)	205
Cruis (abîme de)	354
Cuba	422.739
Cubjac	293
Cubzac	288
Cubzagais	516
Cuges (plan de)	371
Cuiculum	644
Cuje-la-Palas	550
Culan	499
Culoz	328
Cure	167

D

Dabou	728
Dadou	281
Dagana	722
Dahomey	728

TABLE ALPHABÉTIQUE.

Dahra 628.629.630
Dakar 726
Dalon 293
Dame-Noire (Nui-ba-Dèn) . . . 708
Dames-de-Meuse 382
Daniette 320
Danube 138.139.402
Dardenne 371
Darnetal 180.458
Dauphiné 463
Dauphiné d'Auvergne 465
Dax 303.526
Daya 625
Dayat-el-Ferd 659
Deauville 186
Debar 648
Décan 701
Decazeville 491
Decize 224
Déforestation en France . . 22.35.
. . . . 52.55.88.89.90
Délémont 417
Dellis 638
Denain 386.545
Denise (la) 56
Dent de Morcles 325
  — du Midi 325
  — de Nivolet 92
  — d'Oche 91
Département « clef de voûte » 502
. . . . 557
Deren ou Atlas 601
Déroute (entrée et passage de
la) 193
Desge 230
Désirade (la) 741
Dessoubre 345
Desvres (collines de) 547
Deule 387
Deux Mers ou du Midi (canal
des) 295
Deux-Sèvres (les) 441.564
Dévoluy 95.96
Dheune 246
Diadème (le) 717
Diahot 714
Diane (étang de) 582
Die 507
Diège 290
Diélette 192
Dieppe 154.155.564
Dieppette ou Aques 154
Dieu ou d'Yeu (île) 249

Dieuze 415
Digne 480.481
Digoin 224
Dijon 502.503
Dijonnais 460
Dinan 198.503
Diois 463
Diosaz 338.340
Dira 611
Dive, fleuve 187
Dive du Nord 243
Dives 187
Divonne 338
Divonne de Cahors 286
Djagarnat 702
Djalaba 736
Djédar (les) 629
Djédi (Oued-) 666.673
Djelfa 656
Djémila 644
Djendéli (le) 603
Djer (Oued-) 632
Djerdjera, Djurdura, Jurjura . 606
Djezaïr (El) ou Alger 592
Djidjelli 640.642
Djindjen 642
Doire Baltée 82
Dol (marais et mont de) . . . 196
Dôle 525
Dôle (bailliage de) 463
Dombes 75
Dôme (monts) 27-32.136
Domfront 243.547
Dominion ou Puissance du Ca-
nada 419.420
Dominique (la) 422.742
Domme 288
Domrémy 382
Don ou Uldon 536
Donges (Marais de) 227
Donnaï 740
Donnezan 488
Donzère 350
Dordogne, riv. 265.287
Dordogne, dép. 505
Dore 231
Dore (Dordogne) 287
Dore (Monts) 22-27
Doredon ou Oredon . . . 113.275
Dormant (Touvre) 258
Dorne 351
Dorons (les) 348
Dossen 200

TABLE ALPHABÉTIQUE.

Douai 545
Douaïchs. 725
Douarnenez, ville et baie . 206.397
Double 295
Doubs, riv. 341.344
Doubs, dép 506
Doubs (saut du) 345
Douce France 1.2.3
Doui. 628
Douix (les) 159
Douix-de-Châtillon 159
Doullens. 568
Dourbie 280
Dourdou méridional 280
Dourdou septentrional. . . 44.286
Douve ou Ouve. 190.191
Douvres. 146.148
Doux 346
Douze 304
Drac. 349.350
Drac à Gap (canal du) . . . 350
Draguignan 570
Drance ou Dranse de Savoie. . . 336
— — du Valais. 82.325
Draperie de Bélesta. 277
Dréaf ou Kteuf. 610
Dreux. 509
Drôme, riv. 351
Drôme, dép 441.507
Drôme (monts de la) 95
Dromme. 189
Dronne 293
Dropt ou Drot 287
Drouais 460
Droué 526
Drumont. 381
Duclair 181
Duff (mont) 721
Dun, riv. 156
Dunes des Landes 128
Dunkerque. . 145.397.425.426.545
Dunois. 462
Duperré 628
Durance. 354
Durdent 155
Durgeon. 343
Durolle 232
Durzon 280
Duvivier. 650
Dzaoudzi. 757

E

Eaulne ou Aulne. 154
Eau Morte. 91
Eau Terne. 281
Eaux Bonnes (les) 307
Eaux Chaudes (les) 307
Eauze. 268
Echaillon (Bec de l') . . 91.94.348
Echez 302
Ecluse (fort de l') 74.326
Ecouves (forêt d') 136
Edough 648
Eghris (plaine d') 624
El-Amri. 662
Elbe (île d') 580
Elbeuf. 164.564
El-Goléa. 595.597
El-Kantara. 661
Ellé. 208
Ellez 205
Elliberri, Illiberri (Auch, Elne)
. . . . 310.429
Elne. 310.429
Elorn 204
El-Oued 668
Elsene. 416
Embalire 119
Emblavés 223
Embrun. 482
Embrunois 89
Emérillons. 747
Emposieux (les) 343
Endja (Oued-) 644
Enengas. 750
Entraigues. 285
Entre-deux-Mers 265.516
Entrevaux. 481
Epernay. 538
Epinal. 390.574.576
Epte. 177
Erdeven 209
Erdre 244
Erg ou Areg (les) 668.674
Ermitage (cru de l') 330
Erieux. 351
Erquy (cap d') 198
Escaut. 384
Escoublac 217
Escualdunacs Voy. Basques.
Espagnol (langue) 409.410.414.424

Espagnols en Algérie	687
Espagnols en France	403.405
Espalion	491
Espalig (Orgues d')	56
Espingo (lac d')	116
Espinouze (monts de l')	49
Esseillon (l')	349
Essonne	172
Est (l')	400
Est (canal de l')	366
Estables (les)	60
Estaing	284
Estaque (monts de l')	368
Estaubé (cirque d')	108
Estérel	103.374
Estéron	376
Estramer (Font-)	312
Etampes	563
Etangs (canal des)	296
Etats-Unis (Canadiens aux)	420
Etel, baie et chenal	209
Etendard (pic de l')	85
Etoile (chaine de l')	102
Etourneaux (réservoir des)	236
Etrangers en Algérie	687
— France	404.405
Etretat, ville et rivière	156
Eu	154
Eulma (plaine des)	642
Eure, riv.	164.177
Eure, dép.	447.448.449.508
Eure (Font d')	366
Eure-et-Loir	508
Européens en Algérie	685
Evêque ou de Sorps (Font de l')	358
Evian	326
Evisa	586
Evreux	508
Evreux (comté d')	460
Exoudun (source d')	252
Eygues, Aygues	352
Eymet	287
Eymoutiers	238
Eyzies (les)	293
Eze	376

F

Fagnes ou *rièses*	130
Fah^s ou banlieue	634
Faiu (golfe du)	247
Falaise	494
Falaises normandes	152
Falleron	247
Fango	581
Fantasia	691
Faron	371
Faucigny	338
Faucilles (monts)	67
Fayence	570
Fécamp	155.564
Fécamp (riv. de)	156
Fekan (source et riv.)	624.625
Félibres (les)	433
Felletin	240
Félou (chute du)	722
Fenouillades (le)	554
Fer (cap de)	648
Ferdjioua	644
Fergoug (Oued-)	625
Fernand Vaz	731
Ferrand (Puy)	24
Ferrassières (*avens* de)	354
Ferrat (cap)	622
Ferret (cap)	299
Ferté-Saint-Aubin (la)	132
Fertois (le)	559
Fetzara	648.649
Feurs	224
Fez	634
Fezensaguet	455
Fier	340
Figalo (cap)	619
Figeac	551
Filaousen	616
Filfila	648
Finage (le)	525
Finiels (mont de)	53
Finistère	202.428.449.509
Firminy	228.528
Fiumorbo	582
Flamand	416.425
Flamand (langue)	415.416.417.425
Flamanville	192
Flandre	144
Flandre (ancien golfe de)	146
Flandre flamingante	416
Flandre française	468
Flandre occidentale	417
Flèche (la)	559
Flers	547
Fleurance	277
Floirac (cirque de)	45
Florac	280.534
Fodda (Oued-)	609.628

TABLE ALPHABÉTIQUE. 773

Foix. 488
Foix (comté de) 469
Fol-Iton. 180
Folletière (source de la) . . . 187
Fonblisse (seuil de). 236
Fonserannes (écluses de) . . . 295
Fonta (puits de). 294
Fontainebleau . . . 159.474.562
Fontainebleau (forêt de) . . . 135
Fontaine-Raoul 526
Fontaine-Roger ou Enragée. . 181
Fontanges (riv. de) 36
Fontarabie. 111.308
Fontaulière 61
Fontcirgue. 118
Font-Dame. 312
Font-Estramer. 312
Fontenay-le-Comte. . . . 253.572
Fontenelle ou Saint-Wandrille. 181
Fontestorbe 276
Fontgrive (source de). 252
Font-l'Evêque 358
Forcalquier 481
Forêt de Bauzon 59
Forêt de Saou. 95
Forez 467
Forez (canal du) 223
Forez (monts du). 56
Forez (plaine du). 223
Forez (volcans du) . . . 223.224
Forges-les-Eaux 177
Formiguy 458
Fortasa 629
Fort-Dauphin 735
Fort-de-l'Ecluse. 74.326
Fort-de-France. 745
Fort-National 399.638
Fort-National (cercle de) . . . 609
Fortunio (truc de) 39
Fos (golfe de) 336
Fosse-aux-Dames. 180
Fosse Limousine. 258
Fosse Mobile 258
Fosses du Soucy 189
Fou (barrage de la). 312
Fougères. 520
Foulahs ou Peuls 726
Foum-es-Sahara 661
Four (chenal et rocher du). 202.203
Fourchambault. 224
Fourmies 545
Fourques 330
Fouta-Diallon 722

Foutouna (île de) 721
Foux (les) 102.372
Frais-Puits. 343
Français (les) 399
Français en Algérie. 685
Français (langue). 409
Français (créole) 421.739
France. 1.588
France Equinoxiale . . . 745.746
Franche-Comté. 463
Franco-Africains ou Algériens. 689
Franco-Canadiens. . 178.180.419.
. . . . . . 420.421.423.443.446
Franconie. 10
Francophones (les) 422
Francs (les) 9.403
Franqui (golfe de la). 313
Franquillons (les) 416
Fréjus. 372
Fresquel. 121.295.296
Fréteval (forêt de). 526
Fribourg. 417
Fribourgeois. 418
Froideterre. 543
Fromentine (détroit de). . . . 247
Fromveur (passage du) 203
Fronsadais. 516
Frontières de France. . . . 12.18
Frontières du Rhin . . . 10.12.14
Frontignan. 319
Frontignan ou d'Ingril (étang
  d') 319
Frouard. 185
Fumay 382
Fumel 532
Furand 73
Fure 524
Furens. 228
Furka (le) 324
Furon de Sassenage 94

G

Gabali (les) 534
Gabardan 455
Gabas. 303
Gabès (golfe de) 664
Gabon, Gabonais 730
Gagne. 164
Gaillac. 569
Galeria (golfe de) 581
Galets (pointe des) 753

TABLE ALPHABETIQUE.

Galibis. 747
Galice 123
Galles (pays de) 426
Gallots (les). 426
Gambie 722
Gambier (îles) 720
Gand 386
Gange. 702
Ganges 316
Gannat 480
Ganzeville (riv. de). 156
Gap 350.481.482
Gapeau 372
Gapençais ou Gapençois. . . . 463
Gapençais (monts) 397
Gara (la). 664
Garaby. 358
Garbet. 274
Gard ou Gardon 364
Gard, dép 441.500
Gard (pont du). 364
Garde (cap de) 649
Garde (mont de la). 98
Gardes (coteau des). 536
Gardes Ecossais. 403
Gardiole (monts de la) 319
Gardon d'Alais 364
— d'Anduze 364
Gardonneuque (la) 364
Gargan (le). 33
Garin (moraine de). 115
Garonne. 265
Garonne (Haute-) 512
Garonne occidentale ou Jouéou. 266
— orientale 266
Garouppe (cap de la). 375
Garrigues (monts). 49
Garrigues de Nimes. 325
Gartempe 242
Gascon ou Girondin (climat). . 392
Gascons (les). 455.456
Gâtinais 135.170
Gâtinais d'Orléans 462
Gâtinais français 463
Gâtine de Poitou 243
Gâtine de Touraine. 521
Gaube (lac de). 110
Gaulois 401.402
Gaulois (langue) 410
Gaunios (les) 281
Gaurisankar 7.75
Gavaches, Gabachos . . . 405.434
Gavarnie (cirque et cascade) . 108

Gavarnie (monts de) 397
Gave (Bec du) 302
Gave de Pau ou Grand Gave . 302.
. . . . 504
Gaves d'Argelès, d'Arrens, de
 Bastan, etc 304.306.307
Gavr'enez ou Gavr'iniz. . . . 215
Gelise 526.532
Genève. 326
Genève ou Léman (lac de). 325.335
Genevois (les) 418
Genèvre (col du Mont-). . . . 85
Genté 239
Gentilly 562
Gentioux (plateau de) 239
Gênes, Génois 579
Gérardmer (lac de). 69
Gerbier de Jonc. 59.222
Gerbizon 223
Gère. 346
Gergovie. 32
Germains 9.403
Gers, riv. 282
Gers, dép 514
Géryville. 658
Gesse 273
Gévaudan 52
Gévaudan (bête du). 38
Gex 478
Gex (pays de) 460
Gharb, Moghrel, Couchant . . 595
Ghardéia 672
Ghar-Rouban. 613
Gibraltar (détroit de). 615
Gien. 530
Gien (mont de) 502
Giens (rade et presqu'île de) . 371
Gier. 346
Gier (val du). 65
Giffre. 338
Gimel (cascades de). 293
Gimeux 260
Gimone 277
Ginasservis (tunnel de) 360
Gironde. 139.263
Gironde, dép. 449.471.515
Girondin (climat). 392
Gisors 177
Givet 382
Givors. 330
Givors (canal de). 65
Glacier des Neiges 112
Glaciers du val de Chamonix . 80

Glandaz..	95	Grand'Combe (la)	364.512
Glane (source de la)	293	Grand-Crédo (mont et tunnel du)	74
Glénans (île)	208	Grand-Felletin (le)	64
Glisolle	180	Grand-Lac ou Tonlé-Sap	707
Glomel	240	Grand-Lay	249
Gly ou Agly	312	Grand-Lieu (lac de)	245
Goarec	209	Grand-Morin	173.174
Godavery	703	Grand-Orient (forêt du)	488
Goîtreux ou Crétins.	82.84.86.267. 348.349	Grand-Rhône	331
Goléa (El-)	595.597	Grand-Sambuc	362
Golfe Numide	616	Grand-Toret (rapides du)	288
Golo	583	Grand-Veymont	94
Golo, dép	471	Grande-Brière	227
Gondrecourt	542	Grande-Casse	182
Gorée	728	Grande-Chartreuse (monts de la)	92
Gouanches ou Guanches	678	Grande-Fosse	258
Gouas ou Gué (passage du)	248	Grande-Kabylie	608
Goudargues (source de)	354	Grande-Miquelon	738
Goudjila	627	Grande-Rivière à Goyaves	740
Goueil de Jouéou	266	Grande-Terre (Guadeloupe)	740
Gouessan	198	Grandes-Rousses	85
Gouet	198	Grands-Couloirs (pointe des)	82
Gouffre d'Enfer (réservoir du)	65. 222.228	Grands-Goulets	94
Gouffre Noir	318	Grandvaux (le)	525
Gouffry (trou de)	257	Grange (la)	256
Goufi	644	Granges (cascade des)	231
Gouïna (cascade de)	722	Granier	92
Goulet (monts du)	53	Granville	192.537
Gour de Saint-Vincent	293	Graouès ou Graviers (glaciers des)	115
Gour de Tazanat	28.318	Grasse	374.484
Gour des Jarreaux	259	Gratusse (saut de la)	288
Gour du Saillant	292	Grau du Roi	321.322
Gouraya	638	Grau-Saint-Louis	322
Gourdon	531	Grave (pointe et presqu'île de)	296
Gourdon (roc de)	62	Gravelines	426
Gourin (coteaux de)	543	Gravenne de Montpezat	61
Gournié (gorge de)	364	— de Soulhiol	61.62
Gourniès (pont de)	352	Gravenoire	30
Gours Blanc (pic et glacier des)	115	Gravone	581
Gouttes (les)	58	Gray	557
Gradule (monts de la)	370	Grèce	388
Graisivaudan	349	Grèce de la France (la)	461
Graissessac	316	Grecs	403
Grand-Bassam	728	*Grelibre*	248
Grand-Bassam ou Costa, fl	728	Grenade en France	277
Grand-Bénard	732	Grenade (île de)	422
Grand-Bourg, Marigot ou Joinville	741	Grenoble	522.524
		Gréoulx	358
Grand-Camp (roches de)	189	Grignols	516
Grand-Carré ou Chervin	91	Grimaud (golfe de)	372
Grand-Colombier	528	Gris-Nez (le)	148

Grisons (les) 378
Groix (île de) 203.209
Gronce. 495
Gros (Puy). 24
Groseau 96
Grosne 346
Gros Terme (gouffre du) . . . 257
Guadeloupe (demi-île) 740
Guadeloupe et dépendances . 740
Guanatamo 422
Gué ou Gouas (passage du) . . 248
Guébli 646
Guebli (le) 659
Guebwiller (Ballon de) 68
Guellif (le) 603
Guelma 650.694
Guépie (la) 281
Guer ou Léguer 201
Guérahs (les) 603
Guérande 217
Guéret 504
Guéret (Puys de) 34
Guérioun 643
Guernesey 193
Guethna (la) 625
Guétin (le) 234
Gueuse parfumée (la) 103
Guiers 92.560
Guil 356
Guilberville (collines de) . . . 492
Guinée (comptoirs de) 728
Guingamp 503
Guipúzcoa, Guipúzcoam . . 123.432
Guïsane 356
Guise 176
Gustavia ou le Carénage . . . 742
Guyane française 745
Guyenne et Gascogne . . . 453.455
Gyr 86
Gyronde 86.356

H

Habibas (îles) 619
Habra 624
Habra (barrage de l') 625
Hachem (les) 625
Hague (rade et cap de la) . . . 192
Haie Sainte (la) 416
Hainaut 417
Hainaut français 468
Haïti ou Saint-Domingue . 421.739
Halloula (lac) 631
Halluin 545
Ham 151
Hameïan (chott des) 658
Hamise (barrage de l') . . 636.637
Hamma (le) 644
Hammam-bou-Ghara 618
— -bou-Hanéfia 625
— -Mélouan 636
— -Meskoutin 630
— -Righa 632
Hamza 639
Han (grotte de) 583
Harcourt-Tury 187
Harfleur 181
Harrach 634
Hartz (le) 130
Hatien 704
Haut-Canada ou Ontario . . . 420
Haut d'Honeck 70
Haut du Sec 67
Haut-Folin 67
Haut-Fourché 136
Haut-Médoc 270
Haut-Rhin 5.578
Haute-Combe 92
Hautefeuille (ancienne forêt
de) 188
Haute-Forêt (tertre de) . . . 518
Haute-Garonne 512
Haute-Loire 528
Haute-Marne 538
Haute-Saône 556
Haute-Savoie 560
Haute-Terre ou Perche 509
Haute-Vienne 573
Hautes-Alpes 89.90.481
Hautes-Chaumes (les) 69
Hautes-Fagnes (les) 417
Hautes-Pyrénées 552
Havre (le) 156.564
Hazebrouck 425.545
Haye (la) 380
Héas (gare de) 304
Héhaux (phare des) 200
Hellville 736
Hendaye 111.308
Hennebont 209
Hérault, fl 316
Hérault, dép 517
Herbages (les) 155
Herbauge 245
Hercynie (forêt) 130

Hermitians (pic des) 115
Hers. 275
Hers-Mort 295
Hève (cap de la). 156
Hilal (les) 679
Hilalienne (Invasion). 679
Himâlaya. 78
Hippone. 650
Hiva-Oa. 720
Hodna. 653
Hodnéens (monts) 610
Hoëdic. 212
Hoggar. 596.668.670
Hollandais (langue). 417
Hollande. 380
Homme de Pierre (l'). 55
Homme du Midi 401
Homme du Nord. 401
Honein. 617
Hôpitaux (col des). 73
Hornois (le) 568
Hort-Dieu 50
Houat. 212
Houénet (Oued-) 625
Hougly 702
Houlgate. 187
Hourara (saut de) 629
Hourdel (le) 152
Hourtins-et-Carcans (étang d').
. . . . 298.299
Hovas 736
Huchette (courant de la). . . 500
Hudson (territoire de la baie
d'). 420
Hué. 708
Huertas et *Vegas*. 512
Huguenots (émigration des). . 452
Huisne. 244
Humboldt ou Cando. 714
Huningue 378
Hurepoix 563
Hures 51
Hussein-Dey 636
Huttes (isthme des) 297
Hutliers (les) 252
Huveaune. 570
Hyère ou Aven. 205
Hyères, île, rade, ville 372.396.
. . . . 474.571

I

Ibères. 402
Ichériden 594
Icononzo (pont d'). 484
Igarapés (les) 221
Igharghar 667.668.670
Ighzers (les). 608
Igues et Cloups (les). 292
Ile-de-France (prov.) 463
Ile de France ou Maurice . 419.732
Ile-de-Grâce 460
Ile-de-l'Ouest (Gharb ou Moghreb). 596
Ile Jourdain (l') 573
Ile-la-Montagne 248
Ile-Rousse (l') 581
Illiberri, Elliberri (Auch. Elne) 429
Ill 379
Ille 216.518
Ille-et-Rance (canal d'). . . . 216
Ille-et-Vilaine 518
Imphy. 224
Inde. 700
Inde Française 700
Indigènes algériens 677
Indo-Chine. 418
Indre, riv 220.236
Indre, dép. 520
Indre-et-Loire. 521
Ingril ou de Frontignan (étang
d'). 319
Invincible Armada (l'). . . 187.188
Irati. 17
Iroise 204.207
Is. 206.207
Is ou Iroise (canal d'). . . . 207
Isac. 246
Iscles (les). 356
Iseran (col de l'). 348
Iseran (monts de l') 82
Isère, riv. 348
Isère, dép. 522
Isigny. 189
Isle 295
Isle (l') 354
Isly 618
Isole. 208
Issarlès (lac d') 222
Isser occidental 618
Isser oriental 637
Issoire. 549

TABLE ALPHABETIQUE.

Issolle. 374
Issolu (Puys d'). 45.284
Issoudun. 521
Italien (langue). 409.410
Italiens en Algérie 688
— en France 405
Iton 180
Ivrée 418
Ivry près Paris. 562

J

Jaïsquibel 308
Jalles (les) 265
Jamagne. 69.70
Janon (réservoirs du) . . . 65.346
Japon ou Bras de Fer (canal du) 332
Jardin de la France (le). . 224.269
Jargeau 219
Jarreaux (Gour des) 239
Jasseries (les) 58
Jau (mamelon de) 264
Jaujac (coupe de) 62
Javardon (forêt de). 529
Jemmapes (Algérie) 648
Jersey. 193
Jobourg (Nez de). 192
Joigny. 578
Joinville, Marigot ou Grand Bourg. 741
Jonanga (lac de) 751
Jonzac. 498
Jordane 290
Josselin 216
Jouan (golfe). 375
Jouéou, Goueil de Jouéou . . 266
Jougne. 506
Jouguena 506
Jouich (mont) 122
Joux (lac de). 581
Joyeuse-Garde 204
Juifs algériens. 686
Juifs français 440.441
Juine 172
Julia Cæsarea. 631
Jura (le). 72
Jura, dép. 524
Jura de Berne 418
Jura de Franconie. 72
Jurjura 606
Justicier de la contrée (le) . . 310

K

Kabyles ou Berbères. 675
Kabylie (Grande) 608
Kahar (Djébel) 622
Kalaat-el-Hadj (réservoir). . . 648
Kantara (El-) 661
Karikal 701
Kef-el-Akhdar ou Rocher Vert. 611
Kergoatt. 246
Kerné (Cornouaille) 208
Kétama (les). 648
Khamis (cap). 630
Khamissa 652
Khellakhel (Aïn-) 650
Khenchela. 602
Kheneg (le) 644
Khmers (les). 712
Khon (chutes de) 706
Kis ou Adjeroud. 616
Koulouglis. 683
Kounié (île des Pins). . . . 716
Kourou 747.748.750
Ksab (Oued-). 654
Ksar, Ksours 673
Ksel. 658
Ksours (oasis des) 674
Kteuf ou Dréaf. 610
Kymris. 402
Kyrnos (Corse). 582

L

Labourd. 450
Labrador. 420
Lacaune (monts de) 49
Lachen (pyramide de) 102
Lachy. 174
Lacs et lagnets de France. 140.142
Laghouat 673
Laifour 382
Laigle. 181
Laignes 165
Laisse. 92
Laïta 208
Lalinde 288
Lambessa ou Lambèse 605
Lamoricière 618

Lampy Neuf (Réservoir)	48	Lauter (la)	378
Lan-ar-Paganis	202	Laval	540.541
Landerneau	204	Lavaur	569
Landes (les)	124.270.297	Lavaveix	240
Landes, dép.	525	Lavedan ou val d'Argelès	306
Landes de Chevagne	480	*Lavognes* (les)	51
Landes de Lauvaux	216	Lay	249
Landes ou steppes (Algérie)	653	Lay (Grand)	249
Landescots ou Lanusquets	128	Lay (Petit)	249
Landrecies	384	Laye	98
Langeac	230	Layon	244
Langeais	226	Léberon ou Lubéron	98
Langlade ou petite Miquelon	738	Lèche (Touvre)	259
Langon	268	Lectoure	515
Langrenier (étang de)	368	*Lèdes* (les)	128
Langres	67.173.540	Léés	304
Langres (plateau de)	67.382	Lége (canal de la)	299
Langrune	188	*Légende des siècles* (*la*)	408
Languedoc	456	Léguer ou Guer	200
Languedoc (canal du)	295	Lella-Khedidja	606
Lannemezan	124	Lella-Maghoria	618
Lannemezan (plateau de)	123.268.273	Léman	325.335
		Lembeye (plateau de)	124
Lannes (Landes)	128	*Lemovices* (les)	466
Lannion	503	Lens	587
Lanoux ou lac Noir	121	Léon (étang de)	298.300
Lans (monts du)	94	Léon (pays de)	429
Lans-le-bourg	349	Léonard ou léonnais (dialecte)	429
Lansquenets (les)	403	Léques (golfe des)	370
Lantenne ou Lanterne	342	Lérins (îles de)	375
Lanusquets ou Landescots	128	Lescours (dune de)	300
Lanvaux (landes de)	216	Lesparre	517
Laon	478.479	Lesse	383
Laonnais	479	Lette ou Ailette	176
Laos, Laotiens	706	Leucate (cap de)	313
Laoual (étang de)	207	Leucate (étang de)	312
Lapalisse	480	Levallois-Perret	562
Largentière	485	Levant (île du)	372
Largue	358	Levées de la Loire	219.220
Laroque-Gageac	288	— du Marais	252
Lartige	239	Lever de l'Aurore ou Msabia	688
Laruns	474	Lévezou	44
Lary	496.498	Lèvre du Vent (Chareb-en-Rihh)	625
Larzac	49	Leyre	300
Latour (font de)	364	Leyre de Sabres	500
Lattes	320	Leyre de Sore	500
Lauffen (cascade)	379	Lez	321
Lauffon	417	Lézarde	181
Laugerie-Basse	293	Lézarde (Guadeloupe)	740
Laugerie-Haute	293	Lèze	488
Laumes (plaine des)	168	Lheou ou lac Bleu	114
Lauraguais	121.295	Lhuis	328
Lauret	525	Liamone	584

Liamone, dép	467.471.502	Lombez	515
Liane	148	Lombrive (grotte de)	118
Libournais	516	Londres	632
Libourne	517	Lônes (les)	329
Libreville	731	Longemer (lac de)	69
Licona	731	Longwy	384
Liège	383	Lons-le-Saulnier	524.525
Liège (prov. de)	417	*Lorelei* (la)	380
Liernais	502	Lorette, ruisseau	246
Lieuvin	494	Lorient	209.543
Lifou (Chabrol)	716	Lorient (Antilles)	742
Ligne de Biau	46	Lorraine	461
Lignon du Forez	58.228	Lot	282
Lignon du Velay	228	Lot, dép	448.530
Lignon du Vivarais (Alignon)	60.62	Lot-et-Garonne	449.531
Ligny	184	Louchadière ou de la Chaise (Puy de)	50
Ligures (les)	218	Loudeac	503
Ligurie française	375	Loudun	573
Lille	426.448.472.544.545	Loue (affl. du Doubs)	345
Limagne	230	Loue (affl. de l'Isle)	293
Limagne (lac de)	54	Louèche	418
Limoges	238.594.573.574	Louge	273
Limousin	238.466	Louhans	558
Limousin ou Auvergnat (climat)	393	Louisiane	421.449.748
Limousin (monts du)	32	Loup	375
Limoux	314.490	Lourde	293
Lindlès (cap)	619	Lourdes	306
Lingua rustica	410	Louron (Neste de)	272.273
Lion	188	Louts	304
Lionne	551	Louviers	178.508
Lioran	34	Loyauté ou Loyalty (îles)	716
Lisbonne	157.632	*Loges* (les)	58
Lisieux	494	Lozère	52
Lison	345	Lozère, dép	441.532
Lisonne ou Nizonne	295	Lubéron ou Léberon	98
Littoral (Guyane)	746	Luc	188
Livradois	231	Luc (lacs de)	35
Loches	236.522	Luchadou (cascade)	250
Locmariaquer	209.214	Luchon (Bagnères de)	116
Lodève	518	Luçon	250
Lodève (diocèse de)	456	Lucquois (les)	582
Loing	170	Luguet	26
Loing (canal du)	185	Lunel	321
Loir	244	Lunéville	542
Loir-et-Cher	526	Lure	557
Loire	217	Lure (gouffre de)	343
Loire, dép	449.527	Lure (mont ou ballon de)	70
Loire (Haute-)	528	Lure (monts de)	98
Loire-Inférieure	529	Lus-la-Croix-Haute	507
Loiret	232	Lusignan	240
Loiret, dép	529	Lusitanophones (les)	424
Lomagne	124	Lutèce (Paris)	10

TABLE ALPHABÉTIQUE.

uthériens (les)	440
Luxembourg	14.384.417
Luxeuil	342
Luy	304
Luy de Béarn	304
Luy de France	304
Luye	358
Luz	306
Luzech	284
Luzège	290
Luzerne (vallée de)	418
Luzières (saut de)	280
Lyon	65.163.329.342.394.448.556
Lyonnais	467
Lyonnais ou rhodanien (climat)	394
Lyonnais (monts du)	65
Lys (France et Belgique)	386
Lys (cirque du)	116

M

Maadhid	610.611
Maas (Meuse)	383
Mâcon	558
Mâconnais	460
Macta (la)	622
Madon	381
Madagascar	732.735
Madame (îlot)	736
Madeleine	293
Madeleine (monts de la)	59
Madras	701
Madrès (pic de)	490
Maes (Meuse)	383
Mafrag, riv. et dunes	650
Magaréva	720
Magenta (Algérie)	626
Maghreb ou Moghreb	596
Magne (monts du)	588
Magraoua (cap)	630
Magris ou Mégris	640
Maguelonne	318.319.320
Maguelonne (étang de)	319
Mahé, fleuve et ville	702
Mahmel	602
Mahonais en Algérie	688
Maïa ou Méhaïa (chott des)	659
Maillé	250
Maillezais	250
Mailhebiau (pic de)	39
Maillanne	436
Maine, riv.	221.243.244
Maine-et-Loire	534
Maine-et-Perche	466
Maintenon	178
Maison-Carrée (Nîmes)	322
Maïtéa	718
Maître de l'heure (le)	610
Malabar (côte de)	702
Maladetta	110
Maladetta (col de la)	106
Malaucène	96
Malayalam	701.704
Malestroit	216
Malinkés	725
Malmédy	417
Malouïa	659
Malpertus (pic de)	53
Maltais en Algérie	688.689
Mamelouks	403
Mamers	559
Mana	747
Manche	148
Manche, dép.	448.576
Manitoba	420
Manosque	336.481
Mans (le)	558.559
Mansle	256
Mansoura	610
Mansoura (Tlemcen)	619
Mantes	164.563
Maquis (les)	586
Marais breton	247
Marais (Charente-Inférieure)	496
Marais (Gironde)	516
Marais (Pas-de-Calais)	547.548
Marais gâts (les)	261
Marais Poitevin	250
Marans	250.253
Marat-sur-Oise	248
Marboré (casque, cirque, cylindre, tour du)	108.110.113
Marche (monts de la)	34
Marche (pays normand)	460
Marche (prov.)	469
Marchois (patois)	458
Marcillac	286
Marcilly	166
Marcou	49
Maré (Nengone)	716
Marennes	262.498
Marensin	129
Margeride	38
Marie-Galante	741

Marigot, Joinville ou Grand Bourg 741
Marines 563
Maringouins (Marigot des)... 723
Marmande 532
Marmande (riv. et réservoir). 236
Marmuré ou Balaïtous 112
Marne, riv. 172.358
Marne, dép 449.537
Marne au Rhin (canal de la) 184
Marne (Haute-)......... 558
Maroc (empire)........ 601
Maroc (ville)......... 634
Maromme........... 181
Maroni 748
Maronne............ 290
Marquenterre......... 150
Marquises (les)........ 718
Marrons (nègres)....... 748
Marsan (le).......... 455
Marseille .. 163.362.370.396.398. .... 448.474.491.492
Marseille (canal de)...... 360
Martigues (les)........ 368
Martinique........... 742
Marvejols 534
Mary (Puy-) 35
Mascara 611.624.640.693
Mascareignes (les) 732
Mas d'Azil (grotte du)..... 274
Masque de Fer (le)...... 375
Massa............. 324
Masseube 515
Massif (ou Plateau central).. 21
Mât (rivière du)........ 732
Matam............. 722
Matheysine (la)........ 522
Maubeuge 545
Maubourguet......... 303
Mauguio............ 320
Mauguio ou de l'Or (étang de). 320. 352
Mauléon........... 429.552
Maumusson ou Monmusson (Pertuis de) 262
Maupas (glaciers de) 115
Maure de la Gardille 229
Maures (monts)..... 102.372
Maures d'Algérie....... 685
Maures du Sénégal...... 725
Mauriac............ 495
Maurice (île de France).. 419.732

Maurienne 84.549
Mauvages (tunnel de)..... 184
Maye 150
Mayence........... 580
Mayenne, riv......... 243
Mayenne, dép 540
Mayenne, ville........ 541
Mayotte 737
Mazafran 632
Mazagran 594
Mazamet........... 569
Mazerolles (plaine de) 245
Mazouna........... 629
Méan (Étier de) 227
Meaux........... 398.562
Mécong ou Cambodge 706
Médéa 628.693
Médina 604
Médine en Sénégal...... 722
Méditerranée 143.309.615
Méditérranéen (climat).... 394
Medjana........... 610
Medjerda........... 651
Médoc............ 265
Medracen ou tombeau de Madrous 605.631
Méfrouch 618
Megal ou Testoaire. 65
Mégal (monts du) 65
Mégalithes.. 209.210.212.214.240.643
Mégris ou Magris....... 640
Méhaïa ou Maïa (chott des).. 659
Meije ou Aiguille du Midi... 86
Meilleraie (la) 246
Mékerra ou Sig........ 626
Mélah (Oued-)........ 656
Mélilli ou Mélili (Aïn-) 660
Melle 566
Mellègue........... 652
Melréier (Oued-) 625
Melrir (chott) 664
Melun............. 562
Mélusine........... 240
Mende............ 534
Mène (font de)...... 346
Mené ou Menez........ 136
Méné-Hom.......... 137
Ménessaire.......... 502
Menton........ 376.396.484
Mer 224
Mercanti (les)........ 684
Mercoire (forêt de) 55.229
Mer d'alfa.......... 635

TABLE ALPHABÉTIQUE.

Mer de Glace. 80
Merdereau. 191
Merderet. 191
Merdjadjou. 620
Mer du Nord. 143.144
Mère (îlot la). 750
Merlerault. 186
Mers-el-Kébir. 620
Mers-el-Zeïtoun. 644
Mer Saharienne. 664
Mer sous terre (la). 666
Mers de France 143
Merveille (la) 194
Meschers. 264
Meskiana. 653
Mesnil-Rousset (colline du) . . 508
Métidja 636
Métidja du Sud. 654
Metz. 381
Meudon 563
Meung 224
Meurthe, riv. 381
Meurthe, dép 6
Meurthe-et-Moselle. . . . 449.541
Meuse, riv. 380.382
Meuse, dép 542
Mexique. 452
Meyrueis (causse de) 51
Mézenc 59
Mézières. 486
Mia (Oued-) 671
Miaune. 225
Midi (canal du). 293
Midi (Dent du). 325
Midou 304
Midouze 304
Miéges (val de). 525
Miélan. 277
Mielles (les). 537
Miers (ruisseau de) 45
Mila. 644
Miliana. 628.693
Millau. 278.474.491
Millevache (plateau de) . . . 35
Milonia (cap). 616
Mimizan. 300
Mimizan (courant de). . . . 300
Mina. 629
Miquelon. 738
Miquelon Grande. 738
— Petite. 738
Mirande. 515
Miraumont. 151

Mirecourt 576
Mirepoix. 275
Mireval. 320
Mississipi. 138.139.421
Missouri. 138
Mistral. 395
Mitho (riv. de) 707
Modane. 85.349
Moëres (les) 146
Mœurs. 174
Moghreb ou Maghreb. . . . 595
  — el-Adna (Tunisie) . . 595
  — el-Aksa (Maroc) . . . 596
  — el-Ouost (Algérie) . . 595
Moissac 570
Molines 278
Monaco 376
Moncrabeau (pierre de) . . . 456
Monédières. 33
Monné. 66
Monnieux (avens de) 354
Monsols 556
Montagagne 119
Montagne et montagnards 18.19.20
Montagne (pays de la) 460
Montagne-Blanche 48
Montagne-d'Argent 750
Montagne-Noire (Cévennes) . 48
Montagne-Noire (Bretagne). 137.205
Montagne-Pelée. 744
Mont-Aiguille. 94
Montalet. 49
Montalivet (plage de). . . 285.299
Montane 293
Montargis 530
Montauban. 569.570
Montauban (diocèse de) . . 456
Mont-Auxois 168.170
Montbard 184
Montbel (causse de) 53
Montbéliard. 440.507
Mont-Blanc. 75.79
Montbrison. 223.527.528
Montbrul (Balme de) 63
Montcalm (le) 119
Mont-Cenis (col et tunnel). . 85
Montchal (Puy de) 22
Montchié (Puy de) 30
Mont-d'Astarac. 515
Mont-Dauphin. 356
Mont-de-Marsan 472.526
Montdidier. 568
Mont-Dol. 196

TABLE ALPHABÉTIQUE.

Mont-d'Or (Jura) 74
Mont-d'Or (Lyonnais) 65
Mont-d'Or (Nouvelle-Calédonie). 716
Mont-d'Or ou Monte d'Oro (Corse) 583
Mont-Dore (bains du) 26.287
Monte-d'Oro ou Mont-d'Or . . 583
Montélimar 507
Montereau 166
Monte-Rotondo ou Mont-Rond. 583
Montferrier 318
Montfort-sur-Meu 520
Mont-Genèvre (col du) 85
Mont-Gondran (ruisseau du). 355.356
Monthermé 382.584
Montiviliers 181
Mont-Joly 750
Montlouis 312
Montlouis en Touraine 521
Montluçon 234.480
Montmédy 543
Montmélian (Charente-Inlér.) . 254
Montmélian (Savoie) 528
Montmorillon 573
Montoissey 74
Montoncel (Puy de) 58
Montpazier 698
Montpellier . . . 396.398.517.518
Montpellier (diocèse de) 456
Mont-Perdu 108
Montpezat (digue de) 360
Montpezat (Gravenne de) . . . 61
Montrejeau 268
Montrésor 521
Montreuil près Paris 562
Montreuil-sur-Mer 149.518
Montrichard 526
Montrollet (colline de) 495
Mont-Rond (Monte-Rotondo). . 583
Montrond (le) 74
Mont-Rose 325
Mont-Saint-Jean 416
Mont-Saint-Michel 194
Montsauche 167
Monts Francais 21
Montvalent (rampe de) 45
Moorea ou Aïméo 718
Morat 417
Morbihan 215
Morbihan, dép. . . . 428.449.543
Morcles (Dent de) 325
Morestel 328
Moret 172

Morez 341
Morin (Grand-) 173.174
Morin (Petit-) 173
Morlaix 200.510
Mornas 356
Mortagne de l'Orne 547.698
Mortagne-sur-Sèvre 245
Mortain 194.537
Morteau 344
Morteau-sur-Rognon 473
Morvan 66
Moselle 381
Moselle, ex-dép. 6
Mostaganem 626.693
Motte (cascades de la) 374
Motte-Beuvron (la) 132.133
Mottes du Marais (les) 252
Moucherolle 94
Moudang (Neste de) 272
Mouge (Muga) 554
Mouila 618
Moul-es-Sâa (le) 610
Moulins 230.479.480
Mouse (Meuse) 383
Moustier (le) 293
Mouthe 344
Moutiers 560
Mouzaïa ou Tamesguida 611
Mouzaïaville 642
Mouzon 384
Mozabites et Béni-Mzab. . 419.671
Mozambique (canal de) 737
Msabia ou Lever de l'Aurore . . 688
Msila 634
Mulhouse 379
Multonne (forêt de) 136
Munia (la) 108
Mûr de Bretagne 209
Murat 231.495
Murciens en Algérie (les) . . . 688
Muret 437.514
Mursens 284
Murols 28
Mustapha 636
Mzab ou Mozabites (Béni-) . 419.671
Mzi (Oued-) 673
Mzouri 603

N

Nador (steppes) 627.629
Nagour 701

Naguille (étang de)	120	Nesque	354
Nahr-el-Ouassel	627	Neste	113.268.272
Najac	281	Neste (canal de la)	273
Namous (Oued-)	674	Neste d'Oo	115.116
Namur	383.384	*Nestes* (les)	272
Namur (prov.)	417	Néthou	110
Nancy	390.448.541.542	Neuchâtel en Suisse	72
Nans-sous-Sainte-Anne	346	Neuchâtel (lac de)	75.381
Nant	280.474	Neuchâtelois	418
Nantes	227.392.529	Neufchâteau	382.576
Nantes à Brest (canal de)	245	Neufchâtel-en-Bray	564
Nants (les)	348	Neuffons (sources de)	287
Nantua	478	Neuilly-sur-Seine	562
Nantua (lac de)	75	Néva	167
Naples	374	Nevers	543.544
Napoléon-Vendée ou la Roche-sur-Yon	250.572	New-York	634
		Nez de Jobourg	192
Napoule (golfe de la)	374	Nfous (Djébel-)	671
Narbonne	313.314.316.474.490	Ngounié	731
Narbonne (le)	136	Niaux (grotte de)	118
Narbonne (diocèse de)	456	Nice	376.396.482.484
Narbonne (Robine de)	314	Nice (comté de)	470
Nartubie	374	Nicole	285
Naurouze (col de)	47	Niello (le)	585
Navarre espagnole	433	Nièvre	229
Navarre française	430.468	Nièvre, dép	543
Navarrenx	307	Niger	595
Navisanche	325	Nil	138
Nazareth (le)	731	Nil de l'Occident (le)	10
Nazreg (Aïn-)	624	Nil (Oued-)	612
Nay	550	Nils Aveyronnais (les)	280
Né	259	Nîmes	322.364.441.474.510.512
Nebbio (le)	581	Nîmes (diocèse de)	456
Nébouzan	455	Nîmes (pays de)	512
Necmaria	629	Nino (lac de)	584
Nederduitsch	416	Niort	250.566
Nedroma	616	Nive	307
Néez	306	Nivelle	308
Négade (pointe de la)	299	Nivelles (arrond. de)	417
Négouça	671	Nivernais	468
Nègres algériens	683	Nivernais (canal du)	184
Nègres marrons	748	Nivolet (dent du)	92
Negret (cap)	372	Nizonne ou Lisonne	295
Neiges d'antan (les)	408	Noë (cap)	616
Nemausus	364	Nogent-le-Rotrou	509
Némencha (plateau des)	602	Nogent-sur-Seine	489
Nemours	172	Noguera Pallaresa	266
Nemours (Algérie)	616	Noirieu	185.186
Nengone (Maré)	716	Noirmont	74
Néouvielle (monts de)	113	Noirmoutier	247
Néouvielle ou pic d'Aubert	113	Nokor-Khmer	710
Nérac	532	Noms des départements	475
Nerte (tunnel de la)	102	Noms des rivières	145

Noncourt 382
Nondalor. 701
Nonette 177
Nontron 257.506
Nontronnais 255.505
Nord, dép. 449.544
Nord (le) 399
Nord (mer du). 143.144
Nort-Est (le) 399
Nord-Ouest (le) 399
Nord-Ouest canadien 420
Nore (pic de) 49
Normandie 152.450.458
Normandie de la Normandie . . 189
Normands (les) 154.155.189.403.458
Noroy (plateaux de) 343
Norvège 144
Nossi-Bé 756
Nossi-Coumba 756
Nossi-Fali 756
Nossi-Mitsiou 756
Notre-Dame-de-Fin-des-Terres. 299
Notre-Dame-de-France . . . 56
Notre-Dame-de-Guadalupe . . 740
Notre-Dame-de-la-Garde . . . 370
Notre-Dame-de-Paris 411
Notre-Dame-des-Anges 102
Nouka-Hiva 718
Nouméa 716
Nouveau-Boucau 300
Nouveau-Brunswick 420
Nouvelle (la) 314
Nouvelle-Calédonie 713
Nouvelle-Cythère 717
Nouvelle-Ecosse 420
Nouvelle-Lambèse 604
Nouvelle-Orléans 632
Nouvelles-Hébrides 716
Noviomagus 296
Noyer-en-Ouche 181
Noyers 168
Noyonnais 463
Nozeroy 541
Nugère (Puy de la) 50
Nui-Ba-Dèn ou Dame-Noire . . 708
Numidie 643.646
Nunez (Rio) 728
Nyons 507.508

O

Oberland 86.324

Obidos 380
Obiou (mont) 96
Obok 737
Oc (langue d') 454
Occitanie 435.437.461
Océan Atlantique 143.203
Oche (dent d') 91
Oddiern (Audierne) 207
Odet 208
Odouze ou Audouze (mont) . . 33
Œil du Monde 609
Ognon 343
Ogôoué 750
Oil (langue d') 434
Oisans 86
Oise, riv. 174
Oise, dép. 545
Oise à la Sambre (canal de l'). 185
Okanda 731
Olan (aiguille d') 86
Oléron (île d') 263
Olives (bains des) 299
Oloron 307.552
Oloron (gave d') 307
Olt ou Lot 282
Olympe de Provence (mont) . . 102
Ondaine 228.528
Onde 86
Onne 116
Ontario ou Haut-Canada . . . 420
Oo (lac, glace, pic et port d'). 115.116
Oo (Neste d') 115
Opoul (bassin fermé d') . . . 313
Oppedette 364
Or ou de Mauguio (étang de l'). 520
Oran 398.620.640.693
Oran (lac salé d') 620
Oran (monts d') 688
Oran (prov. d') 693
Orange 330.571
Orange (principauté d') . . . 469
Orb 316
Orbe 381
Orbec 187
Orbiel 296
Orco 82
Oredon ou Doredon (lac). 113.273
Orénoque 739.745
Orgon 362
Orgues de Bort 34.287
Orgues d'Espaly 56
Orhy (pic d') 112

TABLE ALPHABÉTIQUE.

Oriége............ 120
Orléanais........... 462
Orléans.......... 232.530
Orléans (canal d').... 183
Orléans (forêt d').... 135.224
Orléansville....... 628.693
Ornain............ 173
Ornans............ 345
Orne, riv.......... 187
Orne, dép......... 418.546
Orne de Woëvre....... 542
Orohéna............ 717
Orouze (Djébel-)....... 622
Orthez........... 306.552
Osmor............ 653
Ossau (gave d')....... 507
Osse............. 273
Ossun (val d')........ 303
Oualo............ 725
Ouangal (Aïn-)........ 624
Ouanne.......... 170.172
Ouansèris, Ouarsénis, Ouaransénis........... 609
Ouaransénis........ 609
Ouargla....... 670.671.672
Ouarsénis.......... 609
Oubéira (lac)........ 651
Ouchda........... 613
Ouche............ 545
Ouche (pays d')....... 460
Ouches (les)........ 66
Oudon............ 243
Oudong........... 712
Oued-el-Abd......... 629
Oued-el-Abdi........ 602
Oued-el-Abiod........ 602
Oued-el-Arab........ 602
Oued-el-Hammam...... 625
Oued-el-Kébir de Blida.... 636
Oued-el-Kébir de Constantine. 642
Oued-el-Kébir (Sanedja)... 648
Oued-en-Namous....... 674
Oued-Fodda......... 609
Oued-Fou.......... 618
Oued-Rir........... 666
Oued-Saïda......... 624
Oued-Souf......... 668
Oued-Taria......... 624
Oueds de l'Algérie..... 613
Ouessant.......... 203
Ouest (Charb, Moghreb)... 596
Ouisert........... 624
Ouistreham......... 187

Ouled-Daoud......... 606
Ouled-Riah.......... 629
Ouled-Zeïr.......... 619
Oules ou cirques....... 107
Oult ou Oust........ 216
Oulx (val d')........ 418
Ource............ 165
Ourcq, canal et riv...... 175
Ouripe ou Olympe..... 102
Ourit (El-).......... 618
Ourthe............ 383
Outaouais (rivière des)... 452
Ouve ou Douve........ 190
Ouvéa............ 721
Ouvéa (groupe d')...... 716
Ouvèze........... 354
Ouysse........... 292
Oyapock......... 745.747

P

Padirac (puits de)...... 45
Padro............ 583
Paglia Orba ou Vagliorba... 583
Pagny (bief de)...... 185.367
Pahouins.......... 750
Pail (le).......... 541
Paillon........... 376
Paimbœuf........ 227.529
Paimpol........... 199
Paimpont (forêt de).... 216
Pain de Sucre ou Zendal... 616
Paix (rivière de la)..... 452
Pal (le).......... 45
Palais (le)......... 214
Palais du Roi........ 39
Palanges (forêt des).... 45
Palavas-les-Flots..... 320.321
Palavas ou Vic (étang de)... 319
Palestro.......... 637
Pamiers......... 275.488
Pampa (la)......... 450
Pampa cordovienne..... 430
Pampelonne........ 277
Pamproux (le)....... 252
Paniéfoul (lac de)..... 723
Pantin........... 562
Papeirouse (bois de).... 576
Papéiti........... 718
Papheng (chutes de).... 706
Parade (la)......... 51
Paraguay, fl......... 450

TABLE ALPHABÉTIQUE.

Parana, fl. 450
Parc National du Pays des Merveilles. 138
Pardiac 455
Parentis et Biscarosse (étang de) 298.300
Pariou (Puy de) 30
Paris. . . . 160.391.398.441.448
Paris, port de mer. 455
Parisien (climat) 390
Parthenay 243.566
Pas-de-Calais, détroit 146
Pas-de-Calais, dép. . . . 449.547
Pas-de-Compain 290
Pas-de-la-Cère 290
Pas-de-Riot (réservoir). . . 65.228
Pas-de-Roland 307
Pas-de-Souci 278
Passais (le) 541
Pau 306.393.549.552
Pauillac 265
Pavés et Chaussées des Géants 61
Pavie (France) 277
Pavin (lac) 22
Pays et sous-pays de France 454.455
Pays-Bas (les) 378
Pays-Bas (Charente-Inférieure) 496
Pays-Bas (Pas-de-Calais) . . . 547
Pays des prunes (le) 435
Pays-Reconquis ou Calaisis . . 465
Pécher (source du). 280
Pédrous 121
Pelée (montagne). 744
Pellalergues ou du Pouget (source de) 280
Pelvoux de Vallouise. 86
l'en-ar-Bed. 204
Penmarch 208
Penmarch (roches de) 208
Pennar du Sud. 701
Penne. 281
Penthièvre (duché de) . . . , 457
Penzé 200
l'épinière-des-Braves (la) . . . 399
Perche. 466
Perche ou Haute-Terre. . . . 509
Perche (col de la) 121
Perdu (Mont-) 108
Périgord. 505
Périgueux. 505.506
Périm. 737
Pérols. 320

Pérols (étang de). 320
Perpignan 396.554
Perrégaux. 626
Perron (saut du). 224
Perseigne (forêt de). 559
Perte de l'Argens. 374
— de l'Aure 189
— de l'Auvezère. 293
— du Calavon ou Caulon . 354
— du Gard. 364
— de l'Iton. 180
— de la Meuse. 382
— de la Nesque. 354
— de l'Ognon. 343
— du Rhône 326
— de la Rille. 181
— de la Valserine. 340
Perthois (le) 540
Pertuis. 362
Pertuis Breton. 253
Pertuis d'Antioche. 253
Pertuis (col du) 122
Pescade (pointe) 632
Pesquiers (étang des). 371
Petit Cantal ou Cantalou . . . 35
Petit Lay 249
Petit-Morin. 173
Petit Paris (le) 475
Petit Rhône 331
Petit Tarn ou Tarnon 280
Petite Creuse. 242
Petite Miquelon ou Langlade . 738
Petites Alpes. 90
Petites Pyrénées ou Plantaurel. 118
Petits-Blancs (les) 735
Petits Monts français 129
Petrocorii (les) 505
Peuls ou Foulahs. 726
Peyredeyre (gorges de). . . . 223
Peyresourde (col de). 115
Pézenas 318
Phalsbourg 399
Phares de France (les) 144
Philippeville. 646.694
Phnom-Penh 706.712
Phou-Fadang (mont de). . . . 706
Pic des Cèdres ou Touggourt . 604
Pic du Midi de Bigorre. . . 107.114
Pic du Midi de Blida 611
Pic du Midi d'Ossau ou de Pau. 112
Pic du Rocher 35
Pic Long 113
Picardie. 465

TABLE ALPHABÉTIQUE.

Piémontaises (vallées) 418
Pierre-Châtel (défilé de) 77.91.328
Pierre-de-la-Fée 214
Pierre-de-Moncrabeau. 456
Pierre-sur-Haute ou sur Autre. 58
Pilat. . , ... 64
Pinay (saut de) . . . 220.222.224
Pins (île des). 716
Pique 115.116.268
Pique d'Estats 119
Pique Longue (Vignemale) . . 113
Pirates barbaresques. . . 587.594
Piren ou *biren* 104
Pisan (île) 638
Pise. 579
Pithiviers 530
Piton de Fournaise. 732
Piton de Soufrière 740
Piton des Neiges. 732
Piton du Carbet 744
Plaine (Poitou). 253
Plaisance en France 277
Plan de la Caille. 374
Planche des Belles-Filles. . . 70
Planchenoit 416
Plane (île). 619
Planey (le) 342
Planèze 36
Plantaurel. 118
Plata, fl. 139
Plata (la), pays 430
Plateau ou massif central . . 21
Plateau de Lannemezan 123.268.273
Plateau de Lembèye 124
Plateau de Millevache . . . 33
Plessis-Balisson (le) 473
Ploërmel 543
Plogoff (Enfer de) 207
Plomb du Cantal. 34
Plombières. 342
Plouharnel. 209
Pluies en France (les) . . . 396
Podor. 722
Pointe-à-Pitre (la) 741
Pointe du Raz. 206
Pointe Saint-Sulpice 281
Poipes (les) 76
Poissons (lac des) 651
Poissy. 164
Poitiers 239.572.573
Poitou. 450.462
Poitte (cascade du pont de). . 341
Polders de la Gironde. . . . 264

Polignac. 56
Poligny 525
Polonais en France. 405
Pomotou (îles) 720
Pondichéry 700
Pons 260
Pont-à-Bar. 185
Pont-à-Dieu 374
Pont-à-Mousson 381
Pontarlier. 507
Pont-Audemer. 508
Pont d'Arc. 352.484
Pont de Poitte (cascade) . . . 341
Pont de Vaux 403
Pont du Diable. 318
Pont du Gard 364
Pont du Roi 267
Pont du Saut 328
Pont-en-Royans 351
Pont-l'Évêque 494
Pont-Long (. 304.550
Pont-Saint-Es (le) 350
Pont-Saint-Vincent. 367
Ponte Nuovo. 579
Pontgibaud 232
Ponthieu 465
Pontivy 543
Pontoise. 563
Ponts de Cé (les) 221.226
Porcherons (saut des). . . . 288
Porge (le) 474
Pornic. 247
Porquerolles. 372
Port-Cros (île de). 372
Port de la Saisse (cascade du). 341
Port de Sainte-Marie. . . . 736
Port-en-Bessin 189
Portillon (col du) 115
Portillon (lac glacé du). . . 116
Port-Louis 209
Port-Louis (Sainte-Marie) . . 736
Port-Maubert 264
Port-Miou (source de) . . . 371
Port-Philippe. 214
Portrieux (rade de). 199
Port-Sainte-Marie . . . 268.269
Port-Sauzon 214
Port-sur-Saône. 366
Port-Vendres. 310
Porte des Peuples 430
Porte du Valais 325
Portes de Fer ou Biban. . . 639
Portes du Fier 340

TABLE ALPHABETIQUE.

Porto (golfe de) 581
Porto Novo 728
Porto Vecchio 581
Portugais 712
Portugais (langue). . . 409.410.414
Portus Divinus 622
Portus Magnus 622
Poses 164
Posets 108
Possession (la) 735
Pouget (source de) 280
Pougues 236
Pouilly-en-Auxois (tunnel de) . 184
Pouilly-sur-Meuse 382
Poulo-Condore 710
Pourrières 101.369
Poutoutchéri 701
Poutroye (la) 415
Pouzauges (monts de) . . . 249
Pradelles 55
Prades 554
Pragelas (val de) 418
Pranzac (gouffre du pont de) . 257
Prats de Mollo 310
Pravadéanar 701
Préapatang (chutes de) . . . 706
Prénelay 67
Presidios (les) 617
Prince-Édouard (île du) . . . 420
Pripris (les) 746
Privas 485
Protestants 440.441
Provençal (climat) 394
Provençal (dialecte) 435
Provence 369.370.461
Provence (monts de) 101
Provence de la Provence . . 102
Provinces de la France . . . 453
Provins 166.562
Prun (colline de) 573
Prunelli 581
Prusse-Rhénane (Wallons de) . 417
Puget-Théniers 376.484
Puigcerda 122
Puigmal 121
Puisaye 170.578
Puissance du Canada 419
Pujaut (plan de) 330
Phéniciens bilingues 679
Puteaux 562
Puy-de-Dôme (mont) 28
Puy-de-Dôme, dép. 548
Puy de Sancy 22

Puy d'Issolu 45.284
Puy-en-Velay (le) . . . 56.528.529
Puy-Ferrand 24
Puy-Gros 24
Puy-Nègre 275
Puyvert (ancien lac de) . . . 275
Pyrénées 103
Pyrénées (Basses-) 549
Pyrénées (Hautes-) 552
Pyrénées-Orientales 554

Q

Quarré-les-Tombes 576
Quatre-Bras ou Quatre-Chemins 706
Quatre-Cantons Forestiers (lac des) 111
Quatre Vallées (les) 455
Quayrat 115
Québec 261.391
Quélern (lignes de) . . . 205.206
Quercy 551
Quercy (causses du) 45
Queune 236
Queyras (val du) 89
Queyras (val du) 89.356
Quiberon (presqu'île de) . . . 212
Quillebœuf 165
Quimper-Corentin . . 208.509.510
Quimperlé 208.510
Quinson (barrage de) 360
Quintin 216

R

Rabastens 279
Race française 401
Rachgoun (île de) 617
Radelle (canal de la) 296
Rambouillet 563
Ramérah (monts d'Oran) . . . 688
Rance 198
Rance des Cévennes . . . 279.280
Rancogne 255
Rançon ou Brébec 181
Randon (mont de) 39
Rarotonga 721
Ras Asfour ou Toumzaït . . . 612
Ras-el-Aïn (Oran) 620
Ras-el-Ma (les) 615

TABLE ALPHABÉTIQUE.

Rauhe Alpe ou Rude Alpe . . 72
Ravaillac (château de) 258
Ray-Pic 61
Raz Blanchard 193
Razès (le) 456
Ré (île de). 253
Réaltor (bassin du). 362
Réart 310
Rebais 562
Reboisement des Alpes. . . . 90
— de la France centrale 30
Reconce ou Arconce 228
Reculet de Thoiry 74
Redon. 520
Reims 177.448.538
Reims (montagne de) 538
Relizane. 629
Remiremont. 576
Remois 458
Renault 629
Rennes 216.520
Réole (la) 269.517
Repos (anse du) 336
Restonica 584
Rethel. 486
Rethelois 458
Retourne 177
Retournemer (lac de). 70
Retz (pays de). 227
Réunion ou Bourbon (la). . . 732
Réveillon 45
Revigny 184
Reyssouze 346
Rhamboé 730
Rhin 378
Rhin du Forez. 228
Rhin (Bas-) 5
Rhin (Haut-). 5
Rhin (frontière du). 10.12
Rhodanien (climat). 394
Rhône. . . . . 324 et suiv.
Rhône dép. 449.554
Rhône (canal du) 336
Rhône-au-Rhin (canal du). . . 367
Rhône (Grand). 331
Rhône (Petit). 331
Rhône-et-Loire. 470
Rhune. 111
Rians (plateau de) 374
Ribérac. 506
Ricamarie (la) 228
Rièses ou *Fagnes*. 130

Righi de Savoie (le) 91
Rignac (ruisseau de) 45
Rigole de la plaine. 121
Rille 181
Rio de Janeiro. 699
Rio Grande de la Suma Paz . . 484
Riom 549
Rio Negro 745
Rio Salado. 619.622
Riou (Oued-) 629
Rioumajou (Neste de). 272
Rir (Oued-). 666
Riscle. 303
Risoux (forêt de). 381
Rive de Gier. 528
Rivesaltes 312
Rivière Rouge du Nord . . 420.452
Rivière Salée 740
Rivières 256
Rivières et fleuves 138
Rizzanese ou Tavaria. 581
Roanne 224.528
Robec 180
Rocamadour 46.292
Roc des Ombres 35
Roche aux Fées de Corcoro. . 212
Roche-Bernard (la) 216
Roche-Berthier (la). 255
Rochebonne (écueils de) . . . 253
Rochechouart 574
Rochecourbe (Drôme). 95
Rochecourbe (Lot) 286
Roche d'Aiguille 278
Roche des Anglais 286
Rochefort 260.498
Rochefort en Bretagne 216
Rochefoucault (la) 256
Rochelle (la). 254.392.498
Rochemaure. 330
Rochemelon 84
Roche Posay (la) 242
Rochemont (saut de la Sole ou de) 290
Rocher Corneille. 56
Rocher d'Aiguille 56
Rocher de la Liberté 248
Rocher de Sel 656
Roche Sanadoire. 26
Roche Sourde 278
Roche-sur-Yon (la) 250.572
Roche Tuilière. 26
Roches de Condrieu 336
Rochetaillée (réserv. de). . 65.221
Rocheuses (les) 421

TABLE ALPHABETIQUE.

Rocroi. 486
Rodez 281.490.491
Rodez (causses de) 42
Rognon 173.473
Rogny (écluses de) 183
Rohan. 216
Roisel. 151
Roknia 648
Romains en Algérie 679
Romains en France 403
Romanches 350
Romans. 349.508
Romilly-sur-Seine 159
Romorantin 132.527
Roncevaux. 112
Ronde (colline de la). 521
Roque de Cor 45
Roquefavour. 362.369
Rosa (cap) 649.650
Roscanvel (presqu'île de). . . 205
Roscoff 200
Rotondo (Monte). 583
Rotterdam. 380
Rouara 668
Roubaix 448.545
Roubion. 95
Roucouyènes. 747
Rouen. 164.564
Rouergue 455
Rouergue (plateaux du) . . . 42
Roulecrotte.. 191
Roumain (langue) 409.410
Roumains 424
Roumel (Oued-el-Kébir) . . . 643
Roumis (les). 110.668
Roumois. 460
Rousses (lac des). 338.381
Roussillon. 469
Rousillon (plaine du) 122
Roux (cap). 370.374
Roux d'Algérie (cap) 651
Roya 376
Royan. 265
Royannais. 463
Ruhe Alpe (la). 72
Rue. 290
Rue, ville 150
Ruelle. 259
Ruffec. 496
Ruis (presqu'île de) 215
Rumilly (forêt de) 488
Ruscino 469
Rusgunia.. 634

Rusicade 646
Russe (langue) 414
Russie. 388
Russophones. 424
Rusucurru. 646
Ryssel (Lille). 426

S

Saane. 155
Sabartès ou Savartès 116
Sabir (le) 690
Sablé 244
Sables d'Olonne (les) . . . 249.572
Sabo (saut de) 279
Saf-Saf de Philippeville. . . . 648
Saf-Saf de Tlemcen. 618
Sagone (golfe et riv.). 581
Sakara. 596.659
Sakel (le) 597
Sahel d'Alger. 632
Sahel de Coléa. 652
Sahel ou Soummam 638
Saïda, Oued-Saïda. 624
Saigon. 709
Saillans (cascade de) 231
St-Affrique. 491
St-Aignan 526
St-Amand-les-Eaux 545
St-Amand-Mont-Rond. . . . 499
St-Andéol (lac de) 40
St-André (ville détruite de) . . 92
St-Antoine de Galamus. . . . 12
St-Antonin. 281
St-Aubin. 188
St-Augustin.. 750
St-Barthélemy on de Tabe
 (chaîne de). 107.118
St-Barthélemy (île de). . . . 742
St-Béat 268
St-Benoît-du-Sault 437
St-Bosnard (col du). 85
St-Bertrand-de-Comminges . . 268
St-Boniface-en-Manitoba. . . 420
St-Brieuc. 198.503
St-Calais. 559
St-Céré. 531
St-Chamond 528
St-Chinian (monts de) 121
St-Christau 307
St-Christol (plateau de) . . . 354

TABLE ALPHABÉTIQUE.

St-Christophe (bassin de)... 362
St-Christophe-en-Oisans.... 474
St-Cirq-Lapopie 284
St-Clair (le) 319
St-Clair-sur-Epte....... 458
St-Claude 525
St-Cloud........... 563
St-Denis........... 561
St-Denis (Bourbon)..... 735
St-Denis-du-Sig........ 626
St-Dié............. 576
St-Dizier........... 540
St-Domingue ou Haïti... 421.759
St-Esprit........... 525
St-Etienne 64.228.448.527
St-Etienne-les-Orgues..... 98
St-Fargeau.......... 578
St-Félix (monts de)...... 48
St-Ferréol (bassin de)..... 48
St-Ferréol (îlot de)...... 375
St-Florent (golfe de)..... 581
St-Florent-le-Vieil 221
St-Florentin 184
St-Flour 36.495
St-Front (lac de)....... 63
St-Gaudens.......... 514
St-Geniez d'Olt 282.284
St-Georges (Butte de)..... 562
St-Georges en Guyane 750
St-Germain en Laye.... 164.563
St-Germain-la-Feuille..... 159
St-Gervais 338
St-Gildas (pointe de)..... 247
St-Gilles-sur-Rhône 331
St-Gilles-sur-Vie 249
St-Girons 488
St-Gothard (tunnel du).... 85
St-Guilhem-le-Désert..... 316
St-Herbot (cascade de) 205
St-Hippolyte-du-Fort 321
St-Honorat (île) 375
St-Hubert (bois de)...... 544
St-Jean-d'Angély........ 498
St-Jean-de-Losne... 184.329.367
St-Jean-de-Luz...... 111.308
St-Jean-de-Maurienne... 349.560
St-Josse-ten-Node....... 416
St-Juéry........... 279
St-Julien (Haute-Savoie)... 561
St-Julien (étang de)..... 300
St-Junien 238
St-Laurent, fleuve .. 139.419.452
St-Laurent d'Olt 282

St-Laurent du Maroni 750
St-Léonard.......... 238
St-Lizier........... 274
St-Lô 536.537
St-Louis (canal) 336
St-Louis (col de)....... 120
St-Louis-du-Maroni...... 750
St-Louis-du-Sénégal ... 723.726
St-Loup (pic)........ 321
St-Loup (volcan de) 318
St-Macaire.......... 269
St-Maixent.......... 253
St-Malo......... 198.520
St-Marcellin 524
St-Marien (monts de).... 54
St-Martin (Antilles)...... 742
St-Martin (val de) 418
St-Martin d'Auxigny 403
St-Martin de Chaulieu (coteaux
  de) 537
St-Martin-d'Estréaux (tunnel de) 59
St-Martin-du-Fouilloux 566
St-Martin-le-Château 239
St-Martory.......... 268
St-Martory (canal de).... 268
St-Mathieu (pointe de) 204
St-Maurice-en-Valais..... 325
St-Maximin 372
St-Michel (chapelle) 136
St-Michel tumulus de)... 212
St-Michel ou Rocher d'Aiguille. 56
St-Michel (Mont-)...... 194
St-Michel (défilés de).... 374
St-Michel-au-Péril-de-la-Mer . 196
St-Michel-de-Braspart..... 510
St-Michel-de-Mont-Mercure.. 249
St-Mihiel.......... 382
St-Nazaire 217.227.529
St-Nazaire (étang de).... 310
St-Nazaire en Provence .. 370.371
St-Nectaire.......... 26
St-Nicolas ou Bourbeuse . 367.578
St-Nicolas-de-Campagnac... 364
St-Nicolas-du-Port 185
St-Omer........... 548
St-Omer (ancien golfe de)... 146
St-Ouen 562
St-Palais........... 307
St-Paul (Bourbon)...... 735
St-Pétersbourg......... 157
St-Pierre, île et ville..... 738
St-Pierre-de-Frugie....... 505
St-Pierre-des-Tripieds..... 51

St-Pierre-en-Martinique	745
St-Pierre et Miquelon	738
St-Pierre-lès-Calais	548
St-Point (lac de)	75
St-Pol-de-Léon	200
St-Pol-sur-Ternoise	548
St-Pons	518
St-Pourçain	232
St-Préjet	278
St-Priest	499
St-Quay (îles de)	198.199
St-Quentin	151.479
St-Quentin (canal de)	185
St-Quentin-en-Tourmont	150
St-Remy	435.436
St-Rigaud (le)	66
St-Saturnin-de-Tartaronne	285
St-Saud	294
St-Sauveur	506
St-Sauveur (Ouysse)	292
St-Sauveur (Yonne)	578
St-Sauveur-des-Pourcils	50
St-Sébastien	123
St-Servan	198.520
St-Sever	303.526
St-Simon	185
St-Thibéry	318
St-Trojan	263
St-Tropez	372
St-Vaast	191.192
St-Valéry-en-Caux, ville et riv.	155.156
St-Valéry-sur-Somme	152
St-Véran	87
St-Viâtre	133
St-Victor (gorges de)	223
St-Vincent (île)	422
St-Vincent-de-Rive-d'Olt	282
St-Vivien	265
St-Wandrille ou Fontenelle	181
St-Yrieix-la-Perche	293.574
St-Yvoine (défilés de)	230
Ste-Amélie	310
Ste-Austreberte	181
Ste-Baume	102
Ste-Catherine (cap)	731
Ste-Croix (digue de)	360
Ste-Enimie	278
Ste-Eulalie (courant de)	500
Ste-Foy-sur-Dordogne	288
Ste-Gertrude	181
Ste-Lucie (île)	422
Ste-Marguerite (île)	375
Ste-Marie-aux-Mines	415
Ste-Marie-de-la-Comté	750
Ste-Marie près Bourbon	735.736
Ste-Maure (plateau de)	521
Ste-Menehould	538
Ste-Sévère	520
Ste-Victoire (monts de la)	101
Saintes	259.498
Saintes (les)	741.742
Stes-Maries de la mer (les)	331.334
Saintonge	450.465
Saintongeois	254
Saison	307
Saisse (cascade du pont de la)	341
Sakalaves	736
Salaphe (chutes de)	706
Salat	274
Salau (port de)	274
Salazie (plaine de)	734
Salbris	132.474
Saldé	722
Saldæ	638
Salers (plateau de)	35
Salève	91
Saliens (lac des)	40
Sallanches (vallée de)	82
Sallèles	314
Salles	259
Salles-la-Source	44
Salon	368
Salses (étang de)	312
Salut (îles du)	746.750
Samazeuil (colline de)	516
Sambre	384
Sambuc (Grand)	362
Samoa (îles)	717
Sans Toucher (montagne)	740
Sanadoire (roche)	26
Sanadja (Oued-el-Kébir)	648
Sancerre	132.499
Sancerre (monts de)	132
Sancerrois	234
Sancy (puy de)	22
Sandwich ou Haouaaï	717
Sangatte	147
Sanon	185
Sansouires (les)	534
Santa-Cruz ou Merdjadjou	620
Santa-Manza (golfe de)	581
Santerre	465
Santiago de Cuba	422
Saône	329.341
Saône-et-Loire	449.557

TABLE ALPHABÉTIQUE.

Saône (Haute-)	556
Saorge	378
Saosnois	559
Saou (forêt de)	95
Saounsat (lac de)	116
Sardaigne	580
Sarlat	506
Sanrancolin	273
Sarrasins ou Maures	102
Sartène	474.502
Sarthe	243
Sarthe, dép	558
Saskatchéwan	452
Saujon	261
Sauldre	234
Sauldre (canal de la)	133
Saule (mont)	67
Sauliac	286
Saulieu	166
Sault	354
Sault (pays de)	456
Saulx	173
Saumail	49
Saumont (saut du)	292
Saumur	243.536
Saut de Hourara	629
— de Luzières	280
— de la Gratusse	288
— de la Pucelle	45
— de la Sole	290
— de la Virolle	292
— de Pinay	220.222.224
— de Sabo	279
— des Porcherons	288
— u Doubs	345
— du Perron	224
— du Saumon	292
Sautadet (le)	354
Sauternes	270
Sauvagnac (puy de)	33.34
Sauveterre	307
Sauveterre (causse de)	46.278.285
Sauvette (la)	102
Savanes (Guyane)	746
Savartès ou Sabartès	116
Save	277
Save (Isère)	328
Saverdun	275
Savières (canal de)	92.340
Savoie, prov	470
Savoie, dép	559
Savoie (Haute-)	560
Savoie (petits monts de)	91
Savoureuse	579
Saye	498
Scaër	474
Scarpe	386
Sceaux	562
Sceaux (riv. de)	372
Schaarbeck	416
Schaffhouse	379
Schelde (Escaut)	386
Scialets (les)	95
Scie	155
Scie (pic de la)	85
Scisciacum Nemus	193
Scorff	209
Sebaïn-Aïoun	627
Sébaou	638
Seba-Rous (les)	644
Sebdou	617
Sebkhas (les)	603
Sécedéjo (cascade, lac)	116
Sedan	382.486
Sedan (principauté de)	458
Sédelle	240
Séderon	354
Sédhiou	728
Sée	194
Séez	187
Ségalas (les)	41
Seggueur (Oued-)	674
Ségou-Sikoro	726
Sègre	121
Sègre de Quérolou Carol	121
Segré	536
Seguias (les)	654
Seille de Bresse	346
Seille de Lorraine	7
Scillons	372
Seine	157
Seine, dép	405.441.449.471.562
Seine-et-Marne	562
Seine-et-Oise	563
Seine-Inférieure	563
Seins ou Sizun (île)	207
Selles	526
Sélune ou Célune	194
Selvas (les)	139
Sémites	430.441
Semnoz	91
Semoy ou Semois	384
Semur-en-Auxois	168.503
Semuy	185
Sénalba	656
Sénégal, fleuve	722

TABLE ALPHABÉTIQUE.

Sénégal ou Sénégambie. . . . 721
Senlis. 546
Senonais. 458
Sens. 578
Sepet (cap et presqu'île). . . 371
Sept Caps (les). 644
Sequana. 390
Séquanien (climat). 390
Serck. 193
Serein ou Serain 168
Serre 176
Sersou. 627
Servance (ballon de). 70
Sétif 639.694
Settons (réservoir des). . . . 167
Seudre 261
Seuge 230
Seugne ou Sévigne 260
Seulles. 188
Sève. 190
Sévérac-le-Château . . . 281.474
Sévigne ou Seugne. 260
Sèvre Nantaise. 245
Sèvre Niortaise. 252
Sèvres (Deux-) 441-564
Seybouse. 649
Seychelles (les). 419.735
Seyne (la) 371.571
Seyssel 328.340
Sézanne. 174
Sézanne (montagne de). . . . 538
Siagne. 374
Sibérie d'Aubrac. 40
Sicier (cap et presqu'île). . . 371
Sicile. 580
Sidi-Abd-el-Kader (piton de) . 611
Sidi-Ali-ben-Youb. 626
Sidi-bel-Abbès. . . . 64.626.693
Sidi-bou-Médine 619
Sidi-Brahim (palmier de). . . 616
Sidi-Brahim (source de) . . . 618
Sidi-Ferruch. 632
Sidi-Mérouan. 588
Sidi-Okba 662
Sidi-Rouis. 603
Sidobre (le) 280
Sienne, fl 192
Sierre 325
Sig 626
Sigale (cap) 619
Sigli (cap). 638
Signy (forêt de) 175
Sijean (étang de) 313

Silan (col et lac de) 73
Sillon de Bretagne. 226
Simplon (col du). 85
Sinamary 747
Sion. 325.418
Sioule. 232
Sirocco (le) 108
Sisteron. 481
Sitifi 639
Sizun ou Seins (île et cap). . . 207
Slack 148
Sly (Oued-) 629
Société (archipel de la). . . . 717
Soissons. 479
Soissonnais. 479
Soixante-dix Sources (les) . . 627
Sole (saut de la) 290
Solenzara (la) 581.588
Sologne 132
Sologne (canal de la). 153
Sologne bourbonnaise 480
Sologne de Berry 133
Sombor (chutes de) 706
Somme 150
Somme, dép. 566
Somme (tête ou source) . 131.171
Soninkés (les) 725
Sor 121.296
Sorgues des Cévennes. 280
Sorgues de Vaucluse. 354
Sorps (fontaine de). 358
Sotteville 564
Souabe 504
Souafa (les) 668
Souche 176
Souci (moulin du) 293
Souci (pas du) 278
Soucy (fosses du). 189
Soudan 596
Souf (Oued-) 668
Soufrière (piton de la). . . . 740
Souk-Harras. 652
Soulac. 299
Soulaine (forêt de) 488
Soulane (versant de la). . . . 114
Soule 430
Soulhiol (gravenne de). . . 61.62
Soulle. 192
Soultz (ballon de) 68
Souammamm ou Sahel. . . . 638
Source (château de la) 232
Sources de France (les). . . . 142
Sour-Ghozlan. 639

TABLE ALPHABÉTIQUE. 797

Sournia (pays de) 554
Soustons (étang de). . . . 298.300
Souverols (lac de). 46
So weit die Deutsch Zunge Klingt 6
Spezia (golfe de la). 581
Sroc-Khmer 710
Staouéli 595
Steppes ou Landes d'Algérie. 653
Stora 646
Strasbourg. 379
Sucs (les) 59
Sud (le) 400
Sud-est (le) 400
Sud-ouest (le) 399
Suippe. 177
Suisse de la Margeride . . . 230
Suisse française 417
Suisses de la Cour (les) . . . 403
Suisses en France 405
Sumène. 495
Surinam 52.746
Suzac (pointe de). 264
Suze (val de). 418
Syrie. 680

T

Tabe (chaîne de). 108
Tabe (pic de). 107
Table aux Marchands. . . . 214
Table Ronde (Romans de la) 204.216
Tadjéra 616
Tafalla. 433
Tafna 617
Tafraoua. 655
Tafrent 617
Tagaste 652
Tagremaret (cascade de) . . 629
Taguin. 627
Tahir-Rashou 664
Taillebourg 260
Taillon. 113
Tain 330
Taïti. 717
Taïvas (cascade de) 720
Takoucht 640
Tala ou Thala-Zid 612
Talmont-sur-Gironde. . . . 264
Tamesguida ou Mouzaïa. . . 611
Tamgouts (les). 606

Tamoul (langue). 701
Tanargue 59.60.397
Tanger 634
Tapanahoni 748
Tarare. 556
Tarare (monts de) 66
Tarascon-sur-Ariège 118
Tarascon-sur-Rhône . . . 330.492
Taravaï 721
Taravo. 581
Tarbes 302.552.554
Tardenois 479
Tardes 234
Tardoire. 255
Tarentaise. 82.348
Taria (Oued-). 624
Tarn. 277
Tarn, dép. 568
Tarn-et-Garonne 447.569
Tarnon. 280
Tartaret. 28
Tartas. 304
Taureau (Trou du). 266
Taurion, Thaurion, Torion, Thorion 238.239
Taute 190
Tavaria ou Rizzanèse 581
Tavignano 584
Tazanat (Gour de). . . . 28.318
Tchad ou Tsad (lac). 595
Tchandranagar. 702
Tébessa 653
Tech 310
Tégrimount 637
Tell. 597
Télougou (langue) 701
Temacin. 668
Temple de Diane (Nîmes). . . 322
Tende (col de). 378
Ténès 630
Téniet-el-Hâd. 599.612
Ternay (réservoir du) . . . 65.346
Termonde 386
Terni 387.617.618
Terre des Païens. 202
Terre-Major 2.3
Terre-Neuve 420.738
Terrées du Marais (les) . . . 252
Terres-Basses (Isère) 524
Terres-Chaudes (les) 388
Terres-Chaudes (Charente) . . 496
Terres-Chaudes (Corrèze) . . . 500
Terres-Chaudes (Dordogne) . . 505

# TABLE ALPHABÉTIQUE.

Terres-Froides (les)...... 388
Terres-Froides (Charente)... 496
Terres-Froides (Corrèze)... 500
Terres-Froides (Isère)..... 524
Terres-Hautes (Guyane).... 746
Terres-Mouillées......... 746
Territoire de Belfort... 472.578
Territoire civil (Algérie). 692.694
Territoire militaire (Algérie).
.... 692.694
Tessala........ 64.620.626
Tessin............. 504
Teste-de-Buch (la).... 474.517
Têt............. 310.312
Tétouaroa........... 718
Teys (les)........... 333
Thamugadis......... 603
Tharf............. 603
Thau (étang de)....... 319
Thaurion........... 239
Thaza (monts de)....... 612
Thelle (forêt de)....... 546
Themines (la)......... 45
Théminette (la)....... 45
Théols............ 234
Thérain........... 177
Thérapné.......... 582
Theveste.......... 655
Thièle ou Thielle...... 380
Thiérache.......... 478
Thiers......... 252.549
Thimerais.......... 460
Thionville.......... 381
Thioux (les)......... 340
Thiron-Gardais....... 509
Thonon......... 326.561
Thoré............ 281
Thorion........... 239
Thoronet (le)........ 374
Thorus (plateau de)..... 240
Thouars........... 213
Thouet........... 242
Thuburs Numidarum..... 652
Thueyts (volcan de)..... 61
Thury-Harcourt (gorges de). 187
Tiaret............ 627
Tibiran-Jaunac (gorges de).. 268
Tiddis........... 644
Tifech............ 650
Tiffauges.......... 245
Tifrit (Aïn)......... 624
Tille............. 343
Timgad........... 603

Tincourt-Boucly....... 151
Tindoul de la Veyssière.... 42
Tinée............. 376
Tinsilt............ 603
Tintingue (canal de)..... 736
Tiout............. 675
Tipasa (Tifech)....... 650
Tipaza............ 631
Tiquilenta.......... 728
Tiretaine........... 30
Titan ou du Levant (île du).. 372
Titeri............. 611
Tizi-Ouzou........ 638.693
Tlemcen....... 599.619.693
Tlemcen (monts de)..... 612
Tnouchfi........... 612
Toile à Voile........ 248
Tombeau de la Chrétienne.. 631
Tonga (îles)......... 718
Tonlé-Sap, riv. et lac.. 706.707
Tonnay-Charente...... 260
Tonneins........... 269
Tonnerre........... 578
Torion............ 239
Touamotou (îles),...... 720
Touaregs........... 670
Touat............. 596
Toubouaï (îles)....... 720
Toucouleurs......... 726
Toudman (Oued-)...... 624
Touggourt ou pic des Cèdres. 604
Touggourt en Sahara... 660.668
Touïlet-Makna........ 658
Toul............. 542
Toulinguet.......... 205
Toulon........ 371.596.571
Toulon (le).......... 293
Touloubre.......... 368
Toulousain (plaines du).... 268
Toulousain ou Toulousan... 456
Toulouse... 163.269.448.512.514
Toulx-Sainte-Croix (monts de). 34
Toumzaït........... 612
Touques........... 186
Touraine........ 190.468
Tourcoing.......... 545
Tour du Pin (la)....... 524
Tour-Magne (Nîmes)..... 322
Tourmalet.......... 302
Tourmanche (val)...... 418
Tourmente......... 284
Tournesac.......... 168
Tournette (la)........ 91

TABLE ALPHABÉTIQUE

Tournon	350.485
Tournoux	356
Tournus.	342
Tourouvre	178
Tours	521.522
Toutes-Aures	285
Touvre	255
Touyaas (les)	309
Traconne (forêt de la) . . .	174
Trans (cascades de)	374
Trappe (la)	180
Trara (mont carré des) . . .	616
Trarzas (les)	725
Travo	582
Trécorien (dialecte)	428
Treignac.	292
Tréguier, ville et fleuve . . .	200
Tréguier (Épées de)	200
Tréguier (pays de)	457
Trélazé	220
Trélon	544
Tremblade (la)	262
Tremblevif	135
Trépassés (baie des)	207
Tréport (le)	154
Trévaresse	101
Trèves	381
Trévoux	342.478
Trézée	185
Triaize	250
Tribes (col de)	53
Tricastin	463
Trient	82.540
Trieux (Bretagne)	200
Trieux (Nontronnais)	255
Trièves (pays de)	95
Trinité (la)	422.739
Trois-Couronnes (les)	508
Trois-Évêchés (les)	461
Trois-Rivières (les)	622
Tronçais (forêt de)	234
Tronquoy (tunnel du)	186
Tronquière (pays de la) . . .	531
Trou de Gouffry	257
Trou du Taureau	266
Trouée de Belfort	70
Troumouse (cirque de) . . .	108
Trouville	186
Troyes	159.489
Truc de Fortunio	39
Trumouse ou Troumouse (cirque de)	108
Truyère	285
Tsad ou Tchad (lac)	595
Tucca	644
Tuc de Maupas	115
Tuc-Kmau	707
Tudela	433
Tudy (île)	473
Tuilière (roche)	26
Tulle	293.499.500
Tumuc-Humac	746
Tunis	322
Tunisie	650.651
Tunnel de la Manche	147
Tunnel des Alpes	85
Turenne	45
Turin	418
Turones	468
Tursan	455
Tusse de Bargas	266

U

Ubaye	356
Udos (dune d')	300
Uldon ou Don	536
Urbino (étang d')	582
Urdos	307
Urpgne, riv	285
Uruguay, riv	432
Ussat	118.275
Ussel	285.500
Utique	652
Uxellodunum	45.284
Uzerche	292
Uzès	366.512
Uzès (diocèse d')	456.457

V

Vaccarès ou Valcarès (le) . . .	334
Vagliorba ou Paglia Orba . . .	583
Vaire	376
Valais	324.325
Valaisan	418
Valcarès ou Vaccarès (le) . . .	334
Val d'Ajol	342
Val d'Amour	345
Val d'Andorre	119
Val d'Aran	16.266.267
Val de Miéges	525
Val de Tignes	348
Valdoniello (forêt de)	586

Valduc (étang de la)	568
Val du Gier	65
Valence	507
Valence (campagnes de)	351
Valence (pont de)	348
Valence (royaume de)	434
Valenciens en Algérie	688
Valenciennes	545
Valentinois	463
Valentré (pont de)	286
Valigny-le-Monial (réservoir de)	256
Valinco (golfe de)	581
Vallage	458
Vallées Vaudoises ou Piémontaises	418
Vallier (mont)	107.269
Valloire	524
Vallon	352
Vallorbe	381
Vallouise	86
Vallspire, Vallespire	310
Valois	479
Valognes	191.537
Valréas (canton de)	475
Valromey	460
Valserine	340
Vandales	606.679
Vandales (les)	684
Vanne (siphon de la)	135
Vannes	443
Vannes, riv.	170
Vannetais (dialecte)	429
Vanoise (aiguille de la)	82
Vanoise (monts de la)	82
Var	375
Var, dép.	405.570
Var (monts du)	102
Varenne de Domfront	243
Varenne (Normandie)	154
Varenne (pays de Touraine)	521
Varne (écueil du)	147
Vassy	540
Vater Rhein	379
Vaucluse	354
Vaucluse, dép	448.571
Vaucluse (monts de)	98
Vaudois	418
Vavao	718
Vegas et *huertas*	512
Velay	457
Velay (monts du)	54
Velluire	250
Vénasque	469
Vendée	253
Vendée, dép. et pays	242.571
Vendôme	527
Vendômois	462
Venelle	343
Vénéon	350
Vénézuela	432
Venise provençale	568
Ventoux	96
Vercors (monts du)	94
Verdelot (le)	562
Verdon	358
Verdun-sur-Garonne	277
Verdun-sur-Meuse	543
Vermandois	479
Vernaison	94.351
Vernet (le)	312
Vernon	164
Veron (le)	521
Verpillière (l)	328
Vers (le)	284
Versailles	164.563
Versoix	338
Vervins	479
Verzy	538
Vesle	177
Vesoul	556.557
Vestide (la)	61
Vésubie	376
Veules	155
Vexin français	463
Vexien normand	460
Veyle	346
Veyradeyre	223
Vezelay	168
Vezère	280.294
Viaur	281
Vic-de-Bigorre	303
Vic en Languedoc	320
Vic ou Palavas (étang de)	319
Vichères (colline de)	509
Vichy	230
Vico	584
Vidauban	574
Vidourle	321
Vie	249
Viège	325
Vieille Calle ou Bastion de France	651
Viellecourt (forêt de)	505
Vienne	258
Vienne, dép	572
Vienne, ville	330.546.524

TABLE ALPHABETIQUE. 801

Vienne en Autriche	157
Vienne (Haute-)	573
Viennois	463
Vierzon	234
Vieux-Boucau	300
Vieux-Soulac	299
Vigan (le)	512
Vigan (monts du)	50
Vigan (pays du)	512
Vignagne ou Vignane (Vienne)	238
Vignemale	110.119
Vignoble ou colline (le)	578
Vigos (riv. de)	278
Vilaine	215
Villard-les-Goîtreux	348
Villé	415
Villecomtal-sur-Dourdou	44
Villedoux	250
Villefranche-de-Belvès	698
— de-Lauraguais	514
- de-Rouergue	491
— près Nice	376
— sur-Saône	556
Villeneuve-lès-Maguelonne	320
— sur-Lot	531
Villers-Cotterets (forêt de)	479
Villerville	186
Villes noires (les)	27
Vilpion	176
Vimeu	465
Vinaigre (mont)	103
Vincennes	562.616
Vinh-Long	704
Vintimille	376
Vioménil	341
Vioreau (réservoirs du)	246
Vire	189.190
Vire, ville	190.494
Virolle (saut de la)	292
Vis	316
Visigoths	403
Visnaine (Vilaine)	215
Viso (Mont)	88
Vistre	522
Vitoria	123.433
Vitré	215.520
Vitry-le-François	538
Vivarais	61.330.397.398
Vivarais (monts du)	59
Viviers	330
Vix	250
Vizzavona (forêt de)	586
Void	185

Voillot (puits de)	313
Voiron	524
Volane	61.62
Volga	138.139
Vologne	69.70
Volvic (pierre de)	27
Vonne	210
Vosges	68.397
Vosges, dép.	574
Vosgien (climat)	390
Voulte (la)	330
Voulzie	166
Vouvant	253
Vouziers	486
Vuache	74.326

W

Wahal	383
Wallensee	111
Wallis et Foutouna (îles)	721
Wallon (dialecte)	415.416.417
Wallons ou Franquillons	416.417
Watten (ancien détroit de)	146
Waterloo	416
Wateringues (pays des)	146
Wattigny (bois de)	478
Wattrelos	545
Wimereux	148
Wimille	148
Winnipeg, lac et ville	420
Wissant	148
Wœvre	542

Y

Yanaon	702
Yankees (terre des)	449
Yères de Brie	156
Yères de Normandie	154
Yeu ou Dieu (île)	249
Yèvre	234
Yoloffs	725
Yon	250
Yonne	166 et suiv.
Yonne, dép.	448.576
Yport	156
Yser	545
Yssingeaux	63.529
Yvetot	155.564

Z

Zaatcha 602.662.664
Zab, Ziban. 662
Zaccar. 613
Zahrez occidental. 656
— oriental. 656
Zambèze. 139
Zanaga ou Zénaga 648.722

Zatima (monts des). 631
Zeffoun 638
Zénaga ou Zanaga 648.722
Zénata. 648
Zénati ou Bou Hamdan. . . . 650
Zendal ou Pain de sucre . . . 616
Zergoun (Oued-) 674
Zerguin 627
Ziama. 640.640
Ziban 602.662.664

FIN

PARIS. — IMPRIMERIE A. LAHURE
9, rue de Fleurus, 9

www.ingramcontent.com/pod-product-compliance
Lightning Source LLC
Chambersburg PA
CBHW070716020526
44115CB00031B/1130